Schriften zum Strafvollzug, Jugendstrafrecht und zur Kriminologie

Herausgegeben von Prof. Dr. Frieder Dünkel
Lehrstuhl für Kriminologie an der
Ernst-Moritz-Arndt-Universität Greifswald

Band 65

AF208556

Jan Peter Schulze

Die Untersuchungshaftvollzugsgesetze der Länder im Vergleich

MG 2017
Forum Verlag Godesberg

Bibliographische Information der Deutschen Nationalbibliothek

Die Deutsche Nationalbibliothek verzeichnet diese Publikation
in der Deutschen Nationalbibliografie; detaillierte bibliografische
Daten sind im Internet über http://dnb.d-nb.de abrufbar.

© Forum Verlag Godesberg GmbH, Mönchengladbach
Alle Rechte vorbehalten.
Mönchengladbach 2017
DTP-Satz, Layout, Tabellen: Kornelia Hohn
Institutslogo: Bernd Geng, M.A., Lehrstuhl für Kriminologie
Gesamtherstellung: Books on Demand GmbH, Norderstedt
Printed in Germany

ISBN 978-3-942865-80-7
ISSN 0949-8354

Inhaltsverzeichnis

Vorwort

Die Untersuchungshaft ist das eingriffsintensivste prozessuale Zwangsmittel des Strafverfahrensrechts. Seit jeher betonen alle strafverfahrensrechtlichen Normierungen in Europa den Ausnahmecharakter der Untersuchungshaft und den Vorrang von haftvermeidenden Maßnahmen. In den letzten 25 Jahren ist verstärkt die Frage der Regelung des Untersuchungshaftvollzugs ins Zentrum reformpolitischer Überlegungen getreten. Nachdem das BVerfG 2006 die wenigen Regelungen zum Vollzug des Jugendstrafvollzugs im JGG als nicht ausreichende gesetzliche Grundlage für die Normierung dieses Bereichs angesehen hatte, war klar, dass auch der in § 119 StPO nur marginal geregelte Untersuchungshaftvollzug der Gefahr eines verfassungsrechtlichen Verdikts ausgesetzt war. In der Folge haben die Bundesländer eigene Untersuchungshaftvollzugsgesetze oder gesetzliche Regelungen innerhalb der Gesamtregelung der Strafvollzugsmaterie geschaffen, während der Bundesgesetzgeber im gleichen Zeitraum (zum 1.1.2010) die bundesrechtlich zu regelnden Fragen des U-Haftvollzugs (z. B. zur Besuchsüberwachung, Briefkontrolle etc.) in § 119 StPO neu regelte. Der Gesetzgebungsprozess ist inzwischen abgeschlossen, alle Bundesländer (zuletzt Thüringen und Sachsen-Anhalt) haben den U-Haftvollzug detailliert geregelt, sei es in eigenständigen U-Haftvollzugsgesetzen, oder in sog. Kombi-Gesetzen zusammen mit dem Erwachsenen- und Jugendstrafvollzug. Die vorliegende Arbeit wurde während des teilweise schwer zu überschauenden Reformprozesses angefertigt und musste daher für die Drucklegung mehrfach aktualisiert werden.

Die vorliegende Arbeit ist in drei Teile bzw. Kapitel gegliedert. Im ersten Kapitel gibt der Verf. einen rechtlichen und rechtstatsächlichen Überblick zur Anordnung der U-Haft und zur historischen Entwicklung der Reformvorschläge zur Regelung des Untersuchungshaftvollzugs. Im zweiten Teil folgt der Vergleich der landesrechtlichen Regelungen zum U-Haftvollzug und schließlich im dritten Teil ein Schlusskapitel mit den aus der Bestandsaufnahme gefolgerten rechtspolitischen Schlussfolgerungen bzw. zusammenfassenden „Schlussbetrachtungen".

In der Einleitung stellt der Verf. den Kontext der Arbeit im Zusammenspiel der strafprozessualen Normen zur Anordnung der U-Haft und der davon nicht immer einfach abzugrenzenden Normierungen des Vollzugsrechts vor. Dabei stellt er schon zu Beginn klar, dass nicht alle Bundesländer eigenständige Untersuchungshaftvollzugsgesetze (UVollzG) haben, sondern die Materie z. T. in Justizvollzugsgesetzbüchern zusammen mit dem Erwachsenenstrafvollzug, teilweise auch mit dem Jugendstrafvollzug geregelt haben (Baden-Württemberg, Brandenburg, Niedersachsen, Rheinland-Pfalz, Thüringen, Sachsen-Anhalt). Ein einführender tabellarischer Überblick über die den Gegenstand der Arbeit ausmachenden Gesetze und deren Grobstruktur wird in *Kapitel 1.1.1* (*Tabelle 1*) gegeben.

Dass der U-Haftvollzug in besonderem Maß „Stiefkind der Strafrechtspflege" ist, belegt der Verf. anhand der spärlichen Literatur zum Gesetzesvergleich, wenngleich es allerdings eine Fülle von rechtstatsächlichen Arbeiten zur Anordnungspraxis und zum Vollzug, auch im internationalen Vergleich gibt (*Dünkel/Vagg* 1994; *van Kalmthout/Knapen/Morgenstern* 2009; Morgenstern 2013), auf die der auch später eingeht. Leider konnte er die nach Abschluss der Drucklegung erschienene Habilitationsschrift von *Morgenstern* (2017) nicht mehr einbeziehen.

In *Kapitel 1.2* geht der Verf. auf verfassungsrechtliche und völkerrechtliche Vorgaben ein. Hierbei verdeutlicht er am Beispiel der Entscheidung des BVerfG zum Jugendstrafvollzug von 2006, dass auch sog. Soft-Law-Empfehlungen des Europarats zunehmend verfassungsrechtliche Relevanz entfalten. Dies gilt für verbindliche Normen wie die EMRK umso mehr. Der Verf. behandelt zunächst die deutschen verfassungsrechtlichen Grundlagen wie das Rechts- und Sozialstaatsprinzip etc., ehe er auf die Vorgaben der EMRK und das allein dort explizit genannte Prinzip der Unschuldsvermutung eingeht. Zu Recht konstatiert der Verf., dass Resozialisierungsangebote auf freiwilliger Basis der Unschuldsvermutung nicht widersprechen und im Gegenteil zur Begegnung des „sozialstaatlichen Mankos des Untersuchungshaftvollzugs" geradezu erforderlich sind (S. 21). Weitere Vorgaben des Europarats sind die Berichte des Anti-Folter-Komitees (CPT) und die von diesem entwickelten CPT-Standards, die Europäischen Strafvollzugsgrundsätze (EPR) sowie die Empfehlung Rec (2006) 13 zur Untersuchungshaft, auf die der Verf. jeweils detailliert eingeht.

In *Kapitel 1.3* gibt der Verf. einen Überblick über die gesetzlichen Voraussetzungen für die Anordnung der Untersuchungshaft. Der Verf. gibt dabei die h. M. zutreffend wider und spricht auch die (verfassungsrechtliche) Kritik an den Haftgründen des § 112 Abs. 3 und des § 112a StPO an. Auch hinsichtlich der sog. Hauptverhandlungshaft des § 127b StPO wird im Schrifttum Kritik geübt.

Es folgt in *Abschnitt 1.4* ein historischer Abriss zur Geschichte des Untersuchungshaftvollzugs, dessen rudimentäre gesetzliche Ausgestaltung bis vor wenigen Jahren in § 119 StPO a. F. Ausdruck gefunden hatte. Dass die UVollzO als Verordnung der Landesjustizverwaltungen letztlich den verfassungsrechtlichen Anforderungen für die Einschränkung von Grundrechten nicht genügen konnte, war durch die grundlegende Entscheidung des BVerfG von 1972 (BVerfGE 33, S. 1 ff) zwar vorgegeben, jedoch dauerte es – im Anschluss an die Föderalismusreform von 2006, die den Ländern die Gesetzgebungskompetenz zuwies – bis zum Jahr 2009, ehe alle Länder die erforderliche gesetzliche Grundlage geschaffen hatten. Der Untersuchungshaftvollzug ist in Brandenburg, Rheinland-Pfalz, Thüringen und Sachsen-Anhalt in einem gemeinsamen Gesetz (sog. Kombi-Gesetz) zusammen mit dem Erwachsenen- und Jugendstrafvollzug geregelt. In der Folge behandelt der Verf. die verschiedenen Reformentwürfe seit 1981 (E-Baumann) bis zum Regierungsentwurf von 2004. Die vergleichende Stellungnahme und Bewertung der Entwürfe fällt in der Zusammenfassung unter *1.4.3.8* etwas knapp aus, indem allerdings gut nachvollziehbar und zutreffend die Entwürfe von Baumann und der ASJ als „sachgerecht" hervorgehoben werden. Im *Abschnitt 1.5* werden rechtstatsächliche Befunde zur Untersuchungshaftanordnung in Deutschland und zur Vollzugswirklichkeit vorgestellt.

Dabei bezieht sich der Verfasser auf die Belegungsentwicklung, Gefangenen- und U-Haftraten im Zeitraum 1992-2015, die in den letzten 10 Jahren stark rückläufig waren. Der Zusammenhang der U-Haftentwicklung mit der Belegungsquote insgesamt und damit mögliche Erklärungen für die zeitweise Überbelegung werden deutlich. Allerdings ist die Bedeutung der U-Haft allenfalls in den 1980er Jahren markant, im Zeitraum seit 2003 angesichts des drastischen Rückgangs der U-Haftzahlen allerdings nicht mehr.

Die nachfolgenden rechtstatsächlichen Analysen zeigen, dass es trotz der Vorgabe des § 121 Abs. 1 StPO beachtliche Anteile von etwa einem Viertel der Abgeurteilten mit Untersuchungshaft zu einer Haftdauer von 6 Monaten und mehr kommt. Andererseits ist der Anteil von sehr kurzen U-Haftzeiten von unter einem Monat seit 2010 deutlich zurückgegangen (von 41% 1980 auf 24% 2012, vgl. *Kapitel 1.5.3*), was vermutlich mit der Änderung der Gesetzgebung zusammenhängt, die die Beiordnung eines Verteidigers nicht erst nach drei Monaten, sondern unmittelbar nach Erlass des Haftbefehls einführte und damit eine Praxis des „Short-sharp-shock" oder ähnlicher „apokrypher" Haftgründe erschwerte.

Auch zum Verfahrensausgang wird die bekannte Kritik deutlich, die auf der Tatsache beruht, dass etwa die Hälfte der Untersuchungshäftlinge nicht zu einer unbedingten Freiheitsstrafe verurteilt werden, was Rückschlüsse auf eine unverhältnismäßige Anordnungspraxis nahelegt (vgl. *Kapitel 1.5.5*). Der Ausländeranteil ist in der U-Haft besonders erhöht, was ebenfalls zu kritischen Fragen bzgl. einer ungleichen Behandlung von Deutschen und Menschen anderer ethnischer Herkunft führt (vgl. *Kapitel 1.5.6*; zu aktuelleren in die gleiche Richtung weisenden Daten vgl. *Morgenstern* 2017.

Informativ ist ferner die Auswertung der CPT-Berichte im *Abschnitt 1.5.8*. Im „Resümee" zu diesem Abschnitt (*1.5.9*) entwickelt der Verf. auf den Rechtstatsachen basierte Anforderungen an die Gestaltung der U-Haft. Dabei geht er auch auf die besondere Problematik der wenigen weiblichen Betroffenen ein, für die er besonders weitgehende Besuchsregelungen fordert, um einer sozialen Isolation vorzubeugen. Auch hätte man insoweit an „gemischtgeschlechtliche" Unterbringungsformen und Behandlungsangebote nachdenken können. In jedem Fall bewertet er den in der JVA Moabit praktizierten Wohngruppenvollzug (vgl. dazu *Kapitel 1.5.7*) als gelungenes Praxismodell.

Im *Abschnitt 1.6* werden die bundesrechtlichen Regelungen bzgl. Grundrechtseinschränkungen aus Gründen der Verfahrenssicherung – wie sie im neuen § 119 StPO geregelt wurden – dargestellt. Zu Recht kritisiert der Verf., dass auch nach neuem Recht keine Differenzierung nach Haftgründen in der Weise vorgenommen wird, dass z. B. bei U-Haft allein wegen Fluchtgefahr Einschränkungen der Kontakte (Besuche, Telefon etc.) regelmäßig nicht gerechtfertigt werden können. Im Übrigen sind allerdings Kompetenzprobleme zwischen Justiz und Justizvollzug durch die Gesetzgebung seit 2010 als geklärt anzusehen, indem der Haftrichter auf die der Verfahrenssicherung dienenden Entscheidungen und ggf. Grundrechtseinschränkungen beschränkt bleibt, während Aspekte der Sicherheit und Ordnung der Anstalt dem Anstaltsleiter vorbehalten sind (vgl. *Kapitel 1.7* und *1.8*).

Im *zweiten Kapitel* werden die landesrechtlichen Regelungen zum Vollzug der Untersuchungshaft in Deutschland verglichen.

Zunächst fällt auf, dass die Regelungsformen unterschiedlich sind. Die meisten Länder haben eigenständige U-Haftvollzugsgesetze geschaffen, teilweise wird die U-Haft als Teil eines umfassenden (ggf. mehrbändigen, vgl. BW) Justizvollzugsgesetzbuches geregelt, teilweise darüber hinaus in einem Strafvollzugsgesetz, das den Erwachsenen- und Jugendstrafvollzug zusammen mit der U-Haft regelt (NS, BB, RP und neuerdings TH sowie LSA), eine – wie der Verf. zu Recht kritisiert – besonders unübersichtliche Regelungsform. Auch das bayerische U-Haftvollzugsgesetz mit zahlreichen Verweisen auf das bayerische StVollzG muss aus der Sicht der Adressaten und der Handhabbarkeit als wenig gelungen angesehen werden.

Bei den allgemeinen Bestimmungen, insbesondere Gestaltungsgrundsätzen gibt es im Ländervergleich wenige Unterschiede. Allerdings heben einige Bundesländer mit Blick auf den Gegensteuerungsgrundsatz die Suizidprophylaxe und den Schutz vor Übergriffen von Mitgefangenen besonders hervor (S. 116 f.). Unter der Überschrift „Bewertung" (*Kapitel 2.2.2*) widmet sich der Verf. den Details der allgemeinen Regelungen zu Resozialisierungsangeboten, zur Ordnung des Zusammenlebens, zum Angleichungs- und Gegensteuerungsgrundsatz, zur Suizidprophylaxe, Gewaltprävention, zur Berücksichtigung der besonderen Bedürfnisse weiblicher oder ausländischer Gefangener, zu sozialen Hilfen und zur Zusammenarbeit mit Externen etc. Dieser Vergleich ist sehr aufschlussreich, wenngleich hier Länderunterschiede eher selten sind. Es handelt sich insoweit um eine weitgehend übereinstimmend geregelte Materie von grundlegenden Orientierungen.

In *Kapitel 2.3* widmet sich der Verf. Fragen des Vollzugsverlaufs. Auch hier beginnt der Verf. mit einem überblicksartigen Problemaufriss, in dem bereits Einzelheiten von Landesgesetzen präsentiert werden, um sodann unter der Überschrift „Bewertung" die Einzelprobleme zum Zugangsgespräch, zur Zugangsuntersuchung, Benachrichtigung von Vertrauenspersonen, zu Fragen eines vorgezogenen Behandlungsvollzugs (wobei er zutreffend auf das ausländische Vorbild der Schweiz verweist, vgl. S. 150 ff., 153) und zur Entlassung zu behandelt. Schön ist, dass der Verf. immer wieder internationale Vorgaben der Empfehlungen des Europarats (z. B. der EPR) und des Anti-Folter-Komitees (CPT) einbezieht und die Landesgesetze auf die Kompatibilität mit diesen Vorgaben überprüft. Zu Recht kritisiert der Verf., dass keines der Bundesländer Regelungen zum „vorzeitigen Strafantritt" eingeführt hat, wenngleich hier die Praxis, insbesondere im Jugendvollzug zeigt, dass junge U-Gefangene (auf freiwilliger Basis) regelmäßig in Behandlungsmaßnahmen eingebunden werden können.

Nach gleichem Schema werden in *Kapitel 2.4* Fragen der Unterbringung und Versorgung erörtert. Hier geht es um Trennungsgrundsätze, insbesondere bzgl. Straf- und U-Haft (die nach oben Gesagtem durchaus flexibel gehandhabt werden können und auch sollten), die Unterbringung während der Freizeit (im Prinzip in Gemeinschaft) und Ruhezeit (im Prinzip in Einzelhafträumen mit Ausnahmen auf Wunsch der Gefangenen), die Unterbringung in Wohneinheiten (vergleichbar dem Wohngruppenvollzug, aber ohne den behandlerischen Anspruch, vgl. S. 174 f.), die Ausstattung des Haftraums, die Verpflegung, den Einkauf und zu ermöglichende „Annehmlichkeiten" (entsprechend der Formulierung im früheren § 119 Abs. 4 StPO). In der Zusammenfassung (*2.4.3*) plädiert der Verf. für klare menschenrechtliche Standards und kritisiert die in einigen Ländern zu weit formulierten Ausnahmen beispielsweise aus „Gründen der Vollzugsorganisation" oder bzgl. der Einzelunterbringung während der Ruhezeit. Zu Recht kritisiert er auch die kleinliche Kostenbeteiligung an Stromkosten u. ä., wie sie leider auch im Strafvollzug in etlichen Bundesländern Einzug genommen hat.

In *Kapitel 2.5* wird das Thema Gesundheitsfürsorge behandelt. Hierzu gehören auch Regelungen zum Aufenthalt im Freien. Der Verf. plädiert für eine Ausweitung auf täglich mehr als eine Stunde, wie dies in Bayern mit zwei Std. ansatzweise erfolgt ist und verweist auf Vorgaben der EPR und des CPT (*2.5.2.1*). Das von den EPR geforderte Recht auf „möglichst" tägliches Duschen wird in Deutschland weder von der Gesetzgebung noch in der Praxis realisiert. Die allenfalls als Soll-Regelung ausgestaltete Möglichkeit, einen Arzt der eigenen Wahl zu kontaktieren, mag man zwar kritisieren (so der Verf.), jedoch stehen einer wirklichen freien Arztwahl häufig unüberwindbare vollzugsorganisatorische Gründe entgegen.

Unter *2.6* werden Fragen der Arbeit, Bildung und Freizeit thematisiert. Wegen der Unschuldsvermutung gibt es zwar keine Arbeitspflicht, jedoch legen die Landesgesetze und auch das CPT Wert darauf, dass die Anstalten entsprechende Angebote bereithalten sollen, die verhindern, dass U-Gefangene mehr oder weniger 23 Stunden nur verwahrt werden. Die Realität sieht freilich anders aus, denn der Arbeitsmangel ist ein weit verbreitetes Problem auch bei verurteilten Gefangenen. Ob man die z. B. in BW geregelte Heranziehung zu Hilfstätigkeiten in der Anstalt wirklich als Arbeitspflicht ansehen und dementsprechend kritisieren kann, erscheint zweifelhaft, denn hier geht es lediglich um stundenweise Reinigungsarbeiten, wie sie für ein geordnetes Zusammenleben in der Anstalt notwendig sind.

Keines der Länder hat ein Recht auf Arbeit bzw. Beschäftigung normiert, wie dies die Entwürfe von *Baumann* und der *ASJ* forderten. Das Dilemma fehlender Arbeitsmöglichkeiten (häufig fehlt es in U-Haftanstalten schon an den räumlichen Voraussetzungen) ist schwer zu lösen.

Auch Bildungsangebote sind weitgehend unterentwickelt, woran die eher unverbindlichen gesetzlichen Regelungen der Länder nichts ändern werden. Positives Beispiel insoweit ist das Berliner UVollzG, das Deutschkurse für Ausländer im Rahmen einer „Soll-Regelung" vorschreibt.

Bemerkenswert ist, dass einige Länder (BW, NRW, NI und SH) bei der Arbeitsentlohnung die für arbeitspflichtige Gefangene verfassungsrechtlich gebotene Mindesthöhe von 9% unterschreiten und lediglich 5% der Durchschnittslohns der Sozialversicherten bezahlen. Dies kritisiert der Verf. zu Recht (S. 205 ff.), zumal auch in den übrigen Ländern angesichts der fehlenden nichtmonetären Komponente eine Gleichstellung mit Strafgefangenen nicht gegeben ist. Insoweit ist auch auf die Mindestlohndebatte in Freiheit hinzuweisen, die am Straf- und Untersuchungshaftvollzug unbemerkt vorbei zu gehen scheint. Dass Gefangene keine Lobby haben, ist allerdings nicht erst seit heute bekannt. Geradezu skandalös und verfassungsrechtlich (Sozialstaatsgebot) bedenklich ist es, dass einige Länder (BW, BY und NI) nicht einmal ein Taschengeld für mittellose U-Gefangene vorsehen (vgl. *Kapitel 2.6.2.6*), zumal offenbar der Hinweis auf mögliche Sozialhilfeansprüche nicht ausreichend erfolgt.

Im Bereich von Freizeit und Sport enthalten die meisten Ländergesetze eher unverbindliche Regelungen, im Fall von BW, BY, NRW immerhin als Soll-Vorschriften, in BB und RP sowie Hessen bzgl. des Sports als zwingende Vorschrift für die Einrichtung ausreichender Angebote (vgl. *Kapitel 2.6.2.7*).

Von besonderer Bedeutung hinsichtlich der Suizidprophylaxe und der Vermeidung von Haftschäden ist, dass auch an Wochenenden und Feiertagen sinnvolle Freizeitangebote vorgehalten werden. Nur RP hat eine entsprechende verbindliche Regelung eingeführt, die der Verf. zu Recht als vorbildlich für die übrigen Landesgesetzgeber ansieht.

Der Bezug von Zeitschriften und der individuelle Rundfunk- bzw. Fernsehempfang kann nur ausnahmsweise beschränkt werden, wobei z. B. in BW der Ausschluss von einzelnen Programmen möglich ist, was im Unterschied zum Strafvollzug, in dem man dies unter Resozialisierungsgründen vertreten mag, wegen der Unschuldsvermutung nicht zu rechtfertigen ist. Bedenklich ist auch die in BB, BW, NS und RP mögliche Zulassung lediglich von Anstaltsgeräten, für die u. U. eine Kostenbeteiligung auferlegt werden kann. Dies erscheint gerade in Ländern wie BW und NI, die ohnehin ein verringertes Entgelt für arbeitende U-Häftlinge bezahlen, eine Gestaltungsform, die man als „schäbig" bezeichnen kann (vgl. dazu schon *Dünkel/Schüler-Springorum* 2006). Obwohl der Verf. diesen Begriff nicht gebraucht, spart er doch nicht mit deutlicher Kritik an den landesgesetzlichen Regelungen in diesem Bereich (vgl. *Kapitel 2.6.3*).

Anlass zu einer kritischen Bestandsaufnahme gibt auch das *Kapitel 2.8* zu Außenkontakten, die sich im U-Haftvollzug naturgemäß auf Kontakte innerhalb der Anstalt, insbesondere in Form von Besuchen, Schriftwechsel und Telefongesprächen beschränken müssen. Zu kritisieren ist hier einmal die unterschiedlich restriktive Regelung der Mindestbesuchszeiten zwischen einer (BW, HE, NI) und

4 Stunden (BB) pro Monat. Der Verf. hält zu Recht mindestens die doppelte Zeit von 8 Std. (so auch der ASJ-Entwurf) für geboten. Nicht alle Länder haben eine Klausel der besonderen Förderpflicht von familiären Kontakten explizit aufgenommen. Als positives Beispiel war bis 2015 Sachsen-Anhalt zu nennen, das Familienbesuche nicht auf das Kontingent von Besuchen anrechnete, eine Regelung, die mit der Verabschiedung eines neuen JVollzGB leider entfiel (vgl. S. 232). Mit Blick auf Art. 6 GG sollten auch Langzeitbesuche ermöglicht werden (vgl. dazu aktuell *Thiele* 2016), was einige Länder in den Jugend- oder Erwachsenenvollzugsgesetzen zwar explizit geregelt haben, im Bereich der U-Haft jedoch keines der Länder. Dies erscheint nicht nur misslich, sondern auch verfassungsrechtlich bedenklich. Zudem verweist der Verf. zutreffend auf die entsprechenden Forderungen der EPR (vgl. *Kapitel 2.8.2.3*). Desiderate der gesetzlichen Regelungen sind auch die fehlenden oder eingeschränkten Besuchsmöglichkeiten an den Wochenenden (so die Kritik des CPT).

Hinsichtlich des Schriftverkehrs, des Anhaltens von Schreiben und der Briefkontrolle gibt es wenig Veränderungen und nur geringfügige Abweichungen in den Ländergesetzen, wenngleich die Frage, in welchem Umfang eine Kostenübernahme durch die Anstalt erfolgen kann, für die Häftlinge essentiell sein kann (insbesondere wenn – wie in NI möglich – den Gefangenen auch Dolmetscherkosten auferlegt werden können). Gleiches gilt insofern für die Regelungen über Telefongespräche. Die Kostenfrage kann umso gravierender sein, als mit der teilweisen Privatisierung der Telefonanlagen in den Anstalten die privaten Anbieter zum Teil erhöhte Gebühren verlangen, die für die Gefangenen zur Falle werden können, insbesondere bei ausländischen Gefangenen, die sich teure Auslandsgespräche zu ihren Familien kaum leisten können. Auf diesen Aspekt der negativen Folgen von Teilprivatisierungen weist der Verf. zu Recht kritisch hin.

Eine nicht zu vernachlässigende „Petitesse" ist das – ebenso wie schon in den Strafvollzugsgesetzen – nunmehr überall mit Ausnahme von BB erfolgte Verbot des Empfangs von Nahrungsmittelpaketen (aus vorgeblichen Gründen des erhöhten Kontrollaufwandes)

In *Kapitel 2.9* behandelt der Verf. Fragen von Sicherheit und Ordnung. Dabei ist von der Systematik her zu kritisieren, dass in BY, NI und NRW die besonderen Sicherungsmaßnahmen und Disziplinarmaßnahmen in einem Abschnitt gemeinsam geregelt werden, zudem arbeiten die ersten beiden Gesetze mit schwer handhabbaren Verweisungen. Zutreffend verweist der Verf. auf kleinere Ungereimtheiten auch anderer Gesetze. Im Grunde fragt man sich zu Recht, warum es trotz des gemeinsamen Entwurfs von 10 Bundesländern zu häufig substantiell unbedeutenden Abweichungen kommen musste. Der Verf. dekliniert die jeweiligen Besonderheiten bei den Einzelfragen zu den Sicherungs- und Disziplinarmaßnahmen durch.

Dass alle Landesgesetze den Entzug des täglichen Aufenthalts im Freien als Sicherungsmaßnahme vorsehen, erscheint angesichts der Kritik des CPT erstaunlich (vgl. *Kapitel 2.9.2.2*, S. 259 f.). Die Forderung nach Streichung dieser Sicherungsmaßnahme ist richtig, zumal internationale Erfahrungen belegen, dass selbst im Hochsicherheitsvollzug der sog. Hofgang so organisiert werden kann, dass Gefährdungen anderer oder Entweichungen/Entführungen u. ä. vermieden werden.

Einzelfallbezogene Anordnungen der Durchsuchung des Gefangenen verbunden mit einer Entkleidung sind in allen Gesetzen vorgesehen, darüber hinaus aber mit Ausnahme von SN und LSA auch Allgemeinanordnungen, insbesondere nach Kontakten mit Besuchern. Hierzu hat der Verf. eine anschauliche Synopse bzw. Tabelle erstellt. Merkwürdige Besonderheiten finden sich in den Gesetzen von MV, RP, SL und TH, die mit Entkleidungen verbundene Durchsuchungen auch *vor*, nicht nur *nach* Besuchen ermöglichen, also nicht das Einschmuggeln, sondern das Herausschmuggeln von Gegenständen kontrollieren wollen, eine reichlich absurde Regelung, die zu Recht vielfach in Landtagsanhörungen von Seiten der Wissenschaft kritisiert wurde.

Der Verf. zeigt zudem auf, dass einige Gesetze gegen die Rspr. des BVerfG verstoßen, indem sie auch bei einer lediglich abstrakten Gefahr eine entsprechende Durchsuchung zulassen (vgl. *Kapitel 2.9.2.4*). Die erkennbare Rechtszersplitterung in diesem Bereich ist deshalb besonders misslich, weil es sich um besonders eingriffsintensive Maßnahmen handelt.

Dies gilt auch für die Einzelhaft („unausgesetzte Absonderung"). Keines der Ländergesetze enthält eine Höchstdauer, die man angesichts der CPT-Standards und der EPR hätte erwarten müssen. Unterschiedlich lang sind die Fristen eines Zustimmungsvorbehalts seitens der Aufsichtsbehörde, die zwischen 20 Tagen (BB und RP) und drei Monaten liegen und damit der Anstaltsleitung u. U. sehr weitreichende Kompetenzen für besonders eingriffsintensive Maßnahmen geben, für die die EPR und das CPT weit engere Rahmenbedingungen zu setzen fordern. Auch die notwendige besondere Betreuung bei derartigen Sicherungsmaßnahmen, z. B. durch Ärzte ist nicht in allen Ländern zufriedenstellend geregelt.

Einen weiteren wichtigen Bereich hinsichtlich der Eingriffe in Grundrechte stellen die in *Kapitel 2.10* behandelten Möglichkeiten der Anordnung von Disziplinarmaßnahmen dar. Die synoptische Übersicht in *Tabelle 11* zu den Anordnungsvoraussetzungen und zu den zulässigen Disziplinarmaßnahmen erweist sich erneut als hilfreich und sinnvoll. Die Unterschiede zwischen den Gesetzen sind z. T. erheblich. Die Länder der sog. 10er-Gruppe und Hessen beachten die Vorgaben der EPR, dass ein konkreter Tatbestandskatalog für die Anordnung von Disziplinarmaßnahmen gesetzlich vorgegeben sein muss, sodass der Gefangene von vornherein weiß, welches Verhalten inkriminiert werden kann. Demgegenüber belassen es die Länder BW, BY, NI und NRW dabei, allgemeine schuldhafte Pflichtverstöße als Anknüpfungspunkt zu nehmen.

Bei den zulässigen Disziplinarmaßnahmen gibt es zumeist eher marginale Unterschiede, z. T. aber auch deutlich abweichende Ausgestaltungen mit einer tendenziell repressiveren Orientierung in BY und NI im Gegensatz zu BB, das als einziges Bundesland auf den Arrest als Disziplinarmaßnahme verzichtet hat. Letzteren mutigen Schritt des Gesetzgers in BB, der sich inzwischen offensichtlich bewährt hat, empfiehlt der Verf. zu Recht zur Übernahme, zumindest aber die Einschränkung isolierender Maßnahmen auf maximal eine Woche (anstatt bis zu 4 Wochen), was angesichts der Kürze des durchschnittlichen eher kurzen Aufenthalts in U-Haft sachgerecht erscheint.

Der Verf. kritisiert zu Recht die in einigen Gesetzen (BW, BY, NI) vorgesehene Disziplinarmaßnahme der Einschränkung des Verkehrs mit Personen außerhalb der Anstalt, die gegen die EPR und eine explizite Aufforderung zur Abschaffung seitens des CPT verstößt (vgl. *Kapitel 2.11.2.2*). Die Mehrzahl der Bundesländer hat die besondere Bedeutung von Kontakten mit der Außenwelt anerkannt und lässt Einschränkungen nur aus verfahrenssichernden Gründen zu. Auch die in NRW zulässige Beschränkung des Lesestoffs im Rahmen der Arreststrafe ist antiquiert und verstößt gegen Empfehlungen des Europarats und eine weitere ausdrückliche Forderung des CPT (S. 284 f.).

Nur BB sieht als Alternative zu Disziplinarmaßnahmen eine einvernehmliche Streitbeilegung vor (vgl. *Kapitel 2.11.2.3*). Diese gesetzgeberische Zurückhaltung ist insofern erstaunlich, als wiedergutmachungsorientierte Streitbeilegungen in den Gesetzen zum Jugend-, aber auch Erwachsenenstrafvollzug inzwischen weit verbreitet sind.

Das *3. Kapitel* enthält zwei Abschnitte: Zunächst Ausführungen zur Forderung eines gesetzlichen Abstandsgebots „zur voraussetzungslosen Einzelhaft" (*3.1*), danach eine zusammenfassende Schlussbetrachtung (*3.2*).

In *Abschnitt 3.1* geht es in Anknüpfung an eine Entscheidung des BVerfG und mit Blick auf die gleichlautende Kritik des CPT darum, dass der U-Haftvollzug sich deutlich von einer mehr oder weniger bloß verwahrenden 23-stündigen Einzelhaft oder disziplinarischem Arrest, die nur von einer Stunde Hofgang unterbrochen werden, unterscheiden muss. Dieses Abstandsgebot ist hinsichtlich der gemeinschaftlichen Freizeit, Bildung und Arbeit und bzgl. der Unterbringung, Versorgung und der Gestaltung von Sicherheit und Ordnung zu realisieren. Der Verf. gelangt auf S. 292 zum Schluss, dass die Gestaltung des äußeren Rahmens in diesen Bereichen in keinem Bundesland in ausreichendem Umfang gelungen ist, weil die Landesgesetzgeber entsprechende Gestaltungsprinzipien weitgehend in das Ermessen der Anstalten stellen (Kann- und allenfalls Soll-Vorschriften). Als Bewertungsmaßstab verwendet der Verf. erneut die EPR und Standards, die das CPT formuliert hat. Danach ist z. B. zu gewährleisten, dass U-Gefangene sich mindestens 8 Std. pro Tag außerhalb ihrer Haftäume aufhalten und „sich mit verschiedenartigen sinnvollen Aktivitäten beschäftigen können" (S. 294). Der Verf. geht über die diesbezügliche Feststellung des BVerfG, dass die Forderungen des CPT lediglich als anzustrebende Zielstellungen zu interpretieren seien, hinaus und möchte die Standards zur verbindlichen Leitlinie der Gesetzgebung machen. Dem ist zuzustimmen, auch wenn die Rechtswirklichkeit vermutlich deutlich hinter der Gesetzeslage zurückbleiben wird. Letzterem Problem kann nur durch eine entsprechend gute personelle Ausstattung Rechnung getragen werden, deren Notwendigkeit der Verf. zutreffend ebenfalls aus den EPR und der Rspr. des BVerfG herleitet. Insoweit liegt ein gesetzgeberisches Versäumnis in allen Bundesländern darin, die erforderliche personelle und sachliche Ausstattung zur Qualitätssicherung konkret festzuschreiben, wie dies wiederholt, aber erfolglos, auch bei der Gesetzgebung zu den Jugend- und Erwachsenenstrafvollzugsgesetzen gefordert wurde.

Im *Abschnitt 3.2* fasst der Verf. nochmals die wesentlichen Erkenntnisse zum Ländervergleich der Untersuchungshaftvollzugsgesetze bzw. Regelungen zum U-Haftvollzug zusammen. Das aktuelle Bild ist heterogen, wenngleich viele länderspezifischen Abweichungen eher marginal sind. Leitprinzip der Ausgestaltung der U-Haft müssen die Unschuldsvermutung und das Verhältnismäßigkeitsprinzip sein, die – vom Verf. gut belegt – nicht immer sachgerecht berücksichtigt werden. Der Verf. fasst hier nochmals prägnant die Unzulänglichkeiten der Regelungen einzelner Bundesländer von der fehlenden Verankerung von Resozialisierungsangeboten über die unzureichenden Arbeitsangebote einschließlich der Arbeitsentlohnung bis hin zu den häufig restriktiven Regelungen zu Außenkontakten, insbesondere zu Besuchen, oder bzgl. der Disziplinarmaßnahmen zusammen. Angesichts der zu unverbindlichen Gesetzesformulierungen ist davon auszugehen, dass der erhoffte Innovationschub durch die gesetzliche Normierung des U-Haftvollzugs (vgl. schon *Dünkel* 1985), mit wenigen Ausnahmen (etwa bei der Besuchsdauer, Arbeitsentlohnung oder Taschengeldregelung in einzelnen Bundesländern), ausgeblieben ist. Weitere Defizite werden im Hinblick auf die EPR und die CPT-Standards und teilweise sogar bzgl. der Umsetzung der Rspr. des BVerfG deutlich. Allerdings dürfte das negative Gesamtfazit auf der Basis der Feststellung, dass U-Gefangene häufig bis zu 23 Stunden auf ihrer Zelle verbringen müssen, heute nur noch sehr vereinzelt der Wirklichkeit entsprechen, wie beispielsweise die Untersuchung von *Villmow/Savinsky/Woldmann* (2011) für die U-Haft bei jungen Gefangenen belegt (vgl. auch *Dorenburg* 2017).

Die vorliegende Arbeit beinhaltet eine umfassende Bestandsaufnahme der vielfältigen Dimensionen der Ausgestaltung des U-Haftvollzugs und ihre Bewertung auch anhand internationaler Vorgaben. Das ist ein erheblicher Erkenntnisfortschritt, zumal es derzeit keinen aktuellen Überblick zur Gesetzgebung gibt.

Positiv hervorzuheben ist weiterhin, dass der Verf. internationale Empfehlungen wie die EPR und Standards des Anti-Folter-Komitees stets als Bewertungsgrundlage mit heranzieht. Allerdings ist die Kritik des CPT, soweit sie sich auf länger zurückliegende Besuche bezieht, im Einzelfall nicht mehr aktuell. Andererseits zeigt auch der jüngste 2017 veröffentlichte Bericht des CPT über den Besuch in Deutschland im Jahr 2015 (vgl. CPT/Inf [2017] 13, auf der den der Verf.

leider nicht mehr eingehen konnte), dass in den zwei besuchten U-Haftanstalten (in Bayern und Sachsen) nach wie vor kaum Arbeits- und Berufsausbildungsmöglichkeiten angeboten wurden. Zu Recht verweist der Verf. ferner darauf, dass die Bundesregierung und die Länder nicht immer ausreichend bzw. angemessen auf die Kritik des CPT reagiert haben. Das muss bedenklich stimmen und zeigt Defizite bei der Beachtung von „Soft-law"-Regelungen auf, auf die das BVerfG in seiner Entscheidung von 2006 mit der Bemerkung hingewiesen hat, dass Regelungen, die hinter diesen Standards zurückbleiben, „indiziell" verfassungswidrig sind.

Die vorliegende Arbeit wurde im Wintersemester 2015/16 als Dissertation an der Rechts- und Staatswissenschaftlichen Fakultät angenommen. Dem leider allzu früh verstorbenen Kollegen *Prof. Dr. Wolfgang Joecks* gilt der Dank für die zügige Anfertigung des Zweitgutachtens.

Für die Veröffentlichung wurde die Gesetzeslage vollständig auf den neuesten Stand (2017) gebracht, das Schrifttum konnte allerdings nur teilweise aktualisiert werden. Ein Verdienst der Arbeit als ein umfassender Bundesländervergleich zum Untersuchungshaftvollzug liegt in der Verdeutlichung zahlreicher rechtspolitischer Optionen, deren Beachtung und Umsetzung in der zukünftigen Gesetzgebung der Bundesländer zu wünschen bleibt.

Greifswald, im November 2017

Frieder Dünkel

Die Untersuchungshaftvollzugsgesetze der Länder im Vergleich

1. Untersuchungshaftvollzug in Deutschland: Historischer, rechtlicher und rechtstatsächlicher Kontext

1.1 Einleitung

1.1.1 Hintergrund der Untersuchung

Bei dem Untersuchungshaftvollzug handelt es sich wegen der Vielzahl der am Verfahren Beteiligten und der rechtlichen Stellung des Untersuchungsgefangenen um ein kompliziertes Rechtsgebiet.[1] Untersuchungshaft ist die gravierendste mögliche prozessuale Zwangsmaßnahme gegenüber dem als unschuldig geltenden Verdächtigen.[2] Sie wurde oft markant als das „dunkelste Kapitel deutscher Strafrechtspflege" bezeichnet und ihr Vollzug stand lange Zeit „im Schatten des Rechts- und Sozialstaates".[3] Denn vor Erlass der Ländergesetze regelten lediglich die Unschuldsvermutung der Europäischen Menschenrechtskonvention (EMRK), wenige Vorschriften der Strafprozessordnung (StPO) und des Jugendgerichtsgesetzes (JGG) (§§ 119, 148, 148a StPO; §§ 93, 110 JGG), die Verwaltungsvorschrift Untersuchungshaftvollzugsordnung und einige Vorschriften aus den Richtlinien für das Straf- und Bußgeldverfahren von ähnlicher Rechtsqualität[4] den Vollzug der Untersuchungshaft.[5] Nach der Generalklausel des § 119 Abs. 3 StPO durften „dem Verhafteten nur solche Beschränkungen auferlegt werden, die der Zweck der Untersuchungshaft oder die Ordnung in der Vollzugsanstalt erfor-

---

1   Vgl. *Koop* 2007, S. 90.

2   Vgl. *Seebode* 1989, S. 118.

3   *Müller-Dietz* 1984, S. 79.

4   Dazu bereits BVerfGE 15, 288.

5   Vgl. *Baumann* 1981b, S. 7.

dert". Diese Generalklausel wurde von der seit 1953 geltenden Untersuchungshaftvollzugsordnung im Einzelnen ausgeführt. Nach der Umverteilung von Gesetzgebungskompetenzen durch die Föderalismusreform existieren verschiedene
Regelungen zum Untersuchungshaftvollzug.

Tabelle 1:   Überblick über die Gesetze

Land	Gesetz	Grobstruktur
Berlin	Gesetz über den Vollzug der Untersuchungshaft in Berlin (Berliner Untersuchungshaftvollzugsgesetz, UVollzG Bln) vom 03.12.2009	Untersuchungshaftvollzugsgesetz
Bremen	Bremisches Gesetz über den Vollzug der Untersuchungshaft (Bremisches Untersuchungshaftvollzugsgesetz, BrUVollzG) vom 02.03.2010	Untersuchungshaftvollzugsgesetz
Hamburg	Gesetz über den Vollzug der Untersuchungshaft (Hamburgisches Untersuchungshaftvollzugsgesetz, HmbUVollzG) vom 15.12.2009	Untersuchungshaftvollzugsgesetz
Hessen	Hessisches Untersuchungshaftvollzugsgesetz (HUVollzG) vom 28.06.2010	Untersuchungshaftvollzugsgesetz
Mecklenburg-Vorpommern	Gesetz über den Vollzug der Untersuchungshaft in Mecklenburg-Vorpommern (Untersuchungshaftvollzugsgesetz Mecklenburg-Vorpommern, UVollzG M-V) vom 17.12.2009	Untersuchungshaftvollzugsgesetz
Saarland	Gesetz über den Vollzug der Untersuchungshaft im Saarland (Untersuchungshaftvollzugsgesetz, SUVollzG) vom 01.06.2009	Untersuchungshaftvollzugsgesetz
Sachsen	Gesetz über den Vollzug der Untersuchungshaft im Freistaat Sachsen (Sächsisches Untersuchungshaftvollzugsgesetz, SächsUHaftVollzG) vom 14.12.2010	Untersuchungshaftvollzugsgesetz
Schleswig-Holstein	Gesetz über den Vollzug der Untersuchungshaft in Schleswig-Holstein (Untersuchungshaftvollzugsgesetz, UVollzG) vom 16.12.2011	Untersuchungshaftvollzugsgesetz
Baden-Württemberg	Gesetzbuch über den Justizvollzug in Baden-Württemberg (Justizvollzugsgesetzbuch, JVollzGB) vom 10.11.2009	Justizvollzugsgesetz mit einem vor die Klammer gezogenen allgemeinen Teil und besonderen Teilen für die jeweilige Vollzugsform

Land	Gesetz	Grobstruktur
Bayern	Gesetz über den Vollzug der Untersuchungshaft (Bayerisches Untersuchungshaftvollzugsgesetz, BayUVollzG) vom 20.12.2011	Untersuchungshaftvollzugsgesetz
Niedersachsen	Niedersächsisches Justizvollzugsgesetz (NJVollzG) vom 14.12.2007 geändert durch Gesetz vom 25.03.2009	Justizvollzugsgesetz mit einem vor die Klammer gezogenen allgemeinen Teil und besonderen Teilen für die jeweilige Vollzugsform
Nordrhein-Westfalen	Gesetz zur Regelung des Vollzuges der Untersuchungshaft und zur Verbesserung der Sicherheit in Justizvollzugsanstalten in Nordrhein-Westfalen (GVUVS NRW) vom 27.10.2009	Untersuchungshaftvollzugsgesetz
Brandenburg	Gesetz über den Vollzug der Freiheitsstrafe, der Jugendstrafe und der Untersuchungshaft im Land Brandenburg (Brandenburgisches Justizvollzugsgesetz, BbJVollzG) vom 24.04.2013	Multigesetz
Rheinland-Pfalz	Landesjustizvollzugsgesetz Rheinland-Pfalz (LJVollzG) vom 08.05.2013	Multigesetz
Thüringen	Thüringer Justizvollzugsgesetzbuch (ThürJVollzGB) vom 27.02.2014 (GVBl. S.13).	Multigesetz
Sachsen-Anhalt	Justizvollzugsgesetzbuch Sachsen-Anhalt (JVollzGB LSA) vom 18.12.2015	Multigesetz

Dies entspricht zumindest dem aus dem Grundsatz vom Vorbehalt des Gesetzes und der Wesentlichkeitslehre folgenden Postulat, dass der Gesetzgeber im Bereich der Grundrechtsausübung alle wesentlichen Entscheidungen selbst zu treffen hat.[6] Kritik am Recht des Untersuchungshaftvollzugs wird jedoch auch zur neuen Rechtslage geübt.[7]

Die Möglichkeit der Anordnung von Untersuchungshaft ist notwendig, weil sie der Sicherung des Strafverfahrens dient, den im öffentlichen Interesse stehenden staatlichen Strafanspruch sichert und so letztendlich Voraussetzung für die Verwirklichung der Strafzwecke ist.[8] Wegen der Unschuldsvermutung ist die Betonung der Individualrechte geboten, sie muss ihre Grenze jedoch dort finden, wo

---

6   BVerfGE 33, 1; BVerfG NJW 2006, S. 2093.

7   Vgl. zum Nordrhein-Westfälischen Entwurf *Piel/Püschel/Tsambikakis/Wallau* 2009 „Ein rechtliches und politisches Ärgernis"; zum Niedersächsischen Gesetz *Paeffgen* 2009, „Sumpfblüte der Föderalismusreform" (S. 46); *Höflich* 2009 mit Kritik zu verschiedenen Regelungspunkten des Musterentwurfs der damaligen 12er Gruppe.

8   Vgl. *Rössner* 1988, S. 116.

sie die Haft ineffektiv machen würde,[9] denn dort, wo Haft wegen Verdunkelungsgefahr angeordnet wird, widerspricht z. B. unbeschränkter Verkehr mit der Außenwelt dem Haftzweck. Deswegen muss Untersuchungshaft ein sensibler Ausgleich zwischen den Bedürfnissen der effektiven Strafverfolgung einerseits und
dem rechtsstaatlich garantierten Individualschutz andererseits sein.[10] Die Diskussion um dieses Rechtsgebiet fokussierte sich immer auf die Anordnung der Untersuchungshaft, ihr Vollzug aber fand wenig Berücksichtigung und gilt in besonderem Maße als das „Stiefkind der Strafrechtspflege".[11] Grade dem Vollzug
kommt jedoch vor dem Hintergrund des strafprozessualen Interessenwiderstreits
besondere Bedeutung zu.[12] Der Vollzug der Untersuchungshaft betrifft den All-
tag von ca. 11.000 Menschen,[13] die bei geltender Unschuldsvermutung im Justizvollzug untergebracht sind.[14] Die vorliegenden Gesetze finden Anwendung in
145 Justizvollzugsanstalten, in denen Untersuchungshaft vollzogen wird.[15] Hier
müssen sich die Regelungen eines Untersuchungshaftvollzugsgesetzes am Betroffenen selbst beweisen, denn die vielen Einzelheiten des Vollzugslebens, die
für sich besehen aus der Perspektive des in Freiheit Lebenden triviale Sachverhalte betreffen mögen, werden für den Fall einer der Unschuldsvermutung nicht
entsprechenden gesetzlichen Regelung des jeweiligen Bereichs in ihrer Summe
bei entsprechender Disposition des Untersuchungsgefangenen diesem stark zuset-
zen.[16] Trotz Unschuldsvermutung ist die Eigenständigkeit des Untersuchungsgefangenen ähnlich wie die eines Strafgefangenen eng begrenzt, denn er wird
ebenso in die Zwangslebensordnung einer Anstalt eingefügt und seine Freiheitsrechte beschränken sich auf wenige Bereiche.[17] Untersuchungshaft stellt „psychologisch nicht selten ein schwereres Leiden" dar als Strafhaft.[18] Denn dem verurteilten Gefangenen können anders als dem Untersuchungsgefangenen

---

9   Vgl. *Seebode* 1985, S. 6.

10   Vgl. *Jehle* 1985, S. V.

11   *Ostendorf* 2009, S. 125; bzw. „Stiefkind der Gesetzgebung" (*Paeffgen* 2009, S. 53) oder
      „Stiefkind der Justiz" (*Reindl/Nickolai/Gehl* 1995); zur Vernachlässigung auch *Morgen-*
      stern 2013, S. 212.

12   Vgl. *Seebode* 1985, S. 6.

13   Am Stichtag 30.11.2013 insgesamt 11.271; vgl. *Kap. 1.5.1, Tab. 1*.

14   Vgl. *Kubach* 2004, S. 1.

15   Vgl. *Ostendorf* 2009b, S. 131.

16   Vgl. *Seebode* 1985, S. 6.

17   Vgl. *Rotthaus* 1973, S. 2270.

18   *Seebode* 1985, S. 3.

Vollzugslockerungen, wie z. B. Urlaub und Freigang gewährt werden.[19] Außerdem stellt der Untersuchungshaftvollzug subjektiv eine besonders unsichere Situation dar. Es liegt auf der Hand, dass die Kontaktbeschränkungen, das Warten auf die Hauptverhandlung und die Ungewissheit über die Haftdauer mit Risiken für die psychische Stabilität des Untersuchungsgefangenen einhergehen.[20]

Während bezüglich der Haftgründe des § 112 StPO und zum Bereich des Strafvollzuges eine Vielzahl von Publikationen erschienen sind, existiert zum Vollzug der Untersuchungshaft nur wenig Literatur.[21] Nach einem geringen Anstieg der Anzahl wissenschaftlicher Beiträge Anfang der 80er Jahre, darunter veröffentlichte Gesetzentwürfe von *Baumann* (1981), der *Bundesvereinigung der Anstaltsleiter e. V.* (1982) und der *Arbeitsgemeinschaft sozialdemokratischer Juristen* (1985) hat sich die Rechtswissenschaft mit dem Untersuchungshaftvollzug wenig beschäftigt, was notwendig auch dazu führt, dass in dieser Arbeit häufig ältere Literatur verwendet wird. Neue Literatur – und gleichzeitig kann dies den Forschungsstand auf dem Gebiet des Untersuchungshaftvollzugs wiedergeben – stammt von *Winzer*, die das Thema des Untersuchungshaftvollzuges in ihrer Dissertation anhand des Niedersächsischen Justizvollzugsgesetzes kürzlich im weiteren Rahmen von verfassungsrechtlicher und verfahrensrechtlicher Sicht behandelt hat.[22] Aus empirischer Sicht hat in letzter Zeit insoweit *Busse* auf einige beachtliche Gesichtspunkte der frühen Strafverteidigung und Untersuchungshaft aufmerksam gemacht.[23] Die erste Darstellung aller Untersuchungshaftvollzugsgesetze der Länder stammt von *Ostendorf*.[24]

1.1.2 Forschungsanliegen und Gang der Darstellung

Forschungsanliegen ist es, die vielfältigen Dimensionen der Ausgestaltung des Untersuchungshaftvollzugs in Deutschland im Rahmen einer umfassenden Analyse darzustellen. Die vorliegende Arbeit gliedert sich in drei Teile: Im ersten Teil wird zunächst der historische, rechtliche und rechtstatsächliche Kontext des Untersuchungshaftvollzugs behandelt. Dieser Teil stellt die Geschichte des Untersuchungshaftvollzugs bis zur sogenannten Föderalismusreform, das heißt dem 52. Gesetz zur Änderung des Grundgesetzes vom 28.08.2006,[25] in deren Folge die Untersuchungshaftvollzugsgesetze der Länder erlassen wurden, dar. Danach

---

19   Vgl. *Seebode* 1985, S. 3.

20   BVerfG StV 2008, S. 259.

21   Vgl. schon *Seebode* 1985, S. 31.

22   *Winzer* 2010.

23   *Busse* 2008.

24   *Ostendorf* 2012.

25   BGBl. I, S. 2034.

werden Entwürfe von Untersuchungshaftvollzugsgesetzen vorgestellt. Es wird auch auf die verfassungsrechtlichen und völkerrechtlichen Vorgaben zum Untersuchungshaftvollzug, insbesondere die Vorgaben der Europäischen Menschenrechtskonvention (EMRK), die Standards des Committee for the Prevention of Torture[26] (CPT-Standards), die 2006 vom Ministerkomitee des Europarats verabschiedete Empfehlung „Rec(2006) 2 on the European Prison Rules" (EPR) und die „Empfehlung Rec(2006) 13 betreffend die Anwendung von Untersuchungshaft, die Bedingungen, unter denen sie vollzogen wird, und Schutzmaßnahmen gegen Missbrauch" (Rec(2006) 13) eingegangen. Sodann erfolgt die Darstellung der bundesgesetzlichen Voraussetzungen für die Anordnung der Untersuchungshaft (§ 112 StPO). Auf weitere Formen der nach den Regelungen der Untersuchungshaftvollzugsgesetze der Länder vollzogenen Formen der Haft[27] wird ebenfalls eingegangen. Weil die Gestaltungsmöglichkeiten des Untersuchungshaftvollzugs maßgeblich von den äußeren Rahmenbedingungen der Anordnung und Dauer der Untersuchungshaft abhängen, folgen rechtstatsächliche Befunde zur Untersuchungshaftanordnung und zur Vollzugswirklichkeit. Hier wird versucht, die Vollzugswirklichkeit anhand von Daten aus Kriminalstatistiken und Berichten des CPT darzustellen. Weil ein Untersuchungshaftvollzugsgesetz auch bezüglich Sondergruppen Regelungen enthalten muss,[28] werden in diesem Teil auch in tabellarischer Form die Anteile von Frauen als Minderheit im Untersuchungshaftvollzug sowie Anteile von Ausländern dargestellt. Ein Beispiel aus der Praxis des Untersuchungshaftvollzugs liefert die Ausgestaltung des Wohngruppenvollzugs am Beispiel der Rahmenbedingungen der Teilanstalt III in der JVA Moabit. Es erfolgt eine Auswertung der Berichte, die das Anti-Folter-Kommitee nach Besuchen in deutschen Haftanstalten vorgelegt hat. Sodann wird auch auf die im Rahmen der Föderalismusreform aufgetretenen Kompetenzprobleme eingegangen. Da Regelungen zu Beschränkungen des Untersuchungsgefangenen auch auf bundesrechtlicher Ebene existieren (§ 119 StPO), wird auch dieser Bereich behandelt.

Sodann folgt im 2. Teil der im Mittelpunkt der eigenen Untersuchung stehende Vergleich der Untersuchungshaftvollzugsgesetze der Länder. Es werden in den Gesetzen enthaltene Regelungspunkte eines Untersuchungshaftvollzugs-gesetzes anhand des Musterentwurfs der 10er Gruppe dargestellt. Ein Anspruch auf Vollständigkeit wird dabei im Hinblick auf den Umfang der landesrechtlichen Regelungen nicht erhoben. Die Untersuchung beschränkt sich auf einige ausgewählte, vor dem Hintergrund der Bewertungskriterien bedeutende, länderspezifische Abweichungen. Der Status quo der Regelungen der im Einzelnen teilweise erheblich voneinander abweichenden Regelungen wird erläutert und miteinander

---

26 Anti-Folter-Komitee, vgl. *Kap. 1.2.3.1.*

27 §§ 127b; 230; 236; 275a Abs. 5; 329 Abs. 4 S. 1; 412 S. 1; 453c StPO.

28 Vgl. *Paeffgen* 2009, S. 53.

verglichen. Die im ersten Teil der Untersuchung vorgestellten Reformentwürfe und die ihnen zugrundeliegenden wissenschaftlichen Untersuchungen zeigen z. T. rechtlich fehlerhafte Regelungen zur alten Rechtslage auf oder entwerfen mit Blick auf die Rechtsstellung des Untersuchungsgefangenen gebotene Gestaltungsmöglichkeiten des Untersuchungshaftvollzugs. Hier wird überprüft, ob und wie die Legislative aus diesen Erkenntnissen Folgerungen gezogen hat. Die dargestellten internationalen und verfassungsrechtlichen Vorgaben werden bei der Untersuchung berücksichtigt. Teilweise werden auch Berichte des CPT, die nicht in die CPT-Standards eingeflossen sind, aber dennoch wertvolle Hinweise auf einen grundrechtsschonenden Untersuchungshaftvollzug geben, herangezogen. Ebenso werden die Rechtsprechung und Literatur sowie die rechtstatsächlichen Befunde zum Untersuchungshaftvollzug beachtet. Für ausgewählte Bereiche der Vollzugsgestaltung wird anhand der ausgearbeiteten Grundsätze im Einzelnen auch erläutert, wie eine von den derzeitigen Regelungen abweichende sachgerechte Regelung aussehen könnte. Die Untersuchung beschränkt sich auf den Vollzug an Erwachsenen. Die Regelungen für junge Untersuchungsgefangene sind Sonderregelungen, die gesonderte Bearbeitung verdienen bzw. erfordern. Den dritten Teil der Untersuchung bildet die Schlussbetrachtung, wobei zunächst ein Abstandsgebot des Untersuchungshaftvollzugs zur grundrechtswidrigen voraussetzungslosen Einzelhaft als weiterer eigener reformerischer Vorschlag entwickelt und gefordert wird und sodann die gefundenen Ergebnisse im Rahmen einer Gesamtschau abschließend bewertet werden.

1.2 Verfassungsrechtliche und völkerrechtliche Vorgaben

Für ein Gesetz zum Vollzug der Untersuchungshaft existieren aus nationalem Recht Vorgaben aus der Verfassung. Dies sind vor allem der Grundrechtskatalog, das Rechtsstaatsprinzip, das Sozialstaatsprinzip und der Verhältnismäßigkeitsgrundsatz. Es existieren auch internationale Standards. Hier sind zum einen die Vorgaben der EMRK zu nennen. Als weitere Vorgaben des Europarats sind die CPT-Standards, die EPR und die Rec (2006) 13 zu beachten. Das BVerfG hat sich in seinem Urteil vom 31.05.2006[29] zu solchen Standards geäußert. Dort heißt es: „Auf eine den grundrechtlichen Anforderungen nicht genügende Berücksichtigung vorhandener Erkenntnisse oder auf eine den grundrechtlichen Anforderungen nicht entsprechende Gewichtung der Belange der Inhaftierten kann es hindeuten, wenn völkerrechtliche Vorgaben oder internationale Standards mit Menschenrechtsbezug, wie sie in den im Rahmen der Vereinten Nationen oder

---

29 BVerfG NStZ 2007, S. 41.

von Organen des Europarates beschlossenen einschlägigen Richtlinien und Empfehlungen enthalten sind (...) nicht beachtet beziehungsweise unterschritten werden."[30]

Die internationalen Vorgaben gewinnen durch diese Entscheidung an Wichtigkeit und sind bei der Bewertung nationalen Rechts heranzuziehen.[31] Die Ausführungen gelten dabei nicht nur für den Jugendstrafvollzug, denn der Senat
wählte den allgemeinen Begriff des „Inhaftierten", der auch die Untersuchungsgefangenen mit umfasst. Daraus folgt, dass ein Verstoß einer gesetzlichen Regelung gegen völkerrechtliche Vorgaben oder internationale Standards auch hinsichtlich des Rechts des Untersuchungshaftvollzugs ein Indiz für deren
Verfassungswidrigkeit darstellt. Das BVerfG verhilft damit denjenigen Regelwer-
ken und Empfehlungen zur mehr Wirksamkeit, die als *soft-law* (Empfehlungen
des Europarats) oder streng genommen nicht einmal als solches (CPT-Standards)
ohne rechtsverbindlichen Charakter bislang eher vernachlässigt wurden.[32] Aber
auch die Vorgaben der EMRK, die als unmittelbar geltendes Recht verbindlich
sind, erfahren durch diese Entscheidung eine Aufwertung, indem deren Wichtigkeit der Legislative wieder vor Augen gerufen wird.[33] In seiner Entscheidung
zum Recht des Untersuchungshaftvollzuges vom 17.12.2012 hat das BVerfG
dann auch folgerichtig auf diese Entscheidung verwiesen.[34]

1.2.1 Die Vorgaben des Grundgesetzes

1.2.1.1 Die Grundrechte der Untersuchungsgefangenen

Grundrechte gelten auch im Justizvollzug.[35] Der Aussagegehalt der Grundrechte
für ein Gesetz über den Vollzug der Untersuchungshaft leidet jedoch unter ihrer
Unbestimmtheit, weil viele der Grundrechtsbestimmungen als objektive Wertent-
scheidungen der Verfassung Bewertungsnormen darstellen, deren Umsetzung erst
dem einfachen Recht im Wege der Rechtssatzkonkretisierung überlassen ist.[36]
Diese Untersuchung wird sich deswegen mehr an den internationalen Vorgaben
ausrichten, die insofern konkretere Vorgaben treffen. Im Folgenden soll jedoch
auch kurz auf die Grundrechte eingegangen werden.

---

30 BVerfG NStZ 2007, S. 41, S. 42.

31 Vgl. *Dünkel* 2009b, S. 3.

32 Vgl. *Pollähne* 2007, S. 553; *Müller* 2010, S. 81; *Kühl* 2012, S. 25 m. w. N.

33 Vgl. *Kühl* 2012, S. 325.

34 BVerfG 2 BvR 736/11 vom 17.10.2012, Abs.-Nr. 25.

35 BVerfGE 45, S. 187 ff., S. 223.

36 Vgl. *Paeffgen* 1986, S. 8.

Immer zu beachten ist die Würde des Menschen gem. Art. 1 Abs. 1 GG als „das oberste Prinzip der verfassungsmäßigen Ordnung".[37] Zuvorderst betroffen ist vom Untersuchungshaftvollzug natürlicherweise das Grundrecht auf körperliche Bewegungsfreiheit des Art. 2 Abs. 2 S. 2 GG.[38] Immanent ist dem Freiheitsentzug auch ein Eingriff in Grundrechte, die Bewegungsfreiheit zur Voraussetzung haben. So genießt der Untersuchungsgefangene nicht die Freizügigkeit gem. Art. 11 Abs. 1 GG.[39] Denkbar ist sogar, dass das Recht auf körperliche Unversehrtheit des Art. 2 Abs. 2 2. Fall GG durch auch im Untersuchungshaftvollzug u. U. erforderlichen körperlichen Zwang und ggf. auch durch besonders schlimme Haftbedingungen betroffen sein kann. Die Haft selbst, aber auch die mit der Anstaltsordnung notwendig einhergehenden Zwänge, betreffen zunächst die allgemeine Handlungsfreiheit des Art. 2 Abs. 1 GG. Mögliche Videoüberwachung kann einen Eingriff in das aus Art. 1 Abs. 1 in Verbindung mit Art. 2 Abs. 1 GG hergeleitete informationelle Selbstbestimmungsrecht darstellen. Art. 4 Abs. 1 GG gewährleistet die Freiheit des Glaubens, des Gewissens und des religiösen und weltanschaulichen Bekenntnisses, Art. 4 Abs. 2 GG gewährleistet die Freiheit der Religionsausübung.[40] Auch diese Bestimmungen sind im Untersuchungshaftvollzug relevant. Ein hohes Gut ist die Meinungsfreiheit des Art. 5 Abs. 1 S. 1 Hs 1 GG. Diese ist beim Anhalten von Briefen des Untersuchungsgefangenen zu beachten. Die Informationsfreiheit des Art. 5 Abs. 1 S. 1 Hs. 2 GG betrifft im Untersuchungshaftvollzug allgemein die Mediennutzung, vor allem den Zugang zum Internet, den Bezug von Zeitungen und Zeitschriften[41] sowie den Rundfunk. Untersuchungsgefangene haben Beschränkungen nur nach Maßgabe der Schrankenregelung des Art. 5 Abs. 2 GG hinzunehmen.[42] Die Trennung von Angehörigen berührt den Schutz von Ehe und Familie gem. Art. 6 I GG. Das Elternrecht aus Art. 6 Abs. 2 GG kann ebenso betroffen sein. Dies ist bei den Kontakten mit der Außenwelt zu berücksichtigen.[43] Einschlägig ist auch Art. 8 Abs. 1 GG, der für Deutsche die Versammlungsfreiheit garantiert. Die Möglichkeit, an Versammlungen teilzunehmen, wird durch den Freiheitsentzug unmöglich gemacht.[44] Ebenso setzt das Grund-

---

37   BVerfGE 45, 187 (223).

38   *Jarass/Pieroth*, Art. 2 GG, Rn 112.

39   *Hennerkes* 1966, S. 13.

40   BVerfGE 108, S. 282 ff., S. 297.

41   BVerfGE 34, S. 384 ff., S. 402; BVerfG NStZ 1994, S. 145; BVerfG NStZ-RR 1996, S. 55; BVerfGE 35, S. 321 ff.

42   BVerfG NStZ 2008, S. 521 f.

43   BVerfGE 42, S. 95 ff., S. 101 f.

44   Vgl. *Hennerkes* 1966, S. 14.

recht des Art. 9 Abs. 1 GG, die allgemeine Vereinigungsfreiheit, die Bewegungsfreiheit voraus und wird deswegen vom Untersuchungshaftvollzug gleichfalls berührt.[45] Das Brief- Post- und Fernmeldegeheimnis gem. Art 10 GG ist bei der Überwachung des Briefverkehrs und der Telefonkontakte des Untersuchungsgefangenen einschlägig. Das Recht auf Briefwechsel folgt aus Art. 2 Abs. 1, 10 Abs. 1 GG und schützt auch während des Freiheitsentzuges gegen eine „Kenntnisnahme der öffentlichen Gewalt von dem Inhalt des Briefes".[46] Der Untersuchungshaftvollzug berührt auch die Berufsfreiheit des Art. 12 Abs. 1 GG, weil hier nicht dem frei gewählten Beruf nachgegangen werden kann.[47] Schließlich hat auch das Petitionsrecht des Art. 17 GG Verfassungsrang und ist im Untersuchungshaftvollzug zu berücksichtigen.

1.2.1.2   Das Rechtsstaatsprinzip

Das Rechtsstaatsprinzip gehört zu den tragenden Verfassungsprinzipien.[48] Aus ihm resultieren die Grundrechte, die Gewaltenteilung, die Rechtsbindung der staatlichen Organe als Kernstück des Rechtsstaatsprinzips (Art. 20 Abs. 3 GG) und der Grundsatz des Gesetzesvorbehalts, nach welchem die Verwaltung nur tätig werden darf, wenn sie durch Gesetz oder aufgrund eines Gesetzes dazu ermächtigt worden ist.[49]

Die für das Recht des Untersuchungshaftvollzugs vor dem Erlass der Landesgesetze lange Zeit mit Blick auf den Vorbehalt des Gesetzes wesentliche Frage, ob der alte § 119 III StPO als verfassungsrechtlich ausreichende gesetzliche Grundlage für Einschränkungen grundrechtlicher Freiheiten der Untersuchungsgefangenen anzusehen war, wurde zwar bedauerlicherweise[50] vom BVerfG in ständiger Rechtsprechung bejaht.[51] Zutreffend war jedoch das Sondervotum des Richters *Hirsch* in einer Entscheidung des BVerfG, die die Beschlagnahme eines Briefes zum Gegenstand hatte. Zugestimmt wird hier der von *Hirsch* vertretenen

---

45   Vgl. *Hennerkes* 1966, S. 14.

46   BVerfG NJW 1972, S. 811, S. 812.

47   Vgl. *Hennerkes* 1966, S. 14.

48   Art. 28 Abs. 1 S. 1 GG führt begrifflich den „Rechtsstaat" an. Das BVerfG hat in einer seiner ersten Entscheidungen erklärt, es ergäbe sich „aus einer Zusammenschau der Bestimmungen des Art. 20 Abs. 3 GG über die Bindung der Einzelgewalten und der Art. 1 Abs. 3, 19 Abs. 4, 28 Abs. 1 S. 1 GG sowie aus der Gesamtkonzeption des Grundgesetzes" (BVerfGE 2, S. 380 ff., 403). In späteren Entscheidungen beschränkte sich das BVerfG darauf, nur Art. 20 Abs. 3 GG zu zitieren.

49   Vgl. *Maurer* 2009, § 6 Rn 3 ff. (S. 116 f.).

50   Vgl. *Paeffgen* 1986, S. 1.

51   BVerfG StV 2009, S. 253 ff., 254.

Sichtweise. Nach dieser verlangt der Vorbehalt des Gesetzes, dass die Judikative die grundlegenden Entscheidungen selbst trifft. Der § 119 III StPO wurde diesem Postulat nach dieser Auffassung jedoch nicht hinreichend gerecht, weil er inhaltlich nicht die Rechtsstellung des Untersuchungsgefangenen regelte, sondern in „einzigartiger Weite und Offenheit" nur auf den den Zweck der Untersuchungshaft und die Ordnung in der Vollzugsanstalt als Grenzen nicht bezeichneter Rechtseinschränkungen verwies. Diese Regelung paraphrasierte letztlich nur die aufgegebene Lehre vom besonderen Gewaltverhältnis als zumindest seit der Strafgefangenenentscheidung für den Strafvollzug nicht mehr anerkannter Grundlage für Grundrechtseingriffe.[52] Die Gestaltung des Untersuchungshaftvollzugs entsprach somit nach dieser Auffassung nicht dem Rechtsstaatsprinzip, wobei weitere Ausführungen angesichts der durch den Druck der Föderalismusreform eingetretenen Situation der Regelung durch Landesgesetze an dieser Stelle müßig sind. Für die vorliegende Untersuchung ist vielmehr relevant, dass der Grundsatz vom Vorbehalt des Gesetzes und die Wesentlichkeitslehre auch innerhalb eines Untersuchungshaftvollzugsgesetzes erfordern, dass die Legislative im Bereich der Grundrechtsausübung alle wesentlichen Entscheidungen eigenständig treffen muss.[53] Die Ausführungen im Sondervotum von *Hirsch* haben somit noch heute Auswirkungen hinsichtlich der in dieser Untersuchung an verschiedenen Stellen geforderten höheren Regelungsdichte. Denn gerade mit Blick auf die Gewaltenteilung darf nicht die Exekutive den Norminhalt bestimmen.[54] Ob hier die legislatorischen Folgerungen ausreichend gezogen wurden, wird zu untersuchen sein.

1.2.1.3   Das Sozialstaatsprinzip

Die grundsätzliche Entscheidung der Verfassung für die Sozialstaatlichkeit findet sich in Art. 20 Abs. 1 GG. In Art. 28 Abs. 1 GG folgt dann die Verbindung mit dem Rechtsstaat („sozialer Rechtsstaat").[55] Das Sozialstaatsprinzip ist eine der wesentlichsten Aussagen des Grundgesetzes[56] und verpflichtet den Staat, sozial Benachteiligten die Wahrnehmung ihrer Rechte zu ermöglichen.[57] Adressat ist zunächst der Gesetzgeber, der verpflichtet ist, das Sozialstaatsprinzip umzusetzen und zu entfalten. Auch die Verwaltung ist daran gebunden. Weil aber die Entfaltung des Sozialstaatsprinzips Aufgabe des Gesetzgebers ist, können daraus keine

---

52 Vgl. Sondervotum des Richters am BVerfG *Hirsch*, NJW 1981, S. 1944 ff.

53 Vgl. BVerfGE 61, S. 260 ff., 275.

54 Vgl. *Seebode* 2006, S. 554.

55 Vgl. *Maurer* 2009, § 2 Rn 6 f. (S. 16 f.).

56 Vgl. *Seebode* 1985, S. 11.

57 Vgl. *Kubach* 2004, S. 47.

unmittelbaren Handlungsbefugnisse der Verwaltung abgeleitet werden. Als objektive Verfassungsnorm begründet es an sich keine subjektiven Rechte des Bürgers. Dennoch können sich die Leitlinien des Sozialstaatsprinzips im Einzelfall zu konkreten Leistungspflichten verdichten.[58] Der Forderung von *Seebode*, dass insofern sozialstaatlichem Aspekten auch im Untersuchungshaftvollzug wachsender Einfluss einzuräumen ist, wird hier gefolgt.[59] Gerade der Eingriff in den Status und die Freiheit des Bürgers begründet die staatliche Verpflichtung zu sozialer Leistung.[60] Den vielen Belastungen und negativen Folgen des Untersuchungshaftvollzugs für den Untersuchungsgefangenen und ihm nahestehende Personen muss durch sachliche und personelle Hilfen begegnet werden. Der Freiheitsentzug ist im Rahmen des Haftzwecks so erträglich wie möglich zu gestalten.[61] Wichtig mit Blick auf den Einfluss des Sozialstaatsgebots auf den Vollzug war das Urteil des BVerfG, das das Resozialisierungsgebot für den Strafvollzug festschrieb, dessen Grundaussage aber auch Bedeutung für den Untersuchungshaftvollzug hat: „Von der Gemeinschaft aus betrachtet verlangt das Sozialstaatsprinzip staatliche Vor- und Fürsorge für Gruppen der Gesellschaft, die auf Grund persönlicher Schwäche oder Schuld, Unfähigkeit oder gesellschaftlicher Benachteiligung in ihrer persönlichen und sozialen Entfaltung behindert sind; dazu gehören auch die Gefangenen".[62]

Die sozialstaatliche Notwendigkeit von Hilfsangeboten wird vom BVerfG nicht nur aus der Schuldfeststellung und damit aus der für den Strafvollzug festgestellten Resozialisierungsbedürftigkeit abgeleitet, vielmehr wird Schuld ausdrücklich nur als ein Fürsorgekriterium unter vielen aufgeführt und deswegen nicht von Strafgefangenen sondern von Gefangenen gesprochen.[63] Untersuchungsgefangene sind ebenso durch ihre Unterbringung in einer Haftanstalt in ihrer persönlichen und sozialen Entfaltung gehindert, so dass die staatliche Leistungspflicht auch gegenüber ihnen besteht.[64] Darüber hinaus haben sie nach hier vertretener Auffassung wegen der belastenderen Situation einen gesteigerten Anspruch auf soziale Betreuung und Hilfe.[65] Während bei Strafgefangenen der Resozialisierungsgrundsatz an erster Stelle steht, sind für den als unschuldig anzusehenden Untersuchungsgefangenen die nachteilige Folgen der Haft zu lindern und diesen entgegen zu treten. So darf er seine Fähigkeit, in Freiheit in geordneten

---

58 Vgl. *Maurer* 2009, § 2 Rn 6. (S. 16).

59 Vgl. *Seebode* 1985, S. 12.

60 Vgl. *Seebode* 1985, S. 1.

61 Vgl. *Seebode* 1985, S. 1.

62 BVerfGE 35, S. 201 ff., 236.

63 Vgl. *Kubach* 2004, S. 45.

64 Vgl. *Kubach* 2004, S. 45.

65 So auch *Seebode* 1985, S. 13.

Verhältnissen zu leben, nicht verlieren. Weiterhin ist zu berücksichtigen, dass der Staat dem Untersuchungsgefangenen ein Sonderopfer abverlangt.[66] Deswegen müssen die sozialstaatlichen Leistungen so bemessen sein, dass sie die Beschränkung der individuellen Freiheit minimieren, um die Untersuchungshaft im Lichte dieses Sonderopfers als gerade noch zu verantwortende Beschränkung der Freiheit zu konzipieren.[67] Auch bedingt das Sozialstaatsgebot, dass dem Untersuchungsgefangenen und seinen Angehörigen psychische und materielle Hilfen zu gewähren sind, um die mit der Untersuchungshaft verbundenen Nachteile möglichst zu vermeiden, gering zu halten oder auszugleichen.[68]

1.2.1.4 Der Verhältnismäßigkeitsgrundsatz

Der Verhältnismäßigkeitsgrundsatz ergibt sich aus dem Rechtsstaatsprinzip, ist stets zu beachten und bindet alle staatliche Gewalt.[69] Ihm zu genügen, ist ein Gebot von Verfassungsrang.[70] Gerade, weil Untersuchungshaft ein freiheitsentziehender Eingriff ist, der zu Haftschäden führen kann, ist der Verhältnismäßigkeitsgrundsatz hier einer der entscheidenden normativen Maßstäbe.[71]

Die Anforderungen dieses Grundsatzes an das Recht des Untersuchungshaftvollzugs sind Gegenstand einer Vielzahl von Entscheidungen des BVerfG: So ist es ständige Rechtsprechung des Gerichts, „dass ein Untersuchungs-gefangener noch nicht rechtskräftig verurteilt ist und deshalb allein den unvermeidlichen Beschränkungen unterworfen werden darf"[72] und „der Grundsatz der Verhältnismäßigkeit [...] den Vollzug der Untersuchungshaft in besonderem Maße prägen [muss]".[73] Im Lichte dieser Rechtsprechung müssen auch die Landesgesetze in besonderem Maße dem Verhältnismäßigkeitsgrundsatz gerecht werden. Dabei liegt es auf der Hand, dass der Verhältnismäßigkeitsgrundsatz umso besser realisiert werden kann, je mehr Ressourcen zur Durchführung des Freiheitsentzugs zur Verfügung stehen. In diesem Zusammenhang führt das BVerfG an, dass ein

---

66   Vgl. BGHZ 60, S. 302; *Meyer-Goßner* 2014, vor § 112 Rn 3; *Hassemer* 1984, S. 41; *Seebode* 1985, S. 136 ff.; *Arbeitskreis Strafprozeßreform* 1983, S. 32; *Gebauer* 1987, S. 11; *Trechsel* 2006, S. 518; a. A. *Paeffgen* 1986, S. 211 ff.

67   Vgl. *Kubach* 2004, S. 46.

68   Vgl. *Seebode* 1985, S. 13.

69   Vgl. *Jarass/Pieroth* 2011, Art. 20 GG, Rn 81.

70   Vgl. *Paeffgen* 1986, S. 165.

71   Vgl. *Hassemer* 1984, S. 41.

72   BVerfG 2 BvR 736/11 vom 17.10.2012 Abs.-Nr. 24; BVerfGE 15, S. 288 ff., 295; 34, S. 369 ff., 379; 42, S. 95 ff, 100; BVerfGK 13, S. 163 ff., 165.

73   BVerfG 2 BvR 736/11 vom 17.10.2012 Abs.-Nr. 24; BVerfGE 34, S. 369 f., 380; 35, S. 5 ff., 9; 35, S. 307 ff., 309; BVerfGK 13, S. 163 ff., 165.

Untersuchungsgefangener zwar nicht erwarten kann, dass unbegrenzt personelle und sonstige Mittel aufgewendet werden, um zu verhindern, dass wegen der ansonsten drohenden Gefährdung des Zwecks der Untersuchungshaft die Beschränkung seiner grundrechtlich geschützten Freiheiten erforderlich wird.[74] Ständige Rechtsprechung ist jedoch auch, dass „Grundrechte [...] nicht [nur] nach Maßgabe dessen [gelten], was an Verwaltungseinrichtungen im konkreten Fall oder üblicherweise vorhanden ist."[75] In diesem Kontext ist auch zu berücksichtigen, dass „es Sache des Staates (ist), im Rahmen des Zumutbaren alle Maßnahmen zu treffen, die geeignet und nötig sind, um Verkürzungen der Rechte von Untersuchungsgefangenen zu vermeiden; die dafür erforderlichen sächlichen und personellen Mittel hat er aufzubringen, bereitzustellen und einzusetzen."[76]

Wie sich zeigen wird, stellen einige der Landesgesetzgeber an verschiedenen Stellen Rechte der Untersuchungsgefangenen unter die „räumlichen, personellen und organisatorischen Verhältnisse der Anstalt". Diese Vorgehensweise der Landesgesetzgeber, die mit ihren Untersuchungshaftvollzugsgesetzen die Vorgaben für die Bereitstellung der erforderlichen sachlichen und personellen Mittel schaffen können, ist problematisch. In dieser Untersuchung wird ebenso zu berücksichtigen sein, dass die Anforderungen, die der Grundsatz der Verhältnismäßigkeit an den Untersuchungshaftvollzug stellt, auch die Möglichkeiten der Verallgemeinerung von Beschränkungen begrenzt.[77] Selbstverständlich sind die Landesgesetze abstrakt-generelle Regelungen, deren Zweck es gerade ist, eine Vielzahl von Fällen zu erfassen. Zu prüfen wird jedoch sein, ob das diesbezüglich zulässige Maß immer eingehalten wurde, oder Regelungen insofern zu vage geraten sind.

Die Unschuldsvermutung verstärkt die Bedeutung des Verhältnismäßigkeitsgrundsatzes für das Recht des Untersuchungshaftvollzugs: „Bei der abwägenden Bestimmung dessen, was einerseits dem Gefangenen an Beschränkungen, andererseits der Anstalt und dem für ihre angemessene Ausstattung verantwortlichen Staat an Aufwand zumutbar ist, muss der Umstand berücksichtigt werden, dass der Untersuchungsgefangene nicht rechtskräftig verurteilt ist."[78] Eine Argumentation etwa, der Untersuchungsgefangene sei an seiner Lage selbst schuld, verbie-

---

74 BVerfG 2 BvR 736/11 vom 17.10.2012 Abs.-Nr. 24; BVerfGE 34, S. 369 ff., 380 f.; 34, S. 384 ff., 402; 42, S. 95 ff., 100 f.; BVerfGK 13, S. 163 ff., 165.

75 BVerfG 2 BvR 736/11 vom 17.10.2012 Abs.-Nr. 24; BVerfGE 15, S. 288 ff., 296; 34, S. 369 ff., 380 f.; 35, S. 307 ff., 310; BVerfGK 13, S. 163 ff., 166 m. w. N.

76 BVerfG 2 BvR 736/11 vom 17.12.2012, Abs.-Nr. 24; BVerfG, 2 BvR 1229/07 vom 10.01.2008 Abs.-Nr. 19; BVerfGE 36, S. 264 ff., 275; 42, S. 95 ff., 101 f.; BVerfGK 13, S. 163 ff., 166 m. w. N.

77 BVerfG 2 BvR 736/11 vom 17.12.2012, Abs.-Nr. 26.

78 BVerfG 2 BvR 736/11 vom 17.12.2012, Abs.-Nr. 24; BVerfGE 15, S. 288 ff., 295; 34, S. 369 ff., 379; 42, S. 95 ff., 100.

tet sich aufgrund der Unschuldsvermutung. Für die Zumutbarkeit der Haftbedingungen im Untersuchungshaftvollzug darf es deswegen keine Rolle spielen, dass der Untersuchungsgefangene sich durch möglicherweise strafbares Verhalten selbst in seine Situation gebracht hat.[79] Schließlich ist auch hinsichtlich der Verhältnismäßigkeit der Haftbedingungen im Untersuchungshaftvollzug die „Indizwirkung" der internationalen Standards zu berücksichtigen.[80]

1.2.2 Die Vorgaben der Europäischen Menschenrechtskonvention (EMRK)

In Art. 1 der Europäischen Menschenrechtskonvention vom 04.11.1950[81] sichern die Vertragsparteien allen ihrer Hoheitsgewalt unterstehenden Personen bestimmte Rechte und Freiheiten zu, von denen alle im Vollzug der Untersuchungshaft gelten und einige von besonderer Bedeutung sind. Letztere werden im Folgenden dargestellt. Die Gerichte und Behörden in Deutschland sind dazu verpflichtet, die EMRK und die Rechtsprechung des Europäischen Gerichtshofs für Menschenrechte (EGMR) zu beachten.[82] Gemeinsam stellen sie Auslegungshilfen für Bestimmungen des GG dar und auch ist das gesamte deutsche Recht im Sinne einer „praktischen Konkordanz" der EMRK entsprechend auszulegen.[83]

1.2.2.1 Die Unschuldsvermutung

Aus der Vorschrift des Art. 5 Abs. 1 lit. c der EMRK ergibt sich, dass die Unschuldsvermutung nicht die Zulässigkeit von Untersuchungshaft an sich berührt. Der Art. 6 Abs. 2 EMRK bestimmt, dass bis zum gesetzlichen Nachweis seiner Schuld vermutet wird, dass der wegen einer strafbaren Handlung Angeklagte unschuldig ist. Diese Bestimmung ist Ausdruck der Unschuldsvermutung als gemeinsames Erbe der verschiedenen europäischen Rechtsordnungen.[84] We-

---

79 BVerfG 2 BvR 736/11 vom 17.12.2012, Abs.-Nr. 24; BVerfGK 13, S. 163 ff., 166 m. w. N.

80 BVerfG 2 BvR 736/11 vom 17.12.2012, Abs.-Nr. 25.

81 Die „Konvention zum Schutz der Menschenrechte und Grundfreiheiten" (Europäische Menschenrechtskonvention) vom 04.11.1950, sie trat am 03.09.1953 in Kraft; BGBl. 1952 II S. 686.

82 Diese Regel stammt aus der „*Görgülü*-Entscheidung" des BVerfG vom 14.10.2004, BVerfGE 111, S. 307. Wie sich dieses „Gebot der Beachtung" bei Konflikten jedoch tatsächlich ausdrücken soll, ist fraglich; vgl. *Morgenstern* 2011b, S. 77.

83 Vgl. *Morgenstern* 2011b, S. 77.

84 Vgl. *Stuckenberg* 1998, S. 573; *Morgenstern* 2013, S. 193.

gen dieses Grundsatzes muss auch die gesamte Gestaltung des Untersuchungs-haftvollzugs von der Unschuldsvermutung geprägt sein.[85] Durch den Beitritt Deutschlands zur EMRK ist die Unschuldsvermutung Bestandteil unserer Rechts-ordnung im Rang eines Bundesgesetzes. Neben dieser positivgesetzlichen Nor-mierung in der EMRK hat die Unschuldsvermutung als Ausprägung des Rechts-staatsprinzips auch Verfassungsrang.[86]

Die Unschuldsvermutung ist mehr als eine bloße Beweislastregel.[87] Sie besagt auch, dass niemand als schuldig behandelt werden soll, ohne dass seine Schuld in einem gesetzlich geregelten Verfahren nachgewiesen ist.[88] Plakativ gilt insofern, dass „auch der dringendste Tatverdacht außerstande ist, den Grundsatz der Unschuldsvermutung einzuschränken".[89] In Deutschland ist es einhellige Auffassung, dass die Unschuldsvermutung bis zur rechtskräftigen Verurteilung gilt.[90] Die Untersuchungshaft erweist sich aber „als Prüfstein für viele Konzeptio-nen der Unschuldsvermutung, da sie phänomenologisch von der Freiheitsstrafe kaum zu unterscheiden ist."[91] Eine vorweggenommene Schuldfeststellung hat gänzlich außer Betracht zu bleiben. Eine mögliche Strafe darf mit der Untersu-chungshaft nicht vorweggenommen werden.[92] Untersuchungshaft bleibt ein für die Strafverfolgung erbrachtes „Sonderopfer",[93] auch wenn dringender Tatver-dacht als Voraussetzung für die Untersuchungshaft gegeben ist.[94] Eingriffe in Rechtspositionen des Untersuchungsgefangenen dürfen grundsätzlich nicht so weit gehen wie Eingriffe in Rechtspositionen des rechtskräftig verurteilten Straf-täters.[95] Die Unschuldsvermutung fordert eine Vollzugsgestaltung, welche die Untersuchungsgefangenen besser, zumindest aber nicht schlechter stellen darf als

---

85   BVerfG StV 2008, S. 259 ff., 260; BVerfGE 35, S. 311 ff., 320; *Seebode* 1985 S. 109.

86   BVerfGE 82, S. 106 ff., 114.

87   Vgl. *Paeffgen* 1986, S. 44.

88   Vgl. *Meyer-Goßner* 2014, Art. 4 EMRK, Rn 12.

89   *Hassemer* 1984, S. 41.

90   BVerfGE 35, S. 202 ff., 232; *Meyer-Goßner* 2014, Art. 6 EMRK, Rn 15; Innerhalb Eu-ropas existiert insofern keine übereinstimmende Definition von Untersuchungshaft, wo-bei sich festhalten lässt, dass das angelsächsische Verständnis enger ist und auch der EGMR trotz Kritik dieses engere Verständnis teilt, vgl. *Morgenstern* 2011a, S. 453 ff.

91   *Stuckenberg* 1998, S. 106.

92   Vgl. *Seebode* 1985, S. 152; *Gebauer* 1987, S. 11.

93   Vgl. BGHZ 60, S. 302 ff.; *Meyer-Goßner* 2014, vor § 112 Rn 3; *Hassemer* 1984, S. 41; *Seebode* 1985, S. 136 ff.; *Arbeitskreis Strafprozeßreform* 1983, S. 32; *Gebauer* 1987, S. 11; *Trechsel* 2006, S. 518.; a. A. *Paeffgen* 1986, S. 211 ff.

94   *Gebauer* 1987, S. 11.

95   Vgl. *Seebode* 1985, S. 152; 1989, S. 120; *Stuckenberg* 1998, S. 106.

Strafgefangene.[96] Da Strafgefangenen eine Ausgestaltung der Freiheitsentziehung ermöglicht wird, in der Arbeitsmöglichkeiten, Freizeitangebote und ein gewisses Maß an Bewegungs- und Betätigungsfreiheit eröffnet sind, muss dies erst Recht für die Untersuchungsgefangenen gelten, wenn die Haftzwecke keine weitergehende Einschränkung zwingend gebieten.[97] Da in den meisten Fällen nur Fluchtgefahr besteht,[98] wird dies häufig der Fall sein. Leider heißt es in den Berichten des CPT jedoch häufig in etwa, dass die Untersuchungsgefangenen 23 Stunden am Tag in ihren Zellen blieben, ohne eine Möglichkeit, ihre Zeit zu nutzen.[99]

Jede von den Haftgründen nicht gedeckte Erschwerung kann jedoch nur als Maßregelung bzw. Bestrafung verstanden werden und ist somit mit Blick auf die Unschuldsvermutung unzulässig.[100] Dem Untersuchungsgefangenen muss also grundsätzlich alles erlaubt sein, was dem freien Verdächtigen auch erlaubt ist und was nicht durch den jeweils vorliegenden Haftgrund oder durch die für ein gutes Zusammenleben und für die Aufrechterhaltung des Anstaltsbetriebes erforderlichen Regelungen geboten ist.[101] Für alle Eingriffe in Rechtspositionen des Einzelnen ergeben sich aus der Unschuldsvermutung auch gesteigerte Sorgfaltsanforderungen und das Postulat der höchstmöglichen Schonung.[102] Die schon oben angesprochenen Verhältnismäßigkeitserwägungen[103] müssen sich so zusätzlich an der Unschuldsvermutung orientieren.[104]

Zu berücksichtigen ist in dieser Untersuchung sogar folgender Aspekt der Unschuldsvermutung: Weil sie den „sozial-diskreditierenden Folgen" des Tatverdachts als zwischenmenschlicher Erscheinung entgegentritt,[105] gebietet die Unschuldsvermutung auch, dem außerhalb der Gefängnismauern anzutreffenden Missverständnis entgegenzuwirken, der Untersuchungsgefangene „büße" bereits

---

96 Vgl. *Jehle* 1985, S. 24 f.

97 Vgl. *Jehle* 1985, S. 24 f.

98 Vgl. *Kap. 1.5.2, Tab. 5.*

99 CPT/Inf (97) 9 [Part1] Rn 91; CPT/Inf (97) 9 [Part1] Rn 126; CPT/Inf (93) 13 Rn 100; CPT/Inf (2007) 18 Rn 65; CPT/Inf (2007) 18 Rn 64.

100 Vgl. *Stuckenberg* 1998, S. 111.

101 Vgl. *Kubach* 2004, S. 22.

102 Vgl. *Paeffgen* 1986, S. 54.

103 Vgl. *Kap. 1.2.1.4.*

104 Vgl. *Gebauer* 1987, S. 10 f.

105 *Paeffgen* 1986, S. 55

wegen einer Straftat.[106] Dieser Eindruck schadet selbstverständlich dem Untersuchungsgefangenen, seiner Familie und seiner gesellschaftlichen Stellung.[107] Insofern muss jede staatliche Stelle alles vermeiden, das den Eindruck hervorrufen könnte, die Schuld des Untersuchungsgefangenen stehe bereits fest.[108] Dieser Aspekt hat Auswirkungen auf die konzeptionellen Grundentscheidungen zur Regelung des Untersuchungshaftvollzugs.[109]

1.2.2.2   Resozialisierungsfeindlichkeit der Untersuchungshaft?

Abhängig von der Dauer der Haft und dem Maß der sozialen Integration des Betroffenen vor der Inhaftierung erschwert die Untersuchungshaft die problemlose Wiedereingliederung oder verhindert diese sogar.[110] Zwar muss die Ausgestaltung des Untersuchungshaftvollzugs -wie ausgeführt- an der Unschuldsvermutung ausgerichtet sein. Diese darf jedoch nicht als „Feigenblatt" dienen.[111] Insofern wurde es häufig beklagt, dass es sich bei dem Untersuchungshaftvollzug nicht um einen im Hinblick auf Resozialisierungschancen sinnvollen, sondern nur um einen psychisch belastenden Verwahrvollzug handelt.[112] In jüngster Zeit war ein resozialisierungsfeindlich ausgestalteter Tagesablauf Gegenstand einer Entscheidung des BVerfG.[113] Diese Ausgestaltung des Untersuchungshaftvollzugs ist grade mit Blick darauf bedenklich, dass etwa im Jahr 2012 nur ca. 46% aller Untersuchungsgefangenen zu einer unbedingten Freiheitsstrafe verurteilt wurden. Der Rest von ihnen erhielt eine zur Bewährung ausgesetzte Freiheitsstrafe oder (in ca. 7% aller Fälle) eine Geldstrafe. Ein großer Teil der Gefangenen erlebt Justizvollzug deswegen „nur in seiner resozialisierungsfeindlichsten Form", nämlich dem Untersuchungshaftvollzug.[114]

---

106   *Seebode* 1985, S. 153.

107   Vgl. *Seebode* 1985, S. 153.

108   *Esser* 2002, S. 100.

109   Vgl. *Kap. 2.1.*

110   Vgl. *Jehle* 1987a, S. 33.

111   *Morgenstern* 2010, S. 4.

112   Vgl. *Paeffgen* 1986, S. 270 m. w. N.; *Jehle* 1987a, S. 33.

113   BVerfG 2 BvR 736/11 vom 17.12.2012.

114   Vgl. *Heinz* 2008.

Während es für den Strafvollzug seit langem anerkannt ist, dass er wegen des Sozialstaatsgebots Resozialisierungsvollzug sein muss[115] besteht auch gegenüber dem Untersuchungsgefangenen aus sozialstaatlichen Gründen eine Leistungspflicht.[116]

Es besteht aber auch das „Verbot antizipierter Strafvollstreckung".[117] Das BVerfG führt dazu aus, dass es ausgeschlossen ist, „auch bei noch so dringendem Tatverdacht gegen den Beschuldigten im Vorgriff auf die Strafe ‚Maßregeln' zu verhängen, die in ihrer Wirkung der Freiheitsstrafe gleichkommen."[118]

Deswegen ist es fraglich, ob der Resozialisierungsgrundsatz auch in der Untersuchungshaft gilt.[119] Hierbei müssen zwei Stufen auseinandergehalten werden. Unproblematisch sind soziale Hilfen der „ersten Stufe", die sich auf den Ausgleich der negativen Auswirkungen der Untersuchungshaft beziehen und den bisherigen Lebensbereich außerhalb der Anstalt betreffen. Hier beziehen sich die sozialen Hilfen auf die spätere Entlassung und dem Wiedereingliederungsgedanken wird Rechnung getragen. Dem Verbot vorweggenommener Strafvollstreckung wird dadurch nicht widersprochen.[120]

Auf der „zweiten Stufe" beschränkt sich soziale Hilfe aber nicht nur mehr auf die Regelung äußerer Angelegenheiten. Hier wird sie Hilfe zur Selbsthilfe. Anknüpfungspunkt sind vor der Untersuchungshaft bestehende Probleme des Untersuchungsgefangenen. Soziale Hilfen sollen hier dem Untersuchungsgefangenen ermöglichen, nach der Entlassung seine Probleme aus eigener Kraft zu bewältigen, so dass an dieser Stelle Sozialstaatlichkeit problematisch wird mit Blick auf die Unschuldsvermutung.[121] Denn ein solcher Vollzug könnte ebenso resozialisierender Strafvollzug sein, da Maßnahmen des sozialen Trainings gerade dort zur Anwendung kommen.[122] Mit solchen Angeboten könnte zum Ausdruck gebracht werden, der Untersuchungsgefangene sei behandlungs- und resozialisierungsbedürftig, was der Unschuldsvermutung widerspricht.[123] Insofern ist aber ein falsches Verständnis des Resozialisierungsgedankens und der Unschuldsvermutung dazu geeignet, der rechtlichen und tatsächlichen Benachteiligung der Untersuchungsgefangenen gegenüber den Strafgefangenen ein „scheinbar normatives

---

115 BVerfGE 35, S. 202 ff. (235 f.).

116 Vgl. *Kap. 1.2.1.3.*

117 *Müller-Dietz* 1984, S. 83.

118 BVerfGE 19, S. 342 ff., 347.

119 Vgl. *Kubach* 2004, S. 45.

120 Vgl. *Jehle* 1985, S. 27.

121 Vgl. *Jehle* 1985, S. 28 f.

122 Vgl. *Jehle* 1985, S. 28.

123 Vgl. *Seebode* 1985, S. 215.

Alibi" zu verschaffen.[124] Solche Fehlinterpretationen sind problematisch. Denn soziale Hilfen sind unstreitig angebracht und notwendig.[125] Nur zwingende Behandlungs- und Resozialisierungsmaßnahmen widersprechen der Unschuldsvermutung.[126]

Die Lösung der Problematik muss im reinen Angebotscharakter der sozialen Hilfen liegen.[127] Rechtlich lässt sich ein eingeschränktes Angebot für Untersuchungsgefangene mit der Unschuldsvermutung nämlich nicht begründen.[128] Das Verbot antizipierter Strafvollstreckung ist in diesem Sinne kein unüberwindbares Hindernis, denn zwar ist der Zweck der Untersuchungshaft nicht, Wiedereingliederung zu betreiben, sondern Verfahrenssicherung, wobei andere Gestaltungsprinzipien aber dort möglich sind, wo sie mit der Unschuldsvermutung vereinbar sind.[129] Dies ist der Fall, wenn sie absolut freiwillig sind und keine für den Untersuchungsgefangenen nachteiligen Auswirkungen auf das Strafverfahren entstehen können.[130] Namentlich gilt dies mit Blick auf die Gefahr der Verknüpfung der Angebote mit der Ergründung der Persönlichkeit des Untersuchungsgefangenen und damit der Ermittlung von täterbezogenen Umständen, die für den Fall eines Schuldspruchs Strafzumessungskriterien sein können.[131] Die praktische Umsetzung dieser Thematik ist jedoch weniger problematisch als die Diskussion darum, weil ein zwingender Ausdruck einer Schuldvermutung mit den meisten der möglichen Hilfsangebote nicht verbunden ist.[132] Denn die besondere psychische und soziale Notlage der Untersuchungsgefangenen verlangt schon unabhängig von dem bestehenden dringenden Tatverdacht vielfältige Hilfen und menschliche Zuwendung, die erforderlich sind, um den entsozialisierenden Wirkungen des Freiheitsentzuges zu begegnen.[133] Eindeutig ohne Verletzung der Unschuldsvermutung können Angebote sinnvoller Freizeitgestaltung, sowie hilfreiche Aus- und Fortbildungs-, Beschäftigungs- und vor allem Arbeitsmöglichkeiten unterbreitet werden, die den Untersuchungshaftvollzug nicht als tote Zeit erscheinen lassen, sondern ihm „Sinn und Inhalt" geben können.[134] Auch Angebote wie

---

124 *Müller-Dietz* 1984, S. 86.

125 Vgl. *Seebode* 1985, S. 215.

126 Vgl. *Haberstroh*, 1984, S. 233; *Wolter* 1981, S. 454 f.; *Seebode* 1985, S. 211 f.

127 Vgl. *Jehle* 1987a, S. 33.

128 Vgl. *Müller-Dietz* 1984, S. 86.

129 Vgl. *Jehle* 1985, S. 28; *Jehle* 1987a, S. 33.

130 Vgl. *Jehle* 1985, S. 28; *Jehle* 1987a, S. 33.

131 Vgl. *Müller-Dietz* 1984, S. 86.

132 Vgl. *Seebode* 1985, S. 216.

133 Vgl. *Seebode* 1985, S. 216.

134 Vgl. *Seebode* 1985, S. 216.

Schuldnerberatung und Entlassungsvorbereitung oder allgemeinbildende Lehr-
gänge stehen nicht mit einem Tatvorwurf in Zusammenhang.[135] Sinnvoll ist es
hier, Ausnahmen vom Trennungsgrundsatz zu ermöglichen, um es dem Untersuchungsgefangenen zu ermöglichen, auf freiwilliger Basis an Angeboten des Strafvollzugs teilnehmen zu können. Sogar der vorzeitige Antritt der Strafhaft, um eine
frühzeitige Integration in Ausbildungsmaßnahmen des Strafvollzugs zu ermöglichen, kommt insofern in Betracht.[136]

Die Unschuldsvermutung verbietet es also nicht, der Fehlinterpretation des
Rechts der Untersuchungshaftrecht und dem daraus folgenden sozialstaatlichen
Manko des Untersuchungshaftvollzuges durch das Angebot allgemeiner sozialer
Hilfs-, Förderungs- und Eingliederungsangebote zu begegnen.[137] Tatsächlich ist
die Ablehnung jeglicher Resozialisierungsmaßnahmen bei einer gleichzeitigen
Forderung nach Schritten zur Vermeidung von Haftschäden und entsozialisieren-
der Wirkung der Freiheitsentziehung[138] inkonsequent.[139] Denn zwar mag sich
diese Trennung gedanklich durchführen lassen.[140] *Seebode* spricht insofern davon, dass das Prinzip der Unschuldsvermutung wohl „theoretisch in ungetrübter
Konsequenz entwickelt werden" könne,[141] bei der praktischen Durchführung von
konkreten Maßnahmen,[142] bzw. „der harten Wirklichkeit des praktischen Lebens
im Untersuchungshaftvollzug"[143] vermischen sich beide Bereiche jedoch.[144]

Auch für die Landesgesetze ist jedenfalls *Baumann* dahingehend zuzustimmen, dass sicherzustellen ist, dass bei dem resozialisierungswilligen Untersuchungsgefangenen durch ein Untersuchungshaftvollzugsgesetz die Voraussetzungen für Resozialisierungsarbeit geschaffen werden, die auch im Strafvollzug
angebracht sind.[145]

---

135 Vgl. *Seebode* 1985, S. 217.

136 Vgl. *Kap. 2.3.2.4.*

137 Vgl. *Seebode* 1985, S. 218.

138 Etwa von *Wolter* 1981, S. 452 ff.; *Arbeitskreis Strafprozeßreform* 1983, S. 53 f.

139 Vgl. *Jehle* 1985, S. 28; *Jehle* 1987a, S. 33.

140 Vgl. *Jehle* 1985, S. 28.

141 *Seebode* 1985, S. 218.

142 Vgl. *Jehle* 1985, S. 28.

143 *Seebode* 1985, S. 218.

144 Vgl. *Jehle* 1985, S. 28 f.; *Jehle* 1987a, S. 33.

145 Vgl. *Baumann* 1981, S. 13.

1.2.2.3   Artikel 3 EMRK

Artikel 3 EMRK bestimmt, dass niemand der Folter oder unmenschlicher oder erniedrigender Strafe oder Behandlung unterworfen werden darf. Im Untersuchungshaftvollzug muss der Staat bestimmte Mindeststandards sicherstellen.[146] Inhaftierte Personen sind insofern „besonders verwundbar"[147] und Haftbedingungen oft Grund für Beschwerden im Zusammenhang mit Artikel 3 EMRK.[148] Haftbedingungen können auch dann einen Verstoß gegen Art 3 EMRK darstellen, wenn sie nicht darauf angelegt sind.[149] So dürfen die Modalitäten des Freiheitsentzugs die Menschenwürde des Gefangenen nicht beeinträchtigen,[150] nicht zu einer „wesentlichen dauerhaften Beeinträchtigung der Gesundheit" führen[151] und psychisch kranke, selbstmordgefährdete Gefangene sind ausreichend zu überwachen und psychologisch zu betreuen.[152]

Auch muss der Staat angemessene Maßnahmen zum Schutz vor Misshandlung durch andere Gefangene treffen, wenn er wissen musste, dass eine derartige Gefahr besteht.[153] Bei der Beantwortung der Frage, ob eine erniedrigende Behandlung vorliegt, bewertet der EGMR im Einzelfall die Gesamtheit der Haftbedingungen und deren kumulative Auswirkungen auf den Gefangenen.

Durch die Errichtung des CPT ist Art.3 EMRK mit einem besonderen Schutzmechanismus versehen worden.[154] Dessen Berichte und die EPR konkretisieren den Art. 3 EMRK und liefern Anhaltspunkte für das Vorliegen unmenschlicher oder erniedrigender Behandlung.[155]

---

146   Vgl. SK-*Paeffgen* 2013, Art. 3 EMRK Rn 37.

147   *Meyer-Ladewig* 2011, Art. 3 EMRK Rn 11.

148   Vgl. *White/Ovey* 2010, S. 187.

149   Vgl. *Meyer-Ladewig* 2011, Art. 3 EMRK Rn 29.

150   EGMR vom 15.07.2002, *Kalashnikov v. Russland* (47095/99), Ziff. 95; vgl. *Grabenwarter/Pabel* 2012, S. 167 m. w. N. zur EGMR-Rechtsprechung.

151   EGMR vom 15.07.2002, *Kalashnikov v. Russland*, Nr. 47095/99, Ziff. 95; EGMR vom 19.04.2001, *Peers v. Griechenland*, Nr. 28524/95, Ziff. 75.

152   EGMR vom 03.04. 2001 *Keenan v. Großbritannien*, Nr. 27229/95.

153   EGMR vom 03.06.2003, *Pantea v. Rumänien*, Nr. 33343/96, Ziff. 189; vgl. *Meyer-Ladewig* 2011, Art. 3 Rn 11.

154   Vgl. *White/Ovey* 2010, S. 193.

155   Vgl. LR-*Esser* 2012, Art. 3 EMRK, Rn 78.

1.2.2.4   Weitere Rechte und Freiheiten nach der EMRK

Der Art. 8 I EMRK normiert, dass jede Person das Recht auf Achtung ihres Privat-
und Familienlebens, ihrer Wohnung und ihrer Korrespondenz hat. Eingegriffen
werden darf gem. Art 8 Abs. 2 EMRK in dieses Recht nur, soweit der Eingriff
gesetzlich vorgesehen und in einer demokratischen Gesellschaft notwendig ist für
die nationale oder öffentliche Sicherheit, für das wirtschaftliche Wohl des Landes,
zur Aufrechterhaltung der Ordnung, zur Verhütung von Straftaten, zum Schutz
der Gesundheit oder der Moral oder zum Schutz der Rechte und Freiheiten anderer.

Die Vorschrift erfasst auch den Familienbesuch im Untersuchungshaftvollzug.[156] Besuchsbeschränkungen müssen hinsichtlich Dauer und Umständen nach
Art 8 Abs. 2 EMRK legitimiert sein, wobei eine Interessenabwägung zwischen
den Erfordernissen der Haft und den Interessen des Gefangenen zu erfolgen hat
und der Justizverwaltung ein Ermessensspielraum zugestanden wird.[157]

Als besonders grundrechtssensibler Aspekt des Privatlebens[158] wird die Korrespondenz in Art 8 Abs. I EMRK besonders erwähnt. Sie erfasst auch moderne
Kommunikationsmittel[159] und schützt Empfänger und Absender.[160] Für Beschränkungen des Briefverkehrs bedarf es immer einer Rechtfertigung nach Art 8
Abs. 2 EMRK,[161] wobei die jeweilige Norm die Voraussetzungen und Reichweite der Überwachung auch mit Bezug auf zeitliche Grenzen und das Ermessen
der Vollzugsbehörden hinreichend bestimmt normieren muss.[162] Die Regelungen
müssen detailliert sein, hinreichende Garantien gegen Missbrauch vorsehen und
dass Ausmaß möglicher Zensur bestimmen.[163] Weder der Schutz des Ansehens
des Vollzugspersonals noch die Tatsache, dass ein Brief Beschwerden über die
Verhältnisse im Vollzug enthält, rechtfertigt jedoch das Anhalten.[164]

Gem. Art. 9 Abs. 1 EMRK hat jede Person das Recht auf Gedanken-, Gewis-
sens- und Religionsfreiheit; dieses Recht umfasst die Freiheit, seine Religion oder

---

156 Vgl. *Frowein/Peukert* 2009, Art. 8 EMRK Rn 41.

157 Vgl. *Meyer-Ladewig* 2011, Art. 8 EMRK Rn 82 mit Nachweisen zur EGMR Rechtsprechung.

158 Vgl. LR-*Esser* 2012, Art. 8 EMRK Rn 153.

159 Vgl. *Trechsel* 2006, S. 541.

160 Vgl. LR-*Esser* 2012, Art. 8 EMRK Rn 154.

161 EGMR v. 21.02.1975, *Golder v. GB*, Nr. 4451/70, Ziff. 44 f.: „The restrictive formulation
used at paragraph 2 (Art. 8-2 (...) leaves no room for the concept of implied limitations.";
vgl. *Frowein/Peukert* 2009, Art. 8 EMRK Rn 51.

162 Vgl. LR-*Esser* 2012, Art. 8 EMRK Rn 158.

163 Vgl. *Meyer-Ladewig* 2011, Art. 8 Rn 94.

164 Vgl. *Trechsel* 2006, S. 543.

Weltanschauung zu wechseln und die Freiheit, seine Religion oder Weltanschauung einzeln oder gemeinsam mit anderen öffentlich oder privat durch Gottesdienst, Unterricht oder Praktizieren von Bräuchen und Riten zu bekennen. Gem. Art. 9 Abs. 2 EMRK darf die Freiheit, seine Religion oder Weltanschauung zu bekennen, nur Einschränkungen unterworfen werden, die gesetzlich vorgesehen und in einer demokratischen Gesellschaft notwendig sind für die öffentliche Sicherheit, zum Schutz der öffentlichen Ordnung, Gesundheit oder Moral oder zum Schutz der Rechte und Freiheiten anderer. Für den Bereich des Justizvollzugs ist die Staatsgewalt insofern verpflichtet, im Rahmen des Möglichen die Religionsausübung etwa durch den Besuch von Gottesdiensten oder durch Betreuung durch einen Seelsorger zu ermöglichen.[165]

Gem. Art. 10 Abs. 1 EMRK hat jede Person das Recht auf freie Meinungsäußerung. Dieses Recht schließt die Meinungsfreiheit und die Freiheit ein, Informationen und Ideen ohne behördliche Eingriffe und ohne Rücksicht auf Staatsgrenzen zu empfangen und weiterzugeben. Dieses Recht gilt auch für Personen, denen die Freiheit entzogen ist.[166] Eingegriffen werden darf in dieses Recht nicht ohne einen legitimierenden Grund gem. Art. 10 Abs. 2 EMRK. Danach ist die Ausübung dieser Freiheiten mit Pflichten und Verantwortung verbunden; sie kann daher Formvorschriften, Bedingungen, Einschränkungen oder Strafdrohungen unterworfen werden, die gesetzlich vorgesehen und in einer demokratischen Gesellschaft notwendig sind für die nationale Sicherheit, die territoriale Unversehrtheit oder die öffentliche Sicherheit, zur Aufrechterhaltung der Ordnung oder zur Verhütung von Straftaten, zum Schutz der Gesundheit oder der Moral, zum Schutz des guten Rufes oder der Rechte anderer, zur Verhinderung der Verbreitung vertraulicher Informationen oder zur Wahrung der Autorität und der Unparteilichkeit der Rechtsprechung.

1.2.3 Weitere Vorgaben des Europarats

1.2.3.1 Berichte des CPT und CPT-Standards

Das Verbot von Folter und unmenschlicher oder erniedrigender Behandlung oder Strafe ist, wie schon oben ausgeführt, bereits als allgemeiner internationaler Standard in Art. 3 der EMRK normiert. Um den Schutz von Personen, denen die Freiheit entzogen ist, durch umfangreichere und effektivere internationale Maßnahmen zu verstärken, erließen die Mitgliedstaaten des Europarats die Europäischen Konvention zur Verhütung von Folter und unmenschlicher oder erniedrigender

---

165   Vgl. LR-*Esser* 2012, Art. 9 EMRK Rn 34.

166   Vgl. LR-*Esser* 2012, Art. 10 EMRK Rn 36.

Behandlung oder Strafe.[167] Diese Konvention ist ein „völkerrechtlich verbindlicher Menschenrechtsvertrag besonderer Art",[168] mit deren Artikel 1 ein Europäisches Komitee zur Verhütung von Folter und unmenschlicher oder erniedrigender Behandlung oder Strafe (CPT) errichtet wurde. Das CPT prüft durch Besuche die Behandlung von Personen, denen die Freiheit entzogen ist, um erforderlichenfalls den Schutz dieser Personen vor Folter und unmenschlicher oder erniedrigender Behandlung oder Strafe zu verstärken.[169] Die Europäische Konvention zur Verhütung von Folter und unmenschlicher oder erniedrigender Behandlung oder Strafe und die Europäischen Menschenrechtskonvention stehen in einem besonderen Verhältnis.[170] Die Arbeit des CPT ist konzipiert als Bestandteil des Systems zum Schutz der Menschenrechte des Europarates. Dem Europäischen Gerichtshof für Menschenrechte wird damit ein nichtrichterlicher Mechanismus zur Seite gestellt.[171] Das repressive Überwachungssystem der EMRK, das sich im Wesentlichen auf Beschwerden von Einzelpersonen zum EGMR gründet, die geltend machen, dass Menschenrechtsverletzungen stattgefunden haben, wird durch einen präventiv ausgelegten, nicht justiziellen Apparat ergänzt, dessen Aufgabe es ist, die Behandlung von Personen, denen die Freiheit entzogen ist, mit dem Ziel zu prüfen, ggf. den Schutz dieser Personen vor Folter und unmenschlicher oder erniedrigender Behandlung oder Strafe zu verstärken.[172] Dabei ist es nicht Aufgabe des CPT, justizielle Funktionen auszuüben oder zu erklären, dass Verletzungen der einschlägigen internationalen Übereinkünfte begangen wurden.[173] Vielmehr sammelt es Fakten, bewertet diese und gibt Empfehlungen. [174] Die Empfehlungen des CPT sind für den betroffenen Staat nicht verbindlich, und der Ausschuss nimmt zur Auslegung rechtlicher Sachverhalte keinerlei Stellung. Seine Aufgabe ist rein präventiver Natur. Er führt Informationsbesuche durch und spricht ggf. auf der Grundlage der so gewonnenen Informationen Empfehlungen aus, um den Schutz von Personen, denen die Freiheit entzogen ist, vor Folter und

---

167 Europäisches Übereinkommen zur Verhütung von Folter und unmenschlicher oder erniedrigender Behandlung oder Strafe vom 26.11.1987, von Deutschland im Jahr 1989 ratifiziert und gem. Art 59 Abs. 2 mit Wirkung zum 01.06.1990 umgesetzt (BGBl. II, 491). Vgl. dazu auch CPT/Inf/C (2002) 1, Erläuternder Bericht, Rn 12; *Morgenstern* 2011b, S. 81.

168 *Morgenstern* 2011b, S. 81.

169 Artikel 1 der Konvention.

170 CPT/Inf/C (2002) 1, Erläuternder Bericht, Rn 91.

171 CPT/Inf/E (2002)1 – Rev. 2010, S. 4.

172 CPT/Inf/C (2002) 1, Erläuternder Bericht, Rn 13.

173 CPT/Inf/C (2002) 1, Erläuternder Bericht, Rn 17.

174 CPT/Inf/C (2002) 1, Erläuternder Bericht, Rn 17.

unmenschlicher oder erniedrigender Behandlung oder Strafe zu verstärken.[175] Das Fallrecht des Gerichtshofs und der Europäischen Menschenrechtskommission zu Art. 3 EMRK bildet eine Leitlinie für das CPT. Die Aktivitäten des Ausschusses zielen jedoch mehr auf eine künftige Prävention als auf die Anwendung der gesetzlichen Anforderungen auf bestehende Umstände ab.[176]

Das CPT darf alle Orte besuchen, an denen Personen durch eine öffentliche Behörde die Freiheit entzogen ist (Art. 2). Gem. Art. 7 Nr. 1 der Konvention kann das CPT neben regelmäßigen Besuche alle weiteren Besuche organisieren, die ihm nach den Umständen erforderlich erscheinen. Die Besuche werden gem. Art. 7 Nr. 2 der Konvention in der Regel von mindestens zwei Mitgliedern des Ausschusses durchgeführt. Der Ausschuss kann sich, sofern er dies für notwendig hält, von Sachverständigen und Dolmetschern unterstützen lassen. Gemäß Art. 4 Nr. 2 der Konvention werden die Mitglieder des Ausschusses unter Persönlichkeiten ausgewählt, die für ihre Sachkenntnis auf dem Gebiet der Menschenrechte bekannt sind oder in den von diesem Übereinkommen erfassten Bereichen über berufliche Erfahrung verfügen. Der erläuternde Bericht zur Konvention stellt klar, dass es von den Autoren der Konvention nicht für wünschenswert gehalten wurde, im Einzelnen die Berufsbereiche zu spezifizieren, aus denen die Mitglieder des CPT ausgewählt werden können. Als wünschenswert wird es jedoch erachtet, dass das CPT auch Mitglieder umfasst, die über Erfahrungen in beispielsweise den verschiedenen medizinischen Bereichen verfügen, weil dies zu einem effektiveren Dialog zwischen dem CPT und den Mitgliedsstaaten führen soll und konkrete Vorschläge von Seiten des CPT erleichtert.[177] So ist auch die multidisziplinäre Zusammensetzung mit Mitgliedern aus vielfältigen Berufssparten wie Rechtsexperten, Medizinern, Psychologen, Vollzugsexperten und Menschenrechtsexperten eine Stärke des CPT, die ihm erlaubt, sich mit vielen verschiedenen Aspekten des Freiheitsentzugs zu befassen.[178] Die CPT Standards betonen, dass „alle Aspekte der Haftbedingungen" in einem Gefängnis von Interesse für den Auftrag des CPT sind. Denn Misshandlung kann in zahlreichen Formen auftreten, von denen viele nicht absichtlich geschehen mögen, sondern eher das Ergebnis organisatorischer Mängel oder unzureichender Ressourcen darstellen. Auch erkennt das CPT, dass die allgemeine Lebensqualität in einer Einrichtung sehr stark von den Aktivitäten abhängt, die den Gefangenen angeboten werden, sowie von dem Allgemeinzustand der Beziehungen zwischen Gefangenen und Personal,[179] so dass auch diese Gegenstand der Betrachtungen des CPT sind.

---

175 CPT/Inf/C (2002) 1, Erläuternder Bericht, Rn 25.

176 CPT/Inf/C (2002) 1, Erläuternder Bericht, Rn 27.

177 CPT/Inf/C (2002) 1, Erläuternder Bericht, Rn 36.

178 Vgl. *van Zyl Smit/Snacken* 2009, S. 17.

179 Vgl. CPT-Standards, Auszug aus dem 2. Jahresbericht [CPT /Inf (92) 3], Rn 44.

Bei seinen Besuchen hat das CPT eine Reihe von Rechten (Art.8). Insbesondere zählt dazu das Recht, sich mit Gefangenen ohne Zeugen zu unterhalten (Art. 8 Abs. 3). Einzige Voraussetzung für den Besuch ist die vorherige Notifikation an den Betroffenen Staat (Art. 8 Abs. 1). Erforderlichenfalls kann der Ausschuss den zuständigen Behörden der betreffenden Vertragspartei seine Beobachtungen sogleich mitteilen (Art. 8 Nr. 5). Gem. Art. 10 der Konvention verfasst das CPT nach jedem Besuch einen Bericht über die bei dem Besuch festgestellten Tatsachen unter Berücksichtigung von Äußerungen der betreffenden Vertragspartei. Er übermittelt der Vertragspartei einen detaillierten Bericht, der u. a. die festgestellten Tatsachen, Empfehlungen und Kommentare enthält.[180] Zusätzlich hat gem. Art. 12 der Konvention das CPT jedes Jahr einen Bericht über seine Tätigkeit zu verfassen, der veröffentlicht wird. Diese Berichte sind keine bloßen Beschreibungen der vorgefundenen Umstände.[181] In einer Vielzahl dieser Jahresberichte hat das CPT einige der inhaltlichen Anliegen beschrieben, die es verfolgt, wenn es Besuche an Orten des Freiheitsentzugs durchführt. Es ist das Anliegen des CPT, hierdurch den nationalen Behörden im Voraus eindeutige Hinweise über seine Ansicht im Hinblick darauf zu geben, wie Personen, denen die Freiheit entzogen ist, behandelt werden sollten und allgemein eine Diskussion über solche Fragen anzuregen.[182] Eine große Stärke des CPT sind die empirische Daten, die es bei seinen Besuchen gewinnt und so detaillierte Empfehlungen hinsichtlich dessen machen kann, was bei der Umsetzung der Haft verbessert werden sollte.[183] So entwickelten sich allmählich Einblicke in das, was Gefängnispolitik in allen Europäischen Staaten zur Folge haben sollte um unmenschliche oder erniedrigende Behandlung zu verhindern.[184] Die so entwickelten allgemeingültigen Erkenntnisse werden in den CPT-Standards zusammengefasst.[185]

Diese gliedern sich nach den folgenden Punkten: Polizeigewahrsam (I), Gefängnisse (II), mit dem Unterpunkten „Gefängnishaft" und „Gesundheitsdienste in Gefängnissen", Psychiatrische Einrichtungen (III), Ausländerrechtliche Haft (IV), Jugendliche, denen die Freiheit entzogen ist (V) und den Punkt „Frauen, denen die Freiheit entzogen ist" (VI). Zuletzt wurden die Punkte „Straflosigkeit bekämpfen" (VII) und „Elektroimpulswaffen" (VIII) mit aufgenommen.

Die Feststellungen des CPT sind in rechtlicher Hinsicht nicht verbindlich. Bereits aus dem Gesamtzusammenhang lässt sich jedoch eine rechtserhebliche Wirkung erkennen. Insbesondere aus dem Prinzip der Kooperation (Art. 3) und dem

---

180 CPT/Inf/E (2010) 1.

181 Vgl. *van Zyl Smit/Snacken* 2009, S. 15.

182 CPT/Inf/E (2002) 1 – Rev. 2010, S. 5.

183 Vgl. *van Zyl Smit/Snacken* 2009, S. 17.

184 Vgl. *van Zyl Smit/Snacken* 2009, S. 17.

185 CPT- Standards, CPT/Inf/E (2002) 1, Rev. 2010.

Recht des CPT auf Konsultationen (Art. 10 Abs. 1 S. 3) lässt sich schließen, dass die Regierung die Empfehlung zumindest zur Kenntnis nehmen muss und ihre Befolgung nur aus sachlichen Gründen ablehnen darf.[186] Erkennt die Regierung, dass in einer bestimmten Institution die Haftbedingungen einer unmenschlichen oder erniedrigenden Behandlung gleichkommen, hat sie schon aus ihrer Verantwortung aus Art. 3 EMRK die Zustände zu verbessern.[187] Außerdem entfalten die CPT-Standards Wirkung, indem sie für die EPR Maßstäbe setzten.[188] Überdies bedient sich auch der EGMR in zunehmendem Maße der Erkenntnisse des CPT.[189]

1.2.3.2   Die Europäischen Strafvollzugsgrundsätze (EPR)

Die EPR wurden am 11.01.2006 vom Ministerkomitee des Europarats als eine den Veränderungen im Vollzug angeglichene Fassung der Europäischen Strafvollzugsgrundsätze von 1987 verabschiedet und sind eine beinahe unumgängliche Folge des gegenwärtigen Menschenrechtsdiskurses in Europa.[190]

Sie berücksichtigen vor allem die Ergebnisse der Besuche des CPT und der daraus entwickelten CPT-Standards, die Rechtsprechung des Europäischen Gerichtshofs für Menschenrechte in Vollzugsangelegenheiten und Resolutionen des Europäischen Parlaments zur Gewährleistung der Menschenrechte in den Vollzugsanstalten.[191] Vor diesem Hintergrund ist es nur folgerichtig, dass der umfangreiche offizielle Kommentar[192] an vielen Stellen die CPT-Standards und die Rechtsprechung des EGMR zitiert.

Die EPR gelten gem. Rule 10. 1 für Personen, gegen die eine Justizbehörde Untersuchungshaft angeordnet hat oder denen die Freiheit aufgrund eines Urteils entzogen worden ist. Vor diesem Hintergrund erscheint die sich auf den Strafvollzug beschränkende Übersetzung ihres Titels misslich. Die EPR versuchen in ihrem Aufbau möglichst viele Einzelreglungen „vor die Klammer" zu ziehen. Die EPR sind in neun Teile gegliedert und enthalten 108 „Rules" die teilweise viele Absätze enthalten.

---

186 Vgl. *Alleweldt* 1998, S. 257.

187 Vgl. *Alleweldt* 1998, S. 257.

188 Vgl. *Dünkel/Morgenstern/Zolondek* 2006, S. 86; *van Zyl Smit/Snacken* 2009, S. 32.

189 Vgl. *van Zyl Smit/Snacken* 2009, S. 32.

190 Vgl. *Dünkel/Morgenstern/Zolondek* 2006, S. 86.

191 Vgl. *van Zyl Smit/Snacken* 2009, S. 36; *Dünkel/Morgenstern/Zolondek* 2006, S. 86; *Laubenthal* 2011, S. 22.

192 Commentary to Recommendation Rec (2006) 2 of the committee of Ministers to Member States on the European Prison Rules.

Der Teil I (Nr.1-13) stellt die „Grundprinzipien" voran und regelt Geltungsbereich und Anwendung der EPR. Die Grundprinzipien lauten: 1. Alle Personen,
denen die Freiheit entzogen ist, sind unter Achtung ihrer Menschenrechte zu behandeln. 2. Personen, denen die Freiheit entzogen ist, behalten alle Rechte, die
ihnen durch die Entscheidung, mit der gegen sie eine Freiheitsstrafe verhängt oder
Untersuchungshaft angeordnet wird, nicht rechtmäßig aberkannt werden. 3. Einschränkungen, die Personen auferlegt werden, denen die Freiheit entzogen ist,
müssen sich auf das notwendige Mindestmaßbeschränken und in Bezug auf den
rechtmäßigen Zweck, zu dem sie verhängt werden, verhältnismäßig sein. 4. Mittelknappheit kann keine Rechtfertigung sein für Vollzugsbedingungen, die gegen
die Menschenrechte von Gefangenen verstoßen. 5. Das Leben in der Vollzugsanstalt ist den positiven Aspekten des Lebens in der Gesellschaft so weit wie möglich anzugleichen. 6. Jede Freiheitsentziehung ist so durchzuführen, dass sie den
betroffenen Personen die Wiedereingliederung in die Gesellschaft erleichtert.
7. Die Zusammenarbeit mit externen sozialen Diensten und, soweit dies möglich
ist, die Einbeziehung der Zivilgesellschaft in das Leben in der Justizvollzugsanstalt sind zu fördern. 8. Das Personal in den Justizvollzugsanstalten erbringt eine
wichtige öffentliche Dienstleistung und ist durch Auswahl, Ausbildung und Ar-
beitsbedingungen in die Lage zu versetzen, bei der Betreuung der Gefangenen
hohe Standards einzuhalten. 9. Alle Justizvollzugsanstalten sollen regelmäßig
durch staatliche Stellen kontrolliert und durch unabhängige Stellen überwacht
werden.

Teil II (Nr. 14-38) bezieht sich allgemein auf die Haftbedingungen und differenziert nicht danach, ob es um den Vollzug der Straf- oder Untersuchungshaft
geht. Dieser Teil gliedert sich in die Punkte „Aufnahme" (Nr. 14-16), „Einwei-
sung und Unterbringung" (Nr. 17-18), „Hygiene" (Nr. 19), „Kleidung und Bettzeug" (Nr. 20 -21), „Ernährung" (Nr. 22), „Rechtsberatung" (Nr. 23), „Außenkontakte" (Nr. 24), „Gestaltung des Vollzugs" (Nr. 25), „Arbeit" (Nr. 26), „Bewegung und Erholung" (Nr. 27), „Aus- und Weiterbildung" (Nr. 28), „Gedanken-
, Gewissens- und Religionsfreiheit" (Nr. 29), „Information" (Nr. 30), „Persönliche Gegenstände der Gefangenen" (Nr. 31), „Verlegung" (Nr. 32), „Entlassung"
(Nr. 33) und enthalten einige Sonderregelungen für bestimmte Personengruppen
wie Frauen, Minderjährige, Kleinkinder und Ausländer bzw. Angehörige ethnischer oder sprachlicher Minderheiten (Nr. 34-38).

Teil III widmet sich umfassend der Gesundheit (Nr. 39-48). Rule Nr. 39 besagt, dass die Vollzugsbehörden die Gesundheit der Ihnen anvertrauten Gefangenen zu schützen haben. Weiter enthält dieser Teil Regelungen zur Organisation
der Gesundheitsfürsorge (Nr. 40), ärztlichem und sonstigem medizinischen Personal (Nr. 41), Pflichten des Arztes (Nr. 42-45), Gesundheitsfürsorgeleistungen
(Nr. 46), der geistigen Gesundheit des Gefangenen (Nr. 47) und der Regelung
„weitere Aspekte" (Nr. 48).

Teil IV widmet sich der Sicherheit und Ordnung (Nr. 49-70). Teil V bezieht
sich auf die Leitung und das Vollzugspersonal (Nr. 71-91). Teil VI (Nr. 92-93)

enthält zwei Rules (mit insgesamt drei Regelungen) zu Inspektionen und Aufsicht („Kontrolle und Überwachung").

Teil VII betrifft die für diese Bearbeitung besonders interessanten speziellen Regelungen für Untersuchungsgefangene (Nr. 94-101). Geregelt werden zunächst die Stellung von Untersuchungsgefangenen (Nr. 94) sowie der Umgang mit Untersuchungsgefangenen, wobei auch klargestellt wird, dass die in diesem Teil enthaltenen Grundsätze zusätzliche Schutzmaßnahmen für Untersuchungsgefangene enthalten (Nr. 95). Es folgen Regelungen zur Unterbringung (Nr. 96), Kleidung (Nr. 97), Rechtsberatung (Nr. 98), zu Außenkontakten (Nr. 99), zur Arbeit (Nr. 100) und die Rule Nr. 101, nach der die Vollzugsbehörden dem Antrag des Untersuchungsgefangenen, nach den Vollzugsregeln für Strafgefangene behandelt zu werden, so weit wie möglich zu entsprechen haben.

Teil VIII enthält die speziellen Regelungen für rechtskräftig verurteilte Strafgefangene (Nr. 102-107). Teil IX enthält eine Einzelregelung (Nr. 108), die die regelmäßige Aktualisierung der EPR fordert.[193]

Obwohl es sich bei den EPR nur um *soft law* handelt, dem keine Verbindlichkeit wie etwa der EMRK zukommt und sie als Empfehlungen auch keine subjektiven Rechte und Pflichten des Gefangenen begründen,[194] sollen sie schon nach eigenen Aussagen den einzelnen Staaten dennoch als Richtschnur für ihre Gesetzgebung dienen.[195] Durch die schon oben angesprochene Entscheidung BVerfG zum Jugendstrafvollzug[196] haben sie an nicht zu unterschätzender Bedeutung gewonnen,[197] was für das Recht des Untersuchungshaftvollzugs bestätigt wurde.[198] Bereits jetzt wird ihnen nicht nur in Europa beachtenswerte Anerkennung zu Teil.[199] Ob und wie die EPR auf dem Recht des Untersuchungshaftvollzugs in Deutschland zur Implementierung und „Qualitätssicherung" von Menschenrechtsstandards beigetragen haben,[200] wird einer der Gegenstände dieser Untersuchung sein.

---

193 Vgl. zum Ganzen *Dünkel/Morgenstern/Zolondek* 2006, S. 86 ff.

194 Vgl. *Laubenthal* 2011, S. 23; *Dünkel/Morgenstern/Zolondek* 2006, S. 88; *Morgenstern* 2011b, S. 84.

195 Rec (2006) 2, S. VII.

196 BVerfG NJW 2006, S. 2093.

197 Vgl. *Morgenstern* 2011b, S. 84.

198 BVerfG 2 BvR 939/07 vom 13.11.2007; BVerfG 2 BvR 736/11 vom 17.10.2012.

199 Vgl. *van Zyl Smit/Snacken* 2009, S. 18 ff., 354 ff.; *Morgenstern* 2011b, S. 87; 2013, S. 206 f.

200 Vgl. *Dünkel/Morgenstern/Zolondek* 2006, S. 88.

1.2.3.3   Die Empfehlung Rec (2006) 13

Die „*Recommendation (2006) 13 of the Committee of Ministers to member states on the use of remand in custody, the conditions in which it takes place and the provisions of safeguards against abuse*"[201] wurde am 27.09.2006 vom Ministerkomitee des Europarates verabschiedet. Sie geht darauf zurück, dass trotz der vielen Entscheidungen des EGMR zur Untersuchungshaft nach zutreffender Ansicht des Europarates ein Bedürfnis nach einem konkreteren Instrument bestand, nicht zuletzt deshalb, weil die Entscheidungen des EGMR nur *inter partes* in Rechtskraft erwachsen, was zur Folge hat, dass aus dem *case law* des EGMR nur zögerlich gemeinsame europäische Standards entstehen können.[202] Die Rec (2006) 13 stellt insofern den Versuch dar, die Grundaussagen der ständigen Rechtsprechung des EGMR zur Untersuchungshaft in einem einheitlichen Instrument zusammenzufassen.[203] Auch sie hat lediglich Empfehlungscharakter und stellt nicht bindendes Völkerrecht dar.[204] Ebenso ist jedoch die dazu ergangene Rechtsprechung des BVerfG[205] zu beachten.

Die Rec (2006) 13 gliedert sich in drei Teile. Teil I stellt Begriffsbestimmungen und allgemeine Grundsätze voran, wobei eine Begriffsdefinition von Untersuchungshaft (Nr. 1 Abs. 1,2) erfolgt und u. A. die Empfehlung gegeben wird, dass Untersuchungshaft eher die Ausnahme als die Regel darstellen muss (Nr. 3 Abs. 1). Die Rule Nr. 5 enthält die Regelung, dass für Untersuchungsgefangene Regelungen gelten müssen, die ihrer Rechtsstellung entsprechen. Herausgestellt wird, dass dies beinhaltet, dass nur solche Beschränkungen auferlegt werden dürfen, die für die Rechtspflege, die Sicherheit der Einrichtung, der Gefangenen und des Personals sowie für den Schutz der Rechte Dritter erforderlich sind und dass insbesondere neben den Bestimmungen der Rec (2006) 13 die Anforderungen der EPR zu erfüllen sind.

Teil II ist mit „Die Anwendung von Untersuchungshaft" überschrieben. Enthalten sind die Unterabschnitte „Rechtfertigung", der die Voraussetzungen der Anordnung von Untersuchungshaft regelt, „gerichtliche Genehmigung", „Beistand eines Rechtsanwalts/einer Rechtsanwältin, persönliche Anwesenheit der betroffenen Person und Übersetzung", „Benachrichtigung der Familie", „Anrechnung der Untersuchungshaft auf die eigentliche Strafe" und „Entschädigung" für

---

201   „Empfehlung Rec (2006) 13 betreffend die Anwendung von Untersuchungshaft, die Bedingungen, unter denen sie vollzogen wird, und Schutzmaßnahmen gegen Missbrauch".

202   Vgl. *Morgenstern* 2009a, S. 139; 2011b, S. 84 f.; 2013, S. 206.

203   Vgl. *Morgenstern* 2009a, S. 139; 2011b, S. 85.

204   Vgl. *Morgenstern* 2011b, S. 84.

205   BVerfG NJW 2006, S. 2093; BVerfG 2 BvR 736/11 vom 17.10.2012; BVerfG 2 BvR 939/07 Abs. Nr. 15.

die Fälle, in denen Untersuchungsgefangene nicht der Straftat für schuldig befunden werden, derentwegen sie in Untersuchungshaft genommen wurden.

Teil III widmet sich der für diese Untersuchung relevanten Bedingungen der Durchführung der Untersuchungshaft. Unter den „allgemeinen Bestimmungen" besagt Rule Nr. 35 zunächst, dass die Bedingungen der Durchführung der Untersuchungshaft den EPR unterliegen und durch die in den Nummern 36- 44 nachfolgenden Grundsätzen ergänzt werden. Sodann befasst sich Rule Nr. 36 mit dem vorübergehenden Verlassen der Justizvollzugsanstalt. Die Rule Nr. 37 regelt die Fortführung einer ärztlichen Behandlung: Aufgrund der Entscheidung des Anstaltsarztes sind Vorkehrungen zu treffen, dass Untersuchungsgefangene nach Möglichkeit in Absprache mit dem behandelnden Arzt eine vor der Inhaftierung begonnene notwendige ärztliche Behandlung fortführen können (Abs. 1). Untersuchungsgefangenen muss Gelegenheit gegeben werden, ihren eigenen Arzt zu konsultieren und sich von ihm behandeln zu lassen, wenn eine ärztliche Notwendigkeit hierfür besteht (Abs. 2). Die Ablehnung des Antrags von Untersuchungsgefangenen auf Konsultation des eigenen Arztes ist zu begründen (Abs. 3). Die angefallenen Kosten dürfen nicht zu Lasten der Verwaltung der Justizvollzugsanstalt gehen (Abs. 4). Die Nr. 38 bezieht sich auf den Schriftverkehr und bestimmt, dass die Anzahl der von Untersuchungsgefangenen versandten und empfangenen Briefe grundsätzlich nicht beschränkt werden soll. Nr. 39 enthält eine Regelung zum Wahlrecht.[206] Rule Nr. 40 besagt, dass die Untersuchungshaft weder die schulische Ausbildung von Kindern und Jugendlichen unterbrechen noch den Zugang zu weiterführender Bildung hindern darf. Der Bereich „Disziplin und Sanktionen" wird in den Rules Nrn. 41 und 42 geregelt. Insofern darf eine gegen Untersuchungsgefangene verhängte Disziplinarstrafe nicht zu einer Verlängerung der Untersuchungshaft führen oder die Verteidigung beeinträchtigen (Nr. 41). Die Disziplinarstrafe der Einzelhaft darf nicht den Zugang zu einem Anwalt beeinträchtigen und muss die Aufrechterhaltung eines Mindestkontaktes zur Familie außerhalb der Justizvollzugsanstalt gestatten. Sie soll die Haftbedingungen im Hinblick auf das Bettzeug, die körperliche Bewegung, die Hygiene sowie den Zugang zu Lektüre und zur zugelassenen Vertretung einer Religionsgemeinschaft nicht beeinträchtigen (Nr. 42). Die Rule Nr. 43 widmet sich dem Vollzugspersonal. Das in den Justizvollzugsanstalten mit den Gefangenen arbeitende Personal ist so auszuwählen und auszubilden, dass der besonderen Stellung und den besonderen Bedürfnissen der Untersuchungsgefangenen in vollem Umfang Rechnung getragen wird. Rule Nr. 44 enthält eine Regelung zum Beschwerdeverfahren und bestimmt, dass Untersuchungsgefangene sowohl innerhalb als auch außerhalb der

---

206   Dort wird bestimmt, dass Untersuchungsgefangene bei öffentlichen Wahlen und Volksentscheiden, die während der Zeit der Untersuchungshaft stattfinden, ihre Stimme abgeben dürfen. In Deutschland ist dieses recht selbstverständlich, z.B. in England, wo die Strafgefangenen kein Wahlrecht haben, ist das aber eine angebrachte Klarstellung.

Justizvollzugsanstalten Beschwerdemöglichkeiten sowie ein Recht auf vertraulichen Zugang zu den zuständigen Behörden, die diese Beschwerde entgegennehmen haben müssen (Abs. 1). Das Beschwerderecht muss das Recht, gerichtliche Schritte zu unternehmen, ergänzen (Abs. 2). Die Beschwerden sind so rasch wie möglich zu bearbeiten (Abs. 3).

Vergleicht man die Rec2006(13) und ihre Regelungsdichte etwa mit den ERJOSSM[207] und deren Regelungsdichte zum Jugendstrafvollzug,[208] so erkennt man, dass ihr Umfang deutlich hinter den letzteren zurückbleibt. Insofern macht die Rec (2006) 13 zwar die Aussage, dass sie für den Untersuchungshaftvollzug von großer Wichtigkeit sei,[209] de facto verweist sie jedoch in Nr. 35 vor allem auf die EPR. Für eine Humanisierung des Rechts des Untersuchungshaftvollzugs ist sie dennoch bedeutsam: Einmal gilt dies, weil sie betont, dass Untersuchungshaft nur als letztes Mittel verhängt werden sollte.[210] Auch hilft sie durch den Verweis auf die EPR dabei, deren Vorgaben auch für den Vollzug der Untersuchungshaft zu implementieren, indem sie die Geltung der EPR deutlich herausstellt.[211] An einigen Punkten entwickelt die Rec (2006) 13 die Vorgaben der EPR sogar weiter, so macht sie z. B. wie oben ausgeführt klar, dass eine vor dem Vollzug der Untersuchungshaft begonnene Behandlung dort auch fortgeführt werden soll, was eben nicht den EPR entgegenstehen würde, von diesen aber auch nicht ausdrücklich geregelt wird.[212]

1.3 Die gesetzlichen Voraussetzungen für die Anordnung der Untersuchungshaft

Der § 112 Abs. 1 StPO bestimmt, dass die Untersuchungshaft gegen den Beschuldigten angeordnet werden darf, wenn er der Tat dringend verdächtig ist und ein Haftgrund besteht. Sie darf nicht angeordnet werden, wenn sie zu der Bedeutung der Sache und der zu erwartenden Strafe oder Maßregel der Besserung und Sicherung außer Verhältnis steht.

---

207 European Rules for Juvenile Offenders Subject to Sanctions or Measures, Rec (2008) 11.

208 Vgl. *Kühl* 2012, S. 28 ff.

209 Vgl. Rec (2006) 13, S. VIII, dort heißt es allerdings in falscher deutscher Übersetzung, die Empfehlung sei für den „Strafvollzug" von großer Wichtigkeit.

210 Rec (2006) 13, Nr. 3; vgl. dazu auch *van Zyl Smit/Snacken* 2009, S. 36 f.

211 Vgl. *van Zyl Smit/Snacken* 2009, S. 37.

212 Vgl. *van Zyl Smit/Snacken* 2009, S. 37.

1.3.1 Dringender Tatverdacht

Der erforderliche Tatverdacht ist dabei eine multidimensionale und mehrgliedrige Beurteilung einer bestimmten Sachlage bezüglich einer bestimmten Person durch die Staatsanwaltschaft oder ein Gericht.[213] Er ist vielschichtig, beinhaltet zeitlich und sachlich veränderliche Dimensionen[214] und liegt nach der üblichen Definition vor, wenn nach dem bisherigen Ermittlungsergebnis die Wahrscheinlichkeit groß ist, dass der Beschuldigte Täter oder Teilnehmer einer verfolgbaren Straftat ist.[215] Dabei ist klar, dass dringender Tatverdacht nur aufgrund von bestimmten Tatsachen angenommen werden darf[216] und der Haftrichter die Entscheidung immer auf den aktuellsten Ermittlungsstand stützen muss.[217] Geprüft wird im Wege des Freibeweises, nicht gerichtsverwertbare Beweise haben außer Betracht zu bleiben und noch ausstehende Ermittlungsergebnisse dürfen natürlich nicht verwertet werden.[218] Dabei ist nach hier vertretener Auffassung schon die Begrifflichkeit der „noch ausstehenden Ermittlungsergebnisse" abzulehnen, weil eine solche Antizipation angesichts der Unschuldsvermutung als unangemessene Vorwegnahme erscheint und den falschen Eindruck erweckt, solche ließen sich definitiv erwarten. Ebenso ist es klar, dass Beweisverwertungsverbote schon zu diesem Zeitpunkt zu beachten sind und solche Beweismittel mit nur geringem Beweiswert umso sorgfältiger zu würdigen sind.[219] Es liegt auf der Hand, dass der jeweilige Stand der Ermittlungen naturgemäß des Öfteren noch unvollständig ist und sich stetig ändern kann, was auch bedeutet, dass der dringende Tatverdacht nicht über das ganze Verfahren hinweg gleich ist.[220] Jedenfalls nicht mehr dringend ist der Verdacht dann, wenn sicher ist, dass die Indizienkette auch durch weitere Ermittlungen nicht geschlossen werden wird.[221]

1.3.2 Haftgründe

Ein Haftgrund besteht nach der Vorschrift des § 112 Abs. 2 StPO dann, wenn auf Grund bestimmter Tatsachen festgestellt wird, dass der Beschuldigte flüchtig ist

---

213 Vgl. *Paeffgen* 1986, S. 75.

214 Vgl. *Radtke/Hohmann/Tsambikakis* 2011, § 112 StPO Rn 22.

215 Vgl. *Meyer-Goßner* 2014, § 112 Rn 5.

216 Vgl. Graf/*Krauß* 2012, § 112 Rn 5.

217 Vgl. LR-*Hilger* 2007, § 112 Rn 20.

218 Vgl. Graf/*Krauß* 2012, § 112 Rn 6.

219 Vgl. Graf/*Krauß* 2012, § 112 Rn 6.

220 Vgl. LR-*Hilger* 2007, § 112 Rn 19.

221 Vgl. OLG Karlsruhe StV 2004, S. 325.

oder sich verborgen hält (Nr. 1), bei Würdigung der Umstände des Einzelfalles die Gefahr besteht, dass der Beschuldigte sich dem Strafverfahren entziehen werde (Fluchtgefahr, Nr. 2) oder Verdunkelungsgefahr vorliegt, also das Verhalten des Beschuldigten den dringenden Verdacht begründet, er werde Beweismittel vernichten, verändern, beiseiteschaffen, unterdrücken oder fälschen (Nr. 3a) oder auf Mitbeschuldigte, Zeugen oder Sachverständige in unlauterer Weise einwirken (Nr. 3 b) oder andere zu solchem Verhalten veranlassen, und wenn deshalb die Gefahr droht, dass die Ermittlung der Wahrheit erschwert werde (Nr. 3c).

1.3.2.1   Flucht

Der Haftgrund der Flucht setzt subjektiv den Willen des Beschuldigten voraus, sich dem eingeleiteten oder zu erwartenden Strafverfahren auf Dauer oder für längere Zeit zu entziehen.[222] Der Kommentarliteratur lässt sich entnehmen, dass vor allem flüchtig ist, wer, um unerreichbar zu sein, seine Wohnung verlassen hat, ohne eine neue zu beziehen oder wenigstens eine feste Anschrift zu haben, unter der ihn Post sicher erreichen kann.[223] Ein bloß unbekannter Aufenthaltsort oder schlechte Erreichbarkeit im Ausland sind demgegenüber keine Flucht.[224] Verborgen i. S. des § 112 Abs. 2 Nr. 1 StPO hält sich der Beschuldigte, wenn er, um sich dem Strafverfahren zu entziehen, seinen Aufenthalt vor den Behörden verschleiert, sich also oder unter falschem Namen angemeldet hat, an einem unbekannten Ort lebt oder in anderer Weise bewirkt, dass er für Strafverfolgungsorgane und Gericht nicht auffindbar ist.[225] Für die subjektive Seite gilt dabei das zur Flucht Gesagte entsprechend.

Auch die Bejahung der Flucht erfordert eine auf Grund bestimmter Tatsachen im Freibeweis getroffene Feststellung.[226] Etwaige „Mutmaßungen" oder „Befürchtungen" sind nicht ausreichend.[227] Naturgemäß lässt sich die Willens-richtung des Beschuldigten meist nur anhand äußerer Umstände erschließen, weswegen dieser Haftgrund nicht zur vollen Überzeugung des Richters feststehen muss, sondern es genügen soll, dass bei einer Gesamtwürdigung überwiegende Gründe für eine Flucht oder ein Verbergen sprechen.[228] Der Haftgrund der Flucht verliert

---

222   Vgl. Graf/*Krauß* 2012, § 112 Rn 8.

223   Vgl. LR-*Hilger* 2007, § 112 Rn 29.

224   Vgl. LR-*Hilger* 2007, § 112 Rn 29.

225   Vgl. LR-*Hilger* 2007, § 112 Rn 30.

226   Vgl. *Meyer-Goßner* 2014, § 112 Rn 15; KK-*Graf* 2013, § 112 Rn 14.

227   Vgl. Graf/*Krauß* 2012, § 112 Rn 11.

228   Vgl. Graf/*Krauß* 2012, § 112 Rn 15.

mit der Ergreifung des Beschuldigten seine Funktion und seine Tatbestandsmä-ßigkeit.[229] Denn dass jemand flüchtig gewesen ist oder sich verborgen gehalten hatte, stellt keinen gesetzlichen Haftgrund dar.[230] In der früheren Flucht wird je-doch ein Indiz für die Fluchtgefahr gesehen,[231] weil zumindest bei unveränderten Umständen zwar keine Zwangsläufigkeit, jedoch eine gewisse psychologische Wahrscheinlichkeit bestehen soll, dass der Beschuldigte erneut fliehen wird.[232]

1.3.2.2   Fluchtgefahr

Fluchtgefahr ist der in Europa vorherrschende Haftgrund[233] und liegt in Deutsch-land bekanntlich dann vor, wenn auf Grund bestimmter Tatsachen bei Würdigung der Umstände des Falles eine höhere Wahrscheinlichkeit für die Annahme spricht, der Beschuldigte werde sich dem Strafverfahren entziehen, als für die Erwartung, er werde am Verfahren teilnehmen.[234] Im Vergleich zur Flucht ist die Fluchtge-fahr „auf der Gefährdungsgradiente nur ein zeitlich früher liegender Funktions-punkt."[235] Dabei müssen auch die der Fluchtgefahr zugrunde liegenden Tatsa-chen nicht zur vollen richterlichen Gewissheit i.S. des § 267 Abs. 1 u. 2 StPO feststehen, sondern derjenige hohe Grad von Wahrscheinlichkeit soll ausreichen, der an das Vorliegen des Tatverdachts gestellt wird.[236] Auch die Fluchtgefahr muß sich bei objektiver Betrachtungsweise mit verständigen Erwägungen aus be-stimmten Tatsachen ergeben, wobei lediglich schematische Betrachtungen zu ver-meiden[237] und alle entscheidungsrelevanten, für und gegen die Flucht sprechen-den Umstände mit einzubeziehen sind.[238]

Es liegt auch auf der Hand, dass sich schon anhand des Gesetzeswortlauts und der Eingriffsintensität nur schematische Beurteilungen aufgrund allgemeiner Maßstäbe bei der Beurteilung der Frage, ob Fluchtgefahr vorliegt, verbieten müs-sen.[239] Der Beschuldigte entzieht sich dem Verfahren durch ein Verhalten, das darauf angelegt ist, durch körperliche oder geistige Abwesenheit den Fortgang der

---

229   Vgl. *Paeffgen* 1986, S. 95.

230   Vgl. LR-*Hilger* 2007, § 112 Rn 31.

231   Vgl. Graf/*Krauß* 2012, § 112 Rn 15.

232   Vgl. *Paeffgen* 1986, S. 95.

233   Vgl. *van Kalmthout/Knapen/Morgenstern* 2009, S. 73; *Morgenstern* 2011a, S. 462.

234   OLG Hamm StV 2008, S. 257.

235   *Paeffgen* 1986, S. 95.

236   Vgl. *Meyer-Goßner* 2014, § 112 Rn 22; LR-*Hilger* 2007, § 112 Rn 32.

237   Vgl. Graf/*Krauß* 2012, § 112 Rn 16.

238   Vgl. Graf/*Krauß* 2012, § 112 Rn 15.

239   Vgl. SK-*Paeffgen* 2010, § 112 Rn 24.

Untersuchung oder die zu erwartende Strafvollstreckung dauernd oder für eine gewisse Zeit zu verhindern,[240] wobei die Verfahrensvereitelung oder Verfahrensverschleppung von dem Beschuldigten zumindest in Kauf genommen worden sein muss.[241]

Zwar dürfen die mutmaßlich zu erwartenden Sanktionen bei der Bemessung der Fluchtgefahr mit berücksichtigt werden,[242] allein vermag die Straferwartung die Fluchtgefahr jedoch nicht zu begründen,[243] so dass auch bei einer erwarteten hohen Strafe weitere Umstände eine Fluchtgefahr begründen müssen.[244] Ein Indiz soll es nach dem Willen des Gesetzgebers sein, wenn der Beschuldigte häufig seine Wohnung aufgibt oder ohne Ummeldung wechselt, wobei Fluchtgefahr jedoch nicht allein deswegen verneint werden sollen darf, weil der Beschuldigte über keinen festen Wohnsitz verfügt.[245] Strafverteidiger führen jedoch an, dass gerade, wenn der Beschuldigte keinen festen Wohnsitz oder Aufenthalt in Deutschland hat, darin allgemeinen ein starkes Indiz für Fluchtgefahr gesehen werde.[246] Jedenfalls können bloße Bedenken hinsichtlich des Ausbleibens im ersten Hauptverhandlungstermins allein keinen Haftbefehl wegen Fluchtverdachts tragen, denn wenn insoweit keine zusätzlichen Gründe vorliegen und keine Fahndungsmaßnahmen erforderlich werden, sieht die StPO die gegenüber der Untersuchungshaft in ihren Konsequenzen milderen Zwangsmittel des § 230 Abs. 2 StPO zur Absicherung der Durchführbarkeit der Hauptverhandlung vor.[247] Ist die Tat nur mit Freiheitsstrafe bis zu sechs Monaten oder mit Geldstrafe bis zu einhundertachtzig Tagessätzen bedroht, so darf die Untersuchungshaft wegen Fluchtgefahr nur angeordnet werden, wenn der Beschuldigte sich dem Verfahren bereits einmal entzogen hatte oder Anstalten zur Flucht getroffen hat, im Geltungsbereich der StPO keinen festen Wohnsitz oder Aufenthalt hat oder sich über seine Person nicht ausweisen kann (§ 113 StPO). Häufig wird Fluchtgefahr allein mit der Ausländereigenschaft begründet.[248]

---

240 BGHSt 23, S. 380 ff., 384.

241 BGHSt 23, S. 380 ff., 384.

242 Vgl. SK-*Paeffgen* 2010, § 112 Rn 25.

243 Vgl. Graf/*Krauß* 2012, § 112 Rn 16.

244 OLG Hamm StV 2001, S. 115.

245 Vgl. BT- Rechtsausschuss zu BT-Drucks IV/3561.

246 Vgl. *Münchhalffen/Gatzweiler* 2009, Rn 68.

247 Vgl. zu diesem Verhältnis ausführlich *Gollwitzer* 1999, S. 149.

248 *Morgenstern* 2011b, S. 72; 2013, S. 2002; vgl. zu den Auswirkungen *Kap. 1.5.6.*

1.3.2.3 Verdunkelungsgefahr

Während es die Funktion der Haftgründe der Flucht und der Fluchtgefahr ist, die Anwesenheit des Beschuldigten im Strafverfahren sicherzustellen, ist die Funktion des Haftgrunds der Verdunkelungsgefahr, zu verhindern, dass der Beschuldigte durch unlauteres Einwirken auf sachliche und persönliche Beweismittel die Feststellung des strafrechtlich relevanten Sachverhalts beeinträchtigt.[249] Die Beweislage ist dauernd von Erosionsprozessen bedroht, die vom Beschuldigten verstärkt werden können, wenn er gezielt auf in Betracht kommende Beweismöglichkeiten Einfluss nimmt.[250] Verdunkelungsgefahr liegt deshalb dann vor, wenn auf Grund bestimmter Tatsachen das Verhalten des Beschuldigten den dringenden Verdacht begründet, er werde eine der in § 112 Abs. 2 Nr. 3 lit a) bis c) StPO umschriebenen, auf Beweisvereitelung abzielenden Handlungen vornehmen und wenn deshalb die Gefahr droht, dass die Ermittlung der Wahrheit erschwert wird.[251] Die Regelung ist abschließend[252] und darf gem. § 113 Abs. 1 StPO nicht angeordnet werden, wenn die Tat nur mit Freiheitsstrafe bis zu sechs Monaten oder mit Geldstrafe bis zu einhundertachtzig Tagessätzen bedroht ist.

1.3.2.4 Schwerkriminalität

Die Vorschrift des § 112 Abs. 3 StPO bestimmt, dass gegen den Beschuldigten, der einer Straftat nach § 6 Abs. 1 Nr. 1 des Völkerstrafgesetzbuches oder § 129a Abs. 1 oder Abs. 2, auch in Verbindung mit § 129 b Abs. 1, oder nach den §§ 211, 212, 226, 306 b oder 306 c des Strafgesetzbuches (StGB) oder, soweit durch die Tat Leib oder Leben eines anderen gefährdet worden ist, nach § 308 Abs. 1 bis 3 des StGB dringend verdächtig ist, die Untersuchungshaft auch angeordnet werden darf, wenn ein Haftgrund nach § 112 Abs. 2 StPO nicht besteht. Der § 112 Abs. 3 StPO ermöglicht damit in bestimmten Fällen der Schwerkriminalität den Erlass eines Haftbefehls, wobei ein Haftgrund dafür nach dem Wortlaut nicht vorliegen muss. Deswegen ist bekanntlich eine verfassungskonforme Auslegung geboten.

Das BVerfG führte dazu aus, dass die Norm[253] „rechtsstaatliche Bedenken erwecken [müsste], wenn [sie] dahin auszulegen wäre, dass bei dringendem Verdacht eines der hier bezeichneten Verbrechen gegen das Leben die Untersuchungshaft ohne weiteres, d. h. ohne Prüfung weiterer Voraussetzungen, verhängt

249 Vgl. LR-*Hilger* 2007, § 112 Rn 41.

250 Vgl. *Paeffgen* 1986, S. 100.

251 Vgl. LR-*Hilger* 2007, § 112 Rn 41.

252 Vgl. LR-*Hilger* 2007, § 112 Rn 44.

253 Die Entscheidung erging zu § 112 Abs. 4 StPO a. F., die fast gleichlautend mit § 112 Abs. 3 StPO der aktuellen Fassung ist.

werden dürfte. Eine Solche Auslegung wäre mit dem Grundgesetz nicht vereinbar."[254] Auch hier forderte das BVerfG deswegen Umstände, die die Gefahr begründen, dass ohne Inhaftierung die alsbaldige Aufklärung der Tat gefährdet sein könnte, wofür aber der nach jeweiligen den Umständen nicht auszuschließende Verdacht der Flucht oder Verdunkelung gegebenenfalls schon ausreichen kann.[255] Somit liegt die Bedeutung des § 112 Abs. 3 StPO bei verfassungskonformer Auslegung darin, die strengen in § 112 Abs. 2 StPO normierten Voraussetzungen zu lockern, so dass ein zwar nicht mit bestimmten Tatsachen belegbarer, nach den Umständen jedoch ebenso wenig auszuschließender Flucht- oder Verdunkelungsverdacht dann, wenn der § 112 Abs. 3 StPO einschlägig ist, unter Umständen schon ausreichen kann, wobei der Richter von der Prüfung und Darlegung dieses Verdachts zwar nicht befreit,[256] ihm damit jedoch die Begründung erleichtert wird.[257]

1.3.2.5 Wiederholungsgefahr

Der in § 112 a StPO normierte Haftgrund der Wiederholungsgefahr lässt präventiv-polizeiliche Aspekte für den Erlass eines Haftbefehls ausreichen[258] und knüpft damit an andere Zielsetzungen als die anderen Haftgründe an.[259] Die Voraussetzungen dieses Haftgrundes sind der dringende Tatverdacht bezüglich einer der abschließend aufgezählten bezeichneten Anlasstaten, die Wiederholungsgefahr und die Erforderlichkeit der Haft zur Abwendung dieser Gefahr, wobei dieser Haftgrund subsidiär ist.[260] Diese Form der Haft wird auch als Sicherungs-, Vorbeuge- oder Präventivhaft bezeichnet[261] und ist starker Kritik ausgesetzt.[262] Nach dem BVerfG soll der § 112 a StPO „damit gerechtfertigt werden, dass es hier um die Bewahrung eines besonders schutzbedürftigen Kreises der Bevölkerung vor mit hoher Wahrscheinlichkeit drohenden schweren Straftaten geht".[263] Letztlich ist es der Zusammenhang mit dem Strafverfahren der Anlasstat, der die

---

254 BVerfGE 19, S. 342 ff., 350.

255 BVerfGE 19, S. 342 ff., 350.

256 BVerfG NJW 1991, S. 2821 f.

257 Vgl. *Meyer-Goßner* 2014, § 112 Rn 38; *Morgenstern* 2011b, S. 77.

258 BVerfGE 19, S. 342 ff., 349 f. zum ähnlichen § 112 Abs. 3 StPO a.F.

259 Vgl. *Humberg* 2005, S. 377.

260 Vgl. Graf/*Krauß* 2012, § 112a Überblick.

261 Vgl. *Humberg* 2005, S. 377.

262 Vgl. *Paeffgen* 1986.

263 BVerfGE 19, S. 342 ff. und S. 350 zum ähnlichen § 112 Abs. 3 StPO a. F.

Stellung der Norm als strafprozessuale Eingriffsnorm und nicht als polizeirecht-
liche und damit Landesnorm nachvollziehbar machen.[264] Der Haftgrund der Wiederholungsgefahr greift nur hilfsweise ein,[265] denn gemäß § 112a Abs. 2 StPO
findet der Abs.1 keine Anwendung, wenn die Voraussetzungen für den Erlass eines Haftbefehls nach § 112 StPO vorliegen und die Voraussetzungen für die Aussetzung des Vollzugs des Haftbefehls nach § 116 Abs. 1, 2 StPO nicht gegeben
sind. Die Regelung des § 112 a Abs. 2 StPO verbietet es auch, einen Haftbefehl
nach § 112 StPO hilfsweise auf die Regelung des § 112 a StPO zu stützen.[266] Die
Höchstdauer der nach § 112 a StPO verhängten Untersuchungshaft ist auf ein Jahr
begrenzt (§ 122 a StPO).

1.3.3 Der Verhältnismäßigkeitsgrundsatz hinsichtlich der Anordnung der Untersuchungshaft

Wie schon oben angesprochen darf die Untersuchungshaft nicht angeordnet werden, wenn sie zu der Bedeutung der Sache und der zu erwartenden Strafe oder
Maßregel der Besserung und Sicherung außer Verhältnis steht. Damit ist die Wahrung des Verhältnismäßigkeitsgrundsatzes angesprochen, bei der es sich um keine
Haftvoraussetzung handelt, sondern vielmehr die Unverhältnismäßigkeit einen
Haftausschließungsgrund darstellt, die den Erlass eines Haftbefehls nur hindert,
wenn sie feststeht.[267] Gemeinhin wird dazu ausgeführt, dass Untersuchungshaft
nur dann verhängt werden darf, wenn der Anspruch des Staates auf umfassende
Aufklärung der Tat und schnelle Bestrafung des Täters nicht durch weniger tief
greifende Mittel durchgesetzt werden kann[268] und dass an diesem Punkt eine wer-
tende Abwägung zwischen einerseits den für den Beschuldigten durch den Freiheitsentzug entstehenden konkreten Nachteilen und Gefahren und andererseits
dem Gewicht der Strafsache vorgenommen werden muss.[269] Bezüglich der Auswirkungen der Haft sollen unter anderem die negativen Folgen für berufliche und
wirtschaftliche Existenz, Gesundheitszustand und die Auswirkungen auf die Familie des Beschuldigten mit einzubeziehen sein.[270] Die angesprochene Bedeutung der Sache bestimmt sich nach dem Strafrahmen des zugrunde liegenden De-
likts, der Art des Rechtsguts, das verletzt wurde, der konkreten Erscheinungsform

---

264 Vgl. *Humberg* 2005, S. 377.

265 Vgl. SK-*Paeffgen* 2010, § 112a Rn 21.

266 Vgl. LR-*Hilger* 2007, § 112a Rn 51.

267 Vgl. *Meyer-Goßner* 2014, § 112 Rn8.

268 Vgl. Graf/*Krauß* 2012, § 112 Rn 29.

269 Vgl. Graf/*Krauß* 2012, § 112 Rn 30.

270 Vgl. Graf/*Krauß* 2012, § 112 Rn 30.

der Tat sowie tatbezogenen Umständen, die in der Person des Beschuldigten liegen.[271]

1.3.4 Andere Haftgründe im Überblick

Alle Landesgesetze bis auf Niedersachsen enthalten Bestimmungen dahingehend,
dass sie entsprechend für den Vollzug der Hauptverhandlungshaft (§ 127b StPO),
der Haft aufgrund § 230 Abs. 2 StPO, 236 StPO, für die Haft bei der Entscheidung über die vorbehaltene Sicherungsanordnung gem. § 275 a Abs. 5 S. 4 StPO,
für Fälle der Haft aufgrund § 329 Abs. 4 StPO sowie § 412 S. 1 StPO und für
Fälle der vorläufigen Unterbringung gem. § 453 c Abs. 2 S. 2 StPO gelten.[272]
Bayern erweitert den Anwendungsbereich seines Gesetzes auch auf die Haft nach
§ 126 a StPO.[273] Um zu zeigen, aus welchen Gründen eine Person neben den
„klassischen" Haftgründen ebenfalls dem Vollzugsregime der Landesgesetze unterworfen werden kann, soll hier ein kurzer Überblick erfolgen.

1.3.4.1 § 127b StPO

Der § 127 b StPO enthält zunächst in seinem Absatz 1 eine in den Regelungszu-
sammenhang des § 127 StPO fallende Festnahmebefugnis, die normiert, dass die
Staatsanwaltschaft und die Beamten des Polizeidienstes zur vorläufigen Festnahme eines auf frischer Tat Betroffenen oder Verfolgten auch dann befugt sind,
wenn eine unverzügliche Entscheidung im beschleunigten Verfahren wahrscheinlich ist und auf Grund bestimmter Tatsachen zu befürchten ist, dass der Festgenommene der Hauptverhandlung fernbleiben wird. Der Absatz 2 des § 127 b StPO
enthält die den § 112 StPO erweiternde Vorschrift, dass ein Haftbefehl (§ 128
Abs. 2 S. 2 StPO) aus den Gründen des Absatzes 1 gegen den der Tat dringend
Verdächtigen nur ergehen darf, wenn die Durchführung der Hauptverhandlung
binnen einer Woche nach der Festnahme zu erwarten ist und schreibt vor, dass der
Haftbefehl auf höchstens eine Woche ab dem Tage der Festnahme zu befristen ist.
   Der § 127 b StPO gilt mithin nur, wenn das beschleunigte Verfahren
(§§ 417 ff. StPO) durchgeführt werden soll.[274] Letzteres hat zur Voraussetzung,
dass sich die Sache zur Verhandlung in diesem Verfahren eignet. Eine höhere
Freiheitsstrafe als Freiheitsstrafe von einem Jahr darf in diesem Verfahren nicht

---

271 Vgl. Graf/*Krauß* 2012, § 112 Rn 31.

272 § 1 UVollzG Bln, BrUVollzG, HmbUVollzG, HUVollzG, UVollzG M-V, SUVollzG,
     SächsUHaftVollzG, UVollzG SH; § 1 JVollzGB BW II; Art. 1 BayUVollzG; § 1
     NJVollzG; § 1 Abs. 2 BbgJVollzG; § 1 Abs. 2 LJVollzG RP; § 1 Abs. 2 ThürJVollzGB;
     § 1 Abs. 2 JVollzGB LSA; § 76 GVUVS NRW.

273 Art. 1 BayUVollzG.

274 Vgl. *Gollwitzer* 1999, S. 150.

verhängt werden (vgl. § 419 Abs. 1 StPO). Die Vorschrift des § 127 b StPO beinhaltet eigens für das beschleunigte Verfahren einen schon im Vorfeld des § 230 Abs. 2 StPO geltenden besonderen Haftgrund. Während der Haftbefehl gem. § 230 Abs. 2 StPO ein nicht genügend entschuldigtes Ausbleiben voraussetzt, soll diesem im beschleunigten Verfahren schon vorgegriffen werden.[275] In Betracht kommt dieses unentschuldigte Nichterscheinen insbesondere bei durchreisenden oder nach einer Sportveranstaltung wieder ausreisenden Ausländern.[276] Das Ziel der Vorschrift ist die erhöhte Anwendung und Sicherung des beschleunigten Verfahrens gem. § 417 StPO.[277] Die Gesetzesbegründung argumentiert, dass die Gerichte ohne diese Vorschrift gehindert seien, das beschleunigte Verfahren innerhalb weniger Tage durchzuführen, nämlich dann, wenn die Haftvoraussetzungen der §§ 112 ff. StPO fehlten und der vorläufig Festgenommene durch die Freilassung Gelegenheit erhielte, sich der Hauptverhandlung zu entziehen.[278] Die Gesetzesbegründung bezieht sich explizit auf reisende Täter und führt auch aus, dass die Haft gem. § 127 b StPO die Staatsanwaltschaften und die Amtsgerichte motivieren solle, Hauptverhandlungen möglichst zügig anzuberaumen.[279] Wegen der Zielsetzung, die Anwesenheit des Beschuldigten in der Hauptverhandlung zu garantieren, ist die Haft gem. § 127 b StPO folgerichtig als Untersuchungshaft einzuordnen.[280]

1.3.4.2 § 230 StPO

Gem. § 230 Abs. 1 StPO findet gegen einen ausgebliebenen Angeklagten eine Hauptverhandlung nicht statt. Der § 230 Abs. 2 StPO bestimmt, dass wenn das Ausbleiben des Angeklagten nicht genügend entschuldigt ist, die Vorführung anzuordnen oder ein Haftbefehl zu erlassen ist. Somit dient die Vorschrift des § 230 StPO „der Sicherung der Weiterführung und Beendigung eines begonnenen Strafverfahrens."[281] Zwar wird das in § 230 Abs. 1 StPO normierte Prinzip, das gegen einen ausgebliebenen Angeklagten eine Hauptverhandlung nicht stattfindet, vom Gesetz in den §§ 231 Abs. 2, 231a, 231c, 232, 233, 247, 329, 350, 387, 411 StPO

---

275   Vgl. LR-*Hilger* 2007, § 127b Rn 4.

276   Vgl. LR-*Hilger* 2007, § 127b Rn 13.

277   Vgl. LR-*Hilger* 2007, § 127b Rn 1.

278   BT-Drucks. 13/2576, S. 3.

279   BT-Drucks. 13/2576, S. 3.

280   Vgl. LR-*Hilger* 2007, § 127b Rn 1.

281   BVerfG NJW 2007, S. 2318 f.

durchbrochen,[282] da aber grundsätzlich die Notwendigkeit besteht, die Hauptverhandlung in Gegenwart des Angeklagten durchzuführen, soll das Gericht auch die
Macht haben, die Anwesenheit des ohne ausreichende Entschuldigung pflichtwid-
rig ausgebliebenen Angeklagten zu erzwingen.[283] Die Haft aufgrund von § 230
Abs. 2 StPO wird auch als Ungehorsamshaft bezeichnet, ist jedoch nicht Bestra-
fungs- sondern Sicherungsmittel.[284] Bei dem Haftbefehl nach § 230 Abs. 2 StPO
ist kein dringender Tatverdacht und kein Haftgrund im Sinne der §§ 112 ff. StPO
erforderlich, sondern es bedarf nur der Feststellung, dass der Angeklagte in der
Hauptverhandlung nicht erschienen ist und das Fernbleiben nicht hinreichend entschuldigt ist.[285] Die Haft nach § 230 Abs. 2 StPO zeichnet sich daher durch eine
wesentlich geringere Eingriffsschwelle als alle anderen strafprozessualen Eingriffe in die Freiheit des Angeklagten aus, so dass hier der Beschuldigte schon
wegen der bloßen Nichtbeachtung einer Ladung seine Freiheit einbüßen kann.[286]
Die Zwangsmittel des § 230 Abs. 2 StPO sind jedoch dann nicht mehr verhältnismäßig, wenn bei Würdigung der Umstände des Falles die Annahme gerechtfertigt
ist, dass der Angeklagte zu dem nächsten Termin erscheint.[287] Insofern sieht
§ 230 Abs. StPO in erster Linie die Anordnung der Vorführung vor. Nur in zweiter Linie kommt der stärker in die persönliche Freiheit eingreifende Haftbefehl
infrage.[288] Problematisch erscheint, dass der Haftbefehl gem. § 230 Abs. 2 StPO
nach der gesetzlichen Regelung keiner zeitlichen Begrenzung unterliegt.[289] Der
Haftzeit aufgrund des Sicherungshaftbefehls sind nur durch die Verfassung, das
Übermaßverbot und den Beschleunigungsgrundsatz Schranken gesetzt.[290] Jedenfalls kann zur zeitlichen Begrenzung der Haft angeordnet werden, dass der Haftbefehl erst vergleichsweise kurze Zeit vor Beginn der Hauptverhandlung voll-
streckt werden darf.[291] Bei einer Wochen oder Monate dauernden Verhandlung
hat das Gericht in stetigem Fortgang zu prüfen, ob der Zweck des § 230 Abs. 2
StPO die Aufrechterhaltung der Haft noch gebietet.[292]

---

282   Vgl. *Kamp* 2004, S. 669.

283   Vgl. *Gollwitzer* 1999, S. 145.

284   Vgl. *Paeffgen* 1986, S. 91.

285   BVerfG NJW 2007, S. 2318 f.

286   Vgl. *Welp* 1991, S. 265.

287   BVerfG NJW 2007, S. 2318 f.

288   Vgl. BVerfG NJW 2007, S. 2318 ff., 2319.

289   Vgl. *Kamp* 2004, S. 681.

290   Vgl. *Kamp* 2004, S. 681.

291   Vgl. LR-*Becker* 2007, § 230 Rn 34.

292   Vgl. *Gollwitzer* 1999, S. 159 f.

1.3.4.3 § 236 StPO

Nach § 236 StPO ist das Gericht stets befugt, das persönliche Erscheinen des Angeklagten anzuordnen und durch einen Vorführungsbefehl oder Haftbefehl zu erzwingen. Diese Vorschrift ermöglicht es dem Gericht im Sinne der Aufklärungspflicht, das persönliche Erscheinen des Angeklagten auch dann anzuordnen, in denen die Verhandlung ohne ihn an sich möglich wäre.[293] Nicht § 236 StPO, sondern § 230 StPO findet Anwendung, wenn der Angeklagte nicht erscheint, obwohl es aufgrund gesetzlicher Regelung nur gestattet ist, in seiner Anwesenheit zu verhandeln.[294] Entsprechend der Vorschrift des § 230 Abs. 2 StPO ist der Erlass eines Haftbefehls oder Vorführungsbefehls nur dann statthaft, wenn das Fernbleiben des Angeklagten nicht hinreichend entschuldigt ist.[295] Die Anordnung nach § 236 StPO ist nur zulässig, wenn die Anwesenheit des Angeklagten auch einen Beitrag zu Aufklärung des Sachverhalts verspricht.[296] Die Entscheidung über die Anordnung des persönlichen Erscheinens liegt dann im Ermessen des Gerichts, wobei alle für und gegen die Anordnung sprechenden Gesichtspunkte gewürdigt werden müssen und das Interesse an möglichst vollständiger Aufklärung einerseits und die berechtigten Interessen des Angeklagten andererseits gegeneinander abzuwägen sind.[297]

1.3.4.4 § 275a Abs. 5 StPO

Der § 275 a Abs. 5 StPO regelt den Unterbringungsbefehl bei der Entscheidung über die nachträgliche Sicherungsverwahrung und anlässlich Verfahren über die Entscheidung über eine vorbehaltene Sicherungsverwahrung. Da der EGMR in seiner Entscheidung vom 13.01.2011[298] festgestellt hat, dass die nachträgliche Sicherungsverwahrung gegen Art. 5 EMRK verstößt, wird auf die die nachträgliche Sicherungsverwahrung betreffenden Aspekte des § 275 a Abs. 5 StPO hier nicht eingegangen. Der Unterbringungsbefehl gem. § 275 a Abs. 5 StPO stellt eine vorläufige Maßnahme dar und gilt, bis das Urteil über die Anordnung der Sicherungsverwahrung in Rechtskraft erwächst.[299] Durch den Unterbringungsbefehl soll vermieden werden, dass ein Verurteilter nach Verbüßung der Strafe aus

---

293 Vgl. Graf/*Gorf* 2012, § 236 Rn 1.

294 Vgl. Graf/*Gorf* 2012, § 236 Rn 1.

295 Vgl Graf/*Gorf* 2012, § 236 Rn 10.

296 BGH 30, 172, 175; Vgl. *Meyer-Goßner* 2014, § 236 Rn 3.

297 BGH 30, 172, 175; Vgl. *Meyer-Goßner* 2014, § 236 Rn 4.

298 EGMR vom 13.01.2011, *Haidn v. Deutschland*, Nr. 6587/04.

299 Vgl. KK-*Greger* 2013, § 275a Rn 25.

der Strafhaft oder wegen Erledigterklärung nach §§ 66 III, 67 d VI StGB aus dem psychiatrischen Krankenhaus entlassen wird.[300]

1.3.4.5   § 329 Abs. 4 S. 1 StPO

Die Vorschrift des § 329 Abs. 4 S. 1 StPO dient der Verfahrensbeschleunigung und soll verhindern, dass der Angeklagte durch sein Ausbleiben in der Berufungsverhandlung die Entscheidung des Berufungsgerichts aufschieben kann.[301] In den Fällen des Ausbleibens des Angeklagten in der Hauptverhandlung aufgrund seiner Berufung oder der Berufung der Staatsanwaltschaft kann das Gericht die Vorführung oder Verhaftung anordnen, womit eine Verhandlung in Anwesenheit des Angeklagten ermöglicht wird, wenn nicht nach § 329 Abs. 1 oder Abs. 2 StPO verfahren wird.[302] Wenn die Vorführung oder der Haftbefehl für den weiteren Verfahrensfortgang nicht erforderlich sind, muss das Gericht aus Verhältnismäßigkeitsgründen nach Abs. 1 oder 2 verfahren, was der Fall sein kann, wenn eine dem verfahrensdienliche Sachverhaltsaufklärung durch die Anwesenheit des Angeklagten nicht gefördert wird und die Anwesenheit des Angeklagten auch nicht aus anderen Gründen geboten erscheint.[303] Unverhältnismäßigkeit liegt vor, wenn bei verständiger Würdigung aller Umstände die Erwartung gerechtfertigt ist, dass der Angeklagte zum nächsten Termin kommen wird.[304] Die Vorführung hat Vorrang vor der Verhaftung. Nur, wenn konkrete Anzeichen dafür vorliegen, dass die Vorführung unzureichend ist, kann der Angeklagte verhaftet werden, etwa wenn er sich verborgen hält oder ein Vorführungsbefehl bereits gescheitert ist.[305]

1.3.4.6   § 412 S. 1 StPO

Der § 412 S. 1 StPO normiert die Folgen des nicht entschuldigten Ausbleibens des Angeklagten in der auf den Einspruch gegen einen Strafbefehl angesetzten Hauptverhandlung.[306] Er verweist auf § 329 Abs. 1, 3 und 4 StPO. Bei einem nicht entschuldigten Fernbleiben des Angeklagten wird danach der Einspruch grundsätzlich entsprechend § 329 Abs. 1 S.1 StPO ohne Verhandlung zur Sache

---

300   Vgl. *Meyer-Goßner* 2014, § 275a Rn 16.

301   Vgl. *Michel* 1991, S. 934.

302   Vgl. Graf/*Eschelbach* 2012, § 329 Rn 53.

303   Vgl. KK-*Paul* 2013, § 329 Rn 20.

304   BVerfG NJW 2001, S. 1341 ff., 1342.

305   Vgl. Graf/*Eschelbach* 2012, § 329 Rn 54.

306   Vgl. Graf/*Temming* 2012, § 412 StPO, Überblick.

verworfen.[307] Für den Fall, dass das persönliche Erscheinen ausnahmsweise angeordnet ist, ist es möglich bei Fernbleiben des Angeklagten entweder ohne ihn zu verhandeln oder sein Erscheinen gem. § 329 IV S. 1 StPO durch Vorführung oder Verhaftung zu erzwingen. Ist jedoch die Verhandlung ohne den Angeklagten nicht möglich, wird die Hauptverhandlung ausgesetzt und ein neuer Termin zur Verhandlung bestimmt, wobei dann gegebenenfalls die Zwangsmittel des § 329 IV StPO entsprechend angeordnet werden können, um das Erscheinen des Angeklagten des Angeklagten zu sichern.[308] Zur Verhältnismäßigkeit gelten die Ausführungen zu § 329 IV S. 1 StPO.[309]

1.3.4.7 § 453c StPO

Der Sicherungshaftbefehl nach § 453 c StPO betrifft den Fall, dass das Gericht eine Bewährungsstrafe widerruft und sich bis zur Rechtskraft des Widerrufsbeschlusses der Person des Verurteilten sichern will. Der Erlass eines solchen Haftbefehls ist nicht mehr die Aufgabe des Ermittlungsrichters, sondern des mit dem Bewährungsverfahren befassten Richters.[310] Die Sicherungshaft soll im Sinne der Vollstreckungssicherung insbesondere die Flucht verhindern.[311] Die Vorschrift findet Anwendung auf die Strafaussetzung zur Bewährung (§§ 56 StGB ff., § 183 Abs. 3, Abs. 4 StGB, §§ 21 JGG ff., § 14 a Abs. 1 WStG), die Strafrestaussetzung (§ 57 StGB, § 57 a StGB, § 454 Abs. 1 StPO) sowie die Aussetzung freiheitsentziehender Maßnahmen (§ 67 b StGB, § 67 c StGB).[312] Für den Erlass einer Sicherungsmaßnahme nach Abs. 1 bedarf es des Vorliegens hinreichender Gründe für die Absehbarkeit des Widerrufs,[313] die in den §§ 56f Abs. 1, 57 Abs. 5, 57a Abs. 3 S. 2, 67g StGB genannt sind.[314] Hinreichend sind diese, wenn der Widerruf nach gegenwärtigem Erkenntnissen mit hoher Wahrscheinlichkeit erfolgen wird.[315] Die StPO ermächtigt in § 453 c das Gericht zu im Einzelnen nicht genannten vorläufigen Maßnahmen, die geeignet sind, sich der

---

307 Vgl. Graf/*Temming* 2012, § 412 StPO, Rn 1.

308 Vgl. SK-*Weßlau* 2013, § 412 Rn 7.

309 Vgl. *Kap. 1.3.4.5.*

310 Vgl. *Kropp* 1998, S. 328.

311 Vgl. SK-*Paeffgen* 2013, § 453c Rn 8.

312 Vgl. KK-*Appl* 2013, § 453c Rn 1.

313 Vgl. *Meyer-Goßner* 2014, § 453 c Rn 3.

314 Vgl. KK-*Appl* 2013, § 453c Rn 2.

315 Vgl. *Meyer-Goßner* 2014, § 453 c Rn 3.

Person des Verurteilten zu versichern.[316] Das Ergreifen dieser vorläufigen Sicherungsmaßnahmen hat auch hier unter Verhältnismäßigkeitsgesichtspunkten zu erfolgen, weswegen zur Verfügung stehende Fahndungsmittel, wie etwa die Ausschreibung zur Aufenthaltsermittlung gem. Nr. 39 ff. RiStBV, die Auferlegung einer Meldepflicht gem. § 56 c Abs. 2 Nr. 2 StGB, sowie der Katalog des § 116 Abs. 1 StPO vorläufig zu ergreifen sind.[317]

1.3.4.8 § 126a StPO

Die nur in Bayern in Bezug genommene Vorschrift des § 126a Abs. 1 StPO bestimmt, dass wenn dringende Gründe für die Annahme vorhanden sind, daß jemand eine rechtswidrige Tat im Zustand der Schuldunfähigkeit oder verminderten Schuldfähigkeit begangen hat und dass seine Unterbringung in einem psychiatrischen Krankenhaus oder einer Entziehungsanstalt angeordnet werden wird, das Gericht durch Unterbringungsbefehl die einstweilige Unterbringung in einer dieser Anstalten anordnen kann, wenn die öffentliche Sicherheit es erfordert. Hier erscheint es fraglich, ob die Vorgaben des BayUVollzG, das auf Gefängnisse zugeschnitten ist, auf solche psychiatrischen Krankenhäuser oder Entziehungsanstalten sinnvoll angewendet werden können. In diesem Zusammenhang besteht auch Bedarf, die EPR mit den Anforderungen solcher Institutionen abzustimmen.[318]

1.4 Historischer Teil

1.4.1 Die Geschichte des Untersuchungshaftvollzugs

Das Recht des Vollzuges der Untersuchungshaft war seit jeher mangelhaft ausgestaltet.[319] Schon 1906 erkannte der Berliner Rechtsanwalt *Heinemann*: „Die Untersuchungshaft ist das trübste Kapitel der deutschen Strafrechtspflege".[320] Die Geschichte dieses Rechtsgebietes ist dadurch gekennzeichnet, das lange Zeit, nämlich bis zum Inkrafttreten der in dieser Arbeit untersuchten Gesetze, eine ausreichende gesetzliche Regelung nicht vorhanden war, obwohl viele Entwürfe und Vorschläge zu Untersuchungshaftvollzugsgesetzen gemacht wurden, deren Realisierung aber immer scheiterte.

---

316 Vgl. LR-*Graalmann-Scheerer* 2007, § 453c Rn 4.

317 Vgl. KK-*Appl* 2013, § 453c Rn 4.

318 Vgl. *van Zyl Smit* 2006, S. 140.

319 Vgl. *Baumann* 1981, S. 7.

320 Zitiert nach *Müller-Dietz* 1984, S 79.

Vor dem Jahr 1877 existierten in verschiedenen Teilen des Reichsgebietes sehr unterschiedliche Regelungen, die den Untersuchungsgefangenen erheblichen Unsicherheiten aussetzten.[321]

Im Jahr 1929 wurde ein amtlicher Entwurf eines Einführungsgesetzes zum Allgemeinen Deutschen Strafgesetzbuch vom Reichsjustizministerium vorgelegt, der in Art. 67, Nrn. 67, 78 in 23 Paragraphen die Rechtsstellung des Untersuchungsgefangenen regeln sollte und zum ersten Mal auch die Zuständigkeiten von Richter und Anstaltsleitung abgrenzte, aber nie Gesetz wurde.[322] Die dann auch nicht verabschiedete Reichstagsvorlage vom 20.05.1930[323] sah wiederum keine gesetzliche Regelung des Untersuchungshaftvollzuges vor, sondern enthielt nur in § 132 Abs. 5 des Entwurfes eine Ermächtigung zum Erlass einer der Reichsratsvorlage beigefügten Verordnung, die ebenfalls nie erlassen wurde.[324]

So dienten mangels einer gesetzlichen Regelung in der Praxis Verwaltungsvorschriften zur Ausgestaltung des Untersuchungshaftvollzugs: Die Gefängnisordnungen der deutschen Länder in der Zeit vor und nach 1900 enthielten Vorschriften, die den Untersuchungshaftvollzug regelten.[325]

Auch die Dienst- und Vollzugsordnungen der Länder, die im Anschluss an die Reichsratsgrundsätze von 1923 erlassen wurden, hatten Regelungen zum Untersuchungshaftvollzug, jedoch galten die Bestimmungen über die Strafhaft, die nur hinsichtlich Verwahrung, Arbeit, Bekleidung und Beköstigung ein wenig modifiziert wurden.[326]

Eine erste einheitliche gesetzliche Regelung des Untersuchungshaftvollzugs für das Gebiet des früheren Deutschen Reichs fand sich im Rahmen der 1877 erlassenen Strafprozessordnung in deren § 116.[327] Diese Regelung und der spätere § 119 StPO wurden aber zu jeder Zeit als nicht hinreichend empfunden.[328] In § 116 StPO hieß es:

(I) Der Verhaftete soll, soweit möglich, von anderen gesondert und nicht in demselben Raume mit Strafgefangenen verwahrt werden. Mit seiner Zustimmung kann von dieser Vorschrift abgesehen werden.

---

321 Vgl. *Kaiser* 1984, S 300.

322 Vgl. *Seebode* 1985, S. 28.

323 RT-Drucks. Nr. 2070/IV. Wahlp. Mit Anlage B = Mat. z. Strafrechtsreform, Bd. 7, 1954 (s. Art. 70, Ziff. 71, 76), zitiert nach *Seebode* 1985, S. 28.

324 Vgl. *Seebode* 1985, S. 28.

325 Vgl. *Baumann* 1981, S. 7.

326 Vgl. *Baumann* 1981, S. 7.

327 Vgl. *Kaiser* 1984, S. 300.

328 Vgl. *Preusker* 1981, S. 131.

(II) Dem Verhafteten dürfen nur solche Beschränkungen auferlegt werden, welche zur Sicherung des Zweckes der Haft oder zur Aufrechterhaltung der Ordnung im Gefängnis notwendig sind.

(III) Bequemlichkeiten und Beschäftigungen, die dem Stande und den Vermögensverhältnissen des Verhafteten entsprechen, darf er sich auf seine Kosten verschaffen, soweit sie mit dem Zwecke der Haft vereinbar sind und weder die Ordnung im Gefängnis stören noch die Sicherheit gefährden.

(IV) Fesseln dürfen im Gefängnis dem Verhafteten nur dann angelegt werden, wenn es wegen besonderer Gefährlichkeit seiner Person, namentlich zur Sicherung anderer erforderlich erscheint, oder wenn er einen Selbstentleibungs- oder Entweichungsversuch gemacht oder vorbereitet hat. Bei der Hauptverhandlung soll er ungefesselt sein.

(V) Die nach Maßgabe vorstehender Bestimmungen erforderlichen Verfügungen hat der Richter zu treffen. Die in dringenden Fällen von anderen Beamten getroffenen Anordnungen unterliegen der Genehmigung des Richters.

Somit war zu dieser Zeit der Untersuchungsgefangene gegen willkürliche Eingriffe der Justizverwaltung in seine Rechtsstellung grundsätzlich geschützt.[329] Die Regelung brachte aber Entscheidungsfreiräume des Richters mit sich, da dieser abweichende Regelungen betreffend einzelner Untersuchungsgefangener treffen konnte.[330] Der Konkretisierung des Rechtsbegriffs der „Ordnung im Gefängnis" durch den Richter kam erhebliche vollzugsgestaltende Bedeutung zu.[331] Die Regelung der Rechtsstellung des Untersuchungsgefangenen hatte aber große Lücken.[332] Auch die seinerzeit geltenden Gefängnisordnungen[333] enthielten alle lediglich wenige Einzelvorschriften, die nicht ausreichten, um zumindest die in der Praxis wichtigen Fragen zu regeln.[334] Im Wesentlichen richtete sich der Untersuchungshaftvollzug daher nach der „Geschäftsübung", die aber dezentral und unterschiedlich ausgestaltet war und sich stetig wandelte, weswegen eine nur schwer erträgliche Rechtsunsicherheit herrschte.[335]

---

329 Vgl. *Kaiser* 1984, S. 300.

330 Vgl. *Kaiser* 1984, S. 300.

331 Vgl. *Kaiser* 1984, S. 300.

332 Vgl. *Gündel/Hartung/Lingemann/Niethammer-Hartung* 1934, S. 390.

333 Nachweise zu den Gefängnisordnungen bei *Gündel/Hartung/Lingemann/Niethammer-Hartung* 1934, S. 390 f.

334 Vgl. *Gündel/Hartung/Lingemann/Niethammer-Hartung* 1934, S. 390.

335 Vgl. *Gündel/Hartung/Lingemann/Niethammer-Hartung* 1934, S. 390.

Eine wesentliche Änderung des Rechts des Untersuchungshaftvollzugs erfolgte durch Verordnung des Reichsjustizministers vom 23.3. 1938.[336] Dort wurde eine grundsätzliche Arbeitspflicht des Untersuchungsgefangenen eingeführt.[337]

Im Jahre 1942[338] erhielt § 116 StPO dann folgende Fassung:

(I) Dem Verhafteten dürfen die Beschränkungen auferlegt werden, die der Zweck der Untersuchungshaft, die Ordnung der Anstalt oder Sicherheit erfordert. Er kann zur Arbeit angehalten werden.

(II) Der Verhaftete soll in Einzelhaft untergebracht werden; das muss geschehen, wenn es der Zweck des Verfahrens erfordert.

(III) Über Maßnahmen zur Sicherung des Strafverfahrens im Vorverfahren der Amtsrichter oder der Staatsanwalt, in der Voruntersuchung der Untersuchungsrichter und im Hauptverfahren der Vorsitzer des Gerichts. In dringenden Fällen kann der Anstaltsleiter vorläufige Anordnungen treffen; sie bedürfen der Bestätigung durch den Richter oder den Staatsanwalt.

(IV) Die näheren Rechts- und Verwaltungsvorschriften über den Vollzug der Untersuchungshaft erlässt der Reichsminister der Justiz.

Der Untersuchungshaftvollzug wurde dann durch die per Allgemeinverfügung erlassene Untersuchungshaftvollzugsordnung des Reichsjustizministeriums vom 19.11.1942 geregelt.[339] Die Änderungen des § 116 StPO im Jahr 1942 waren charakteristisch bezüglich des Umgangs des Nationalsozialismus mit der Justiz und insbesondere des Gebrauchs staatlicher Macht gegenüber der Einzelperson.[340] Die richterliche Kontrolle wurde zurückgedrängt oder ganz ausgeschaltet, der Untersuchungsgefangene wurde der Verwaltungsmacht des Staates unterworfen, Arbeitszwang, die Zusammenlegung mit Strafgefangenen und die uneingeschränkte Möglichkeit der Fesselung des Untersuchungsgefangenen waren die wesentlichen Gesichtspunkte des neugefassten § 116 StPO und auch der vom Reichsminister der Justiz erlassenen Untersuchungshaftvollzugsordnung.[341]

---

336 Deutsche Justiz 1938 (ohne Autor), S. 447, zitiert nach LR-*Dünnebier* 1965, § 116 StPO, S. 546.

337 LR-*Dünnebier* 1965, § 116 StPO, S. 546.

338 Durch Art. 9 § 3 der VO zur weiteren Vereinfachung der Strafrechtspflege vom 13.08.1942 (RGBl. I 508).

339 Vgl. *Baumann* 1981, S. 7.

340 Vgl. *Schmidt* 1957, § 116 StPO Rn 1.

341 Vgl. Sonderdruck der „Deutschen Justiz" Nr. 29.

In der Zeit nach 1945 wurden diese eben angeführten Regelungen nicht grundlegend verändert.[342] Es ergab sich auch die ungeklärte Frage, ob die Untersuchungshaftvollzugsordnung von 1942 zu dieser Zeit noch anwendbar war.[343] Jedenfalls entwickelte die Rechtsprechung nach 1945 betreffend den Vollzug der Untersuchungshaft den Grundsatz, dass konkret im Einzelfall eine Gefährdung des Haftzweckes oder der Ordnung in der Anstalt festgestellt werden musste, um Eingriffe in die Rechtsstellung des Untersuchungsgefangenen rechtfertigen zu können.[344] Ein wesentlicher Schritt war auch, dass seit 1949 die Unschuldsvermutung als Ausprägung des Rechtsstaatprinzips des Art. 20 GG anerkannt wurde.[345]

Das Gesetz zur Wiederherstellung der Rechtseinheit vom 12. September 1950 kehrte dann durch Art. 3 Nr. 47 weitestgehend zur vor dem Nationalsozialismus geltenden Fassung des § 116 StPO zurück. Nur auf den in der früheren Fassung in Absatz 3 hinter dem Wort „Beschäftigungen" zu findenden Relativsatz „die dem Stande und den Vermögensverhältnissen des Verhafteten entsprechen" wurde verzichtet.[346] Die vorherigen Regelungen, die zur Entwürdigung des Untersuchungsgefangenen beigetragen hatten, wurden dadurch beseitigt und der Untersuchungshaftvollzug insbesondere bezüglich Beschränkungen aufgrund des Haftzwecks wieder mehr unter die Kontrolle durch den Richter gestellt.[347] Damit wurde die Problematik einer gesetzlichen Regelung des Untersuchungshaftvollzugs nicht gelöst, die Rückkehr zur Rechtsstaatlichkeit jedoch „jedenfalls angebahnt".[348] Das Gesetz zur Wiederherstellung der Rechtseinheit brachte insofern also keine Reform.[349] Berechtigte Reformwünsche blieben unberücksichtigt, was insofern bedauerlich war, als anlässlich der Beratungen im Rechtsausschuss des Bundesrates Versuche zur Gestaltung des Untersuchungshaftvollzugs unternommen worden waren.[350] Jedenfalls zu diesem Zeitpunkt bauten die frühere vom Reichsjustizministerium erlassene UVollzO und auch die nach 1945 erlassenen Justizverwaltungsvorschriften auf einer alten und somit ungültigen Fassung des

---

342 Vgl. *Schmidt* 1957, § 116 StPO Rn 1.

343 Vgl. *Schmidt* 1957, § 116 StPO Rn 2.

344 Vgl. *Kaiser* 1984, S. 301.

345 Vgl. *Kaiser* 1984, S. 301.

346 Vgl. LR- *Dünnebier* 1965, § 116 StPO, S. 546.

347 Vgl. *Schmidt* 1957, § 116 StPO Rn 2.

348 *Schmidt* 1957, § 116 StPO Rn 2.

349 Vgl. *Kleinknecht* 1953, S. 531.

350 Vgl. *Dallinger* 1951, S. 121.

§ 116 StPO auf, was dazu führte dass die Vorschriften insoweit nicht mehr wirksam waren als sie mit der neuen Fassung des § 116 StPO kollidierten, was in relativ großem Umfang der Fall war.[351]

Als weiterer wesentlicher Schritt wurde im Jahr 1953 deshalb die Untersuchungshaftvollzugsordnung eingeführt.[352] So trat ein Zustand ein, in dem sich lediglich die Grundprinzipien des Untersuchungshaftvollzuges in der gesetzlichen Regelung des § 119 StPO fanden. Die Absätze 1 und 2 enthielten Regelungen zur grundsätzlichen Einzelhaft, eine am Zweck der Untersuchungshaft und der Ordnung der Anstalt orientierte Generalklausel zur Auferlegung von Beschränkungen enthielt Abs. 3, den beschränkten Entfaltungsspielraum des Untersuchungsgefangenen normierte Abs. 4, die Zulässigkeit der Fesselung der Abs. 5 und die Zuständigkeitsregelung für Maßnahmen im Untersuchungshaftvollzug enthielt Abs. 6. Konkretisierte Eingriffsermächtigungen in das Grundrecht auf Freiheit nach Art. 2 GG gab es jedoch nicht.[353] Des Weiteren galten die Unschuldsvermutung der EMRK und einige weitere Vorschriften der StPO und des JGG (§§ 148, 148a StPO; §§ 93, 110 JGG).[354] Dazu kamen noch einige Vorschriften aus den Richtlinien für das Straf- und Bußgeldverfahren, die ebenfalls herangezogen werden konnten und die UVollzO als Verordnung der Landesjustizverwaltungen,[355] die aber über 50 Jahre lang den Vollzug regeln sollte. Fast zwanzig Jahre nach Erlass der UVollzO forderte im Jahr 1971 die Strafvollzugskommission, die vom Bundesminister der Justiz mit der Erarbeitung des Entwurfes eines Strafvollzugsgesetzes beauftragt worden war, den Untersuchungshaftvollzug umfassend gesetzlich zu regeln.[356] Ein Jahr später, in seiner Entscheidung vom 14.03.1972 beseitigte das Bundesverfassungsgericht die Lehre vom besonderen Gewaltverhältnis.[357] Dabei handelte es sich um einen weiteren wichtigen Schritt. Denn bis dahin waren Eingriffe in Rechte aller Gefangenen ohne nähere gesetzliche Regelung möglich. Diese waren immer rechtmäßig, soweit damit die Aufgaben des Vollzugs erfüllt oder die Ordnung der Anstalt hergestellt oder Aufrechterhalten wurde.[358] Die Entscheidung hatte die Einschränkung der Grundrechte von Strafgefangenen zum Gegenstand. Sie führte letztlich zum StVollzG.[359] In

---

351 Vgl. *Dallinger* 1951, S. 121.

352 Vgl. *Baumann* 1981, S. 7.

353 Vgl. *Rössner* 1988, S. 116.

354 Vgl. *Baumann* 1981, S. 7.

355 Vgl. *Baumann* 1981, S. 7.

356 Vgl. *Rössner* 1988, S. 17.

357 BVerfGE 33, S. 1 ff.

358 Vgl. *Preusker* 1981, S. 131.

359 Vgl. *Preusker* 1981, S. 131.

der Entscheidung heißt es „In Art. 1 Abs. 3 GG werden die Grundrechte für Gesetzgebung, vollziehende Gewalt und Rechtsprechung für unmittelbar verbindlich erklärt. Dieser umfassenden Bindung der staatlichen Gewalt widerspräche es, wenn im Strafvollzug die Grundrechte beliebig oder nach Ermessen eingeschränkt werden könnten. Eine Einschränkung kommt nur in Betracht, wenn sie zur Erreichung eines von der Wertordnung des Grundgesetzes gedeckten gemeinschaftsbezogenen Zweckes unerläßlich ist und in den dafür verfassungsrechtlich vorgesehenen Formen geschieht. Die Grundrechte von Strafgefangenen können also nur durch oder aufgrund eines Gesetzes eingeschränkt werden, das allerdings auf -möglichst eng begrenzte- Generalklauseln nicht wird verzichten können".[360]

Dass diese Entscheidung letztlich zum StVollzG führte[361] ist insofern für die Geschichte des Rechts des Untersuchungshaftvollzugs wichtig, als diese Tatsache auch später wieder zu einer verstärkten Diskussion um den Vollzug der Untersuchungshaft führen sollte.

Drei Jahre später, im Jahr 1974, erkannte das Bundesverfassungsgericht den § 119 Abs. 3 StPO jedoch noch als verfassungsmäßig an und führte aus: „Gegen § 119 Abs. 3 StPO sind durchgreifende verfassungsrechtliche Bedenken nicht zu erheben. Er läßt nur Beschränkungen zu, die der Zweck der Untersuchungshaft und die Ordnung der Vollzugsanstalt erfordern. Es ist jedoch nicht zu übersehen, dass § 119 Abs. 3 StPO drei inhaltlich beschränkte Generalklausel enthält, insofern er abhebt auf drei Zwecke Abwehr einer Verdunkelungsgefahr, Abwehr einer Fluchtgefahr und Aufrechterhaltung der Ordnung in der Anstalt, die eine Vielzahl inhaltlich sehr verschiedener Maßnahmen rechtfertigen können. Im Rahmen des Notwendigen sind derartige Generalklauseln hinzunehmen".[362] Es bestand nach dem BVerfG auch „kein Grund, den Rechtsbegriff ‚Ordnung in der Vollzugsanstalt' eng auszulegen und darunter nur ein Mindestmaß an Ordnung zu verstehen".[363]

Die schon oben angesprochene verstärkte Diskussion des Rechts des Untersuchungshaftvollzugs setzte ein, als für den Strafvollzug 1977 eine gesetzliche Grundlage geschaffen wurde.[364] Die Rechtsstellung des Strafgefangenen wurde umfassend geregelt. Durch die Regelungen des Strafvollzugsgesetzes wurden erhebliche Unterschiede in der Rechtsstellung von Strafgefangenen und Untersuchungsgefangenen herbeigeführt. Der Untersuchungsgefangene war dabei der Benachteiligte.[365] Dadurch wurde die Diskussion erneut entfacht. Doch auch 1981

---

360 BVerfGE 33, S. 11.

361 Vgl. *Preusker* 1981, S. 131.

362 BVerfG NJW 1974, S. 26 ff., 26.

363 BVerfG NJW 1974, S. 27.

364 Vgl. *Rössner* 1988, S. 116.

365 Vgl. *Döschl/Herrfahrdt/Nagel/Preusker* 1982, Vorwort.

führte das Bundesverfassungsgericht entsprechend seiner ständigen Rechtsprechung aus: „Das BVerfG hat keine Bedenken, dass § 119 Abs. 3 StPO eine verfassungsrechtlich zureichende gesetzliche Grundlage für Einschränkungen grundrechtlicher Freiheiten des Untersuchungsgefangenen bildet".366 Im selben Jahr kritisierte *Baumann* das Fehlen gesetzlicher Grundlagen im Untersuchungshaftvollzug scharf.367 *Preusker* merkte 1981 an, dass die Ermächtigung des § 119 Abs. 3 StPO, in die Rechte des Untersuchungsgefangenen immer dann eingreifen zu können, wenn der Zweck der Untersuchungshaft oder die Ordnung der Vollzugsanstalt es erfordere, mit dem damaligen Verfassungsverständnis kaum noch in Einklang zu bringen war.368 Die umfassende Richterkompetenz wurde als nicht mehr sachgerecht und auch als verfassungsrechtlich nicht angebracht bewertet.369 Man vertrat den Standpunkt, dass es historisch gesehen zwar ein Privileg darstellte, nicht der staatlichen Verwaltung, der kein großes Vertrauen entgegenbracht wurde, sondern dem unabhängigen Richter unterstellt zu sein.370 Nach der liberalistischen Zeitströmung um die Jahrhundertwende sollte die Verwaltung so wenig Einfluss wie möglich auf die Rechtsstellung des Untersuchungsgefangenen haben.371 Jetzt aber wurde die umfassende Richterzuständigkeit als einer organisatorischen und inhaltlichen Neuorientierung des Untersuchungshaftvollzugs hinderlich angesehen.372

In dieser Zeit folgten einige Entwürfe zu Untersuchungshaftvollzugsgesetzen.373 Diese Entwürfe sind vor dem Hintergrund der dringenden Probleme, denen der Untersuchungshaftvollzug begegnete zu sehen. Überbelegung der Justizvollzugsanstalten, unzureichende Möglichkeiten der Umsetzung des Trennungsgebots und zu wenig Angebote an sozialer Hilfe, Weiterbildung, Beschäftigung und Freizeitgestaltung kennzeichneten die Lage des Untersuchungsgefangenen.374 1981 hat *Baumann* seitens der Wissenschaft den Entwurf eines Untersuchungshaftvollzugsgesetzes mit umfangreicher Begründung veröffentlicht.375 Der Entwurf widmet sich eingehend der Regelung der Rechte und

---

366 BVerfG NJW 1981, S. 1943. Abweichend das Sondervotum des Richters *Hirsch*, vgl. *Kap. 1.2.1.2.*

367 Vgl. *Baumann* 1981, S. 7.

368 Vgl. *Preusker* 1981, S. 131.

369 Vgl. *Preusker* 1981, S. 132.

370 Vgl. *Preusker* 1981, S. 132.

371 Vgl. *Kaiser* 1984, S. 3.

372 Vgl. *Preusker* 1981, S. 132 f.

373 Vgl. *Kap. 1.4.2.*

374 Vgl. *Müller-Dietz* 1984, S. 79.

375 *Baumann* 1981.

Pflichten der Untersuchungsgefangenen und enthält auch Ansätze zu Differenzierungen nach dem Haftzweck. [376] Im Jahr 1982 folgte der Entwurf eines Gesetzes über den Vollzug der Untersuchungshaft der *Bundesvereinigung der Anstaltsleiter*.[377] Der Entwurf war vorwiegend an den Bedürfnissen der Praxis orientiert und näherte sich in seiner Ausgestaltung an das Strafvollzugsgesetz an.[378] 1985 erschien der Entwurf der *Arbeitsgemeinschaft Sozialdemokratischer Juristen*.[379] In diesem Entwurf kamen sozialstaatliche Gedanken am deutlichsten zum Vorschein.[380] Im Jahr 1986 folgte ein Arbeitsentwurf des Bundesjustizministeriums. Dieser sollte als Diskussionsgrundlage für die Landesjustizverwaltungen dienen. In der Begründung wurde ausdrücklich auf die angespannte Finanzlage der Länderhaushalte und die daraus resultierende Beschränkung der Reformmöglichkeiten hingewiesen. Der reformerische Schwerpunkt lag bei der kostenneutralen, aber differenzierten Ausgestaltung der Kompetenzverteilung zwischen Richter und Anstalt.[381]

Die Ziele einer Reform des Untersuchungshaftvollzugs waren somit zumindest herausgearbeitet.[382] Das Missverhältnis zwischen Reformbewusstsein und Reformbedürfnis einerseits und der gebotenen Abhilfe andererseits wurde jedoch noch grösser, was in der Wissenschaft vornehmlich auf die „Finanzmisere" zurückgeführt wurde.[383] Realiter bewegte sich wenig, obgleich Wissenschaft und Praxis sich in der Überzeugung von der Reformbedürftigkeit einig waren.[384] Kaum jemand hielt die Regelung des Untersuchungshaftvollzugs durch § 119 StPO für ausreichend.[385] *Dünkel* sah 1985 auch ohne gesetzliche Neuregelung Möglichkeiten der Verbesserung der Lebensbedingungen im Untersuchungshaftvollzug durch eine restriktive Auslegung des § 119 Abs. 3 StPO. Er befürwortete den Grundsatz möglichst uneingeschränkter Kommunikation mit Personen innerhalb und außerhalb der Anstalt, die grundsätzliche Gestattung von Fernseh- und Rundfunkgeräten, differenziert nach Haftgründen, keine Kommunikationsbeschränkungen bezogen auf andere Untersuchungsgefangene, wenn lediglich Fluchtgefahr vorliegt, eine ausreichende Zahl von öffentlichen Fernsprechern,

---

376 *Kaiser/Schöch* 2002, S. 227.

377 *Döschl/Herrfahrdt/Nagel/Preusker* 1982.

378 Vgl. *Kaiser/Schöch* 2002, S. 227.

379 *Arbeitsgemeinschaft Sozialdemokratischer Juristen* 1985.

380 Vgl. *Kaiser/Schöch* 2002, S. 227.

381 Vgl. *Kaiser/Schöch* 2002, S. 227.

382 Vgl. *Müller-Dietz* 1984, S. 79.

383 *Müller-Dietz* 1984, S. 79.

384 Vgl. *Müller-Dietz* 1984, S. 79.

385 Vgl. *Döschl/Herrfahrdt/Nagel/Preusker* 1982, Vorwort.

eine Verbesserung des Arbeitsangebots, erweiterte Taschengeldregelungen, Überbrückungsgelder für den Fall einer kurzfristigen Entlassung und die Förderung der Arbeit Externer, wie Projekte der freiwilligen Straffälligenhilfe zur Vermeidung und Verkürzung der Untersuchungshaft und ehrenamtliche Betreuer zur Verbesserung des Freizeitangebots.[386] Auch daraus wurde nichts, so dass 1986 *Paeffgen* die „dringende Notwendigkeit einer grundlegendengesetzlichen Regelung" des Untersuchungshaftvollzugs nachdrücklich betonte[387] und im Jahr 1988 *Rössner* erneut äußerte, dass ein „Ende der Leidensgeschichte der U-Haft" noch nicht abzusehen sei.[388] Die Bundesregierung hat dann am 30.04.1999 den Entwurf eines Gesetzes zur Regelung des Vollzuges der Untersuchungshaft beschlossen und dem Bundesrat zugeleitet.[389] Dieser wurde aber nie Realität. 2004 wurde ein erneuter Versuch gestartet, der aber ebenfalls nicht in die Realität umgesetzt wurde. Neue Bewegung brachte dann die Föderalismusreform.[390]

1.4.2 Föderalismusreform und neue gesetzliche Regelungen der Länder

Im November 2004 hatte der Bund den Ländern die Gesetzgebungskompetenz auf dem Bereich des Strafvollzugs angeboten.[391] Entgegen der Bedenken von Stimmen aus der Wissenschaft, die unter Berufung auf die Wahrung der Rechtseinheit forderten, dass die Gesetzgebungskompetenz für den Justizvollzug beim Bund bleiben müsse,[392] und im Gesetzgebungsprozess vorgetragener Bedenken[393] verlor infolge der sogenannten Föderalismusreform, dem 52. Gesetz zur Änderung des Grundgesetzes vom 28.08.2006,[394] der Bund die Gesetzgebungskompetenz für den Straf- und Untersuchungshaftvollzug. Die Begründung zum Gesetzesentwurf selbst enthält keine Erklärung für diese Entscheidung.[395] Insofern wurde von anderer Seite vorgetragen, dass die Gesetzgebungskompetenz für den

---

386 Vgl. *Dünkel* 1985, S. 342 f.

387 *Paeffgen* 1986, S. 8.

388 Vgl. *Rössner* 1988, S. 116.

389 BR-Drucksache 249/99 vom 30.04.1999.

390 Vgl. *Morgenstern* 2011b, S. 76.

391 Vgl. *Maelicke* 2009.

392 Vgl. zum Aufruf zahlreicher Strafrechts- und Strafvollzugswissenschaftler *Cornel* 2005a; vgl. auch *Cornel* 2005.

393 Vgl. in der gemeinsamen öffentlichen Anhörung des Rechtsausschusses des Deutschen Bundestages und des Ausschusses für innere Angelegenheiten des Bundesrates zur Föderalismusreform vom 17.05.2006: *Maelicke* 2009, S. 8, 26, 34, 206; *Seebode* 2009, S. 12, 19, 28, 36, 242; *Winchenbach* 2009, S. 14, 21, 36, 268; *Lange-Lehngut* 2009, S. 5, 18, 33.

394 BGBl. I, S. 2034.

395 Vgl. BT-Drs. 16/813, S. 11.

Justizvollzug im Gegensatz zu ihrer kriminalpolitischen Bedeutung lediglich Bestandteil einer politischen „Verhandlungsmasse" war.[396] Die Föderalismusreform wurde dann auch beinahe einhellig als verfehlt[397] bzw. „schwerer historischer Fehler" angesehen[398] und ein „Wettbewerb der Schäbigkeit" befürchtet.[399]

Festzuhalten bleibt an dieser Stelle, dass den Ländern über die Änderung von Artikel 74 des Grundgesetzes das Recht zur Regelung des Untersuchungshaftvollzugs übertragen wurde. Dem Bund verbleibt in Artikel 74 Absatz 1 Nr. 1 des Grundgesetzes als Gegenstand der konkurrierenden Gesetzgebung das Recht zur Regelung des gerichtlichen Verfahrens ohne das Recht des Untersuchungshaftvollzuges.

Die Landesgesetzgeber haben zu verschiedenen Zeitpunkten auf die neue Rechtslage reagiert. Zwölf Bundesländer[400] erarbeiteten unter der Verantwortlichkeit von Berlin und Thüringen einen Musterentwurf, dem das ThürUVollzG a.F. entspricht.[401] Von dieser Gruppe haben sich Brandenburg, Rheinland-Pfalz, Thüringen und Sachsen-Anhalt entfernt und ihre zuvor eigenständigen Untersuchungshaftvollzugsgesetze[402] zugunsten neuer gesetzlicher Regelungen ersetzt, die erstmals die Regelungen zum Straf- und Untersuchungshaftvollzug inkludieren.[403]

---

396 *Seebode* 2009, S. 10; *Maelicke* 2007, S. 9 f.

397 *Dünkel/Springer-Springorum* 2006, S. 145; *Müller-Dietz* 2005, S. 39; *Prantl* 2007, S. 22; *Cornel* 2005, S. 2 ff.; *Feest* 2007; *Rehn* 2005, S. 5; 2006, S. 122; *Müller-Dietz* 2005, S. 39; *Kreuzer* 2006, S. 205; *Köhne* 2006, S. 196.

398 *Prantl* 2007, S. 22

399 *Dünkel/Schüler-Springorum* 2006, S. 145 ff.

400 Berlin, Brandenburg, Bremen, Hamburg, Hessen, Mecklenburg-Vorpommern, Rheinland-Pfalz, Saarland, Sachsen, Sachsen-Anhalt, Schleswig-Holstein und Thüringen.

401 Thüringer Untersuchungshaftvollzugsgesetz a. F., ThürUVollzG vom 08.07.2009 (Thür. GVBl. Nr. 10, S. 553).

402 Brandenburg: Gesetz über den Vollzug der Untersuchungshaft im Land Brandenburg a.F. (Brandenburgisches Untersuchungshaftvollzugsgesetz, BbgUVollzG) vom 08.07.2009 (Gesetz- und Verordnungsblatt für das Land Brandenburg Teil I – Nr. 12 vom 16.07.2009, S. 271); Rheinland Pfalz: Landesuntersuchungshaftvollzugsgesetz Rheinland Pfalz a. F., LUVollzG) vom 15.09.2009 (Gesetz- und Verordnungsblatt 2009 Nr. 16 vom 22.09.2009, S. 317); Thüringen: Thüringer Untersuchungshaftvollzugsgesetz a. F., ThürUVollzG vom 08.07.2009 (Thür. GVBl. Nr. 10, S. 553); Sachsen-Anhalt: Gesetz über den Vollzug der Untersuchungshaft in Sachsen-Anhalt, UVollzG LSA vom 22.03.2010 (Gesetz- und Verordnungsblatt LSA vom 30.03.2010, S. 157).

403 Brandenburg: Gesetz über den Vollzug der Freiheitsstrafe, der Jugendstrafe und der Untersuchungshaft im Land Brandenburg (Brandenburgisches Justizvollzugsgesetz, BbgJVollzG) vom 24.04.2013 (GVBl. Teil 1 Nr. 14 vom 24.04.2013, S. 1); Rheinland-Pfalz: Landesjustizvollzugsgesetz Rheinland-Pfalz, LJVollzG vom 08.05.2013 (GVBl. 2013, S. 79); Thüringen: Thüringer Justizvollzugsgesetzbuch, ThürJVollzGB vom

Die verbliebenen Gesetze dieser ursprünglichen Gruppe der 12 Bundesländer werden im Folgenden als solche der „8er Gruppe" bezeichnet.[404] Auch sie enthalten wiederum verschiedene Abweichungen vom Musterentwurf, die Gegenstand dieser Untersuchung sein werden. Baden-Württemberg,[405] Bayern,[406] Niedersachsen[407] und Nordrhein-Westfalen[408] haben jeweils eigene Regelungen erlassen. Baden-Württemberg und Niedersachsen regeln insofern den Vollzug der Untersuchungshaft im Rahmen eines allgemeinen Gesetzes zur Regelung des Justizvollzugs als Teilgebiet. Niedersachsen hat im Rahmen seines Justizvollzugsgesetzes, das auch den Vollzug der Freiheitsstrafe, Jugendstrafe, und die Unterbringung in der Sicherungsverwahrung regelt, den fünften Teil der Untersuchungshaft

---

27.02.2014 (GVBl. S. 13); Sachsen-Anhalt: Justizvollzugsgesetzbuch Sachsen-Anhalt (JVollzGB LSA) vom 18.12.2015 (GVBl. LSA 2015, S. 666).

404 Berlin: Gesetz über den Vollzug der Untersuchungshaft in Berlin (Berliner Untersuchungshaftvollzugsgesetz, UVollzG Bln) vom 03.12.2009 (GVBl. S. 686), zuletzt geändert durch Artikel 3 des Gesetzes vom 04.04.2016 (GVBl. S. 152, 192); Bremen: Bremisches Gesetz über den Vollzug der Untersuchungshaft (Bremisches Untersuchungshaftvollzugsgesetz, BrUVollzG) vom 02.03.2010 (Gesetzblatt der Freien Hansestadt Bremen Nr. 12 vom 15.3.2010, S. 191); Hamburg: Gesetz über den Vollzug der Untersuchungshaft (Hamburgisches Untersuchungshaftvollzugsgesetz, HmbUVollzG) vom 15.12.2009 (HmbGVBl. I, Nr. 56 vom 29.12.2009, S. 473); Hessen: Hessisches Untersuchungshaftvollzugsgesetz, HUVollzG vom 28.06.2010 (Gesetz- und Verordnungsblatt für das Land Hessen, Teil I, Nr. 12 vom 06.06.2010, S. 185); Mecklenburg-Vorpommern: Gesetz über den Vollzug der Untersuchungshaft in Mecklenburg-Vorpommern (Untersuchungshaftvollzugsgesetz Mecklenburg-Vorpommern, UVollzG M-V) vom 17.12.2009 (GVOBl. M-V 2009, S. 763); Saarland: Gesetz über den Vollzug der Untersuchungshaft im Saarland (Untersuchungshaftvollzugsgesetz, SUVollzG) (Art. 1 des Gesetzes Nr. 1692) vom 01.07.2009 (Amtsblatt Saarland 2009, S. 1219); Sachsen: Gesetz über den Vollzug der Untersuchungshaft im Freistaat Sachsen (Sächsisches Untersuchungshaftvollzugsgesetz, SächsUHaftVollzG) vom 14.12.2010 (Sächsisches GVBl. Nr. 17 vom 30.12.2010, S. 414); Schleswig-Holstein: Gesetz über den Vollzug der Untersuchungshaft in Schleswig-Holstein (Untersuchungshaftvollzugsgesetz, UVollzG) vom 16.12.2011 (Gesetz- und Verordnungsblatt Schleswig-Holstein 2011, S. 322).

405 Baden-Württemberg: Gesetzbuch über den Justizvollzug in Baden-Württemberg (Justizvollzugsgesetzbuch, JVollzGB) vom 10.11.2009 (GBl. Nr.19 vom 17.11.2009, S. 545).

406 Bayern: Gesetz über den Vollzug der Untersuchungshaft (Bayerisches Untersuchungshaftvollzugsgesetz, BayUVollzG) vom 20.12.2011 (GVBl 2011, S. 678).

407 Niedersachsen: Niedersächsisches Justizvollzugsgesetz (NJVollzG) vom 14.12.2007 (Nds. GVBl. Nr. 41/2007, S. 720), geändert durch Gesetz vom 20.02.2009 (Nds. GVBl). Nr. 3/2009, S. 32) und Art. 20 des Gesetzes vom 25.03.2009 (Nds. GVBl. Nr. 6/2009, S. 72).

408 Nordrhein-Westfalen: Gesetz zur Regelung des Vollzuges der Untersuchungshaft und zur Verbesserung der Sicherheit in Justizvollzugsanstalten in Nordrhein-Westfalen (GVUVS NRW) vom 27.10.2009 (Gesetz- und Verordnungsblatt NRW Ausgabe 2009, Nr. 27, S. 539-553).

gewidmet. Baden-Württemberg regelt in seinem Justizvollzugsgesetz den Vollzug der Untersuchungshaft, den Strafvollzug und den Vollzug der Maßregeln der Besserung und Sicherung sowie den Jugendstrafvollzug in vier Büchern. Bayern und Nordrhein-Westfalen haben wiederum eigenständige Gesetze über den Vollzug der Untersuchungshaft.[409]

1.4.3   Die Reformentwürfe

Im Folgenden werden die schon oben angesprochenen wichtigen früheren Entwürfe zu Untersuchungshaftvollzugsgesetzen vorgestellt. Der Entwurf von *Baumann* war dabei wegweisend für die Diskussion um die gesetzlichen Grundlagen des Untersuchungshaftvollzugs und enthält wichtige Beurteilungskriterien für die Gegenwart.

1.4.3.1   Der Entwurf Baumann von 1981

1.4.3.1.1   Grundpositionen

Im Jahr 1981 hat *Baumann* seitens der Wissenschaft den Entwurf eines Untersuchungshaftvollzugsgesetzes mit umfangreicher Begründung veröffentlicht.[410] Der Entwurf ist Teil einer Reihe von Alternativentwürfen. Diese stammen aus einem Arbeitskreis von „Alternativprofessoren" der auch heute noch mit einer Zahl von 18 Mitgliedern besteht.[411] Der Arbeitskreis fand sich anlässlich des als zu restriktiv empfundenen Regierungsentwurfes eines Strafgesetzbuches aus dem Jahr 1962 mit dem Ziel „ein geschlossenes, konsequentes und modernes, am Resozialisierungsgedanken ausgerichtetes Sanktionensystem zu konzipieren" zusammen.[412] Es erfolgten Alternativentwürfe zum materiellen Strafrecht und es wurden auch „zahlreiche Reformimpulse" auf den Gebieten etwa des Strafvollzugsrechts und des Strafprozessrechts aufgenommen und daraus Alternativentwürfe konzipiert.[413] Der Arbeitskreis hat auch heute das „Hauptanliegen, das geltende Straf-, Strafprozess- und Strafvollzugsrecht zu verbessern und zu reformieren."[414] Der Entwurf von *Baumann* widmet sich eingehend der Regelung der Rechte und Pflichten der Untersuchungsgefangenen und enthält Ansätze zu

---

409   Vgl. *Kap. 2.1.*

410   *Baumann* 1981.

411   Vgl. www.alternativentwurf.de/pages/startseite/geschichte.php.

412   www.alternativentwurf.de/pages/startseite/geschichte.php.

413   www.alternativentwurf.de/pages/startseite/geschichte.php.

414   www.alternativentwurf.de/pages/startseite/geschichte.php.

gebotenen Differenzierungen nach dem jeweiligen Haftzweck. Einer der Schwerpunkte des Entwurfs ist die möglichst freiheitsschonende Regelung der Rechte und Pflichten des Untersuchungsgefangenen. Ihm dürfen nur solche Beschränkungen auferlegt werden, die der Zweck der Untersuchungshaft, die Sicherheit der Vollzugsanstalt oder das Zusammenleben in dieser erfordert (§ 3 Abs. 1 E). Wegen der Unschuldsvermutung sollen die Bürgerrechte, die Autonomie und auch das Selbstwertgefühl des Untersuchungsgefangenen möglichst unberührt bleiben.[415] Die Beschränkungen seiner Rechtsstellung sollen auf das für das Strafverfahren und das Leben in der Justizvollzugsanstalt notwendige Mindestmaß zurückgeführt werden. Die Rechte des Untersuchungsgefangenen werden nur insoweit beschränkt, wie das Gesetz es konkret vorsieht. Es gibt keine generalklauselartige Beschränkung (§ 4 Abs. 1 E). Die Eingriffe sollen nach dem jeweiligen Haftzweck differenziert werden. Damit der Untersuchungsgefangene an der Beseitigung von etwaig vorhandenen sozialen Defiziten mitwirken kann sind ihm Resozialisierungsangebote auf freiwilliger Basis zu machen. Die Hilfe soll darauf gerichtet sein, den Untersuchungsgefangenen in die Lage zu versetzen, seine Angelegenheiten selbst zu ordnen und zu regeln (§ 61 E). Mit dieser Hilfe kommt der Untersuchungsgefangene erstmals bei der Aufnahme in Kontakt (§ 62 E). Er wird über die vorhandenen Möglichkeiten belehrt, erhält Angebote und wird beraten (§§ 62 Abs. 2 - 64 E). Auch während des Vollzuges werden die sozialen Hilfen wiederholt angeboten (§ 63 Abs. 1 E). Die Bemühungen des Untersuchungsgefangenen werden unterstützt (§ 62 Abs. 2 E). Dabei besteht der Hauptgrund für die ausführliche Regelung der Sozialisierungsangebote darin, dass im Entwurf berücksichtigt wird, dass durch die länger werdende Untersuchungshaft wertvolle Zeit für Resozialisierungsmaßnahmen verstreicht, die durch die Anrechnung der Untersuchungshaft auf die Zeit der Strafhaft für letztere verloren geht.[416] Für die Zeit nach der Entlassung ist die Aufstellung eines Entschuldungsplanes vorgesehen (§ 10 Abs. 3 E). Notwendige rechtliche Beratung wird sichergestellt und Kontakte zu Behörden für die Zeit nach der Entlassung können von der Anstalt eingeleitet werden (§ 10 Abs. 4 E). Es erfolgt eine Neuordnung der Kompetenzverteilung. Sie folgt weitgehend den Anforderungen der Vollzugspraxis. Aus pragmatischen Gründen erfolgt eine stärkere Verlagerung anstaltsbezogener Entscheidungen auf den Anstaltsleiter. Dem Haftrichter verbleiben die verfahrensbezogenen Entscheidungen (§ 137 Abs. 1 E). Der Richter entscheidet also, ob die Freiheitsentziehung angeordnet und fortgesetzt, der Anstaltsleiter, wie die Freiheitsentziehung dann vollzogen werden soll. Der Entwurf enthält die Grundsätze der Angleichung, der Gegensteuerung und der Verhältnismäßigkeit. Der Unschuldsvermutung ist bei der Behandlung des Untersuchungsgefangenen Rechnung zu tragen. Der Entwurf greift in Aufbau und Struktur auf das StVollzG

---

415   So auch *Rössner* 1988, S. 117.

416   So auch *Kaiser* 1984, S. 6.

zurück. Inhaltlich besteht jedoch zu diesem eine deutliche Distanz. Außerdem nimmt sich der Entwurf des besonders problematischen Untersuchungshaftvollzugs an jungen Gefangenen an.[417]

1.4.3.1.2 Notwendigkeit von Sozialisierungsangeboten

Baumann nennt drei große Problembereiche, die eine gesetzliche Regelung schwierig machen. Der erste davon ist die Notwendigkeit von Sozialisierungsangeboten. Zwar gilt für den Untersuchungshaftvollzug die Unschuldsvermutung nach Art. 6 Abs. 2 der EMRK und die Eingrenzung der Rechtsbeschränkungen durch § 119 Abs. 3 StPO sowie Art. 104 GG. Jedenfalls im Erwachsenenbereich darf deswegen eine kriminalpädagogische Behandlung des Untersuchungsgefangenen gegen seinen Willen nicht erfolgen. Andererseits sei festzustellen, dass in vielen Fällen einer Verurteilung zu Freiheitsstrafe zuvor lange und entscheidende Zeiten in Untersuchungshaft verbracht worden seien. Da diese nach § 51 StGB auf die noch zu verbüßende Freiheitsstrafe angerechnet werde, bleibe für die kriminalpädagogische Beeinflussung in der Strafhaft, für Berufsausbildung, schulische Ausbildung und Erwachsenenbildung usw. oft nur wenig Zeit. Selbst wenn der Zeitraum der zu verbüßenden Strafhaft für all diese Maßnahmen ausreichend wäre, wäre der „erste Zugriff" vertan. Die Untersuchungshaft habe dann bei einer Gesamtbetrachtung zu einer Verschlechterung der Ausgangsstellung für einen Resozialisierungsvollzug entscheidend beigetragen. Ohne vorangegangene Untersuchungshaft hätte der Strafvollzug bessere Aussichten, eine Resozialisierung erfolgreich herbeizuführen. Berücksichtigt werden müsse nach *Baumann* auch, dass wegen der „gesetzlichen Barriere" die Justizverwaltungen dem Vollzug der Untersuchungshaft und seiner Reform weniger Aufmerksamkeit schenken würden als dem Vollzug und der Reform der Strafhaft. Hier Wandel zu schaffen hieße gleichzeitig, die Chancen des Strafvollzuges zu verbessern und die Rückfallquote zu reduzieren. Freiwillige Maßnahmen nach bereits geltendem Recht würden meist nicht genügen. Sie würden oft nicht ausreichen. Zudem gebe es für derartige Sonderwünsche nur selten die erforderlichen Mittel wofür zur Begründung angeführt werde, dass zuerst die gesetzlichen Aufgaben zu erfüllen seien. Im Entwurf sei an der Unschuldsvermutung und an § 119 Abs. 3 StPO festzuhalten, dabei aber sicherzustellen, dass mindestens beim resozialisierungswilligen und kooperativen Untersuchungsgefangenen die Möglichkeiten geschaffen würden, die man sich für die Resozialisierungsarbeit des allgemeinen Strafvollzuges wünscht.[418]

---

417 Vgl. *Kaiser* 1984, S. 6.

418 Vgl. *Baumann* 1981, S. 12 f.

1.4.3.1.3 Geringstmögliche Beeinträchtigung der Rechtsstellung des Untersuchungsgefangenen

Der zweite Problembereich ist die Minimierung der Beeinträchtigung der Rechtsstellung des Untersuchungsgefangenen. Nach *Baumann* wurde der Begriff der „Ordnung in der Vollzugsanstalt" in § 119 Abs. 3 StPO übermäßig ausgedehnt. Dieser sei ohne eine gesetzliche Konkretisierung zu weit. Der Begriff sei zu meiden und durch andere Termini zu ersetzen. Der Vollzug der Untersuchungshaft unterscheide sich von dem der Strafhaft bedauernswerterweise nur unwesentlich. Die möglichen Vergünstigungen in Anspruch zu nehmen, z. B. bei Kleidung (Nr. 52 UVollzO) oder Verpflegung (Nr. 50 UVollzO), scheitere meist an der Mittellosigkeit des Untersuchungsgefangenen. Auch die Freistellung von Arbeit und die Selbstbeschäftigung (Nr. 42, 44 UVollzO) würden von den Untersuchungsgefangenen nicht als positiv aufgefasst. In der Praxis führten diese Regelungen oft nur dazu, dass dem Untersuchungsgefangenen auch wegen der Trennungsgebote keine oder nur schlechtere (Zellen-) Arbeit angeboten werde. Der Unschuldsvermutung komme nach dem gegenwärtigen Stand im Vollzugsalltag keine wesentliche Bedeutung zu. Der Art 6 Abs. 2 EMRK zwinge, die Freiheitsbeschränkungen zu minimieren.[419]

1.4.3.1.4 Zuständigkeiten von Haftrichter und Anstalt

Der dritte Problembereich waren nach *Baumann* die Zuständigkeiten von Haftrichter und Anstalt. Die Problematik habe ihre gesetzlichen Wurzeln in der merkwürdigen Konstruktion der Ergänzung von § 119 StPO durch die UVollzO. Die UVollzO sei nur ein Angebot an den allein zuständigen Haftrichter, Nr. 2 UVollzO. Aus einer Fülle von haftrichterlichen Anordnungen verschiedener Richter bezüglich der Untersuchungsgefangenen in einer Untersuchungshaftanstalt oder -abteilung entstünden erhebliche Schwierigkeiten. Die haftrichterliche Anordnung nach § 119 Abs. 6 StPO werde oft ohne besondere Kenntnis der Anstalten, ihrer besonderen Verhältnisse, ihrer derzeitigen Belegung usw. erlassen. Das führe auch bei größter Bemühung der Anstaltsleiter gelegentlich zu undurchführbaren richterlichen Anordnungen. Durch die Zuständigkeit von Haftrichter und Anstalt „mit Quasioberhoheit des Richters" könnten Unklarheiten entstehen. Diese verzehrten Kräfte und Zeit. Sie seien weder dem Untersuchungsgefangenen noch dem Anstaltspersonal zumutbar. Nicht immer sei der Haftrichter sofort erreichbar. Nicht immer herrsche Klarheit, welches die gültige Verfügung des Richters für diese Sondersituation bei diesem Gefangenen sei. Es gebe Bereiche, die stärker anstaltsbezogen seien und solche, die stärker in die direkte Kompetenz des Haftrichters gehören. Es gebe Bereiche des Anstaltsleiters, in die der Richter

---

419 Vgl. *Baumann* 1981, S. 13 f.

zweckmäßigerweise nicht „detailliert hineinregieren" sollte. Dazu gehört zum Beispiel die Entscheidung wie oft und wann ein Untersuchungsgefangener zum Sport gehen darf. Es gehe darum, einen Weg zu finden und gesetzlich vorzuschreiben, der „Nebeneinander und Gegeneinander" im Vollzug der Untersuchungshaft möglichst ausschließe. Die Tatsache, dass in ihrer Vielfalt erstaunliche und oft nicht umsetzbare richterliche Anordnungen ergehen würden, bringe die Praxis in Nöte. Die weitgehende Übertragung der Kompetenzen auf den Anstaltsleiter begegne keinen verfassungsrechtlichen Bedenken. Nach Art. 104 Abs. 2 GG habe der Richter nur über die Zulässigkeit und Fortdauer der Freiheitsentziehung zu entscheiden, nicht aber über die Art und Weise ihres Vollzuges. Gegenstand der richterlichen Entscheidung sei nur die Frage, ob die Freiheitsentziehung angeordnet werden oder fortdauern soll, nicht aber, wie die Freiheitsentziehung vollzogen werden soll.[420]

1.4.3.2 Entwurf der Bundesvereinigung der Anstaltsleiter im Strafvollzug 1982

Die *Bundesvereinigung der Anstaltsleiter* hatte sich „aus tiefer Sorge um die Rechtsstaatlichkeit" für eine Umgestaltung der Untersuchungshaft bemüht und deswegen mehrere Apelle und Entschließungen veröffentlicht.[421] Man hoffte, mit dem Entwurf den Verantwortlichen die Notwendigkeit einer Neuregelung des Vollzugs der Untersuchungshaft vor Augen führen zu können.[422] Der Entwurf enthält die Grundsätze der Angleichung, der Gegensteuerung und der Verhältnismäßigkeit. In Aufbau und Struktur des Gesetzes greift er auf das StVollzG zurück. Eine Differenzierung nach dem jeweils vorliegenden Haftzweck ist nicht vorgesehen. Der Entwurf beschränkt sich auf eine Regelung des Vollzuges an Erwachsenen (§ 1 E) und möchte den Forderungen nach sinnvoller Kompetenzverteilung zwischen Richter, Staatsanwalt und Anstaltsleiter Rechnung tragen und zugleich die Rechtsstellung des Untersuchungsgefangenen verbessern. Er verfolgt die Einbindung der Untersuchungshaft in ein behandlungsorientiertes Gesamtkonzept der Freiheitsentziehung.[423] Der Entwurf ist „dediziert vollzugspraktisch ausgerichtet".[424] Anliegen des Entwurfes ist es, die Rechtsstellung des Untersuchungsgefangenen wenigstens auf eine Stufe mit der des Strafgefangenen zu stellen. Soweit die Unschuldsvermutung und die unterschiedlichen Aufgaben der

---

420 Vgl. *Baumann* 1981, S. 14 ff.

421 *Döschl/Herrfahrdt/Nagel/Preusker* 1982, Vorwort.

422 Vgl. *Döschl/Herrfahrdt/Nagel/Preusker* 1982, Vorwort.

423 Vgl. *Döschl/Herrfahrdt/Nagel/Preusker* 1982, Vorwort.

424 *Rössner* 1988, S. 117.

Vollzugsformen der Gleichbehandlung nicht entgegenstehen, sollen den Unter-
suchungsgefangenen durch den Entwurf die Rechte eingeräumt werden, die das
StVollzG den Strafgefangenen bereits zubilligt.[425] Dabei wird davon ausgegangen, dass die „praxiserprobten" StVollzG- Regeln die „Benachteiligungen" der
Untersuchungsgefangenen zu beseitigen vermögen.[426] Das zeigt sich z. B. in der
Regelung zur Mindestbesuchszeit in § 20 E, die an § 24 StVollzG angelehnt ist.
Der Entwurf verweist darauf, dass darüber hinaus auf dem Gebiet der Arbeit und
im Betreuungsbereich eine Vielzahl von ähnlichen Benachteiligungen des Untersuchungsgefangenen gegenüber dem Strafgefangenen bestehen, die beseitigt werden.[427] Die erwähnte vollzugspraktische Ausrichtung zeigt sich bei der Regelung
zum Paketempfang. In § 29 E wird ein ausdrückliches Verbot von Nahrungs- und
Genussmittelpaketen für Untersuchungsgefangene ausgesprochen. Die Regelung
des Strafvollzugsgesetzes wurde hier nicht übernommen. Begründet wird dies damit, dass die bisherige Praxis der Paketregelung des Strafvollzugsgesetzes gezeigt
habe, dass gerade die Pakete „permanent" zum Einschmuggeln von verbotenen
Gegenständen, Nachrichten und insbesondere Rauschmitteln missbraucht worden
seien und dies trotz intensivster Bemühungen nicht zu verhindern sei.[428]
    Die Zuständigkeitsregelung in § 6 E hat eine entscheidende Funktion. Nach
ihr sollen dem Richter sämtliche verfahrensbezogenen, dem Anstaltsleiter alle übrigen, insbesondere anstaltsbezogenen Entscheidungen zugewiesen werden. Der
Entwurf sieht hierin und in den §§ 7, 24 Abs. 1, 26 Abs. 1, 68, 81 E eine „zweck-
mäßige, praktikable und der Dynamik des Strafprozesses angepasste Zuständig-
keitsverteilung zwischen Richter, Staatsanwalt und Anstaltsleiter". Die allumfas-
sende Zuständigkeit des Richters habe nur nach früherer Ansicht eine
Privilegierung dargestellt. Nach derzeitiger Sicht sei sie weder sachgerecht noch
verfassungsrechtlich geboten. Vielmehr sei sie ein Hindernis für die wünschens-
werte organisatorische und inhaltliche Neuorientierung im Bereich des Untersuchungshaftvollzugs.[429] Tatsächlich waren die verschiedenen Zuständigkeiten den
Anstalten ein „Ärgernis".[430] Die Anstaltsleiter betonten, dass nach damals geltendem Recht der Richter z. B. für Entscheidungen über die Ausgestaltung des Haft-
raumes, den Besitz von eigenen Sachen, das Mitbringen von Gegenständen beim
Besuch, Ausführungen, Paketempfang, Teilnahme an gemeinsamen Veranstaltungen oder an der Arbeit zuständig sei. Damit sei er jedoch „hoffnungslos über-

---

425 Vgl. *Döschl/Herrfahrdt/Nagel/Preusker* 1982, Vorwort.

426 *Rössner* 1988, S. 117.

427 Vgl. *Döschl/Herrfahrdt/Nagel/Preusker* 1982, Vorwort.

428 *Döschl/Herrfahrdt/Nagel/Preusker* 1982, Vorwort.

429 *Döschl/Herrfahrdt/Nagel/Preusker* 1982, Vorwort.

430 *Rotthaus* 1982, S. 306.

fordert". Die im Entwurf vorgesehene Möglichkeit, selbst die wenigen richterlichen Kompetenzen noch auf den Anstaltsleiter zu übertragen, (§ 6 Abs. 1 Satz 2, Abs. 3 E) mache den Entscheidungsprozess „außerordentlich flexibel, effektiv und sachgerecht".[431]

Der Entwurf möchte die Untersuchungshaft in ein „behandlungsorientiertes Gesamtkonzept für Untersuchungshaft und Strafhaft" einbinden. Diesbezüglich sieht der Entwurf in § 31 Abs. 5 E die Möglichkeit vor, geeigneten Untersuchungsgefangenen in der Regel nach Abschluss der letzten Tatsacheninstanz auf ihren Antrag Gelegenheit zur Teilnahme an Bildungsmaßnahmen des Strafvollzuges zu geben. Die Verlegung in eine Einrichtung des Strafvollzugs bedarf dabei der Zustimmung des Richters oder Staatsanwalts. Angeführt wird, dass die Unschuldsvermutung bisher gleichsam als Verbot der erzieherischen Einwirkung auf den Untersuchungsgefangenen verstanden wurde. Die tatsächlichen Behandlungsbedürfnisse der meisten Untersuchungsgefangenen seien dadurch ignoriert worden. Diese Interpretation der Unschuldsvermutung sei fehlerhaft. Sie habe schließlich zur Vernachlässigung der Untersuchungshaft geführt. Der Untersuchungsgefangene solle zur freiwilligen Mitarbeit an der Lösung seiner Probleme motiviert werden. Der Entwurf verpflichtet die Justizverwaltungen, eine den Bedürfnissen der Untersuchungshaft entsprechende Angebotspalette im Arbeits- und Betreuungsbereich bereitzustellen. Auch wird den dazu bereiten Untersuchungsgefangenen die Möglichkeit eingeräumt, an schulischen und beruflichen Förderungsmaßnahmen in Einrichtungen des Strafvollzuges teilzunehmen (z. B. §§ 31, 32, 53 E).[432] *Kaiser* kritisierte, dass die Verbesserung der Behandlungsangebote hinter dem Entwurf von *Baumann* zurückbleibe, da nur die klassischen Angebote Arbeit, Unterricht, Weiterbildung und soziale Hilfe geregelt würden (§§ 31, 49, 53 ff E), von möglichen Therapiemaßnahmen aber abgesehen werde.[433] Die Hilfe soll bei der Aufnahme, während des Vollzugs und auch nach der Entlassung analog dem StVollzG durch den sozialen Dienst der Vollzugsanstalt erfolgen.[434] Die Entlohnung des Untersuchungsgefangenen ist im Entwurf so geregelt, dass das Arbeitsentgelt an die Regelung des § 200 StVollzG und damit an den 20. Teil des durchschnittlichen Arbeitsentgelts aller Versicherten gekoppelt ist.[435]

---

431 *Döschl/Herrfahrdt/Nagel/Preusker* 1982, Vorwort.

432 Vgl. *Döschl/Herrfahrdt/Nagel/Preusker* 1982, Vorwort.

433 Vgl. *Kaiser* 1984, S. 305.

434 Vgl. *Rössner* 1988, S. 119.

435 Vgl. *Rössner* 1988, S. 119.

1.4.3.3   Entwurf des Arbeitskreises Strafprozeßreform

Der *Arbeitskreis Strafprozeßreform*[436] hat ebenfalls einen Reformvorschlag bezüglich der Untersuchungshaft vorgelegt. Damit wollte er einen „weiteren Beitrag zu der notwendigen Gesamtreform des Strafverfahrensrechts leisten".[437] Der *Arbeitskreis Strafprozeßreform* vertrat die Ansicht, dass die seinerzeitige Rechtslage die Untersuchungshaft nicht hinterfragte und keine dogmatische Rechtfertigung leistete und dadurch ohne „tragfähiges Fundament" die Untersuchungshaft zu weit fasste.[438] Dieser Entwurf enthält wichtige Aspekte zur Unschuldsvermutung. Den Autoren war es insofern ein Anliegen, die Untersuchungshaft von Strafzwecken freihalten, so dass diese weder generalpräventive Ziele noch ein spezialpräventives Anliegen verfolgen durfte.[439]

Im Untersuchungshaftvollzug sollten nach den Autoren nur die Beschränkungen gelten, die wegen der Verfahrenszwecke zwingend geboten sind.[440] Bezüglich des Vollzuges der Untersuchungshaft wird im Entwurf lediglich der Rahmen für ein Bundesgesetz in § 4 E vorgegeben.[441] Dort heißt es: Die Untersuchungshaft wird in besonderen Haftanstalten vollzogen. Die Anstalten sind so einzurichten, dass sie den persönlichen Bedürfnissen der Verhafteten so weit wie möglich Rechnung tragen. Schädlichen Folgen des Freiheitsentzuges ist entgegenzuwirken. Den Verhafteten dürfen nur solche Beschränkungen auferlegt werden, die der Zweck erfordert, den die Haft im Einzelfall hat, oder die die Wahrung der Rechte anderer erfordern. Weitere Beschränkungen sind nur zulässig, soweit die in der Anstalt sonst vorgesehene Verwirklichung von Haftzwecken es zwingend erfordert (§ 4 Abs. 1 E). Das Nähere regelt ein Gesetz zum Vollzug der Untersuchungshaft (§ 4 Abs. 2 E).

1.4.3.4   Entwurf der Arbeitsgemeinschaft Sozialdemokratischer Juristen 1985

Der Entwurf der *Arbeitsgemeinschaft Sozialdemokratischer Juristen* von 1985 regelt den Vollzug von Untersuchungshaft an Erwachsenen. Er enthält die Grundsätze der Angleichung, der Gegensteuerung und der Verhältnismäßigkeit. Aufbau und Struktur des Gesetzes greifen auf das StVollzG zurück. Differenzierungen

---

436 Die Professoren *Amelung, Bemmann, Grünwald, Hassemer, Krauß, Lüderssen, Naucke, Rudolphi, Schubarth, Welp.*

437 *Arbeitskreis Strafprozeßreform* 1983, S. V.

438 *Arbeitskreis Strafprozeßreform* 1983, S. 23.

439 Vgl. *Arbeitskreis Strafprozeßreform* 1983, S. 31.

440 Vgl. *Arbeitskreis Strafprozeßreform* 1983, S. 31.

441 Vgl. *Arbeitskreis Strafprozeßreform* 1983, S. 24.

nach dem jeweiligen Haftzweck sind nicht vorgesehen.[442] Hervorzuheben ist auch die sozialstaatliche Komponente des Entwurfes der *Arbeitsgemeinschaft sozialdemokratischer Juristen,* welche zu Hilfsangeboten verpflichtet und die sozialen Rechte der Untersuchungsgefangenen in den Bereichen Arbeit und Sozialleistungen stärkt.[443] Ziel auch dieser Autoren war es, die Rechtsstellung der Untersuchungsgefangenen zu verbessern und die Ausgestaltung des Vollzuges der Untersuchungshaft mindestens dem Strafvollzugsstandard anzupassen.[444] Dabei wurde berücksichtigt, dass der Entwurf den Geboten der Unschuldsvermutung und der Rechtsstaatlichkeit entsprechen muss, was bedeutet, dass Beschränkungen der Rechte des Untersuchungsgefangenen auf das Maß reduziert werden müssen, das zur Sicherung des Zwecks der Untersuchungshaft erforderlich ist.[445] Sämtliche Vollzugsmaßnahmen müssen daher der Unschuldsvermutung Rechnung tragen.[446] *Rössner* nannte die Unschuldsvermutung den „Mittelpunkt der Erwägungen".[447] Für diesen Entwurf folgt daraus zum einen die Allzuständigkeit des Richters. Alle Entscheidungen werden von ihm getroffen, weswegen für ihn die Verpflichtung besteht, ständigen Kontakt zum Vollzug zu halten.[448] Gem. § 5 E hält der Richter in regelmäßigen Abständen Sprechstunden in der Anstalt ab. So wird die besondere richterliche Verantwortung unterstrichen. Der Richter kontrolliert die Ausführung seiner Anordnungen nicht lediglich vom Schreibtisch aus. Dies ermöglicht den wichtigen Eindruck von den Bedingungen im Vollzug sowie das persönliche Gespräch und ermöglicht dadurch auch schriftlich ungewandten Untersuchungsgefangenen, ihre Anliegen vorzutragen.[449] Dem Richter soll ständig in der Untersuchungshaftanstalt ein Arbeitszimmer zur Verfügung stehen und der Kontakt des Untersuchungsgefangenen zu ihm soll nicht „durch bürokratische Maßnahmen behindert" werden.[450] Der Verlagerung von Entscheidungskompetenzen auf den Anstaltsleiter wird entschieden entgegengetreten: Für ein Strafvollzugsgesetz sachlich gerechtfertigte Kompetenzregelungen entsprechen nach

---

442 Vgl. *Rössner* 1988, S. 118.

443 Vgl. *Rössner* 1988, S. 117.

444 Vgl. *Arbeitsgemeinschaft Sozialdemokratischer Juristen* 1985, S. 52 f.

445 Vgl. *Arbeitsgemeinschaft Sozialdemokratischer Juristen* 1985, S. 52 f.

446 Vgl. *Arbeitsgemeinschaft Sozialdemokratischer Juristen* 1985, S. 52 f.

447 *Rössner* 1988, S. 117.

448 Vgl. *Arbeitsgemeinschaft Sozialdemokratischer Juristen* 1985, S. 55.

449 Vgl. *Arbeitsgemeinschaft Sozialdemokratischer Juristen* 1985, S. 55.

450 *Arbeitsgemeinschaft Sozialdemokratischer Juristen* 1985, der Beschluss ist dem Druck auf der letzten Seite beigefügt.

dieser Ansicht nicht der Rechtslage im Untersuchungshaftvollzug.[451] Die traditionellen Begriffe der Sicherung des Verfahrens (Richterkompetenz) und der Ordnung der Anstalt (Anstaltsleiterkompetenz) werden wegen der Vielzahl von Entscheidungen mit Doppelcharakter als ungeeignete Differenzierungskriterien für die Zuständigkeitsregelung angesehen.[452] Betont wird auch der Grundsatz der Subsidiarität von Untersuchungshaft gegenüber nicht freiheitsentziehenden Maßnahmen. Für die Anstalt sowie den Haftrichter besteht nach § 8 E eine Rechtspflicht, Maßnahmen zur Vermeidung und zur Verkürzung von Untersuchungshaft ausfindig zu machen. Die Erläuterung zum Entwurf sieht hierfür Hilfen in der Familie, Vermittlung von Kontaktfamilien, Kontaktmöglichkeiten zu bestehenden Vereinen, Übernahme von sozialen Bürgschaften, Vermittlung eines Arbeitsplatzes, Vermittlung einer Wohnung einschl. Wohngemeinschaft, Vermittlung von schulischen und beruflichen Fortbildungsmaßnahmen und Hilfen zur persönlichen Stabilisierung wie soziale Trainingskurse und Selbsthilfegruppen als geeignet an.[453] Vorgesehen ist auch die Möglichkeit der Außenbeschäftigung und des Ausgangs in Begleitung von Vollzugsbediensteten.[454] Für den Untersuchungsgefangenen besteht die Möglichkeit, die Anstalt nach seiner Entlassung vorübergehend auf freiwilliger Basis im Hinblick auf Unterkunft und Versorgung in Anspruch nehmen.[455] Vorgesehen ist auch ein dem Untersuchungshaftvollzug bis dahin unbekannter Vollzugsplan als Grundlage für die Gestaltung des Vollzugs (§ 12 E).[456]

Gefordert wird wie im Entwurf von *Baumann*, dass dem Untersuchungsgefangenen Arbeitsangebote gemacht werden müssen. Die anderen Entwürfe enthalten hier lediglich Soll-Bestimmungen. Der Entwurf sieht in § 41 die volle tarifmäßige Entlohnung vor und unterscheidet sich damit deutlich von den übrigen Entwürfen, die das Arbeitsentgelt an die Regelung des § 200 StVollzG und damit an den 20. Teil des durchschnittlichen Arbeitsentgelts aller Versicherten koppeln. Der Untersuchungsgefangene ist gem. § 41 Abs. 2 S. 1 E in die Kranken- und Rentenversicherung aufzunehmen. Vom Arrest als Disziplinarmaßnahme wird ganz abgesehen. Die Besuchsregelung ist großzügig. In § 26 Abs. 1 S. 1, 2. HS wird ungestörter und unbeobachteter Besuch zugelassen.

Die Häufigkeit der Besuche wird gegenüber der damaligen Praxis (alle zwei Wochen 30 Minuten) erheblich erweitert. Der Entwurf des *Arbeitskreises Sozialdemokratischer Juristen* sah acht Besuche von jeweils mindestens einer Stunde

---

451 Vgl. *Arbeitsgemeinschaft Sozialdemokratischer Juristen* 1985, S. 55.

452 Vgl. *Arbeitsgemeinschaft Sozialdemokratischer Juristen* 1985, S. 55.

453 Vgl. *Arbeitsgemeinschaft Sozialdemokratischer Juristen* 1985, S. 59.

454 Vgl. *Arbeitsgemeinschaft Sozialdemokratischer Juristen* 1985, S. 59.

455 Vgl. *Arbeitsgemeinschaft Sozialdemokratischer Juristen* 1985, S. 60.

456 Vgl. *Arbeitsgemeinschaft Sozialdemokratischer Juristen* 1985, S. 61.

Dauer vor (§ 26 Abs. 2 E). Damit wird der Bedeutung von Außenkontakten mit nahestehenden Personen Rechnung getragen.[457] Die möglichst grundrechtsschonende Haltung des Entwurfs zeigt sich auch daran, dass der Entwurf von der bisherigen Begrifflichkeit der „Anstaltsordnung" absieht, weil in dieser Formulierung nach Ansicht der Autoren auch noch nach Abschaffung der Lehre vom besonderen Gewaltverhältnis die Dominanz der Anstalt zu tage trete. Der demgegenüber im Entwurf gewählte Begriff „Ordnung des Zusammenlebens" soll hingegen verdeutlichen, dass der Untersuchungsgefangene außer wegen des Haftzwecks erforderlichen Einschränkungen nur diejenigen hinzunehmen braucht, die sich aus dem Miteinander in der Justizvollzugsanstalt heraus zwangsläufig ergeben.[458]

Bei schwangeren Frauen oder bei denjenigen, die Kleinkinder in noch nicht schulpflichtigem Alter zu versorgen haben, sollte nach Ansicht der Autoren die Untersuchungshaft nicht vollzogen werden, wenn eine Freiheitsstrafe oder Jugendstrafe von unter 5 Jahren zu erwarten sei. Deswegen enthält der Entwurf diesbezüglich auch keine Regelungen. Dies erschien den Autoren bei Abwägung zwischen Kindeswohl und Strafverfolgungsanspruch vertretbar.[459] Die Einrichtung von Mutter-Kind-Stationen in Justizvollzugsanstalten sollte durch diese Regelung weitestgehend entbehrlich werden.[460]

1.4.3.5 Regierungsentwurf eines Gesetzes zur Regelung des Vollzuges der Untersuchungshaft 1999

Im Jahr 1999 wurde ein Regierungsentwurf der Koalition von SPD mit den Grünen für ein Gesetz zur Regelung des Vollzuges der Untersuchungshaft vorgelegt. Zu diesem Entwurf existiert eine Stellungnahme von *Paeffgen* und *Seebode*, auf die hier Bezug genommen wird.[461] Im Entwurf von 1999 sollten die bisherigen gesetzlichen Regelungen des Untersuchungshaftvollzuges, insbesondere § 119 StPO und §§ 93, 110 JGG aufgehoben werden. Die über 90 Verwaltungsvorschriften der UVollzO sollten ebenfalls entbehrlich werden. Ersetzt werden sollten sie von einem nur 37 Paragraphen umfassenden Untersuchungshaftvollzugsgesetz.[462] Der Entwurf normiert die wesentlichsten Eingriffsermächtigungen und

457 Vgl. *Arbeitsgemeinschaft Sozialdemokratischer Juristen* 1985, S. 62.

458 Vgl. *Arbeitsgemeinschaft Sozialdemokratischer Juristen* 1985, S. 63.

459 Vgl. *Arbeitsgemeinschaft Sozialdemokratischer Juristen* 1985, S. 69.

460 Vgl. *Arbeitsgemeinschaft Sozialdemokratischer Juristen* 1985, S. 69.

461 *Paeffgen/Seebode* 1999, die Stellungnahme wurde von 32 Professoren mitgetragen.

462 Vgl. *Paeffgen/Seebode* 1999, S. 524.

enthält Regelungen für die Ausgestaltung des Vollzuges der Untersuchungshaft.[463] In seiner Begründung verweist der Entwurf auf die angespannte finanzielle Lage in den Ländern, wegen der versucht wurde, gesteigerten Vollzugsaufwand und Mehrkosten soweit wie möglich zu vermeiden. Der Entwurf sah „deshalb insbesondere davon ab, die Fortentwicklung des Vollzuges der Untersuchungshaft durch zwingende Vorschriften zu verbessern".[464] Ansprüche auf bestimmte vollzugliche Angebote wurden nicht eingeräumt. Denn zwar wurde dies als kriminalpolitisch wünschenswert erkannt, erschien im Hinblick auf Kostenbelastungen jedoch nicht umsetzbar.[465] Stimmen aus der Wissenschaft begegneten dieser Argumentation seinerzeit mit dem zutreffenden Einwand, dass Kriminalprävention entgegen der Ausrichtung des Entwurfes für die Gesellschaft langfristig am kostengünstigsten sei.[466] Im Entwurf wird ergänzend auf Vorschriften des Strafvollzugsgesetzes zurückgegriffen. Dadurch sollte der Entwurf wesentlich „schlanker" gehalten werden.[467] Dies setzte den Entwurf aber zutreffender Kritik bezüglich der durch die Verwendung von Verweisungsnormen bewirkten Unverständlichkeit aus. Denn aus sich selbst heraus war der Entwurf nicht mehr verständlich und seine Handhabbarkeit war durch die verwendeten Ketten- und Weiterverweisungen erschwert.[468] Ein Schwerpunkt des Entwurfs sollte darin bestehen, die Zuständigkeit des Richters für die Haftgestaltung (§ 119 Abs. 6 StPO) durch eine „sachgerechte Aufteilung der Kompetenzen zwischen Gericht und Anstalt" zu ersetzen.[469] Damit sollte Kritik der Vollzugspraxis aufgegriffen werden.[470] Die Zuständigkeit des Richters sollte nicht auch solche Entscheidungen umfassen, bei denen organisatorische Belange der Justizvollzugsanstalt und die Aufrechterhaltung der Sicherheit oder Ordnung der Anstalt maßgeblich waren.[471] Eine richterliche Kompetenz war nach dem Entwurf nur für solche Maßnahmen vorgesehen, bei denen dem Aspekt der Verfahrenssicherung besonderes Gewicht zukomme und über deren Notwendigkeit regelmäßig nur bei Kenntnissen vom betreffenden Strafverfahren sachgerecht entschieden werden könne.[472]

---

463 Vgl. Bundesratsdrucksache 249/99, S. 41.

464 Bundesratsdrucksache 249/99, S. 46.

465 Vgl. Bundesratsdrucksache 249/99, S. 46.

466 Vgl. *Paeffgen/Seebode* 1999, S. 526.

467 Bundesratsdrucksache 249/99, S. 42.

468 Vgl. *Paeffgen/Seebode* 1999, S. 526.

469 Bundesratsdrucksache 249/99, S. 42.

470 Vgl. Bundesratsdrucksache 249/99, S. 42.

471 Vgl. Bundesratsdrucksache 249/99, S. 42.

472 Vgl. Bundesratsdrucksache 249/99, S. 42.

Im Übrigen wurde anders als nach damals geltender Rechtslage die Anstalts-zuständigkeit vorgesehen.[473] Der § 5 Abs. 1 des Entwurfes bestimmte insofern: „Die nach diesem Gesetz notwendigen Entscheidungen trifft die Anstalt, soweit nicht ausdrücklich die Zuständigkeit des Gerichts vorgesehen ist." Beschränkungen zur Erreichung des Zwecks der Untersuchungshaft, die auf einen im Haftbefehl nicht genannten Haftgrund gestützt werden, durfte nur das Gericht anordnen (§ 5 Abs.4 E). Ausdrücklich vorgesehen war die Zuständigkeit des Gerichts auch in § 11 Abs. 3 E, wonach das Gericht, soweit es der Zweck der Untersuchungshaft erforderte, die gemeinschaftliche Unterbringung während der Ruhezeit ausschließen, den gemeinschaftlichen Aufenthalt außerhalb der Ruhezeit einschränken sowie die Trennung von einzelnen anderen Gefangenen anordnen konnte. Weiterhin sah § 16 Abs. 1 S. 1 E vor, dass das Gericht über die Besuchserlaubnis entscheidet. Entscheidungen über die Anordnung der Überwachung des Besuchs sowohl zur Erreichung des Zwecks der Untersuchungshaft als auch aus Gründen der Sicherheit oder Ordnung der Anstalt traf ebenfalls das Gericht gem. § 17 Abs. 3 S. 2 E. Bei der Überwachung des Schriftwechsels durfte das Gericht die Textkontrolle anordnen, wenn es zur Erreichung des Zwecks der Untersuchungshaft oder aus Gründen der Sicherheit oder Ordnung der Anstalt erforderlich war, § 19 Abs.2 E. Ebenso bedurften Telefongespräche nach dem Entwurf der Erlaubnis des Gerichts, § 21 Abs.1 S. 1 E. Zur Abwehr einer Verdunkelungsgefahr sollten die Beschaffung und Benutzung anstaltsfremden Lesestoffes, der Besitz eigener Kleidung und der Paketempfang ausgeschlossen oder eingeschränkt werden können sowie die vollständige Absonderung von anderen Gefangenen (Einzelhaft) durch das Gericht gem. § 27 Abs. 1 i. V. m. Abs. 4 angeordnet werden können. Die Kompetenz zur Anordnung der Einzelhaft auch zur Abwehr einer Fluchtgefahr oder aus sonstigen Gründen lag ebenfalls beim Gericht.

Ein weiteres wichtiges Anliegen auch dieses Entwurfs war nach eigenem Bekunden die Verbesserung der Rechtsstellung der Untersuchungsgefangenen.[474] Er wollte eine Minimierung von Eingriffen in Rechtspositionen der Gefangenen erreichen. Deswegen wirkte er auf eine stärkere Differenzierung nach Haftgründen bei der Überwachung der Außenkontakte hin.[475] Darin wurde auch seitens Stimmen aus der Wissenschaft eine Verbesserung der Rechtslage gesehen. Im Übrigen sahen einige Wissenschaftler die Rechtsstellung des Untersuchungsgefangenen jedoch überwiegend erheblich verschlechtert und zwar nicht nur im Vergleich zur damaligen Rechtslage und Praxis der Untersuchungshaft, sondern auch im Verhältnis zum Strafgefangenen.[476] Als ein weiteres Ziel nennt der Entwurf

---

473 Vgl. Bundesratsdrucksache 249/99, S. 42 f.

474 Vgl. Bundesratsdrucksache 249/99, S. 44.

475 Vgl. Bundesratsdrucksache 249/99, S. 44.

476 Vgl. *Paeffgen/Seebode* 1999, S. 525.

in seiner Begründung den Ausbau von Angeboten, die den Untersuchungsgefangenen eine sinnvolle Gestaltung ihrer Haftzeit ermöglichen sollen. Gleichzeitig sollten jedoch Kosten gespart werden. Deshalb wurde darauf verzichtet, den Untersuchungsgefangenen Ansprüche auf bestimmte vollzugliche Angebote einzuräumen.[477] Zur Mehrkostenvermeidung wurden stattdessen Soll-Vorschriften vorgesehen.[478] Die Normen sollten danach als „Leitprinzipien für die Vollzugsgestaltung" gelten.[479] Man hatte die Erwartung, dass die Vollzugspraxis auf eine Ausweitung der Angebote im Rahmen des Möglichen hinarbeiten würde.[480] *Paeffgen* und *Seebode* hingegen hatte Bedenken und nannte diese Erwartung „allzu optimistisch".[481] Die Begründung nannte hinreichende Arbeits- und Freizeitmöglichkeiten, u.a. zur Verhinderung subkultureller Strukturen. Auch Angebote zum Abbau von Sozialisationsdefiziten hielt der Entwurf für wünschenswert.[482] Kritisiert wurde seitens *Paeffgen* und *Seebode* daran, dass die Regelungen über sozialstaatliche Hilfen und kriminalitätsvorbeugende Angebote zu allgemein und zu unverbindlich geraten seien. Mit ihnen könnten die erklärten Ziele des Entwurfs nicht erreicht werden. In der Tat war hier die oben erwähnte Schlechterstellung im Gegensatz zum Strafgefangenen deutlich. *Paeffgen* und *Seebode* zogen den Vergleich: Während den schädlichen Folgen des strafweisen Freiheitsentzuges entgegenzuwirken „ist" (§ 3 II StVollzG), „soll" dies dem Entwurf nach im Untersuchungshaftvollzug nur noch geschehen (§ 3 III E). Auf eine § 3 III StVollzG entsprechende Regelung, nach der der Strafvollzug darauf auszurichten „ist", dass er dem Gefangenen hilft, sich in das Leben in Freiheit einzugliedern, verzichtet der Entwurf. Dem Untersuchungsgefangenen „sollen" lediglich Hilfen zur Verbesserung seiner sozialen Situation angeboten werden (§ 3 III E). Auch § 23 II StVollzG, wonach Verkehr mit Personen außerhalb der Anstalt zu fördern sei, fände im Entwurf keine Entsprechung.[483]

So fiel das Fazit der genannten Wissenschaftler seinerzeit auch negativ aus: Die bekannten Mängel behebe der Entwurf demnach nur zu einem geringen Teil. Die durchgängige Ausrichtung am Strafvollzugsgesetz widerspreche dem Gebot, Untersuchungshaft nicht als Strafe erscheinen zu lassen. Die sozialstaatlichen Defizite blieben unverändert. Die Rechtsstellung des Untersuchungsgefangenen würde überwiegend erheblich verschlechtert. Im Ergebnis wurde der Entwurf da-

---

477 Vgl. Bundesratsdrucksache 249/99, S. 46.

478 Vgl. Bundesratsdrucksache 249/99, S. 45.

479 Bundesratsdrucksache 249/99, S. 45.

480 Vgl. Bundesratsdrucksache 249/99, S. 45.

481 *Paeffgen/Seebode* 1999, S. 526.

482 Vgl. Bundesratsdrucksache 249/99, S. 46.

483 Vgl. *Paeffgen/Seebode* 1999, S. 526.

her als Rückschritt gesehen. Nach Ansicht von *Paeffgen* und *Seebode* war es deswegen vorzuziehen, mit dem damaligen Stand der Gesetzgebung weiterzuleben anstatt den Entwurf zu befürworten, da dadurch immerhin ohne Festschreibung im Gesetz noch eine rechts- und sozialstaatliche Fortentwicklung des Untersuchungshaftvollzugs im Rahmen des Möglichen gewesen wäre.[484]

1.4.3.6   Der Entwurf von Friedrich 2004

Die Untersuchung von *Friedrich* wurde als Dissertationsprojekt an der Kieler Universität im November 2003 abgeschlossen. Die Arbeit untersucht die Entwürfe von *Baumann*, des *Arbeitskreises Sozialdemokratischer Juristen*, der *Bundesvereinigung der Anstaltsleiter* und den Entwurf von 1999 und entwickelt daraus einen neuen Gesetzentwurf. Leitgedanke ist dabei eine Neuverteilung der Zuständigkeiten zwischen Gericht, Staatsanwaltschaft und Anstalt und eine konsequente Ausrichtung des Untersuchungshaftvollzuges an den jeweiligen Haftzwecken. Geregelt wird der Vollzug an Erwachsenen (§ 1 E). Als Leitfaden soll dabei der Entwurf *Baumann* dienen. Daneben soll der Unschuldsvermutung und sozialstaatlichen Prinzipien entsprechend des *Entwurfs des Arbeitskreises Sozialdemokratischer Juristen* entsprochen werden und die soziale Existenzgrundlage des Untersuchungsgefangenen möglichst weitgehend unangetastet bleiben.[485] Die im E-*Friedrich* vorgesehene Regelung zum Arbeitsentgelt bleibt jedoch hinter diesem Anspruch zurück. Die Idee des Entwurfs der *Bundesvereinigung der Anstaltsleiter*, die Stellung des Untersuchungsgefangenen auf das Niveau von Strafgefangenen anzuheben, nennt *Friedrich* die „Minimallösung". Sie stellt auch bei ihm die untere Grenze dar, an der sich der Entwurf orientiert und die nicht unterschritten werden soll.[486]

Dieses Ziel wird auch umgesetzt. Der Entwurf von *Friedrich* lehnt sich an die Reformentwürfe an und vereint so positive Regelungen der anderen Entwürfe in sich. Die erwähnte Differenzierung nach Haftgründen findet sich erstmals in § 2 S. 2 E, wo es heißt, dass der Vollzug der Untersuchungshaft bezweckt, der jeweiligen Gefahr des im Haftbefehl genannten gesetzlichen Haftgrundes zu begegnen. Die Unschuldsvermutung findet sich systematisch herausgehoben weit vorne in § 3 E. Dem hat nach dem Entwurf auch die Behandlung des Untersuchungsgefangenen Rechnung zu tragen. Soziale Hilfen werden in § 4 Abs. 2 E erstmalig erwähnt und weiter hinten (§ 50 E) ausführlich geregelt. Das Aufnahmegespräch wird, wie dies auch im Entwurf des *Arbeitskreises Sozialdemokratischer Juristen* vorgesehen ist, unter Beteiligung des Sozialdienstes geführt (§ 9 Abs. 1 E). Über anstaltsinterne und externe Hilfen ist der Untersuchungsgefangene gem. § 50 Abs.

---

484   Vgl. *Paeffgen/Seebode* 1999, S. 526.

485   Vgl. *Friedrich* 2004, S. 38 f.

486   Vgl. *Friedrich* 2004, S. 38 f.

2 E bei der Aufnahme umfassend zu beraten. Dem Untersuchungsgefangenen ist wie im Entwurf *Baumann* (§44 Abs. 2 S. 2 E *Baumann*) die Aufstellung und Abwicklung eines Entschuldungsplans anzubieten (§ 50 Abs. 3 S. 2 E *Friedrich*) und aus Gründen der Fürsorge kann Untersuchungsgefangenen auf Kosten der Anstalt der freiwillige Verbleib in der Anstalt bis zum Vormittag des dritten auf den Eingang der Entlassungsanordnung folgenden Werktags gestattet werden (§ 54 E).

Die erwähnte Kompetenzverteilung findet sich in § 6 Abs. 1 E: Für Anordnungen und Entscheidungen ist die Anstalt zuständig, soweit nicht ausdrücklich die Zuständigkeit des Gerichts vorgesehen ist. Vorgesehen ist ein Vollzugsplan (§ 10 E). Lockerungen des Vollzuges sind nach § 12 Abs. 1 E Außenbeschäftigung und Ausführung. Der Trennungsgrundsatz wird in § 15 E normiert. Möglichkeiten zu Abweichungen vom Trennungsgrundsatz um die Teilnahme an Maßnahmen und Angeboten zu ermöglichen sind vorgesehen (§ 15 Abs. 2 S. 3 E). Besonders ist, dass die Untersuchungshaft an Frauen in Anlehnung an den Entwurf *Baumann* (dort § 11 Abs. 2 S. 1 E) nur unter weiblicher Aufsicht durchgeführt werden darf (§ 15 Abs. 2 S. 2 E).

Als eigene reformerische Idee bringt der Entwurf ein, dass dem Verlangen von in der Untersuchungshaft befindlichen Ehegatten, gemeinsam untergebracht zu werden, nach Möglichkeit entsprochen werden soll (§ 16 S. 4 E). Jeder Haftraum erhält außerdem gem. § 19 Abs. 1 S. 2 E einen für den Untersuchungsgefangenen frei zugänglichen Lichtschalter, eine Steckdose und möglichst auch eine Doppelschließvorrichtung in Anlehnung an den Entwurf von *Baumann*, dessen Entwurf in § 15 Abs. 1 die Einschränkung „möglichst" jedoch noch nicht nennt. Eigene Kleidung und eigene Wäsche ist ebenfalls vorgesehen. Erstmals normiert § 20 Abs. 1 S. 2 E, dass von der Anstalt kostenpflichtige Waschautomaten bereitzustellen sind, wobei sich die Höhe der Kosten an den tatsächlich entstandenen Betriebskosten der Automaten zu orientieren hat. Beim Einkauf soll das Angebot (entsprechend dem Entwurf des *Arbeitskreises Sozialdemokratischer Juristen* (§ 24 Abs. 1 S. 2 E *Arbeitskreis Sozialdemokratischer Juristen*) der marktüblichen Preisgestaltung entsprechen (§ 22 Abs. 1 S. 2 E-*Friedrich*). Die zulässige Dauer eines Besuchs beträgt mindestens 30 Minuten, wöchentlich ist mindestens ein Besuch zuzulassen (§ 24 Abs. 4 E). Die Differenzierung nach Haftgründen erfährt ihre Ausgestaltung bei der Besuchsüberwachung: nach § 26 Abs. 1 E werden Besuche bei Untersuchungsgefangenen, bei denen der Haftgrund der Verdunkelungsgefahr gegeben ist, optisch und akustisch überwacht. Die Besuche der übrigen Untersuchungsgefangenen werden nicht überwacht, es sei denn, der Richter ordnet etwas anderes an (§ 26 Abs. 2 E). Genannt werden in diesem Zusammenhang auch Trennscheiben und Absperrgitter (§ 26 Abs. 2 S. 3 E). Die Differenzierung setzt sich fort bei der Überwachung des Briefverkehrs, § 28 Abs. 1 und 2 E und den Telefongesprächen, § 31 Abs. 1 S. 1 E. Bezüglich des Anhaltens von Schreiben, geregelt in § 30 Abs. 1 Nr. 2 E, sind die §§ 185 ff. des StGB als Anhaltegrund explizit ausgenommen. Nahrungs- und Genussmittel sind in Paketen zugelassen (§ 32 Abs. 1 S. 1 E). Regelungen zu Arbeit und Bildung finden sich in

§ 34 E, zum Arbeitsentgelt gelten jedoch nur die §§ 177, 48 des StVollzG entsprechend (§ 36 Abs. 1 E). Taschengeld ist vorgesehen (§ 38 E).

1.4.3.7 Regierungsentwurf 2004

Der Regierungsentwurf der Koalition von SPD mit den Grünen von 2004 übernimmt die Grundstruktur des Entwurfs von 1999. Dieser war nicht weiterverfolgt worden, nachdem im Bundesrat über wesentliche Punkte kein Einvernehmen mit den Ländern erzielt werden konnte. Auch dieser Entwurf möchte die bisherigen Einzelbestimmungen zusammenzufassen und ergänzen.[487] Nach eigenen Angaben wurde auf die Vorarbeiten von *Baumann* (1981), der *Bundesvereinigung der Anstaltsleiter* e. V. (1982) und der Arbeitsgemeinschaft *Sozialdemokratischer Juristen* (1985) zurückgegriffen. Auch der Entwurf 2004 beschränkt sich aus dem gleichen Grund wie bereits der Entwurf aus dem Jahre 1999 auf ausdrückliche Regelungen zu Kernbereichen des Untersuchungshaftvollzuges, wodurch er „schlanker" gehalten werden sollte.[488] Weiterhin besteht ein Schwerpunkt darin, die Allzuständigkeit des Richters für die Haftgestaltung durch eine sachgerechtere Kompetenzverteilung zwischen Richter und Anstalt zu ersetzen.[489] Wie auch im Entwurf von 1999 wird in der Entwurfsbegründung auf die angespannte finanzielle Lage der Länder hingewiesen, weswegen gesteigerter Vollzugsaufwand und Mehrkosten soweit wie möglich vermieden werden sollen. Den Untersuchungsgefangenen werden deswegen keine Ansprüche auf bestimmte vollzugliche Angebote eingeräumt.[490] In der Begründung zum Entwurf heißt es, er berücksichtige „in Teilen" die damals geäußerte Kritik.[491] So wurde die von *Paeffgen* und *Seebode* als zu starr angesehene Regelung zu den Telefongesprächen,[492] die vorsah, ausnahmslos jedes Telefongespräch mitzuhören, ergänzt. Sie ist im Entwurf 2004 flexibel. Nach § 21 Abs. 2 i. V. m. § 17 Abs. 2 E ist von der Überwachung abzusehen, wenn eine Gefährdung des Zwecks der Untersuchungshaft oder der Sicherheit oder Ordnung der Anstalt nicht zu befürchten ist. Die im Entwurf von 1999 noch unerwähnt gebliebene Bequemlichkeitsgarantie[493] des § 119 Abs. 4 StPO („Bequemlichkeiten und Beschäftigungen darf er sich auf seine Kosten verschaffen, soweit sie mit dem Zweck der Haft vereinbar sind und nicht die Ordnung in der Vollzugsanstalt stören") ist in § 2 Abs. 2 E verankert. Diese stellt klar, dass

---

487   Vgl. Begründung zum Entwurf 2004, S. 2.

488   Begründung zum Entwurf 2004, S. 3.

489   Vgl. Begründung zum Entwurf 2004, S. 4.

490   Vgl. Begründung zum Entwurf 2004, S. 8.

491   Vgl. Begründung zum Entwurf 2004, S. 2.

492   Vgl. *Paeffgen/Seebode* 1999, S. 525.

493   Vgl. *Paeffgen/Seebode* 1999, S. 525 f.

die Untersuchungsgefangenen wegen der Unschuldsvermutung nicht nur ein Recht auf die im Gesetz explizit aufgeführten Annehmlichkeiten haben, sondern sich im Rahmen von Haftzweck und Ordnung der Anstalt Bequemlichkeiten und Beschäftigungen verschaffen können. Bei Bequemlichkeiten handelt es sich dabei um „Vergünstigungen gegenüber der nach der Anstaltsordnung allgemein vorgesehenen Lebenshaltung".[494] Das Selbstbeköstigungsrecht wird weiterhin nicht vom Gesetz genannt.

Die Regelungen zum Paketempfang wurden nicht bloß verschärft,[495] sondern es ist gar kein Paketempfang mehr erlaubt. Damit wird noch über die restriktive Regelung des Entwurfs der Anstaltsleiter hinausgegangen. Auch die kritisierte Regelung,[496] dass das Gebot der Trennung von Strafgefangenen durchbrochen werden darf, wenn dies aus Gründen der Sicherheit oder Ordnung der Vollzugsorganisation oder anderen wichtigen Gründen erforderlich ist, besteht gem. § 4 Abs. 2 E fort. In diesem Zusammenhang ist auch zu erwähnen, dass im Vergleich zum E-1999 eine Verschärfung der möglichen Beschränkungen stattfindet. Im E-1999 durften (soweit eine besondere gesetzliche Regelung nicht bestand) nur Beschränkungen auferlegt werden, die zur Aufrechterhaltung der Sicherheit oder zur Abwendung einer „schwerwiegenden" Störung der Ordnung der Anstalt „unerlässlich" sind (§ 2 Abs. 2 S. 2 Nr. 2 E-1999). Im E-2004 heißt es hingegen, den Gefangenen dürfen nur solche Beschränkungen auferlegt werden, die der Zweck der Untersuchungshaft oder die Sicherheit oder Ordnung der Anstalt „erfordert" (§ 2 Abs. 4 E-2004). Nicht aufgegriffen wurde auch die Kritik, dass es dem Untersuchungsgefangenen anheim zu stellen ist, ob er sich bei Regen und dann gegebenenfalls mit eigener Regenkleidung im Freien aufhalten will.[497] Denn der Aufenthalt im Freien ist gem. § 24 Abs. 1 des E-2004 i. V. m. den Regelungen des StVollzG weiterhin davon abhängig, dass zu einer festgesetzten Zeit die Witterung den Hofgang zulässt.

Kritisiert wurde 1999, dass zwar den schädlichen Folgen des strafweisen Freiheitsentzuges gem. § 3 Abs. 2 StVollzG entgegenzuwirken ist, dies nach dem E-1999 im Untersuchungshaftvollzug jedoch nur geschehen soll. Diese Kritik wurde aufgegriffen, in § 3 Abs. 2 S. 1 E-2004 heißt es, dass den schädlichen Folgen des Freiheitsentzuges entgegenzuwirken ist. Wurde 1999 noch kritisiert, dass den Untersuchungsgefangenen lediglich Hilfen zur Verbesserung ihrer sozialen Situation angeboten werden „sollen" (§ 3 Abs. 3 des E-1999),[498] heißt es in § 25 Abs. 1 S. 1 des E-2004, dass den Untersuchungsgefangenen soziale Hilfen in der Anstalt

494   KK-*Schulthei*s 2008, § 119 Rn 65.

495   Vgl. *Paeffgen/Seebode* 1999, S. 526.

496   Vgl. *Paeffgen/Seebode* 1999, S. 526.

497   Vgl. *Paeffgen/Seebode* 1999, S. 526.

498   *Paeffgen/Seebode* 1999, S. 526.

anzubieten „sind", um ihre persönlichen Schwierigkeiten zu lösen. Insofern ist auch der Grundsatz der Hilfe zur Selbsthilfe in § 25 Abs. 1 S. 2 E-2004 erwähnt, der im Entwurf von 1999 nicht positiv erwähnt wurde.

1.4.3.8 Zusammenfassung

Aus dieser Reihe von Entwürfen wird *Baumanns* Entwurf der Rechtsstellung des Untersuchungsgefangenen am besten gerecht, weil er die Grundrechte des Untersuchungsgefangenen am wenigsten einschränkt und infolgedessen dem Verhältnismäßigkeitsgrundsatz am ehesten Rechnung trägt. Weil einem unschuldigen Menschen die wirtschaftliche Existenzgrundlage nicht genommen werden darf,[499] ist hinsichtlich des Bereichs „Arbeit des Untersuchungsgefangenen" jedoch allein der Entwurf des *Arbeitskreises Sozialdemokratischer Juristen* sachgerecht, da er vollen tariflichen Lohn und einen Anspruch auf Arbeit vorsieht.

1.5 Rechtstatsächliche Befunde zur Untersuchungshaftanordnung und zur Vollzugswirklichkeit

Im Folgenden wird anhand von Daten des Statistischen Bundesamtes und Berichten des CPT ein Teil der Vollzugswirklichkeit dargestellt. Die verwendeten statistischen Daten geben Aufschluss über Deliktsstruktur, Haftgründe, darüber in welchem Umfang Untersuchungshaft vollzogen wird, wie lange die Untersuchungshaft dauert und welche Sanktion auf die Untersuchungshaft folgt. Mittels statistischer Daten werden auch der Ausländeranteil sowie der Anteil von Frauen dargestellt. Der Bericht von *Seifert* wird dazu genutzt, einen Einblick in die Praxis des Wohngruppenvollzugs einer JVA zu ermöglichen. Die CPT-Berichte werden auf untersuchungshaftspezifische Beobachtungen und Empfehlungen untersucht. Am Ende folgt ein Resümee zur Bedeutung der Rechtstatsachen für die Anforderungen an den heutigen Untersuchungshaftvollzug.

---

499 *Rössner* 1988, S. 119.

1.5.1 Gefangenenzahlen

Abbildung 1: Gefangene im Bundesländervergleich

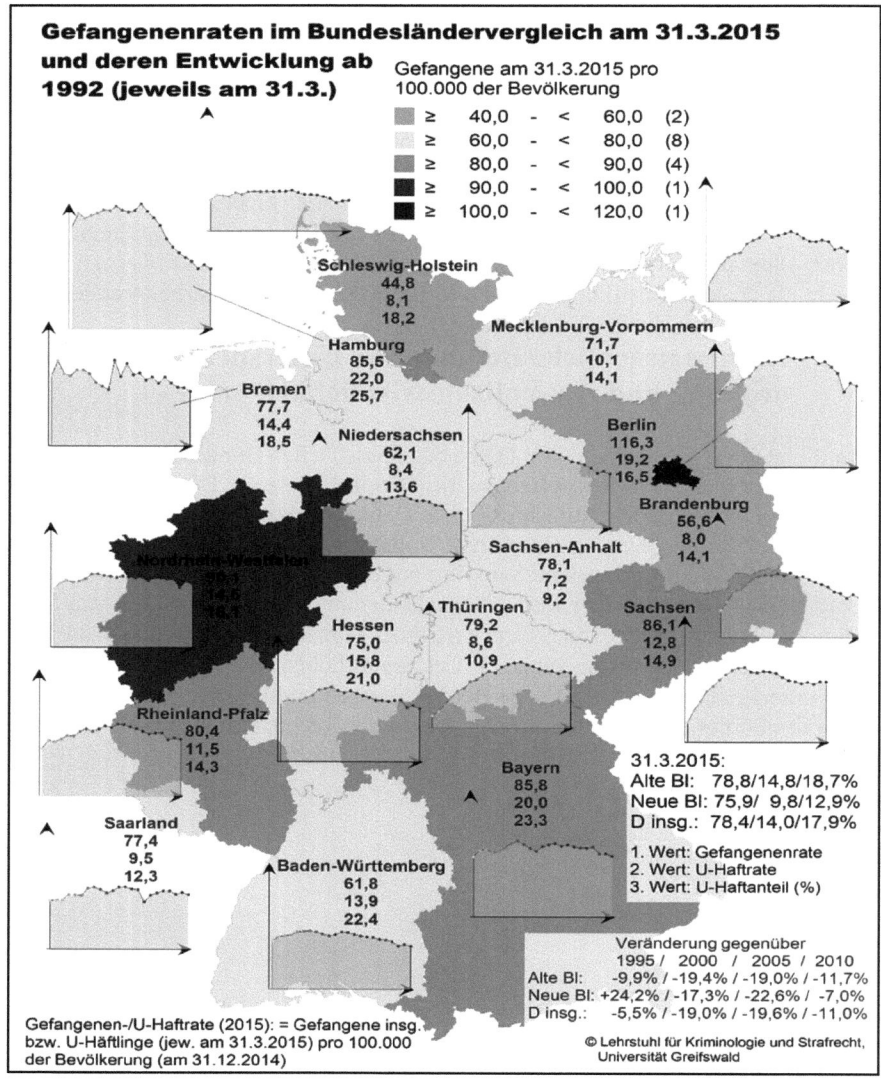

Quelle: *Dünkel/Geng/Harrendorf* 2016, S. 190.

Am 30.11.2013 befanden sich 62.632 Gefangene in den deutschen Gefängnissen. Davon waren 11.271 (18%) in Untersuchungshaft.[500] Am Stichtag war
die Untersuchungshaftpopulation zu 94,3% männlich und zu 5,7% weiblich. Der
geringe Anteil von Frauen entspricht dem Strafvollzug, wo das Verhältnis 94,5%
zu 5,5% beträgt[501] sowie dem durchschnittlichen Anteil von etwa 5% in europäischen Gefängnissen.[502]

Abbildung 2: Straf- und Untersuchungsgefangene in DE, 1962-2015

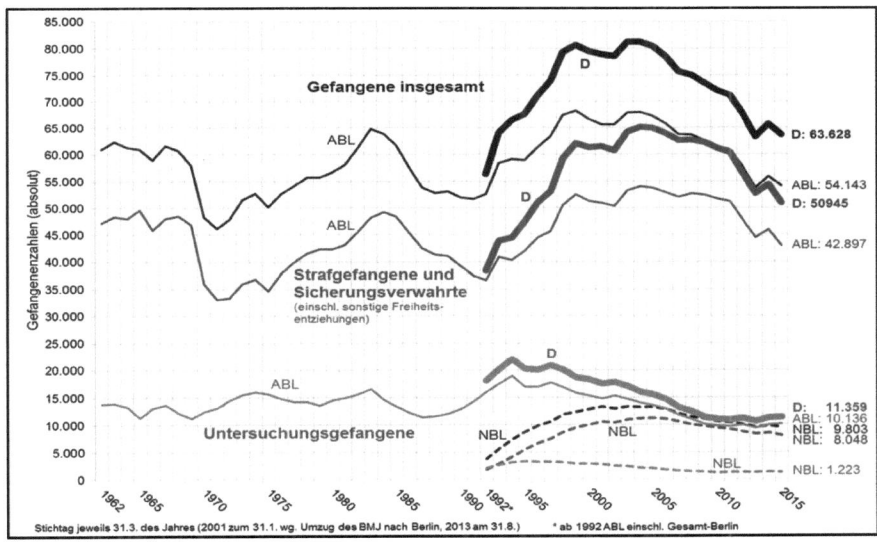

Quelle: Fortschreibung von *Dünkel/Morgenstern* 2010a (Lehrstuhl für Kriminologie,
Greifswald).

500 Im Jahr 2009 lag der Anteil in Deutschland bei 16%. Deutschland wies damit einen relativ
niedrigen Anteil von Untersuchungsgefangenen auf, wenn man die Zahlen, trotz der hier
aufgrund unterschiedlicher Begriffe und nicht übereinstimmenden Anwendungszeiträu-
men der verschiedenen Rechtssysteme bei einem Vergleich bestehenden Schwierigkeiten, und der dabei gebotenen Vorsicht, mit den bei *Morgenstern* 2011a dargestellten Ge-
fangenenpopulationen ausgewählter Staaten vergleicht, die zwischen ca. 12% (Polen) und
ca. 52% (Türkei) lagen. Niedrige Anteile fanden sich 2009 auch in Litauen (17%) und
England/Wales (16%) wobei es sich bei den britischen Zahlen jedoch lediglich um Untersuchungsgefangene bis zur erstinstanzlichen Verurteilung handelt, vgl. *Morgenstern*
2011a, S. 460; *Morgenstern* 2013, S. 197 ff.; vgl. zu den hier angedeuteten Erfassungs-
problemen des Weiteren auch *Morgenstern* 2011b, S. 73; *Morgenstern* 2009b; *Dün-
kel/Morgenstern* 2010, S. 5. Zu aktuelleren Zahlen vgl. *Morgenstern* 2017.

501 Statistisches Bundesamt, Rechtspflege, Bestand der Gefangenen und Verwahrten.

502 Vgl. *Dünkel/Kestermann/Zolondek* 2005, S. 3.

Zur quantitativen Bedeutung des Untersuchungshaftvollzugs[503] soll hier festgehalten werden, dass im Gegensatz zur Gesamtzahl der Gefangenen, die seit der politischen Wende erheblich stieg, erst 2004 ihren Höchststand erreichte und dann deutlich abnahm,[504] die Zahl der Untersuchungsgefangenen ausweislich der Tabelle zwischen 1994 und 1997 leicht schwankte, schon dann kontinuierlich absank[505] und sich seit 2010 auf einem etwa gleichbleibenden Niveau mit einem leichten Anstieg im Jahr 2013 befindet. Die Zahl der Untersuchungsgefangenen ist im Jahr 2013 auf 55,9% des Wertes von 1994 gesunken.

Blickt man zudem auf die zwar limitierten Daten hinsichtlich des jährlichen Zugangs, mithin die Abgeurteilten eines Jahres mit vorangegangener Untersuchungshaft, erkennt man auch an dieser Stelle tendenziell sinkende Werte. So hatten 2010 nur 2,6% aller Abgeurteilten Untersuchungshaft erfahren, während es 1983 4,0% und im Jahr 1975 noch 4,8% waren.[506] Darin ist ein Grund für das Sinken der Insassenzahlen in jüngerer Zeit zu erkennen, weil gleichzeitig die absolute Zahl der Abgeurteilten tendenziell auf demselben Niveau blieb.[507]

Als mögliche Ursache für die sinkenden Zahlen werden insofern vom CPT auch der kritische Diskurs über die Anordnung der Untersuchungshaft in Deutschland und die Auswirkungen der Wiedervereinigung angeführt.[508] Tatsächlich ist es jedoch nicht einfach, Erklärungen für die sinkenden Zahlen zu finden, zumal es Änderungen der Anordnungsvoraussetzungen der Untersuchungshaft in der StPO nicht gegeben hat.[509]

Aus der Tatsache, dass seit 1980 der Anteil der über 6 Monate dauernden Untersuchungshaftperioden von ca. 14,6% auf etwa 24,1% im Jahr 2012 gestiegen ist[510] in Verbindung mit der Erkenntnis, dass, wie oben dargestellt, bezogen auf Abgeurteilte der Anteil der Personen mit Untersuchungshaft gesunken ist, kann man insofern den Schluss ziehen, dass Untersuchungshaft vor allem bei schwereren Straftaten und in diesem Zusammenhang zu führenden schwierigeren Ermittlungen angeordnet wird, wobei gleichzeitig in den weniger gravierenden Fällen entsprechend dem Verhältnismäßigkeitsgrundsatz eher von Untersuchungshaft abgesehen wird.[511] Auch kann man annehmen, dass die Haftkontrolle

---

503   Vgl. dazu auch *Dünkel/Morgenstern* 2013, S. 85 mit Zahlen ab 1971.

504   Vgl. *Dünkel/Morgenstern* 2010, S. 22; *Morgenstern* 2011b, S. 70.

505   Vgl. dazu auch *Dünkel/Geng/Morgenstern* 2010, S. 22.

506   Vgl. *Dünkel/Morgenstern* 2013, S. 85 m. w. N.

507   Vgl. *Dünkel/Morgenstern* 2013, S. 85.

508   Vgl. CPT/Inf(2012)6, S. 25.

509   Vgl. *Morgenstern* 2011a, S. 469.

510   Vgl. *Kap. 1.5.3.*

511   Vgl. *Morgenstern* 2011a, S. 469; *Dünkel/Morgenstern* 2013, S. 85.

durch die OLG nach § 121 StPO[512] zu einem zurückhaltenderen Umgang mit der Untersuchungshaft beigetragen haben könnte.[513] Die Frage, ob sich die gem. § 140 Abs. 1 Nr. 1 StPO verpflichtende frühe Beiordnung eines Verteidigers[514] schon zu Beginn der Untersuchungshaft ebenfalls positiv auswirken wird, bleibt demgegenüber noch abzuwarten.[515] Als ein möglicher Erklärungsansatz wurde insofern die Bedeutung von haftvermeidenden Alternativen ins Feld geführt,[516] was sich jedoch nicht erhärten ließ.[517] Als andere Ursache der sinkenden Untersuchungsgefangenenzahlen galt auch die Praxis des Untersuchungshaftanordnung gegenüber Tatverdächtigen mit ausländischer Staatsangehörigkeit,[518] wobei sich auch diese Begründung jedoch angesichts hoher Ausländeranteile in der Untersuchungshaft,[519] insbesondere in letzter Zeit, nicht erhärten lässt.[520] Sinkende Untersuchungsgefangenenzahlen müssen so noch immer auch auf andere Ursachen zurückgeführt werden.[521]

---

512 Vgl. *Kap. 1.5.3.*

513 Vgl. *Morgenstern* 2011a, S. 469 f.

514 Vgl. *Busse* 2008.

515 Vgl. *Morgenstern* 2011a, S. 470 m. w. N.

516 Z. B. *Kowalzyck* 2008; vgl. *Dünkel/Morgenstern* 2013, S. 86.

517 Vgl. *Dünkel/Morgenstern* 2013, S. 86.

518 So etwa *Dünkel* 1994, S. 610 ff. mit Blick auf die nach dem sog. Asylkompromiss 1993 gesunkenen Zuwanderungszahlen von Asylbewerbern und gleichzeitig sinkenden U-Haftzahlen; vgl. hierzu auch *Dünkel/Morgenstern* 2010a, S. 98.; *Dünkel/Geng/Morgenstern* 2010, S. 22; zusammenfassend mit Analysen auch zur aktuellen Entwicklung bis 2017 (mit einem erneuten Anstieg der U-Haftraten seit 2015) *Morgenstern* 2017.

519 Vgl. *Kap. 1.5.6* und *Tab. 9.*

520 So jetzt *Dünkel/Morgenstern* 2013, S. 86.

521 Vgl. *Dünkel/Geng/Morgenstern* 2010, S. 23.; *Dünkel/Morgenstern* 2010a; *Morgenstern* 2011a, S. 470.

Tabelle 2: Entwicklung der Untersuchungsgefangenenzahlen nach Bundesländern 2003-2013

Land	2003	2004	2005	2006	2007	2008	2009	2010	2011	2012	2013	%*
BW	2.189	1.823	1.892	1.604	1.595	1.441	1.511	1.393	1.351	1.515	1.400	64,0
BY	3.189	3.153	3.042	2.861	2.683	2.448	2.601	2.422	2.579	2.625	2.726	85,5
BE	994	918	907	884	769	679	577	538	565	596	589	59,3
BB	420	390	352	258	246	216	183	214	203	199	204	48,6
HB	141	136	124	131	115	78	73	76	76	81	77	54,6
HH	706	683	636	487	392	368	369	388	358	368	386	54,7
HE	1.263	1.259	1.178	1.075	891	899	913	918	902	879	891	70,5
MV	316	332	260	224	194	235	186	188	168	194	179	56,6
NI	1.218	1.079	1.022	917	936	874	715	759	688	663	662	54,4
NRW	3.694	3.470	3.448	2.928	2.783	2.698	2.371	2.228	2.389	2.243	2.435	65,9
RP	699	680	666	500	473	399	482	479	348	472	466	66,7
SL	224	180	209	172	169	130	114	118	128	114	146	65,2
SN	720	726	575	515	430	444	465	449	472	458	544	75,6
LSA	408	368	369	294	251	234	198	184	174	170	170	41,7
SH	306	270	260	233	213	222	185	203	196	209	185	60,5
TH	298	316	288	247	217	212	195	224	196	196	211	70,8

*   Prozentualer Anteil des Wertes für 2003. Stichtag ist der 30. November 2013

Quelle: Statistisches Bundesamt, Rechtspflege, Bestand der Gefangenen und Verwahrten.

Der durch die vorherige Tabelle verdeutlichte Bundestrend bestätigt sich auch auf Länderebene. Kein Land hat einen gegenläufigen Trend. In allen Ländern sank die Zahl der Untersuchungsgefangenen in den Jahren 2003-2010 annähernd kontinuierlich und pendelte sich dann auf einem etwa gleichbleibenden Niveau ein. Die Tabelle zeigt aber auch, dass die Bundesländer unterschiedlichen Anteil am Bundestrend haben. So sank die Zahl der Untersuchungsgefangenen 2013 am deutlichsten in Sachsen-Anhalt, nämlich auf 41,7% des Wertes für 2003. Auch Brandenburg (48,6%) hatte im Jahr 2013 einen Wert von weniger als der Hälfte des Wertes aus 2003. Demgegenüber sank im Jahr 2013 in Bayern die Zahl lediglich auf 85,5% des Wertes aus 2003, in Sachsen auf 75,6%, in Thüringen auf 70,8% und in Hessen auf 70,5% des Wertes des Bezugsjahrs.

Hinsichtlich der Gefangenenraten im Jahr 2009 ergibt der Querschnittsvergleich, dass bei der Untersuchungshaft deutliche Unterschiede zwischen den Bundesländern vorhanden sind. Die Raten lagen zwischen 7,9 und 21,5 Untersuchungsgefangenen pro 100.000 Einwohnern, während die Rate für Deutschland insgesamt bei 13,9 lag.[522] Ein wesentlicher Unterschied besteht auch zwischen der Rate der alten (14,6) und derjenigen der neuen Bundesländer (10,0).[523]

Ein Grund dafür dürfte sein, dass sich die Stadtstaaten, großen Städte und Ballungsgebiete größtenteils in den alten Bundesländern befinden und Berlin zur westdeutschen Statistik gerechnet wird.[524] Während Bremen im Jahr 2009 zwar nur eine Rate von nur 11% aufwies[525] entsprechen die hohen Raten Berlins (21,5) und Hamburgs (19,2) ihrer höheren Kriminalitätsbelastung.[526] Der Ost-West Unterschied dürfte auch mit den wesentlich höheren Ausländeranteilen in den alten Bundesländern zu tun haben.[527]

Darüber hinaus zeigt der Vergleich der alten Bundesländer untereinander deutlich, dass kriminalpolitisch unterschiedlich orientierte regionale Justizkulturen mit unterschiedlicher justizieller Anordnungspraxis für die Untersuchungsgefangenenraten gleichfalls eine Ursache darstellen dürften.[528] So liegt die Rate für Bayern als Flächenland bei 19,2 und ist so mit denen von Hamburg und Berlin vergleichbar, während Niedersachsen, ebenfalls Flächenland, eine Rate von 10

---

522 Angaben jeweils für den 31.03.2009, *Dünkel/Geng/Morgenstern* 2010, S. 28; vgl. auch *Morgenstern* 2011b, S. 72.

523 Vgl. *Dünkel/Geng/Morgenstern* 2010, S. 28.

524 Vgl. *Dünkel/Geng/Morgenstern* 2010, S. 28; *Morgenstern* 2011b, S. 72.

525 Noch im Jahr 2008 hatte Bremen allerdings ebenfalls eine deutlich überdurchschnittliche Rate, vgl. *Morgenstern* 2011b, S. 72.

526 *Morgenstern* 2011b, S. 72.

527 Vgl. *Dünkel/Geng/Morgenstern* 2010, S. 28; 2011b, S. 72.

528 Vgl. zur Untersuchungshaft: *Morgenstern* 2011b, S. 72; 2017; zu den Gesamtgefangenenraten *Dünkel/Geng/Morgenstern* 2010, S. 28; *Dünkel/Geng/Harrendorf* 2016, S. 189 ff.

aufweist und sich die niedrigste Rate hergebracht in Schleswig-Holstein (7,9) findet, wobei dieses Bundesland neben der niedrigsten Gesamtgefangenenrate (52,2), die deutlich unter dem Bundesdurchschnitt (98,7) liegt,[529] ebenfalls die höchste Diversionsrate vorweisen kann.

---

[529]   Vgl. *Dünkel/Geng/Morgenstern* 2010, S. 28; *Morgenstern* 2011b, S. 72.

Tabelle 3: Entwicklung der Belegungsquote* im geschlossenen Vollzug nach Bundesländern 2003-2013

Land	2003	2004	2005	2006	2007	2008	2009	2010	2011	2012	2013
BW	101,5	99,0	96,8	95,2	90,6	89,1	89,8	88,4	84,7	86,1	84,4
BY	109,7	111,0	107,4	107,5	105,2	101,9	101,2	101,1	101,5	97,0	94,7
BE	103,6	104,0	101,8	104,3	97,7	96,0	93,6	90,1	83,2	87,9	81,6
BB	88,6	85,8	88,9	85,0	77,9	75,6	68,3	71,6	63,6	63,0	69,8
HB	85,8	84,9	90,1	91,3	79,1	81,6	76,7	77,9	77,5	74,9	69,6
HH	92,5	89,7	87,4	75,0	63,4	60,1	72,0	68,6	70,4	67,7	69,1
HE	102,0	98,8	97,5	89,1	83,1	86,2	87,9	90,5	83,8	82,8	78,7
MV	99,0	104,3	99,4	92,4	84,9	88,1	91,1	90,1	88,2	84,9	78,9
NI	103,2	101,2	93,3	92,4	83,6	85,2	81,1	79,2	78,8	77,0	71,4
NRW	95,3	94,2	96,5	94,8	91,7	94,8	93,0	90,4	88,5	84,3	78,6
RP	100,7	104,0	104,7	100,8	94,3	96,1	95,7	90,6	85,0	86,2	88,1
SL	108,4	102,1	96,5	87,5	82,2	88,5	88,4	91,4	86,4	85,2	80,8
SN	102,5	104,4	99,8	92,4	81,1	87,3	88,0	94,1	95,2	91,3	89,3
LSA	93,7	103,6	99,8	94,7	86,6	87,8	77,5	81,9	78,2	78,6	81,5
SH	95,8	95,1	89,9	85,7	83,9	83,6	83,5	78,8	80,4	80,5	68,9
TH	114,2	117,7	119,0	117,5	97,8	90,5	84,9	87,6	84,4	84,4	88,2
Insg.	99,8	100,0	98,1	94,1	86,4	87,0	85,8	85,8	83,1	82,0	79,6

* In Prozent, d. h. Anzahl der Gefangenen pro 100 Haftplätze

Quelle: Statistisches Bundesamt, Rechtspflege, Bestand der Gefangenen und Verwahrten, 2003-2013.

Zu Anfang der 2000er Jahre ergaben sich durch den Belegungsanstieg beachtliche Schwierigkeiten hinsichtlich der Überbelegung im geschlossenen Vollzug.[530] Über die hier abgebildeten Jahre zeigt sich jedoch eine deutliche Entspannung der Belegungssituation. Während im Jahr 2003 in Gesamtdeutschland eine Belegung von 99,8% herrschte, hat sich diese Zahl auf 79,6% im Jahr 2013 verringert. Da von Überbelegung ab 90% ausgegangen wird,[531] herrschte Überbelegung demzufolge in 2003 überall bis auf Brandenburg und Bremen, im Jahr 2013 war Überbelegung jedoch lediglich noch für Bayern zu verzeichnen. Legt man, den Erfahrungen der Vollzugspraxis entsprechend, eine Vollbelegung jedoch bereits bei einer 85%igen Auslastung an, würden trotz der zuletzt deutlichen Entlastung aufgrund des Belegungsrückgangs in Deutschland im geschlossenen Vollzug doch in mehr Bundesländern Probleme der Überbelegung bestehen.[532] Denn wählt man diesen Prozentsatz als Grundlage, wäre Überbelegung im Jahr 2013 neben Bayern immerhin noch in Rheinland-Pfalz, Sachsen und Thüringen gegeben gewesen.

1.5.2   Haftgründe

Tabelle 5:   Haftgründe* 2012

Haftgründe	Personen	%
Flüchtig oder Fluchtgefahr (§ 112 Abs.2 Nr. 1, 2 StPO)	24.339	92,1
Verdunkelungsgefahr (§ 112 Abs. 2 Nr. 3 StPO)	2.052	7,8
Verbrechen wider das Leben (§ 112 Abs. 3 StPO)	392	1,5
Wiederholungsgefahr gemäß § 112a Abs. 1 Nr. 1 StPO	285	1,1
Wiederholungsgefahr gemäß § 112a Abs. 1 Nr. 2 StPO	1.441	5,5
Absolut	**26.420**	

*   auch mehrere nebeneinander möglich, daher mehr als 100% im Ergebnis.
Quelle: Strafverfolgungsstatistik 2012 (Fachserie 10 Reihe 3), Tab. 6.1.

---

530   Vgl. *Dünkel/Geng/Morgenstern* 2010, S. 31.

531   Vgl. *Walter* 1999, Rn 106.

532   Vgl. *Dünkel/Geng/Morgenstern* 2010, S. 31.

Insgesamt wurde im Jahr 2012 gegen 26.420 Personen Untersuchungshaft ange-ordnet. Der Haftgrund der Flucht oder Fluchtgefahr war mit 92,1% der häufigste. Der Haftgrund der Verdunkelungsgefahr kommt mit 7,8% als zweithäufigster Haftgrund relativ selten vor.

1.5.3 Dauer der Untersuchungshaft

Tabelle 6: Dauer der Untersuchungshaft bei den in der Strafverfol-gungsstatistik enthaltenen Abgeurteilten mit Untersu-chungshaft in den Jahren 1980, 1990, 2000, 2010

Haftdauer	1980 (in %)	1990 (in %)	2000 (in %)	2010 (in %)	2012 (in %)
Bis 1 Monat	40,7	37,8	35,6	26,6	24,1
1 bis 3 Monate	26,6	24,0	23,3	23,1	24,2
3 bis 6 Monate	18,6	19,5	22,4	26,5	27,7
6 bis 12 Monate	11,2	13,0	14,5	18,4	18,6
Mehr als 1 Jahr	3,4	4,9	4,3	5,4	5,5
Absolut	37.238	27.553	36.683	26.967	26.420

Anmerkung: Stichtag ist der 30. November 2013.
Quelle: Für die Jahre 1980-2000 siehe *Ostendorf* 2009b; danach Strafverfolgungsstatis-tik (Fachserie 10/ Reihe 3), Tab. 6.1.

Die Tabelle zeigt die Entwicklung der Dauer Untersuchungshaft in den Jahren 1980, 1990, 2000, 2010 und 2012. Die Darstellung verdeutlicht, dass sich die Dauer der Untersuchungshaft tendenziell verlängert hat.[533] Während die Haft-dauer im Jahr 1980 zu 40,7% nur bis zu 1 Monat betrug, reduzierte sich im Jahr 2012 dieser Anteil auf 24,1%. Bezüglich der längeren Haftzeiten wird erkennbar, dass die Haftzeit im Jahr 1980 in nur 14,6% der Verfahren mehr als 6 Monate betrug, im Jahr 2012 der diesbezügliche Wert jedoch schon bei 24,1% der Fälle lag.

Im Jahr 2012 waren 24,2% der Untersuchungsgefangenen zwischen einem und drei Monaten lang inhaftiert. Rund 27,7% der Untersuchungsgefangenen blieben 3 bis 6 Monate in Haft. Eine Dauer der Untersuchungshaft von über sechs Monaten war in 18,6% und von mehr als einem Jahr in 5,5% der Fälle gegeben. Der vergleichsweise hohe Anteil mittlerer und langer Haftzeiten deutet an, dass

---

533 Vgl. dazu auch *Heinz* 2010, S. 93; *Morgenstern* 2009b, S. 417 f.; 2011b, S. 80; 2017.

die langjährige Überlastung des Untersuchungshaftvollzuges nicht nur durch Anzahl der Haftfälle, sondern auch auf lange Haftzeiten zurückzuführen ist.[534]

Mit § 121 Abs. 1 StPO macht der deutsche Gesetzgeber jedoch deutlich, dass
Untersuchungshaft nur ausnahmsweise länger als 6 Monate dauern darf. Untersuchungshaft wegen derselben Tat darf über sechs Monate hinaus nur dann aufrechterhalten werden, wenn die besondere Schwierigkeit oder der besondere Umfang
der Ermittlungen oder ein anderer wichtiger Grund das Urteil noch nicht zulassen
und die Fortdauer der Haft rechtfertigen. Die Besonderheit ist dabei auf Grund
eines Vergleichs mit einem durchschnittlichen Verfahren zu beurteilen.[535] Die
Zahl von insgesamt 24,1% der Fälle mit Haftdauer von über 6 Monaten spricht
dafür, hier nicht mehr von einer „Besonderheit" im Wortsinn auszugehen. Somit
stellt sich die Frage, ob die Justiz mit langer Untersuchungshaft und die Oberlan-
desgerichte mit der Haftkontrolle nach den §§ 121, 122 StPO zu nachlässig umgehen.[536] Möchte man diese Frage mit Bezug auf § 121 StPO klären, bedarf es
zunächst einer Betrachtung des Anteils der Untersuchungshaft nach einem ergangenen Urteil, der aus den oben genannten Zahlen ausgeschieden werden muss.[537]
Denn die Beschränkungen des § 121 gelten nur bis zu einem Urteil, das auf Freiheitsstrafe oder eine Freiheitsentziehende Maßregel der Besserung und Sicherung
erkennt.[538] Informationen zur Rechtsmittelhaft lassen sich den amtlichen Statis-
tiken jedoch nicht entnehmen. Aktuelle Untersuchungen dazu existieren nicht.
Möchte man auch hier noch wie bei *Jehle*[539] und *Busse*[540] auf die 40 Jahre zurückliegende Untersuchung von *Vöcking* für das Jahr 1973 verweisen, so zeigt
diese anhand von Aktenanalyse durchgeführte Bestandsaufnahme zur oberlandes-
gerichtlichen Kontrolle der Untersuchungshaft für das Jahr 1973 einen Anteil der
bereits verurteilten unter den Untersuchungsgefangenen bei einer Haftdauer von
sechs bis neun Monaten von 29%, bei einer Haftdauer von neun bis zwölf Monaten bei 47% und bei einer Haftdauer von über einem Jahr bei 60%.[541] Bei längerer
Haftdauer spielte die Rechtsmittelhaft in *Vöckings* Untersuchung mithin eine
große Rolle, war jedoch nicht isoliert für die Fälle von Untersuchungshaft mit
Dauer über einem Jahr verantwortlich.

---

534 Vgl. schon *Dünkel* 1985, S. 339; *Busse* 2008, S. 35; *Schöch* 1998, S. 28.

535 Vgl. *Meyer-Goßner* 2014, § 121 Rn 17; KK-*Schultheis* 2013, § 121 Rn 14.

536 Vgl. *Busse* 2008, S. 35; *Schöch* in *Jehle/Hoch* 1998, S. 29.

537 Vgl. *Busse* 2008, S. 35.

538 Vgl. *Meyer-Goßner* 2014, § 121 Rn 8.

539 Vgl. *Jehle* 1985, S. 62.

540 Vgl. *Busse* 2008, S. 36.

541 Vgl. *Vöcking* 1977, S. 227 f.

Zur Beantwortung der Frage, ob die Haftkontrolle durch das OLG nach § 121 StPO ein geeignetes Instrumentarium zur Vermeidung langer Haftzeiten ist, untersuchte *Schöch* die durchschnittliche Verfahrensdauer der vor dem Landgericht in erster Instanz erledigten Verfahren in den Bundesländern für das Jahr 1995. Bemerkenswert sind dabei die von *Schöch* gefundenen beträchtlichen Unterschiede bei der durchschnittlichen Verfahrensdauer der vor dem Landgericht in erster Instanz erledigten Verfahren. Das Maximum lag dabei im Jahr 1995 in Bremen mit 21,1 Monaten und Hessen mit 20,9 Monaten, das Minimum in Berlin und Niedersachsen mit jeweils 13,8 Monaten. Innerhalb von Niedersachsen wiederum lag die durchschnittliche Verfahrensdauer im OLG-Bezirk Braunschweig bei nur 9,4 Monaten. In Nordrhein-Westfalen betrug die durchschnittliche Verfahrensdauer 17,1 Monate, im OLG-Bezirk Köln jedoch nur 14,1 Monate. Insofern legen die Unterschiede zwischen den einzelnen Bundesländern und teilweise sogar innerhalb eines Bundeslands nahe, dass es in der Praxis einen erheblichen Spielraum für die Justizorganisation gibt, der bei der Diskussion um lange Haftzeiten nicht außer Betracht gelassen werden darf.[542]

1.5.4 Deliktsstruktur

Tabelle 7: Deliktsstruktur bei den in der Strafverfolgungsstatistik enthaltenen Abgeurteilten mit Untersuchungshaft 2012

Delikt	Personen	in %
Tötungsdelikte	593	2,2
Körperverletzungsdelikte	2.667	10,1
Sexualdelikte	1.011	3,8
Diebstahl, Unterschlagung	7.944	30,1
Raub, Erpressung	3.191	12,1
Betrug, Untreue, Urkunden-fälschung.	2.655	10,1
Straßenverkehrsdelikte	44	0,2
Drogendelikte	5.363	20,3
Sonstige	2.952	11,2
Insgesamt	26.420	

Quelle: Strafverfolgungsstatistik 2012 (Fachserie 10/Reihe 3), Tab. 6.2.

---

542   Vgl. *Schöch* in *Jehle/Hoch* 1998, S. 28 ff.

Die Strafverfolgungsstatistik bildet die Untersuchungshaft im Rückblick ab. Auch wird nur das schwerste abgeurteilte Delikt erfasst. Die rechtliche Einschätzung der Tat, wie sie sich bei der Haftanordnung darstellt, das Anlassdelikt also, wird nicht erfasst. In der Strafverfolgungsstatistik ausgewiesene Delikte sind daher nicht zwingend mit dem im Haftbefehl zugrunde gelegten Straftatbestand identisch.[543] In der vorliegenden Untersuchung kann dies jedoch hingenommen werden, da aus der abstrakten Deliktsstruktur die nach der Unschuldsvermutung zulässigen Rückschlüsse für die Vollzugsgestaltung gezogen werden sollen. Insofern ist es zuvorderst wichtig, dass während Personen mit Diebstahl bzw. Unterschlagung zwar den höchsten Anteil der Untersuchungsgefangenen darstellen, Körperverletzungsdelikte immerhin mit etwa 10% und Drogendelikte mit ca. 20% vertreten waren.

1.5.5 Verfahrensausgang

Abbildung 3: **Nach allgemeinem Strafrecht Verurteilte mit vorangegangener Untersuchungshaft, nach Art der Sanktion. Früheres Bundesgebiet mit Westberlin, seit 2007 Deutschland**

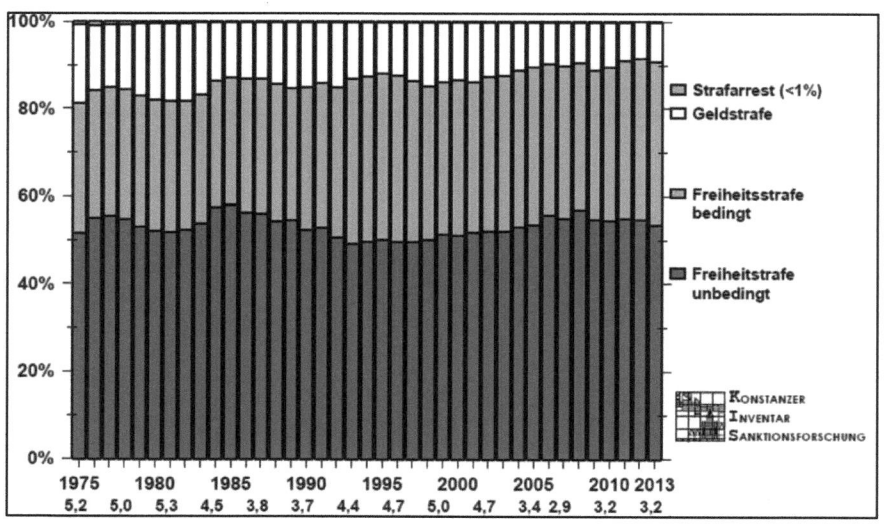

Quelle: *Heinz* 2014, Abb. 51.

---

543 Vgl. *Jehle* 1995, S. 63.

Im Jahr 2013 wurde bei den nach allgemeinem Stafrecht verurteilten in nur 59% der Fälle vorausgegangener Untersuchungshaft eine Freiheitsstrafe ohne Strafaussetzung zur Bewährung ausgesprochen.[544] Es liegt auf der Hand, dass sich die Frage, ob in akzeptablem Umfang Untersuchungshaft angeordnet wurde, auch mit Blick auf den Verfahrensausgang beantworten lässt, wenn man prüft, wie hoch der prozentuale Anteil von Verurteilungen bzw. von Verurteilungen zu einer unbedingten Freiheitsstrafe ist.[545] Da diese Frage aber für die vorliegende Untersuchung nicht im Vordergrund steht, sondern aus dem Verfahrensausgang vielmehr Rückschlüsse zur gebotenen hier zu untersuchenden Gestaltung des Vollzugs und der Gebotenheit eines vorgezogenen Behandlungsvollzugs getroffen werden sollen, ist auf die Frage der Verhältnismäßigkeit der Haftanordnung an sich nur kurz einzugehen:

Untersuchungshaft darf gem. § 112 Abs. 1 S. 2 StPO nicht angeordnet werden, wenn sie zu der Bedeutung der Sache und der zu erwartenden Strafe oder Maßregel der Besserung und Sicherung außer Verhältnis steht. Ein hierbei bestehendes Problem ist freilich, dass in einem frühen Verfahrensstadium die Vorhersage der späteren Sanktion sehr schwierig ist und deswegen Unsicherheiten bestehen.[546] Im Hinblick auf den Verhältnismäßigkeitsgrundsatz ist der Prozentsatz von nur 59 % in denen eine Freiheitsstrafe ohne Bewährung angeordnet wurde, jedenfalls problematisch.[547] Ursache für den hohen Anteil nicht-freiheitsentziehender Maßnahmen könnten neben der Unsicherheit der Prognose so einerseits das Außerachtlassen der Verhältnismäßigkeitserwägungen in der Praxis oder andererseits die Beeinflussung der Entscheidung über die Strafaussetzung zur Bewährung durch die schon vollzogene Untersuchungshaft sein, wobei beides empirisch schwer zu belegen ist.[548] Klar ist aber, dass ein bedeutender Teil der Verurteilten den Freiheitsentzug nur in seiner resozialisierungsfeindlichsten Ausgestaltung,[549] verbunden mit den damit oft anzutreffenden „desintegrativen Folgen" wie etwa des Verlustes der Arbeitsstelle und der Wohnung[550] und bei „besonders schwieriger, ungewisser persönlicher Lage"[551] erlebt. Der vom Gesetzgeber mit der Strafaussetzung nach § 56 StGB beabsichtigte Zweck, die nachteiligen Folgen des Freiheitsentzugs zu vermeiden, wird so in bedeutendem

---

544 Quelle: Strafverfolgungsstatistik 2015 (Fachserie 10/Reihe 3), Tab. 6.2.

545 Vgl. zum europäischen Vergleich *Morgenstern* 2011a, S. 456; 2013, S. 194.

546 *Jehle* 1985, S. 16.

547 Vgl. zur früheren ähnlichen Situation schon *Dünkel* 1985, S. 337 m. w. N.

548 *Gebauer* 1987, S. 70 f.; *Dünkel/Morgenstern* 2013, S. 86; *Morgenstern* 2013, S. 194 f.

549 *Heinz* 2010, S. 94.

550 Vgl. *Dünkel* 1985, S. 337.

551 *Dünkel/Morgenstern* 2013, S. 86.

Umfang jedenfalls nicht realisiert.[552] In der Realität ist es insofern auch wahrscheinlich, dass der Betroffene den Untersuchungshaftvollzug sehr wohl als Strafe wahrnimmt.[553]

1.5.6 Ausländische Untersuchungsgefangene

Tabelle 9: Ausländische Untersuchungsgefangene

Bundesland	Untersuchungs-gefangene insgesamt	Ausländische Untersuchungs-gefangene	%
BW	1.600	763	48
BY	2.537	1.095	43
BE	739	408	55
BB	220	50	23
HB	97	53	56
HH	359	205	57
HE	950	523	55
M-V	215	21	10
NI	917	322	35
NRW	2.843	1.125	40
RP	357	137	38
SL	136	38	28
SN	491	136	27
LSA	202	34	17
SH	203	69	34
TH	220	26	12
Insgesamt	**12.086**	**5.005**	**41**

Quelle: *Morgenstern* 2009b, S. 407. Stichtags-Daten für den 31.03.2008 außer Hamburg (24.07.2008); Schleswig-Holstein, Mecklenburg-Vorpommern und Bremen (31.07.2008), Sachsen-Anhalt und Rheinland-Pfalz (31.08.2008).

---

552 Vgl. *Dünkel* 1985, S. 337.

553 Vgl. *Morgenstern* 2013, S. 195.

Unabhängig von der Frage tatsächlich gegebener oder statistisch verzerrter höherer Kriminalitätsbelastung von Ausländern in Deutschland hat diese Bevölkerungsgruppe öfter mit Untersuchungshaft zu tun als Inländer, da Fluchtgefahr häufig mit der Ausländereigenschaft begründet wird.[554] Ausländer sind im Verhältnis zu ihrem Anteil an der Bevölkerung und auch im Verhältnis zu ihrem Anteil an Tatverdächtigen und Verurteilten (der Anteil betrug nach der Strafverfolgungsstatistik 2008 21,7%) in deutschen Gefängnissen überrepräsentiert.[555] Die Europaratsstatistik gibt für das Jahr 2008 den Gesamtanteil ausländischer Gefangener in Deutschland mit ca. 26% an, während die (deutsche) Strafvollzugsstatistik, von der nur die Staatsangehörigkeit der Strafgefangenen erfasst wird, ihren Anteil für das Jahr 2010 mit 22% angibt.[556] Diese Zahlen belegen eindrücklich, dass der überhöhte Ausländeranteil im Wesentlichen auf die Untersuchungshaft zurückzuführen ist, wo der Anteil über 40% lag.[557]

Ausweislich der Tabelle weichen die Ausländeranteile in den Bundesländern stark voneinander ab und reichen von 10% in Mecklenburg-Vorpommern bis zu 57% in Hamburg. Dabei sind in den neuen Bundesländern die Ausländeranteile unterdurchschnittlich und insbesondere in den süddeutschen Bundesländern und den Stadtstaaten mit Anteilen von beinahe bzw. sogar über 50% recht hoch. Erwartbar weisen die Stadtstaaten mit 55-57% die höchsten Anteile von ausländischen Untersuchungsgefangenen auf.[558] Für Gesamtdeutschland ergibt sich ein Wert von 41%.[559] Auch für den Rest Europas ist spürbar geworden, dass der Anteil ausländischer Gefangener als bedeutendes Problem angesehen wird.[560]

---

554 *Morgenstern* 2011b, S. 72; 2013, S. 2002; vgl. *Kap. 1.3.2.2.*

555 *Morgenstern* 2011b, S. 72.

556 *Morgenstern* 2011b, S. 72 f.; *Dünkel/Geng/Morgenstern* 2010. Beide mit Nachweisen zu den verwendeten Quellen.

557 *Morgenstern* 2011b, S. 73; vgl. auch *Morgenstern* 2009b; *Dünkel/Geng/Morgenstern* 2010, S. 27.

558 Vgl. *Dünkel/Geng/Morgenstern* 2010, S. 27 f.

559 Vgl. auch *Dünkel/Geng/Morgenstern* 2010, S. 27.

560 In der bei *Morgenstern* 2011a dargestellten Staatengruppe lag der Ausländeranteil 2009 mit ca. 80% am höchsten in der Schweiz. Griechenland stand an zweiter Stelle mit über 63%. Auch Österreich hatte mit 60% einen hohen Anteil ausländischer Untersuchungsgefangener. Ebenso besaßen in Spanien und Belgien über 50% der Untersuchungsgefangenen eine ausländische Staatsangehörigkeit. Portugal lag bei ca. 36% und Italien bei 44%. Eher gering Anteile von Ausländern bei jedoch zunehmenden Zahlen fanden sich in Großbritannien. In den nordischen Ländern waren die Anteile gering bis moderat, wobei nur Norwegen eine Ausnahme mit über 52% ausländischen Untersuchungsgefangenen darstellte. Sowohl die osteuropäischen EU-Mitgliedsstaaten als auch die Türkei wiesen geringe Ausländeranteile in der Untersuchungshaft auf, die im unteren einstelligen

1.5.7 Die Praxis des Wohngruppenvollzugs für Untersuchungsgefangene

Bei einer vom Greifswalder Lehrstuhl für Kriminologie vorgenommenen Umfrage unter den Länderjustizministerien, welche Projekte in ihrem Geschäftsbereich sie für vorbildlich im Sinne der Weiterentwicklung eines humanen Justizvollzugs hielten, wurden zwar im Ganzen 26 Projekte aus elf Bundesländern gemeldet, nur eines davon widmete sich jedoch dem Untersuchungshaftvollzug.[561] Vorgestellt und als sehr gutes Praxismodell auch für eine Veröffentlichung ausgesucht wurde der Wohngruppenvollzug für Untersuchungsgefangene in der Teilanstalt III der JVA Moabit.[562] Die Praxiserfahrungen bezüglich des Wohngruppenvollzugs waren durchweg positiv.[563] Insbesondere ermöglichten die Strukturen des gelockerten Wohngruppenvollzuges einen vernünftigen, menschlichen Umgang zwischen Untersuchungsgefangenen und Bediensteten, der auch zu den Voraussetzungen für ein Klima der sozialen Sicherheit in diesem gelockerten Bereich der JVA Moabit beitrug. Die Bediensteten arbeiteten selbständig und hatten mehr Entscheidungskompetenz als Mitarbeiter in den anderen Untersuchungshaftbereichen der JVA Moabit. Bemerkenswert angesichts der Suizidproblematik im Untersuchungshaftvollzug[564] ist, dass es im Berichtszeitraum nicht zu Suiziden oder Suizidversuchen kam. Einer der Gründe dafür ist sicher, dass im Rahmen des Wohngruppenvollzuges im Einzelfall besser auf die persönlichen Besonderheiten der Untersuchungsgefangenen hinsichtlich ihrer psychischen Verfassung eingegangen werden kann. Eine intensive Begleitung erfolgte regelmäßig auch nach Verurteilungen zu langen Freiheitsstrafen in der Phase des Berufungs- oder Revisionsverfahrens.[565] Die gebotenen Freiräume wurden von nur sehr wenigen Untersuchungsgefangenen missbraucht. Wenn es zu einem Missbrauch kam, wurde vorwiegend versucht, über mitinhaftierte Strafgefangene Briefe heraus zu senden, um die angeordnete Postkontrolle zu umgehen und die damit verbundenen längeren Laufzeiten der Briefe zu vermeiden. Unzulässige Mitteilungen an Außenstehende waren in diesen Briefen jedoch die absolute Ausnahme.[566]

Bereich rangierten und wobei nur in Slowenien mit knapp 17% eine Ausnahme zu verzeichnen ist, vgl. *Morgenstern* 2011a, S. 462 f.; 2011b, S. 95; 2013, S. 202 f.; zur aktuellen Entwicklung seither vgl. *Morgenstern* 2017.

561   Vgl. *Morgenstern* 2009b, S. 3.

562   Vgl. *Seifert* 2008, S. 77.

563   Vgl. *Seifert* 2008, S. 77.

564   Vgl. *Kap. 2.2.2.8.*

565   Vgl. *Seifert* 2008, S. 77.

566   Vgl. *Seifert* 2008, S. 79.

1.5.8 Auswertung der CPT-Berichte

Die Beobachtungen und Empfehlungen des CPT zur Praxis des Untersuchungs-haftvollzugs in Deutschland zeigen Probleme auf, denen ein Untersuchungshaft-vollzugsgesetz begegnen sollte. Um den legislatorischen Handlungsbedarf besser einschätzen zu können, werden die Berichte des CPT im Folgenden hinsichtlich zweier wichtiger Bereiche des Untersuchungshaftvollzugs untersucht. Zum einen sollen die Berichte zum Bereich Arbeit, Bildung und Freizeit, zum anderen zum Bereich der Außenkontakte ausgewertet werden. Dabei muss berücksichtigt wer-den, dass die CPT-Berichte teilweise relativ alt sind,[567] so dass sich durch die abgenommenen Belegungszahlen[568] oder Modernisierungen in ostdeutschen An-stalten vielleicht etwas zum Besseren geändert hat.

Der Blick in die Berichte zeigt, dass die Ausgestaltung des Bereichs Arbeit, Bildung und Freizeit in der Praxis des Untersuchungshaftvollzugs schon seit dem 1. Besuch des CPT im Jahr 1991 zu wünschen übriglässt. Das Hauptthema der Berichte und Empfehlungen hinsichtlich des Untersuchungshaftvollzugs ist im-mer wieder die sinnlose Zeit, die Untersuchungsgefangene in ihrem Haftraum verbringen. Häufig heißt es in etwa, dass die Untersuchungsgefangenen 23 Stun-den am Tag in ihren Zellen blieben, ohne eine Möglichkeit, ihre Zeit zu nutzen.[569] Insbesondere aus dem Bericht für das Besuchsjahr 2010 wird dabei die schlech-tere Situation im Vergleich zu Strafgefangenen hinsichtlich der Betätigungsmög-lichkeiten außerhalb der Zelle deutlich.[570] Das CPT hat zu diesem Bereich immer wieder Empfohlen, dass Betätigungsangebot zu verbessern um eine befriedigende Situation für Untersuchungsgefangene zu schaffen. Die häufig geäußerte Emp-fehlung, dass es dabei das Ziel sein sollte, Untersuchungs-gefangenen zu ermög-lichen, einen angemessenen Teil des Tages (8 Stunden oder mehr) außerhalb ihrer Zellen mit verschiedenen sinnvollen Beschäftigungen (Arbeit, Aus- und Weiter-bildung, Sport, Erholung/Gemeinschaft) zu verbringen,[571] wurde Teil der CPT Standards.[572] Im Jahr 2007 wurde auch erstmals empfohlen, dass je länger die

---

567 Besuche fanden statt in den Jahren 1991, 1996, 1998, 2000, 2005, 2010 und 2013. Der Besuch von 2015, vgl. CPT/Inf (2017) 13, konnte nicht mehr berücksichtigt werden.

568 Vgl. *Kap. 1.5.1* und *Tab. 2.*

569 CPT/Inf (97) 9 [Part1], Rn 91; CPT/Inf (97) 9 [Part1], Rn 126; CPT/Inf (93) 13, Rn 100; CPT/Inf (2007) 18, Rn 65; CPT/Inf (2007) 18, Rn 64.

570 Vgl. CPT/Inf (2007) 18, Rn 62; CPT/Inf (2007) 18, Rn 64; CPT/Inf (2007) 18, Rn 65.

571 Vgl. CPT/Inf (93) 13, Rn 100; CPT/Inf (97) 9 [Part1], Rn 101; CPT/Inf (97) 9 [Part1], Rn 117; CPT/Inf (2007) 18, Rn 64.

572 CPT Standards, Auszug aus dem 2. Jahresbericht [CPT/Inf (92) 3], Nr. 47.

Untersuchungsgefangenen inhaftiert sind, desto vielfältiger die ihnen angebotenen Aktivitäten sein sollten.[573] Die Stellungnahmen der Bundesregierung zu diesen Empfehlungen wirken teilweise vorgeschoben, sind nicht aufschlussreich und bleiben rein deskriptiv bzw. erschöpfen sich in der Wiedergabe der Regelungen zum Untersuchungshaftvollzug.[574] Teilweise werden auch mangelnde Ressourcen, die schlechte Arbeitsmarktsituation, ein Qualifikationsmangel der Untersuchungsgefangenen und Sprachbarrieren bei ausländischen Untersuchungsgefangenen als Ursache der schlechten Situation angeführt.[575] In einer aktuelleren Stellungnahme heißt es auch, dass Untersuchungsgefangenen in der Regel nur dann Arbeit angeboten werde, wenn alle Strafgefangenen mit Arbeit versorgt seien.[576] Sämtliche Stellungnahmen zu diesem Bereich sind insofern nicht zufriedenstellend.

Problematisch ist ausweislich der Berichte auch die Praxis der Außenkontakte. Häufig beobachtet wurde der nur sehr eingeschränkte Zugang der Untersuchungsgefangenen zu einem Telefon.[577] Grund für die Einschränkungen waren zum einen technische und organisatorische Probleme,[578] zum anderen verfahrensrechtliche Beschränkungen.[579] Positiv wurde schon hervorgehoben, wenn in einer Besuchten Einrichtung in der Regel zwei Mal die Woche für zehn Minuten Zugang zu einem Telefon gewährt wurde.[580] Bereits in dem Bericht über seinem ersten Besuch in Deutschland hatte das CPT jedoch betont, dass es wichtig ist, Gefangenen, die nicht regelmäßig Besuch von Ihrer Familie empfangen können, zusätzliche Gelegenheiten zu Telefonanrufen zu geben.[581] Anlässlich des zweiten Besuchs wurde zusätzlich angemerkt, dass dies für Ausländer besonders wichtig ist, die keinen Besuch bekommen können.[582] Vergleichend hat das CPT auch berichtet, dass der Zugang zum Telefon heute in vielen europäischen Ländern – im Gegensatz zu Deutschland – sichergestellt sei.[583] Die auf diesem Bereich im Vergleich zu Strafgefangenen bestehende Schlechterstellung wird insbesondere aus

---

573 Vgl. CPT/Inf (2007) 18, Rn 62.

574 Vgl. CPT/Inf (93) 13, S. 64 f.; CPT/Inf (97) 9, S. 106.

575 Vgl. CPT/Inf (97) 9, S. 103.

576 Vgl. CPT/Inf (2012) 7, S. 35.

577 Vgl. CPT/Inf (97) 9 [Part1], Rn 173 und S. 74; CPT/Inf (93) 13, Rn 175; CPT/Inf (97) 9 [Part1], Rn 154; 2005, Rn 150.

578 Vgl. CPT/Inf (93) 13, Rn 175.

579 Vgl. CPT/Inf (97) 9 [Part1], Rn 154.

580 Vgl. CPT/Inf (2007)18, Rn 150.

581 Vgl. CPT/Inf (93) 13, Rn 174.

582 Vgl. CPT/Inf (97) 9 [Part1], Rn 173 und S. 74; CPT/Inf (97) 9 [Part1], Rn 154.

583 Vgl. CPT/Inf (2007)18, Rn 150.

dem Bericht über das Jahr 2010 deutlich: Denn während in allen im Jahr 2010 besuchten Einrichtungen die Lage der Strafgefangenen im Hinblick auf den Zugang zu einem Telefon grundsätzlich zufriedenstellend war, hatten die meisten Untersuchungsgefangenen nur sehr eingeschränkten Zugang zu einem Telefon und durften häufig nur in Ausnahmefällen Anrufe tätigen.[584] Deswegen hat das CPT auch im Jahr 2010 seine Empfehlung wiederholt, dass die Behörden aller deutschen Bundesländer die notwendigen Vorkehrungen treffen, damit sichergestellt wird, dass auch Untersuchungsgefangene „regelmäßig und häufig" Zugang zu einem Telefon haben.[585]

Auch hinsichtlich der Praxis der Besuchskontakte hat das CPT mehrere Anmerkungen und Empfehlungen gemacht. Dazu gehört die Anmerkung, dass Gefangenen, deren Familien weit entfernt leben, gestattet werden könnte, Besuchszeit anzusammeln.[586] Auch hat das CPT geäußert, dass es ein Recht des Gefangenen auf längere Besuche als einen empfehlenswerten Schritt hält, um familiäre und persönliche (auch sexuelle) Beziehungen zu erhalten, sofern diese Besuche unter Bedingungen stattfinden, die die Menschenwürde achten.[587] Anlässlich des Besuchs im Jahr 2005 hat das CPT deutlich gemacht, dass ein allgemeines Recht auf insgesamt eine Stunde Besuchszeit im Monat eindeutig nicht ausreicht, um es den Gefangenen zu ermöglichen, gute Beziehungen zu ihren Familien und Freunden aufrecht zu erhalten.[588] Das CPT hielt es auch für Besorgnis erregend, dass in einer der Besuchten Einrichtungen[589] an Wochenenden aufgrund geringer Personalbesetzung kein Besuch empfangen werden konnte.[590] Die Empfehlung zur Kumulation der Besuchszeit wurde wiederholt.[591] Die dazu ergangene Stellungnahme der Bundesregierung führte jedoch an, dass ein Ansammeln von Besuchszeit „derzeit nicht möglich sei" und von den Ländern auch abgelehnt werde.[592] Begründet wurde dies zum einen mit Problemen der organisatorischen Umsetzung und zum anderen damit, dass bei den sozialen Kontakten der Gefangenen mit Außenstehenden Konstanz und Regelmäßigkeit für wichtig gehalten werde.[593] Letzterer Begründungsansatz ist

---

584 Vgl. CPT/Inf (2012) 6, Rn 95.

585 Vgl. CPT/Inf (2012) 6, Rn 95.

586 Vgl. CPT/Inf (93) 13, Rn 170; CPT/Inf (2007) 18, Rn 149.

587 Vgl. CPT/Inf (93) 13, Rn 176.

588 Vgl. CPT/Inf (2007)18, Rn 149.

589 In der Jugendhaftanstalt Weimar/Ichtershausen.

590 Vgl. CPT/Inf (2007) 18, Rn 149.

591 Vgl. CPT/Inf (2007) 18, Rn 149.

592 Vgl. CPT/Inf (2007) 19, S. 82.

593 Vgl. CPT/Inf (2007) 19, S. 82.

jedoch problematisch mit Blick auf die Unschuldsvermutung, die ein solches Erziehungsrecht strikt verbietet. Im Jahr 2010 hat das CPT ausgeführt, dass, um die Beziehungen zu Familie und Freunden zu bewahren, allen Gefangenen unabhängig von ihrem rechtlichen Status eine Besuchszeit von mindestens einer Stunde pro Woche gewährt werden sollte und den Vollzugsbehörden aller Bundesländer empfohlen, die erforderlichen Maßnahmen zu treffen, um sicherzustellen, dass dieser Grundsatz in allen Haftanstalten wirksam umgesetzt wird.[594] Die Stellungnahme der Bundesregierung führte jedoch unter anderem an, dass sich alle Bundesländer zwar stetig bemühten, die Besuchszeiten generell zu erweitern, dass es allerdings aus räumlichen, personellen und organisatorischen Gründen nicht möglich sei, der Empfehlung des CPT vollumfänglich nachzukommen.[595]

1.5.9 Resümee

Aus den festgestellten Rechtstatsachen resultieren verschiedene Anforderungen an die Landesgesetze, die im Folgenden kurz zusammengefasst werden sollen.

Die rückgehenden Belegungszahlen sind positiv. Aufgrund der deutlichen Entspannung der Belegungssituation müssten die Voraussetzungen für eine angemessene strukturelle und personelle Ausstattung des Vollzugs eigentlich gegeben sein.[596] Trotz der zurzeit erfreulich geringen Belegungsdichte ist jedoch auch zu berücksichtigen, dass Veränderungen der Belegungsdichte nicht ausgeschlossen sind. Regelungen, die Rechte unter den Vorbehalt personeller und sachlicher Ressourcen stellen, mögen zurzeit in der Praxis zu annehmbaren Ergebnissen führen, bei steigender Belegungsdichte werden solche Regelungen aber wieder problematisch.[597]

Hinsichtlich der Dauer des Untersuchungshaftvollzugs gilt, dass schon kurzer Freiheitsentzug verheerende Folgen haben kann.[598] Wegen des steigenden Anteils derjenigen Untersuchungsgefangenen, die relativ lange in Untersuchungshaft bleiben ergeben sich hinsichtlich einer grundrechtsverträglichen Ausgestaltung des Vollzugs weitere bedenkenswerte Konsequenzen.[599] Schon die Regelung des § 121 StPO indiziert, dass die Freiheitsrechte mit zunehmender Länge der Freiheitsentziehung an Gewicht gewinnen.[600] Unverhältnismäßige Regelungen zur

---

594   Vgl. CPT/Inf (2012) 6, Rn 94.

595   Vgl. CPT/Inf (2012) 7, S. 43.

596   Vgl. *Morgenstern* 2010, S. 5.

597   Vgl. *Morgenstern* 2009b, S. 5.

598   Vgl. *van Zyl Smit/Snacken* 2009, S. 49 f. m. w. N.

599   Vgl. *Morgenstern* 2010, S. 3.

600   Vgl. *Morgenstern* 2009b, S. 409.

Vollzugsgestaltung fallen umso schwerer ins Gewicht, da sie angesichts längerer Dauer des Freiheitsentzugs deutlicher spürbar werden.

Weniger als die Hälfte der Untersuchungsgefangenen (46%) wurden im Jahr 2012 zu Freiheitsstrafe verurteilt. Ob in den übrigen Fällen Untersuchungshaft den Vorwegvollzug einer möglichen Freiheitsstrafe darstellt und dies sogar bewusst in Kauf genommen wird, oder ob die Anordnung der Untersuchungshaft unverhältnismäßig war, lässt sich nicht beurteilen.[601] Untersuchungshaftvollzug darf jedoch insofern nicht zu einem vorweggenommenen Strafvollzug verkommen, so dass ein besonderes Augenmerk darauf zu richten ist, ob die gesamte Ausgestaltung des Untersuchungshaftvollzugs tatsächlich an der Unschuldsvermutung ausgerichtet wird.[602] Die Ländergesetze dürfen ihre Regelungen nicht aus apokryphen Gründen anders gestalten.

Hinsichtlich der 46% der Untersuchungsgefangenen, die in den Strafvollzug gelangten, gilt, dass sich eine lediglich als Verwahrvollzug ausgestaltete Untersuchungshaft aus der Perspektive des Strafvollzugs als „dysfunktional" präsentieren muss.[603] Diese Aussage spricht dafür, eine Reform der Aufgabe des Untersuchungshaftvollzugs dadurch vorzunehmen, auch die Bereitstellung von Betreuungs-, Hilfs-, und Behandlungsangeboten auf freiwilliger Basis zur Förderung der Wiedereingliederung des Untersuchungsgefangenen zur Aufgabe des Untersuchungshaftvollzugs zu machen.[604] Auch kommt zumindest für einen Teil dieser Gruppe ein vorgezogener Behandlungsvollzug auf freiwilliger Grundlage in Betracht.[605]

Hinsichtlich der Deliktsstruktur macht der Anteil der später wegen Körperverletzungsdelikten verurteilten Untersuchungsgefangenen ca. 10% aus. Zwar ist dieser Anteil nicht übermäßig hoch, zumindest bei diesen Gefangenen liegt jedoch die Vermutung nahe, dass sie gewaltbereit sind. Dieser Befund spricht für Regelungen zur Gewaltprävention. Der hohe Anteil späterer Verurteilungen wegen Drogendelikten lässt befürchten, dass ein Teil der Untersuchungsgefangenen suchtmittelabhängig ist. Für diese Gruppe sind Behandlungsangebote zu Beginn des Vollzugs eine erforderliche lebenserhaltende Maßnahme,[606] so dass die Re-

---

601 Vgl. *Morgenstern* 2009a, S. 2; vgl. allgemein und zusammenfassend zu dieser Problematik *Morgenstern* 2017 m. w. N.

602 Vgl. *Morgenstern* 2009a, S. 2.

603 *Jehle* 1987a, S. 33.

604 Vgl. *Kap. 2.2.2.2.*

605 Vgl. *Kap. 2.3.2.4.*

606 Vgl. *Morgenstern* 2010, S. 4 f.

gelungen zur medizinischen Versorgung insofern ausreichende Behandlungsmög-
lichkeiten erlauben müssen. Hier ist auch an Drogenberatung zu denken, die insbesondere durch externe Mitarbeiter stattfinden kann.[607]

Der Ausländeranteil schwankt zwar von Bundesland zu Bundesland stark,
macht mit bis zu 57% jedoch teilweise mehr als die Hälfte der gesamten Vollzugspopulation aus. Hier müssen zum einen Wege gefunden werden, um zu verhindern, dass Ausländer beinahe automatisch in Untersuchungshaft genommen
werden.[608] Zum anderen wird der Vollzug hier vor spezifische Herausforderun-
gen gestellt. Ausländer sind keine homogene Gruppe,[609] sondern eine in ethnischer, nationaler oder religiöser Hinsicht ungleichartig zusammengesetzte Kategorie Gefangener.[610] Hier spielen Sprachprobleme eine Rolle, denen u. A. durch
Sprachkurse und Bereitstellung fremdsprachlicher Bücher zu begegnen ist.[611]
Auch religiöse und kulturelle Besonderheiten sind in diesem Kontext zu berücksichtigen.[612]

Weibliche Gefangene[613] stellen nur einen kleinen Teil aller Gefangenen. Auch
der Untersuchungshaftvollzug ist traditionell männlich. Die existierenden Probleme und strukturellen Nachteile für Frauen ergeben sich auch daraus, dass Gefängnisse mit Blick auf männliche Gefangene konzipiert sind und insofern stärkere Sicherheitsvorkehrungen vorhanden sind, als es für weibliche Gefangene
notwendig ist.[614] Aufgrund der Trennungsgrundsätze sind die weiblichen Untersuchungsgefangenen oft entweder isoliert untergebracht oder befinden sich, wenn
sie in größere und speziell für Frauen konzipierten Gefängnisse aufgenommen
wurden, weit weg von Freunden und Familie, mit dem immanenten Risiko noch
stärkerer Einschränkungen der Kontakte mit der Außenwelt.[615] Gerade vor dem
Hintergrund, dass Freiheitsentzug eine starke Belastungsprobe für die Familie
darstellt,[616]diese Belastungsprobe für inhaftierte Frauen aufgrund ihrer Unter-
bringungssituation noch härter ausfallen kann und wohl Frauen noch mehr als

---

607   Vgl. *Jehle* 1987a, S. 38.

608   Vgl. *Morgenstern* 2013, S. 212.

609   Vgl. *Wippermann/Flaig* 2009, S. 3 ff.; *van Zyl Smit/Snacken* 2009, S. 186.

610   *Jehle* 1985, S. 116.

611   *van Zyl Smit/Snacken* 2009, S. 187.

612   *van Zyl Smit/Snacken* 2009, S. 187.

613   Vgl. *Zolondek* 2007.

614   Vgl. *Morgenstern* 2009b, S. 425.

615   Vgl. *Morgenstern* 2009b, S. 425; *van Zyl Smit/Snacken* 2009, S. 184.

616   Vgl. *Murray* 2005, S. 443 ff.

Männer unter den negativen Auswirkungen des Freiheitsentzugs leiden,[617] müssen die Landesgesetze spezielle Besuchsregelungen schaffen, um dieser Problematik zu begegnen.

Die durchweg positiven Praxiserfahrungen bezüglich des Wohngruppenvollzugs in Berlin sprechen dafür, diese Unterbringungsform auch in einem Untersuchungshaftvollzugsgesetz angemessen zu berücksichtigen.

Hinsichtlich der Arbeit, Bildung und Freizeit sollte es im Einklang mit den Empfehlungen des CPT das Ziel sein, Untersuchungsgefangenen zu ermöglichen, 8 Stunden oder mehr außerhalb ihrer Zellen mit verschiedenen sinnvollen Beschäftigungen zu verbringen. Daraus ergibt sich für die Ländergesetze die Anforderung, nicht nur die rechtlichen Grundlagen von Arbeit, Bildung und Freizeit zu normieren, sondern auch die Voraussetzung für eine zwingende Verbesserung der Vollzugspraxis zu schaffen.[618] Ebenso müssen die Landesgesetze Untersuchungsgefangenen „regelmäßigen und häufigen" Zugang zu einem Telefon garantieren. Die Beobachtungen und Empfehlungen des CPT sprechen auch dafür, bei den Besuchsregelungen innovative Regelungen zur Förderung von Familienkontakten einzuführen und die Besuchsregelungen grundlegend zu verbessern.

1.6 Die bundesrechtliche Regelung des § 119 StPO

Das Bestehen von sowohl Bundes- als auch Landeskompetenzen hat zur Folge, dass -wie schon oben angesprochen- dem Untersuchungsgefangenen Beschränkungen gleichzeitig sowohl durch das Gericht als auch durch die Anstalt auferlegt werden können. Nur die verfahrenssichernden Beschränkungen werden durch § 119 StPO normiert, zuständig für deren Anordnung ist gem. § 119 Abs.1 S. 3 StPO das Haftgericht. Eine vorläufige Eilkompetenz ist in § 119 Abs.1 S. 4 StPO für die Staatsanwaltschaft oder die Vollzugsanstalt vorgesehen. Die Vorschrift des § 119 StPO gilt gemäß § 119 Abs. 1 StPO für die Untersuchungshaft aufgrund eines nach § 112 StPO, § 112a StPO erlassenen Haftbefehls. In seinem Absatz 1 enthält § 119 StPO einen Katalog von Beschränkungen, die dem Beschuldigten auferlegt werden können, wobei die in § 119 Abs.1 S. 2 gewählte Formulierung „insbesondere" klarmacht, dass diese Auflistung nicht abschließend ist. Die Beschränkungen können dem Beschuldigten auferlegt werden, soweit dies zur Abwehr einer Flucht-, Verdunkelungs- oder Wiederholungsgefahr erforderlich ist. Der Zweck der Untersuchungshaft muss also die Anordnungen erfordern.

---

617   Vgl. *Kruttschnitt* 2005, S. 159; *van Zyl Smit/Snacken* 2009, S. 184.

618   Vgl. *Morgenstern* 2009b, S. 3.

1.6.1 Keine zwingende Differenzierung nach Haftgründen

Die Frage, ob im Haftbefehl ungenannte Haftgründe Ausgangspunkt für Beschränkungen sein dürfen, war nach alter Rechtslage umstritten. Die herrschende Meinung bejahte dies[619] hinsichtlich der damaligen Fassung des § 119 Abs. 3 StPO („Dem Verhafteten dürfen nur solche Beschränkungen auferlegt werden, die der Zweck der Untersuchungshaft [...] erfordert"). Die Neufassung der heutigen Gesetzesformulierung („zur Abwehr einer Flucht-, Verdunkelungs- oder Wiederholungsgefahr [...] erforderlich") nennt zwar die einzelnen Haftgründe anstelle eines generellen „Zwecks". Der Gesetzgeber beabsichtigte ausweislich der Gesetzesbegründung jedoch keine sachliche Erweiterung, vielmehr sollte mit der Formulierung sogar verdeutlicht werden, dass „die Anordnung von Beschränkungen nicht nur auf den oder die im Haftbefehl ausdrücklich genannten Haftgründe gestützt werden kann, sondern auch zur Abwehr aller anderen Gefahren in Betracht kommt, denen durch die Anordnung der Untersuchungshaft begegnet werden soll."[620] Das bedeutet, dass in der Praxis Eingriffe immer auf alle Haftgründe gestützt werden können, auch wenn de facto nur ein bestimmter vorliegt.[621] Bei einem Haftbefehl wegen Fluchtgefahr können Beschränkungen mithin auch auf eine Verdunkelungsgefahr gestützt werden. Damit geht jedoch eine viel zu starke Beschränkung des Untersuchungsgefangenen einher, die nach hier vertretener Auffassung gegen den im Recht der Untersuchungshaft vorherrschenden Grundsatz der Verhältnismäßigkeit verstößt.[622] Die vom Gesetzeswortlaut eröffnete Möglichkeit, ohne eine Änderung der im zugrundeliegenden Haftbefehl genannten Haftgründe alle Haftzwecke für Beschränkungen heranzuziehen, befördert eine „undifferenzierte Universalbeschränkung" der Untersuchungsgefangenen.[623] Einschränkungen nach Bundesrecht müssen schon deswegen streng haftgrundbezogen sein, weil es keinen „allgemeinen Haftzweck"[624] gibt. Denn Verdunkelungsgefahr ohne Fluchtgefahr erfordert weniger Vorkehrungen gegen Flucht, aber ausgeprägte Vorkehrungen bezüglich des Brief- und Besuchsverkehrs und umgekehrt, so dass Untersuchungsgefangene mit Fluchtgefahr ohne Verdunkelungsgefahr etwa überwiegend ihre Freizeit gemeinsam verbringen können soweit man sie von Gefangenen mit Verdunkelungsgefahr abtrennt, um der

---

619 Nachweise zum Meinungsstand hinsichtlich § 119 a. F. bei KK-*Schultheis* 2008, § 119 Rn 12 und SK-*Paeffgen* 2007, § 119 Rn 11.

620 BT-Drucks. 16/11644, S. 24.

621 Vgl. *Feest* 2008.

622 Vgl. LR-*Hilger* 2007, § 119 Rn 27; *Seebode* 1985, S. 127; *Welp* 1991, S. 269; *Berndt* 1996, S. 117; *Hennerkes* 1966, S. 63 ff.; in diese Richtung auch SK-*Paeffgen* 2007, § 119 Rn 11.

623 *Radtke/Hohmann/Tsambikakis* 2011, § 119 Rn 7.

624 *Paeffgen* 2009, S. 48; SK-*Paeffgen* 2007, § 119 Rn 11.

Gefahr der Übermittlung von Nachrichten vorzubeugen.[625] Fluchtgefahr erfordert lediglich die Verhinderung der Entweichung. Das Leben in der Anstalt ist jedoch den Lebensverhältnissen in Freiheit anzupassen.[626] Werden hier keine Unterschiede gemacht, gilt per gesetzlicher Festlegung für jeden Untersuchungsgefangenen das, was bei Kumulation von Fluchtgefahr, Verdunkelungsgefahr und Wiederholungsgefahr gelten würde.[627] Eine Angleichung der Haftbedingungen bedeutet jedoch Verkürzung der Individualrechte auf die niedrigste Stufe.[628] Wie von *Stuckenberg* zutreffend ausgeführt, kann jede von den legitimen Haftgründen nicht gedeckte Erschwerung nur als Sanktion gedeutet werden und ist somit mit Blick auf die Unschuldsvermutung unzulässig.[629] Die Strafverfolgungsstatistik des Statistischen Bundesamts 2012 zeigt, dass lediglich 7,8% der Abgeurteilten mit vorangegangener Untersuchungshaft wegen Verdunkelungsgefahr inhaftiert wurden.[630] Für den Großteil der Untersuchungsgefangenen könnte eine wesentlich freiheitlichere und damit der Rechtsstellung des Untersuchungsgefangenen besser gerecht werdende Ausgestaltung des Vollzugs ermöglicht werden, wenn in diesen Fällen Beschränkungen nicht auf alle Haftgründe gestützt werden könnten. Eine nach dem Wortlaut der Vorschrift mögliche restriktive Anwendung des § 119 StPO wäre auch aus fiskalischen Aspekten sinnvoll, weil durch geringere Überwachung Personal- und Sachressourcen eingespart werden könnten.[631]

Nur eine restriktive Anwendung der Vorschrift entspräche auch dem ansonsten in § 119 Abs. 1 S. 1 StPO normierten Grundsatz der Erforderlichkeit der Maßnahme. Denn die Vorschrift des § 119 Abs. 1 S. 1 StPO sieht von vornherein geltende Beschränkungen nicht vor. Beschränkungen können dabei durch bloß abstrakte Gefahren nicht gerechtfertigt werden, es bedarf einer realen Gefährdung, die aufgrund konkreter Anhaltspunkte deutlich werden muss.[632] Die bloße Möglichkeit eines Missbrauchs seiner Freiheiten durch den Untersuchungsgefangenen reicht nicht.[633] Das BVerfG argumentiert: „Schwierigkeiten bei der Überwachung der Gefangenen sind Lästigkeiten, die grundsätzlich hingenommen werden müssen; denn Grundrechte bestehen nicht nur nach Maßgabe dessen, was an Verwaltungseinrichtungen üblicherweise vorhanden oder an Verwaltungsbrauch,

---

625 Vgl. *Baumann* 1990, S. 111.

626 Vgl. *Dünkel* 2009b, S. 2.

627 Vgl. *Baumann* 1990, S. 111.

628 Vgl. *Baumann* 1990, S. 111.

629 Vgl. *Stuckenberg* 1998, S. 111.

630 Vgl. *Kap. 1.5.2.*

631 Vgl. *Paeffgen* 2009, S. 51.

632 Vgl. *Radtke/Hohmann/Tsambikakis* 2011, § 119 Rn 6.

633 BVerfG StV 2009, S. 253 ff., 254, zu § 119 Abs. 3 a. F.

vorgegeben' ist".[634] Diese Argumentation sollte zumindest bei der Anwendung des § 119 StPO berücksichtigt werden.

1.6.2 Die einzelnen Beschränkungen

Der § 119 Abs.1 StPO listet in fünf Nummern nicht abschließend („insbesondere") verschiedene mögliche Beschränkungen auf. Nach § 119 Abs. 1 Nr. 1 StPO kann angeordnet werden, dass der Empfang von Besuchen und die Telekommunikation der Erlaubnis bedürfen. Nur, wenn greifbare Hinweise dafür vorliegen, dass der Besuch zur Planung der Flucht oder zur Verdunkelung missbraucht werden soll, und darüber hinaus dieser Gefahr auch nicht durch Besuchsüberwachung begegnet werden kann, darf die Besuchserlaubnis untersagt werden.[635] Die Telefonerlaubnis kann auch mit Weisungen versehen werden, beispielsweise der, dass während des Telefongesprächs nicht über das dem Haftbefehl zugrunde liegende Verfahren gesprochen werden darf.[636] Nach § 119 Abs. 1 Nr. 2 StPO kann angeordnet werden, dass Besuche, Telekommunikation sowie der Schrift- und Paketverkehr zu überwachen sind. Gemäß § 119 Abs. 1 Nr. 3 StPO kann angeordnet werden, dass die Übergabe von Gegenständen bei Besuchen der Erlaubnis bedarf. Die Vorschrift des § 119 Abs.1 Nr. 4 StPO erlaubt es, die Trennung des Beschuldigten von einzelnen oder allen anderen Inhaftierten anzuordnen. Nach § 119 Abs.1 Nr. 5 kann die gemeinsame Unterbringung und der gemeinsame Aufenthalt mit anderen Inhaftierten eingeschränkt oder ausgeschlossen werden.

1.6.3 Anordnung der Maßnahmen

Die Anordnung trifft gem. § 119 Abs. 1 S. 3 „das Gericht". Welches Gericht zuständig ist, bestimmt sich nach § 126 StPO. Vor Erhebung der öffentlichen Klage ist für die weiteren gerichtlichen Entscheidungen und Maßnahmen, die sich auf die Untersuchungshaft beziehen, das Gericht zuständig, das den Haftbefehl erlassen hat (§ 126 Abs. 1 S. 1 StPO). Hat das Beschwerdegericht den Haftbefehl erlassen, so ist das Gericht zuständig, das die vorangegangene Entscheidung getroffen hat (§ 126 Abs. 1 S. 2 StPO). Wird das vorbereitende Verfahren an einem anderen Ort geführt oder die Untersuchungshaft an einem anderen Ort vollzogen, so kann das Gericht seine Zuständigkeit auf Antrag der Staatsanwaltschaft auf das für diesen Ort zuständige Amtsgericht übertragen. Nach Erhebung der öffentlichen Klage ist das Gericht zuständig, das mit der Sache befasst ist (§ 126 Abs. 2 S. 1 StPO). Während des Revisionsverfahrens ist das Gericht zuständig, dessen

---

634 BVerfG StV 2008, S. 259 ff., 260.

635 Vgl. Graf/*Krauß* 2012, § 119 StPO Rn 12.

636 Vgl. Graf/*Krauß* 2012, § 119 StPO Rn 15.

Urteil angefochten ist (§ 126 Abs. 2 S. 2 StPO). Einzelne Maßnahmen, insbesondere nach § 119 StPO ordnet der Vorsitzende an (§ 126 Abs. 2 S. 3 StPO). Kann die Anordnung des Gerichts nicht rechtzeitig herbeigeführt werden, sieht § 119 Abs. 1 S. 4 StPO eine Eilkompetenz vor. Die Staatsanwaltschaft oder die Vollzugsanstalt können dann eine vorläufige Maßnahme treffen.

1.6.4 Ausführung der Anordnungen

Die Ausführung der Anordnungen obliegt nach § 119 Abs. 2 S. 1 StPO der anordnenden Stelle, also dem nach § 126 StPO zuständigen Gericht. Dieses kann gem. § 119 Abs. 2 S. 2 StPO die Ausführung von Anordnungen widerruflich auf die Staatsanwaltschaft übertragen. Gem. § 119 Abs. 2 S. 2, 2. Hs StPO kann sich die Staatsanwaltschaft bei der ihr übertragenen Ausführung der Anordnungen der Hilfe durch ihre Ermittlungspersonen und der Vollzugsanstalt bedienen. Die Vollzugsgesetze der 8er Gruppe (bis auf Sachsen) etwa normieren wiederum, dass die Anstalt Anordnungen, die das Gericht oder die an dessen statt zum Handeln ermächtigte Behörde trifft, um einer Flucht-, Verdunkelungs- oder Wiederholungsgefahr zu begegnen (verfahrenssichernde Anordnungen), zu beachten und umzusetzen hat.[637] In Sachsen kann dies aus der Bestimmung, dass die Anstalt eng mit Gericht und Staatsanwaltschaft zusammenarbeitet[638] herausgelesen werden. Brandenburg, Rheinland-Pfalz, Thüringen und Sachsen-Anhalt bestimmen, dass die Anstalt Anordnungen nach § 119 Abs. 1 StPO zu beachten und umzusetzen hat.[639] Bayern normiert diese Pflicht ebenfalls explizit,[640] während in Baden-Württemberg dieses Gebot aus der normierten Mitwirkungspflicht, nach der alle im Justizvollzug Tätigen zusammen arbeiten und an der Erfüllung der Aufgaben des Vollzugs mitwirken,[641] herausgelesen werden muss. Auch Nordrhein-Westfalen bestimmt insofern lediglich, dass die Anstalt dabei mitwirkt, dass die Untersuchungshaft ihrem Zweck entsprechend vollzogen wird.[642] Diese Vorschrift muss ebenfalls zur Umsetzung verfahrenssichernder Anordnungen ausreichen.

---

637 § 3 Abs. 2 UVollzG Bln, BrUVollzG, HmbUVollzG, HUVollzG, UVollzG M-V, SUVollzG, UVollzG SH.

638 § 2 Abs. 2 S. 1 SächsUHaftVollzG.

639 § 3 Abs. 3 BbgJVollzG; LJVollzG RP; ThürJVollzGB; JVollzGB LSA.

640 Art. 7 Abs. 1 BayUVollzG.

641 § 16 Abs. 1 JVollzGB BW I.

642 § 5 S. 1 GVUVS NRW.

1.6.5 Verkehr mit dem Verteidiger und anderen Personen und Einrichtungen

Der § 119 Abs. 4 S. 1 StPO macht klar, dass der von § 148 StPO garantierte freie Verkehr des Beschuldigten mit seinem Verteidiger gewährleistet ist. Der § 119 Abs. 4 S. 2 StPO stellt den Verkehr mit bestimmten Einrichtungen und Personen, etwa der für den Beschuldigten zuständigen Bewährungshilfe (Nr. 1), den Volksvertretungen des Bundes und der Länder (Nr. 4), dem EGMR (Nr. 9), und dem CPT (Nr. 13) dem Verkehr mit dem Verteidiger gleich.

1.6.6 Gerichtliche Entscheidung und Beschwerde

Gem. § 119 Abs. 5 S. 1, 1. Hs StPO kann gegen die nach § 119 StPO ergangenen Entscheidungen oder sonstige Maßnahmen gerichtliche Entscheidung beantragt werden, soweit nicht das Rechtsmittel der Beschwerde statthaft ist. Das bedeutet, dass dem Beschuldigten gegen die nach § 119 StPO ergangenen Entscheidungen der Staatsanwaltschaft, ihrer Ermittlungspersonen und der JVA der Antrag auf gerichtliche Entscheidung zusteht. Zuständig für die Entscheidung ist das Gericht nach § 126 StPO, soweit es um Entscheidungen der Staatsanwaltschaft, ihrer Ermittlungspersonen oder der JVA geht. Der Antrag hat keine aufschiebende Wirkung, § 119 Abs. 5 S. 2 StPO. Gem. § 119 Abs. 5 S. 3 StPO kann das Gericht jedoch vorläufige Anordnungen treffen. Gegen Entscheidungen der Amtsgerichte und Landgerichte aufgrund von § 119 Abs. 1 und 2 StPO können der Verhaftete, sein Verteidiger, der gesetzliche Vertreter und die Staatsanwaltschaft gem. § 119 Abs. 5 S. 1, 2. Hs i. V. m. § 304 ff StPO Beschwerde einlegen.[643] Gem. § 119 Abs. 5 S. 1, 1. Hs. StPO ist der Antrag auf gerichtliche Entscheidung in diesen Fällen nicht statthaft.

1.7 Kompetenzprobleme?

Nach der Föderalismusreform[644] wird in Art. 74 Abs. 1 Nr. 1 GG formuliert, dass sich die konkurrierende Gesetzgebungskompetenz des Bundes auf „das gerichtliche Verfahren (ohne das Recht des Untersuchungshaftvollzuges)" erstreckt. Der Untersuchungshaftvollzug ist daher kein Gegenstand der konkurrierenden Gesetzgebung, sondern fällt in die Gesetzgebungskompetenz der Länder nach Art. 70 GG.

Unumstritten liegt insofern die Kompetenz zur Normierung der Voraussetzungen der Anordnung und Aufhebung der Untersuchungshaft sowie des hierbei

---

643 Vgl. Graf/*Krauß* 2012, § 119 Rn 44.

644 Art. 1 Nr. 7 a) aa) des Gesetzes zur Änderung des Grundgesetzes vom 28. August 2006, BGBl. I, 2034 ff., amtliche Begründung in BT-Drucks. 16/813.

zu beachtenden Verfahrens beim Bundesgesetzgeber.[645]Unterschiedliche Auffassungen existieren jedoch bezüglich der Reichweite des Begriffes „Recht des Untersuchungshaftvollzugs" und somit zum Ausmaß der Länderkompetenz.[646]

Insofern wird einerseits eine weite Auslegung des Begriffs des „Untersuchungshaftvollzugs" vertreten. Diese Ansicht zählt zum Recht des Untersuchungshaftvollzuges „alle Eingriffsmaßnahmen, die einen Verdächtigen nur wegen seiner Inhaftierung und zusätzlich zu dieser treffen können". [647] Der Niedersächsische Gesetzgeber,[648] zum Teil gewichtige Stimmen aus der Literatur[649] und Teile der Rechtsprechung[650] unterscheiden insofern zwar auch zwischen dem „ob" und dem „wie" der Haft, sehen aber das gesamte „wie" der Haft als Recht des Untersuchungshaftvollzuges an und zählen dazu ebenfalls Maßnahmen, die der durch die gesetzlichen Haftgründe umschriebene Zweck der Untersuchungshaft erfordert. Umfasst sollen mithin auch solche Beschränkungen sein, die gem. § 119 Abs. 1 StPO in der aktuellen ab dem 01.01.2010 geltenden Fassung[651] dem Beschuldigten zur Abwehr einer Flucht-, Verdunkelungs- oder Wiederholungsgefahr auferlegt werden können.[652] Der Blick in die Generalklausel des § 135 Abs. 2 NJVollzG verdeutlicht diese Auffassung. Dort heißt es im Sinne der vertretenen Auffassung: „Soweit dieses Gesetz eine besondere Regelung nicht enthält, können der oder dem Gefangenen über § 3 Satz 2[653] hinaus Beschränkungen auferlegt werden, die der Zweck der Untersuchungshaft erfordert."

645 Vgl. *Kazele* 2010, S. 259; Ostendorf-*Schady* 2012, § 6 Rn 9.

646 Vgl. Ostendorf-*Schady* 2012, § 6 Rn 9.

647 OLG Celle StV 2010, S 194.

648 Vgl. *Oppenborn/Schäferskküpper* 2009, S 21 ff.

649 *Seebode* 2009, 7 ff.; *Winzer/Hupka* 2008, S 146 ff.

650 OLG Celle StV 2010, S 194.

651 Vgl. dazu *Michalke* 2010, S. 17 ff.

652 *Oppenborn/Schäferskküpper* 2009, S. 21.

653 § 3 S. 2 NJVollzG: „Soweit das Gesetz eine besondere Regelung nicht enthält können ihr oder ihm die Beschränkungen auferlegt werden, die zur Aufrechterhaltung der Sicherheit und Ordnung der Anstalt erforderlich sind."

Der Bundesgesetzgeber,[654] alle übrigen Landesgesetzgeber[655] sowie Teile der Literatur[656] und Rechtsprechung[657] vertreten die Auffassung, dass Beschränkungen unter dem Gesichtspunkt des Haftzwecks das „gerichtliche Verfahren" i. S. v. Art. 74 Abs. 1 Nr. 1 GG betreffen und deswegen dem Bundesgesetzgeber zugeordnet sind. Diese enge Auslegung des Begriffs des „Untersuchungshaftvollzugs" spiegelt sich wieder in der erwähnten Regelung des § 119 Abs. 1 StPO in der seit dem 01.01.2010 geltenden Fassung, der bundesgesetzlich Beschränkungen regelt, die der Erreichung des Zwecks der Untersuchungshaft dienen. Die Landesgesetzgeber tragen dieser Auffassung Rechnung, indem die Generalklauseln der UVollzG[658] insofern folgerichtig bestimmen, dass den Untersuchungsgefangenen nur Beschränkungen auferlegt werden dürfen, die der Aufrechterhaltung der Sicherheit und Ordnung der Anstalt dienen.

Dieser Auffassung ist zuzustimmen. Denn der Untersuchungshaftvollzug umfasst die Bereiche, die die Ausgestaltung des Vollzugs in einer allgemeinen Weise betreffen und sich insofern auf „das gesamte Innenleben in der Justizvollzugsanstalt" beziehen. [659] Diese Bereiche reichen von der Aufnahme in die Anstalt über Bereiche wie Unterbringung und Versorgung der Untersuchungsgefangenen, Arbeit Bildung, Freizeit etc. bis zur Entlassung.[660]

Dazu zählen auch Anordnungen aus Gründen der Sicherheit und Ordnung, die ebenfalls Beschränkungen der Außenkontakte umfassen können.[661] Beschränkungen unter dem Gesichtspunkt des Haftzwecks betreffen jedoch das „gerichtliche Verfahren" i. S. v. Art. 74 Abs. 1 Nr. 1 GG, weil eine Limitierung der Gesetzgebungskompetenz des Bundesgesetzgebers nur auf die Frage, ob überhaupt

---

654 Vgl. die Begründung des Gesetzentwurfs der Bundesregierung vom 27.10.2008, S. 12.

655 Begründung Thüringen a. F. S. 2; Landtag Nordrhein-Westfalen Drucksache 14/8631, S. 37; Begründung zum Regierungsentwurf für das BayUVollzG, S. 32; Die Landesregierung Baden-Württembergs folgt letztlich ebenfalls diesem Standpunkt, vgl. BW. Ltg. Drs. 14/5012, S. 165 f.

656 *Nestler* 2010, S. 546; *Kazele* 2010, S. 258 ff.; *Harms* 2009, S. 13 ff.; *Paeffgen* 2009, S. 46 ff. In diese Richtung auch Ostendorf-*Schady* 2012, § 6 Rn 11.

657 OLG Hamm StV 2010, S. 368; OLG Rostock StV 2010, S. 197; OLG Oldenburg StV 2008, S. 195.

658 Jeweils § 4 Abs. 2 der 12er Gruppe; § 4 Abs. 1 SächsUHaftVollzG; § 2 Abs. 2 JVollzGB BW I; Art. 3 Abs. 3 BayUVollzG; § 1 Abs. 3 GVUVS NRW; § 4 Abs. 3 BbgJVollzG; § 4 Abs. 3 LJVollzG RP.

659 *Kazele* 2010, S. 260.

660 *Kazele* 2010, S. 260.

661 *Kazele* 2010, S. 260.

Untersuchungshaft angeordnet werden kann, widersinnig wäre.[662] Die Anordnung der Untersuchungshaft lässt sich gerade nicht von ihren Zwecken trennen.[663] Gerade die vom verfassungsändernden Gesetzgeber explizit ausschließlich für den „Vollzug" vorgenommene Kompetenzzuweisung verdeutlicht, dass nicht auch Haftverfahrensrecht den Landesgesetzgebern zugewiesen werden sollte.[664] Da auch die Kompetenz für den Strafvollzug nach der Föderalismusreform nicht mehr beim Bundesgesetzgeber liegt, erscheint es mehr als naheliegend, dass die Übertragung des Rechts des Untersuchungshaftvollzugs an den Landesgesetzgeber im Zusammenhang mit der Übertragung für das Recht des Strafvollzuges steht.[665] Insofern ist eine Kompetenz nur parallel zu den hergebrachten Beschränkungen aus Gründen der „Sicherheit und Ordnung" entsprechend dem Recht des Strafvollzugs gegeben.[666]

Dass die Niedersächsische Regelung insofern im „offenen Konflikt" zu § 119 Abs. 1 StPO steht und es deswegen noch immer einer verfassungsrechtlichen Klärung dieser Streitfrage bedarf, liegt auf der Hand.[667] Vor mehr als sechs Jahren wurden zwei Normenkontrollvorlagen gem. Art. 100 GG an das BVerfG gerichtet, die die Frage der Verfassungsmäßigkeit der von den §§ 119 Abs. 6, 126 Abs. 1 und 2 StPO abweichenden Regelungen in §§ 146 Abs. 3, 134 Abs. 1 Nr. 1 NJVollzG betrafen, jedoch wegen formaler Gründe als unzulässig abgewiesen.[668] Die noch ausstehende Klärung durch das BVerfG wird die Verfassungswidrigkeit der niedersächsischen Sichtweise bestätigen. Diese Entscheidung sollte dann zum Anlass genommen werden, bei einer Neuregelung durch den niedersächsischen Landesgesetzgeber auch die in dieser Untersuchung gefundenen Ergebnisse zu berücksichtigen.

1.8 Nebeneinander der Anordnungsbefugnisse

Folgt man der zutreffenden Auffassung, bleibt folgendes kurz festzuhalten: Soweit das gerichtliche Verfahren betroffen ist, liegt die Kompetenz weiterhin beim

---

662 *Kazele* 2010, S. 259.

663 *Kazele* 2010, S. 259.

664 OLG Oldenburg StV 2008, S. 195, 197.

665 *Kazele* 2010, S. 260.

666 *Kazele* 2010, S. 260.

667 Vgl. Ostendorf-*Schady* 2012, § 6 Rn 11.

668 Die erste Vorlage vom OLG Oldenburg v. 12.02.2008 (StV 2008, S. 195) wurde zurückgewiesen durch BVerfG v. 28.05.2008, 2 BvL 8/08 = DRiZ 2008, S. 321. Die zweite Vorlage des AG Meppen, 11.09.2008, 21 GS 276/08 (zitiert nach Ostendorf-*Schady* 2012, § 6 Rn 11) wurde zurückgewiesen durch BVerfG, 20.11.2008, 2 BVL 16/08, vgl. Ostendorf-*Schady* 2006, § 6 Rn 11.

Bund. Diese Kompetenz betrifft insbesondere alle Eingriffe, die sich auf die Sicherung des jeweiligen Strafverfahrens beziehen. Das „Wie" des Vollzugs der Untersuchungshaft, mithin die Beschränkungen, die nicht auf der Sicherung des Strafverfahrens beruhen, sondern dem Schutz der Sicherheit und Ordnung der Anstalt dienen, fallen in die Gesetzgebungskompetenz der Länder. Daraus ergibt sich folgende Situation:

In der Praxis führt diese Kompetenzverteilung dazu, dass zu sich ähnelnden Regelungsbereichen wie etwa der Besuchsüberwachung nach Bundesrecht vom Gericht verfahrenssichernde Anordnungen erlassen werden und gleichzeitig auf landesrechtlicher Grundlage die Anstalt aus Gründen der Sicherheit und Ordnung eigene Anordnungen erlässt, wobei beide Anordnungen in diesem Fall Gültigkeit haben. Trifft das Gericht für einen bestimmten Bereich keine Anordnungen, bleibt dadurch die Befugnis der Anstalt zu einschränkenden Anordnungen unberührt und umgekehrt. Zur Besuchsüberwachung könnte also etwa das Gericht die akustische Überwachung aus verfahrenssichernden Gründen anordnen, während die Anstalt aus Gründen der Sicherheit und Ordnung nach dem Landesgesetz eine Überwachung nicht für erforderlich halten muss. In diesen Fällen ist der Besuch dann entsprechend den gerichtlichen Anordnungen zur Verfahrenssicherung zu überwachen. Umgekehrt ist die Anstalt in den Fällen, in denen eine verfahrenssichernde Anordnung zur Besuchsüberwachung nicht vorliegt, nicht daran gehindert, nach den Vorschriften der Landesgesetze zum Schutz von Sicherheit oder Ordnung der Anstalt die Überwachung des Besuchs anzuordnen.

Das insoweit für gleiche Bereiche jeweils zwei unterschiedliche Regelungsmaterien gelten, ist durch das Nebeneinander der verschiedenen Anordnungsbefugnisse bedingt und eine nicht zu vermeidende Konsequenz aus der Aufteilung der Gesetzgebungskompetenzen zwischen Bund und Ländern.[669] Der folgende Vergleich beschränkt sich jedoch ohnehin auf den Vollzug nach Landesrecht und legt etwa bei der Betrachtung der Aussenkontakte des Untersuchungsgefangenen den Fokus auf die Ausgestaltung dieses Bereichs und nicht auf die Überwachung der Kontakte,[670] so dass die Thematik hier keiner weiteren Ausführungen bedarf.

---

669 Das Beispiel und die Schlussfolgerung stammen aus Bay. Ltg. Drs.16/9082, S. 12.

670 Eine ausführliche Darstellung des Nebeneinanders von bundes- und landesrechtlichen Beschränkungen findet sich bei Ostendorf-*Schady* 2012, § 6.

2. Vergleich der landesrechtlichen Regelungen

Im Folgenden werden einzelne Regelungen der Untersuchungshaftvollzugsgesetze der Länder verglichen und bewertet.

2.1 Gewählte Regelungsformen

Die Landesgesetzgeber wählen unterschiedliche Regelungsformen und normieren den Untersuchungshaftvollzug entweder als Einzelgesetz, als Teil eines Justizvollzugsgesetzes mit einem vor die Klammer gezogenen allgemeinen Teil und besonderen Teilen für die jeweilige Vollzugsform oder in einem alle Vollzugsformen integrierenden Gesetz. Schon in der Entscheidung zwischen der ersten Regelungsform und ihren beiden Alternativen liegt eine Bewertung, mit der die jeweilige Legislative zum Ausdruck bringt, dass sie die jeweiligen Vollzugsformen als grundsätzlich gleichartig beurteilt und sie deswegen gemeinsam regelt oder als so verschieden betrachtet, dass dem nur die eigenständige Regelung angemessen Rechnung trägt.[671]

Die Gesetze von Baden-Württemberg und Niedersachsen haben sich für die erste Alternative entschieden, wobei Niedersachsen zudem rege von der Verweisungstechnik Gebrauch macht. Brandenburg und Rheinland-Pfalz haben ihre vormaligen Einzelgesetze zugunsten der zweiten Alternative aufgegeben. Von den Einzelgesetzen verweist wiederum Bayern häufig auf die Regelungen zum Strafvollzug.

Dadurch zeigt sich eine gesetzgeberische Vielfalt, von der nur die Regelung des Untersuchungshaftvollzugs in einem eigenständigen Gesetz ohne Verweisungen in die Regelungen zum Strafvollzug sachgerecht ist. Gegen die von Niedersachsen und Bayern verwendete Verweisungstechnik spricht zunächst, dass damit eine Unzugänglichkeit der Regelungen einhergeht.[672] Denn auch, wenn einige Regelungen des Strafvollzugs für den Untersuchungshaftvollzug sachgerecht sein mögen, ist die sinnvollere Lösung, diese Normen in das Gesetz über den Untersuchungshaftvollzug zu integrieren, anstatt den unübersichtlichen Weg der Verweisungen zu beschreiten.[673] Dadurch sind die Gesetze von Bayern und Niedersachsen aus sich heraus nicht mehr verständlich und die verwendeten Ketten- und Weiterverweisungen erschweren die Handhabbarkeit allzu sehr.[674] Insofern ist auch die Annahme nicht völlig fernliegend, dass die vom Gesetzgeber gewählte

---

671 Vgl. *Kühl* 2012, S. 39.

672 Vgl. *Kühl* 2012, S. 39.

673 Vgl. *Kubach* 2004, S. 107.

674 Vgl. *Paeffgen/Seebode* 1999, S. 526 zu einem ähnlichen Befund zum E 2004.

Vorgehensweise die Fehlehrhaftigkeit des Gesetzes begünstigen kann.[675] Eine durchgängige Ausrichtung am Strafvollzugsgesetz widerspricht zudem dem Gebot, die Untersuchungshaft nicht als Strafe erscheinen zu lassen.[676] Insbesondere besteht die Gefahr, dass die Besonderheiten des Untersuchungshaftvollzugs zu wenig deutlich werden, wenn auf die Vorschriften des Strafvollzugs verwiesen wird.[677]

Für ein Einzelgesetz sprechen demgegenüber gute Gründe: Untersuchungshaftvollzug und Strafvollzug sind grundverschieden. Die Regelung zusammen in einem Gesetz zur Behandlung verurteilter Straftäter relativiert hingegen in erheblichem Maße das Postulat, dass es bei der Inhaftierung von Untersuchungsgefangenen um den Vollzug an Unschuldigen geht.[678] Sowohl die ständige Rechtsprechung, des BVerfG, dass „der Grundsatz der Verhältnismäßigkeit [...] den Vollzug der Untersuchungshaft in besonderem Maße prägen [muss]"[679] als auch die deutlichen Ausführungen des Gerichts zur angemessenen Berücksichtigung der Unschuldsvermutung bei der Vollzugsgestaltung[680] sprechen für eigenständige Gesetze. Wenn insofern Brandenburg und Rheinland Pfalz durch eine Inklusion aller Vollzugsformen in einem Gesetz ohne jeweilige Unterabschnitte eine grundlegende Neuorientierung vorgenommen haben und ihre Entscheidung damit begründen, den Zustand verschiedener anzuwendender rechtlicher Regelungen beenden zu wollen,[681] ist der damit verbundene Wunsch nach Arbeitserleichterung für die Praxis vor dem Hintergrund der Bedeutung der Unschuldsvermutung unangemessen. Weil die Unschuldsvermutung auch den „sozialdiskreditierenden Folgen" des Tatverdachts als zwischenmenschlicher Erscheinung entgegentritt,[682] gebietet sie auch, dem außerhalb der Gefängnismauern anzutreffenden Missverständnis entgegenzuwirken, der Untersuchungsgefangene „büße" bereits wegen einer Straftat.[683] Insofern muss jede staatliche Stelle alles vermeiden, das den Eindruck hervorrufen könnte, die Schuld des Untersuchungsgefangenen stehe

---

675 Vgl. *Kühl* 2012, S. 41.

676 Vgl. *Paeffgen/Seebode* 1999, S. 526.

677 Vgl. für die Jugendstrafvollzugsgesetze *Dünkel* 2007, S. 2.

678 Vgl. *Kubach* 2004, S. 107.

679 BVerfG 2 BvR 736/11 vom 17.10.2012 Abs.-Nr. 24; BVerfGE 34, S. 369 f., 380; 35, S. 5 ff., 9; 35, S. 307 ff., 309; BVerfGK 13, S. 163 ff., 165.

680 BVerfG 2 BvR 736/11 vom 17.10.2012 Abs.-Nr. 24; BVerfGE 15, S. 288 ff., 295; 34, S. 369 ff., 379; 42, S. 95 ff., 100.

681 Vgl. Bbg. Ltg. Drs. 5/6437, S. 1.

682 Vgl. *Paeffgen* 1986, S. 55.

683 Vgl. *Seebode* 1985, S. 153.

bereits fest.[684] Zur ansonsten zu befürchtenden Verwischung der Konturen zwischen den Vollzugsformen sollte nach hier vertretener Auffassung auch durch die Regelung in einem eigenständigen Gesetz beigetragen werden.

2.2 Allgemeine Bestimmungen

Der Regelungsbereich „allgemeine Bestimmungen" beinhaltet die für die gesamten Gesetze vor die Klammer gezogenen Regelungen. Dabei sind die Vorschriften über die Stellung des Untersuchungsgefangenen und die Grundsätze der Vollzugsgestaltung Weichenstellungen, die als Grundlage für die nachfolgenden Einzelregelungen auch als Ausgangspunkt bei Auslegungsfragen heranzuziehen sind.[685]

2.2.1 Landesrechtliche Regelungen

Der Großteil der Landesgesetze wird mit Bestimmungen zum Anwendungsbereich eingeleitet.[686]Nur Nordrhein-Westfalen bestimmt den Anwendungsbereich erst an späterer Stelle.[687] Alle Gesetze bis auf Niedersachsen enthalten die Regelung, dass sie für den Vollzug der Untersuchungshaft und darüber hinaus für andere Haftarten[688] gelten. Niedersachsen bezieht sich wiederum nur auf den Vollzug der Untersuchungshaft, während Bayern den Anwendungsbereich gegenüber den übrigen Landesgesetzen um zwei weitere Haftformen erweitert.[589]

Alle Landesgesetze bis auf Sachsen und Nordrhein-Westfalen beschreiben die Aufgabe des Untersuchungshaftvollzugs.[690] Die Gesetze der 8er Gruppe (bis auf

---

684 Vgl. *Esser* 2002, S. 100.

685 Vgl. Ostendorf-*Ostendorf* 2012, § 1 Rn 1.

686 § 1 UVollzG Bln, BrUVollzG, HmbUVollzG, HUVollzG, UVollzG M-V, SUVollzG, SächsUHaftVollzG, UVollzG SH; § 1 JVollzGB BW II; Art. 1 BayUVollzG; § 1 NJVollzG; § 1 Abs. 2 BbgJVollzG; § 1 Abs. 2 LJVollzG RP; § 1 Abs. 2 ThürJVollzGB, JVollzGB LSA.

687 § 76 GVUVS NRW.

688 §§ 127b Abs. 2; 230 Abs. 2; 236; 239 Abs. 4 S. 1; 275a Abs. 5; 412 S. 1; 453c StPO.

689 Vollzug der einstweiligen Anordnung gem. § 126a StPO; dies gilt jedoch nur für 24 Stunden und nur dann, wenn eine sofortige Überführung in ein psychiatrisches Krankenhaus oder eine Entziehungsanstalt nicht möglich ist. Bayern erweitert den Anwendungsbereich auch auf die Haft gem. § 127 StPO, falls diese in einer Justizvollzugsanstalt vollzogen wird, was jedoch selten vorkommen dürfte.

690 § 2 UVollzG Bln, BrUVollzG, HmbUVollzG; § 17 HUVollzG, UVollzG M-V, SUVollzG, UVollzG SH; § 3 Abs. 1 SächsUHaftVollzG; § 2 Abs. 2 JVollzGB BW II; Art. 2 BayUVollzG; § 133 NJVollzG; § 3 Abs. 1 BbgJVollzG; § 3 Abs. 1 LJVollzG RP; § 3 Abs. 1 ThürJVollzGB; § 3 Abs. 1 JVollzGB LSA.

Sachsen) sowie Brandenburg, Rheinland-Pfalz und Thüringen formulieren dabei, dass der Untersuchungshaftvollzug die Aufgabe hat, durch sichere Unterbringung der Untersuchungsgefangenen die Durchführung eines geordneten Strafverfahrens zu gewährleisten und der Gefahr weiterer Straftaten zu begegnen. Bezüglich der „Gefahr weiterer Straftaten" wird in den Gesetzen von Hessen und Schleswig-Holstein konkretisiert, dass dies in den Fällen des § 112a der StPO gilt. Allein in Hessen ist nicht nur lediglich von der „Unterbringung", sondern zusätzlich auch davon die Rede, dass der Untersuchungsgefangene „zu beaufsichtigen" ist. Sachsen regelt insofern bloß: „Die Untersuchungsgefangenen sind zur Erfüllung des Haftzwecks sicher unterzubringen". In Baden-Württemberg heißt es: „Der Vollzug der Untersuchungshaft dient dem Zweck, durch sichere Unterbringung der Untersuchungsgefangenen die Durchführung eines geordneten Strafverfahrens zu gewährleisten und eine spätere Strafvollstreckung zu gewährleisten." Bayern formuliert leicht abweichend: „Der Vollzug der Untersuchungshaft dient dem Zweck, durch sichere Unterbringung der Untersuchungsgefangenen die Durchführung eines geordneten Strafverfahrens zu gewährleisten und den in den gesetzlichen Haftgründen zum Ausdruck kommenden Gefahren zu begegnen." In Niedersachsen erfolgt die Beschreibung der Aufgabe des Untersuchungshaftvollzuges in abstrakter Form unter Bezugnahme auf die gesetzlichen Haftgründe, während Nordrhein-Westfalen ganz auf eine entsprechende Regelung verzichtet.

Alle Landesgesetze bis auf Brandenburg und Thüringen enthalten Regelungen zu Zuständigkeit.[691] Bis auf Niedersachsen existieren auch überall Vorschriften zur Zusammenarbeit.[692]

Nur Baden-Württemberg regelt an vorderster Stelle, dass Untersuchungsgefangene unter Achtung ihrer Grund- und Menschenrechte zu behandeln sind und niemand unmenschlicher oder erniedrigender Behandlung unterworfen werden darf.[693]

Ausschließlich Brandenburg, Rheinland-Pfalz, Thüringen und Sachsen-Anhalt regeln, dass die Persönlichkeit der Gefangenen zu achten ist. Rheinland-Pfalz

---

691 § 3 UVollzG Bln, BrUVollzG, HmbUVollzG, HUVollzG, UVollzG M-V, SUVollzG, UVollzG SH; § 2 SächsUHaftVollzG; §§ 3, 16 Abs. 3 JVollzGB BW III; Art. 6, Art. 7 BayUVollzG; §§ 134, 134a, 134b NJVollzG; §§ 4, 5 GVUVS NRW; § 3 Abs. 2 LJVollzG RP, JVollzGB LSA.

692 § 3 UVollzG Bln, BrUVollzG, HmbUVollzG, HUVollzG, UVollzG M-V, SUVollzG, UVollzG SH; § 2 SächsUHaftVollzG; §§ 3, 16 Abs. 3 JVollzGB BW III; vgl. § 16 Abs. 1 JVollzGB BW II zur Umsetzung von Anordnungen; Art. 6, 7 BayUVollzG; §§ 4, 5 GVUVS NRW; vgl. § 5 GVUVS NRW zur Umsetzung von Anordnungen; § 3 Abs. 2 BbgJVollzG, LJVollzG RP, ThürJVollzGB, JVollzGB LSA.

693 § 1 Abs. 1 JVollzGB BW I.

regelt zusätzlich, dass „die Würde" der Gefangenen zu achten ist. Diese drei Landesgesetze bestimmen auch, dass die Selbstständigkeit der Gefangenen im Vollzugsalltag so weit wie möglich zu erhalten und zu fördern ist.[694]

Überall wird klargestellt, dass „die Untersuchungsgefangenen als unschuldig gelten".[695] Nur die Gesetze der 8er Gruppe (bis auf Hessen) sowie Brandenburg, Rheinland-Pfalz, Sachsen-Anhalt und Nordrhein Westfalen bestimmen zusätzlich, dass die Gefangenen so zu behandeln sind, dass der Anschein (in Sachsen: „selbst" der Anschein) vermieden wird, die Untersuchungsgefangenen würden zur Verbüßung einer Strafe festgehalten. In Hessen, Baden-Württemberg und Niedersachsen fehlt eine solche Bestimmung. Bayern regelt: „Die Untersuchungsgefangenen gelten als unschuldig und sind entsprechend zu behandeln".

Alle Landesgesetze enthalten eine Generalklausel.[696] Überall bis auf Niedersachsen wird in dieser Bestimmung normiert, dass soweit das Gesetz eine besondere Regelung nicht enthält, den Untersuchungsgefangenen nur Beschränkungen auferlegt werden dürfen, die zur Aufrechterhaltung der Sicherheit, zur Abwehr einer schwerwiegenden Störung der Ordnung der Anstalt oder zur Umsetzung einer verfahrenssichernden Anordnung unerlässlich sind. In Niedersachsen können Beschränkungen schon auferlegt werden, wenn sie zur Aufrechterhaltung der Sicherheit und Ordnung der Anstalt erforderlich sind.

Die Gesetze der 8er Gruppe (bis auf Hessen und Sachsen), Brandenburg, Rheinland-Pfalz, Thüringen und Sachsen-Anhalt sowie Bayern und Nordrhein-Westfalen normieren, dass die Beschränkungen in einem angemessenen Verhältnis zu den mit ihnen verfolgten Zwecken stehen müssen und die Untersuchungsgefangenen nicht mehr und nicht länger als notwendig beeinträchtigen dürfen. Sachsen, Hessen und Baden-Württemberg normieren diesen Verhältnismäßigkeitsgrundsatz erst an später Stelle[697] im Abschnitt „Sicherheit und Ordnung".

Alle Landesgesetze regeln die Grundsätze der Vollzugsgestaltung. Die 8er Gruppe (bis auf Hessen und Sachsen), Bayern und Nordrhein-Westfalen regeln den Angleichungsgrundsatz in der Weise, dass das Leben im Vollzug den allgemeinen Lebensverhältnissen anzugleichen ist, soweit die Aufgabe des Untersuchungshaftvollzugs und die Erfordernisse eines geordneten Zusammenlebens in

---

694 § 4 Abs. 1 BbgJVollzG, LJVollzG RP, ThürJVollzGB, JVollzGB LSA.

695 § 4 Abs. 1 UVollzG Bln, BrUVollzG, HmbUVollzG, HUVollzG, UVollzG M-V, SUVollzG, UVollzG SH; § 3 Abs. 2 SächsUHaftVollzG; § 2 Abs. 1 JVollzGB BW II; Art. 3 Abs. 1 BayUVollzG; § 135 Abs. 1 NJVollzG; § 1 Abs. 1 GVUVS NRW; § 5 BbgJVollzG, LJVollzG RP, ThürJVollzGB, JVollzGB LSA.

696 § 4 Abs. 2 UVollzG Bln, BrUVollzG, HmbUVollzG, UVollzG M-V, SUVollzG, SächsUHaftVollzG, UVollzG SH; § 62 Abs. 2 bis 5 HUVollzG; § 4 Abs. 1, 2, 6, 7 JVollzGB BW II; Art. 5 BayUVollzG; § 172 Abs. 1, Abs. 2, § 172 Abs. 3 i. V. m. § 171 Abs. 2 S. 4 i. V. m. § 134 Abs. 3 S. 1 u. Abs. 6 NJVollzG; § 3 GVUVS NRW; § 4 Abs. 3 BbgJVollzG, LJVollzG RP, ThürJVollzGB, JVollzGB LSA.

697 § 42 SächsUHaftVollzG; § 30 Abs. 2 HUVollzG; § 43 Abs. 2 JVollzGB BW II.

der Anstalt dies zulassen.[698] In Brandenburg, Rheinland-Pfalz und Thüringen „ist" das Leben im Vollzug den allgemeinen Lebensverhältnissen „so weit wie möglich" anzugleichen.[699] In Baden-Württemberg, Niedersachsen und Sachsen-Anhalt „soll" das Leben im Untersuchungshaftvollzug den allgemeinen Lebensverhältnissen soweit wie möglich angeglichen (bzw. in Niederachsen „angepasst") werden.[700] Hessen beschränkt sich darauf, zu normieren, dass die Gestaltung des Vollzugs an der Unschuldsvermutung auszurichten ist, soweit die Aufgabe des Untersuchungshaftvollzugs, die Sicherheit und Ordnung der Anstalt sowie die Erfordernisse eines geordneten Zusammenlebens in der Anstalt dies zulassen und verfahrenssichernde Anordnungen nicht entgegenstehen.[701] Sachsen bestimmt, das das Leben in Untersuchungshaft sich von einem Leben in Freiheit nur insoweit unterscheiden darf, wie der Zweck der Untersuchungshaft und die Erfordernisse eines geordneten Zusammenlebens in der Anstalt es unabdingbar erforderlich machen.[702]

Alle Landesgesetze regeln den Gegensteuerungsgrundsatz, nach dem den schädlichen Folgen des Freiheitsentzugs entgegenzuwirken ist.[703]

Nur Berlin, Bremen, Hamburg, Brandenburg, Rheinland-Pfalz, Thüringen, Sachsen-Anhalt und Bayern treffen Regelungen zur Suizidprophylaxe.[704] In Bremen und Hamburg heißt es insofern, dass der Verhütung von Selbsttötungen bei der Entgegenwirkung von schädlichen Folgen des Freiheitsentzuges eine besondere Bedeutung zukommt. Lediglich in Bremen wird schon in der Regelung zur ärztlichen Untersuchung bei der Aufnahme die Regelung zur Suizidprophylaxe in Bezug genommen.[705] In Berlin, Brandenburg, Rheinland-Pfalz, Thüringen und

---

698 § 5 Abs. 1 S. 1UVollzG Bln, BbgUVollzG, BrUVollzG, HmbUVollzG, UVollzG M-V UVollzG RP, SUVollzG, SächsUHaftVollzG, UVollzG SH; § 1 Abs. 2 JVollzGB BW II; Art. 4 Abs. 1 BayUVollzG; § 2 Abs. 1 NJVollzG, GVUVS NRW.

699 § 7 Abs. 1 BbgJVollzG, LJVollzG RP, ThürJVollzGB.

700 § 1 Abs. 2 JVollzGB BW II; § 2 NJVollzG; § 7 Abs. 1 JVollzGB LSA.

701 § 5 HUVollzG.

702 § 5 Abs. 1 S. 1 SächsUHaftVollzG.

703 § 5 Abs. 1 S. 2 UVollzG Bln, BrUVollzG, HmbUVollzG, HUVollzG, UVollzG M-V, SUVollzG, SächsUHaftVollzG, UVollzG LSA, UVollzG SH; § 3 Abs. 3 S. 1 JVollzGB BW II; Art. 4 Abs. 2 S. 1 BayUVollzG; § 2 Abs. 2 NJVollzG; § 2 Abs. 2 S. 1 GVUVS NRW; § 7 Abs. 2 BbgJVollzG; § 7 Abs. 2 S. 1 LJVollzG RP, ThürJVollzGB; § 7 Abs. 2 JVollzGB LSA.

704 § 5 Abs. 1 S. 2 UVollzG Bln, BbgUVollzG, BrUVollzG, HmbUVollzG; Art. 4 Abs. 2 S. 3 BayUVollzG; § 7 Abs. 3 BbgJVollzG; § 7 Abs. 2 S. 2 LJVollzG RP, ThürJVollzGB, JVollzGB LSA.

705 In Bremen heißt es in den Regelungen zur ärztlichen Untersuchung bei der Aufnahme in § 7 Abs. 3 S. 2 BrUVollzG, das der § 5 Abs. 1 S. 3 BrUVollzG zu beachten ist, wonach der Verhütung von Selbsttötungen eine besondere Bedeutung zukommt.

Sachsen-Anhalt ist insofern „ein besonderes Augenmerk" auf die Verhütung von Selbsttötungen zu legen. Bayern formuliert: „Dem Erkennen von Suizidabsichten und der Verhütung von Selbsttötungen kommt eine besondere Bedeutung zu."

Der Schutz der Gefangenen vor Gewalt wird nur in Hamburg, Brandenburg und Baden-Württemberg geregelt.[706] Baden-Württemberg bestimmt, dass die Untersuchungsgefangenen vor Übergriffen zu schützen sind. In Hamburg wird geregelt, dass ein besonderes Augenmerk auf die Schaffung und die Bewahrung eines gewaltfreien Klimas im Vollzug zu richten ist und Brandenburg normiert, dass besonderes Augenmerk auf den Schutz der Gefangenen vor Übergriffen Mitgefangener zu richten ist.

Die 8er Gruppe (bis auf Hessen) und Baden-Württemberg normiert, dass die unterschiedlichen Lebenslagen und Bedürfnisse von weiblichen und männlichen Untersuchungsgefangenen bei der Vollzugsgestaltung und bei Einzelmaßnahmen berücksichtigt werden.[707] Hessen regelt, dass „die unterschiedlichen Lebenslagen und Bedürfnisse der Untersuchungsgefangenen" bei der Vollzugsgestaltung und bei Einzelmaßnahmen berücksichtigt werden.[708] Brandenburg bestimmt, dass die unterschiedlichen Bedürfnisse der Gefangenen, insbesondere im Hinblick auf Geschlecht, Alter, Herkunft, Religion, Behinderung und sexuelle Identität bei der Vollzugsgestaltung berücksichtigt werden.[709] Rheinland-Pfalz listet hier die „Religion" nicht auf, Thüringen und Sachsen-Anhalt beschränken sich auf Geschlecht, Alter und Herkunft, regeln aber zusätzlich, dass die Bedürfnisse „im allgemeinen und im Einzelfall" bei der Vollzugsgestaltung berücksichtigt werden.[710] Bayern verweist insofern nur in die Regelungen zum Frauenstrafvollzug, die die Leistungen bei Schwangerschaft und Mutterschaft, Arznei, -Verband- und Heilmitteln, Art, Umfang und Ruhen der Leistungen bei Schwangerschaft und Mutterschaft sowie zur Geburtsanzeige regeln und eine Vorschrift zu Müttern mit Kindern enthalten.[711] Niedersachsen hat keine vergleichbare Regelung.

Alle Landesgesetze enthalten Regelungen zu sozialen Hilfen.[712] Eine Zusammenarbeit mit Dritten wird dabei nur in der 8er Gruppe, Bayern und Nordrhein-

---

706 § 5 Abs. 2 S. 2 HmbUVollzG; § 1 Abs. 3 JVollzGB BW II; § 7 Abs. 3 BbgJVollzG.

707 § 5 Abs. 2 UVollzG Bln, BrUVollzG, UVollzG M-V, SUVollzG, SächsUHaftVollzG, UVollzG SH, HmbUVollzG; § 1 Abs. 4 JVollzGB BW II.

708 § 5 Abs. 2 HUVollzG.

709 § 7 Abs. 4 BbgJVollzG.

710 § 7 Abs. 3 LJVollzG RP, ThürJVollzGB, JVollzGB LSA.

711 Art. 42 BayUVollzG i. V. m. Art. 82 bis 86 BayStVollzG.

712 § 6 UVollzG Bln, BrUVollzG, HmbUVollzG, UVollzG M-V, SUVollzG, SächsUHaft-VollzG,UVollzG SH; § 19 HUVollzG; § 32 JVollzGB BW II; Art. 26 BayUVollzG; § 155 i. V. m. § 68 Abs. 1; § 69 Abs. 1 S. 2 und 3 NJVollzG; § 29 GVUVS NRW; § 11 Abs. 1 und 3 BbgJVollzG, LJVollzG RP; § 11 Abs. 1, 3 und 4 ThürJVollzGB, JVollzGB LSA.

Westfalen normiert. In Brandenburg, Rheinland-Pfalz, Thüringen und Baden-Württemberg benennt die Justizvollzugsanstalt lediglich externe Stellen, die sich um eine Vermeidung der weiteren Untersuchungshaft bemühen. Baden-Württemberg benennt zusätzlich solche Stellen, die Hilfen in besonderen sozialen oder gesundheitlichen Problemlagen anbieten. Niedersachsen normiert weder die Benennung von, noch die Zusammenarbeit mit Dritten.

2.2.2 Bewertung

2.2.2.1 Die Aufgabe des Untersuchungshaftvollzugs

Zunächst ist die Sichtweise der Landesgesetzgeber[713] zutreffend, dass der Untersuchungshaftvollzug anders als der Strafvollzug keine eigenständige Behandlungsaufgabe, sondern nur eine dem Strafverfahren dienende Funktion hat.[714] Die hergebrachte Definition ist auch von dem nach Haftgründen undifferenzierten Verständnis[715] geprägt, dass der Untersuchungshaftvollzug durch sichere Unterbringung der Untersuchungsgefangenen die Durchführung eines geordneten Strafverfahrens zu gewährleisten und im Falle des § 112a StPO der Gefahr weiterer Straftaten zu begegnen hat. Mit Blick auf die obigen Ausführungen zu § 119 StPO[716] ist es nach hier vertretener Auffassung jedoch auch für alle Landesgesetze geboten, nicht eine nach Haftgründen undifferenzierte Aufgabenbeschreibung zu wählen, da diese wegen der damit indizierten Verallgemeinerung im Sinne einer „Universalbeschränkung"[717] der prägenden Bedeutung des Verhältnismäßigkeitsgrundsatzes für den Untersuchungshaftvollzug nicht gerecht wird. Weil sich die Aufgabe des Untersuchungshaftvollzugs vielmehr nach dem jeweiligen Haftgrund bestimmt, sollten auch die Landesgesetze hier klarstellen, dass es Aufgabe des Untersuchungshaftvollzugs ist, den im konkret vorliegenden Haftgrund zum Ausdruck kommenden Gefahren zu begegnen.[718]

Im Übrigen erfolgt die Normierung der Aufgabe des Untersuchungshaftvollzugs durch die Landesgesetzgeber verschieden gut. Positiv sind die Regelungen Hessens und Schleswig-Holsteins hervorzuheben, die bezüglich der „Gefahr weiterer Straftaten" gegenüber dem Rest der 8er Gruppe zutreffend konkretisieren,

---

713 Vgl. z. B. die Begründung zu § 2 ThürUVollzG a. F. (Thür. Ltg. Drs. 5/2764).

714 Vgl. *Dünkel* 2009; *Morgenstern* 2010, S. 4.

715 Der Blick in die Plenarprotokolle gibt zu erkennen, wie wenig manch ein Justizminister von der Differenzierung des Vollzugs nach Haftgründen hält, vgl. dazu exemplarisch die Sitzung vom 18.02.2010 des Landtags Sachsen-Anhalt (5/71), S. 4632.

716 Vgl. *Kap. 1.6.*

717 *Radtke/Hohmann/Tsambikakis* 2011, § 119 Rn 7.

718 Vgl. auch Ostendorf-*Ostendorf* 2012, § 1 Rn 8.

dass dies in den Fällen des § 112a der Strafprozessordnung gilt. Hessens Regelung, die als einzige nicht nur lediglich die „Unterbringung" anführt, sondern zusätzlich normiert, dass der Untersuchungsgefangene auch zu „beaufsichtigen" ist, ist überflüssig, weil ein sachlicher Unterschied damit nicht beabsichtigt[719] ist und ein Gewinn damit nicht einhergeht.

Bayerns sprachlich abweichende Formulierung beinhaltet in der Sache keinen Unterschied. Ebenso bedingt es im Ergebnis keinen Unterschied, dass in Niedersachsen die Beschreibung der Aufgabe des Untersuchungshaftvollzuges nur in abstrakter Form unter Bezugnahme auf die gesetzlichen Haftgründe erfolgt. Nordrhein-Westfalen verzichtet ausweislich der Gesetzesbegründung auf eine Beschreibung des Zwecks der Untersuchungshaft, weil sich dieser bereits aus den in der Strafprozessordnung im Einzelnen und abschließend festgelegten Haftgründen erschließe, ohne dass es einer weiteren Hervorhebung bedürfe.[720] Nach hier vertretener Auffassung ist es jedoch schon aus Klarstellungsgründen, zumindest gegenüber dem Untersuchungsgefangenen, wünschenswert, auch in Nordrhein-Westfalen eine Vorschrift über die Aufgabe des Untersuchungshaftvollzugs in das Gesetz mit aufzunehmen.

2.2.2.2 *Resozialisierunschancen eröffnende Angebote als Aufgabe*

Auch wenn es angesichts der Unschuldsvermutung zutreffend ist, dass der Untersuchungshaftvollzug keine eigenständige Behandlungsaufgabe hat, sind dort doch alle diejenigen sozialstaatlich gebotenen Hilfen anzubieten, die die Chancen auf Resozialisierung erhöhen.[721]

Jehles Untersuchung[722] hat eindrucksvoll gezeigt, dass die Situation der Untersuchungsgefangenen vor ihrer Inhaftierung vorherrschend durch mannigfaltige soziale Probleme geprägt ist und gleichzeitig die meisten von ihnen eine gewisse kriminelle Laufbahn erlebt haben, die im Großteil der Fälle bereits zu Haftaufenthalten geführt hat.[723] Obschon Untersuchungsgefangene weder unter sozialen noch unter strafrechtlichen Gesichtspunkten eine homogene Gruppe darstellen, so befinden sich unter ihnen doch nur wenige, die aus einer unter kriminologischen

---

719 Vgl. die Begründung zu § 2 HUVollzG (Hess. Ltg. Drs. 18/1396).

720 Vgl. Nrw. Ltg. Drs. 14/8631, S. 41.

721 Vgl. *Dünkel* 2009, S. 3 f.

722 *Jehles* Untersuchung wurde im Jahre 1982 an 140 Insassen zweier baden-württembergischer Haftanstalten durchgeführt. Trotz aller Besonderheiten, etwa der Struktur der Anstalten und des baden-württembergischen Vollzugs bestanden deutliche Anhaltspunkte dafür, dass die Ergebnisse der Studie tendenziell verallgemeinerungsfähig waren, vgl. *Jehle* 1985, S. 138 ff. sowie *Jehle* 1987a, S. 34. Dieser Befund könnte auch heute noch gelten.

723 Vgl. *Jehle* 1985, S. 138 ff, 150 ff sowie zusammenfassend *Jehle* 1987a, S. 34 f.

Gesichtspunkten sozialen Unauffälligkeit heraus verhaftet werden.[724] Vorherrschend sind die Untersuchungsgefangenen sogar in ähnlich deutlicher Weise wie Strafgefangene durch die unterschiedlichen Lebensbereiche hindurch mit sozialen Problemen, Mängellagen sowie Verhaltensauffälligkeiten belastet.[725] Aus diesem Befund resultiert nach *Jehles* Auffassung, die hier ausdrücklich geteilt wird, ein Bedürfnis nach einer Ausgestaltung des Untersuchungshaftvollzugs, die weitere Entsozialisierung vermeiden hilft und geeignet ist, die Wiedereingliederung zu fördern.[726]

Für eine landesgesetzliche Regelung spricht vor allem, dass die aus der Unschuldsvermutung folgende Tatsache, dass der Untersuchungsgefangene nicht zu Behandlungsmaßnahmen verpflichtet werden kann, die Landesgesetzgeber nicht von der Aufgabe entbindet, die Justizverwaltung zu veranlassen, entsprechende Angebote vorzuhalten, an denen der Untersuchungsgefangene freiwillig teilnehmen kann.[727] Deshalb sollten die Landesgesetze nach hier vertretener Auffassung ausdrücklich normieren, dass, weitergehend als die in allen Landesgesetzen vorgesehenen sozialen Hilfen, der Vollzug Behandlungsangebote zu machen hat, die der Wiedereingliederung dienen.[728] Hier hätte sich für die Landesgesetzgeber die Möglichkeit ergeben, den schon oben beschriebenen[729] „Fehlinterpretationen des Resozialisierungsgedankens und der Unschuldsvermutung"[730] entgegenzuwirken.

Da diese Chance jedoch nicht genutzt wurde, sind die derzeitigen Fassungen der Landesgesetze weiterhin dazu geeignet, der „rechtlichen und faktischen Schlechterstellung des Untersuchungsgefangenen gegenüber dem Strafgefangenen" ein „normatives Alibi" zu verschaffen.[731] Rechtlich lässt sich das eingeschränkte Angebot für Untersuchungsgefangene mit der Unschuldsvermutung jedoch nicht begründen.[732] Denn der Zweck der Untersuchungshaft ist zwar nicht, Wiedereingliederung zu betreiben, sondern Verfahrenssicherung, wobei andere Gestaltungsprinzipien jedoch dort möglich sind, wo sie mit der Unschuldsvermutung vereinbar sind.[733] Hier Wandel zu schaffen, hieße gleichzeitig, die Chancen

---

724 Vgl. *Jehle* 1985, S. 150 ff.; sowie zusammenfassend *Jehle* 1987a, S. 34.

725 Vgl. *Jehle* 1985, S. 150 ff.; sowie zusammenfassend *Jehle* 1987a, S. 34 f.

726 Vgl. *Jehle* 1987a, S. 35.

727 Vgl. *Dünkel* 2009, S. 4.

728 So auch *Dünkel* 2009, S. 4.

729 Vgl. *Kap. 1.2.2.2.*

730 *Müller-Dietz* 1984, S. 86.

731 *Müller-Dietz* 1984, S. 86.

732 Vgl. *Müller-Dietz* 1984, S. 86.

733 Vgl. *Jehle* 1985, S. 28.

des Strafvollzuges zu verbessern und möglicherweise die Rückfallquote zu redu-zieren.[734] Wünschenswert wäre, dass die Landesgesetzgeber sicherstellen, dass mindestens beim resozialisierungswilligen und kooperativen Untersuchungsge-fangenen die Möglichkeiten geschaffen werden, die man sich für die Resoziali-sierungsarbeit des allgemeinen Strafvollzuges wünscht.[735] Zur Umsetzung in den Landesgesetzen bietet sich *Dünkels* Vorschlag an, der im Folgenden wörtlich wie-dergegeben wird: „Der Vollzug der Untersuchungshaft hat weiterhin die Aufgabe, Betreuungs- und Hilfe-, ggf. auch Behandlungsangebote bereitzustellen, an denen der Untersuchungsgefangene auf freiwilliger Basis teilnehmen kann, und die seine Wiedereingliederung fördern."[736] Diese Regelung ist nach hier vertretener Auffassung unverändert in alle Landesgesetze aufzunehmen.

2.2.2.3 Stellung der Untersuchungsgefangenen

Entsprechend der grundlegenden Bedeutung für den Untersuchungshaftvollzug wird eine Norm zur Unschuldsvermutung von allen Landesgesetzen den darauf-folgenden Regelungen vorangestellt. Da die Unschuldsvermutung die gesamte Gestaltung des Untersuchungshaftvollzugs prägen soll, ist die damit verbundene besondere Hervorhebung sachgerecht. Die EPR enthalten die Vorgabe, dass die Ausgestaltung des Vollzuges für Untersuchungsgefangene nicht dadurch beein-flusst werden darf, dass sie möglicherweise in der Zukunft wegen einer Straftat verurteilt werden.[737] Der Kommentar zu den EPR führt dazu an, dass dies auch den Umgang mit den Untersuchungsgefangenen betrifft.[738] Vor diesem Hinter-grund sind die auch den Umgang mit den Untersuchungsgefangenen betreffenden Klarstellungen der 8er Gruppe (bis auf Hessen) sowie von Brandenburg, Rhein-land-Pfalz, Thüringen, Sachsen-Anhalt und Nordrhein-Westfalen, dass die Unter-suchungsgefangenen so zu behandeln sind, dass der Anschein vermieden wird, sie würden zur Verbüßung einer Strafe festgehalten und Bayerns Regelung, dass sie „entsprechend zu behandeln sind" geboten. Leider wird auf eine verdeutlichende Formulierung, die zusätzlich entsprechend der alten Regelung der UVollzO,[739] diesen Aspekt durch die Einfügung des Wortes „selbst" verdeutlichen würde, von allen Landesgesetzgebern verzichtet

Entsprechend problematisch ist, dass Hessen, Baden-Württemberg und Nie-dersachsen eine Bestimmung zum Umgang mit den Untersuchungsgefangenen

---

734 Vgl. *Baumann* 1981, S. 12 f.

735 Vgl. *Baumann* 1981, S. 12 f.

736 *Dünkel* 2009, S. 14.

737 EPR, Rule 95.1.

738 Vgl. EPR, Kommentar zu Rule 95.

739 Nr. 1 Abs. 3 S. 2 UVollzO.

nicht vorsehen. Während Baden-Württemberg und Niedersachsen ihre Vorgehensweise nicht begründen, sieht der hessische Gesetzgeber diesen für den Untersuchungshaftvollzug gebotenen Leitsatz bereits durch die einzelnen Bestimmungen des HUVollzG verwirklicht.[740] Jedoch betrifft auch nach der Rechtsprechung des EGMR die Unschuldsvermutung neben dem rechtlichen Regelwerk den Umgang der Vollzugsbeamten mit den Untersuchungsgefangenen.[741] Gerade in diesem Bereich kann sich die Untersuchungshaft „als Prüfstein für viele Konzeptionen der Unschuldsvermutung [erweisen], da sie phänomenologisch von der Freiheitsstrafe kaum zu unterscheiden ist".[742] Auch das BVerfG betont, dass dem Beschuldigten im Vollzug unvoreingenommen zu begegnen ist.[743] Die Rechtsprechung beider Gerichte spricht für eine gesetzliche Regelung. Gerade in der Praxis kann die Normierung dieses Grundsatzes für die mit der Anwendung des Gesetzes Befassten vor dem Hintergrund einer möglicherweise „abstumpfenden Alltagsroutine"[744] und damit einhergehender Desensibilisierung hilfreich sein. Eine solche Regelung kann verdeutlichen, dass hier mit einem der „einschneidendsten Sanktionsmechanismen" gearbeitet wird, die dem Staat zur Verfügung stehen.[745] Eine Regelung etwa, die sich darauf beschränkt, dass die Gestaltung des Vollzugs am Grundsatz der Unschuldsvermutung auszurichten ist,[746]gleicht das Fehlen einer derartigen Regelung jedoch nicht aus, weil von ihr nicht die gleiche Appellfunktion ausgeht. Eine diesbezügliche Klarstellung ist für Hessen, Baden-Württemberg und Niedersachsen deswegen geboten.

Hervorhebenswert sind die Regelung Baden-Württembergs, nach der Untersuchungsgefangene unter Achtung ihrer Grund-und Menschenrechte zu behandeln sind und niemand unmenschlicher oder erniedrigender Behandlung unterworfen werden darf sowie die Regelungen von Brandenburg, Rheinland-Pfalz, Thüringen und Sachsen-Anhalt, nach denen die Persönlichkeit, bzw. die Persönlichkeit und die Würde der Gefangenen zu achten sind. Zwar ist die würdige, gerechte und menschliche Behandlung Gefangener in einem Rechtsstaat eine Selbstverständlichkeit. Angesichts der Eingriffsintensität der Untersuchungshaft sind derartige Hervorhebungen jedoch in ihrer Wichtigkeit nicht zu unterschätzen.

---

740 Vgl. Hess. Ltg. Drs 18/1396, S. 125.

741 EGMR v. 15.11.2001, *Iwanczuk./.Polen* (25196/94), Rn 53: „including the manner in which a detainee should be treated by prison guards".

742 *Stuckenberg* 1998, S. 106.

743 BVerfG NJW 1963, S. 755.

744 Vgl. *Paeffgen* 1986, S. 275.

745 Vgl. *Paeffgen* 1986, S. 275.

746 § 5 Abs. 1 S. 1 HUVollzG.

2.2.2.4 Angstklausel

Der Untersuchungsgefangene unterliegt nur den im Gesetz ausdrücklich geregelten Beschränkungen.[747] Insofern muss der Gesetzgeber auf jedem Bereich des Untersuchungshaftvollzugs die Lösung suchen, die der Verhältnismäßigkeit am besten entspricht.[748] Unumgänglich ist wegen der Vielfalt der Fallgestaltungen jedoch auch eine Generalklausel. Diese gilt für die Fälle, in denen das Untersuchungshaftvollzugsgesetz keine besondere Bestimmung aufweist, eine Beschränkung jedoch unerlässlich ist. Nur deren Ausgestaltung als *ultima-ratio*-Vorschrift ist mit dem Übermaßverbot vereinbar.[749] Auch in den Grundprinzipien der EPR ist vorgeschrieben, dass Einschränkungen, die Personen auferlegt werden, denen die Freiheit entzogen ist, sich auf das Mindestmaß beschränken und in Bezug auf den rechtmäßigen Zweck, zu dem sie verhängt werden, verhältnismäßig sein müssen.[750]

Eine solche, auch „Angstklausel" genannte Generalklausel findet sich in allen Landesgesetzen, wobei alle Regelungen bis auf die von Niedersachsen den Anforderungen des Verhältnismäßigkeitsgrundsatzes gerecht werden.

Da in Niedersachsen schon Beschränkungen auferlegt werden können, die zur Aufrechterhaltung der Sicherheit und Ordnung der Anstalt „erforderlich" sind, während alle anderen Landesgesetzen nur solche Beschränkungen ermöglichen, die zur Aufrechterhaltung der Sicherheit und zur Abwehr einer „schwerwiegenden Störung" der Ordnung der Anstalt „unerlässlich" sind, weist Niedersachsen eine niedrigere Eingriffsschwelle auf, die der hervorgehobenen Stellung des Verhältnismäßigkeitsgrundsatzes nicht gerecht wird. Der Unterschied der Niedersächsischen Formulierung zu den übrigen Landesgesetzen kann auch im Zusammenhang mit der verwendeten unübersichtlichen Verweisungstechnik und der Regelung des Straf- und Untersuchungshaftvollzuges in einem Gesetz stehen.[751] Denn in Niedersachen wird in den Regelungen zum Untersuchungshaftvollzug[752] bezüglich der Angstklausel auf den ersten Teil des NJVollzG, die „gemeinsamen Bestimmungen", verwiesen,[753] weswegen die möglichen Beschränkungen im Vollzug der Untersuchungs- und der Strafhaft die gleichen sind. Dabei ist schon

---

747   Vgl. *Kap. 1.2.1.4.*

748   Vgl. *Baumann* 1990, S. 111.

749   BVerfG StV 2008, S. 259 ff., S 26; BVerfG StV 2009, S. 253 ff., S. 254.

750   EPR, Rule 3.

751   Vgl. *Kap. 2.1.*

752   § 135 Abs. 2 NJVollzG.

753   § 3 S. 2 NJVollzG.

fraglich, ob die Niedersächsische Regelung, die eine Herabsetzung der Eingriffs-schwelle gegenüber der alten Regelung des StVollzG[754] bedeutet, überhaupt für den Strafvollzug rechtmäßig ist. Für den Untersuchungshaftvollzug ist sie jeden-falls zu streichen und durch eine den übrigen Ländergesetzen entsprechende Re-gelung zu ersetzen.

2.2.2.5   Ordnung des Zusammenlebens

Die Möglichkeit, Störungen der Anstaltsordnung entgegenzuwirken, darf nicht zum Einfallstor für unzulässige Beschränkungen der Rechte des Untersuchungs-gefangenen werden.[755] Alle Landesgesetze enthalten den Ordnungsbegriff, des-sen Definition jedoch seit jeher problematisch ist. Der Begriff stellt eine Formel ohne genaue Abgrenzung dar,[756] die ein Einfallstor für unverhältnismäßige Rechtseingriffe bilden kann.[757] Insofern lässt sich eine weite und eine enge De-finition des Ordnungsbegriffs vertreten. Schon in der dazu grundlegenden Ent-scheidung des BVerfG aus dem Jahre 1973[758] waren sich die Richter uneinig: Vier Richter vertraten eine weite Auffassung und sahen keinen Grund, den Rechtsbegriff „Ordnung in der Vollzugsanstalt" eng auszulegen und darunter nur ein Mindestmaß an Ordnung zu verstehen.[759] Die vier anderen Richter vertraten eine enge -nach hier vertretener Auffassung vorzugswürdige- Begriffsdefinition, nach der die Ordnung nur das Zusammenleben von Gefangenen und Bediensteten auf engstem Raum betrifft, darüber hinausgehende Beschränkungen jedoch nicht unter Berufung auf die Ordnung der Anstalt zu rechtfertigen sind.[760] Jedoch be-steht auch bei Zugrundelegung letzter Sichtweise noch die Gefahr, dass die „Ord-nung" in der Praxis nicht als notwendige „Minimalordnung" für das Zusammen-leben auf engem Raum unter erschwerten Bedingungen verstanden wird, sondern als „irgendeine Ordnung", vielleicht eine solche, die die Administration von im Untersuchungshaftvollzug Untergebrachten am bequemsten und wirtschaftlichs-ten macht.[761] Finanzielle Gründe, Anschauungen von Vollzugsbeamten, oder de-ren moralische oder sittliche Vorstellungen dürfen jedoch den Ordnungsbegriff

---

754   § 4 Abs. 2 S. 2 StVollzG.

755   BVerfG StV 2009, S. 253 ff., 254; vgl. Ostendorf-*Ostendorf* 2011, S. 74.

756   Vgl. SK-*Paeffgen* 2007, § 119 Rn 12; *Seebode* 1985, S. 230.

757   Vgl. *Seebode* 1985, S. 230.

758   BVerfGE 35, S. 311 ff., 317.

759   BVerfGE 35, S. 311 ff., 317.

760   BVerfGE 35, S. 311 ff., 322.

761   *Baumann* 1990, S. 112.

nicht diktieren.[762] *Baumanns* Entwurf verzichtete deswegen vollständig auf den Begriff der Ordnung: Nach *Baumanns* Ansicht war der Begriff zu meiden und durch den Begriff „Zusammenleben" zu ersetzen.[763] Auch der *Arbeitskreis Sozialdemokratischer Juristen* sah vom Begriff der „Anstaltsordnung" ab, weil nach Ansicht der Autoren in dieser Formulierung immer noch die Dominanz der Anstalt und damit das besondere Gewaltverhältnis anklang.[764] Gewählt wurde der Begriff „Ordnung des Zusammenlebens", um zu verdeutlichen, dass der Untersuchungsgefangene neben den Einschränkungen, die der Haftzweck erfordert, nur diejenigen hinzunehmen hat, die sich aus dem Miteinander vieler Menschen in der Vollzugsanstalt zwangsläufig ergeben.[765] Dabei handelt es sich nach hier vertretener Auffassung um eine sinnvolle Konkretisierung des Ordnungsbegriffs, da es plausibler ist, den maßgeblichen Aspekt der „Ordnung", nämlich den des „Zusammenlebens in der Anstalt", in einem Untersuchungshaftvollzugsgesetz auch als solchen zu bezeichnen.[766] Für einen solchen Wortlaut sprechen auch die Vorgaben der Empfehlung des Europarates Rec2006(13). Denn dort heißt es wörtlich: „Für Untersuchungsgefangene müssen Bedingungen gelten, die ihrer Rechtstellung entsprechen; dies beinhaltet, dass nur solche Beschränkungen auferlegt werden dürfen, die für die Rechtspflege, die Sicherheit der Einrichtung, der Gefangenen und des Personals sowie für den Schutz der Rechte Dritter erforderlich sind […]".[767] Der Begriff „Ordnung" wird demgegenüber von der Empfehlung nicht verwendet. Insofern sollte der Begriff „Ordnung" in allen Landesgesetzen durch den Begriff „Ordnung des Zusammenlebens" ersetzt werden.

2.2.2.6 Angleichungsgrundsatz

Es gehört zu den Grundprinzipien der EPR, dass das Leben in der Justizvollzugsanstalt den „positiven Aspekten" des Lebens in der Gesellschaft soweit wie möglich anzugleichen ist.[768] Anders als die EPR begrenzen die Landesgesetze den Angleichungsgrundsatz jedoch nicht auf die positiven Aspekte, sondern stellen

---

762 Vgl. *Veit* 1970, S. 53.

763 Vgl. *Baumann* 1981, S. 13 f.

764 Vgl. *Arbeitsgemeinschaft Sozialdemokratischer Juristen* 1985, S. 63.

765 Vgl. *Arbeitsgemeinschaft Sozialdemokratischer Juristen* 1985, S. 63.

766 So auch *Kubach* 2004, S. 112.

767 Rec (2006) 13, 5.

768 EPR, Rule 5.

vielmehr nur auf „die allgemeinen Lebensverhältnisse" ab. Diese Globalverweisung ist für den Untersuchungshaftvollzug jedoch aus verschiedenen Gründen nicht wünschenswert.

Zu unmenschlichen Haftbedingungen soll dieser Grundsatz gerade nicht beitragen[769] und etwa ein Mangel an Arbeitsplätzen darf auf diese Weise auch keinesfalls gerechtfertigt werden. Denn die anerkannte Funktion des Angleichungsgrundsatzes ist es, Prisonisierung und Deprivation als negative Auswirkungen der Inhaftierung zu reduzieren.[770] Eine Gleichstellung mit der Außenwelt, die etwa zur Legitimation der Beteiligung an den Stromkosten herangezogen werden soll,[771] ist nicht Sinn und Zweck des richtig verstandenen Angleichungsgrundsatzes. Denn jede Angleichung, die zuungunsten des Gefangenen erfolgt, bedeutet letztlich „einen Missbrauch des Angleichungsgrundsatzes".[772]

Vor dem Hintergrund, dass die Problematik auch die Gerichte immer wieder befasst[773] und der Angleichungsgrundsatz bei seiner Umsetzung häufig Komplikationen bereiten kann, weil sich Inhalt und Grenzen unklar darstellen,[774] sollten die Landesgesetzgeber eine klarstellende Beschränkung auf die „positiven Aspekte" vornehmen und damit gerade dem mit der Gesetzesanwendung befassten Justizvollzugspersonal eine Orientierungshilfe geben.

Das Hessen lediglich normiert, dass die Gestaltung des Vollzugs am Grundsatz der Unschuldsvermutung auszurichten ist, aber auf die Aufnahme des Angleichungsgrundsatzes verzichtet, ist nicht sachgerecht. Denn der Angleichungsgrundsatz ist Wegweiser und sollte konkrete Auswirkungen auf den Vollzugsalltag, etwa bei der Ausstattung des Haftraums oder der Verpflegung haben.[775] Die Begründung Hessens, dass es „nur eine Folge" der Unschuldsvermutung sei, „dass - wie in den Strafvollzugsgesetzen normiert - das Leben im Vollzug den allgemeinen Lebensverhältnissen so weit wie möglich anzugleichen ist",[776] lässt außer Acht, dass der Angleichungsgrundsatz auch bei der Auslegung unbestimmter Rechtsbegriffe zu berücksichtigen ist und einen Ermessensmaßstab

---

769   Vgl. EPR, Kommentar zu Rule 5; AK-Feest/*Bung/Feest* 2012, § 3 Rn 7; *Callies/Müller-Dietz* 2008, § 3 Rn 1.

770   Vgl. AK-Feest/*Bung/Feest* 2012, § 3 Rn 4; *Laubenthal* 2011, S. 110; *Kaiser/Schöch* 2002, § 6 Rn 68.

771   Z. B. in OLG Koblenz ZfStrVo 2006, S. 177 f.; vgl. *Kap. 2.4.2.6.*

772   AK-Feest/*Bung/Feest* 2012, § 3 Rn 10.

773   OLG München ZfStrVo 1979, S. 67; OLG Karlsruhe StV 1985, S. 468; OLG Zweibrücken StV 1993, S. 488; OLG Koblenz NStZ 1994, S. 103; OLG Koblenz ZfStrVo 2006, S. 177 f.; vgl. dazu auch *Kühl* 2012, S. 86.

774   Vgl. *Köhne* 2003, S. 250.

775   Vgl. Ostendorf-*Ostendorf* 2012, § 1 Rn 26.

776   Vgl. Hess. Ltg. Drs. 18/1396, S. 128.

bei Entscheidungen der Vollzugsanstalt darstellt.[777]Als solcher ist er hinsichtlich des Haftalltags ein konkreteres Werkzeug der Vollzugsbediensteten und kann dadurch zusätzliche Orientierung zur ohnehin geltenden Unschuldsvermutung geben, wenn er in einem Untersuchungshaftvollzugsgesetz ausdrücklich geregelt wird.

Hinsichtlich des Angleichungsgrundsatzes im Untersuchungshaftvollzug stellt sich auch die Frage, ob eine Angleichung an die Lebensverhältnisse des einzelnen Untersuchungsgefangenen normiert werden sollte. Vieles spricht dafür: Schon *Baumanns* Entwurf sah insofern vor, dass das Leben im Vollzug den „allgemeinen Lebensverhältnissen" und den „Verhältnissen des Gefangenen" soweit als möglich angeglichen werden sollte.[778] Damit sollte eine Minimierung der Eingriffe in die Rechtsstellung des Untersuchungsgefangenen einhergehen und letztlich der Unschuldsvermutung zu mehr Wirksamkeit verholfen werden.[779] Für eine individualisierte Ausrichtung spricht auch, dass die Anpassung an „seine" Verhältnisse dem Gefangenen den mit größten Schwierigkeiten verbundenen Übergang in den Untersuchungshaftvollzug erleichtern kann.[780] Während die Begründungen der 8er Gruppe, Baden-Württembergs, Bayerns und Niedersachsens[781] nicht auf diese Frage eingehen, heißt es in der Begründung Nordrhein-Westfalens dazu wörtlich: „Adressat der Angleichungsverpflichtung ist die Vollzugsbehörde. Sollte diese anders als in dem Entwurf etwa verpflichtet werden, eine Angleichung an die ‚jeweiligen' Lebensverhältnisse der einzelnen Untersuchungsgefangenen (in Freiheit) vorzunehmen, müsste sie zwangsläufig zunächst deren Lebensverhältnisse vor der Inhaftierung erforschen. Das wäre unrealistisch und würde die Möglichkeiten einer Anstalt deutlich überfordern."[782] Diese Auffassung wird hier nicht geteilt. Vielmehr lassen sich die durchschnittlichen Umstände Außerhalb des Vollzugs kaum auf längere Sicht verlässlich und erschöpfend ermitteln, denn die Lebensverhältnisse außerhalb der Vollzugsanstalten divergieren naturgemäß stark.[783] Die Umstände des einzelnen Untersuchungsgefangenen wären jedoch zu ermitteln. Um diese Angleichung umzusetzen sah etwa der Entwurf von *Baumann* vor, dass die „besonderen Wünsche" des Gefangenen

---

777 Vgl. AK-Feest/*Bunge/Feest* 2012, § 3 Rn 3.

778 § 3 Abs. 1 S. 2 E *Baumann*.

779 Vgl. *Baumann* 1981, S. 23.

780 Vgl. *Köhne* 2010, S. 221 zum Strafvollzug.

781 Vgl. exemplarisch für die 8er Gruppe die Begründung zu § 5 ThürUVollzG a. F. (Thür. Ltg. Drs. 5/2764); Begründung zu § 3 JVollzGB BW II (Bw. Ltg. Drs. 14/5012); Begründung zu Art 4 BayUVollzG (Bay. Ltg. Drs. 16/9082); Begründung zu § 3 NJVollzG (Nds. Ltg. Drs. 15/3565).

782 Begründung zu § 2 GVUVS NRW (Nrw. Ltg. Drs. 14/8631).

783 Vgl. *Köhne* 2003, S. 250.

im Aufnahmegespräch zu erörtern waren.[784] Der Gesetzgeber in Nordrhein West-falen führt jedoch an: „Es wäre aber auch im Ergebnis, also bei der Gestaltung des Lebens im Vollzug, unerwünscht, individuelle soziale (und wirtschaftliche) Unterschiede der Lebensgestaltung in Freiheit müssten dann unter den Bedingungen der Untersuchungshaft fortgesetzt werden. Die Folge wäre eine auch nicht durch die Unschuldsvermutung zu rechtfertigende Verletzung des in Artikel 3 des Grundgesetzes garantierten Gleichbehandlungsgrundsatzes."[785] Dieser Auffassung, die den Gleichheitsgrundsatz des Art. 3 GG als „Nivellierungsbefugnis" begreift, liegt jedoch ein „fundamentales konstitutionelles Missverständnis" zu Grunde, denn individuelle soziale Unterschiede sind zu akzeptieren, solange sie von der Verfassung geschützt und beabsichtigt sind.[786] Auch außerhalb der Gefängnisse sind die Lebensumstände nicht für jeden Menschen gleich, weil sich unter anderem aus Persönlichkeit, Erziehung, Ausbildung und dem sozialen Umfeld viele sichtbar verschiedene Lebensbedingungen herausbilden.[787] Deswegen sollten die Landesgesetze nach hier vertretener Auffassung wie in *Baumanns* Entwurf regeln, dass das Leben im Vollzug den „allgemeinen Lebensverhältnissen" und den „Verhältnissen des Gefangenen" soweit als möglich angeglichen werden soll.

2.2.2.7 Gegensteuerungsgrundsatz

Auch im Untersuchungshaftvollzug gilt der von allen Landesgesetzen normierte Gegensteuerungsgrundsatz. Soweit der Angleichung Grenzen gesetzt sind, kommt es darauf an, den schädlichen Folgen des Freiheitsentzuges entgegenzuwirken.[788] Hinsichtlich der Lösungswege bestehen keine Einschränkungen.[789] Der Gegensteuerungsgrundsatz beruht auf der Erfahrung, dass ein Freiheitsentzug für gewöhnlich schädliche Wirkungen hat.[790] Er erstrebt, die ungewollt verursachten schädigenden Nebenfolgen des Freiheitsentzugs zu minimieren.[791] Auch kurzer Untersuchungshaftvollzug kann gravierende persönliche sowie soziale Nachteile, Deprivation sowie Prisonisierungseffekte, die das Abgleiten in eine

---

784 In § 6 Abs. 3 E-Baumann; vgl. *Baumann* 1981, S. 23.

785 Begründung zu § 2 GVUVS NRW (Nrw. Ltg. Drs. 14/8631).

786 *Piel/Püschel/Tsambikakis/Wallau* 2009, S. 35.

787 Vgl. *Köhne* 2010, S. 221.

788 Vgl. *Callies/Müller-Dietz* 2008, § 3 Rn 5.

789 Vgl. *Köhne* 2010, S. 221.

790 Vgl. AK-Feest/*Burg/Feest* 2012, § 3 Rn 16.

791 Vgl. *Callies/Müller-Dietz* 2008, § 3 Rn 5.

Subkultur verursachen können, verursachen.[792] Beim Untersuchungshaftvollzug ist der Gegensteuerungsgrundsatz sogar besonders wichtig, weil die Inhaftierung den Untersuchungsgefangenen meist unvorbereitet aus seinem Lebensumfeld heraus reißt und dies in vielen Fällen zu einer psychischen und soziale Ausnahmesituation führt.[793] Zu berücksichtigen sind hier auch schädliche Folgen für Dritte, denn familiäre Beziehungen können nicht mehr oder nur mit Schwierigkeiten aufrechterhalten werden, für Angehörige kann nicht mehr gesorgt werden und Schulden können beim Gläubiger nicht beglichen werden.[794]

Der Untersuchungshaftvollzug muss deswegen alle Anstrengungen aufbringen, um die familiären und sonstigen sozialen Beziehungen der Untersuchungsgefangenen zu bewahren und zu unterstützen und einer Teilnahmslosigkeit des Untersuchungsgefangenen vorzubeugen, damit ihre möglicherweise bereits zuvor eingeschränkten sozialen Fähigkeiten nicht (noch) weiteren Schaden erleiden.[795] Dies bedingt, dass Untersuchungsgefangene z. B. nicht weniger Besuche, nicht weniger Telefonate, nicht weniger Arbeits- und Freizeitmöglichkeiten und nicht weniger Gelegenheit zur Inanspruchnahme sozialer Hilfen und Unterstützung in psychischen Ausnahmesituationen haben dürfen als Strafgefangene.[796] Insbesondere ist hier zu bedenken, dass die Untersuchungshaft oft länger als 6 Monate dauert.[797] In dieser Zeit kann vieles vernichtet werden, das danach kaum wiederherstellbar ist, was besonders gilt, wenn die Untersuchungshaft zum ersten Mal vollzogen wird und diese Personen zu einem nicht unwesentlichen Anteil[798] gar nicht in Strafhaft gelangen.[799] Grade angesichts langer Untersuchungshaftzeiten sind auch die Regelungen von Brandenburg, Rheinland-Pfalz und Sachsen-Anhalt hervorhebenswert, die bestimmen, dass die Selbstständigkeit der Gefangenen im Vollzugsalltag so weit wie möglich zu erhalten und zu fördern ist.[800] Zwar zielt die Vorschrift in erster Linie auf langjährig Inhaftierte ab, bei denen die Gefahr besteht, dass sie aufgrund der vielen Beschränkungen ihrer Freiheit in der Haft zu einem selbstbestimmten Leben nach der Entlassung nicht mehr in der Lage

---

792 Vgl. Ostendorf-*Ostendorf* 2012 § 1 Rn 27.

793 Vgl. Begründung zu § 5 ThürUVollzG a.F. (Thür. Ltg. Drs. 5/2764).

794 Vgl. AK-Feest/*Burg/Feest* 2012, § 3 Rn 16.

795 Vgl. *Henze* 1987, S. 61.

796 Vgl. *Henze* 1987, S. 61.

797 Vgl. *Kap. 1.5.3, Tab. 6.*

798 Im Jahr 2012 ca. 54%, vgl. *Kap. 1.5.5, Tab. 8.*

799 Vgl. *Henze* 1987, S. 61.

800 § 4 Abs. 1 BbgJVollzG; § 4 Abs. 1 LJVollzG RP; § 4 Abs. 1 JVollzGB LSA.

sind.[801] Die Wichtigkeit, diesem Phänomen auch im Vollzug der Untersuchungshaft entgegenzuwirken, ist jedoch nicht zu unterschätzen. Deswegen ist die Entscheidung, die Untersuchungsgefangenen hier nicht auszuklammern, sachgerecht.

2.2.2.8 Suizidprophylaxe

Sowohl die EPR als auch die CPT-Standards betonen allgemein die Wichtigkeit
der Suizidprävention im Freiheitsentzug.[802] Es ist anerkannt, dass Untersuchungsgefangene in besonders hohem Maß suizidgefährdet sind.[803] Das BVerfG
betont, dass es auf der Hand liegt, dass die Kontaktbeschränkungen, das Warten
auf die Hauptverhandlung und die Ungewissheit über die Haftdauer mit Risiken
für die psychische Stabilität des Untersuchungsgefangenen einhergehen.[804] Insofern ist es naheliegend, dass die Untersuchungshaft zu den Leitsymptomen führt,
die bei akuter Suizidgefährdung beinahe regelmäßig anzutreffen sind.[805] Sachgerecht ist insofern, dass Berlin, Bremen, Hamburg, Sachsen-Anhalt, Brandenburg,
Rheinland-Pfalz, Thüringen, Sachsen-Anhalt und Bayern überhaupt Regelungen
zur Suizidprophylaxe treffen. Die Regelungen der Gesetze von Bremen und Hamburg, nach denen „ der Verhütung von Selbsttötungen bei der Entgegenwirkung
von schädlichen Folgen des Freiheitsentzuges eine besondere Bedeutung zukommt", sowie von Berlin, Brandenburg, Rheinland-Pfalz, Thüringen und Sachsen-Anhalt, wo insofern „ein besonderes Augenmerk" auf die Verhütung von
Selbsttötungen zu legen ist sowie Bayerns Regelung, wo dem Erkennen von Suizidabsichten und der Verhütung von Selbsttötungen eine „besondere Bedeutung"
zukommt, bleiben jedoch recht vage. Eher vorzugswürdig war eine Regelung wie
im § 5 UVollzG LSA a.F., in der normiert wurde, dass die Anstalt insbesondere
durch geeignete Maßnahmen Vorsorge zu treffen „hat", damit Selbsttötungen verhindert werden. Um welche Maßnahmen es sich hier konkret hätte handeln können, ging jedoch auch dort weder aus dem Wortlaut noch der Gesetzesbegründung
hervor.[806] Auch deswegen ist eine nähere Betrachtung geboten:

---

801 Vgl. etwa Begründung zu § 4 BbgJVollzG (Bbg. Ltg. Drs. 5/6437); Begründung zu § 4
LJVollzG RP (RP. Ltg. Drs. 16/1910).

802 EPR, Rule 47.2; CPT-Standards, Auszug aus dem 3. Jahresbericht [CPT]/Inf (92) 3],
Rn 57.

803 Vgl. Gesundheitsbericht für Deutschland 1998 Kapitel 5.16; *Venzlaff/Förster-Konrad*
2004, S. 379; BVerfG StV 2008, S. 259 ff.; In *Jehles* Untersuchung (vgl. oben *Fußnote
723*) gaben 14 % der Probanden an, bereits Selbstmordgedanken gehegt zu haben und
3 % teilten mit, schon einen Selbstmordversuch durchgeführt zu haben, vgl. *Jehle* 1985,
S. 242 ff. sowie zusammenfassend *Jehle* 1987a, S. 36.

804 BVerfG StV 2008, S. 259 ff.

805 Vgl. *Nedopil/Müller* 2012, S. 334.

806 Vgl. Begründung zu § 5 UVollzG LSA a.F. (LSA. Ltg. Drs. 5/2019).

Zwar lässt sich das Warten auf den Strafprozess nicht vermeiden. Bekanntlich können aber auch die Haftbedingungen gravierende Auswirkungen auf das psychische Wohlbefinden der Gefangenen haben.[807] Konkret spielen nach dem CPT schon „die medizinischen Untersuchungen bei der Ankunft" sowie die „Aufnahmeformalitäten insgesamt" eine wichtige Rolle bei der Suizidprophylaxe. Wenn sie in geeigneter Weise vorgenommen werden, können sie wenigstens einen Teil der gefährdeten Häftlinge identifizieren und einige Personen von der Beklemmung befreien, die alle neu ankommenden Gefangenen fühlen.[808] Insofern ist in Bremen, wo schon in den Bestimmungen zur ärztlichen Untersuchung bei der Aufnahme auf die Regelung zur Suizidprophylaxe Bezug genommen wird,[809] eine gute Umsetzung der CPT-Standards gelungen. Diese Regelung sollte in alle Landesgesetze aufgenommen werden. Im Zusammenhang mit der Aufnahmesituation ist auch die hier unter Berufung auf *Seebode* vorgeschlagene Anwesenheit einer Vertrauensperson bei der Aufnahme[810] zu nennen. Des Weiteren ist konkret auf dem Bereich der Unterbringung neben der eher „traditionellen" Zusammenlegung mit einem anderen Untersuchungsgefangenen[811] auch an die Unterbringung in Wohneinheiten[812] zu denken. Belastungen sind zu vermeiden: Dazu gehört die Möglichkeit, auch in der Nacht Radio und Fernsehen nutzen zu können und sich allgemein bei Licht zu beschäftigen[813] sowie das Vermeiden von Isolation an Wochenenden durch unzureichende Freizeitmöglichkeiten[814] oder dadurch, dass kein Besuch zustande kommt.[815] Nicht zuletzt könnte auch das hier geforderte Abstandsgebot einen Beitrag zur Suizidprävention leisten.[816]

---

807 EPR, Kommentar zu Rule 47.

808 CPT-Standards, Auszug aus dem 3. Jahresbericht [CPT]/Inf (92) 3], Rn 58.

809 In Bremen heißt es in den Regelungen zur ärztlichen Untersuchung bei der Aufnahme in § 7 Abs. 3 S. 2 BrUVollzG, das der § 5 Abs. 1 S. 3 BrUVollzG zu beachten ist, wonach der Verhütung von Selbsttötungen eine besondere Bedeutung zukommt.

810 Vgl. *Kap. 2.3.2.1.*

811 Vgl. *Kap. 2.4.2.3.*

812 Vgl. *Kap. 2.4.2.5.*

813 Vgl. *Kap. 2.4.2.6.*

814 Vgl. *Kap. 2.6.2.9.*

815 Vgl. *Kap. 2.8.2.6.*

816 Vgl. *Kap. 3.1.*

Allgemein sind auch eine entsprechende begleitende Betreuung, die durch geeignete Beamte, in dringenden Fällen durch Heranziehen des Anstaltspsycholo-
gen oder Anstaltsarztes erfolgen sollte,[817] sowie generell „Fairness", Stressreduk-
tion und die Verbesserung des Anstaltsklimas[818] geboten.

Auch der dem Kommentar zu den EPR zu entnehmende zunächst allgemeine
Ansatz, dass Gefängnisverwaltungen sich bemühen sollten, den Umfang der negativen Auswirkungen der Haftbedingungen auf das psychische Wohlbefinden
der Gefangenen zu vermeiden[819] ist zu berücksichtigen. Dies entspricht zunächst
dem in allen Landesgesetzen enthaltenen Gegensteuerungsgrundsatz. Speziell für
den Untersuchungshaftvollzug sollte dieser Grundsatz gerade im Lichte der
Rechtsprechung des BVerfG[820] sich so auswirken, dass insofern zunächst allgemein die Außenkontakte des Untersuchungsgefangenen, dort wo sie nicht bundesrechtlich beschränkt sind, gut ausgestaltet werden um Suiziden vorzubeugen.[821] Für den Vollzug der Untersuchungshaft ist es auch relevant, dass der
Kommentar zu den EPR ebenfalls davon spricht, dass Schritte unternommen werden sollen, um die Gefangenen zu identifizieren, bei denen die Gefahr der Selbstverletzung oder Selbsttötung besteht und das zu diesem Zweck das Personal angemessen geschult werden muss.[822] Für die Suizidprophylaxe in der Praxis ist es
deswegen wichtig, dass genügend und motiviertes Personal mit annehmbaren Ar-
beitsbedingungen vorhanden ist, dass entsprechend geschult ist und dass der psychologische Dienst auch bei Voll- oder Überbelegung kontaktierbar ist.[823] Auch
hier gilt natürlich die Erkenntnis des CPT, dass eine allgemein geringe Personalausstattung hinderlich ist.[824]

Wünschenswert ist nach hier vertretener Auffassung zuletzt noch eine stärkere Verknüpfung von Gesundheitsdienst und Suizidprophylaxe durch die Landesgesetze. Denn die EPR enthalten die Vorgabe, dass der anstaltsärztliche Dienst
für die psychiatrische Behandlung aller Gefangenen, die einer solchen Behandlung bedürfen, zu sorgen und besonderes Augenmerk auf die Verhütung von
Selbstmord zu richten hat.[825] Die CPT-Standards schreiben dem Gefängnisge-

---

817 Vgl. *Jehle* 1987, S. 75 f.

818 Vgl. *Liebling/Durie/Stiles/Tait* 2005, S. 222 f.

819 Vgl. EPR, Kommentar zu Rule 47.

820 BVerfG StV 2008, S. 259 ff.

821 Vgl. dazu unten *Kap. 1.2.3.4.*

822 Vgl. EPR, Kommentar zu Rule 47.

823 *Morgenstern* 2009b, S. 9.

824 Vgl. CPT-Standards, Auszug aus dem 11. Jahresbericht [CPT/Inf (2001)16], Rn 26.

825 EPR, Rule 47.2.

sundheitsdienst eine Kontrollfunktion zu: Er sollte sicherstellen, dass in der Einrichtung ein ausreichendes Bewusstsein zu diesem Thema vorhanden ist, und dass angemessene Vorkehrungen getroffen wurden.[826] Hier wäre an eine gesetzliche Klarstellung dieser Verknüpfung zu denken.

2.2.2.9 Gewaltprävention

Nicht nur Mobbing[827] ist ein Problem des Untersuchungshaftvollzugs. Vielmehr sind Vorfälle unter Gewaltanwendung bei Gefangenen eine in allen Gefängnissystemen anzutreffende Erscheinung, die ein großes Spektrum an Phänomenen von subtilen Formen der Belästigung bis zu offener Einschüchterung und schweren körperlichen Angriffen umfasst.[828] Der BGH und das BVerfG betonen die Pflicht zum Schutz der Gefangenen vor wechselseitiger Gewalt.[829] Auch die CPT-Standards stellen klar, dass die Fürsorgepflicht des Wachpersonals gegenüber den Personen in ihrer Obhut auch die Verantwortung einschließt, sie vor anderen Insassen zu schützen, die ihnen Schaden zufügen wollen.[830] Auch besteht zwischen Gefangenen mit unterschiedlicher Staatsangehörigkeit oder aus verschiedenen Bevölkerungsgruppen die Gefahr, dass Spannungen entstehen können,[831] was angesichts des hohen Ausländeranteils in der Untersuchungshaft[832] ebenfalls Bedeutung erlangen kann.

Insofern ist die Konkretisierung des Gegensteuerungsgrundsatzes in Form von Normen zur Gewaltprävention in Hamburg, Brandenburg und Baden-Württemberg sachgerecht und sollte auch von den anderen Landesgesetzen übernommen werden. Doch auch hier kommt es auf die Umsetzung in der Praxis an: Die CPT-Standards betonen insofern, dass um das Phänomen der Gewalt unter Gefangenen anzugehen, das Gefängnispersonal – auch im Hinblick auf die Personalausstattung – in die Lage versetzt werden muss, seine Autorität und seine Aufsichtsaufgaben in angemessener Weise auszuüben.[833] Deswegen ist es auch insofern wichtig, dass jederzeit Personal in hinreichender Stärke in Haftbereichen

---

826 CPT-Standards, Auszug aus dem 3. Jahresbericht CPT/Inf (92) 3 Rn 57.

827 Vgl. *Volk-Eisermann* 2010, S. 202 ff.

828 CPT-Standards, Auszug aus dem 11. Jahresbericht CPT/Inf (2001)16 Rn 7.

829 BGH NJW 2003, S. 3698f., S. 3698; BVerfG NJW 2006, S. 2093 ff., S. 2096.

830 CPT-Standards, Auszug aus dem 11. Jahresbericht CPT/Inf (2001) 16 Rn 2.

831 CPT/Inf (2012) 6 Rn 44; vgl. auch *Kaiser* 1996.

832 Vgl. *Kap. 1.5.6, Tab. 9.*

833 CPT-Standards, Auszug aus dem 11. Jahresbericht CPT/Inf (2001) 16 Rn 27.

und in Einrichtungen, die von den Gefangenen für Aktivitäten genutzt werden, anwesend ist.[834]

2.2.2.10 Berücksichtigung unterschiedlicher Bedürfnisse

Zwar ist es wohl unmöglich, eine abschließende Aufzählung derjenigen Gruppen vorzunehmen, auf deren spezielle Bedürfnisse der Vollzug eingehen sollte.[835] Positiv hervorzuheben ist jedoch, dass jetzt Thüringen und Sachsen-Anhalt eine weiter individualisierte Vollzugsgestaltung vorsehen und die Anstalt verpflichten, neben geschlechtsspezifischen Bedürfnissen auch „insbesondere" solche, die aus Alter und Herkunft resultieren zu berücksichtigen und Brandenburg und Rheinland Pfalz darüber hinaus auch „Behinderung" und „sexuelle Identität" mit einbeziehen. Auch Hessen erweitert den Kreis über die klassischen unterschiedlichen Bedürfnisse von Männern und Frauen, indem eine abstrakte Formulierung ohne Auflistung gewählt wird, bei der jedoch nur „zum Beispiel" unterschiedliche Bedürfnisse der Geschlechter berücksichtigt werden sollen,[836] unter die aber auch verschiedene andere Bedürfnisse subsumabel sind. Die beispielhafte Auflistung von Brandenburg, Rheinland-Pfalz, Thüringen und Sachsen-Anhalt ist jedoch vorzugswürdig, da sie in der Praxis für das mit der Gesetzesanwendung befasste Justizvollzugspersonal sinnvoller ist.

Hinsichtlich der Frauen als Minderheit weisen alle Landesgesetze Regelungen auf. In Deutschland waren am 30.11.2013 lediglich 5,7% der Untersuchungshaftpopulation weiblichen Geschlechts.[837]

Die Bedürfnisse dieser kleinen Gruppe beschränken sich nicht nur -wie dies von Bayern jedoch ausschließlich geregelt wird- auf den medizinischen Bereich.[838] So fordern etwa die CPT-Standards, dass Frauen, denen die Freiheit entzogen ist, gleichberechtigt mit ihren männlichen Mithäftlingen Zugang zu sinnvollen Aktivitäten (Arbeit, Aus- und Fortbildung, Sport etc.) haben sollten.[839] Denn das CPT hat allzu häufig weibliche Insassen angetroffen, denen als für sie „angemessen" bezeichnete Aktivitäten angeboten wurden wie etwa Nähen oder Handarbeiten, während männlichen Gefangenen Ausbildungsmaßnahmen von weit mehr berufsbezogener Natur angeboten wurden.[840] Die EPR bestimmen zu Frauen im Vollzug, dass die Behörden bei allen Entscheidungen, die die Belange

---

834 CPT-Standards, Auszug aus dem 11. Jahresbericht CPT/Inf (2001) 16 Rn 26.

835 Vgl. *van Zyl Smit/Snacken* 2009, S. 187.

836 Vgl. Begründung zu § 5 HUVollzG (Hess. Ltg. Drs. 18/1396).

837 Vgl. *Kap. 1.5.1, Tab. 1.*

838 Vgl. zum medizinischen Bereich *van Zyl Smit/Snacken* 2009, S. 154.

839 CPT-Standards: Auszug aus dem 10. Jahresbericht CPT/Inf (2000) 13 Rn 25.

840 CPT-Standards: Auszug aus dem 10. Jahresbericht CPT/Inf (2000) 13 Rn 25.

von inhaftierten Frauen betreffen, besonderes Augenmerk auf deren spezifische Bedürfnisse zu richten haben, zum Beispiel in körperlicher, beruflicher, sozialer und psychologischer Hinsicht.[841] Bayerns Regelung wird dem nicht gerecht und sollte deswegen geändert werden. Negativ ist hervorzuheben, dass Niedersachsen keine Regelung zu Frauen aufweist.

Ebenso ist die Berücksichtigung von sich aus der Herkunft ergebenden Bedürfnissen geboten. Ausländer sind keine homogene Gruppe,[842] sondern eine in ethnischer, nationaler oder religiöser Hinsicht ungleichartig zusammengesetzte Kategorie Gefangener.[843]

Im Jahr 2008 betrug der Ausländeranteil in der Untersuchungshaft insgesamt 41,1 %, wobei die Zahlen von 57 % in Hamburg bis zu nur 10 % in Mecklenburg-Vorpommern reichten.[844] Ausländer stellen für den Vollzug der Untersuchungshaft eine vergleichsweise große Gruppe mit spezifischen Problemen dar, die u.a. in Verständigungsschwierigkeiten, der Berücksichtigung religiöser Speisevorschriften[845] und auch anderen Freizeitbedürfnissen[846] bestehen. Kommunikation, Betreuung und Gewährleistung des Rechts auf Außenverkehr gestalten sich schwierig.[847] Häufig verbinden sich hier auch scheinbare Gefährlichkeit und Fluchtgefahr mit Trennung, Absonderung, Restriktionen und Isolierung innerhalb des Untersuchungshaftvollzugs.[848] Die daraus resultierende Einschränkung des Außenverkehrs und nicht gewährte Bildungsmaßnahmen können aus der Sicht der Vollzugsverwaltung durch Sicherheitsanforderungen geboten sein, aus der Perspektive des Betroffenen kann dies jedoch als ungerechtfertigte Diskriminierung wahrgenommen werden.[849] Die jetzt von Brandenburg, Rheinland-Pfalz, Thüringen und Sachsen-Anhalt getroffenen Regelungen entsprechen als Programmsatz gut den EPR, wo es zur Vorgabe gemacht wird, dass für die Bedürfnisse von Gefangenen, die ethnischen oder sprachlichen Minderheiten angehören, besondere Vorkehrungen zu treffen sind[850] und statuiert wird, dass die verschiedenen Gruppen ihre kulturellen Gebräuche im Vollzug so weit wie möglich weiterpflegen

---

841   EPR, Rule 34.1.

842   Vgl. *Wippermann/Flaig* 2009, S. 3 ff.; *van Zyl Smit/Snacken* 2009, S. 186.

843   *Jehle* 1985, S. 116.

844   Vgl. *Kap. 1.5.6, Tab. 9.*

845   Vgl. *Jehle* 1985, S. 116.

846   Vgl. *Kaiser* 1996.

847   Vgl. *Jehle* 1985, S. 116.

848   Vgl. *Jehle* 1985, S. 116.

849   Vgl. *Jehle* 1985, S. 116.

850   EPR, Rule 38.1.

dürfen.[851] Doch auch bei der Umsetzung dieses Programmsatzes wird es auf die Praxis ankommen. Hier sollte etwa eine sorgfältige Auswahl und angemessene Schulung des Vollzugspersonals erfolgen und zumindest ein Teil der Bediensteten sollte über einschlägige Sprachkenntnisse verfügen.[852]

2.2.2.11 Soziale Hilfen

Wie schon oben angeführt, verlangt das Sozialstaatsprinzip nach der Rechtsprechung des BVerfG „staatliche Vor- und Fürsorge für Gruppen der Gesellschaft, die auf Grund persönlicher Schwäche oder Schuld, Unfähigkeit oder gesellschaftlicher Benachteiligung in ihrer persönlichen und sozialen Entfaltung behindert sind."[853] Auch im Untersuchungshaftvollzug sind soziale Hilfen geboten.[854]

Jehles Untersuchung[855] hat gezeigt, dass zusammengefasst in den Bereichen Arbeit, Wohnung und finanzielle Situation, die in der auf die Entlassung folgenden Situation eine beherrschende Rolle spielen, nur 25% der Probanden eine Wohnung und Arbeit in Aussicht hatten und nicht in beachtlichem Maß verschuldet waren, während der Rest ganz oder in einem oder anderen Bereich in eine problematische Situation hinein entlassen worden war.[856] Überträgt man die Ergebnisse auf heute und berücksichtigt man, dass im Jahr 2012 über die Hälfte der Betroffenen nicht zu einer vollstreckbaren Freiheitsstrafe verurteilt wurde und somit aus dem Untersuchungshaftvollzug direkt in die Freiheit gelangte, zeichnet sich hier gleichzeitig ein deutliches Bedürfnis nach Entlassungsvorbereitung ab.[857] Auch bei einer sich möglicherweise anschließenden Strafhaft sind soziale Hilfen nicht sinnlos, denn der oft nur kurzzeitige Strafvollzug kann darauf anknüpfen.[858] *Jehle* zieht daraus zutreffend den hier geteilten Schluss, dass soziale

---

851   EPR, Rule 38.2.

852   Vgl. CPT/Inf (2012) 6 Rn 44.

853   BVerfGE 35, S. 201 ff, 236.

854   Vgl. *Seebode* 1985, S. 11; *Baumann* 1990, S. 110; *Jehle* 1985, S. 26 f.; 1987, S. 66 f.; *Rotthaus* 1973, S. 2271; *Kaiser* 1984, S. 307 ff.; LR-*Hilger* 2007, § 119 Rn 34; *Müller-Dietz* 1984, S. 82; *Müller-Dietz* 1981, S. 1259; *Hetzer* 1986, S. 50 ff.; *Jung/Müller-Dietz* 1983, S. 12; *Kubach* 2004, S. 45; *Friedrich* 2004, S. 23 f.; *Winzer* 2010, S. 42; Ostendorf-*Ostendorf* 2012, § 1 Rn 31.

855   Vgl. *oben Fußnote 723.*

856   Vgl. zusammenfassend *Jehle* 1987a, S. 35 mit Nachweisen zu *Jehle* 1985.

857   Vgl. zur gleichen Einschätzung für seinen Untersuchungszeitraum *Jehle* 1987a, S. 35.

858   Vgl. *Jehle* 1987a, S. 35.

Hilfen eine vordringliche Aufgabe des Untersuchungshaftvollzugs sind.[859]Hinsichtlich dieser sozialen Hilfen gelten der Grundsatz der Hilfe zur Selbsthilfe und das Freiwilligkeitsprinzip.[860]

Die in allen Landesgesetzen vorgesehenen Bestimmungen zu sozialen Hilfen zur Behebung persönlicher, wirtschaftlicher und sozialer Schwierigkeiten entsprechen insofern den verfassungsrechtlichen Vorgaben und der rechtstatsächlichen Notwendigkeit. Diese Notwendigkeit intensiver sozialer Hilfen im Untersuchungshaftvollzug ergibt sich aus einer Vielfalt von Gründen, die einerseits in der Lebensgeschichte der Betroffenen, andererseits in der Situation des Vorverfahrens oder auch in den spezifischen Umständen der Untersuchungshaft selbst liegen können.[861] So kommt sozialen Hilfen eine kompensierende Funktion in zweifacher Hinsicht zu: Zunächst tragen sie dazu bei, dass die durch die Haft erst geschaffenen sozialen Schwierigkeiten und individuellen Belastungen wenn nicht ausgeglichen, so doch minimiert werden. Diese Aufgaben beziehen sich auf die durch die Verhaftung selbst eingetretene Situation und entsprechen dem Gegensteuerungsgrundsatz.[862] Denn die Inhaftierung hat Auswirkungen auf den bisherigen Lebensbereich außerhalb der Anstalt, z. B. auf Familie, Arbeitsplatz und Wohnung.[863] Zu den Vorkehrungen im Hinblick auf die schädlichen Auswirkungen der Inhaftierung zählen auch die Wiedereingliederungsbemühungen, sofern die Haft zusätzlich die Lebenssituation in Freiheit gefährdet oder verschlechtert hat.[864]

2.2.2.12 Zusammenarbeit mit externen Dritten

Wirksame soziale Hilfe kann im Untersuchungshaftvollzug am ehesten realisiert werden, wenn die Tätigkeit von externen Fachkräften und ehrenamtlichen Mitarbeitern von außerhalb des Vollzugs genutzt und mit den vollzugsinternen Hilfsangeboten abgestimmt wird.[865] Auch die EPR geben vor, dass die Zusammenarbeit mit externen sozialen Diensten zu fördern ist.[866] Solche außervollzuglichen

---

859 Vgl. *Jehle* 1987a, S. 35.

860 Vgl. Ostendorf-*Ostendorf* 2012, § 1 Rn 31.

861 *Jung/Müller-Dietz* 1983, S. 20.

862 *Jehle* 1987, S. 73.

863 *Jehle* 1987, S. 73.

864 *Jehle* 1987, S. 73.

865 Vgl. *Jung/Müller-Dietz* 1983, S. 22.; *Jehle* 1987a, S. 35.

866 EPR, Rule 7.

Stellen sind vielfältig.[867] Auch aus fachlichen Gründen und zur Reduzierung einer Isolation des Untersuchungshaftvollzugs von der Außenwelt,[868] von Haftschäden, zur Förderung von Maßnahmen zur Vermeidung oder Verkürzung von Untersuchungshaft und zur Erweiterung sozialintegrativer Hilfen wie etwa dem Übergang in ambulante Maßnahmen, etwa Bewährungshilfe, sollten externe Mitarbeiter soweit als möglich miteinbezogen werden.[869] Die Formulierung der Regelungen der Gesetze der 8er Gruppe, Bayerns, Nordrhein-Westfalens und Sachsen-Anhalts, die von einer Zusammenarbeit sprechen, sind insofern besser geeignet, die besondere Bedeutung der Kooperation mit Dritten widerzuspiegeln[870] als die von Brandenburg, Rheinland-Pfalz, Thüringen und Baden-Württemberg, die solche Stellen lediglich „benennen" möchten. Innerhalb der 8er Gruppe sollten jedoch auch Hessen und Sachsen nicht auf das Kriterium der „engen" Zusammenarbeit verzichten. Negativ ist hervorzuheben, dass in Niedersachsen eine vergleichbare Norm nicht vorhanden ist. Diesem Missstand sollte der Niedersächsische Gesetzgeber abhelfen.

2.2.3 Zusammenfassung

Die Ausgestaltung des Bereichs „Allgemeine Bestimmungen" durch die Ländergesetze enthält keine großen Überraschungen. Alle Ländergesetze möchten die klassischen Grundsätze der Angleichung und der Gegensteuerung realisieren, wobei Hessen den Angleichungsgrundsatz jedoch nur als Teil der insofern ebenfalls überall betonten Unschuldsvermutung begreift und deswegen nicht gesondert normiert.

Die Aufgabe des Untersuchungshaftvollzugs wird weiterhin überall lediglich als klassisch dienende angesehen und erwartbar nicht um den Aspekt eines freiwilligen Behandlungsvollzugs erweitert. Für eine Differenzierung nach Haftgründen in der Form, das die Untersuchungshaft nur dem „jeweiligen Haftgrund" zu dienen bestimmt ist, konnte sich ebenfalls keiner der Landesgesetzgeber entscheiden. Demgegenüber wurde die Chance zur Etablierung der weitergehenden Präventionsprinzipien Suizidprophylaxe und Gewaltvorbeugung zumindest von einem Teil der Legislative genutzt. Auch werden entsprechend dem

---

867 Insbesondere Stellen der Straffälligenhilfe, Polizeibehörden, Agenturen für Arbeit, Gesundheits- und Ausländerbehörden, Integrationsbeauftragte, Suchtberatungsstellen und Schuldnerberatungen, Träger der Sozialversicherung, Hilfeinrichtungen anderer Behörden, Träger der freien Wohlfahrtspflege, Bewährungshilfe und Jugendgerichtshilfe, Schulen und Schulbehörden, Einrichtungen für berufliche Bildung, Stellen der öffentlichen und freien Jugendhilfe und Jugendämter, vgl. Begründung zu § 6 ThürUVollzG a. F. (Thür. Ltg. Drs. 5/2764).

868 Vgl. *Jung/Müller-Dietz* 1983, S. 23.

869 Vgl. *Dünkel* 1985, S. 342.

870 Vgl. Begründung zu § 6 ThürUVollzG a. F. (Thür. Ltg. Drs. 5/2764).

Sozialstaatsgebot überall Regelungen zu sozialen Hilfen getroffen, wenn auch der diesbezüglich immensen Wichtigkeit der Zusammenarbeit mit Dritten nicht von allen Ländergesetzen angemessen Rechnung getragen wird.

2.3 Vollzugsverlauf

Die Inhaftierung ist eine extreme Situation, in der der Untersuchungsgefangene aus seinem bisherigen vertrauten sozialen Umfeld hinaus in eine fremdbestimmte Umgebung mit wenig Eigenverantwortung gelangt, die ihn von seinen bisherigen sozialen Bezügen weitgehend abtrennt.[871] Die berufliche Tätigkeit, die Wohnung und gewohnte Verhaltensweisen sind nicht mehr verfügbar und die bisherige gesellschaftliche Stellung wird weitgehend irrelevant.[872] Gerade die ersten Tage im Untersuchungshaftvollzug stürzen den Untersuchungsgefangenen oft in eine ernste Lebenskrise.[873] Verhaftung und Einlieferung in den Untersuchungshaftvollzug können einen Schock und auch unkontrollierte Angst verursachen.[874]

Der Untersuchungsgefangene ist dem Vollzugsregime unterworfen. Dieses Unterworfensein wird beim Aufnahmevorgang für ihn besonders deutlich.[875] Der Aufnahmeprozess „markiert deutlich und betont eindringlich, dass sich die rechtliche und soziale Stellung des Verdächtigen ohne Schuldnachweis grundlegend wandelt" und kann dem Untersuchungsgefangenen den Anschein vermitteln, nur Objekt der Justiz zu sein.[876] Dieser Übergang von der Freiheit in den Untersuchungshaftvollzug ist dabei natürlich so unvermeidbar wie das Aufnahmeverfahren, in welchem die Aufnahmevoraussetzungen, also z. B. die Überprüfung von Notwendigkeiten bezüglich gesundheitlicher Fürsorge zu prüfen sind.[877] Die Vorgehensweise bei der Durchführung der Aufnahmeprozedur kann allerdings im Einzelnen unterschiedlich gestaltet sein.[878] Dies kann Auswirkungen auf die Wahrnehmung der Situation durch den Untersuchungsgefangenen haben. Die Landesgesetze haben hier die Vorkehrungen für eine möglichst schonende Praxis zu treffen.

Unter der Überschrift „Vollzugsverlauf" könnte auch der freiwillige vorgezogene Behandlungsvollzug geregelt werden. Nach Ende des eigentlichen Vollzugs

---

871 Vgl. *Jehle* 1985, S. 188.

872 Vgl. *Seebode* 1985, S 195.

873 Vgl. *Rotthaus* 1989, S. 404.

874 Vgl. *Seebode* 1985, S 195.

875 Vgl. *Jehle* 1985, S. 188.

876 *Seebode* 1985, S. 196.

877 Vgl. *Seebode* 1985, S. 197.

878 Vgl. *Jehle* 1985, S. 188.

sollte dem in die Freiheit Entlassenen aus sozialstaatlichen Aspekten ermöglicht werden, die Anstalt vorübergehend weiter zur Unterkunft zu nutzen.

2.3.1 Landesgesetzliche Regelungen

Alle Landesgesetze sehen Regelungen zu Aufnahme[879] und Entlassung[880] vor. Anlässlich der Aufnahme ist überall bis auf Baden-Württemberg ein „Zugangsgespräch" oder „Aufnahmegespräch" mit neu angekommenen Untersuchungsgefangenen vorgesehen. Die „gegenwärtige Lebenssituation" des Untersuchungsgefangenen wird dabei in allen Landesgesetzen bis auf Hamburg, Bayern, Niedersachsen und Nordrhein-Westfalen erörtert. Eine Belehrung des Untersuchungsgefangenen über seine Rechte und Pflichten sehen ebenfalls alle Landesgesetze vor. Nordrhein-Westfalen bestimmt dabei als einziges Gesetz, dass die Information auch mittels eines in einer verständlichen Sprache abgefassten Merkblattes geschehen kann. Die 8er Gruppe (bis Hessen), Rheinland-Pfalz, Thüringen und Sachsen-Anhalt bestimmen, dass dem Untersuchungsgefangenen die Hausordnung auszuhändigen ist, während in Hessen die Hausordnung nur „zugänglich zu machen" ist. Brandenburg bestimmt, dass die Hausordnung ausgehändigt oder in anderer Form zur Verfügung gestellt wird.

Das Vollzugsgesetz ist dem Untersuchungsgefangenen in der 8er Gruppe (bis auf Hamburg) sowie Brandenburg, Rheinland-Pfalz, Thüringen und Sachsen-Anhalt auf Verlangen zugänglich zu machen. Die anderen Landesgesetze enthalten keine entsprechende Bestimmung. Hinsichtlich der Belehrung normieren nur Bremen, Baden-Württemberg, Bayern, Brandenburg und Rheinland-Pfalz, dass sie „in einer für den Untersuchungsgefangenen verständlichen Form" zu geschehen hat. In allen Landesgesetzen, die ein Zugangsgespräch vorsehen (bis auf Bayern) hat dieses „unverzüglich" nach der Aufnahme zu geschehen. Bayern normiert insofern keinen Zeitpunkt.

Verständigungsschwierigkeiten bei der Aufnahme wird nur von zwei Gesetzen durch die Hinzuziehung von Dolmetschern bzw. „Sprachmittlern" begegnet: Niedersachsen bestimmt, dass bei Untersuchungsgefangenen, die der deutschen Sprache nicht hinreichend mächtig sind, ein Dolmetscher hinzuzuziehen und be-

---

879 § 7 UVollzG Bln, BrUVollzG, UVollzG M-V, SUVollzG, SächsUHaftVollzG, UVollzG SH; §§ 7, 94 Abs. 3 HmbUVollzG; § 6 HUVollzG; § 4 JVollzGB BW II; Art. 8 BayUVollzG, Art. 42 BayUVollzG i. V. m. Art. 184 Abs. 3 BayStVollzG; § 136 i. V. m. 8 Abs. 3, § 183 Abs. 3 NJVollzG; § 6 Abs. 2 GVUVS NRW; § 12 BbgJVollzG, LJVollzG RP; ThürJVollzGB; JVollzGB LSA.

880 § 10 UVollzG Bln, BrUVollzG, HmbUVollzG, UVollzG M-V, SUVollzG, SächsUHaft-VollzG, UVollzG SH; § 27 Abs. 1, § 9 Abs. 1, 2 HUVollzG; § 7 JVollzGB BW II; Art. 10 BayUVollzG; § 139 NJVollzG; § 29 Abs. 4 GVUVS NRW; § 54 BbGJVollzG; § 53 LJVollzG RP; § 54 ThürJVollzGB; § 53 JVollzGB LSA.

stimmt noch zusätzlich: „Ist die sofortige Verständigung mit dem Untersuchungs-gefangenen in seinem Interesse oder zur Gewährleistung der Sicherheit oder Ord-nung der Anstalt erforderlich, so können andere Gefangene zur Übersetzung her-angezogen werden, wenn die Zuziehung eines Dolmetschers nicht unverzüglich möglich ist." Brandenburg bestimmt, dass, soweit erforderlich, ein „Sprachmitt-ler" oder Gebärdendolmetscher hinzuzuziehen ist.

Auch die Anwesenheit anderer Gefangener wird von den Landesgesetzen un-terschiedlich gehandhabt. Berlin, Saarland, Schleswig-Holstein und Hamburg be-stimmen, dass andere Gefangene „in der Regel" beim Zugangsgespräch (in Berlin beim „Aufnahmeverfahren") nicht zugegen sein dürfen. In Bremen, Sachsen, Brandenburg, Rheinland-Pfalz, Thüringen und Sachsen-Anhalt gilt dies nicht nur „in der Regel", sondern ausnahmslos. Dabei wählen Brandenburg, Rheinland-Pfalz, Thüringen und Sachsen-Anhalt wie Berlin den Begriff „Aufnahmeverfah-ren". In Hamburg bedürfen Ausnahmen vom Grundsatz der Abwesenheit anderer Gefangener der schriftlichen Einwilligung des Untersuchungsgefangenen. Hes-sen, Baden-Württemberg und Nordrhein-Westfalen bestimmen, dass andere Ge-fangene nicht anwesend sein dürfen, es sei denn, die Untersuchungsgefangenen stimmen dem zu.[881] In Mecklenburg-Vorpommern dürfen andere Gefangene nur zugegen sein, wenn anders eine sprachliche Verständigung nicht möglich ist. In Schleswig-Holstein darf bei sprachlichen Verständigungsschwierigkeiten, die nicht kurzfristig durch Hinzuziehung anderer Personen überwunden werden kön-nen, ausnahmsweise ein zuverlässiger Gefangener hinzugezogen werden. Nieder-sachsen bestimmt zwar, dass andere Gefangene nicht anwesend sein dürfen, macht aber die schon angesprochene Ausnahme in Fällen, in denen die Hinzuzie-hung eines Dolmetschers nicht „rechtzeitig" möglich ist. Bayern normiert, dass beim Aufnahmegespräch das Persönlichkeitsrecht der Untersuchungsgefangenen in besonderem Maße zu wahren ist.

Alle Landesgesetze sehen eine ärztliche Untersuchung des Untersuchungsge-fangenen anlässlich der Aufnahme vor. Nur in Bremen soll dabei der Verhütung von Selbsttötungen eine besondere Bedeutung zukommen

In der 8er Gruppe, Brandenburg, Rheinland-Pfalz, Thüringen und Sachsen-Anhalt ist den Untersuchungsgefangenen Gelegenheit zu geben, einen Angehöri-gen oder eine Vertrauensperson von der Aufnahme in die Anstalt zu benachrich-tigen, soweit eine verfahrenssichernde Anordnung nicht entgegensteht. Nur Sach-sen stellt dies nicht unter den Vorbehalt entgegenstehender verfahrenssichernder Anordnungen.

In der 8er Gruppe (bis auf Hamburg) „sollen" die Untersuchungsgefangenen dabei unterstützt werden, etwa notwendige Maßnahmen für hilfsbedürftige Ange-hörige, zur Erhaltung des Arbeitsplatzes und der Wohnung und zur Sicherung ih-rer Habe außerhalb der Anstalt zu veranlassen. Hessen, Hamburg und Sachsen

---

881 Nordrhein-Westfalen bezieht sich nicht nur auf das Zugangsgespräch, sondern auf „Auf-nahme, ärztliche Untersuchung und Aufnahmegespräch".

nennen zudem noch die Aufrechterhaltung sozialversicherungsrechtlicher Ansprüche. In Hamburg, Brandenburg, Rheinland-Pfalz, Thüringen und Sachsen-Anhalt handelt es sich dabei um keine „soll"-Bestimmung, denn dort „werden" die Untersuchungsgefangenen unterstützt. Die übrigen Gesetze regeln diese Form der sozialen Hilfe nicht gesondert unter dem Punkt „Aufnahme". Diese Gesetze gehen unter dem Regelungspunkt „soziale Hilfen" nur teilweise auf die spezielle Situation der Aufnahme ein: Baden-Württemberg bestimmt etwa, dass den Untersuchungsgefangenen bei der Aufnahme geholfen „wird", die notwendigen Maßnahmen für hilfsbedürftige Angehörige zu veranlassen und ihre Habe außerhalb der Justizvollzugsanstalt sicherzustellen. Ihnen „soll" in Baden-Württemberg während des Vollzugs geholfen werden, soziale Beziehungen aufrechtzuerhalten, Arbeitsplatz und Wohnung zu erhalten und für Unterhaltsberechtigte zu sorgen. Bayern bestimmt, dass den Untersuchungsgefangenen „nach Möglichkeit" bei der Aufnahme soziale Hilfen anzubieten sind, um zur Lösung ihrer persönlichen Schwierigkeiten beizutragen. Niedersachsen regelt, dass der Gefangene bei der Aufnahme „insbesondere" dabei unterstützt wird, notwendige Maßnahmen für hilfsbedürftige Angehörige zu veranlassen und seine Habe außerhalb der Anstalt sicherzustellen und er über die Aufrechterhaltung einer Sozialversicherung zu beraten ist. Nur Nordrhein-Westfalen regelt soziale Hilfen anlässlich der Aufnahme nicht.

Bezüglich der Entlassung sehen alle Landesgesetze bis auf Hessen und Niedersachsen vor, dass im Ausnahmefall ehemalige Untersuchungsgefangene auf ihren Wunsch nach der Entlassung für kurze Zeit weiterhin in der Anstalt verbleiben können. Zugestanden wird überall eine Zeitspanne bis zum Vormittag des zweiten auf den Eingang der Entlassungsanordnung folgenden Werktages. Allein Nordrhein-Westfalen regelt dabei, dass die Untersuchungsgefangenen zum Kostenersatz herangezogen werden.

Die 8er Gruppe (bis auf Bremen), Baden-Württemberg, Nordrhein-Westfalen und Sachsen-Anhalt bestimmen, dass Untersuchungsgefangenen, soweit ihre eigenen Mittel nicht ausreichen bzw. sie bedürftig sind, von der Anstalt eine Entlassungsbeihilfe gewährt werden „kann". In Bremen „soll" in diesen Fällen eine „Reisekostenbeihilfe" gewährt werden. In Nordrhein-Westfalen und Baden-Württemberg ist die Vorschrift verpflichtend ausgestaltet, während Niedersachsen, Bayern, Brandenburg, Rheinland-Pfalz, und Thüringen keine Vorschrift zur Entlassungsbeihilfe vorweisen können.

2.3.2   Bewertung

2.3.2.1   Zugangsgespräch

Gerade solche Gefangene, die das erste Mal in den Untersuchungshaftvollzug gelangen[882] werden u. A. durch die Unkenntnis des Gefängnislebens besonders belastet.[883] Die Untersuchungsgefangenen sollen insofern im Zugangsgespräch auch die Möglichkeit haben, sich im Gespräch mit den Umständen des Wechsels von der Freiheit in den Untersuchungshaftvollzug auseinanderzusetzen. Dabei sollen die Regeln der Vollzugsanstalt so ausführlich erläutert werden, dass der Untersuchungsgefangene einen Orientierungsrahmen erhält.[884] Während des Zugangsgesprächs kann es zu entscheidenden Weichenstellungen mit Blick auf die Entsozialisation des Untersuchungsgefangenen kommen. Denn wenn in einer relativ hilflosen Situation[885] von Seiten des Vollzugspersonals keine Hilfe angeboten wird, besteht die Gefahr, dass der Untersuchungsgefangene Hilfe bei hafterfahrenen Mitgefangenen sucht, die ihn in als Teil der Subkultur in ihre Abhängigkeit bringen möchten.[886] Die Zugangsbelehrung kann insofern helfen, eine Entsozialisation des Untersuchungsgefangenen zu vermeiden, wenn nicht bloß die Hausordnung überreicht und auf vorhandene Vorschriften hingewiesen wird, sondern das Leben im Untersuchungshaftvollzug vorgestellt wird, Hinweise zu den verfügbaren Hilfen gegeben werden und dem Verhafteten seine Situation erklärt wird.[887] Deswegen sollten die Landesgesetze nach hier vertretener Auffassung im Wortlaut ein „Zugangsgespräch" auch als solches vorsehen. Insofern ist Baden-Württembergs Regelung negativ hervorzuheben, denn zwar geht der Landesgesetzgeber auch in Baden-Württemberg ausweislich der Gesetzesbegründung zwar von der Durchführung eines Zugangsgesprächs aus,[888] regelt ein solches jedoch nicht im Gesetz selbst.

Es ist auch wichtig, die „Belehrung über Rechte und Pflichten" als Teilaspekt des Zugangsgesprächs durchzuführen, also tatsächlich mündlich zu erörtern. Die EPR enthalten hier die Vorgabe, dass die Gefangenen bei der Aufnahme schrift-

---

882   In *Jehles* Untersuchung (vgl. oben Fußnote 723) erlebten etwa ein Drittel der Insassen die Inhaftierung als ersten Kontakt mit der Strafjustiz, vgl. *Jehle* 1985, S. 138 ff sowie *Jehle* 1987a, S. 34.

883   Vgl. *van Zyl Smit/Snacken* 2009, S. 48.

884   Vgl. Begründung zu § 2 ThürUVollzG a. F. (Thür. Ltg. Drs. 5/2764).

885   Vgl. *van Zyl Smit/Snacken* 2009, S. 48.

886   Vgl. *Rotthaus* 1989, S. 404.

887   *Seebode* 1935, S. 202.

888   Vgl. Begründung zu § 4 JVollzGB BW (Bw. Ltg. Drs. 14/5012).

lich und mündlich in einer ihnen verständlichen Sprache über die Disziplinarvorschriften der Anstalt und über ihre Rechte und Pflichten im Justizvollzug zu informieren sind.[889] Nordrhein-Westfalen wird dem jedoch nicht gerecht, weil die Information dort auch lediglich mittels eines Merkblattes erfolgen kann. Die Entwurfsbegründung Nordrhein-Westfalens, ausweislich der durch den Entwurf sichergestellt sei, dass ein Aufnahmegespräch geführt werde, in dem der neu Inhaftierte über seine Rechte und Pflichten informiert werde,[890] ist insofern unzutreffend. Bemerkenswert ist, dass die Begründung Nordrhein-Westfalens auch in Bezug auf die hinsichtlich der internationalen Vorgaben geäußerte Sichtweise zweifelhaft ist. Dort heiß es wörtlich: „Angesichts der Vielzahl unterschiedlicher Nationalitäten wird dies [Anm.: die Aufklärung über Rechte und Pflichten] nicht immer auf dem sprachlichen Weg möglich sein. Insofern sind die Forderungen der Europäischen Strafvollzugsgrundsätze [...] und des Ausschusses der Vereinten Nationen gegen Folter [...] nicht durchgängig mit den Möglichkeiten der Praxis in Einklang zu bringen."[891]

Diese Begründung erscheint gerade mit Blick auf die Entscheidungen des BVerfG zur Bedeutung der internationalen Vorgaben[892] vom 31.05. 2006[893] und vom 17.10.2012[894] problematisch und manifestiert eine unzulässige Ausrichtung des Vollzugs an den Sachzwängen mangelnder Ressourcen. Denn bekanntlich ist es „Sache des Staates, im Rahmen des Zumutbaren alle Maßnahmen zu treffen, die geeignet und nötig sind, um Verkürzungen der Rechte von Untersuchungsgefangenen zu vermeiden; die dafür erforderlichen sachlichen und personellen Mittel hat er aufzubringen, bereitzustellen und einzusetzen."[895]

Mit Blick auf die EPR ist ebenso zu fordern, dass das Vollzugsgesetz und die Hausordnung dem Gefangenen entweder zugänglich zu machen oder sogar auszuhändigen sind. Dies sollte entgegen der derzeitigen Situation von allen Landesgesetzen positiv geregelt werden.

Zumindest die Landesgesetzgeber der 8er Gruppe haben ausweislich der Begründung zum Musterentwurf erkannt, dass das Zugangsgespräch „schnellstmög-

---

889 EPR, Rule 30.1.

890 Vgl. Begründung zu § 6 GVUVS NRW (Nrw. Ltg. Drs. 14/863).

891 Vgl. Begründung zu § 6 GVUVS NRW (Nrw. Ltg. Drs. 14/863).

892 BVerfGE 116, S. 69 ff.; BVerfG 2 BvR 939/07 vom 13.11.2007; BVerfG 2 BvR 736/11 vom 17.10.2012.

893 BVerfGE 116, S. 69 ff.

894 BVerfG 2 BvR 736/11 vom 17.10.2012.

895 Vgl. zuletzt BVerfG 2 BvR 736/11, Abs. Nr. 24; BVerfG 2 BvR 1229/07 vom 10.01.2008 Abs. Nr. 19; BVerfGE 36, S. 264 ff., 275; 42, S. 95 ff., 101 f.; BVerfGK 13, S. 163 ff., 166 m. w. N.

lich, jedenfalls aber innerhalb der ersten 24 Stunden" zu führen ist, um den entsozialisierenden Aspekten der Aufnahme zu begegnen.[896] Vor dem Hintergrund, dass etwa *Jehles* Untersuchung ergeben hat, dass in den drei ersten auf die Inhaftierung folgenden Tagen zumeist kein Gespräch mit den Untersuchungsgefangenen zustande kam,[897] ist es jedoch bedenklich, dass keines der Landesgesetze eine zeitlich zwingende Formulierung wählt. Bayerns Regelung, die überhaupt keinen zeitlichen Rahmen für die Durchführung des Zugangsgesprächs vorsieht, ist insofern besonders negativ hervorzuheben. Fußend auf der Erkenntnis der Notwendigkeit eines möglichst schnell erfolgenden Aufnahmegesprächs sollte nach hier vertretener Auffassung in allen Landesgesetzen eine Verpflichtung des Justizvollzugs statuiert werden, die den relativ engen zeitlichen Rahmen von 24 Stunden festlegt.[898]

Der schon mehrfach angesprochene hohe Ausländeranteil in der Untersuchungshaft[899] und dessen unterschiedliche Zusammensetzung führen u. a. zu nicht zu vernachlässigenden Verständigungsschwierigkeiten, die auch während des Aufnahmeprozesses relevant werden können. Die EPR enthalten die Vorgabe, dass sprachlichen Unzulänglichkeiten durch den Einsatz kompetenter Dolmetscher zu begegnen „ist".[900] Der Einsatz von Dolmetschern bzw. „Sprachmittlern" ist jedoch nur in Brandenburg garantiert, weil nur Brandenburg deren Zuziehung zwingend und ohne Ausnahmen verpflichtend normiert. Hier ist es mit Blick auf die EPR geboten, entsprechende Regelungen auch in die übrigen Landesgesetze zu übernehmen. In Niedersachsens Regelung wird zwar auch ein Dolmetscher erwähnt, die eher halbherzig gestaltete Vorschrift birgt jedoch die Gefahr, dass von einer Hinzuziehung abgesehen wird, da die vorgesehene Ausnahme in den Fällen, in denen eine „sofortige Verständigung" mit dem Untersuchungsgefangenen „in dessen Interesse liegt", zu vage ist. Denn zum einen wird eine sofortige Verständigung mit Blick auf die schon oben erwähnten möglichen entsozialisierenden Aspekte einer zeitlichen Verzögerung letztlich immer im Interesse des Untersuchungsgefangenen liegen. Ebenso ist zu befürchten, dass das Absehen von der Hinzuziehung eines Dolmetschers in Niedersachsen so eher zur Regel wird. Insbesondere liegt diese Befürchtung nahe, weil in Niedersachsen in den Fällen, in denen die sofortige Verständigung mit dem Untersuchungsgefangenen in dessen Interesse liegt, die Hinzuziehung anderer Gefangener nach den gesetzlichen Best-

---

896 Entwurfsbegründung ThürUVollzG a. F., S. 75.

897 Vgl. *Jehle* 1985, S. 188 f. sowie *Jehle* 1987a, S. 35.

898 So auch *Dünkel* 2009b, S. 5.

899 Siehe oben Tabelle 18, S. 130 ff.

900 EPR, Rule 38.3.

immungen möglich ist und dadurch zumindest die Gefahr besteht, dass aus Gründen der Bequemlichkeit oder zur Einsparung von Dolmetscherkosten die vorgesehene Regel durchbrochen wird.[901]

Im Zusammenhang mit den Regelungen zu Dolmetschern steht die Anwesenheit anderer Gefangener während der Aufnahme. Diese ist nach hier vertretener Ansicht ausnahmslos zu verhindern. Teilweise wird die Anwesenheit anderer Gefangener, wie sich bzgl. Niedersachsen soeben gezeigt hat, jedoch auch als Lösung der aus Sicht der Landesgesetzgeber bestehenden Problematik bezüglich der Hinzuziehung von Dolmetschern angesehen. Auch andere Landesgesetzgeber möchten sprachlichen Problemen durch die Hinzuziehung anderer Gefangener als Übersetzer begegnen: Die Formulierung eines Teils der 8er Gruppe (Berlin, Saarland, Schleswig-Holstein und Hamburg) dass lediglich „in der Regel" keine anderen Gefangenen anwesend sein dürfen, soll ausweislich der Gesetzesbegründungen bei „unüberwindbaren Sprachschwierigkeiten" Ausnahmen zulassen.[902] Mecklenburg-Vorpommern und Schleswig Holstein normieren in ihren Gesetzen explizit, dass andere Gefangene bei „sprachlichen Verständigungsschwierigkeiten" anwesend sein dürfen. Naheliegender Grund für diese Regelungen ist neben den Möglichkeiten zur Kosteneinsparung ein schneller Weg zum Zugangsgespräch,[903] so dass zwar, obwohl dieser Vorgehensweise die Praktikabilität nicht abzusprechen ist,[904] bessere Gründe gegen solche Regelungen sprechen. Zunächst ist insofern das handgreifliche Argument anzuführen, dass bei Einschaltung anderer Gefangener nicht sichergestellt ist, dass auch eine richtige Übersetzung erfolgt. Für einen vertraulichen Umgang mit Personenbezogenen Informationen sprechen neben dem Angleichungsgrundsatz[905] auch die gebotene Wahrung der Privatsphäre des Untersuchungsgefangenen und der Datenschutz. Personenbezogene Daten des Untersuchungsgefangenen sind als „besonders sensible Daten" einzustufen, weswegen eine Kenntnisnahme seitens Dritter verhindert werden sollte.[906] Dies gilt umso mehr vor dem Hintergrund der Gefängnissubkultur, da die Verbreitung bestimmter Informationen über den Neuankömmling im Vollzug zu dessen Nachteil gereichen kann.[907]

---

901   Der Niedersächsische Landesgesetzgeber hat selbst zutreffend diese Gefahr erkannt, vgl. Begründung zu § 8 NJVollzG (Nds. Ltg. Drs. 15/ 3565), von der Regelung jedoch nicht abgesehen.

902   Vgl. exemplarisch die Begründung zu § 7 ThürUVollzG a. F. (Thür. Ltg. Drs. 5/2764).

903   Vgl. die Bezugnahme auf den Vorsitzenden des Bundes der Strafvollzugsbediensteten, Landesverband Mecklenburg-Vorpommern (MV Ltg. Drs. 5/3050, S. 9).

904   Vgl. die Bezugnahme auf *Koop* in Br. Bürgerschaft Drs. 17/1157 S. 6.

905   Vgl. AK-Feest/*Feest/Strauber* 2012, § 5 Rn 8; *Kühl* 2012, S. 112.

906   *Sommer* 2010, S. 50.

907   Vgl. *Laubenthal* 2011, S. 181; *Kühl* 2012, S. 112.

Zwar sehen insofern Hamburg, Hessen, Baden-Württemberg und Nordrhein-Westfalen ein Einwilligungserfordernis vor. Dadurch kann jedoch nur datenschutzrechtlichen Aspekten Rechnung getragen werden, mögliche negative Auswirkungen der Subkultur werden dadurch jedoch nicht verhindert. Überdies ist schon fraglich, ob die Bedeutung der Einwilligung in die Preisgabe solcher Informationen in der Ausnahmesituation in der sich der Untersuchungsgefangene befindet, von jedem Neuankömmling vollständig erfasst wird. Weiterhin relevant bleibt diesbezüglich in jedem Fall die Problematik der Auferlegung und vor allem der Durchsetzung der Schweigepflicht des jeweiligen Mitgefangenen zum wirksamen Schutz der Daten des Untersuchungsgefangenen.[908] Die Begründung zum Musterentwurf wünscht sich hier zwar die Hinzuziehung eines „zuverlässigen Gefangenen", dem dann ausdrücklich die bestehende Verschwiegenheitpflicht bewusst zu machen sei.[909] Jedoch liegt es auf der Hand, das hier schon Probleme bei dieser Auswahl bestehen können, die sich bei der Auferlegung einer Verschwiegenheitpflicht fortsetzen dürften, da eine wirksame Kontrolle kaum möglich sein wird. Auch wenn es sich dann um einen zuverlässigen Gefangenen handelt, ist wiederum nicht auszuschließen, dass mit Mitteln der Subkultur [910]von Seiten anderer versucht wird, über den an sich zuverlässigen Gefangenen doch noch an die Informationen zu gelangen. Überdies spricht gegen eine solche Regelung, dass die Abwesenheit anderer Gefangener und der damit einhergehende Schutz der Intimsphäre des Gefangenen möglicherweise auftretende Gefühle der Entwürdigung zu mindern vermag.[911] *Baumann* sah in diesem Zusammenhang sogar vor, dass bei der Aufnahme andere als die hierzu notwendigen Bediensteten nicht anwesend sein dürfen[912] und begründete das damit, dass die Anwesenheit einer Mehrzahl von Bediensteten die Aufnahme zu einem „entwürdigenden Spießrutenlaufen" machen würde.[913] Entsprechend sollte dies hinsichtlich der Anwesenheit anderer Gefangener gelten.

Insofern sind nur die Regelungen von Bremen, Sachsen, Brandenburg, Rheinland-Pfalz, Thüringen und Sachsen-Anhalt sachgerecht, da nur sie die Anwesenheit anderer Gefangener zwingend ausschließen. Bayerns Formulierung trifft durch die Bezugnahme auf das Persönlichkeitsrecht des Untersuchungsgefangenen zwar den Kern der Problematik, möchte damit jedoch keinen zwingenden Ausschluss der Anwesenheit anderer Gefangener normieren. Denn auch Bayern sieht ausweislich der Gesetzesbegründung die Lösung in der „ausnahmsweisen"

---

908 Vgl. *Hartge* 2009.

909 Vgl. Begründung zu § 7 ThürUVollzG a. F. (Thür. Ltg. Drs. 5/2764).

910 Vgl. die eindrücklichen Einzelerfahrungen bei *Gatzweiler* 1999, S. 325.

911 Vgl. *Laubenthal* 2011, S. 181.

912 § 5 Abs. 2 E-Baumann.

913 Vgl. *Baumann* 1981, S. 27.

Inanspruchnahme der Hilfe „sorgfältig ausgewählter Mitgefangener",[914] weswegen auch diese Regelung im Ergebnis abzulehnen ist.

Nach hier vertretener Auffassung ist es bedauerlich, dass keines der Landesgesetze Regelungen zur Anwesenheit einer Vertrauensperson bei der Aufnahme trifft. Schon *Seebode* erachtete eine solche Regelung als wünschenswert, um den Übergang in den Untersuchungshaftvollzug zu erleichtern und auch einer Entsozialisation des Untersuchungsgefangenen zu begegnen.[915] Wenn dies ein Anliegen des Untersuchungsgefangenen ist, erscheint es durchführbar, einem Angehörigen oder einer anderen Vertrauensperson die Anwesenheit bei der Aufnahme zu gestatten, wenn der Haftgrund dem nicht entgegensteht,[916] was für den Großteil der Untersuchungsgefangenen der Fall ist.[917] Solche Regelungen sind für die Landesgesetze schon deswegen wünschenswert, weil die Anwesenheit einer Vertrauensperson bei der Aufnahme Trost spenden und eine Brücke zwischen dem Untersuchungshaftvollzug und der Freiheit darstellen und dem Untersuchungsgefangenen bei der Verarbeitung seiner Gefühle helfen kann.[918] Auch die Landesgesetzgeber haben anerkannt, dass gerade die Inhaftierung bei vielen Untersuchungsgefangenen eine plötzliche Lebenskrise auslöst, weil sich die vertraute Lebensgestaltung schlagartig grundlegend verändert.[919] Betrachtet man zusätzlich die Empfehlungen des CPT, nach denen die „Aufnahmeformalitäten insgesamt" eine wichtige Rolle bei der Suizidprophylaxe spielen, ist eine Umsetzung des Vorschlags von *Seebode* auch unter dem Aspekt der Verhinderung von Suiziden geboten. Die CPT Standards stellen gerade klar, dass die richtige Durchführung der Aufnahmeformalitäten einige Personen von der Beklemmung befreien kann, die alle neu ankommenden Gefangenen fühlen.[920] Dass dieser Beklemmung durch die Anwesenheit einer Vertrauensperson entgegengewirkt werden kann, ist wiederum nachvollziehbar. Aspekte der Sicherheit und Ordnung stehen einer solchen Regelung nicht zwingend entgegen. Auch der Gegenwirkungsgrundsatz spricht klar für eine solche Bestimmung, so dass nach hier vertretener Ansicht eine entsprechende Regelung in alle Landesgesetze aufzunehmen ist.

---

914   Vgl. Begründung zu Art 8 BayUVollzG (Bay. Ltg. Drs. 16/9082).

915   Vgl. *Seebode* 1985, S. 198.

916   So auch *Seebode* 1985, S. 198.

917   Vgl. *Kap. 1.5.2, Tab. 5.*

918   Vgl. *Seebode* 1985, S. 198.

919   Vgl. Bremische Bürgerschaft, Drucksache 17/1157, S. 8.

920   CPT-Standards, Auszug aus dem 3. Jahresbericht CPT/Inf (92) 3 Rn 58.

2.3.2.2 Zugangsuntersuchung

Anlässlich der Aufnahme erfolgt auch eine ärztliche Untersuchung. Die EPR geben insofern vor, dass alle Gefangenen dem ärztlichen oder dem diesem zugeordneten ausgebildeten pflegerischen Personal so bald wie möglich nach der Aufnahme vorzustellen sind. Es erfolgt eine Untersuchung, sofern dies nicht offensichtlich unnötig ist.[921] Die Vorgabe des CPT ist, dass jeder neu angekommene Gefangene so bald wie möglich nach seiner Ankunft durch einen Arzt ordnungsgemäß befragt und körperlich untersucht werden sollte; wenn keine außergewöhnlichen Umstände vorliegen, sollte die Befragung/Untersuchung am Tag der Ankunft durchgeführt werden, insbesondere, soweit Untersuchungshaftanstalten betroffen sind.[922]

Alle Landesgesetze sehen eine Zugangsuntersuchung vor. Die Bestimmungen der 8er Gruppe (bis auf Hamburg und Schleswig-Holstein) sowie von Brandenburg, Rheinland-Pfalz, Thüringen, Sachsen-Anhalt, Baden-Württemberg, Bayern, Niedersachsen und Nordrhein-Westfalen, nach denen die Untersuchungsgefangenen „alsbald" ärztlich untersucht werden, sowie Hamburgs Entscheidung, dies „umgehend" erfolgen zu lassen und die Regelung Schleswig Holsteins, nach der „möglichst innerhalb von 24 Stunden nach der Aufnahme" eine Untersuchung zu erfolgen hat, stehen mit den relativ weiten Vorgaben der EPR im Einklang. Das gilt auch hinsichtlich der Vorgaben des CPT. Wünschenswert wäre jedoch für alle Landesgesetze auch eine Umsetzung der Empfehlung des CPT, dass die Untersuchung, wenn keine außergewöhnlichen Umstände vorliegen, am Tag der Ankunft durchgeführt werden sollte.

Positiv hervorzuheben ist, dass Hamburg vorsieht, dass auch der Sinn der Untersuchung erläutert wird. Ebenso positiv ist die Entscheidung des Bremischen Gesetzgebers, schon an dieser Stelle die Suizidprophylaxe zu betonen, die erkennt, dass schon das Aufnahmegespräch für das Erkennen einer Suizidgefährdung eine Rolle spielt.[923]

2.3.2.3 Benachrichtigung von Vertrauenspersonen

Ein wichtiger Punkt des Aufnahmevorgangs ist die Benachrichtigung von Vertrauenspersonen durch den Untersuchungsgefangenen. Die EPR geben vor, dass Gefangenen zu gestatten „ist", ihre Familien unverzüglich von ihrer Inhaftierung zu unterrichten.[924]

---

921 EPR, Rule 42.1.

922 CPT-Standards, Auszug aus dem 3. Jahresbericht CPT/Inf (92) 3 Rn 33.

923 Bremische Bürgerschaft Drucksache 17/1157, S. 12 f.

924 EPR, Rule 24.8.

Vor dem Hintergrund dieser klaren Vorgabe der EPR ist es bedauerlich, dass nur die 8er Gruppe, Brandenburg, Rheinland-Pfalz, Thüringen und Sachsen-Anhalt vorsehen, dass den Untersuchungsgefangenen Gelegenheit zu geben ist, Personen außerhalb der Anstalt darüber zu informieren, in welche Anstalt sie aufgenommen wurden. Auch für die anderen Gesetze ist es geboten, dem Untersuchungsgefangenen diesen Rechtsanspruch einzuräumen. Dafür spricht neben den Vorgaben der EPR zunächst die handgreifliche und zutreffende Begründung der 8er Gruppe, dass die zu informierenden Personen wissen müssen, in welcher Justizvollzugsanstalt sich die Untersuchungsgefangenen befinden,[925] sowie der Gedanke, dass schon bei dieser Benachrichtigung Schritte zur Erhaltung des Arbeitsplatzes und der Wohnung des Untersuchungsgefangenen eingeleitet werden können.[926]

2.3.2.4 Vorgezogener Behandlungsvollzug

Nicht zuletzt aus der Perspektive des Strafvollzugs muss sich eine lediglich als Verwahrvollzug ausgestaltete Untersuchungshaft als „dysfunktional" präsentieren.[927] Nach hier vertretener Auffassung wäre es sinnvoll, die schon oben angesprochene Teilnahme an Behandlungs- und Betreuungsangeboten für einen Teil der Untersuchungsgefangenen über einen vorgezogenen Antritt der Strafhaft zu ermöglichen.[928] Legislatorisches Vorbild für die Landesgesetze könnte der Entwurf der *Anstaltsleiter* sein, der insofern im Rahmen einer Kann-Vorschrift vorsah, dass geeigneten Untersuchungsgefangenen, in der Regel nach Abschluss der letzten Tatsacheninstanz, auf ihren Antrag hin Gelegenheit zur Berufsausbildung, beruflicher Fortbildung, Umschulung oder Teilnahme an anderen ausbildenden oder weiterbildenden sowie sozialtherapeutischen Maßnahmen in Einrichtungen des Strafvollzuges gegeben werden konnte.[929] Für eine Umsetzung der Möglichkeit einer freiwilligen frühzeitigen Integration des Untersuchungsgefangenen in den Strafvollzug durch die Landesgesetze sprechen die Vorgaben der EPR, die wörtlich bestimmen: „Beantragt ein/e Untersuchungsgefangene/r, nach den Vollzugsregeln für Strafgefangene behandelt zu werden, so haben die Vollzugsbehörden diesem Antrag so weit wie möglich zu entsprechen."[930] Der Kommentar zu den EPR führt für diese Vorgabe zunächst an, dass ein Interesse des Beschuldigten in etwa in Fällen von Alkohol- oder Drogenmissbrauch oder Sexualdelikten

---

925 Vgl. Begründung zu § 7 UVollzG LSA (LSA. Ltg. Drs. 5/2019).

926 *Schlothauer/Weider* 2010, S. 479.

927 Vgl. *Jehle* 1987a, S. 33.

928 Vgl. *Morgenstern* 2009b, S. 11; *Dünkel* 2009a, S. 6; 1985, S. 339.

929 § 31 Abs. 5 Entwurf der Anstaltsleiter.

930 EPR, Rule 101.

an der Teilnahme am Strafvollzugsregime bestehen kann.[931] Auch die von den Autoren der EPR erkannte, trotz der Unschuldsvermutung häufig schlechtere Situation der Untersuchungsgefangenen[932] dürfte zur Aufnahme dieser Vorgabe beigetragen haben.

Die Rechtsnatur dieses Instituts basiert auf der freiwilligen Unterwerfung des Beschuldigten unter die Regeln des Strafvollzugs. Während dabei der überwiegende Teil des Vollzugsregimes des Strafvollzugs auf den Beschuldigten angewandt werden kann, entfällt der äußere Rahmen des Haftrechts nicht, so dass der Haftbefehl aufrechterhalten wird und die Zwecke der Verfahrenssicherung weiterhin zu beachten bleiben.[933] Das führt dazu, dass etwa Freigang und Ausgang[934]oder offener Vollzug[935] nicht, bzw. abhängig vom jeweiligen Haftgrund nur eingeschränkt gewährt werden.[936] Der Fortfall der Haftgründe beendet den Vollzug des vorgezogenen Behandlungsvollzugs nicht, der Fortfall des Tatverdachts hingegen schon.[937] Das Bedenken gegen eine solche Regelung, dass ein solches Institut die rechtsstaatliche Selbstverständlichkeit übergehe, daß der Beschuldigte zu entlassen sei, wenn keine Haftgründe mehr vorliegen,[938] ist kein zwingendes Argument gegen dieses Institut und missversteht dieses auch. Denn die freiwillige Entscheidung zum Antritt des vorgezogenen Behandlungsvollzugs hat zur Folge, dass auch deren jederzeitige Rücknahme möglich sein muss,[939] so dass es dem Beschuldigten anheimgestellt bleibt, die Vollzugsanstalt bei Fortfall des Haftgrundes zu verlassen.

Während der Entwurf der *Anstaltsleiter* dieses Institut als Teil der Einbindung der Untersuchungshaft in ein behandlungsorientiertes Gesamtkonzept der Freiheitsentziehung[940] vorsah,[941] sieht *Paeffgen* darin eine „Zwitterfigur" zwischen

---

931 EPR, Kommentar zu Rule 101.

932 Vgl. *van Zyl Smit* 2006, S. 137; *van Zyl Smit/Snacken* 2009, S. 181; *Morgenstern* 2011a, S. 458 f.; 2013, S. 195.

933 *Paeffgen* 1986, S. 269.

934 § 11 StVollzG.

935 § 10 StVollzG.

936 Vgl. *Paeffgen* 1986, S. 269.

937 Vgl. *Paeffgen* 1986, S. 269.

938 Vgl. *Arbeitskreis Strafprozessreform* 1983, S. 38.

939 Vgl. *Paeffgen* 1986, S. 271.

940 Kritisch zu diesem Konzept *Jehle* 1987a, S. 37, der die „wohlklingende Formel" als missverständlich bezeichnet, weil sie Vorstellungen einer Therapie mit erheblicher Eingriffsintensität wecken könnte, die in besonderem Maße im Hinblick auf die Unschuldsvermutung problematisch erscheinen müsste.

941 Vgl. *Döschl/Herrfahrdt/Nagel/Preusker* 1982, Vorwort.

Untersuchungshaft und Strafhaft, weil der Beschuldigte auf die Vorteile des Untersuchungshaftvollzuges verzichtet, ohne alle Vorteile des Strafvollzuges zu erhalten.[942] Jedenfalls ist zu konstatieren, dass das Vollzugsregime wegen den fortwirkenden Zwecken der Verfahrenssicherung, die in ihren Beschränkungen über die Beschränkungen des normalen Strafvollzugs hinausgehen, zwar einschneidender ist als der Strafvollzug.[943] Diese Erkenntnis spricht aber nicht gegen dieses Institut, weil eine gegen die Unschuldsvermutung verstoßende Strafe damit schon deswegen nicht verbunden ist, weil keine rechtskräftige Verurteilung vorliegt.[944]

Sinn und Zweck dieses Instituts ist es, dem Beschuldigten zu ermöglichen, auf freiwilliger Basis die Vorteile eines sinnvollen, Resozialisierungschancen eröffnenden modernen Behandlungsvollzuges möglichst frühzeitig in Anspruch nehmen zu können.[945] Ein weiteres Argument für die Aufnahme dieses Instituts in die Landesgesetze ist, dass dafür ein Bedürfnis wegen der misslichen Situation, des sog. „Anrechnungsdilemmas" besteht. Denn die Zeit, die im Vollzug der Untersuchungshaft verbracht wird, geht im Grunde für die Resozialisierung verloren,[946] weil die für Resozialisierungsbemühungen weniger effektive Untersuchungshaftzeit nach § 51 StGB in der Regel auf die Zeit des Strafvollzuges angerechnet wird, wodurch die insgesamt zur Resozialisierung zur Verfügung stehende Zeit reduziert wird.[947] Durch die zusätzlich möglicherweise erfolgende Aussetzung des Strafrests zur Bewährung können sich zum Teil relativ kurze Zeiten im Strafvollzug ergeben, die vielfach kaum noch für die Durchführung von Resozialisierungsmaßnahmen sinnvoll nutzbar gemacht werden können, sondern die Zeit des Freiheitsentzugs u. U. auf eine resozialisierungsfeindliche kurze Freiheitsstrafe reduzieren.[948]

Es ist zuzugeben, dass sich das Anrechnungsdilemma gar nicht in dieser ausgeprägten Form stellen müsste, wenn der Untersuchungshaftvollzug genügend Angebote sinnvoller Arbeit und sozialer Trainingskurse vorhalten würde.[949] Keiner der Landesgesetzgeber normiert jedoch eine eigenständige Behandlungsaufgabe des Untersuchungshaftvollzugs auf freiwilliger Basis und verpflichtet den

---

942 *Paeffgen* 1986, S. 269.

943 Vgl. *Paeffgen* 1986, S. 271.

944 So im Ergebnis auch *Paeffgen* 1986, S. 272.

945 Vgl. *Paeffgen* 1986, S. 269.

946 Vgl. *Kury* 1987, S. 82.

947 Vgl. *Kury* 1987, S. 82 f.; *Jehle* 1987a, S. 33.

948 Vgl. *Kury* 1987, S. 82 f.; *Jehle* 1987a, S. 33.

949 Vgl. *Jehle* 1985, S. 265 f.

Untersuchungshaftvollzug dementsprechend, Behandlungs- oder Betreuungs- und Hilfeangebote zu machen.[950]

Auch verstößt das Institut des vorgezogenen Behandlungsvollzugs nicht gegen die Unschuldsvermutung.[951] Denn der sich selbst als stützungsbedürftig einschätzende Beschuldigte verzichtet nicht auf die Unschuldsvermutung oder Teile von ihr, sondern wählt mit Blick auf seine „Stabilisierungsbedürftigkeiten" selbständig das geringere Übel.[952] Nur den dazu bereiten Untersuchungsgefangenen wird durch eine solche Regelung auf freiwilliger Basis die Möglichkeit eingeräumt, Resozialisierungsmaßnahmen in Einrichtungen des Strafvollzuges wahrzunehmen.[953] Auch prozessuale Bedenken sprechen nicht gegen die Einführung dieses Instituts: So wurde zwar früher teilweise das Erfordernis eines Geständnisses vertreten.[954] Eine solche Voraussetzung ist jedoch nicht zu Begründen und schon deswegen abzulehnen, um den Anschein zu vermeiden, der Beschuldigte erkaufe sich durch prozessuales Wohlverhalten eine bessere Behandlung.[955] Vielmehr beinhaltet das erforderliche Einverständnis des Beschuldigten kein Geständnis, sondern nur die Bitte um Sozialisierungshilfen.[956] Deswegen ist die Argumentation, dass der Geständnisdruck sich umso mehr verstärke, je fragwürdiger die Verhältnisse in der Untersuchungshaft und je „günstiger" das Angebot der Strafanstalten seien,[957] unzutreffend. Dass ein Geständnis nicht nötig ist, zeigt letztlich auch der Blick in das Schweizer Recht,[958] das eine Regelung zum vorzeitigen Antritt des Strafvollzugs kennt,[959] ein Geständnis des Beschuldigten jedoch nicht voraussetzt.[960]

---

950 Vgl. *Kap. 2.2.2.2.*

951 Vgl. *Morgenstern* 2013, S. 207.

952 Vgl. *Paeffgen* 1986, S. 270 ff.

953 Vgl. *Döschl/Herrfahrdt/Nagel/Preusker* 1982, Vorwort.

954 Vgl. *Wolter* 1980 S. 104; *Wolter* 1981, S. 498.

955 Vgl. *Paeffgen* 1986, S. 270.

956 Vgl. *Paeffgen* 1986, S. 270.

957 So aber der *Arbeitskreis Strafprozeßreform* 1983, S. 37 f.

958 Vgl. dazu *Schubarth* 1979, S. 295 ff.

959 § 236 StPO Schweiz, in Kraft seit dem 01.01.2011. Davor galten analoge Vorschriften in den Kantonen. Ähnliche Regelungen existieren z. B. auch in Litauen und Polen (wo die Regelung aber nur eine geringe Zahl von Gefangenen betrifft). In den Niederlanden ist es möglich, verschiedene Tätergruppen ohne ihre Einwilligung, was nicht nur aus deutscher Sicht problematisch erscheint, nach erstinstanzlicher Verurteilung in ein normales Gefängnis zu verlegen, vgl. *Morgenstern* 2011a, S. 455, S. 460; 2013, S. 207.

960 Vgl. Schweizerischer Bundesrat, Botschaft zur Vereinheitlichung des Strafprozessrechts vom 21.12.2005 (Drs. 05.092), S. 1236.

Zuzugeben ist, dass der vorgezogene Behandlungsvollzug Probleme im Hinblick auf laufende Ermittlungen aufwerfen kann. Jedoch stellt sich dieses Problem ohnehin nur für den Teil der Beschuldigten, bei dem Verdunkelungsgefahr vorliegt. Dieser für einen geringen Teil der Untersuchungsgefangenen[961] bestehenden Gefahr kann jedoch wiederum begegnet werden, indem man wie in der Schweiz den vorzeitigen Antritt der Strafhaft etwa, nur „sofern der Stand des Verfahrens es erlaubt" zulässt. Eine Übernahme dieser Formulierung in das deutsche Recht würde es ermöglichen, bei der Entscheidung über die Zulassung zum vorgezogenen Behandlungsvollzug zu berücksichtigen, dass der Verdunkelungsgefahr im Regime des Strafvollzugs weniger gut begegnet werden kann als im Untersuchungshaftvollzug.[962] Jedenfalls aber sollten die Landesgesetze nach hier vertretener Auffassung für diejenigen Inhaftierten, die das Urteil erster Instanz lediglich in Bezug auf das Strafmaß anfechten, einen Anspruch auf vorgezogenen Behandlungsvollzug einräumen.[963]

Jedoch darf die Einführung eines vorgezogenen Behandlungsvollzugs nicht zu einer (weiteren) Verschlechterung der Zustände des Untersuchungshaftvollzugs führen.[964] Insofern wurden Bedenken vorgetragen, dass beispielsweise die Gefahr eines „Teufelskreises" bestehe, weil sich auf Seiten des Staates Anreiz und Notwendigkeit, in den Untersuchungshaftvollzug zu investieren, verringerten.[965] Dem ist jedoch entgegenzuhalten, dass solche Überlegungen gerade im Lichte des Sozialstaatsgebots[966] keine Rolle spielen dürfen. Denn der Grundsatz, dass es „Sache des Staates [ist], im Rahmen des Zumutbaren alle Maßnahmen zu treffen, die geeignet und nötig sind, um Verkürzungen der Rechte von Untersuchungsgefangenen zu vermeiden" und dass er „die dafür erforderlichen sächlichen und personellen Mittel [...] aufzubringen, bereitzustellen und einzusetzen [hat],"[967] würde auch nach Einführung des Instituts des vorgezogenen Behandlungsvollzugs weitergelten und dem Unterlassen von Investitionen in den Untersuchungshaftvollzug entgegenstehen.

---

961 Vgl. *Kap. 1.5.2, Tab. 5.*

962 Vgl. Schweizerischer Bundesrat, Botschaft zur Vereinheitlichung des Strafprozess- rechts vom 21.12.2005 (Drs. 05.092), S. 1236.

963 So auch *Morgenstern* 2009b, S. 11; *Dünkel* 2009a, S. 6.

964 Vgl. *Kury* 1987, S. 85.

965 Vgl. *Arbeitskreis Strafprozessreform* 1983, S. 37 f.

966 BVerfGE 35, S. 201 ff., S. 236.

967 Vgl. zuletzt BVerfG 2 BvR 736/11 Abs. Nr. 24; BVerfG 2 BvR 1229/07 vom 10.01.2008 Abs. Nr. 19; BVerfGE 36, S. 264 ff., 275; 42, S. 95 ff., 101 f.; BVerfGK 13, S. 163 ff., 166 m. w. N.

2.3.2.5 Entlassung

Im Zusammenhang mit der Entlassung aus dem Untersuchungshaftvollzug in die Freiheit sollte ehemaligen Untersuchungsgefangenen nach hier vertretener Auffassung aus sozialstaatlichen Aspekten ermöglicht werden, die Anstalt vorübergehend auf freiwilliger Basis im Hinblick auf Unterkunft und Versorgung in Anspruch nehmen können. Vorbild kann hier eine Regelung aus dem Entwurf des *Arbeitskreises Sozialdemokratischer Juristen* sein, die unter der sachgerechten Überschrift „Krisenintervention" eine Norm enthielt, die dem ehemaligen Untersuchungsgefangenen einen freiwilligen Verbleib in der Anstalt ermöglichte, der eine Woche lediglich nicht übersteigen „sollte". Diese vorübergehende Wiederaufnahme war noch innerhalb von vier Wochen nach der Entlassung möglich.[968] Dass der Großteil der Landesgesetze einen kurzzeitigen Verbleib in der Anstalt nach Entlassung ermöglicht, ist zu begrüßen. Jedoch sind die Regelungen Hessens und Niedersachsens, die eine solche Möglichkeit nicht vorsehen, mit Blick auf das Sozialstaatsgebot bedenklich. Für alle Landesgesetze ist die Übernahme des vom Entwurf des *Arbeitskreises Sozialdemokratischer Juristen* vorgesehenen Zeitraums von einer Woche, der lediglich nicht überschritten werden „sollte" wünschenswert. Die von den Landesgesetzen insofern vorgesehene Zeitspanne, die lediglich bis zum Vormittag des zweiten auf den Eingang der Entlassungsanordnung folgenden Werktages reicht, sollte deswegen verlängert werden. Angesichts der überall abnehmenden Belegungszahlen[969] kann zumindest ein Platzmangel nicht gegen eine solche Regelung angeführt werden.

Negativ sticht in diesem Zusammenhang die Regelung Nordrhein-Westfalens heraus, nach der die Untersuchungsgefangenen zum Kostenersatz für diese Unterbringung herangezogen werden können. Gegen diese Regelung sprechen der sozialstaatliche Gedanke und das Sonderopfer der Untersuchungshaft. Dagegen spricht auch, dass sich hier eine Inkonsequenz ergibt, da auch in Nordrhein-Westfalen Entlassungsbeihilfe gewährt wird. Die Gewährung von kostenloser Unterkunft sollte auch in Nordrhein-Westfalen als nicht-monetärer Aspekt der Entlassungsbeihilfe gesehen werden, wofür letztlich auch spricht, dass hier der Staat mit dem Problem konfrontiert werden kann, seine Ansprüche gerichtlich geltend machen zu müssen, wofür wiederum möglicherweise nicht einzutreibende Kosten entstehen, so dass schon eine Abwägung von Kosten und Nutzen gegen diese Regelung spricht.

Die Regelungen der 8er Gruppe sowie von Nordrhein-Westfalen, Brandenburg, Rheinland-Pfalz, Thüringen und Sachsen-Anhalt zur Entlassungsbeihilfe sind sozialstaatlich geboten. Die Regelung Bremens, die als einzige eine Soll-Bestimmung zur Entlassungsbeihilfe enthält, ist insofern positiv hervorzuheben und

---

968 § 9 des Entwurfes *Sozialdemokratischer Juristen.*

969 Vgl. *Kap. 1.5.1, Tab. 2, 3, 4.*

nach hier vertretener Auffassung auch in die übrigen Landesgesetze zu übernehmen. Bedauerlich ist, dass die anderen Landesgesetze keine Regelungen zur Entlassungsbeihilfe enthalten. Einen Verstoß gegen die Unschuldsvermutung und das daraus folgende Gebot, den Untersuchungsgefangenen nicht schlechter zu stellen als den Strafgefangenen, stellt die Niedersächsische Regelung dar, weil in Niedersachsen nur den Strafgefangenen Entlassungsbeihilfe gewährt wird.[970] Folgerichtig vermag der Landesgesetzgeber eine Begründung für diese ungerechtfertigte Schlechterstellung auch nicht zu geben.[971] Hier ist Abhilfe zu schaffen.

2.3.3 Zusammenfassung

Die unter der Überschrift „Vollzugsverlauf" untersuchten Regelungen der Ländergesetze unterscheiden sich eher marginal. Die deutlichsten und wichtigsten Unterschiede zeigen sich bei der Frage, wie dem hohen Ausländeranteil im Untersuchungshaftvollzug Rechnung getragen wird. Dies erfolgt nur teilweise in angemessener Form. Denn bei Verständigungsschwierigkeiten ist ausnahmslos die Hinzuziehung eines Dolmetschers zu fordern, was jedoch nur von einem kleinen Teil der Landesgesetzgeber umgesetzt wird. Die demgegenüber von den übrigen Landesgesetzgebern als kostengünstiges Substitut gewählte Inanspruchnahme von Übersetzungsdiensten anderer Gefangener ist spiegelbildlich aus verschiedensten Gründen strikt abzulehnen.

Negativ hervorhebenswert ist die mit Blick auf das Sozialstaatsgebot bedenkliche Tatsache, dass Hessen und Niedersachsen keine Regelung zur Wiederaufnahme Entlassener haben und dass einige Landesgesetze nicht einmal Kann-Regelungen zur Entlassungsbeihilfe vorweisen können.

Gerade mit Blick auf das Sozialstaatsgebot ist es auch bedauerlich, dass sich keiner der Landesgesetzgeber für die Etablierung eines vorgezogenen Behandlungsvollzugs an solchen Gefangenen, die sich selbst als resozialisierungsbedürftig erkennen, entscheiden konnte. Auf diese Weise wird nirgendwo der Vorgabe der EPR entsprochen, dass die Vollzugsbehörden dem Antrag des Untersuchungsgefangenen auf Behandlung nach den Vollzugsregeln für Strafgefangene so weit wie möglich zu entsprechen haben.[972]

---

970 § 70 NJVollzG.

971 Vgl. Begründung zu § 70 NJVollzG (Nds. Ltg. Drs. 15/3565).

972 EPR, Rule 101.

2.4 Unterbringung und Versorgung der Untersuchungsgefangenen

Im Bereich „Unterbringung und Versorgung" werden Vorschriften zusammenge-fasst, die die Lebensverhältnisse der Untersuchungsgefangenen während des Auf-enthalts in der Anstalt wesentlich mitbestimmen. Sie bilden die Rahmenbedin-gungen der Existenz des Untersuchungsgefangenen.

2.4.1 Landesrechtliche Regelungen

Alle Landesgesetze enthalten Regelungen zum Trennungsgrundsatz.[973] Vorgese-hen ist im Grundsatz die Trennung der Untersuchungsgefangenen von Strafgefan-genen. Nur Baden-Württemberg bestimmt lediglich, dass Untersuchungsgefan-gene „soweit möglich" von anderen Gefangenen getrennt gehalten werden „sol-len". Alle Landesgesetze regeln auch, dass Ausnahmen vom Trennungsgrundsatz mit Zustimmung des Untersuchungsgefangenen zulässig sind. Die 8er Gruppe so-wie Brandenburg, Rheinland-Pfalz, Thüringen und Sachsen-Anhalt bestimmen ebenfalls, dass gemeinsame Maßnahmen, insbesondere gemeinsame Arbeit und eine gemeinsame Berufs- und Schulausbildung (bzw. schulische und berufliche Qualifizierung in Brandenburg, Rheinland-Pfalz, Thüringen und Sachsen-Anhalt) zulässig sind. Auch Baden-Württemberg normiert, dass von der getrennten Un-terbringung abgesehen werden kann, um es Untersuchungsgefangenen zu ermög-lichen, zu arbeiten oder an Bildungsmaßnahmen oder Freizeitangeboten teilzu-nehmen. Bayern bestimmt hier „Artikel 11 Abs. 2 bleibt unberührt".[974] Auch regeln die Gesetze der 8er Gruppe (bis auf Sachsen) sowie Brandenburg, Rhein-land-Pfalz, Thüringen und Sachsen-Anhalt, dass Ausnahmen zur Umsetzung ei-ner verfahrenssichernden Anordnung oder aus Gründen der Sicherheit oder Ord-nung der Anstalt zulässig sind. Darüber hinaus können Untersuchungsgefangene in der 8er Gruppe sowie Brandenburg, Rheinland-Pfalz, Thüringen und Sachsen-Anhalt ausnahmsweise mit Gefangenen anderer Haftarten untergebracht werden, wenn die geringe Anzahl der Gefangenen eine getrennte Unterbringung nicht zu-lässt. In Sachsen sind Ausnahmen nur mit Zustimmung der einzelnen Untersu-chungsgefangenen zulässig. Es finden sich jedoch auch verschiedene weitere

---

973 § 11 UVollzG Bln, BrUVollzG, HmbUVollzG, UVollzG M-V, SUVollzG, SächsUHaft-VollzG, UVollzG SH; § 62 Abs. 2 bis 5 HUVollzG; § 4 Abs. 1, 2, 6, 7 JVollzGB BW II; Art. 5 BayUVollzG; § 172 Abs. 1, Abs. 2, § 172 Abs. 3 i. V. m. § 171 Abs. 2 S. 4 NJVollzG i. V. m. § 134 Abs. 3 S. 1 u. Abs. 6 NJVollzG; § 3 GVUVS NRW; § 17 BbgJVollzG, LJVollzG RP, ThürJVollzGB, JVollzGB LSA.

974 Art. 11 Abs. 2 BayUVollzG: „Den Untersuchungsgefangenen kann Gelegenheit gegeben werden, sich außerhalb der Ruhezeiten in Gemeinschaft mit anderen Gefangenen, auch anderer Haftarten, aufzuhalten, soweit es die räumlichen, personellen und organisatori-schen Verhältnisse der Anstalt gestatten".

Ausnahmen vom Trennungsgrundsatz. So sind Ausnahmen in Baden-Württemberg auch zulässig, wenn dies aus „Gründen der Vollzugsorganisation oder aus anderen wichtigen Gründen erforderlich" ist. In Bayern sind Ausnahmen „vorübergehend" zulässig, wenn dies aus „anderen dringenden Gründen der Vollzugsorganisation erforderlich ist", in Niedersachsen „wenn dies vorübergehend aus zwingenden Gründen der Vollzugsorganisation erforderlich ist" und in Nordrhein-Westfalen, wenn sie „zur Erreichung des Zwecks der Untersuchungshaft, aus Gründen der Sicherheit oder Ordnung, aus Gründen der Vollzugsorganisation oder anderen wichtigen Gründen erforderlich sind."

Alle Landesgesetze enthalten Regelungen zur Unterbringung außerhalb der Einschluss- bzw. Ruhezeit.[975] Die Gesetze der 10er Gruppe differenzieren hierbei zwischen Freizeit einerseits und Arbeit und Bildung andererseits: Während Arbeit und Bildung grundsätzlich in Gemeinschaft stattfinden, „kann" den Untersuchungsgefangenen während der Freizeit lediglich gestattet werden, sich in Gemeinschaft mit anderen Gefangenen aufzuhalten. Für die Teilnahme an gemeinschaftlichen Veranstaltungen kann die Anstaltsleiterin oder der Anstaltsleiter mit Rücksicht auf die räumlichen, personellen oder organisatorischen Verhältnisse der Anstalt besondere Regelungen treffen.

Außerhalb der 10er Gruppe wird die Unterbringung außerhalb der Ruhezeit nicht nach Arbeit, Bildung und Freizeit differenziert. In Brandenburg und Rheinland-Pfalz „dürfen" sich die Gefangenen außerhalb der Einschlusszeiten in Gemeinschaft aufhalten. In Baden-Württemberg und Bayern „soll" den Untersuchungsgefangenen demgegenüber nur Gelegenheit gegeben werden, sich „außerhalb der Ruhezeit" in Gemeinschaft mit anderen Untersuchungsgefangenen aufzuhalten, „soweit es die räumlichen, personellen und organisatorischen Verhältnisse der Justizvollzugsanstalt gestatten". In Niedersachsen „wird" dem Gefangenen wiederum Gelegenheit gegeben, sich „außerhalb der Ruhezeit" in Gemeinschaft mit anderen Gefangenen aufzuhalten und in Nordrhein-Westfalen „dürfen" sich Untersuchungsgefangene zwar außerhalb ihrer Haftäume in Gemeinschaft aufhalten, jedoch nur, „soweit es die räumlichen, personellen und organisatorischen Verhältnisse der Anstalt gestatten".

Alle Landesgesetze regeln auch die Unterbringung während der Ruhezeit bzw. „Einschlusszeit".[976] Vorgeschrieben wird dafür im Grundsatz die Einzelunterbringung. Nur in Hamburg war bis zum 31.12.2014 mit Zustimmung des

---

975 § 12 UVollzG Bln, BrUVollzG, HmbUVollzG, UVollzG M-V, SUVollzG, SächsUHaftVollzG, UVollzG SH; § 10 Abs. 2-3 HUVollzG; § 8 Abs. 2-3 JVollzGB BW II; Art. 11 Abs. 2-4 BayUVollzG; § 141 Abs. 2-3, § 172 NJVollzG; § 10 GVUVS NRW; § 19 BbgJVollzG, LJVollzG RP, ThürJVollzGB, JVollzGB LSA.

976 § 13 UVollzG Bln, BrUVollzG, UVollzG M-V, SUVollzG, SächsUHaftVollzG, UVollzG SH; §§ 13, 113 Abs. 2 HmbUVollzG; § 10 Abs. 1 HUVollzG; § 8 Abs. 1 JVollzGB BW II; Art. 11 Abs. 1 BayUVollzG; § 141 Abs. 1 NJVollzG; § 10 GVUVS NRW; § 18 BbgJVollzG; § 19 LJVollzG RP, ThürJVollzGB; § 18 JVollzGB LSA.

Gefangenen auch die Mehrfachbelegung von Zellen möglich. Ausnahmen sind „bei Zustimmung des Untersuchungsgefangenen" in allen Landesgesetzen bis auf Brandenburg und Rheinland-Pfalz vorgesehen. In Brandenburg gilt dies „auf Antrag der Gefangenen, wenn schädliche Einflüsse nicht zu befürchten sind" und in Rheinland-Pfalz sowie Sachsen-Anhalt mit Zustimmung, wenn schädliche Einflüsse nicht zu befürchten sind.

Die Gesetze der 8er Gruppe (bis auf Hamburg, Hessen und Schleswig-Holstein) sowie Rheinland-Pfalz, Bayern und Niedersachsen machen die Ausnahme, dass eine gemeinschaftliche Unterbringung „vorübergehend und aus zwingenden Gründen" zulässig ist. In Hessen ist eine gemeinsame Unterbringung ohne Einwilligung oder eine Belegung mit mehr als drei Gefangenen „ausnahmsweise kurzzeitig zulässig, wenn hierfür aufgrund außergewöhnlicher Umstände eine unabweisbare Notwendigkeit besteht." Schleswig-Holstein bestimmt, dass eine gemeinsame Unterbringung nur vorübergehend und aus zwingenden Gründen für höchstens drei Tage zulässig ist. In Brandenburg ist eine gemeinsame Unterbringung nur vorübergehend und zur Überwindung einer nicht vorhersehbaren Notlage zulässig.

Hamburg, Baden-Württemberg und Nordrhein-Westfalen kennen keine Bestimmung zur ausnahmsweisen gemeinschaftlichen Unterbringung. Auch sie bestimmen jedoch wie alle anderen Landesgesetze, dass bei einer Gefahr für Leben oder Gesundheit des Untersuchungsgefangenen eine gemeinsame Unterbringung zulässig ist. Nordrhein-Westfalen bestimmt darüber hinaus, dass eine gemeinsame Unterbringung möglich ist, wenn sie geeignet erscheint, schädlichen Folgen der Inhaftierung entgegen zu wirken.

Alle Landesgesetze bis auf Niedersachsen und Nordrhein-Westfalen regeln die Unterbringung mit Kindern.[977] Nur Brandenburg, Rheinland-Pfalz, Thüringen, Sachsen-Anhalt und Hessen beziehen auch Väter mit ein. Alle Landesgesetze sehen lediglich *Kann*-Vorschriften vor, ein Rechtsanspruch wird nicht eingeräumt. Überall ist ein Zustimmungserfordernis des Aufenthaltsbestimmungsberechtigten vorgesehen, ebenso ist nach allen Landesgesetzen auch das Jugendamt zu hören. Einige Gesetze (Brandenburg, Rheinland-Pfalz, Thüringen, Sachsen-Anhalt, Bremen, Berlin, Saarland, Schleswig-Holstein) stellen die Unterbringung unter den Vorbehalt, dass „die baulichen Gegebenheiten dies zulassen". Baden-Württemberg lässt eine Unterbringung nur zu, wenn ein Platz für Mutter und Kind zur Verfügung steht. Ebenfalls nur Baden-Württemberg normiert auch das Erfordernis, dass beide für die Unterbringung dort geeignet sein müssen. Dass die Unterbringung dem Kindeswohl entsprechen muss, regeln deklaratorisch Sachsen-Anhalt, Sachsen, Hamburg, Hessen und Baden-Württemberg. Nur Hamburg for-

---

977 § 14 UVollzG Bln, BrUVollzG, HmbUVollzG, UVollzG M-V, SUVollzG, SächsUHaft-VollzG, UVollzG SH; § 65 HUVollzG; § 10 JVollzGB BW II; Art. 42 BayUVollzG i. V. m. Art. 86 BayStVollzG; § 21 BbgJVollzG, LJVollzG RP, ThürJVollzGB, JVollzGB LSA.

dert zusätzlich, dass es „keine Alternative gibt". Die Altersgrenze wird von Saarland, Schleswig-Holstein, Berlin, Bremen, Brandenburg, Rheinland-Pfalz, Thüringen und Sachsen-Anhalt bei Vollendung des dritten Lebensjahres gezogen. In Baden-Württemberg „soll" das Kind das dritte Lebensjahr noch nicht vollendet haben. In Hamburg darf das Kind noch nicht fünf Jahre alt sein und in Hessen und Bayern „noch nicht schulpflichtig". Alle Landesgesetze sehen vor, dass die Unterbringung auf Kosten der für das Kind Unterhaltspflichtigen erfolgt. Von der Geltendmachung des Kostenersatzanspruchs kann nach allen Landesgesetzen bis auf Sachsen und Baden-Württemberg ausnahmsweise abgesehen werden, wenn hierdurch die gemeinsame Unterbringung gefährdet würde. In Bayern findet sich der Einschub „ausnahmsweise" nicht. Sachsen enthält keine Regelung zum Absehen von den Kosten, Baden-Württemberg regelt, dass die Kosten der Unterbringung des Kindes vom Justizvollzug regelmäßig nicht übernommen werden.

Nur Brandenburg regelt die Unterbringung in einer Wohneinheit.[978] Zur Erhaltung ihrer Selbstständigkeit können Gefangene, die zu korrekter Führung unter geringerer Aufsicht fähig sind und die Bereitschaft zur Einordnung in die Gemeinschaft sowie zur Mitarbeit am Vollzugsziel mitbringen, mit ihrer Zustimmung in einer Wohneinheit untergebracht werden. Bestimmt wird, dass eine Wohneinheit in einem baulich abgegrenzten Bereich eingerichtet wird, zu dem neben den Haftträumen weitere Räume und Einrichtungen zur gemeinsamen Nutzung gehören.

Die Gesetze der 8er Gruppe (bis auf Berlin) sowie von Brandenburg, Rheinland-Pfalz, Thüringen, Sachsen-Anhalt, Baden-Württemberg und Bayern bestimmen, dass der Untersuchungsgefangene an den Betriebskosten der in seinem Gewahrsam befindlichen Geräte beteiligt werden kann. Berlin, Niedersachsen und Nordrhein-Westfalen kennen eine Beteiligung des Untersuchungsgefangenen an den Betriebskosten demgegenüber nicht.

Überall finden sich Regelungen zur Ausstattung des Haftraums.[979] Geregelt wird von allen Landesgesetzen, dass die Untersuchungsgefangenen ihren Haftraum in angemessenem Umfang ausstatten dürfen. Sachen, die geeignet sind, die Sicherheit oder Ordnung der Anstalt zu gefährden, werden ausgeschlossen.

Jedes der Landesgesetze normiert das Recht des Untersuchungsgefangenen zum Tragen eigener Kleidung.[980]

978　§ 20 BbgJVollzG.

979　§ 16 UVollzG Bln, BrUVollzG, HmbUVollzG, UVollzG M-V, SUVollzG, SächsUHaftVollzG, UVollzG SH; § 11 Abs. 1 HUVollzG; § 9 JVollzGB BW II; Art. 14 Abs. 2 BayUVollzG; § 172 Abs.1 und 2, § 142 Abs. 1 NJVollzG; § 13 Abs. 2 GVUVS NRW; § 57 BbgJVollzG; § 56 LJVollzG RP; § 57 ThürJVollzGB; § 56 JVollzGB LSA

980　§ 17 UVollzG Bln, BrUVollzG, UVollzG M-V, SUVollzG, SächsUHaftVollzG, UVollzG SH; § 16 HmbUVollzG; § 13 HUVollzG; § 10 JVollzGB BW II; Art. 14 Abs. 1 BayUVollzG; § 142 Abs. 2, 4 Nr. 2 NJVollzG; § 13 GVUVS NRW; § 62 Abs. 2 und 3

Die in allen Landesgesetzen vorhandenen Bestimmungen zu Verpflegung und Einkauf[981] regeln die Ausgestaltung der Anstaltsverpflegung und die Frage, welche Möglichkeiten dem Untersuchungsgefangenen zum Einkauf gegeben werden. Zur Anstaltsverpflegung ist überall vorgesehen, dass die Justizvollzugsanstalt für eine gesunde Ernährung zu sorgen hat und auf ärztliche Anordnung besondere Verpflegung gewährt wird. Alle Landesgesetze bis auf Baden-Württemberg sehen vor, dass den Untersuchungsgefangenen das Befolgen religiöser Speisevorschriften zu ermöglichen „ist". Nur Baden-Württemberg enthält hier eine „soll"-Regelung. Nur Brandenburg bestimmt zusätzlich, dass den Gefangenen auch zu ermöglichen ist, sich fleischlos zu ernähren.

In Hamburg und Bayern kann den Untersuchungsgefangenen auf ärztliche Anordnung der Einkauf einzelner Nahrungs- und Genussmittel ganz oder teilweise untersagt werden, wenn zu befürchten ist, dass diese die Gesundheit des Untersuchungsgefangenen ernsthaft gefährden.[982]

Nur Bayern sieht vor, dass die Untersuchungsgefangenen sich in angemessener Weise auf eigene Kosten durch Vermittlung der Anstalt selbst verpflegen dürfen. Die Verpflegung darf nur von Speise- oder Gastwirtschaften bezogen werden, die der Anstaltsleiter bestimmt.

Zum Einkauf sehen die 8er Gruppe, Bayern, Niedersachsen und Nordrhein-Westfalen vor, dass die Anstalt für ein Angebot sorgen „soll", das auf Wünsche und Bedürfnisse der Untersuchungsgefangenen Rücksicht nimmt. In Hamburg heißt es: „Die Anstaltsleitung kann für die Organisation des Einkaufs und den Inhalt des Warenangebots unter Würdigung der Wünsche und Bedürfnisse der Untersuchungsgefangenen besondere Regelungen treffen".

In Brandenburg, Rheinland-Pfalz, Thüringen und Sachsen-Anhalt wirkt die Anstalt auf ein Angebot hin, das auf Wünsche und Bedürfnisse der Gefangenen Rücksicht nimmt. In Baden-Württemberg „ist" das Warenangebot auf die Bedürfnisse der Untersuchungsgefangenen abzustimmen. Einige Landesgesetze beschränken den Einkauf der Höhe nach: Hessen und Bayern begrenzen den Einkauf auf einen „angemessenen Umfang". In Baden-Württemberg dürfen die Untersuchungsgefangenen monatlich einen Betrag verwenden, der „im Regelfall" den 20-

---

BbgJVollzG; § 61 Abs. 2 und 3 LJVollzG RP; 62 Abs. 2 und 3 ThürJVollzGB; § 60 Abs. 2 und 3 JVollzGB LSA.

981   § 18 UVollzG Bln, BrUVollzG, UVollzG M-V, SUVollzG, SächsUHaftVollzG, UVollzG SH; §§ 17, 18 HmbUVollzG; § 14 i. V. m. § 11 Abs. 2 HUVollzG; § 11 JVollzGB BW II; Art. 42 BayUVollzG i. V. m. Art. 23 BayStVollzG; Art. 14 Abs. 2-5 BayUVollzG; Art. 14 Abs 6 BayUVollzG i. V. m. Art 24 Abs. 2 S. 2 und 3 BayStVollzG; § 142 Abs. 3 und 4 S. 1 Nr. 3, Abs. 4 S. 2 i. V. m. § 24 Abs. 2 S. 2 NJVollzG; § 13 Abs. 3 und 4, § 14 GVUVS NRW; § 63 BbgJVollzG; § 62 LJVollzG RP; § 63 ThürJVollzGB; § 61 JVollzGB LSA.

982   § 18 Abs. 4 S. 2 HmbUVollzG; Art. 14 Abs. 6 BayUVollzG i. V. m. Art. 24 Abs. 2 S. 2 BayStVollzG.

fachen Tagessatz der Eckvergütung nicht übersteigen „soll". Erhalten Untersuchungsgefangene Bezüge nach dem JVollzGB BW II, soll der Betrag den 30-fa-
chen Tagessatz der Eckvergütung nicht übersteigen. In Niedersachsen „sollen"
die Ausgaben für Einkäufe monatlich den 30-fachen Tagessatz der Eckvergütung[983] nicht übersteigen. In Nordrhein-Westfalen wird „das Nähere" durch die
Anstalt geregelt.

Die Gesetze der 8er Gruppe (bis auf Hamburg und Hessen) und Rheinland-
Pfalz regeln, dass dem Untersuchungsgefangenen die Möglichkeit eröffnet werden soll, Gegenstände über den Versandhandel zu beziehen. In Brandenburg, Thüringen, Sachsen-Anhalt, Hamburg, Hessen, Bayern, Niedersachsen und Nordrhein-Westfalen fehlt eine Regelung zum Versandhandel. In Baden-Württemberg
kann dem Untersuchungsgefangenen nur „in begründeten Ausnahmefällen", insbesondere wenn ein zugelassener Artikel sonst nicht beschafft werden kann, der
Einkauf „über andere sichere Bezugsquellen" gestattet werden.

Die 8er Gruppe, Brandenburg, Rheinland Pfalz, Thüringen, Sachsen-Anhalt,
Bayern und Nordrhein- Westfalen bestimmen, dass sich Untersuchungsgefangene
von den Einzelvorschriften nicht umfasste Annehmlichkeiten (in Hessen: „Zusatzleistungen"; in Nordrhein-Westfalen: „Bequemlichkeiten und Beschäftigungen") auf ihre Kosten verschaffen dürfen, soweit und solange nicht die Sicherheit
oder Ordnung der Anstalt gefährdet wird.[984] In Baden-Württemberg fehlt eine
Regelung zu Annehmlichkeiten. Niedersachsen normiert: „Annehmlichkeiten
und Beschäftigungen dürfen sie sich im Rahmen der Vorschriften dieses Teils auf
ihre Kosten verschaffen."[985]

2.4.2 Bewertung

2.4.2.1 Trennungsgrundsätze

Die Trennung der Untersuchungsgefangenen von Strafgefangenen ist Konsequenz der Unschuldsvermutung.[986]Auch die EPR enthalten diese Vorgabe.[987]
Der Trennungsgrundsatz soll auch deutlich machen, dass die Untersuchungsge-

---

983   Definiert in § 152 Abs. 3 S. 2 NJVollzG.

984   § 19 UVollzG Bln, BrUVollzG, HmbUVollzG, UVollzG M-V, SUVollzG, SächsUHaft-
      VollzG, UVollzG SH ; § 15 HUVollzG; Art. 3 Abs. 2 BayUVollzG; § 1 Abs. 2 GVUVS
      NRW; § 64 BbgJVollzG; § 63 LJVollzG RP; § 64 ThürJVollzGB; § 62 JVollzGB LSA.

985   § 130 Abs. 2 NJVollzG.

986   BGH NJW 2003, S. 3698 f., S. 3698; Vgl. KK-*Schulthei*s 2008, § 119 Rn 5; SK-*Paeffgen*
      2007 § 119 Rn 7; LR-*Hilger* 2007, § 119 Rn 14.

987   EPR, Rule 18.8.a).

fangenen nicht zur Verbüßung einer Strafe inhaftiert sind.[988] Sachgerecht ist insofern, dass alle Landesgesetze im Grundsatz die Trennung der Untersuchungsgefangenen von Strafgefangenen vorsehen. Baden-Württembergs Regelung ist jedoch bedenklich, weil die Untersuchungsgefangenen nur „soweit möglich" von anderen Gefangenen getrennt gehalten werden „sollen". Im Vergleich zu den anderen Landesgesetzen wird in Baden-Württemberg der Trennungsgrundsatz auf diese Weise schon von vornherein gelockert, ohne dass konkret formulierte Ausnahmetatbestände bestimmt werden.

Sinnvolle Ausnahmen vom Trennungsgrundsatz widersprechen nicht der Unschuldsvermutung. Es ist anerkannt, dass die Trennung verschiedener Gefangenengruppen nicht in jedem Fall streng eingehalten werden muss.[989] Denn die vollständige Trennung der Gefangenengruppen kann zu einer Unterbringung des Untersuchungsgefangenen ohne Gemeinschaftsangebote, Zugang zu schulischen Maßnahmen oder Arbeit führen, wenn dies mangels Personal im Untersuchungshaftvollzug nicht anders realisiert werden kann.[990] Im Interesse des Untersuchungsgefangenen sind deswegen Ausnahmen zu ermöglichen und der einzelne Untersuchungsgefangene sollte in Teilen frei sein, die Trennung von Strafgefangenen nicht in Anspruch nehmen zu müssen.[991] Insbesondere ist die freiwillige Teilnahme etwa an Arbeitsmaßnahmen des Strafvollzugs zweckmäßig.[992]

Insofern ist es sachgerecht, dass die Gesetze der 8er Gruppe sowie von Brandenburg, Rheinland-Pfalz, Thüringen und Sachsen-Anhalt bestimmen, dass gemeinsame Maßnahmen, insbesondere gemeinsame Arbeit und eine gemeinsame Berufs- und Schulausbildung zulässig sind. Baden-Württembergs Regelung, die über Arbeit und Bildung hinaus noch die Teilnahme an Freizeitangeboten des Strafvollzugs ermöglicht, ist positiv hervorzuheben.

Die Ausnahmen der übrigen Landesgesetze vom Trennungsgrundsatz sind weniger konkret, da sie ohne Bezug auf die „gemeinsamen Maßnahmen" lediglich bestimmen, dass „Ausnahmen mit Zustimmung des Untersuchungsgefangenen zulässig" sind. Da jedoch auch Bayern ausweislich der Begründung einrichten will, „dass z. B. gemeinsame Arbeit und Ausbildung oder auch gemeinsame Freizeitveranstaltungen mit Strafgefangenen möglich sind, soweit sich nicht eigene Gruppen nur für Untersuchungsgefangene bilden lassen"[993] und ebenso Nordrhein-Westfalen mit seiner Vorschrift „Schwierigkeiten [...] bei der Bereitstellung

---

988 BGH NJW 2003, S. 3698 ff., 3699; vgl. KK-*Schultheis* 2008, § 119 Rn 5; SK-*Paeffgen* 2007 § 119 Rn 7; LR-Hilger § 119 Rn 16.

989 Vgl. EPR, Kommentar zu Rule Nr. 18.8.

990 Vgl. *Morgenstern* 2009b, S. 6.

991 Vgl. *Jehle* 1985, S. 192.

992 Vgl. *Preusker* 1981, S. 135; *Jehle* 1985, S. 192; 1987a, S. 37; LR-*Hilger* § 119 Rn 17.

993 Vgl. Begründung zu Art. 5 BayUVollzG (Bay. Ltg. Drs. 16/9082).

vollzuglicher Angebote" begegnen will und über die Ausnahmen vom Trennungsgrundsatz ermöglichen möchte, dass Untersuchungsgefangene „beispielsweise
gemeinsam mit Strafgefangenen beschäftigt werden" können,[994]ist auch für diese
Landesgesetze eine klarstellende Regelung wünschenswert.

Die übrigen Ausnahmen vom Trennungsgrundsatz sind nach hier vertretener
Ansicht häufig zu weit gefasst. Vorzugswürdig erscheint die Verwendung eines
Tatbestandskatalogs, der die einzelnen Ausnahmetatbestände anführt.[995] Wenn
es jedoch etwa lediglich heißt, dass Ausnahmen „aus Gründen der Sicherheit und
Ordnung der Anstalt" zulässig sind, ist dies zu unbestimmt.[996] Ebenso sind die in
Baden-Württemberg und Nordrhein-Westfalen zu findenden Ausnahmen von der
getrennten Unterbringung, die auch dann zulässig sind, wenn dies aus „Gründen
der Vollzugsorganisation oder aus anderen wichtigen Gründen erforderlich" ist,
bedenklich. Bayerns Klarstellung, nach der Ausnahmen „vorübergehend" zulässig sind, wenn dies aus „anderen dringenden Gründen der Vollzugsorganisation
erforderlich ist", ist insofern zwar vorzugswürdig. Besser ist insofern noch die
Formulierung in Niedersachsen, die auf Fälle abstellt, in denen dies „vorübergehend" aus „zwingenden" Gründen der Vollzugsorganisation erforderlich ist. Dabei ist jedoch allgemein die Nennung der „vollzugsorganisatorischen Gründe"
weiterhin problematisch, weil sich eine Zusammenlegung aufgrund der „Vollzugsorganisation" oder „aus wichtigem Grund" aufgrund der ausfüllungsbedürftigen
Begrifflichkeiten zu häufig begründen lässt. Insbesondere bedingen diese Formulierungen die Gefahr, dass der Trennungsgrundsatzrundsatz unter den Vorbehalt
personeller und sachlicher Zwänge gestellt wird.[997] Zumindest sollte deswegen –
wie in Bayern und Niedersachsen – konkret normiert werden, dass dies nur „vorübergehend" geschehen darf.[998]

Ausnahmen vom Trennungsgrundsatz sind auch deswegen geboten, weil gerade in dicht besiedelten Bundesländern eine vollständige Berücksichtigung des
Trennungsgrundsatzes eine von der bisherigen Wohnung und der Familie weit
entfernte Unterbringung in einer zentralen Justizvollzugsanstalt verursachen
kann.[999] Eine vollständige Realisierung des Trennungsgrundsatzes könnte dann
zu einem Widerspruch mit den Bestimmungen der EPR führen, nach denen Gefangene soweit möglich in Justizvollzugsanstalten in der Nähe ihrer Wohnung
oder des Ortes ihrer sozialen Wiedereingliederung (nach Entlassung aus dem

---

994 Vgl. Begründung zu § 3 GVUVS NRW (NRW. Ltg. Drs.14/8631).

995 Vgl. *Dünkel* 2009b, S. 12.

996 Vgl. *Dünkel* 2009b, S. 12.

997 Vgl. *Piel/Püschel/Tsambikakis/Wallau* 2009, S. 34.

998 Vgl. *Kubach* 2004, S. 115 f.

999 *Morgenstern* 2009b, S. 6.

Vollzug) unterzubringen sind.[1000] Hinderlich ist dann der – eigentlich der Privilegierung des Untersuchungsgefangenen dienende – Trennungsgrundsatz in erster Linie für die immens wichtige Förderung der Angehörigenbesuche,[1001] da die Anreise der Besucher grade vor dem Hintergrund einer möglicherweise finanziell schlechten Situation der Familie und hohen Reisekosten durch weite Anreisewege erschwert werden.[1002] Die Einhaltung der rechtlichen Privilegierung des Untersuchungsgefangenen kann insofern eine tatsächliche Benachteiligung gegenüber Strafgefangenen bedingen.[1003] Insofern muss die in allen Landesgesetzen vorgesehene Möglichkeit von Ausnahmen vom Trennungsgrundsatz mit Zustimmung der Untersuchungsgefangenen zur konkreten Förderung der Kontakte des Untersuchungsgefangenen zu Familienangehörigen genutzt werden,[1004] um eine heimatnahe Unterbringung zu ermöglichen. Nach hier vertretener Auffassung ist es für alle Landesgesetze überdies geboten, gesetzlich eine weitere konkrete Ausnahme vom Trennungsgrundsatz, nämlich „zur Förderung von Kontakten zu Familienangehörigen" zu normieren.

2.4.2.2 Unterbringung während der Freizeit

Es ist problematisch, dass die Regelungen der 8er Gruppe lediglich vorsehen, dass während der Freizeit den Untersuchungsgefangenen gestattet werden „kann", sich in Gemeinschaft mit anderen Gefangenen aufzuhalten. Die Freizeit ist ein eigenständiger Teil der Tagesgestaltung und muss wegen der mit dem Untersuchungshaftvollzug verbundenen seelischen und körperlichen Belastungen durch den Untersuchungsgefangenen sinnvoll gestaltet werden können.[1005] Ihre Gestaltung muss bei entsprechendem Wunsch des Untersuchungsgefangenen auch in Gemeinschaft erfolgen können. Das CPT hat in Deutschland häufig beobachtet, dass die Untersuchungsgefangenen bis zu 23 Stunden am Tag in ihren Zellen blieben, ohne eine Möglichkeit, ihre Zeit zu nutzen.[1006] In jüngerer Zeit hat das BVerfG über eine Verfassungsbeschwerde entschieden, deren Gegenstand die Einschlusszeiten im Vollzug der Untersuchungshaft in der Justizvollzugsanstalt Stralsund waren: Der Beschwerdeführer befand sich in den Jahren 2010 und 2011 insgesamt knapp 14 Monate in Untersuchungshaft. Er hatte vorgetragen, dass er als nicht

---

1000 EPR, Rule 17.1.

1001 Vgl. *Kap. 2.8.2.2.*

1002 Vgl. *van Zyl Smit/Snacken* 2009, S. 239.

1003 *Morgenstern* 2009b, S. 6.

1004 Vgl. zur Förderung von Familienbesuchen *Kap. 2.8.2.2.*

1005 So zutreffend die Entwurfsbegründung ThürUVollzG a.F., S. 90.

1006 CPT/Inf (97) 9 [Part1] Rn 91; CPT/Inf (97) 9 [Part1] Rn 126; CPT/Inf (93) 13 Rn 100; CPT/Inf (2007) 18 Rn 65; CPT/Inf (2007) 18 Rn 64; Vgl. *Kap. 1.5.8.*

arbeitender Untersuchungsgefangener häufig 23 Stunden und durchschnittlich etwa 21,5 Stunden täglich in seinem Haftraum eingeschlossen blieb. Insbesondere beschwerte er sich darüber, dass ihm in einer Zeit, die von der Anstalt als Freizeit ausgewiesen worden war und die täglich von 16-19 Uhr reichte, kein Aufschluss gewährt wurde, obwohl dies, was von der Anstalt nicht bestritten wurde, für arbeitende Untersuchungsgefangene und Strafgefangene im Grundsatz möglich war. [1007]

Ein derart langes Alleinsein im Haftraum ist untragbar. Auch dem Kommentar zu den EPR lässt sich entnehmen, dass es unakzeptabel ist, Gefangene 23 Stunden in ihren Haträumen zu lassen.[1008] Die EPR enthalten insofern die Vorgabe, dass der Vollzug so zu gestalten ist, dass er allen Gefangenen ermöglicht, sich täglich so viele Stunden außerhalb ihrer Haträume aufzuhalten, wie dies für ein angemessenes Maß an zwischenmenschlichen und sozialen Beziehungen notwendig ist.[1009] Die CPT-Standards enthalten die konkrete Vorgabe, dass es erstrebt werden sollte, sicherzustellen, dass die Gefangenen in Untersuchungshafteinrichtungen einen angemessenen Teil des Tages (8 Stunden oder mehr) außerhalb ihrer Zellen verbringen und sich mit verschiedenartigen sinnvollen Aktivitäten beschäftigen können.[1010] Um diese 8 Stunden zu füllen, bleiben neben der gemeinsamen Freizeit noch Arbeit und Bildung, die tägliche Freistunde, religiöse Veranstaltungen, Besuche und Telefonate. Diese Aktivitäten für 8 Stunden am Tag zu ermöglichen, könnte in der Praxis jedoch nicht immer möglich sein. So hat das CPT festgestellt, dass die Betätigungsmöglichkeiten in vielen Untersuchungsgefängnissen äußerst begrenzt sind und erkannt, dass die Organisation eines Aktivitätenregimes in solchen Einrichtungen auch bedingt durch die hohe Insassenfluktuation nicht einfach ist.[1011] Die CPT Standards betonen angesichts dieser Erkenntnis jedoch, dass man die Gefangenen nicht einfach in verschlossenen Zellen Wochen oder sogar monatelang „schmachten" lassen kann, und dies unabhängig davon, wie gut die materiellen Bedingungen in den Zellen sein mögen.[1012] Dem „Schmachten auf der Zelle" ist auch durch eine von Angeboten zur Gestaltung der Freizeit begleitete Öffnung nach innen entgegenzuwirken, um dem Untersuchungsgefangenen zu ermöglichen, Kontakte zu anderen Gefangenen entsprechend seinem menschlichen Bedürfnis herzustellen.

1007   BVerfG 2 BvR 736/11 vom 17.10.2012.

1008   EPR, Kommentar zu Rule 25.

1009   EPR, Rule 25.2.

1010   CPT Standards, Auszug aus dem 2. Jahresbericht [CPT/Inf (92) 3] Nr. 47.

1011   CPT Standards, Auszug aus dem 2. Jahresbericht [CPT/Inf (92) 3] Nr. 47.

1012   CPT Standards, Auszug aus dem 2. Jahresbericht [CPT/Inf (92) 3] Nr. 47.

Lediglich Kann-Vorschriften bergen aber die Gefahr, dass aufgrund eines der Vollzugsverwaltung dadurch eingeräumten weiten Ermessens eben keine angemessen lange gemeinsame Unterbringung während der Freizeit ermöglicht wird. Dass sich diese Gefahr auch realisieren kann, wurde durch den der Entscheidung des BVerfG vom 17.10.2012 zugrunde liegenden Fall bestätigt.[1013]

Die Begründung zum Musterentwurf der 8er Gruppe erkennt zwar insofern noch zutreffend, dass es auch in der Freizeit wichtig ist, dass sich Untersuchungsgefangene in der Regel gemeinsam mit anderen aufhalten können, um ihrem natürlichen Bedürfnis nach Kontakt zu anderen Menschen auch während dieser Zeit nachzukommen.[1014] Eine dementsprechende Umsetzung durch eine zwingende Bestimmung erfolgt jedoch in keinem der Gesetze der 8er Gruppe. Dem Untersuchungsgefangenen muss jedoch in seiner Freizeit die Wahl zwischen Alleinsein und gemeinschaftlicher Unterbringung gegeben werden. Für die Landesgesetze ist es deswegen notwendig, dass diese einen Anspruch des Untersuchungsgefangenen in der Form normieren, dass sich die Untersuchungsgefangenen in ihrer Freizeit in Gemeinschaft aufhalten dürfen. Die Unschuldsvermutung lässt „kann"-Bestimmungen als nicht akzeptabel erscheinen.[1015] Denn diese Frage ist nicht von der Exekutive zu entscheiden. Auch der Angleichungsgrundsatz gebietet die freie Gestaltung der Freizeit durch den Untersuchungsgefangenen, die nur wegen einer erheblichen Gefährdung der Sicherheit oder Ordnung der Anstalt beschränkt werden darf.[1016]

Zwar sind insofern die Regelungen Baden-Württembergs und Bayerns, besser, weil hier den Untersuchungsgefangenen zumindest die Gelegenheit gegeben werden „soll", sich außerhalb der Ruhezeit in Gemeinschaft mit anderen Untersuchungsgefangenen aufzuhalten. Auch diese Regelungen werden der Rechtsstellung des Untersuchungsgefangenen jedoch nicht gerecht, weil sie noch immer intendiertes Ermessen der Vollzugsverwaltung vorsehen. Baden-Württemberg stellt zudem den Aufenthalt mit anderen Untersuchungsgefangenen in der Freizeit unter den Vorbehalt der räumlichen, personellen und organisatorischen Verhältnisse der Justizvollzugsanstalt. Letzteres geschieht auch in Nordrhein-Westfalen, wo zwar kein Erlaubnisvorbehalt vorgesehen ist, jedoch auch der Vorbehalt der räumlichen, personellen und organisatorischen Verhältnisse der Justizvollzugsanstalt gilt. Nordrhein-Westfalens Begründung stützt die getroffene Entscheidung insofern auf „Praktikabilitäts- und Kostengründe" und führt aus, dass „eine völlige Öffnung nach innen in vielen Anstalten [...] nur bei erheblichen baulichen Veränderungen und einer Aufstockung des Vollzugspersonals zu verwirklichen

---

1013 BVerfG 2 BvR 736/11 vom 17.10.2012. Vgl. zum zugrundeliegenden Fall *Kap. 2.4.2.2.*

1014 Vgl. die Entwurfsbegründung ThürUVollzG a. F. zu § 12.

1015 *Dünkel* 2009b, S. 6.

1016 *Dünkel* 2009b, S. 6.

[sei]".¹⁰¹⁷ Mit dieser Begründung lässt sich eine derartige Regelung nach hier vertretener Auffassung jedoch nicht rechtfertigen. Denn dort, wo es darum geht, die Rechte des Untersuchungsgefangenen zu verwirklichen, sind die nötigen baulichen Veränderungen vorzunehmen und der Vollzug mit ausreichend Personal auszustatten. Eine entgegengesetzte Argumentation ist problematisch mit Blick auf die Vorgaben der EPR, nach denen Mittelknappheit keine Rechtfertigung für Vollzugsbedingungen sein kann, die gegen die Menschenrechte von Gefangenen verstoßen¹⁰¹⁸ und auch den vom BVerfG anerkannten Grundsatz, dass es Sache des Staates ist „im Rahmen des Zumutbaren alle Maßnahmen zu treffen, die geeignet und nötig sind, um Verkürzungen der Rechte von Untersuchungsgefangenen zu vermeiden".¹⁰¹⁹ Eine Gewährung von Ansprüchen unter dem Vorbehalt personeller und sachlicher Ressourcen ist angesichts der Rechtsstellung des Untersuchungsgefangenen unstatthaft. Vielmehr hat der Staat „die dafür erforderlichen sächlichen und personellen Mittel [...] aufzubringen, bereitzustellen und einzusetzen."¹⁰²⁰

Dass die hier vertretene Auffassung nicht ganz fernliegend ist, zeigen letztlich auch die insofern als einzige der Rechtsstellung des Untersuchungsgefangenen besser gerecht werdenden Regelungen von Brandenburg, Rheinland-Pfalz, Thüringen und Sachsen-Anhalt, nach denen sich „die Gefangenen" außerhalb der Einschlusszeiten in Gemeinschaft aufhalten „dürfen" und die so auch dem Untersuchungsgefangenen einen Anspruch einräumen, ihn jedoch nicht dazu zwingen, sich in Gemeinschaft aufzuhalten¹⁰²¹sowie Niedersachsens Regelung, nach der dem Gefangenen Gelegenheit gegeben „wird", sich „außerhalb der Ruhezeit" in Gemeinschaft mit anderen Gefangenen aufzuhalten. Sicherzustellen ist dann natürlich, dass der Aufenthalt außerhalb des Haftraums nicht durch in der Hausordnung geregelte extensive Einschluss- und Ruhezeiten konterkariert wird.

1017 Landtag Nordrhein-Westfalen, Drucksache 14/8631, S. 51.

1018 EPR, Rule 4.

1019 BVerfG 2 BvR 736/11 vom 17.12.2012, Absatz Nr. 24; BVerfG 2 BvR 1229/07 vom 10.01.2008 Absatz Nr. 19; BVerfGE 36, S. 264 ff., 275; 42, S. 95 ff., 101 f.; BVerfGK 13, S. 163 ff., 166 m. w. N.

1020 Vgl. zuletzt BVerfG 2 BvR 736/11 Absatz Nr. 24; BVerfG, 2 BvR 1229/07 vom 10.01.2008 Abs. Nr. 19; BVerfGE 36, S. 264 ff., 275; 42, S. 95 ff., 101 f.; BVerfGK 13, S. 163 ff., 166 m. w. N.

1021 Vgl. etwa die Begründung zu § 19 BbgJVollzG (Bbg. Ltg. Drs. 5/6437).

2.4.2.3 Unterbringung während der Ruhezeit

Die Unterbringung des Untersuchungsgefangenen während der Ruhezeit allein in seinem Haftraum entspricht der Unschuldsvermutung.[1022] Der Untersuchungsgefangene soll so vor einer ungebetenen Zusammenlegung mit Unbekannten auf engstem Raum verschont werden.[1023] Denn der Wunsch nach zeitweiligem Rückzug vor seinen Mitmenschen in psychisch schweren Situationen gehört zum Kernbereich der Persönlichkeit.[1024] Einzelunterbringung hat die Funktion, soweit möglich die Privatsphäre des Gefangenen[1025] zu schonen[1026] und soll auch Gewalttätigkeiten und den Auswirkungen der Subkultur vorbeugen.[1027] Sie soll dem Untersuchungsgefangenen auch alle Bequemlichkeiten und Beschäftigungen ermöglichen, die dem Haftzweck nicht entgegenstehen.[1028]

Andererseits muss jedoch vermieden werden, dass Einzelunterbringung zu einer Form der Einzelhaft wird.[1029] Denn Einzelhaft kann zur Entstehung von körperlichen und geistigen Beeinträchtigungen beitragen und ist als die am meisten belastende Ausformung des Freiheitsentzugs anerkannt.[1030] Wegen des Übermaßverbotes und der Unschuldsvermutung können dem Untersuchungsgefangenen deswegen weder die Einzelunterbringung noch die Gemeinschaftsunterbringung zwingend vorgeschrieben werden, wenn Haftgrund, Sicherheit der Anstalt oder die Rechte Dritter nichts anderes gebieten.[1031] Die gemeinsame Unterbringung wird dem Wunsch des Untersuchungsgefangenen, der sich in der Einzelhaft abgesondert fühlt und deswegen auf das Privileg der Einzelunterbringung verzichten möchte, gerecht.[1032] Gemeinschaftsunterbringung bietet die Möglichkeit zu Gesprächen und kann so Einsamkeit und dem ständigen negativen Reflektieren der eigenen Situation begegnen, [1033] so dass auch danach teilweise ein Bedürfnis

---

1022 Vgl. KK-*Schultheis* 2008, § 119 Rn 4. LR-*Hilger* 2007, § 119 Rn 14; SK-*Paeffgen* 2007, § 119 Rn 7.

1023 Vgl. *Haberstroh* 1984, S. 233.

1024 Vgl. *Deckers/Püschel* 1996, S. 421.

1025 Vgl. *Irwin/Owen* 2005, S. 101.

1026 Vgl. *Kirschke/Brune* 2009, S. 19; *Kretschmer* 2005, S. 252; *Kretschmer* 2009, S. 2407 f.; *Ullenbruch* 1999, S. 430; *Kühl* 2012, S. 159 m. w. N.

1027 *Kirschke/Brune* 2009, S. 19; *Heinz* 1998, S. 31 f.; *Kühl* 2012, S. 159.

1028 *Piel/Püschel/Tsambikakis/Wallau* 2009, S. 34.

1029 Vgl. EPR, Kommentar zu Rule Nr. 96.

1030 Vgl. *Seebode* 1985, S. 174 ff.

1031 Vgl. *Kubach* 2004, S. 118.

1032 Vgl. KK-*Schultheis* 2008, § 119 Rn 5.

1033 Vgl. *Schlothauer/Weider* 2010, S. 481.

besteht.[1034] Besonders Bedeutsam ist die Option zur Gemeinschaftsunterbringung für Ausländer desselben Kulturkreises wegen übereinstimmender Lebensgewohnheiten, Religion und Verständigungsmöglichkeiten.[1035] Auch die EPR bestimmen, dass den Untersuchungsgefangenen soweit möglich die Wahl der Einzelunterbringung gegeben werden soll, es sei denn, die gemeinsame Unterbringung mit anderen Untersuchungsgefangenen kann vorteilhaft für sie sein.[1036]

Insofern entsprechen die Regelungen aller Landesgesetze, da sie die Einzelunterbringung während der Ruhezeit im Grundsatz vorsehen und Ausnahmen bei Zustimmung des Untersuchungsgefangenen ermöglichen, zunächst der Rechtsstellung des Untersuchungsgefangenen und den Vorgaben der EPR. Problematisch sind jedoch die in den Gesetzen der 8er Gruppe (bis auf Hamburg) und Bayern sowie Niedersachsen zu findenden Ausnahmen, dass eine gemeinschaftliche Unterbringung „vorübergehend und aus zwingenden Gründen" zulässig ist. Denn nach hier vertretener Auffassung muss ein Untersuchungshaftvollzugsgesetz klar vergegenwärtigen, dass die Gemeinschaftsunterbringung nur eine strikte Ausnahme sein darf und sich auf unvorhergesehene Zwangssituationen, wie etwa ein Feuer in einem Teil der Justizvollzugsanstalt, beschränken muss.[1037] Dem entspricht es jedoch nicht, wenn Bayern in der Begründung ausführt, dass es angesichts der stark angestiegenen Gefangenenzahlen unerlässlich sei, eine vorübergehende gemeinsame Unterbringung auch ohne Zustimmung der Untersuchungsgefangenen zu ermöglichen, wenn und solange dies auf Grund der räumlichen Verhältnisse der Anstalt zwingend erforderlich sei und damit die Vorschrift an den Rechtszustand des BayStVollzG angenähert werde.[1038] Diese Sichtweise schränkt den Grundsatz der Einzelunterbringung zu stark ein. Wenn Bayern insofern lediglich mit dem Recht der Untersuchungsgefangenen auf Achtung der

---

1034 So beruft sich etwa die bayerische Gesetzesbegründung auf die informelle Befragung von *Ullenbruch*, nach der bis zu 20% der Gefangenen die gemeinschaftliche Unterbringung bevorzugen, vgl. die Begründung zu Art 11 BayUVollzG (Bay. Ltg. Drs. 16/9082) und *Ullenbruch* 1999, S. 43. Bei *Jehle* bestand zwar aufgrund einer Überbelegung von 30% nur bei 16% der Probanden Einzelunterbringung, noch immer äußerten jedoch (nur) 52% den Wunsch nach Einzelunterbringung, wobei dieser Wunsch umso deutlicher ausgeprägt war, je mehr die Probanden die Möglichkeiten hatten, den Haftraum tagsüber zu verlassen, vgl. *Jehle* 1985, S. 124 ff. und zusammenfassend *Jehle* 1987a, S. 36. Keinesfalls darf jedoch die Möglichkeit zur Gemeinschaftsunterbringung als Substitut für die nicht gebotene Einhaltung eines ausreichenden Abstandes des Untersuchungshaftvollzugs zur Einzelhaft (vgl. Abschnitt 3.1) herangezogen bzw. dieser entgegengehalten werden. Denn eine solche Argumentation würde wiederum das Recht auf Einzelunterbringung konterkarieren.

1035 *Schlothauer/Weider* 2010, S. 482.

1036 EPR, Rule 96.

1037 So auch *Morgenstern* 2009b, S. 5 f.

1038 Vgl. Begründung zu Art. 11 BayUVollzG (Bay. Ltg. Drs. 16/9082).

Menschenwürde argumentiert,[1039] so ist dies problematisch, da die Einzelunterbringung Ausfluss der Unschuldsvermutung ist, deren Anforderungen bekanntlich über diejenigen der Menschenwürde hinausgehen.[1040] Teilweise besser ist deswegen die Formulierung Hessens, nach der eine gemeinsame Unterbringung ohne Einwilligung oder eine Belegung mit mehr als drei Gefangenen ausnahmsweise kurzzeitig zulässig ist, wenn hierfür aufgrund außergewöhnlicher Umstände eine „unabweisbare Notwendigkeit" besteht. Vorzugswürdig erscheint die Regelung Schleswig-Holsteins, nach der eine gemeinsame Unterbringung konkret nur aus zwingenden Gründen für höchstens drei Tage zugelassen ist. Insofern ist Schleswig-Holstein das einzige Gesetz, dass hier eine zeitliche Höchstgrenze vorsieht. Dass es nur um unvorhersehbare Zwangssituationen gehen darf, machen die Regelungen von Rheinland-Pfalz und Thüringen, nach denen die gemeinsame Unterbringung nur vorübergehend und zur Überwindung einer nicht vorhersehbaren Notlage zulässig ist, sowie die Regelung Brandenburgs, nach der dies nur vorübergehend und zur Überwindung einer nicht vorhersehbaren Notlage zulässig ist, am besten deutlich.

Dass letztlich solche Vorschriften jedoch insgesamt verzichtbar sind[1041] wird dadurch bestätigt, dass Hamburg, Baden-Württemberg und Nordrhein-Westfalen derartige Regelungen nicht treffen.

Die in allen Landesgesetzen zu findende Bestimmung, dass bei einer Gefahr für Leben oder Gesundheit des Untersuchungsgefangenen eine gemeinsame Unterbringung zulässig ist, ist sachgerecht. Diese Zusammenlegung mit einem anderen Untersuchungsgefangenen soll auch Suiziden vorbeugen.[1042] Untersuchungsgefangene sind in besonders hohem Maß suizidgefährdet[1043] und es liegt auf der Hand, dass die Kontaktbeschränkungen, das Warten auf die Hauptverhandlung

---

1039 Vgl. Begründung zu Art. 11 BayUVollzG (Bay. Ltg. Drs. 16/9082).

1040 Vgl. *Kap. 1.2.2.1.*

1041 Vgl. *Dünkel* 2009b, S. 7.

1042 Vgl. dazu *Jehle* 1987a, S. 36; Begründung zu § 13 ThürUVollzG a. F. (Thür. Ltg. Drs. 5/2764).

1043 Gesundheitsbericht für Deutschland 1998 Kapitel 5.16; *Venzlaff/Förster-Konrad* 2004, S. 379; BVerfG StV 2008, S. 259; In *Jehles* Untersuchung (vgl. Fußnote 723) gaben 14% der Probanden an, bereits Selbstmordgedanken gehegt zu haben und 3% bekundeten, einen Selbstmordversuch durchgeführt zu haben, vgl. *Jehle* 1985, S. 242 ff. sowie zusammenfassend *Jehle* 1987a, S. 36. Demgegenüber betrug die Suizidrate in Deutschland im Jahr 1985 in den alten Bundesländern bei Männern 29/100.000, bei Frauen 12/100.000, während sie in den neuen Bundesländern im Jahr 1985 bei Männern bei 43/100.000 lag und für Frauen eine Quote von 21/100.000 zu verzeichnen war. Geschätzte Suizidversuchsraten sind soweit ersichtlich für einen vergleichbaren Zeitraum nicht vorhanden, lagen im Jahr 2004 aber bei Männern bei 116/100.000 und bei Frauen bei 185/100.000 und somit ebenfalls weit unter denen in *Jehles* Untersuchung, vgl. *Nedopil/Müller* 2012, S. 332.

und die Ungewissheit über die Haftdauer mit Risiken für die psychische Stabilität des Untersuchungsgefangenen einhergehen.[1044] Die Einzelunterbringung schafft insofern mehr Tatgelegenheiten für Suizide bzw. Suizidversuche.[1045] Die landesrechtlichen Regelungen zur Zusammenlegung sind deswegen geboten, jedoch darf sich nach hier vertretener Auffassung die Suizidprävention keinesfalls auf diese Maßnahme beschränken.[1046] Auf geeignete Wege wird unten[1047] eingegangen.

2.4.2.4 Unterbringung mit Kindern

Die Beantwortung der Frage, ob es ermöglicht werden sollte, Kinder mit ihren inhaftierten Eltern unterzubringen, ist problematisch. Das Dilemma ergibt sich daraus, dass einerseits Justizvollzugsanstalten kein gutes Umfeld für Kinder sind, andererseits aber auch eine erzwungene Trennung nicht wünschenswert ist.[1048] Die EPR enthalten die Vorgabe, dass Kleinkinder nur dann in der Justizvollzugsanstalt bei einem Elternteil bleiben dürfen, wenn dies ihrem Wohl entspricht.[1049]Diese Vorgabe entspricht gefängnisspezifisch der UN-Kinderrechtskonvention,[1050] nach der die Vertragsparteien sicherstellen, dass ein Kind nicht gegen den Willen seiner Eltern von diesen getrennt wird, es sei denn dass die Trennung zu Wohl des Kindes notwendig ist.[1051]

Hinsichtlich freiheitsentziehender Maßnahmen wird insofern angeführt, dass in Anbetracht der sich einerseits ergebenden Nachteile, die die Trennung eines Kindes von der Mutter hat, und in Anbetracht der möglichen schwerwiegenden Folgen für Kinder, wenn sie in schlechten oder sehr restriktiven Bedingungen untergebracht werden andererseits, es für ein Kind möglich sein sollte, für eine längere Zeit bei der Mutter zu bleiben, wenn die Inhaftierung in einem relativ ruhigen und offenen Umfeld stattfindet und die Bedingungen der Unterbringung nicht zu restriktiv ausgestaltet sind.[1052] Insofern spricht die Potentialität, dass eine Unterbringung mit einem inhaftierten Elternteil dem Kindeswohl entsprechen kann, für

---

1044 BVerfG StV 2008, S. 259.

1045 Vgl. *Frottier/Frühwald/Ritter/König* 2001, S. 90 ff.

1046 So auch *Jehle* 1987a, S. 36.

1047 Vgl. *Kap. 2.2.2.8.*

1048 CPT-Standards, Auszug aus dem 10. Jahresbericht [CPT/Inf (2000) 13] Rn 28.

1049 EPR, Rule 36.1.

1050 Am 05.04.1992 für Deutschland in Kraft getreten (Bekanntmachung vom 10.07.1992 BGBl. II S.990).

1051 UN-Kinderrechtskonvention, Art. 9 Abs. 1.

1052 Vgl. *Convery/Moore* 2011, S. 24.

eine landesgesetzliche Regelung der Unterbringung mit Kindern. Das gesetzgeberische Unterlassen auf diesem Bereich durch Niedersachsen und Nordrhein-Westfalen ist deswegen nicht sachgerecht.

Die Frage, ob ein Untersuchungshaftvollzugsgesetz auch ermöglichen sollte, Kinder mit ihren inhaftierten Vätern unterzubringen, ist nach hier vertretener Auffassung zu bejahen. Dafür spricht neben der geschlechtsneutralen Formulierung der Rec (2006) 13 schon bzgl. der Haftanordnung[1053] vor allem die eindeutige Vorgabe der EPR, die, ebenfalls geschlechtsneutral, vom „Elternteil" spricht. Nur Sachsen, Hessen, Brandenburg, Rheinland-Pfalz, Thüringen und Sachsen-Anhalt werden diesen Vorgaben gerecht. Die Argumentation des Musterentwurfes der 8er Gruppe, nach der zwar von Babys oder Kleinkindern getrennte weibliche Untersuchungsgefangene teilweise besonders haftempfindlich seien und auch die Kinder unter dem Verlust der Bindung oder der fehlenden Nähe zu ihrer Mutter litten, eine vergleichbare Situation im Verhältnis inhaftierter Väter zu ihren Kindern jedoch nicht bestehe,[1054] ist soweit ersichtlich nicht belegt. Hier bestehen große Forschungslücken.[1055] Zugestimmt wird hier vielmehr der Begründung Sachsens, die darauf abstellt, dass zunehmend auch Väter alleinerziehend sind und deswegen das Kindeswohl auch eine Unterbringung mit dem Vater erfordern kann.[1056] Schon die Möglichkeit, dass eine Unterbringung mit dem Vater dem Kindeswohl entspricht, erfordert eine Regelung, die es im Einzelfall ermöglicht, entsprechend verfahren zu können. Dass hier von der Unterbringung von Kindern mit Vätern im Männerbereich einer Haftanstalt wegen der Auswirkungen der Subkultur abgesehen werden soll,[1057] ist zwar nachvollziehbar. Damit ist aber noch nichts über besondere Formen der Unterbringung gesagt, so dass an dieser Stelle zu fordern ist, dass entsprechende Einrichtungen geschaffen werden.

Dass die Altersgrenze für das unterzubringende Kind teilweise mit der Vollendung des dritten Lebensjahres festgelegt wird, steht nicht im Einklang mit den internationalen Vorgaben. Die EPR enthalten gerade keine starre Altersgrenze, was vom Kommentar zu den EPR unter anderem damit begründet wird, dass sich die individuellen Bedürfnisse von Kleinkindern hier stark unterscheiden, so dass es im Interesse des einzelnen Kindes liegen kann, über das „übliche" Alter hinaus mit dem Elternteil in der Justizvollzugsanstalt zu bleiben.[1058] Vor diesem Hinter-

---

1053 Rec (2006) 13, Rule 10.

1054 Begründung zu § 14 ThürUVollzG a. F. (Thür. Ltg. Drs. 5/2764).

1055 Vgl. *Convery/Moore* 2011, S. 15 unter Berufung auf *Rosenberg* 2009, S. 1; *Murray* 2005, S. 457.

1056 Vgl. Begründung zu § 14 SächsUHaftVollzG (Sächs. Ltg. Drs. 4/14865).

1057 Vgl. zutreffend M-V Ltg. Drs 5/3050, S. 12.

1058 Vgl. EPR, Kommentar zu Rule 36.

grund sollten die Landesgesetze nach hier vertretener Auffassung auch keine starren Vorgaben enthalten. Insofern ist die Soll-Regelung Baden-Württembergs besser, vorzugswürdig sind die erweiterten Regelungen von Hamburg, nach der das Kind noch nicht fünf Jahre alt sein darf und die Regelungen von Hessens und Bayern, nach denen die Kinder nicht schulpflichtig sein dürfen. Abzulehnen ist insbesondere, dass Sachsen die Entscheidung damit begründet, dass diese Altersgrenze wissenschaftlichen Erkenntnissen entspreche, nach denen Kinder sich bis zu diesem Alter der besonderen Situation, in der sie sich zusammen mit ihrem Elternteil befinden, nicht bewusst seien und daher keine negativen Folgen aus der Unterbringung in einer Anstalt zu erwarten seien.[1059] Wünschenswert ist es vielmehr, die Umgebung so auszugestalten, dass auch deren bewusste Wahrnehmung dem Kind nicht schadet.

2.4.2.5   Unterbringung in Wohneinheiten

Positiv hervorzuheben ist die erstmalig in Brandenburg normierte Einbeziehung der Unterbringung auch von Untersuchungsgefangenen in Wohneinheiten. Dabei handelt es sich im Gegensatz zum Wohngruppenvollzug um keine Behandlungsmaßnahme, sondern eine Unterbringungsform[1060] die den Untersuchungsgefangenen ermöglicht, ihren „anstaltsfreien Raum" zu erweitern.[1061] Diese Form der Unterbringung hat eine entscheidende Bedeutung im Sinne der Angleichung und Gegensteuerung[1062] und ist deswegen auch für den Untersuchungshaftvollzug sachgerecht. Für eine gesetzliche Normierung sprechen von allen positiven Praxiserfahrungen bezüglich dieser Unterbringungsform[1063] vor allem ihr Beitrag zur Suizidprävention[1064] und ihre Eignung, dem vom CPT beobachteten, mehr als bedenklichen Zuständen des Alleinseins im Haftraum von bis zu 23 Stunden am Tag[1065] zu begegnen. Brandenburgs Regelung sollte deswegen auch von den anderen Landesgesetzen übernommen werden.

Damit dieser Unterbringungsform auch subkulturelle Gefahren verbunden sein können,[1066] ist die vom Brandenburgischen Gesetzgeber vorgenommene Be-

---

1059   Vgl. Begründung zu § 14 SächsUHaftVollzG (Sächs. Ltg. Drs. 4/14865).

1060   Vgl. Begründung zu § 20 BbgJVollzG (Bbg. Ltg. Drs. 5/6437).

1061   *Rotthaus* 1989, S. 410.

1062   Vgl. AK-*Kellermann-Köhne* 2012, vor § 17 Rn 8.

1063   *Seifert* in: *Dünkel/Drenkhahn/Morgenstern* 2008, S. 77.

1064   Vgl. *Kap. 2.2.2.8.*

1065   CPT/Inf (97) 9 [Part1] Rn 91; CPT/Inf (97) 9 [Part1] Rn 126; CPT/Inf (93) 13 Rn 100; CPT/Inf (2007) 18 Rn 65; CPT/Inf (2007) 18 Rn 64.

1066   Vgl. AK-*Kellermann/Köhne* 2012, vor § 17 Rn 9.

schränkung auf solche Gefangene, die zu korrekter Führung unter geringerer Aufsicht fähig sind und die Bereitschaft zur Einordnung in die Gemeinschaft mitbringen, mit Blick auf den Schutzauftrag sachgerecht. Von der sich grammatikalisch auf alle Gefangenen beziehenden geforderten Bereitschaft zur „Mitarbeit am Vollzugsziel" sollten die Untersuchungsgefangenen aus Klarstellungsgründen jedoch ausgeklammert werden, da ein „Vollzugsziel" der Unschuldsvermutung widerspricht. Das Zustimmungserfordernis ist hingegen mit Blick auf das Recht des Untersuchungsgefangenen auf Einzelunterbringung sachgerecht.

2.4.2.6   Ausstattung des Haftraums

Um einer Entsozialisierung während des Untersuchungshaftvollzugs zu begegnen sollte dem Untersuchungsgefangenen so viel wie möglich von seinem Besitz gelassen werden; dies beeinflusst Selbstwertgefühl, Individualität und Eigenständigkeit des Untersuchungsgefangenen, hilft, Deprivationen zu vermeiden und entspricht dem Angleichungsgrundsatz.[1067]

Dementsprechend sehen alle Landesgesetze vor, dass die Untersuchungsgefangenen ihren Haftraum in angemessenen Umfang mit eigenen Sachen ausstatten dürfen. Grenzen der Ausstattung ergeben sich aus Gründen der Sicherheit und Ordnung der Anstalt. Welche Gegenstände die Sicherheit und Ordnung gefährden, kann nicht abstrakt-generalisierend festgelegt werden, so dass hier in der Praxis Spannungen zwischen Gefangenen und der Anstalt entstehen können[1068] und auch die Rechtsprechung immer wieder mit dieser Frage befasst ist, eine verbindliche Auslegung von ihr naturgemäß aber noch nicht gefunden werden konnte.[1069]

Nach hier vertretener Auffassung sind die Regelungen der 8er Gruppe (mit Ausnahme von Berlin) sowie von Brandenburg, Rheinland-Pfalz, Thüringen, Sachsen-Anhalt, Baden-Württemberg und Bayern, die eine Beteiligung des Untersuchungsgefangenen an den Betriebskosten der in seinem Gewahrsam befindlichen Geräte ermöglichen, unverhältnismäßig.[1070] Die Anstalt ist dazu verpflichtet, eine angemessene Grundversorgung sicherzustellen.[1071] Problematisch ist an den Regelungen insofern auch, dass sie als kann-Regelungen ausgestaltet sind. Die Begründung zum Musterentwurf führt dazu aus, dass so die Möglichkeit einer

---

1067   Vgl. *Seebode* 1985, S. 199 f.

1068   Vgl. CPT/ Inf (2012) 6 Rn 111.

1069   BVerfG NStZ 1994, S. 604; BVerfGE 15, S. 288 ff., 293; OLG Düsseldorf NStZ 1986, S. 93; OLG Koblenz StV 1995, S. 86; OLG Hamm NStZ 1997, S. 566; OLG Stuttgart NStZ-RR 2003, S. 347; LG Mannheim StraFO 2008, S. 469; OLG Düsseldorf StV 1999, S. 610; OLG Hamm StV 1997, S. 197; Thüringisches OLG StV 2011, S. 37 f.

1070   Vgl. *Dünkel* 2009b, S. 7.

1071   Vgl. *Callies/Müller-Dietz* 2008, § 19 Rn 7.

Kostenbeteiligung in den Fällen eröffnet werden solle, „in denen die Kosten das Maß dessen übersteigen, was zu einer angemessenen Grundversorgung erforderlich ist."[1072] Die Frage jedoch, was genau zu einer angemessenen Grundversorgung erforderlich ist, ist streitträchtig, so dass sich aus diesen Regelungen schwierige Abgrenzungsfragen ergeben können, die wiederum zu kostenintensiven Rechtsstreitigkeiten führen können, die disproportional zu den möglichen niedrigen Erträgen[1073] sind.[1074] Dass die Bestimmungen ausweislich der Begründung zum Musterentwurf dazu dienen sollen, „bei den Untersuchungsgefangenen ein Kostenbewusstsein im Umgang mit den in ihrem Gewahrsam befindlichen Geräten zu schaffen"[1075] ist zu kritisieren, da angesichts der Unschuldsvermutung kein „Erziehungsrecht" gegenüber dem Untersuchungsgefangenen besteht.[1076] Auch insofern angeführt wird, dass diese Regelungen dem Angleichungsgrundsatz Rechnung tragen sollen,[1077] ist es widersprüchlich, wenn zwar bei den Kosten, jedoch nicht bei den Geldern[1078] der Angleichungsgrundsatz ins Feld geführt wird. Denn aufgrund der geringen Höhe der im Untersuchungshaftvollzug gezahlten Gelder sind die Untersuchungsgefangenen diesbezüglich gerade nicht mit in Freiheit lebenden Personen vergleichbar. Auch steht der Berufung auf den Angleichungsgrundsatz entgegen, dass die Kosten pauschaliert[1079] festgesetzt werden können, der Angleichungsgrundsatz jedoch nur bei Veranschlagung der tatsächlich entstehenden Kosten realisierbar erscheint, da eine pauschalisierte Festsetzung in Freiheit nicht anzutreffen ist.[1080] Hier könnte, auch wenn die Begründungen darauf nicht eingehen, für die Landesgesetzgeber eher die Kosteneinsparung im Vordergrund stehen. Insofern hebt sich Berlin von der übrigen 10er Gruppe positiv ab, weil eine Beteiligung des Untersuchungsgefangenen an den Betriebskosten nicht vorgesehen ist. Ebenso ist es positiv hervorzuheben, dass Niedersachsen und Nordrhein-Westfalen eine Beteiligung des Untersuchungsgefangenen an den Betriebskosten nicht kennen.

Eine weitere problematische Frage ist die der Stromzufuhr während der Nachtzeit. Zwar enthält keines der Landesgesetze eine der Untersuchungshaftvollzugsordnung entsprechende Regelung, nach welcher der Anstaltsleiter ledig-

---

1072 Vgl. Begründung zu § 20 ThürUVollzG a. F. (Thür. Ltg. Drs. 5/2764).

1073 Etwa 1,75 Euro im Monat pro Gefangener in OLG Celle NStZ 2005, S. 288.

1074 Vgl. *Dünkel* 2009b, S. 7.

1075 Vgl. Begründung zu § 20 ThürUVollzG a. F. (Thür. Ltg. Drs. 5/2764).

1076 *Dünkel* 2009b, S. 7.

1077 Vgl. etwa Begründung zu § 20 ThürUVollzG a. F. (Thür. Ltg. Drs. 5/2764).

1078 Vgl. *Kap. 2.6.2.3*; *Kap. 2.6.2.5*; *Kap. 2.6.2.6*.

1079 Vgl. Begründung zu § 20 ThürUVollzG a. F. (Thür. Ltg. Drs. 5/2764).

1080 *Dünkel* 2009b S. 7.

lich gestatten „kann", dass der Haftraum über die vorgeschriebene Zeit hinaus beleuchtet wird.[1081] Ob damit auch ein Anspruch des Untersuchungsgefangenen auf durchgehende Stromzufuhr bzw. Haftraumbeleuchtung einhergehen soll, ist jedoch nicht klar. Eine Anspruchsregelung durch die Landesgesetze ist nach hier vertretener Auffassung jedoch geboten. Zeit und Dauer der Beleuchtung des Haftraums im Untersuchungshaftvollzug müssen zur Disposition seines Bewohners stehen.[1082] Inhaltlich spricht für eine solche Regelung zunächst der Angleichungsgrundsatz, weil es dem in Freiheit lebenden Bürger unbenommen bleibt, auch nachts das Licht einzuschalten und Rundfunk zu empfangen. Ein Erziehungsrecht dahingehend, dass nachts zu schlafen ist, besteht gegenüber dem Untersuchungsgefangenen jedenfalls nicht. Für eine Anspruchsregelung spricht auch die Rechtsprechung des BVerfG, nach der die Möglichkeit, auch in der Nacht Radio und Fernsehen nutzen zu können und sich allgemein bei Licht zu beschäftigen für den Untersuchungsgefangenen von besonderer Bedeutung ist.[1083] In Anbetracht der hochgradigen Belastung und Suizidgefährdung, den Kontaktbeschränkungen, dem Warten auf den Strafprozess und der besonderen Ungewissheit der Haftsituation, die nicht nur zu Risiken für die psychische Stabilität führen, sondern auch den Schlaf-Wach-Rhythmus belasten können, stellt es eine besondere zusätzliche und zu vermeidende Belastung dar, nachts keine elektrischen Geräte nutzen oder nur das Licht einschalten zu können.[1084] Um der Rechtsstellung des Untersuchungsgefangenen hier gerecht zu werden, sollte die Regelung aus dem Entwurf von *Baumann* in die Landesgesetze übernommen werden, die vorsieht, dass der Haftraum auch einen für den Gefangenen frei zugänglichen Lichtschalter erhält.[1085] Sollten gegen eine solche Regelung vermeintliche technische Zwänge angeführt werden, so ist auch an dieser Stelle darauf hinzuweisen, dass es Sache des Staates ist „im Rahmen des Zumutbaren alle Maßnahmen zu treffen, die geeignet und nötig sind, um Verkürzungen der Rechte von Untersuchungsgefangenen zu vermeiden; die dafür erforderlichen sächlichen und personellen Mittel hat [er] aufzubringen, bereitzustellen und einzusetzen."[1086] Auch ist an dieser Stelle wiederholt auf den Grundsatz Nr. 4 der EPR hinzuweisen, dass Mittelknappheit keine Rechtfertigung für Vollzugsbedingungen sein kann, die gegen die Menschenrechte von Gefangenen verstoßen.

1081 Nr. 54 Abs. 2 UVollzO.

1082 Vgl. *Seebode* 1985, S. 159 f.

1083 BVerfG StV 2008, S. 259 ff., 261 f.

1084 BVerfG StV 2008, S. 259 ff., 261 f.

1085 § 16 Abs. 1 E-Baumann.

1086 Vgl. BVerfG 2 BvR 736/11 vom 17.12.2012 Rn 24; BVerfG 2 BvR 1229/07 vom 10.01.2008 Abs. Nr. 19; BVerfGE 36, S. 264 ff., 275; 42, S. 95 ff., 101 f.; BVerfGK 13, S. 163 ff., 166 m. w. N.

2.4.2.7 Verpflegung

Wie wichtig das Essen gerade in einer Justizvollzugsanstalt ist, liegt auf der Hand, wenn man bedenkt, wie wenig andere Annehmlichkeiten dem Untersuchungsgefangenen bleiben.[1087] Die Vorgaben der EPR zur Anstaltsverpflegung sind relativ weit gefasst und bestimmen, dass Gefangene eine nährstoffreiche Nahrung erhalten, die ihrem Alter, ihrer Gesundheit, ihrem körperlichen Zustand, ihrer Religion und Kultur sowie der Art ihrer Arbeit Rechnung trägt.[1088] Diese Vorgaben werden von allen Landesgesetzen insoweit eingehalten, als durchgängig bestimmt wird, dass die Justizvollzugsanstalt für eine gesunde Ernährung zu sorgen hat.

Die Möglichkeit zur Einhaltung religiöser Speisevorschriften wird nicht nur durch die EPR vorgegeben, sondern betrifft auch in starkem Maß die Religionsfreiheit und den Angleichungsgrundsatz. Deswegen ist es unverständlich, dass Baden-Württemberg im Gegensatz zu allen anderen Landesgesetzen vorsieht, das den Untersuchungsgefangenen lediglich ermöglicht werden „soll", religiöse Speisevorschriften[1089] zu befolgen.[1090] Diese zu eng gestaltete Vorschrift Baden-Württembergs verstößt gegen die Religionsfreiheit, den Angleichungsgrundsatz und die EPR.

Nur Bayern übernimmt die Regelung aus der alten Nr. 50 Abs. 2 UVollzO zum Bezug von Verpflegung von Speise- oder Gastwirtschaften. Dabei ist es erfreulich, dass der Bayrische Landesgesetzgeber davon absieht, dass sich die Verpflegung wie vormals nach der UVollzO „im Rahmen einer vernünftigen Lebensweise" zu halten hat, da es nicht ganz klar ist, was „vernünftig" bedeuten soll und ein „Erziehungsrecht" zur vernünftigen Lebensweise im Untersuchungshaftvollzug nicht existiert.

Die anderen Landesgesetze regeln zwar zum Teil „Annehmlichkeiten" des Untersuchungsgefangenen. Zwar könnten diese Vorschriften dem Wortlaut nach auch die Selbstverpflegung mit umfassen. Jedoch gehen die Begründungen auf den externen Bezug von Speisen nicht ein,[1091] bzw. sprechen sogar vom „privaten Friseur", jedoch nicht von Verpflegung,[1092] so dass im Umkehrschluss zur positiv-gesetzlichen Normierung Bayerns die Annahme naheliegt, dass sich die

---

1087 Vgl. Erster CPT- Bericht für Deutschland, Rn 90.

1088 EPR, Rule 22.1.

1089 Für den Islam aus dem Koran, Sure 5 Vers 3.

1090 Eine Begründung gibt der Landesgesetzgeber nicht, vgl. Begründung zu § 11 JVollzGB BW II (BW. Ltg. Drs. 14/5012).

1091 Vgl. etwa exemplarisch für die 9er Gruppe Begründung zu § 19 ThürUVollzG a. F. (Thür. Ltg. Drs. 5/2764); Begründung zu § 1 GVUVS NRW (Nrw. Ltg. Drs.14/8631); Begründung zu § 130 NJVollzG (Nds. Ltg. Drs.15/3565); Begründung zu § 64 BbgJVollzG (Bbg. Ltg. Drs. 5/6437).

1092 So die Begründung zu § 64 ThürJVollzG (Thür. Ltg. Drs. 5/6700).

übrigen Landesgesetzgeber gegen den Bezug von Verpflegung aus Gaststätten entschieden haben.[1093] Daraus ergibt sich eine nach hier vertretener Auffassung nicht gerechtfertigte Verschlechterung der Lage des Untersuchungsgefangenen gegenüber der Untersuchungshaftvollzugsordnung. Denn wenn insofern zur Begründung ein mögliches Erkalten der Speisen angeführt wird,[1094] ist dem entgegenzuhalten, dass diesem Phänomen zunächst über eine zügige Kontrolle entgegenzuwirken ist und es zum anderen dem in Freiheit lebenden Bürger auch möglich ist, kalte Speisen zu beziehen. Überdies sollte es dem Untersuchungsgefangenen unbenommen bleiben, auch erkaltet servierte Verpflegung gegenüber der Anstaltskost zu bevorzugen. Falls hier ein gesteigerter Kontrollaufwand die Ursache für das Unterlassen der Aufnahme solcher Regelungen sein sollte, gilt auch an dieser Stelle, dass es sich nicht um ein Kontrollproblem, sondern vielmehr um ein Personal- und mithin Kostenproblem handelt, dass sich richtigerweise in Anbetracht der Unschuldsvermutung nicht nachteilig auf die landesgesetzlich normierte Rechtsstellung des Untersuchungsgefangenen auswirken darf. Außerdem kann dieser Problematik bereits durch eine sorgfältige Auswahl der zugelassenen Speise- oder Gastwirtschaften durch den Anstaltsleiter entgegengewirkt werden. Auch das gegen diese Regelung angeführte Argument, den Untersuchungsgefangenen stünde der Anstaltseinkauf zu, so dass auf ihre Wünsche und Bedürfnisse ausreichend Rücksicht genommen werden könne[1095] ist nicht zutreffend. Denn zum einen führten die bereits in der UVollzO existenten Regelungen zum Einkauf[1096] dort auch nicht zum Ausschluss der Selbstverpflegung und zum anderen vermischt diese Argumentation vollkommen unterschiedliche Bereiche der Verpflegung des Untersuchungsgefangenen.

2.4.2.8 Einkauf

Die Versorgung mit Nahrungs- und Genussmitteln sowie Gegenständen des sonstigen Bedarfs durch den Einkauf ist für den Untersuchungsgefangenen sehr wichtig.[1097] Die EPR geben zum Einkauf vor, dass Gefangene unter Berücksichtigung der Erfordernisse von Hygiene, Ordnung und Sicherheit berechtigt sind, für den persönlichen Gebrauch Waren einschließlich Nahrungsmitteln und Getränken zu Preisen zu erwerben oder anderweitig zu erlangen, die nicht wesentlich höher als außerhalb des Vollzuges sind.[1098] Dem entsprechen alle Landesgesetze, auch

---

1093   Im Ergebnis ebenso *Wiesneth* 2010, S. 114.

1094   So *Wiesneth* 2010, S. 114.

1095   So *Wiesneth* 2010, S. 114.

1096   Nr. 51 Abs. 1 und 2 UVollzO.

1097   Ostendorf-*Ostendorf* 2012, § 3 Rn 24.

1098   EPR, Rule 31.5.

wenn sie die Ausgestaltung des Warenangebots und den Umfang des Einkaufs teilweise unterschiedlich normieren. Insofern ist Baden-Württembergs Regelung, nach der das Warenangebot auf die Bedürfnisse des Untersuchungsgefangenen abzustimmen „ist", zwar den Regelungen aller anderen Landesgesetze vorzuziehen, die lediglich vorsehen, dass das Warengebot auf Wünsche und Bedürfnisse des Untersuchungsgefangenen Rücksicht nehmen „soll" bzw. „kann" (Hamburg), jedoch ist auch zu berücksichtigen, dass „abstimmen" nicht zwingend bedeuten muss, dass alle Wünsche hinsichtlich des Angebots auch erfüllt werden, so dass die Vermutung nahe liegt, dass diese Nuancierungen in der Praxis keinen Unterschied ausmachen werden. Hamburgs lediglich *Kann*-Regelung sticht jedoch negativ hervor und ist z. B. auch mit Blick auf Ausländer und deren Einkaufs- und Ernährungsgewohnheiten problematisch. Die Unschuldsvermutung und der Angleichungsgrundsatz stehen einem derartigen vom Landesgesetzgeber eingeräumten Entscheidungsspielraum entgegen, weswegen nach hier vertretener Auffassung die Ausgestaltung der Vorschrift als bloße Kann-Regelung unangemessen ist.[1099]

Auch widersprechen die in Hessen, Baden-Württemberg, Bayern und Niedersachsen vorgesehenen höhenmäßigen Beschränkungen des Einkaufs und die in Nordrhein-Westfalen diesbezüglich der Anstalt überantwortete Entscheidungsbefugnis der Unschuldsvermutung.[1100] Denn zwar wird in Nordrhein-Westfalen die höhenmäßige Beschränkung nicht direkt normiert, „das Nähere" jedoch vom Landesgesetzgeber einer Regelung durch die Anstalt überlassen, wobei die Begründung Nordrhein-Westfalens sodann auch ausdrücklich auf die Befugnis der Anstalt zur Festsetzung eines Höchstbetrags hinweist.[1101] Wegen der Gewaltenteilung darf jedoch nicht die Exekutive den Norminhalt bestimmen.[1102] Der Grundsatz vom Vorbehalt des Gesetzes und die Wesentlichkeitslehre erfordern, dass die Legislative im Bereich der Grundrechtsausübung alle wesentlichen Entscheidungen selbst treffen muss.[1103] Wesentlich wird der Norminhalt jedoch hier vom zur Verfügung stehenden Betrag bestimmt. Auch einer Argumentation, die zur Legitimation der Beschränkung anführt, dass diese Beschränkung auf das für Strafgefangene geltende Maß subkulturellen Aktivitäten vorbeugen und für einen revidierbaren Haftraum sorgen solle,[1104] wird hier entgegengetreten. Denn gegen eine solche Sichtweise spricht zunächst, dass die Unschuldsvermutung grade eine

---

1099 Vgl. *Kubach* 2004, S. 126.

1100 Vgl. *Paeffgen* 2009, S. 50.

1101 Vgl. die Begründung zu § 13 GVUVS NRW (NRW. Ltg. Drs.14/8631).

1102 Vgl. *Seebode* 2006, S. 554.

1103 BVerfGE 61, S. 260 ff., 275.

1104 Vgl. Begründung zu § 15 UVollzG LSA (LSA. Ltg. Drs. 5/2019).

Privilegierung gegenüber dem Strafvollzug verlangt. Bei der Thematik der Übersichtlichkeit des Haftraums handelt es sich wieder um eine Frage des Kontrollaufwands und mithin um ein Personal- und Kostenproblem, das nicht zu Lasten des Untersuchungsgefangenen gelöst werden darf. Gegen eine Argumentation mit Aspekten der Sicherheit der Anstalt spricht auch, dass grade nicht zu befürchten ist, dass Belange der Anstalt durch die gekauften Gegenstände beeinträchtigt werden, weil das Angebot von der Anstalt vermittelt wird.[1105] Bezüglich der Subkultur gilt, dass zwar der Tauschhandel wohl unbestritten ist.[1106] Jedoch sind letztlich Unterschiede bei Besitztümern, die Missgunst anderer Untersuchungsgefangener, die Gefahren von Tauschhandel, Abhängigkeiten und auch andere Auswirkungen der Subkultur keine greifenden Argumente.[1107] Denn eine abstrakte Gefahr begründet noch keine konkrete Gefährdung der Sicherheit und Ordnung der Anstalt. Ebenso darf der Gleichheitsgrundsatz des Art. 3 GG hier nicht als „Nivellierungsbefugnis" begriffen werden, da auch außerhalb der Anstalt die Lebensumstände nicht gleich sind.[1108]

Positiv hervorzuheben sind demgegenüber die hinsichtlich der Höhe des Einkaufs unbeschränkten Regelungen der 8er Gruppe (bis auf) sowie von Brandenburg, Rheinland-Pfalz, Thüringen und Sachsen-Anhalt, die eine Verbesserung gegenüber der UVollzO[1109] darstellen, die den Einkauf nur „im Rahmen einer vernünftigen Lebensweise" zuließ und damit eine höhenmäßige Beschränkung des Einkaufs ermöglichte.[1110]

Bedauerlich ist, dass die Möglichkeit des Versandhandels dem Untersuchungsgefangenen nur in der 8er Gruppe (bis auf Hamburg und Hessen) und Rheinland-Pfalz eingeräumt wird. Denn da Zulassung und Verfahren vom Anstaltsleiter geregelt werden und die Justizvollzugsanstalt auch den Kreis der Handelspartner und der zum Einkauf zugelassenen Gegenstände bestimmt,[1111] spricht für eine Regelung zum Versandhandel gerade, dass die so bezogenen Gegenstände „original verpackt" bleiben und von einer Spedition geliefert werden, die Sicherheitsprobleme also überschaubar sind.[1112] Fraglich bleibt insbesondere, warum in Baden-Württemberg nur in begründeten Ausnahmefällen, insbesondere wenn ein zugelassener Artikel sonst nicht beschafft werden kann, der

---

1105 Zutreffend die Begründung zu § 15 ThürUVollzG a. F. (Thür. Ltg. Drs. 5/2764).

1106 Vgl. *Jehle* 1987, S. 202; *Paeffgen* 2009, S. 51.

1107 Vgl. *Schlothauer/Weider* 2010, S. 487.

1108 Vgl. *Piel/Püschel/Tsambikakis/Wallau* 2009, S. 35; *Paeffgen* 2009, S. 51; *Köhne* 2010, S. 221; *Seebode* 1985, S. 150.

1109 Nr. 51 Abs. 1 UVollzO.

1110 Vgl. *Grunau* 1972, Nr. 51 Rn 2.

1111 Vgl. Begründung zu § 15 ThürUVollzG a. F. (Thür. Ltg. Drs. 5/2764).

1112 Vgl. *Kubach* 2004, S. 125.

Einkauf über andere „sichere Bezugsquellen" gestattet werden kann. Denn wenn es dem Landesgesetzgeber ohnehin möglich erscheint, dass die Anstalt eine „sichere Bezugsquelle" als Handelspartner gewinnen kann, ist auch kein Grund ersichtlich, die Möglichkeit des Versandhandels auf Ausnahmefälle zu beschränken. Wünschenswert ist insofern eine Regelung zum Versandhandel auch für Brandenburg, Thüringen, Sachsen-Anhalt, Hamburg, Hessen, Baden-Württemberg, Bayern, Niedersachsen und Nordrhein-Westfalen.

Problematisch ist die von Hamburg und Bayern schon bei den Regelungen zum Einkauf vorgesehene Zwangsmaßnahme auf dem Gebiet der Gesundheitsfürsorge, nach der der Einkauf einzelner Nahrungs- und Genussmittel auf ärztliche Anordnung untersagt werden kann. Wie auch im Entwurf von *Baumann*[1113] wird auf diese Weise letztlich die Selbstbestimmung des Untersuchungsgefangenen zu Gunsten seines körperlichen Wohles eingeschränkt. Nach *Baumanns* Auffassung war eine solche dem Strafvollzug entsprechende Vorschrift wegen der allgemeinen Verantwortung des Staates auch gegenüber dem Untersuchungsgefangenen angemessen.[1114] Nach hier vertretener Auffassung bedeutet eine solche Regelung jedoch einen vermeidbaren Verstoß gegen den Angleichungsgrundsatz, weil der in Freiheit lebende Bürger zwar ärztlichen Rat einholen, dessen Befolgung nicht aber von dritter Seite zwangsweise durchgesetzt werden kann. Insofern können im Untersuchungshaftvollzug „ein Tatverdacht und ein Haftgrund", ebenso wie die Einschränkungen die mit dem Leben im Untersuchungshaftvollzug einhergehen, keine Pflicht des Untersuchungsgefangenen zum Schutz seiner Gesundheit und insofern keine zu Zwangsmaßnahmen auf dem Gebiet der Gesundheitsfürsorge berechtigende Grundlage bilden.[1115] Die Regelungen Hamburgs und Bayerns sind deswegen abzulehnen und ersatzlos zu streichen.

2.4.2.9   Annehmlichkeiten

Die 8er Gruppe, Brandenburg, Rheinland-Pfalz, Thüringen, Sachsen-Anhalt, Bayern und Nordrhein-Westfalen sehen weiterhin ähnlich der alten Regelungen in § 119 Abs. 4 StPO und Nr. 18 Abs. 3 Satz 1 UVollzO Bestimmungen zu den „Annehmlichkeiten", „Bequemlichkeiten und Beschäftigungen" bzw. „Zusatzleistungen" vor. Diese Regelungen sollen im Sinne einer Generalklausel dem Untersuchungsgefangenen alles ermöglichen, was nicht durch andere Vorschriften normiert wird.[1116] Es ist Ausfluss der Unschuldsvermutung, dass der Untersuchungsgefangene auf die Gestaltung seines Haftalltags in dieser Form Einfluss

---

1113   § 18 Abs. 3 S. 1 E-Baumann.

1114   Vgl. *Baumann* 1981, S. 43.

1115   Vgl. *Paeffgen/Seebode* 1999, S. 526.

1116   Vgl. exemplarisch die Entwurfsbegründung zum ThürUVollzG a. F., S. 85; SK-*Paeffgen* 2007, § 119 Rn 57.

nehmen kann.[1117] Durch die neuen Regelungen ergibt sich eine Verbesserung der Lage des Untersuchungsgefangenen, weil die UVollzO[1118] die nach § 119 Abs. 4 StPO a. F. ausdrücklich zugelassenen Bequemlichkeiten über die Schranken des Zwecks der Haft und der Ordnung der Anstalt noch einengte, indem diese auf die „verständigen Wünsche" beschränkt wurden und der Untersuchungsgefangene so - ähnlich einer Strafe- zu einer Lebensweise gezwungen wurde, die die Vollzugsverwaltung oder der Richter für „vernünftig" oder den „verständigen Vorstellungen entsprechend" ansahen.[1119]

Nicht nachvollziehbar ist, warum Baden-Württemberg eine Regelung zu den Annehmlichkeiten nicht vorsieht. Das Unterlassen dieser Regelung ist mit der Rechtstellung des Untersuchungsgefangenen nicht vereinbar und verstößt gegen die Unschuldsvermutung. Gleiches gilt für Niedersachsens Regelung, da eine Erweiterung der konkret normierten Annehmlichkeiten und Beschäftigungen mit ihr gerade nicht einhergeht. Der Landesgesetzgeber führt dazu wörtlich in der Begründung an: „Durch die Bezugnahme auf die Vorschriften dieses Teils des Entwurfs wird jedoch verdeutlicht, dass es sich bei der Regelung nicht um eine eigenständige Anspruchsgrundlage für die Gefangenen, sondern eher um einen Programmsatz handeln soll. Welche Annehmlichkeiten und Beschäftigungen sie sich im Einzelnen verschaffen dürfen, ergibt sich vielmehr erst aus den besonderen Vorschriften dieses Teils (z. B. § 149 Abs. 2 des Entwurfs)."[1120] Bei der Niedersächsischen Regelung handelt es sich mithin vielmehr um eine rein deklaratorische Norm, die keinen Anspruch begründet und von einem fundamentalen Missverständnis der Unschuldsvermutung des Niedersächsischen Landesgesetzgebers und auch des „Ausschusses für Rechts- und Verfassungsfragen"[1121] zeugt. Dessen Stellungnahme, dass die Vorschrift vollständig entfallen könne, weil sie keinen eigenständigen Bedeutungsgehalt habe,[1122] ohne dass jedoch gleichzeitig eine Empfehlung für eine zutreffende Regelung getroffen wurde, verkennt das Bedürfnis nach einer echten Anspruchsgrundlage zu den Annehmlichkeiten. Darüber hinaus lässt dieses fundamentale Missverständnis den Schluss, dass möglicherweise auch andere Regelungen des NJVollzG nicht vor dem Hintergrund ausreichender Sachkompetenz geschaffen wurden, als nicht ganz fernliegend erscheinen. Die ausstehende Neuregelung des Untersuchungshaftvollzugs in Niedersachsen wird diesem Befund Rechnung tragen müssen.

1117 Zutreffend die Begründung Bayerns zu Art. 3 BayUVollzG.

1118 Nr. 18 Abs. 3 S. 2 UVollzO.

1119 Vgl. *Seebode* 1985, S. 160 zur UVollzO.

1120 Vgl. Begründung zu § 130 NJVollzG (Nds. Ltg. Drs. 15/3563).

1121 Vgl. Stellungnahme zu § 130 NJVollzG (Nds. Ltg. Drs. 15/4254).

1122 Vgl. Stellungnahme zu § 130 NJVollzG (Nds. Ltg. Drs. 15/4254).

2.4.3 Zusammenfassung

Es ist sachgerecht, dass alle Ländergesetze im Grundsatz die Trennung des Untersuchungsgefangenen von Gefangenen anderer Haftarten und die Einzelunterbringung während der Ruhezeit vorsehen und bezüglich beider Bereiche sinnvolle Ausnahmen zulassen. Zur Ermöglichung von Arbeit zusammen mit Strafgefangenen und aus Gründen der Suizidprävention sind diese geboten.

Dieser Standard wird jedoch teilweise durch zu weit gefasste Ausnahmetatbestände aufgeweicht. So sind etwa die generalklauselartigen in Baden-Württemberg, Bayern, Niedersachsen und Nordrhein-Westfalen geregelten Ausnahme vom Trennungsgrundsatz „aus Gründen der Vollzugsorganisation" und die in einigen Landesgesetzen zu findende Ausnahme vom Grundsatz der Einzelunterbringung „aus zwingenden Gründen" zu weit gefasst. Hier sind wesentlich klarere Vorgaben erforderlich.

Nur Rheinland-Pfalz, Brandenburg, Thüringen, Sachsen-Anhalt und Niedersachsen werden hinsichtlich der Unterbringung während der Freizeit der Rechtsstellung des Untersuchungsgefangenen gerecht. Der Untersuchungsgefangene muss die Wahl haben, seine Freizeit in Gemeinschaft zu verbringen. Alles andere ist unzulässig und trägt entscheidend zu Zuständen bei, in denen sich Untersuchungsgefangene 23 Stunden in ihrem Haftraum befinden, ohne eine Möglichkeit, ihre Zeit zu nutzen.

Die Innovative Regelung von Brandenburg zur Unterbringung auch von Untersuchungsgefangenen in Wohneinheiten ist demgegenüber geeignet, diesen Zuständen abzuhelfen, wenn auch bedauerlicherweise zur Größe und Gestaltung der Wohngruppen nichts gesagt wird. Insofern bleibt zu hoffen, dass die Praxis von dieser Möglichkeit Gebrauch machen wird.

Die teilweise vorgesehene Kostenbeteiligung des Untersuchungsgefangenen disproportional zu seinen Geldern ist abzulehnen. Die Bedenken hinsichtlich der Angemessenheit des Arbeitsentgelts[1123] werden dadurch noch verstärkt. Zu kritisieren ist auch, dass keines der Ländergesetze die Rechtsprechung des BVerfG zur Stromzufuhr während der Nachtzeit umsetzt, obwohl dies grade aus Gründen der Suizidprävention geboten wäre.

Die nach einigen Ländergesetzen mögliche Beschränkung der Höhe des Einkaufs missachtet die Rechtsstellung des Untersuchungsgefangenen zu Gunsten von Sicherheitsinteressen. Die Tatsache, dass nur noch Bayern den Bezug von Speisen von außerhalb der Anstalt vorsieht, ist bedauerlich. Aus legislativer Perspektive erscheint dies wohl ebenfalls als geeignetes Mittel, den Sicherheitsinteressen zu dienen und Ressourcen zu schonen. Dieses Unterlassen wird jedoch nicht der Unschuldsvermutung gerecht.

Der Bereich „Annehmlichkeiten" ist eines der den Untersuchungshaftvollzug klassisch prägenden Elemente und wird vom Großteil der Gesetze entsprechend

---

1123 *Vgl. Kap. 2.6.2.3.*

umgesetzt. Umso verwunderlicher ist es, dass Baden-Württemberg keine derartige Regelung trifft und Niedersachsen dieses Prinzip sogar grundlegend missversteht.

2.5 Gesundheitsfürsorge

Die Gesundheitsfürsorge hat im Untersuchungshaftvollzug größere Bedeutung als in Freiheit. Die spezifischen Belastungen der Untersuchungshaft in Verbindung mit dem Befund, dass es dem Inhaftierten nicht möglich ist, in gleichem Maße für seine Gesundheit zu sorgen wie außerhalb der Gefängnismauern, bedingen die Pflicht des Staates zur medizinischen Fürsorge gegenüber dem Untersuchungsgefangenen.[1124] Dabei gilt das so genannte Äquivalenzprinzip. Die EPR geben vor, dass das Gesundheitswesen im Vollzug in das staatliche Gesundheitssystem einzubinden ist und diesem entsprechen muss.[1125] Das Äquivalenzprinzip ist dabei ein schon den Grundrechten des Individuums innewohnendes Prinzip.[1126]

2.5.1 Landesrechtliche Regelungen

Alle Landesgesetze enthalten Normen zur Gesundheitsfürsorge, durch welche die Unterstützung des Untersuchungsgefangenen durch die Anstalt bei der Gesundheitsfürsorge, der Aufenthalt im Freien, sowie die Benachrichtigung von Verwandten im Krankheitsfall geregelt werden.[1127]

Überall wird mindestens eine Stunde Bewegung im Freien pro Tag ermöglicht. In Bayern soll Untersuchungsgefangenen, die an keiner Beschäftigung oder Bildungsmaßnahme teilnehmen, darüber hinaus täglich eine weitere Stunde Aufenthalt im Freien ermöglicht werden, soweit die räumlichen, personellen und organisatorischen Verhältnisse der Anstalt es gestatten. Die Bewegung im Freien wird von den Gesetzen der 8er Gruppe (bis auf Hamburg und Hessen) sowie Brandenburg, Rheinland-Pfalz, Thüringen und Sachsen-Anhalt nicht von den Witterungsverhältnissen abhängig gemacht. In Bayern, Nordrhein-Westfalen, Niedersachsen und Hamburg wird der Aufenthalt im Freien ermöglicht, wenn die

---

1124 Vgl. Ostendorf-*Ostendorf* 2012 § 3 Rn 26; BGH NJW 1990, S. 1604 ff., 1605; SK-*Paeffgen* 2007, Art. 119 Rn 63; LR-*Hilger* 2007, § 119 Rn 131.

1125 EPR, Rule 40.2.

1126 CPT-Standards, Auszug aus dem 3. Jahresbericht [CPT]/Inf (92) 3] Rn 31.

1127 § 20 UVollzG Bln, BrUVollzG, UVollzG M-V, SUVollzG, SächsUHaftVollzG, UVollzG LSA, UVollzG SH; §§ 42-45, § 47 HmbUVollzG; §§ 16, 17 Abs. 7 HUVollzG; §§ 25, 28, 31 JVollzGB BW II; Art. 25 Abs. 1 S. 1 BayUVollzG i. V. m. Art. 58 Abs. 1 S. 1 und Absatz 2 BayStVollzG; §§ 56, 62 NJVollzG; §§ 24- 27 GVUVS NRW; §§ 77 Abs.1 und 2, 80 BbgJVollzG; §§ 75 Abs. 1 und 2, 78 LJVollzG RP; §§ 76 Abs. 1 und 2, 79 ThürUVollzG; §§ 73 Abs. 1 und 2, 76, 79 JVollzGB LSA.

Witterung dies „zu der festgesetzten Zeit zulässt" und in Baden-Württemberg sowie Hessen, wenn die Witterung dem „nicht zwingend entgegensteht". In Bayern,
Nordrhein-Westfalen und Niedersachsen wird die Bewegung im Freien nur gewährt, wenn die Untersuchungsgefangenen nicht im Freien arbeiten.

Alle Landesgesetze haben Regelungen zu medizinischen Leistungen und zur
Kostenbeteiligung.[1128] In den Gesetzen der 8er Gruppe sowie von Brandenburg,
Rheinland-Pfalz, Sachsen-Anhalt, Baden-Württemberg, Bayern und Nordrhein-
Westfalen „soll" nach Anhörung des ärztlichen Dienstes der Anstalt[1129] den Untersuchungsgefangenen auf ihren Antrag hin gestatten werden, auf ihre Kosten
externen „ärztlichen Rat" einzuholen. Niedersachsen enthält hier lediglich eine
„kann"-Bestimmung. Nur in Nordrhein-Westfalen kann die Erlaubnis zur Konsultation des Wahlarztes wegen räumlicher, organisatorischer oder personeller
Gründe versagt werden. In der 8er Gruppe, Brandenburg, Rheinland-Pfalz, Thüringen, Sachsen-Anhalt, Baden-Württemberg und Bayern kann die Erlaubnis versagt werden, wenn die Untersuchungsgefangenen die gewählte ärztliche Vertrauensperson und den ärztlichen Dienst der Anstalt nicht wechselseitig von der
Schweigepflicht entbinden. In Nordrhein-Westfalen „ist" die Erlaubnis zu versagen, wenn der Untersuchungsgefangene die gewählte ärztliche Vertrauensperson
und den ärztlichen Dienst der Anstalt nicht wechselseitig von der Schweigepflicht
entbindet. In Hamburg und Niedersachsen ist eine Entbindung von der Schweigepflicht nicht vorgesehen.

2.5.2 Bewertung

2.5.2.1 Aufenthalt im Freien

Der von allen Landesgesetzen vorgesehene Aufenthalt im Freien wird zwar hergebracht als eine der Gesundheitsfürsorgemaßnahmen geregelt, ist aber mitunter
neben den Mahlzeiten das einzige Ereignis, das dem Tagesablauf des Untersuchungsgefangenen Struktur gibt und hat deswegen die Eigenschaft einer „Beschäftigung".[1130] Die EPR geben insofern vor, dass allen Gefangenen täglich ermöglicht „wird", sich „mindestens" eine Stunde im Freien zu bewegen, wenn es

---

1128 § 22 UVollzG Bln, BrUVollzG, HmbUVollzG, UVollzG M-V, SUVollzG, SächsUHaft-
VollzG, UVollzG LSA, UVollzG SH; § 17 HUVollzG; §§ 26 und 30 JVollzGB BW II;
Art. 26 Abs. 1 BayUVollzG i. V. m. Art 59, 60, 61, 63 BayStVollzG; Art. 25 Abs. 2
BayUVollzG §§ 154, 53 Abs. 3 S. 2 Nr. 3, 57 und 59 NJVollzG; §§ 24 Abs. 3, 25 und
26 GVUVS NRW; § 74 BbgJVollzG; § 72 LJVollzG RP; § 73 ThürJVollzGB; § 73
JVollzGB LSA.

1129 Nur Hamburg normiert in § 43 HmbUVollzG keine vorherige Anhörung.

1130 *Morgenstern* 2009a, S. 138; 2011b, S. 83.

die Witterung zulässt.[1131] Die CPT-Standards führen an, dass das Gebot, den Gefangenen jeden Tag „zumindest" eine Stunde Bewegung unter freiem Himmel zu gestatten, [...] als eine grundlegende „Schutzvorkehrung" weithin anerkannt ist.[1132] Diese Vorgaben werden von allen Landesgesetzen eingehalten. Nach hier vertretener Auffassung ist eine Stunde Aufenthalt im Freien jedoch unzureichend.[1133] Wünschenswert wäre es insofern, im Lichte der EPR die bereits vorhandene Formulierung „mindestens" noch deutlicher zu machen, indem sie darum ergänzt wird, dass im Regelfall ein längerer Aufenthalt im Freien zu ermöglichen ist.[1134] Insofern ist es positiv hervorzuheben, dass Bayern zwei Stunden Aufenthalt im Freien vorsieht, auch wenn dies einschränkend unter den Vorbehalt der räumlichen, personellen und organisatorischen Verhältnisse der Anstalt gestellt wird. Wünschenswert wäre ein Absehen von diesem Vorbehalt.

Bezüglich der in diesem Zusammenhang auftretenden Frage, ob der Aufenthalt im Freien von den Witterungsverhältnissen abhängig gemacht werden sollte, erlauben die EPR zwar eine solche Vorgehensweise. Die CPT- Standards halten es demgegenüber für „selbstverständlich", dass die Anlagen für die Bewegung an der frischen Luft, wenn möglich, Schutz vor schlechtem Wetter bieten sollten.[1135] Würde dem nachgekommen, wäre ein Abstellen auf die Witterungsverhältnisse nicht mehr nötig. Insofern widersprechen Bayern, Baden-Württemberg, Hessen, Nordrhein-Westfalen, Niedersachsen und Hamburg zwar nicht den EPR, wenn sie auf die Witterung abstellen. Die Regelungen von Baden-Württemberg und Hessen sind jedoch vorzugswürdig, da sie den Aufenthalt im Freien ermöglichen, wenn die Witterung „nicht zwingend entgegensteht", so dass eine Versagung „nur bei widrigsten Witterungsverhältnissen in Betracht" kommt.[1136] Gerade in Anbetracht der Tatsache, dass solche Regelungen häufig zum Entfallen des Aufenthalts im Freien führen können,[1137] wäre es nach hier vertretener Auffassung besser, die CPT-Standards ernst zu nehmen. Insofern gegen einen uneingeschränkten Anspruch argumentiert wird, dass dies wegen der damit verbundenen Notwendigkeit der Ausrüstung mit zusätzlicher Schlechtwetterkleidung zu einer finanziellen Mehrbelastung und personellen Schwierigkeiten führen würde,[1138]gilt dies ohnehin nur für die Fälle, in denen keine eigene Kleidung vorhanden ist. In diesen Fällen ist der Mehraufwand jedoch schlicht von der Justizverwaltung in Kauf zu

---

1131   EPR, Rule 27.1.

1132   CPT-Standards; Auszug aus dem 2. Jahresbericht [CPT/Inf (92) 3] Rn 48.

1133   So auch *Morgenstern* 2009b, S. 7.

1134   Vgl. *Morgenstern* 2011b, S. 83.

1135   CPT-Standards, Auszug aus dem 2. Jahresbericht [CPT/Inf (92) 3] Rn 48.

1136   Vgl. Begründung zu § 16 HUVollzG (Hess. Ltg. Drs. 18/1396).

1137   Vgl. *Paeffgen/Seebode* 1999, S. 526.

1138   Vgl. Begründung zu § 24 GVUVS NRW (NRW. Ltg. Drs.14/8631).

nehmen und über eine entsprechende sachliche und personelle Ausstattung zu lösen. Denn richtigerweise muss der Untersuchungsgefangene selbst entscheiden dürfen, bei welchem Wetter er sich, unter Umständen mit dafür geeigneter Kleidung, im Freien aufhalten will.[1139] Deswegen entsprechen nur die Regelungen der 8er Gruppe (bis auf Hamburg und Hessen), sowie Brandenburg, Rheinland-Pfalz, Thüringen und Sachsen-Anhalt dem Angleichungsgrundsatz, da sie den Hofgang nicht von den Witterungsverhältnissen, sondern von der Entscheidung des Untersuchungsgefangenen abhängig machen. Diese wird bei schlechtem Wetter wohl häufig ohnehin gegen einen Aufenthalt im Freien ausfallen, so dass hier in den meisten Fällen wohl kein Bedarf zur Bevormundung bestehen dürfte.

2.5.2.2   Duschen

Das Duschen wird sowohl von den EPR als auch den CPT-Standards als wichtiges Element des Anstaltslebens erkannt, jedoch von keinem der Landesgesetze geregelt. Die EPR bestimmen, das angemessene Einrichtungen vorzusehen „sind", damit alle Gefangenen bei einer dem Klima angemessenen Temperatur „möglichst täglich", mindestens jedoch zweimal wöchentlich oder, wenn nötig, häufiger, im Interesse der allgemeinen Hygiene baden oder duschen können.[1140] Auch das CPT sieht die Einhaltung guter Hygienestandards als „wesentliche Komponenten einer menschenwürdigen Umwelt" an. Das CPT stellt auch klar, dass „die Gefangenen angemessenen Zugang zu Dusch- oder Bademöglichkeiten haben" sollten.[1141] Nach hier vertretener Auffassung muss dem Untersuchungsgefangenen vor diesem Hintergrund das tägliche Duschen ermöglicht werden.[1142] Sonst wird der Untersuchungsgefangene zu stark belastet und die allgemeinen Lebensbedingungen nicht entsprechend dem Angleichungsgrundsatz gewahrt.[1143] Insofern wird angeführt, dass -soweit erkennbar- der Standard der EPR zum Duschen in einem beträchtlichen Maß in deutschen Justizvollzugsanstalten nicht eingehalten wird und dies als charakteristische Strapaze des Untersuchungshaftvollzuges wahrgenommen wird.[1144] Gerade deswegen wäre die Aufnahme einer Anspruchsnorm in die Landesgesetze sinnvoll.[1145] Auch hier gilt, dass es Sache des Staates ist „im Rahmen des zumutbaren alle Maßnahmen zu treffen, die geeignet und nötig sind, um Verkürzungen der Rechte von Untersuchungsgefangenen zu

---

1139   Vgl. *Paeffgen/Seebode* 1999, S. 526.

1140   EPR, Rule 19.4.

1141   CPT-Standards, Auszug aus dem 2. Jahresbericht [CPT/Inf (92) 3] Rn 49.

1142   Vgl. Bundesrechtsanwaltskammer 2009, S. 15 f.

1143   Vgl. *Seebode* 1985, S. 174.

1144   Vgl. *Morgenstern* 2009b, S. 6; 2011b, S. 88.

1145   Vgl. *Morgenstern* 2009b, S. 6; 2011b, S. 88.

vermeiden; die dafür erforderlichen sächlichen und personellen Mittel hat er aufzubringen, bereitzustellen und einzusetzen."[1146] Wiederholt sind auch an dieser
Stelle die Vorgaben der EPR anzuführen, nach denen Mittelknappheit keine
Rechtfertigung für Vollzugsbedingungen sein kann, die gegen die Menschenrechte von Gefangenen verstoßen.[1147]

2.5.2.3   Freie Arztwahl

Ein Untersuchungshaftvollzugsgesetz muss das Recht auf freie Arztwahl normieren.[1148] Für dieses Recht spricht die Unschuldsvermutung.[1149] Seine Einschränkung ist durch keinen Haftgrund zu rechtfertigen.[1150] Die Rec (2006) 13 gibt vor,
dass Untersuchungsgefangenen Gelegenheit gegeben werden „muss", ihren eigenen Arzt zu konsultieren und sich von ihm „behandeln" zu lassen, wenn eine ärztliche Notwendigkeit hierfür besteht.[1151] Die wahlärztliche Behandlung erscheint
auch vor dem Hintergrund sinnvoll, dass es Untersuchungsgefangenen oftmals
nicht leichtfällt, zu dem Anstaltsarzt, der von ihnen zunächst als Mitglied der
„feindlichen Justiz" wahrgenommen wird, das notwendige Vertrauen zu gewinnen.[1152]

Die Regelungen der 8er Gruppe, sowie von Brandenburg, Rheinland Pfalz,
Thüringen, Sachsen-Anhalt, Baden-Württemberg, Bayern und Nordrhein-Westfalen, nach denen den Untersuchungsgefangenen auf ihren Antrag hin lediglich
gestatten werden „soll", auf ihre Kosten externen ärztlichen Rat einzuholen, bedeuten zwar eine Verbesserung gegenüber der UVollzO,[1153] die (mit Zustimmung des Richters und nach Anhörung des Anstaltsarztes) nur eine Kann-
Regelung vorsah. Als solche kann man sie grundsätzlich begrüßen.[1154] Sie
entsprechen jedoch noch nicht der Rechtsstellung des Untersuchungsgefangenen,
was erst recht für die ledigliche Kann-Bestimmung Niedersachsens gilt.

Zudem ist nicht klar, welche Ermessenskriterien hinsichtlich der Gestattung
gelten sollen. Jedenfalls ist hier keine Differenzierung nach dem Krankheitsbild

---

1146 Vgl. zuletzt BVerfG 2 BvR 736/11 Abs. Nr. 24; BVerfG 2 BvR 1229/07 vom 10.01.2008
      Abs. Nr. 19; BVerfGE 36, S. 264 ff., 275; 42, S. 95 ff., 101 f.; BVerfGK 13, S. 163 ff., 166
      m. w. N.

1147 EPR 4.

1148 Ebenso § 52 E *Baumann*.

1149 Vgl. *Morgenstern* 2011b, S. 86.

1150 Vgl. *Seebode* 1985, S. 162.

1151 Rec (2006) 13, Nr. 37 Abs. 2.

1152 Vgl. *Rotthaus* 1989, S. 413; *Seebode* 1985, S. 162 ff.

1153 Nr. 56 Abs. 1 S. 2 UVollzO.

1154 So *Morgenstern* 2011b, S. 86.

vorzunehmen, etwa in der Form, das bei „leichteren" Krankheiten die Hinzuziehung eines Wahlarztes versagt werden kann und nur bei „schweren" Beschwerden oder „unklaren Krankheitsbildern" der Wahlarzt hinzugezogen werden darf. Schon gar nicht darf diese Einschätzung bei der Anstalt liegen.[1155] Gefangene sind gerade nicht verpflichtet, ihre Gründe für den gewünschten Kontakt mit dem medizinischen Personal offenzulegen.[1156] Auch kann es vom Untersuchungsgefangenen nicht verlangt werden, seine Krankheit dem Vollzugspersonal etwa zu erklären. Anderes als das medizinische Personal wird zu einer Einschätzung vor dem Hintergrund der mangelnden vorhandenen Ausbildung auch überhaupt nicht fähig sein.

Nicht zuletzt, um die sich auf diesem Bereich in der Literatur andeutenden Missverständnisse für die Praxis zu vermeiden, sind zwingende Bestimmungen geboten. Ebenso ist es für alle Landesgesetze auch angebracht, zu verdeutlichen, dass nicht nur der ärztliche „Rat", sondern auch die eigentliche Heilbehandlung geregelt werden soll.[1157] Dafür spricht neben der Rec (2006) 13, die die „Behandlung" des Untersuchungsgefangenen und nicht lediglich den „Rat" des Wahlarztes nennt auch, dass auch die Landesgesetzgeber selbst von einer Behandlung auszugehen scheinen.[1158]

Nach hier vertretener Auffassung darf die Zuziehung des Wahlarztes auch nicht von der Entbindung von der im Interesse der Gesundheitsfürsorge anerkannten und gesetzlich geschützten ärztlichen Schweigepflicht abhängig gemacht werden.[1159] Denn es ist die freie Entscheidung des Patienten, wem er welche Informationen mitteilt und ob er die Ärzte wechselseitig von der Schweigepflicht entbinden möchte.[1160] Dabei etwa auftretende negative Folgen für die Heilbehandlung durch ein Informationsdefizit hat er selbst zu tragen.[1161] Die Bestimmungen der 8er Gruppe, Baden-Württembergs, Bayerns, Brandenburgs, von Rheinland-Pfalz, Thüringen und Sachsen-Anhalt, nach denen die Erlaubnis versagt werden „kann", wenn die Untersuchungsgefangenen die gewählte ärztliche Vertrauensperson und den ärztlichen Dienst der Anstalt nicht wechselseitig von der Schweigepflicht entbinden, sind deswegen nicht sachgerecht. Die Bestimmung Nordrhein-Westfalens, nach der in diesen Fällen die Erlaubnis zu versagen

---

1155   In diese Richtung geht jedoch *Winzer* 2010, S. 156.

1156   Vgl. CPT/Inf (2012) 6 Rn 78.

1157   So auch *Morgenstern* 2009b, S. 9; 2011b, S. 86.

1158   Vgl. exemplarisch die Begründung zu § 22 ThürUVollzG a. F. (Thür. Ltg. Drs. 5/2764).

1159   So auch *Seebode* 1985, S. 162; vgl. dazu auch *Morgenstern* 2011b, S. 86 f., die dies zumindest als problematisch ansieht.

1160   Vgl. *Hartge* 2009; *Vereinigung Hessischer Strafverteidiger* 2010, S. 14.

1161   Vgl. *Hartge* 2009; *Vereinigung Hessischer Strafverteidiger* 2010, S. 14.

„ist" ist insofern negativ hervorzuheben. Die zur Begründung angeführte Behauptung, eine solche Regelung sei „zur Verhinderung eines möglichen Ausspielens des ärztlichen Dienstes der Anstalt gegen beauftragte externe Ärztinnen oder Ärzte" notwendig,[1162] ist soweit ersichtlich nicht belegt. Zutreffend ist vielmehr die Argumentation, dass es spezifische Umstände und nachvollziehbare Gründe dafür geben kann, den Wahlarzt nicht von der Schweigepflicht zu befreien.[1163] Ebenso ist zu kritisieren, dass das Recht auf wahlärztliche Behandlung in Nordrhein-Westfalen noch zusätzlich wegen räumlicher, organisatorischer oder personeller Gründe versagt werden kann. Dies widerspricht zum einen den Vorgaben der EPR, nach denen Mittelknappheit keine Rechtfertigung für Vollzugsbedingungen sein kann, die gegen die Menschenrechte von Gefangenen verstoßen[1164] und auch gegen die Rechtsprechung des BVerfG, nach der es dem Staat versagt ist, sich auf mangelnde Ressourcen berufen.[1165] Vielmehr ist umgekehrt *Baumann* darin zuzustimmen, dass diejenigen Vorkehrungen zu treffen sind, die dem Recht auf freie Arztwahl zu seiner Wirksamkeit verhelfen.[1166] Auch ist die Argumentation, dass durch die Entbindung von der Schweigepflicht „eine Beeinträchtigung der Behandlung" vermieden und „eine jederzeitige Abstimmung zwischen Wahl- und Anstaltsarzt gewährleistet werden" solle[1167] zwar teilweise nachvollziehbar. Auf diese Weise wird der Untersuchungsgefangene jedoch im Endeffekt vor die Wahl zwischen den zwei Übeln gestellt, entweder auf den Wahlarzt, dem er vertraut, zu verzichten, oder die aus seiner Sicht möglicherweise „feindliche Justiz" über intime Umstände zu unterrichten.[1168] Insofern entsprechen nur Hamburgs und Niedersachsens Regelungen der Rechtsstellung des Untersuchungsgefangenen, weil eine Entbindung von der Schweigepflicht nicht gefordert wird.

2.5.3 Zusammenfassung

Die medizinische Versorgung wird überall grundsätzlich gut ausgestaltet. Wünschenswert ist insofern jedoch eine Erweiterung der Dauer des Aufenthalts im Freien für alle Landesgesetze und ein Verzicht auf den in einigen Ländergesetzen anzutreffenden Vorbehalt nicht entgegenstehender Witterungsverhältnisse. Gut

---

1162 Vgl. Begründung zu § 24 GVUVS NRW (NRW Ltg. Drs. 14/8631).

1163 Vgl. *Piel/Püschel/Tsambikakis/Wallau* 2009, S. 36.

1164 EPR, Rule 4.

1165 BVerfG StV 2008, S. 259 ff., 260.

1166 Vgl. *Baumann* 1981, S. 83.

1167 Vgl. die Begründung zum ThürUVollzG a. F., S. 87.

1168 *Seebode* 1985, S. 162.

wäre es auch, das möglicherweise banal erscheinende aber in der Praxis sehr wichtige „Duschen" einer Anspruchsregelung zuzuführen.

Kritisiert werden muss allerdings, dass keines der Landesgesetze einen Anspruch auf den Wahlarzt einräumt. Die vorhandenen Soll- und erst recht die Kann-Regelungen entsprechen nicht der Rechtsstellung des Untersuchungsgefangenen. Diese steht ebenso der vom Großteil der Landesgesetze als mögliche Bedingung in Bezug genommenen Entbindung der Ärzte von der Schweigepflicht entgegen. Das Nordrhein-Westfalen die wahlärztliche Behandlung unter den Vorbehalt ausreichender Ressourcen stellt, ist ebenso abzulehnen.

2.6 Arbeit, Bildung, Freizeit

Der Bereich „Arbeit, Bildung und Freizeit" ist vor dem Hintergrund der Beobachtungen des CPT auch in Deutschland, dass die Untersuchungsgefangenen häufig bis zu 23 Stunden am Tag in ihren Zellen bleiben, ohne eine Möglichkeit, ihre Zeit zu nutzen,[1169] für die landesrechtliche Regelung des Untersuchungshaftvollzugs besonders wichtig. Das CPT hat zu diesem Bereich immer wieder empfohlen, dass Betätigungsangebot zu verbessern um eine befriedigende Situation für Untersuchungsgefangene zu schaffen und verschiedene sinnvolle Beschäftigungen außerhalb der Haftäume zu ermöglichen.[1170] Die Hauptregelungspunkte für die Landesgesetze sind deswegen nach hier vertretener Auffassung ein Anspruch auf Arbeit, die Verpflichtung der Justizverwaltungen zum Bereithalten von Bildungsangeboten auf freiwilliger Basis und die Schaffung der gesetzlichen Voraussetzungen für ein angemessenes Freizeitangebot.

2.6.1 Landesrechtliche Regelungen

Alle Landesgesetze bis auf Brandenburg, Rheinland-Pfalz, Thüringen und Sachsen-Anhalt regeln ausdrücklich, dass keine Verpflichtung zur Arbeit besteht.[1171] Brandenburg und Rheinland-Pfalz setzen dies für alle Vollzugsformen voraus, während Thüringen und Sachsen-Anhalt eine Arbeitspflicht nur für die Straf- und Jugendstrafgefangenen normieren.[1172] Eine Ausnahme von dieser Regel findet

---

1169 CPT/Inf (97) 9 [Part1] Rn 91; CPT/Inf (97) 9 [Part1] Rn 126; CPT/Inf (93) 13 Rn 100; CPT/Inf (2007) 18 Rn 65; CPT/Inf (2007) 18 Rn 64.

1170 Vgl. CPT/Inf (93) 13 Rn 100; CPT/Inf (97) 9 [Part1] Rn 101; CPT/Inf (97) 9 [Part1] Rn 117; CPT/Inf (2007) 18 Rn 64.

1171 § 24 Abs. 1 UVollzG Bln, BrUVollzG, UVollzG M-V, SUVollzG, SächsUHaftVollzG, UVollzG LSA, UVollzG SH; § 29 Abs.1 HmbUVollzG; § 20 Abs. 1 HUVollzG; § 34 Abs. 1 JVollzGB BW II; Art. 12 Abs. 1 BayUVollzG; § 152 Abs. 1 NJVollzG; § 11 Abs. 1 GVUVS NRW.

1172 § 29 Abs. 1 ThürJVollzGB; § 29 Abs. 2 JVollzGB LSA.

sich in Baden-Württemberg, wo Untersuchungsgefangene auch zu Hilfstätigkeiten in der Justizvollzugsanstalt herangezogen werden können.[1173]Auch Bayern und Nordrhein Westfalen normieren, dass Untersuchungsgefangene zu Hilfstätigkeiten in der Anstalt herangezogen werden können, regeln jedoch auch ein Zustimmungserfordernis.[1174]

Zum Arbeitsangebot regeln Thüringen und die Gesetze der 8er Gruppe, dass den Untersuchungsgefangenen „nach Möglichkeit" Arbeit oder sonstige Beschäftigung angeboten werden „soll", die ihre Fähigkeiten, Fertigkeiten und Neigungen berücksichtigt.[1175] Außerhalb der 8er Gruppe wird diese Thematik unterschiedlich geregelt. In Baden-Württemberg und Sachsen-Anhalt „soll" die Justizvollzugsanstalt Untersuchungsgefangenen nach Möglichkeit wirtschaftlich ergiebige Arbeit anbieten und dabei die Fähigkeiten und Neigungen des Untersuchungsgefangenen nach Möglichkeit berücksichtigen. Niedersachsen sieht vor, dass auf Antrag und nach Möglichkeit von der Vollzugsbehörde Arbeit oder eine angemessene Beschäftigung in der Anstalt angeboten werden sollen, soweit der Zweck der Untersuchungshaft nicht entgegensteht. In Nordrhein-Westfalen und in Bayern soll auf Nachfrage[1176] eine wirtschaftlich ergiebige Arbeit angeboten werden, die die Fähigkeiten, Fertigkeiten und Neigungen des Untersuchungsgefangenen berücksichtigt. Brandenburg regelt, dass den Gefangenen Arbeit „angeboten" und ihnen auf Antrag oder mit ihrer Zustimmung zugewiesen werden soll. Rheinland-Pfalz verzichtet auf das „Anbieten" und normiert, dass den Gefangenen auf Antrag oder mit ihrer Zustimmung Arbeit zugewiesen werden soll.

Untersuchungsgefangenen, die zu wirtschaftlich ergiebiger Arbeit nicht fähig sind, kann in Bayern und Nordrhein-Westfalen eine sonstige geeignete Beschäftigung angeboten werden.[1177]

Nur Brandenburg, Rheinland-Pfalz, Thüringen und Sachsen-Anhalt treffen Regelungen zur Freistellung von der Arbeit.[1178] Haben die Gefangenen ein halbes Jahr lang gearbeitet, so können sie beanspruchen, zehn Arbeitstage von der Arbeit freigestellt zu werden. Zeiten, in denen die Gefangenen infolge Krankheit an der Arbeitsleistung gehindert waren, werden bis zu 15 Arbeitstagen auf das Halbjahr angerechnet. Der Anspruch verfällt, wenn die Freistellung nicht inner-

---

1173   § 34 Abs. 2 JVollzGB BW II.

1174   § 11 Abs. 2 GVUVS NRW bzw. Art. 12 Abs. 2 S. 4 BayUVollzG.

1175   § 24 Abs. 2 UVollzG Bln, BrUVollzG, UVollzG M-V, SUVollzG, SächsUHaftVollzG, UVollzG SH; § 29 Abs. 2 HmbUVollzG; § 20 Abs. 2 HUVollzG; § 29 Abs. 2 ThürJVollzGB.

1176   bzw. „auf Verlangen" in Bayern.

1177   § 11 Abs. 2 GVUVS NRW; Art. 12 Abs. 2 S. 1 und 2 BayUVollzG.

1178   § 32 Abs. 1 und 3 BbgJVollzG; § 31 Abs. 1 und 3 LJVollzG RP; § 31 Abs. 1 und 3 ThürJVollzGB; § 31 JVollzGB LSA.

halb eines Jahres nach seiner Entstehung erfolgt ist. Die Gefangenen erhalten für die Zeit der Freistellung ihr Arbeitsentgelt weiter.

Zur Bildung regeln die 8er Gruppe und Baden-Württemberg, dass geeigneten Untersuchungsgefangenen nach Möglichkeit Gelegenheit zum Erwerb oder zur Verbesserung schulischer und beruflicher Kenntnisse gegeben werden soll, soweit es die besonderen Bedingungen der Untersuchungshaft zulassen.[1179] Bayern trifft hier lediglich eine Kann-Bestimmung.[1180] In Nordrhein-Westfalen „soll" Gelegenheit zum Erwerb oder zur Verbesserung schulischer und beruflicher Kenntnisse gegeben werden, „soweit es die Möglichkeiten der Anstalt und die besonderen Bedingungen der Untersuchungshaft zulassen".[1181] In Niedersachsen soll lediglich „geeigneten Gefangenen" und nur „auf ihre Kosten" Gelegenheit zum Erwerb oder zur Verbesserung schulischer oder beruflicher Kenntnisse gegeben werden, „soweit es die Möglichkeiten der Vollzugsbehörde und die besonderen Bedingungen der Untersuchungshaft zulassen".[1182] Brandenburg, Rheinland-Pfalz, Thüringen und Sachsen-Anhalt stellen vorab klar, dass schulische und berufliche Aus- und Weiterbildung und vorberufliche Qualifizierung (schulische und berufliche Qualifizierungsmaßnahmen) im Vollzug das Ziel haben, die Fähigkeiten der Gefangenen zur Eingliederung und zur Aufnahme einer Erwerbstätigkeit nach der Haftentlassung zu vermitteln, zu verbessern oder zu erhalten und dass bei der Festlegung von Inhalten, Methoden und Organisationsformen der Bildungsangebote die Besonderheiten der jeweiligen Zielgruppe berücksichtigt werden. Schulische und berufliche Aus- und Weiterbildung werden in der Regel als Vollzeitmaßnahmen durchgeführt.[1183] Bestimmt wird auch, dass berufliche Qualifizierungsmaßnahmen danach auszurichten sind, dass sie den Gefangenen für den Arbeitsmarkt relevante Qualifikationen vermitteln.[1184] Sodann bestimmen auch Brandenburg, Rheinland-Pfalz, Thüringen und Sachsen-Anhalt, dass geeigneten Untersuchungsgefangenen nach Möglichkeit Gelegenheit zum Erwerb oder zur Verbesserung schulischer und beruflicher Kenntnisse, auch zum Erwerb eines anerkannten Abschlusses, gegeben werden soll, soweit es die besonderen Bedingungen der Untersuchungshaft zulassen.[1185]

1179 § 24 Abs. 3 UVollzG Bln, BrUVollzG, UVollzG M-V, SUVollzG, SächsUHaftVollzG, UVollzG SH; § 29 Abs. 3 HmbUVollzG; § 20 Abs. 3 HUVollzG; § 34 Abs. 4 S. 1 JVollzGB BW II.

1180 Art. 12 Abs. 4 BayUVollzG.

1181 § 11 Abs. 4 GVUVS NRW.

1182 § 152 Abs. 4 NJVollzG.

1183 § 29 Abs. 1 BbgJVollzG; § 28 Abs.1 LJVollzG RP, ThürJVollzGB, 1 JVollzGB LSA.

1184 § 29 Abs. 6 BbgJVollzG; § 28 Abs.5 LJVollzG RP, ThürJVollzGB, JVollzGB LSA.

1185 § 29 Abs. 5 BbgJVollzG; § 28 Abs. 4 LJVollzG RP, ThürJVollzGB, JVollzGB LSA.

Nur Bremen sieht vor, dass Untersuchungsgefangenen die Möglichkeit zur Teilnahme an Maßnahmen zur Förderung ihrer persönlichen Entwicklung gegeben werden soll.[1186]

Lediglich Berlin regelt, dass zur Vorbereitung und Durchführung von Maßnahmen zur schulischen und beruflichen Bildung den Gefangenen die Teilnahme an Deutschkursen ermöglicht werden soll.[1187]

Die 8er Gruppe (bis auf Hamburg), Brandenburg, Rheinland-Pfalz, Thüringen, Sachsen-Anhalt, Baden-Württemberg und Bayern bestimmen, das Zeugnisse keinen Hinweis auf die Inhaftierung enthalten dürfen.[1188] Eine solche Bestimmung fehlt in Hamburg, Niedersachsen und Nordrhein-Westfalen.

In den Regelungen zur Höhe des Arbeitsentgelts legen die Landesgesetze die Bezugsgröße nach § 18 SGB IV, die sogenannte Eckvergütung, zugrunde und setzen einen Prozentsatz dieser Eckvergütung an, der die Höhe des Arbeitsentgelts bestimmt.[1189] Dieser Prozentsatz ist in den Ländern verschieden hoch. In der 8er Gruppe (bis auf Schleswig-Holstein), Brandenburg, Rheinland-Pfalz, Thüringen, Sachsen-Anhalt und Bayern sind der Bemessung des Arbeitsentgelts 9% der Eckvergütung zugrunde zu legen, während das Arbeitsentgelt in Schleswig-Holstein, Baden-Württemberg, Niedersachsen und Nordrhein-Westfalen lediglich 5% der Eckvergütung beträgt. Ein Tagessatz ist überall der 250. Teil der Eckvergütung und das Arbeitsentgelt kann jeweils nach einem Stundesatz bemessen werden.

Die Gesetze der 8er Gruppe regeln, dass Untersuchungsgefangene, die während der Arbeitszeit an einer Bildungsmaßnahme teilnehmen, eine Ausbildungsbeihilfe erhalten.[1190] Brandenburg, Rheinland-Pfalz, Thüringen und Sachsen-Anhalt regeln, dass Gefangene für die Teilnahme an schulischen und beruflichen Qualifizierungsmaßnahmen eine Ausbildungsbeihilfe erhalten, wobei dies in Thüringen nur gilt, soweit kein Anspruch auf andere Leistungen besteht, die freien Personen

---

1186 § 24 Abs. 3 BrUVollzG.

1187 Vgl. § 24 Abs. 3 S. 2 UVollzG Bln.

1188 Vgl. jeweils §§ 24 Abs. 4 der UVollzG der 8er Gruppe; § 20 Abs. 5 HUVollzG; § 29 Abs. 8 BbgJVollzG; § 28 Abs. 7 LJVollzG RP, ThürJVollzGB, JVollzGB LSA; § 34 Abs. 4 JVollzGB BW II; Art. 12 Abs. 4 S. 2 BayUVollzG i. V. m. Art. 41 BayStVollzG.

1189 § 25 Abs. 1-5 Bln, BrUVollzG, UVollzG M-V, SUVollzG, UVollzG SH; § 31 HmbUVollzG; § 21 Abs. 1 S. 1, Abs. 2-5 HUVollzG; § 25 Abs. 1-4 SächsUHaftVollzG; § 66 Abs. 2 BbgJVollzG; § 65 Abs. 2 LJVollzG RP; § 66 Abs. 3 ThürJVollzGB; § 64 Abs. 3 JVollzGB LSA; § 35 JVollzGB BW II; Art. 12 Abs. 3 BayUVollzG i. V. m. Art. 46 Abs. 2-5 BayStVollzG; § 152 Abs. 3 i. V. m. §§ 40 Abs. 2 und 4, 42, 44 NJVollzG; § 11 Abs. 3 GVUVS NRW.

1190 § 25 Abs. 6 UVollzG Bln, BbgJVollzG, BrUVollzG, UVollzG M-V, UVollzG RP, SUVollzG, UVollzG SH; § 32 Abs.1 HmbUVollzG; § 21 Abs. 1 HUVollzG; § 25 Abs. 5 SächsUHaftVollzG.

aus solchem Anlass zustehen[1191] In den anderen Landesgesetzen fehlt eine vergleichbare Bestimmung.

Regelungen zum Taschengeld finden sich in der 8er Gruppe (bis auf Hessen), Brandenburg, Rheinland Pfalz, Thüringen, Sachsen-Anhalt und in Nordrhein-Westfalen.[1192] Die Höhe des Taschengelds beträgt in den Gesetzen der 8er Gruppe sowie Brandenburg, Rheinland Pfalz, Thüringen und Sachsen-Anhalt 14% der Eckvergütung, in Nordrhein-Westfalen 7% der Eckvergütung. In Nordrhein-Westfalen wird das Taschengeld lediglich darlehensweise gewährt. Hessen, Baden-Württemberg, Bayern und Niedersachsen haben keine Taschengeldregelung.

Alle Landesgesetze sehen Regelungen zur Gestaltung der Freizeit der Untersuchungsgefangenen vor.[1193] Die 8er Gruppe (bis auf Hessen) normiert, dass zur Freizeitgestaltung geeignete Angebote vorzuhalten „sind". Insbesondere „sollen" Sportmöglichkeiten und Gemeinschaftsveranstaltungen angeboten werden. Hessen bestimmt, dass die Untersuchungsgefangenen „Gelegenheit erhalten", sich in ihrer Freizeit zu beschäftigen. Geeignete Angebote „sind" vorzuhalten. Nur Hessen regelt den Sport in einer selbständigen Norm und bestimmt zwingend, dass die Untersuchungsgefangenen Gelegenheit erhalten, in ihrer Freizeit Sport zu treiben. Hierfür „sind" in Hessen ausreichende Angebote vorzuhalten. Brandenburg, Rheinland-Pfalz, Thüringen und Sachsen-Anhalt bestimmen, dass die Anstalt zur Ausgestaltung der Freizeit insbesondere Angebote zur sportlichen und kulturellen Betätigung und Bildungsangebote vorzuhalten „hat". Baden-Württemberg, Bayern und Nordrhein-Westfalen regeln, dass Untersuchungsgefangenen Gelegenheit zu geben „ist", sich in ihrer Freizeit zu beschäftigen und dass Freizeitgruppen und Veranstaltungen zur Weiterbildung angeboten werden „sollen". Niedersachsen hat keine vergleichbare Regelung.

Sportmöglichkeiten sollen in Baden-Württemberg, Bayern und Nordrhein-Westfalen angeboten werden. Hier trifft Niedersachsen wiederum eine Vergleichbare Regelung und bestimmt, dass der Untersuchungsgefangene Gelegenheit erhält, in der Freizeit Sport zu treiben.

1191 § 66 Abs. 1 Nr. 2 BbgJVollzG; § 65 Abs. 1 Nr. 2 LJVollzG RP; § 66 Abs. 1 ThürJVoll-zGB; § 64 Abs. 1 Nr. 2 JVollzGB LSA.

1192 § 25 Abs. 7 UVollzG Bln, BrUVollzG, UVollzG M-V, SUVollzG, UVollzG SH; § 35 HmbUVollzG; § 25 Abs. 6 SächsUHaftVollzG; § 68 Abs. 3-5 BbgJVollzG; § 67 Abs. 3-5 LJVollzG RP; § 68 Abs. 3-5 ThürJVollzGB; § 65 Abs. 3-5 JVollzGB LSA; § 11 Abs. 5 GVUVS NRW.

1193 § 26 UVollzG Bln, BrUVollzG, UVollzG M-V, SUVollzG, SächsUHaftVollzG, UVollzG SH; § 36 HmbUVollzG; § 22, Abs. 1, 2, 4, §§ 11, 23 HUVollzG; § 65 Abs. 1 BbgJVollzG; § 64 Abs. 1 LJVollzG RP; § 65 Abs. 1 ThürJVollzGB; § 63 Abs. 1 JVoll-zGB LSA; §§ 39, 40 JVollzGB BW II; Art. 13 Abs. 1 BayUVollzG; § 153 i. V. m. §§ 64-67 NJVollzG; § 12 Abs. 1, 2 Nr. 4, 3 GVUVS NRW.

Nur Rheinland-Pfalz regelt, dass auch an Wochenenden und gesetzlichen Feiertagen geeignete Angebote bereitzustellen sind.

Regelungen zur Anstaltsbücherei finden sich nur in Hessen, Baden-Württemberg, Bayern, Nordrhein-Westfalen, Brandenburg, Rheinland-Pfalz, Thüringen und Sachsen-Anhalt, Hessen bestimmt dabei, dass die Anstalt eine angemessen ausgestattete Bücherei vorzuhalten „hat". In Baden-Württemberg, Bayern und Nordrhein-Westfalen „soll" die Benutzung einer Anstaltsbücherei angeboten werden. Brandenburg, Rheinland-Pfalz, Thüringen und Sachsen-Anhalt regeln: „Die Anstalt stellt eine angemessen ausgestattete Mediathek (in Thüringen: Bücherei) zur Verfügung."

Alle Landesgesetze regeln den Bezug von Zeitungen und Zeitschriften durch die Untersuchungsgefangenen.[1194] Überall bis auf Nordrhein-Westfalen[1195] wird der Bezug von Zeitungen und Zeitschriften auf einen „angemessenen Umfang" begrenzt. Bezüglich des Vorenthaltens von Zeitungen und Zeitschriften aus Gründen der Sicherheit und Ordnung der Anstalt setzen auf der Tatbestandsseite alle Gesetze bis auf Baden-Württemberg und Nordrhein-Westfalen eine „erhebliche Gefährdung" der Sicherheit oder Ordnung der Anstalt voraus. In Baden-Württemberg und Nordrhein-Westfalen genügt demgegenüber schon eine einfache „Gefährdung" der Sicherheit und Ordnung der Anstalt. Auf der Rechtsfolgenseite regeln nur Hamburg, Hessen, Bayern und Niedersachsen, dass auch Zeitschriften -und nicht nur einzelne Ausgaben hiervon- angehalten werden können. Gleichzeitig weisen diese Gesetze die Regelung auf, dass hier auch „Teile" der Zeitschriften vorenthalten werden können. Die übrigen Gesetze bestimmen, dass einzelne Ausgaben von Zeitungen und Zeitschriften den Untersuchungsgefangenen vorenthalten werden können, wenn deren Inhalte die Sicherheit oder Ordnung der Anstalt erheblich gefährden würden. Nur in Nordrhein-Westfalen kann das Recht zum Bezug von Zeitungen und Zeitschriften eingeschränkt oder ganz aufgehoben werden.[1196]

Alle Landesgesetze enthalten Regelungen zum Rundfunk.[1197] Nach allen Landesgesetzen können die Untersuchungsgefangenen am Hörfunk- und Fernsehempfang teilnehmen und der Rundfunkempfang vorübergehend ausgesetzt oder

---

1194 § 27 UVollzG Bln, BrUVollzG, UVollzG M-V, SUVollzG, SächsUHaftVollzG; UVollzG SH; § 37 HmbUVollzG; § 22 Abs. 2 i. V. m. § 11 Abs. 1 S. 2 HUVollzG; § 60 Abs. 1 und 3 BbgJVollzG; § 59 Abs. 1 und 3 LJVollzG RP; § 60 Abs. 1 und 3 ThürJVollzGB; § 58 Abs. 1 und 3 JVollzGB LSA; §§ 40, 42 JVollzGB BW II; Art. 13 Abs. 2 BayUVollzG; § 153 i. V. m. § 65 NJVollzG; § 12 Abs. 2 und 3 GVUVS NRW.

1195 § 12 Abs. 2 GVUVS NRW.

1196 § 12 Abs. 3 GVUVS NRW.

1197 § 28 UVollzG Bln, BrUVollzG, UVollzG M-V, SUVollzG, UVollzG SH; § 38 i. V. m § 15 HmbUVollzG; § 22 Abs. 3-5 HUVollzG; § 28 SächsUHaftVollzG; § 61 BbgJVollzG; § 60 LJVollzG RP; § 61 ThürJVollzGB; § 59 JVollzGB LSA; §§ 11 Abs.

einzelnen Untersuchungsgefangenen untersagt werden, wenn dies zur Aufrechterhaltung der Sicherheit oder Ordnung der Anstalt unerlässlich ist.

Brandenburg, Rheinland-Pfalz, Thüringen und Sachsen-Anhalt regeln, dass eigene Hörfunk- und Fernsehgeräte zugelassen werden, wenn nicht Gründe der Sicherheit und Ordnung entgegenstehen. Andere Geräte der Informations- und Unterhaltungselektronik können unter diesen Voraussetzungen zugelassen werden. Die Gefangenen können jedoch auch auf Mietgeräte oder auf ein Haftraummediensystem verwiesen werden.

Baden-Württemberg regelt, dass der Betrieb von Empfangsanlagen und die Ausgabe von Hörfunk- und Fernsehgeräten einem Dritten übertragen werden können. Sofern die Justizvollzugsanstalt hiervon Gebrauch macht, können Untersuchungsgefangene nicht den Besitz eigener Geräte verlangen.[1198] Auch in Niedersachsen kann der Untersuchungsgefangene darauf verwiesen werden, anstelle eigener von der Vollzugsbehörde überlassener Geräte zu verwenden.[1199] In Baden-Württemberg wird auch geregelt, dass die Justizvollzugsanstalt über die Einspeisung einzelner Rundfunk- und Fernsehprogramme entscheidet. Vor der Entscheidung soll die Gefangenenmitverantwortung gehört werden.[1200] Der Empfang von Bezahlfernsehen und er Einsatz von zusätzlichen Empfangseinrichtungen wird in Baden-Württemberg ausdrücklich ausgeschlossen.[1201]

Niedersachsen regelt hinsichtlich des gemeinschaftlichen Empfangs, dass die Sendungen so auszuwählen sind, dass Wünsche und Bedürfnisse nach staatsbürgerlicher Information, Bildung und Unterhaltung angemessen berücksichtigt werden.[1202]

Gesonderte Regelungen an dieser Stelle, nach denen die Kosten der in ihrem Besitz befindlichen Geräte den Untersuchungsgefangenen auferlegt „werden", treffen Baden-Württemberg,[1203] Bayern und Nordrhein-Westfalen. In Hamburg „können" die Betriebskosten den Untersuchungsgefangenen auferlegt werden.

2, 40, 41 JVollzGB BW II; Art. 13 Abs. 3, 5 BayUVollzG i. V. m. Art. 73 BayStVollzG; § 66 NJVollzG; § 12 Abs. 2 und 3 GVUVS NRW.

1198 § 41 Abs. 2 JVollzGB BW II.

1199 § 66 Abs. 2 NJVollzG.

1200 § 41 Abs. 3 JVollzGB BW II.

1201 § 41 Abs. 4 JVollzGB BW II.

1202 § 66 Abs. 3 S. 2 NJVollzG.

1203 § 11 Abs. 2 JVollzGB BW.

2.6.2 Bewertung

2.6.2.1 Arbeit

Der Untersuchungsgefangene ist nicht zur Arbeit verpflichtet.[1204] Anders als im Strafvollzug[1205] wäre eine Arbeitspflicht verfassungswidrig, obwohl zwar gem. Art. 12 Abs. 3 GG Zwangsarbeit bei einer gerichtlich angeordneten Freiheitsentziehung zulässig ist, im Ergebnis für Untersuchungsgefangene jedoch Art. 12 Abs. Abs. 2 GG gilt, der jedermann die Freiheit von Arbeitszwang als subjektives öffentliches Recht garantiert. Dies ergibt sich in verfassungsrechtlicher Sicht aus den Art. 2 Abs. 2 und 104 Abs. 1 GG[1206] und nicht zuletzt aus der Unschuldsvermutung, denn aus dem Zweck der Untersuchungshaft lässt sich eine Arbeitspflicht nicht herleiten. Der Großteil der Landesgesetze übernimmt diesen Grundsatz deklaratorisch, während Brandenburg und Rheinland-Pfalz, die in ihren Landesjustizvollzugsgesetzen auch von der Aufnahme einer Arbeitspflicht für Straf- und Jugendstrafgefangene verzichten[1207] und Thüringen sowie Sachsen-Anhalt, welche die Arbeitspflicht nur explizit für Straf- und Jugendstrafgefangene normieren, dies ebenso anerkennen, jedoch von einer gesonderten Regelung Abstand nehmen. Letztere Regelungen sind nicht zuletzt wegen der auch in Brandenburg, Rheinland Pfalz, Thüringen und Sachsen-Anhalt ausdrücklich hervorgehobenen Unschuldsvermutung[1208] ebenfalls vertretbar. Problematisch ist jedoch die in Baden-Württemberg gemachte Ausnahme, dass Untersuchungsgefangene auch zu Hilfstätigkeiten in der Justizvollzugsanstalt herangezogen werden können. Eine Einführung von Arbeitsplicht im Untersuchungshaftvollzug ist unverhältnismäßig und kann durch kein anerkanntes Ziel legitimiert werden.[1209] Schon bei geringfügiger Natur der Arbeiten ist der Zwang zur Arbeit im Untersuchungshaftvollzug unzulässig.[1210] Die Regelung von Baden-Württemberg verstößt deswegen gegen die Unschuldsvermutung. Zwar ist die Möglichkeit auf freiwilliger Basis Hilfstätigkeiten zu verrichten, wünschenswert, weil die Betätigungsmöglichkeiten in vielen Untersuchungsgefängnissen gering sind und die Organisation von Arbeit dort nicht einfach ist.[1211] Deswegen sind Regelungen zu

---

1204 Vgl. SK-*Paeffgen* 2007, § 119 Rn 59; LR-*Hilger* 2007, § 119 Rn 108.

1205 Vgl. BVerfGE 98, S. 169 ff., 204 f.

1206 Vgl. *von Mangoldt/Klein/Starck/Manssen* 2010, Art. 12 GG, Rn 313.

1207 Vgl. Begründung zu § 30 BbgJVollzG (Bbg. Ltg. Drs. 5/6437), Begründung zu § 29 LJVollzG RP (RP Ltg. Drs. 16/1910).

1208 Vgl. *Kap. 2.2.2.3.*

1209 Vgl. *von Münch/Kunig/Kämmerer* 2012, Art.12, Rn 94.

1210 Vgl. LR-*Hilger* 2007, § 119, Rn 110.

1211 CPT-Standards, Auszug aus dem 2. Jahresbericht [CPT/Inf (92) 3] Rn 47.

Hilfstätigkeiten auch sachgerecht. Sie müssen jedoch, wie etwa in Bayern und Nordrhein-Westfalen, ein Zustimmungserfordernis des Untersuchungsgefangenen voraussetzen.

Die Freiheit von der Pflicht zur Arbeit stellt sich jedoch nicht selten gar nicht als Privilegierung dar.[1212] Es liegt auf der Hand, dass viele Untersuchungsgefangene arbeiten möchten.[1213] Denn ein beherrschendes negatives Merkmal des Untersuchungshaftvollzugs ist die sinnlos verbrachte Zeit, die jedoch durch geeignete Arbeit mit einem Sinn gefüllt werden kann.[1214] Arbeit ist von enormer Bedeutung für das Wohlbefinden der Gefangenen[1215] und ein beliebtes Mittel gegen die Monotonie des Vollzugsalltags.[1216] Schließlich kann das Arbeitsentgelt auch nötig sein, um einkaufen zu können.[1217] Nach hier vertretener Auffassung sollte insofern die Justizverwaltung durch ein Untersuchungshaftvollzugsgesetz verpflichtet werden, bei einem entsprechenden Wunsch des Untersuchungsgefangenen einen Arbeitsplatz bereitzustellen.[1218] Vorbild können hier die Entwürfe von *Baumann* und des *Arbeitskreises Sozialdemokratischer Juristen* sein, die beide einen Anspruch des Untersuchungsgefangenen vorsahen.[1219]

Zwar bestehen hier einerseits Hindernisse. Denn die Praxis sieht sich vor das Problem gestellt, dass die Betätigungsmöglichkeiten in vielen Untersuchungsgefängnissen gering sind und die Organisation von Arbeit nicht einfach ist.[1220] Die Ursachen dafür sind seit längerem bekannt: Zunächst kann das Fehlen der Arbeitspflicht zu der Situation beitragen, dass sich Niveau und Quantität des Arbeitsangebots im Untersuchungshaftvollzug gegenüber dem Angebot des Strafvollzugs verringern.[1221] Auch die relativ kurze und nicht von vornherein fest-

---

1212 Vgl. *Jehle* 1987, S. 79; 1987a, S. 37.

1213 In *Jehles* Untersuchung (vgl. Fußnote 723) arbeiteten einschließlich der Hausarbeiter zwar weniger als ein Viertel der Probanden, jedoch hatte die Hälfte einen Antrag auf Zuteilung von Arbeit gestellt und weitere 30% wünschten sich Arbeit, während nur 20% eine Arbeit ablehnten, vgl. *Jehle* 1985, S. 228 ff. sowie zusammenfassend *Jehle* 1987a, S. 37.

1214 Vgl. *Rotthaus* 1989, S. 410; *Jehle* 1987a, S. 37.

1215 CPT-Standards, Auszug aus dem 2. Jahresbericht [CPT/Inf (92) 3] Rn 47.

1216 Vgl. *Zolondek* 2007, S. 236; *Lohmann* 2002, S. 59; *Jehle* 1987a, S. 37; *Kühl* 2012, S. 172 m. w. N.

1217 Vgl. *Schlothauer/Weider* 2010, S. 489; *Jehle* 1987a, S. 37; *Dünkel* 1985, S. 34; Das gilt zumindest in den Landesgesetzen ohne Taschengeldanspruch, vgl. *Kap. 2.6.2.6.*

1218 So auch *Kubach* 2004, S. 140. Vgl. für den Jugendstrafvollzug ebenso *Kühl* 2012, S. 208 m. w. N.

1219 § 4 Abs. 3 E-Baumann; § 39 Abs. 1 E-*Arbeitskreis Sozialdemokratischer Juristen.*

1220 CPT-Standards, Auszug aus dem 2. Jahresbericht [CPT/Inf (92) 3] Rn 47.

1221 Vgl. *Päckert* 1987, S. 92.

stehende Dauer des Untersuchungshaftvollzugs verursacht Probleme.[1222] Arbeit, die mit qualifizierten Anforderungen verbunden ist, wird durch die hohe Fluktuation im Untersuchungshaftvollzug problematisch,[1223] da die schnell wechselnde Vollzugspopulation möglicherweise schlechtere Arbeitsergebnisse bedingt.[1224] Deswegen geben nur wenige Betriebe Arbeiten in den Untersuchungshaftvollzug.[1225] Dadurch ergibt sich jedoch eine Schlechterstellung gegenüber dem Strafvollzug, in dem mehr Arbeit zur Verfügung gestellt werden kann.[1226] Illustriert wurde dieser Befund in jüngster Zeit durch die in der Entscheidung des BVerfG v. 17.10.2012 zu findende Angabe der Justizvollzugsanstalt Stralsund, nach der „aufgrund eines geringen Arbeitsplatzangebotes vor allem Strafgefangene zur Arbeit eingesetzt" würden und lediglich „durch eine Warteliste [...] sichergestellt [werde], dass bei freiwerdenden Arbeitsplätzen auch der Einsatz von Untersuchungsgefangenen regelmäßig geprüft werde."[1227]

Vor diesem Hintergrund kann man zwar in den Bestimmungen der Landesgesetze über ein regelmäßiges Arbeitsangebot für Untersuchungsgefangene einen Fortschritt gegenüber der zuvor anzufindenden Praxis und der damit einhergehenden Benachteiligung der Untersuchungsgefangenen im Vergleich zu Strafgefangenen erkennen.[1228] Die jedoch lediglich *Soll*-Bestimmungen sind jedoch im Ergebnis abzulehnen.

Denn andererseits könnten zum einen die sinkenden Gefangenenzahlen[1229] den Mangel an Arbeitsplätzen reduzieren. Auch sprechen die Vorgaben der EPR, die vorgeben, dass Untersuchungsgefangenen Gelegenheit zur Arbeit zu geben „ist"[1230] konsequenterweise für eine landesrechtliche Anspruchsregelung. Auch ist zu berücksichtigen, dass viele Untersuchungsgefangene sogar einfachste Arbeiten der Monotonie im Haftraum vorziehen,[1231] so dass hier hinsichtlich der Qualität der Arbeit nicht zwingend hohe Anforderungen zu stellen sind. Die Be-

---

1222 Vgl. *Rotthaus* 1989, S. 402.; *Jehle* 1987a, S. 37.

1223 Vgl. *Jehle* 1987, S. 79; 1987a, S. 37.

1224 Vgl. *Morgenstern* 2009, S. 10.

1225 Vgl. *Schlothauer/Weider* 2010, S. 488.

1226 Vgl. *Morgenstern* 2009, S. 10.

1227 BVerfG 2 BvR 736/11 vom 17.10.2012, Abs. Nr. 4.

1228 Vgl. *Morgenstern* 2009b, S. 7; 2011b, S. 83.

1229 Vgl. *Kap. 1.5.1* und *Tab. 2, 3, 4*.

1230 „Untried prisoners shall be offered the opportunity to work but shall not be required to work", EPR, Rule 100.1.

1231 Vgl. *Schlothauer/Weider* 2010, S. 489.

reitstellung von Arbeit kann den Untersuchungsgefangenen „dem Einerlei des Tages entreißen und seinen Gedanken eine andere Richtung geben".[1232] Ein Mangel an Arbeit bedingt demgegenüber die Gewöhnung an die sinnlos verbrachte Zeit und erschwert die Eingliederung in die Arbeitswelt nach der Entlassung, grade wenn hier vor der Inhaftierung schon Probleme bei dem Betroffenen bestanden.[1233] Zutreffend ist auch die Aussage, dass einem unschuldigen Menschen die wirtschaftliche Existenzgrundlage nicht genommen werden darf.[1234] Dieser Forderung kann aber nur ein durch ein Untersuchungshaftvollzugsgesetz normierter und einklagbarer Anspruch auf Arbeit, verbunden mit der Zahlung von Mindestlohn, gerecht werden. Dafür spricht des Weiteren, worauf das CPT anlässlich von Besuchen in Polen und der Ukraine hingewiesen hat, dass auch in wirtschaftlich schwierigen Zeiten die Bereitstellung von Gefangenenarbeit nicht von den Bedingungen des Arbeitsmarktes bestimmt werden darf.[1235]

Auch an dieser Stelle kann nur wiederholt darauf hingewiesen werden, dass es Sache des Staates ist, „im Rahmen des Zumutbaren alle Maßnahmen zu treffen, die geeignet und nötig sind, um Verkürzungen der Rechte von Untersuchungsgefangenen zu vermeiden; die dafür erforderlichen sächlichen und personellen Mittel hat er aufzubringen, bereitzustellen und einzusetzen."[1236] Ebenso wird an dieser Stelle wiederholt auf den Grundsatz der EPR hinzuweisen, dass Mittelknappheit keine Rechtfertigung für Vollzugsbedingungen sein kann, die gegen die Menschenrechte von Gefangenen verstoßen.[1237]

2.6.2.2 Bildung

Untersuchungshaftvollzug darf auch mit Blick auf die Bildung des interessierten Untersuchungsgefangenen nicht bloß sinnlos verbrachte Zeit sein.[1238] Nach den EPR soll jede Justizvollzugsanstalt allen Gefangenen Zugang zu möglichst umfassenden Bildungsprogrammen gewähren, die ihren individuellen Bedürfnissen

---

1232   Vgl. *Jehle* 1987, S. 79.

1233   Vgl. *Jehle* 1987, S. 80; 1987a, S. 37.

1234   Vgl. *Rössner* 1988, S. 119.

1235   Vgl. CPT/Inf (2002) 23 Rn 62; CPT/Inf (2002) 9 Rn 62; vgl. *van Zyl Smit/Snacken* 2009, S. 189.

1236   Vgl. zuletzt BVerfG 2 BvR 736/11 Abs. Nr.24; BVerfG 2 BvR 1229/07 vom 10.01.2008 Abs. Nr. 19; BVerfGE 36, S. 264 ff., 275; 42, S. 95 ff. 101 f.; BVerfGK 13, S. 163 ff. 166 m. w. N.

1237   EPR, Rule 4.

1238   *Päckert* 1987, S. 96.

entsprechen und gleichzeitig ihren Ambitionen Rechnung tragen.[1239] Für ausreichende Bildungsangebote spricht auch, dass eine beträchtliche Anzahl der Untersuchungsgefangenen deutliche Bildungsdefizite aufweist,[1240] was auch die Landesgesetzgeber erkannt haben.[1241]

Zwar sind insofern die Regelungen der 8er Gruppe, von Brandenburg, Rheinland-Pfalz, Thüringen, Sachsen-Anhalt und Baden-Württemberg, nach denen geeigneten Untersuchungsgefangenen nach Möglichkeit Gelegenheit zum Erwerb oder zur Verbesserung schulischer und beruflicher Kenntnisse gegeben werden soll, soweit es die besonderen Bedingungen der Untersuchungshaft zulassen, gegenüber der Kann-Bestimmung Bayerns vorzugswürdig. Nach hier vertretener Auffassung ist jedoch ein Anspruch des Untersuchungsgefangenen geboten. Auch die Regelung Nordrhein-Westfalens, die auf die Verhältnisse der jeweiligen Justizvollzugsanstalt Bezug nimmt und Bildungsangebote unter den Vorbehalt der „Möglichkeiten der Anstalt" stellt, wird diesem Postulat nicht gerecht. Sie widerspricht auch dem schon häufig angeführten Grundsatz, dass es Sache des Staates ist, „im Rahmen des Zumutbaren alle Maßnahmen zu treffen, die geeignet und nötig sind, um Verkürzungen der Rechte von Untersuchungsgefangenen zu vermeiden; die dafür erforderlichen sachlichen und personellen Mittel hat er aufzubringen, bereitzustellen und einzusetzen."[1242] Das gleiche gilt für Niedersachsens Einschränkung auf das, was „die Möglichkeiten der Vollzugsbehörde zulassen". Die Niedersächsische Regelung hebt sich auch im Übrigen deutlich negativ von den anderen Ländergesetzen ab. Da nach dieser Regelung einem geeigneten Gefangenen lediglich „auf seine Kosten" Gelegenheit zum Erwerb oder zur Verbesserung schulischer oder beruflicher Kenntnisse gegeben werden „soll", stellt der Niedersächsische Gesetzgeber Voraussetzungen auf, die außerhalb der Justizvollzugsanstalt nicht zwingend einzuhalten sind und verstößt damit gegen den Angleichungsgrundsatz, denn in Freiheit lebende Bürger können Bildungsangebote zumindest teilweise auch kostenlos wahrnehmen. Überdies wird in Niedersachsen der Untersuchungsgefangene an dieser Stelle schlechter gestellt als der Strafgefangene: Denn Niedersachsen normiert zum Strafvollzug, dass wenn ein Strafge-

---

1239 EPR, Rule 28.1.

1240 In *Jehles* Untersuchung hatten 40% der Probanden keinen Hauptschulabschluss erreicht, vgl. *Jehle* 1985, S. 150 ff sowie *Jehle* 1987a, S. 34.

1241 Vgl. Begründung zu § 24 ThürUVollzG a. F. (Thür. Ltg. Drs. 5/2764); Begründung zu § 29 BbgJVollzG (Bbg. Ltg. Drs. 5/64387); Begründung zu Art. 12 BayUVollzG (Bay. Ltg. Drs.16/9082); Begründung zu § 34 JVollzGB BW-III (BW. Ltg. Drs. 14/5012); Begründung zu § 147 NJVollzG (Nds. Ltg. Drs.15/3565); Begründung zu § 11 GVUVS NRW (NRW Ltg. Drs. 14/8631); vgl. auch *Kirschke/Brune* 2009, S. 19.

1242 Vgl. zuletzt BVerfG 2 BvR 736/11 vom 17.12.2012 Abs. Nr. 24; BVerfG 2 BvR 1229/07 vom 10.01.2008 Abs. Nr. 19; BVerfGE 36, S. 264 ff., 275; 42, S. 95 ff., 101 f.; BVerfGK 13, S. 163 ff., 166 m. w. N.

fangener an einer zugewiesenen beruflichen Aus- oder Weiterbildung oder an zugewiesenem Unterricht teilnimmt, diesem sogar eine Ausbildungsbeihilfe gewährt werden kann. Kosten werden dem Strafgefangenen gegenüber jedoch nicht geltend gemacht.[1243]

Ein weiterer in diesem Zusammenhang zu beachtender Punkt ist, dass Vollzugsbehörden besonderes Augenmerk auf die Bildungsbedürfnisse von Gefangenen mit spezifischen Bedürfnissen zu richten haben,[1244] zu denen auch die ausländischen Gefangenen zählen.[1245] Sie können oft besonders von Sprachkursen profitieren, die es ihnen ermöglichen, in dem Land ihrer Inhaftierung besser zu kommunizieren.[1246]

Doch obwohl in einem großen Teil der Länder hohe Ausländerquoten die Praxis des Untersuchungshaftvollzugs mitbestimmen und diese in den anderen Stadtsaaten, Bremen und Hamburg, sogar noch höher sind,[1247] ist Berlin das einzige Landesgesetz, dass diese Problematik mit einer „soll" Regelung zur Teilnahme an Deutschkursen adressiert. Die übrigen Landesgesetzgeber haben es versäumt, hier der Vollzugswirklichkeit entsprechende gesetzliche Regelungen zu schaffen. Insofern sollte Berlins Regelung von allen Landesgesetzen übernommen werden.

Bezüglich der Zeugnisse über die Bildungsmaßnahmen im Justizvollzug gilt generell, dass aus ihnen nicht hervorgehen sollte, wo sie erlangt wurden.[1248] Für den Untersuchungshaftvollzug gebietet auch die Unschuldsvermutung, dass diese keinen Hinweis auf die Inhaftierung enthalten dürfen. Eine entsprechende Regelung treffen jedoch nur die 8er Gruppe (bis auf Hamburg), Baden-Württemberg, Bayern, Brandenburg, Rheinland-Pfalz, Thüringen und Sachsen-Anhalt. Wünschenswert ist, dass Hamburg, Niedersachsen und Nordrhein-Westfalen ebenfalls eine entsprechende klarstellende Bestimmung aufnehmen.

1243 Soweit ihm keine Leistungen zum Lebensunterhalt zustehen, die freien Personen aus solchem Anlass gewährt werden (§ 41 NJVollzG). Eine verständliche Begründung vermag der Landesgesetzgeber insofern auch nicht zu geben. Stattdessen wird angeführt, dass die Kürze der zur Verfügung stehenden Zeit einer Entlohnung entgegenstehen solle, vgl. die Begründung zu § 147 NJVollzG (Nds. Ltg. Drs.15/3565).

1244 EPR, Rule 28.3.

1245 EPR, Kommentar zu Rule 28.

1246 Vgl. *van Kalmthout/Hofstee-van der Meulen/Dünkel* 2007, S. 25 f.; *van Zyl Smit/Snacken* 2009, S. 202.

1247 Vgl. *Kap. 1.5.6* und *Tab. 9.*

1248 Vgl. EPR, Kommentar zu Rule 28.

2.6.2.3   Mindestlohn für Untersuchungsgefangene

Auch bei Betrachtung der landesrechtlichen Regelungen zum Untersuchungshaftvollzug ist „das wahre Dilemma der Gefangenenarbeit"[1249] die zu geringe Bemessung des Arbeitsentgelts.[1250] In Schleswig-Holstein, Baden-Württemberg,
Niedersachsen und Nordrhein-Westfalen fällt es sogar geringer aus als bei Strafgefangenen. Zwar erkennt das BVerfG in einer solchen Regelung keinen Verfas-
sungsverstoß und führt insofern aus, dass eine Erweiterung der finanziellen Entlohnung der Untersuchungsgefangenen entsprechend der Erhöhung der Entlohnung der Strafgefangenen auf Grund der unterschiedlichen Charaktere von Untersuchungshaft und Strafhaft nicht geboten sei und auch die Unschuldsvermutung
keine Angleichung der Entlohnung gebiete.[1251]

Nach hier vertretener Auffassung verlangt die Unschuldsvermutung jedoch
eine deutlichere Privilegierung als die bloße Befreiung von der Arbeitspflicht.
Schon gegen die ungleiche Entlohnung von Straf- und Untersuchungsgefangenen
spricht, dass Untersuchungshaft weniger belastend ausgestaltet sein muss als die
Strafhaft, weswegen auch die Entgeltregelungen nicht geringer als diejenigen für
den Strafvollzug ausfallen dürfen.[1252]

Auch darf Untersuchungshaft zumindest nicht resozialisierungsfeindlich ausgestaltet sein,[1253] weswegen die Landesgesetzgeber die anerkannte Bedeutung
der Gefangenenarbeit[1254] auch im Untersuchungshaftvollzug ernst nehmen und
die Arbeit angemessen anerkennen müssen.[1255] Vor der Föderalismusreform hat
auch das BVerfG insofern zur Entlohnung der Strafgefangenen ausgeführt, dass
nur ein „transparentes und nachvollziehbares Berechnungssystem" dem Gefange-

---

1249   *Dünkel* 1999, S. 80: „true dilemma of prison labour".

1250   Zur Verdeutlichung: Die Eckvergütung wird nach dem durchschnittlichen Einkommen
       aller Rentenversicherten jährlich neu berechnet. Die Bezugsgrößen waren im Jahr 2009
       in den alten Bundesländern 30.250,00 Euro und 25.620 Euro in den neuen Bundeslän-
       dern. Legt man nun 5% der Eckvergütung zu Grunde, wie dies etwa in Nordrhein-West-
       falen der Fall ist, wird das Arbeitsentgelt bei einer angenommenen Leistungsstufe von
       100% wie folgt berechnet: 5% der Eckvergütung von 30.250,00 Euro sind 1.512,50
       Euro, von denen der 250. Teil ein Tagessatz ist, der 6,05 Euro beträgt und der Stunden-
       satz sich bei einem Arbeitstag von 8 Stunden auf 0,75 Euro beläuft; vgl. dazu auch
       Schlothauer/Weider 2010, S. 489 f.

1251   BVerfG NStZ 2004, S. 514.

1252   Wie hier: S/B/J/L-*Jehle* 2013, § 177 Rn 2; AK-Feest/*Köhne* 2012, § 177 Rn 3; *Rotthaus*
       2004, S. 515.

1253   Vgl. *Kap. 1.2.2.2.*

1254   Vgl. BVErfGE 98, S. 169 ff.

1255   Vgl. *Rotthaus* 2004, S. 515.

nen die Angemessenheit der Vergütung verdeutlichen kann.[1256] Die Zersplitterung der Gefangenenentlohnung nach der Föderalismusreform kann für den Untersuchungsgefangenen jedoch nicht nachvollziehbar sein.[1257] Fällt die Entlohnung jedoch nicht in einer Höhe aus, die von den Gefangenen als „fair"[1258] empfunden wird, lernen sie, „dass sich Arbeit nicht lohnt",[1259] was mit Blick auf das Postulat der nicht resozialisierungsfeindlich ausgestalteten Untersuchungshaft sehr bedenklich ist. Dies gilt umso mehr, als die Legislative der 9er Gruppe im Gegensatz zu den anderen Landesgesetzgebern auch deutlich darauf hinweist, dass ihre Entscheidung berücksichtige, dass Untersuchungshaft auf Grund der Unschuldsvermutung nicht belastender als Strafhaft ausgestaltet sein soll und Untersuchungsgefangene oftmals die gleiche Arbeit verrichten wie Strafgefangene.[1260]

Gleiche Entlohnung ist jedoch noch nicht ausreichend. Für eine zumindest höhere Entlohnung spricht schon, dass die Befürworter lediglich gleichen Lohns übersehen, dass nur die monetäre Komponente der Entgeltregelungen im Untersuchungshaftvollzug denen der Strafhaft entspricht und deswegen im Ergebnis der Untersuchungsgefangene nicht wie ein Strafgefangener entlohnt wird. Denn nach dem StVollzG ist eine nichtmonetäre Komponente der Arbeit in Form von sechs Tagen zusätzlichem Hafturlaub oder früherer Entlassung gegeben.[1261] Diese Anerkennung der Arbeit des Gefangenen existiert in den Untersuchungshaftvollzugsgesetzen der Länder naturgemäß nicht.[1262] Für ein Gesetz, das keinen zusätzlichem Hafturlaub oder frühere Entlassung vorsieht,[1263] entspricht der Gleichstellung mit Strafgefangenen eher eine Höhe von 12% des Entgelts.[1264]

1256 Vgl. BVerfGE 98, S. 169 ff.

1257 Vgl. AK-Feest/*Köhne* 2012, § 177 StVollzG Rn 3.

1258 *Schriever* 2002, S. 87; vgl. dazu auch *Kühl* 2012, S. 191.

1259 *Kühl* 2012, S. 91; vgl. *BAG-S* 1993, S. 176.

1260 Vgl. exemplarisch die Begründung zum Musterentwurf (Thür. Ltg. Drs. 5/2764) S. 89.

1261 Gem. § 43 Abs. 6-9 StVollzG, sog. „Good-Time-Regelung", vgl. *Dünkel/Geng* 2003, S. 149; *Hillebrand* 2009, S. 122 f.; *Kühl* 2012, S. 193 m. w. N.

1262 Vgl. *Dünkel* 2009b, S. 8.

1263 Wegen der in § 32 Abs. 1, 3 BbgJVollzG, § 31 Abs. 1, 3 LJVollzG RP, § 31 Abs. 1, 3 ThürJVollzGB, § 31 Abs. 1, 3 JVollzGB LSA auf lediglich bezahlte Freistellung von der Arbeit reduzierten nichtmonetären Komponente für Strafgefangene sind nach hier vertretener Auffassung auch im Strafvollzug in Brandenburg, Rheinland-Pfalz, Thüringen und Sachsen-Anhalt mindestens 12% der Eckvergütung geboten.

1264 Vgl. *Dünkel* 2009b, S. 8.

Nach hier vertretener Auffassung entspricht jedoch nur die Zahlung des Mindestlohns[1265] der Rechtsstellung des Untersuchungsgefangenen.[1266] „Die Arbeit aller Menschen ist wertzuschätzen"[1267] und es gibt kein überzeugendes Argument dafür, einem Unschuldigen die wirtschaftliche Existenzgrundlage zu nehmen.[1268] Der Verlust von Einkommen ist eine der größten Schwierigkeiten, mit denen die Angehörigen von männlichen Inhaftierten konfrontiert werden und auch die Inhaftierung von Müttern führt zu erheblichen Einkommenseinbußen.[1269] Eine „Konfiszierung des Arbeitserfolges" kann nur für den Strafvollzug gerechtfertigt werden, weil nur für die Strafgefangenen festgestellt wurde, dass sie durch schuldhaftes Handeln den kostenintensiven Strafvollzug notwendig machen.[1270] Möchte man einem Anspruch auf Mindestlohn insofern die negativen Bedingungen der Gefangenenarbeit, wie deren Marktferne, Kosten für die Unternehmer und Konkurrenz durch andere Fertigungsmöglichkeiten entgegensetzen und dem Gesetzgeber insofern im Sinne des Interesses der Justizverwaltung an Kostendeckung einen weiten Ermessensspielraum zubilligen[1271] und den Lohn wiederum doch niedriger ausfallen lassen, so ist dem insbesondere entgegenzuhalten, dass nicht nur die Unschuldsvermutung für einen Mindestlohn spricht, sondern der Eingriff in den Status und die Freiheit des Bürgers auch die staatliche Verpflichtung zu sozialer Leistung begründet.[1272] Die vielen Belastungen und negativen Folgen des Untersuchungshaftvollzugs für den Untersuchungsgefangenen und ihm nahestehende Personen müssen auch durch sachliche Hilfen begegnet werden,[1273] die hier notfalls in Form einer Bezuschussung des Arbeitsentgelts zu erfolgen haben. Denn die Einkommensverluste werden noch durch zusätzliche Ausgaben auf Seiten der in Freiheit lebenden Familie, etwa Besuchskosten, ver-

---

1265   I. H. v. zunächst gesetzlich verabschiedeten 8,50 Euro je Zeitstunde, vgl. § 1 Abs. 2 Entwurf eines Gesetzes zur Stärkung der Tarifautonomie (Bt. Drs.18/1558).

1266   Vgl. § 41 Abs. 1 E *Arbeitsgemeinschaft Sozialdemokratischer Juristen* 1985 zur Zahlung des „vollen tarifmäßigen Lohns". Dafür auch *Kubach* 2004, S. 143, *Rotthaus* 1989, S. 411; *Jung/Müller-Dietz* 1983, S. 25; in diese Richtung auch AK-Feest/*Köhne* 2012, § 177 Rn 3, der für Untersuchungsgefangene „denselben Lohn wie draußen" als Idealfall ansieht.

1267   Vgl. Bt. Drs.18/1558, S. 1.

1268   So auch *Rössner* 1988, S. 119.

1269   Vgl. *Murray* 2005, S. 444 f. m. w. N.

1270   Vgl. *Rotthaus* 1989, S. 411.

1271   Vgl. zum Strafvollzug BVerfGE 98, S. 169 ff., 202 f.

1272   Vgl. *Seebode* 1985, S. 1.

1273   Vgl. *Seebode* 1985, S. 1.

schärft.[1274] Dadurch könnte schließlich auch die „Schattenwirtschaft" als Teil der Subkultur eher beseitigt oder eingedämmt werden.[1275]

2.6.2.4 Urlaub

Nur die Gewährung von Urlaub entspricht dem Angleichungsgrundsatz. Insofern ist es positiv, das Brandenburg, Rheinland-Pfalz, Thüringen und Sachsen-Anhalt die Untersuchungsgefangenen in die Urlaubsregelungen mit einbeziehen. Auch, wenn es sich dabei nur um Urlaub in der Anstalt handelt, wird mit diesem Anspruch doch zum Ausdruck gebracht, dass Untersuchungsgefangene der Erholung bedürfen, wenn sie für einen längeren Zeitraum gearbeitet haben[1276] und ihre Arbeit damit wertgeschätzt. Die anderen Landesgesetze sollten insofern ebenso Urlaubsregelungen schaffen. Hinsichtlich der von Brandenburg, Rheinland-Pfalz, Thüringen und Sachsen-Anhalt vorgesehenen Dauer der vorangegangenen Arbeit von einem halben Jahr werden zwar „auch Gefangene mit kurzen Strafen in den Genuss der Freistellung"[1277] kommen, der Situation der Untersuchungsgefangenen entspricht diese Regelung jedoch nicht. Denn problematisch ist insofern, das etwa im Jahr 2012 nur ca. 24 % der Untersuchungsgefangenen 6 Monate oder länger in Untersuchungshaft waren[1278] und somit ein Großteil der Untersuchungsgefangenen nicht in den Genuss des Urlaubs kommen wird. Sachgerecht und wünschenswert wäre hier eine Orientierung an den Reformentwürfen von *Baumann* und des *Arbeitskreises Sozialdemokratischer Juristen*, die einen Anspruch auf 9 Werktage bezahlten Arbeitsurlaub in der Anstalt schon dann vorsahen, wenn der Untersuchungsgefangene 3 Monate lang gearbeitet hatte.[1279]

2.6.2.5 Ausbildungsbeihilfe

Nach den EPR ist Aus- und Weiterbildung im Vollzug der gleiche Stellenwert wie der Arbeit einzuräumen. Insbesondere dürfen Gefangene durch die Teilnahme an Aus- und Weiterbildungsmaßnahmen nicht finanziell oder anderweitig benachteiligt werden.[1280] Alles andere würde die Teilnahme an Bildungsmaßnahmen in der Praxis gefährden und die in den Landesgesetzen vorhandenen Regelungen zur

1274 Vgl. *Murray* 2005, S. 445.

1275 Vgl. *Bundesvereinigung der Anstaltsleiter im Strafvollzug* 1993, S. 180; *Kühl* 2012, S. 191.

1276 Vgl. Begründung zu § 32 BbgJVollzG (Bbg. Ltg. Drs. 5/64387).

1277 Vgl. Begründung zu § 32 BbgJVollzG (Bbg. Ltg. Drs. 5/64387).

1278 Vgl. *Kap. 1.5.3.*

1279 § 38 Abs. 1 E-Baumann; § 38 Abs. 3 E-*Arbeitskreis Sozialdemokratischer Juristen*.

1280 EPR, Rule 28.4.

Bildung konterkarieren. Insofern sind die Regelungen der 8er Gruppe sowie von Brandenburg, Rheinland-Pfalz, Thüringen und Sachsen-Anhalt zur Ausbildungsbeihilfe sachgerecht und im Sinne der Vorgaben der EPR gut geeignet, die Gleichwertigkeit von Ausbildung und Arbeit zu verdeutlichen.[1281]

Dass die vollständige Versagung der Ausbildungsbeihilfe in einigen Bundesländern nicht zu rechtfertigen ist, ist evident. In Baden-Württemberg, Bayern, Niedersachsen und Nordrhein-Westfalen besteht zudem ein klarer Widerspruch des aus der Unschuldsvermutung resultierenden Gebots, den Untersuchungsgefangenen nicht gegenüber dem Strafgefangenen zu benachteiligen, da diese Länder den *Straf*gefangenen sämtlich Ausbildungsbeihilfe gewähren.[1282]

2.6.2.6 Taschengeld

Dass einige Landesgesetzgeber eine mögliche Mittellosigkeit des Untersuchungsgefangenen sehenden Auges zulassen, widerspricht schon den verfassungsrechtlichen Vorgaben aus dem Sozialstaatsgebot. Ein Untersuchungshaftvollzugsgesetz muss eine Regelung zum Taschengeld für diejenigen Untersuchungsgefangenen enthalten, denen keine Arbeit angeboten werden kann und die keine Ausbildungsbeihilfe erhalten. Zwar besteht formal betrachtet ein Anspruch auf Sozialhilfe,[1283] auf dessen Realisierung in der Vollzugspraxis jedoch wohl keine Aussicht bestehen wird.[1284] Die Gefahr, dass ohne gesetzliche Ausgestaltung einer Taschengeldregelung die Möglichkeit besteht, dass Untersuchungsgefangene monatelang über keine eigenen finanzielle Mittel verfügen können, was die Entstehung subkultureller Abhängigkeiten begünstigt und dadurch wiederum Gefahren für die Sicherheit der Anstalt begründen kann, war den Gesetzgebern der 8er Gruppe bekannt und wird auch etwa vom Musterentwurf zur Begründung der Regelung angeführt.[1285] Die Regelungen zum Taschengeld für Untersuchungsgefangene in der 8er Gruppe (bis auf Hessen), Brandenburg, Rheinland Pfalz, Thüringen, Sachsen-Anhalt und Nordrhein-Westfalen sind insofern sachgerecht. Problematisch sind jedoch die deutlichen Unterschiede hinsichtlich Höhe und Modalitäten der Gewährung des Taschengelds innerhalb dieser Gruppe. Denn dass die Höhe des Taschengelds in Nordrhein-Westfalen nur 7 % des Tagessatzes der Eckvergütung beträgt, während sie in der 8er Gruppe sowie Brandenburg,

---

1281 Zutreffend die Begründung zum ThürUVollzG a. F., S. 89.

1282 Vgl. § 41 NJVollzG; Art. 47 Abs. 1 S. 1 BayStVollzG; § 50 Abs. 1 S. 1 JVollzGB BW III; § 32 Abs. 2 StVollzG NRW.

1283 Aus § 35 Abs. 2 S. 1 SGB XII.

1284 In *Jehles* Untersuchung (vgl. Fußnote 723) gab etwa ein Drittel der Befragten Untersuchungsgefangenen an, kein Geld erhalten zu haben, vgl. *Jehle* 1985, S. 204; dazu auch *Dünkel* 2009b, S. 8.

1285 Vgl. Begründung zu § 25 ThürUVollzG a. F. (Thür. Ltg. Drs. 5/2764).

Rheinland-Pfalz, Thüringen und Sachsen-Anhalt immerhin 14 % der Eckvergütung beträgt, kann sachlich nicht begründet werden. Dass diese Auszahlung in Nordrhein Westfalen überdies lediglich darlehensweise geschieht, kann letztlich die Justizverwaltung vor Probleme bei der Geltendmachung ihrer Regressansprüche stellen[1286] und ist auch nur schwer mit dem Gegensteuerungsprinzip in Einklang zu bringen, da die Untersuchungshaft auf diese Weise zur (weiteren) Verschuldung des Betroffenen beitragen kann, was mit dem Grundsatz der nicht resozialisierungsfeindlichen Ausgestaltung der Untersuchungshaft nicht im Einklang steht.[1287] Dennoch ist die Regelung Nordrhein-Westfalens vorzugswürdig gegenüber den Landesgesetzen von Hessen, Baden-Württemberg, Bayern und Niedersachsen, die keine Taschengeldregelung kennen. Gerade vor dem Hintergrund der Begründung zum Musterentwurf, die explizit auf die Problematik der Realisierung des Anspruchs auf Sozialhilfe eingeht, erscheint es unangemessen, das Hessens Legislative[1288] in der Gesetzesbegründung lediglich auf den Anspruch des Untersuchungsgefangenen gegen den Träger der Sozialhilfe verweist.[1289]

In Hessen, Baden-Württemberg und Niedersachsen besteht auch die Gefahr, dass der Vollzugsträger auf die Sozialhilfeansprüche nicht ausreichend hinweist.[1290] Ebenso ist zu berücksichtigen, dass der Antrag[1291] auf Sozialhilfe an den örtlich zuständigen Träger zu richten ist,[1292] wobei im Zusammenspiel mit der Häufigkeit der Anordnung der Untersuchungshaft aufgrund von Fluchtgefahr (in 2012 in ca. 92% der Fälle),[1293] die auch aufgrund Wohnsitzlosigkeit[1294] erfolgt,[1295] jedoch anzunehmen ist, dass in nicht wenigen Fällen gerade keine Meldung beim Einwohnermeldeamt vorliegen wird, die der Feststellung der örtlichen Zuständigkeit des Sozialhilfeträgers dienen würde.[1296] Hier sind in der Praxis deutliche Probleme bei der Geltendmachung des Anspruchs zu erwarten. Nicht zuletzt deswegen sind die betroffenen Untersuchungsgefangenen in diesen Fällen auf unter

---

1286 Vgl. *Dünkel* 2009b, S. 8.

1287 Vgl. *Ostendorf* 2010, S. 2.

1288 Als Teil der 8er Gruppe.

1289 Vgl. Begründung zu § 21 HUVollzG (Hess. Ltg. Drs 18/1396).

1290 Vgl. *Henne* 1996, S. 343.

1291 Gem. § 98 Abs. 4 SGB XII.

1292 SG Düsseldorf StV 2009, S. 142 f., 142.

1293 Vgl. *Kap. 1.5.2* und *Tab. 5.*

1294 In *Jehles* Untersuchung (vgl. Fußnote 723) hatten rund 10% der Probanden überwiegend oder durchgängig keinen festen Wohnsitz, vgl. *Jehle* 1985, S. 150 ff.; 1987a, S. 34.

1295 Vgl. *Kap. 1.3.2.2.*

1296 Vgl. den vom SG Düsseldorf entschiedenen Fall, StV 2009, S. 142 f.

Umständen längeren Schriftwechsel mit dem Träger der Sozialhilfe angewiesen.[1297] So liegt die Befürchtung nahe, dass in einigen Fällen der Anspruch nicht realisierbar sein wird und in den übrigen Fällen die Zeit der Mittellosigkeit jedenfalls nicht so kurz wie möglich ausfällt und dadurch die Entstehung subkultureller Abhängigkeiten eher begünstigt wird. Auch an dieser Stelle kann nur erneut darauf hingewiesen werden, dass es „Sache des Staates [ist], im Rahmen des Zumutbaren alle Maßnahmen zu treffen, die geeignet und nötig sind, um Verkürzungen der Rechte von Untersuchungsgefangenen zu vermeiden; die dafür erforderlichen sächlichen und personellen Mittel hat er aufzubringen, bereitzustellen und einzusetzen." [1298]

2.6.2.7 Freizeit

Eine „Freizeit" im ursprünglichen Sinne ist im Untersuchungshaftvollzug nicht gegeben, weil die dafür vorgesehene Zeit nicht zur Disposition des Untersuchungsgefangenen steht.[1299] Während Freizeit für den in Freiheit Lebenden selbstbestimmtes, zweckfreies Nachgehen persönlicher Neigungen bedeutet[1300] ist der Untersuchungsgefangene immer von den Angeboten der Justizvollzugsanstalt abhängig.[1301] Es liegt auf der Hand, dass insofern deutliche Nachfrage besteht.[1302] Gerade der Untersuchungshaftvollzug verursacht besondere psychische und physische Belastungen, die mit den Kontaktbeschränkungen, dem Warten auf die Hauptverhandlung und der Ungewissheit über die Haftdauer einhergehen.[1303] Mit Blick darauf ist den Untersuchungsgefangenen wenigstens Gelegenheit zu geben, ihre Freizeit sinnvoll zu gestalten.[1304] Das Freizeitangebot muss sich an den besonderen Bedürfnissen im Untersuchungshaftvollzug orientieren und versuchen, zum Ausgleich zu den mit dem Freiheitsentzug verbundenen Deprivationen beizutragen.[1305] Negative, durch Beschäftigungslosigkeit geprägte „Zwangs-

---

1297 Vgl. *Feest* 2008.

1298 Vgl. BVerfG 2 BvR 736/11 v. 17.12.2012 Abs. Nr. 24; BVerfG 2 BvR 1229/07 vom 10.01.2008 Abs. Nr. 19; BVerfGE 36, S. 264 ff., 275; 42, S. 95 ff., 101 f.; BVerfGK 13, S. 163 ff., 166 m. w. N.

1299 Vgl. *Jung/Müller-Dietz* 1983, S. 20.

1300 Vgl. *Opaschowski* 2008, S. 26, zitiert nach *Kühl* 2012, S. 198.

1301 Vgl. *Jung/Müller-Dietz* 1983, S. 20.

1302 In *Jehles* Befragung wollten 90% der Probanden Freizeitangebote in Anspruch nehmen, dies war jedoch nur 30% möglich, vgl. zusammenfassend *Jehle* 1987a, S. 37.

1303 BVerfG StV 2008, S. 259.

1304 Vgl. Begründung zu § 26 ThürUVollzG a. F. (Thür. Ltg. Dr. 5/2764).

1305 Vgl. *Jung/Müller-Dietz* 1983, S. 27.

freizeit",[1306] die eine weitere Belastung darstellt, ist hingegen zu vermeiden.[1307] Zu berücksichtigen ist hier, dass Freizeit im Untersuchungshaftvollzug nicht die gleiche Bedeutung wie im Strafvollzug hat, da gerade keine Verpflichtung zur Arbeit besteht und daher bei Untersuchungsgefangenen die nicht freiwillig arbeiten, oder denen keine Arbeit angeboten werden kann, unabhängig von einem insoweit möglicherweise von der Justizvollzugsanstalt festgelegten „Tagesablaufs" die gesamte Zeit Freizeit darstellt.[1308] Hinsichtlich der Ausgestaltung der Freizeit geben die EPR vor, dass sinnvoll gestaltete Angebote zur Förderung der körperlichen Leistungsfähigkeit und eine angemessene Auswahl an Bewegungs- und Erholungsmöglichkeiten Bestandteil des Vollzugs sein müssen.[1309] Auch sind Angebote, die der Erholung dienen wie z. B. Sport, Spiele und kulturelle Aktivitäten vorzusehen und Hobbys sowie andere Freizeitbeschäftigungen müssen ermöglicht werden, wobei den Gefangenen so weit wie möglich zu gestatten ist, diese selbst zu organisieren.[1310]

Vor diesem Hintergrund muss ein Untersuchungshaftvollzugsgesetz nach hier vertretener Auffassung Regelungen enthalten, die konkrete Vorgaben zu Freizeitangeboten machen. Wünschenswert ist zumindest eine Regelungstiefe wie im Entwurf von *Baumann*, der zunächst bestimmt, dass der Gefangene Gelegenheit „erhält", sich in seiner Freizeit zu beschäftigen und sodann auf verschiedene Angebote eingegangen wird. Wörtlich heißt es in *Baumanns* Entwurf: „Er soll Gelegenheit erhalten, am Unterricht einschließlich Sport, am Fernunterricht, Lehrgängen und sonstigen Veranstaltungen der Weiterbildung, an Freizeitgruppen, an Gruppengesprächen sowie an Sportveranstaltungen teilzunehmen und eine Bücherei zu benutzen".[1311]

Die Regelungen der Landesgesetze sind demgegenüber jedoch „etwas dünn"[1312] So heißt es in der 8er Gruppe nur vage, dass „zur Freizeitgestaltung [...] geeignete Angebote vorzuhalten" sind, wobei lediglich mittels einer Soll-Vorschrift eine leichte Konkretisierung dahingehend erfolgt, dass „insbesondere [...] Sportmöglichkeiten und Gemeinschaftsveranstaltungen angeboten werden [sollen]". Ein wenig ausführlicher sind zwar die Regelungen von Baden-Württemberg, Bayern und Nordrhein-Westfalen, die neben den Gemeinschaftsveranstaltungen auch Freizeitgruppen und Veranstaltungen zur Weiterbildung nennen. Allerdings „sollen" diese Formen der Freizeitgestaltung nur angeboten werden.

1306   *Opaschowski* 2008, S. 57 f., zitiert nach *Kühl* 2012, S. 198.

1307   Vgl. *Kühl* 2012, S. 198.

1308   Vgl. Ostendorf-*Willsch* 2012, § 4 Rn 170.

1309   EPR, Rule 27.3.

1310   EPR, Rule 27.6.

1311   § 58 E-Baumann.

1312   *Morgenstern* 2011b, S. 83; 2009b, S. 7.

Positiv hervorzuheben ist deswegen, dass in Brandenburg, Rheinland-Pfalz, Thüringen und Sachsen-Anhalt die Anstalt zur Ausgestaltung der Freizeit insbesondere Angebote zur sportlichen und kulturellen Betätigung und Bildungsangebote vorzuhalten „hat".

Auf dem Bereich „Sport" ist Hessens Regelung, die zwingend bestimmt, dass die Untersuchungsgefangenen Gelegenheit erhalten, in ihrer Freizeit Sport zu treiben und ebenso zwingend bestimmt, dass hierfür ausreichende Angebote vorzuhalten sind, positiv hervorzuheben. Auch Niedersachsens ebenfalls zwingende Bestimmung ist positiv hervorzuheben. Dass die übrigen Landesgesetze lediglich *Soll*-Bestimmungen zu Sportmöglichkeiten enthalten, ist nach hier vertretener Auffassung demgegenüber unzureichend. Denn der Wunsch nach sportlicher Betätigung kann gerade wegen des Freiheitsentzugs ganz erheblich sein[1313] und Sport hat insofern im Untersuchungshaftvollzug eine besondere Bedeutung.[1314] Auch die EPR betonen die Wichtigkeit des Sports und enthalten als Vorgabe, dass Bestandteil des Vollzuges sinnvoll gestaltete Angebote zur Förderung der körperlichen Leistungsfähigkeit und eine angemessene Auswahl an Bewegungs- und Erholungsmöglichkeiten sein „müssen".[1315] Die nicht zwingenden Regelungen der 8er Gruppe (bis auf Hessen), Baden-Württembergs, Bayerns und Nordrhein-Westfalens werden dieser Vorgabe jedoch nicht gerecht. Hier ist Abhilfe zu schaffen.

2.6.2.8 Bibliothek

Das durch die Untersuchungshaftvollzugsgesetze vorgegebene Regelangebot muss auch die Möglichkeit der Benutzung einer angemessen ausgestatteten Anstaltsbibliothek vorsehen.[1316] Die Bibliothek ist Teil des Regelungsbereichs Freizeit und Bildung.[1317] Lediglich *Soll*-Regelungen reichen nach hier vertretener Auffassung nicht aus, denn die EPR enthalten die Vorgabe, dass jede Anstalt eine angemessen ausgestattete Bibliothek einzurichten „hat", die allen Gefangenen zur Verfügung steht.[1318] Regelungen zur Anstaltsbücherei finden sich jedoch überhaupt nur in Hessen, Baden-Württemberg, Bayern, Nordrhein-Westfalen und Thüringen. Dabei sind die zwingenden Bestimmungen von Hessen und Thüringen den lediglich *Soll*-Bestimmungen von Baden-Württemberg, Bayern und Nordrhein-Westfalen gegenüber vorzuziehen. Es ist sachgerecht, eine zwingende Bestimmung auch in die übrigen Landesgesetze aufzunehmen. Entscheidend ist es

---

1313   Vgl. *Jehle* 1987, S. 81; 1987a, S. 37.

1314   Vgl. Begründung zu § 23 HUVollzG (Hess. Ltg. Drs. 18/1396).

1315   EPR, Rule 27.3.

1316   Vgl *Morgenstern* 2009b, S. 7; 2011b, S. 83, die eine *Soll*-Bestimmung fordert.

1317   Vgl. EPR, Kommentar zu Rule 28.

1318   EPR, Rule 28.5.

in diesem Zusammenhang, dass die Praxis sicherstellt, dass der Gefangene auch wirklich Zugang zur Bibliothek hat.[1319]

Die Ausstattung der Bibliothek sollte dem Ausländeranteil Rechnung tragen und auch Bücher in den verschiedenen von den Gefangenen gesprochenen Sprachen beinhalten.[1320] Angesichts teilweise sehr hoher Ausländeranteile im deutschen Untersuchungshaftvollzug[1321] lesen sich zwar die Begründungen von Brandenburg und Rheinland-Pfalz gut, nach denen Bücher und andere Medien im „notwendigen Umfang" auch in den üblichen Fremdsprachen vorzuhalten sind.[1322] Nach hier vertretener Auffassung sollte diese Anforderung an die Praxis jedoch auch durch eine gesetzliche Regelung, und zwar in allen Landesgesetzen, abgesichert werden.

Positiv hervorzuheben sind die Regelungen von Brandenburg, Rheinland-Pfalz und Sachsen-Anhalt, die die Anstalt dazu verpflichten, eine angemessen ausgestattete Mediathek zur Verfügung zu stellen. Hier wird entsprechend dem Angleichungsgrundsatz dem technischen Fortschritt der letzten Jahre Rechnung getragen. Diese Regelung ist auch vor dem Hintergrund des hohen Ausländeranteils besonders sinnvoll, da etwa DVDs in verschiedenen Sprachen abgespielt werden können. Diese Vorschriften sollten deswegen von den übrigen Ländergesetzen übernommen werden.

2.6.2.9   Freizeitangebote an Wochenenden

Es ist von grundlegender Bedeutung für den Untersuchungshaftvollzug, Freizeit- und Sportangebote auch an den Wochenenden und Feiertagen zu ermöglichen.[1323] Dies ist auch aus Gründen der Suizidprophylaxe wünschenswert, weil bei einer Isolation von 23 Stunden im Haftraum, wie dies am Wochenende vorkommen kann, Einsamkeit entsteht, aus der Depressionen resultieren können.[1324] Deswegen sind nach hier vertretener Auffassung Regelungen in die Landesgesetze mit aufzunehmen, die das Vorhalten von Freizeitangeboten auch an Wochenenden vorschreiben. Gerade gemeinsame Freizeitveranstaltungen bieten Kommunikationsmöglichkeiten, was wegen der gerade zu Beginn des Untersuchungshaftvollzugs oft eintretenden seelischen Krise von besonderer Bedeutung

---

1319   Vgl. *van Zyl Smit/Snacken* 2009, S. 203.

1320   Vgl. EPR, Kommentar zu Rule 28; *van Kalmthout/Hofstee-van der Meulen/Dünkel* 2007, S. 27; *van Zyl Smit/Snacken* 2009, S. 203.

1321   Vgl. *Kap. 1.5.6, Tab. 9.*

1322   Vgl. Begründung zu § 65 BbgJVollzG (Bbg. Ltg. Drs. 5/64387); Begründung zu § 64 LJVollzG RP (RP. Ltg. Drs. 16/1910).

1323   Vgl. *Dünkel* 2009b, S. 8.

1324   Vgl. *Dünkel* 2009b, S. 8.

ist.[1325] Vor diesem Hintergrund ist es positiv hervorzuheben, dass das neue Gesetz von Rheinland Pfalz erstmalig regelt, dass auch an Wochenenden und gesetzlichen Feiertagen geeignete Angebote bereitzustellen sind. Diese Regelung ist nach hier vertretener Auffassung auch in die übrigen Landesgesetze zu übernehmen.

2.6.2.10 Zeitschriften

Grade in unserer Informationsgesellschaft ist die Möglichkeit, das Leben außerhalb des Gefängnisses verfolgen zu können, wichtig, um Prisonisierungseffekten vorzubeugen.[1326] Deswegen ist es sachgerecht, dass die Vorschriften der Landesgesetze zu Zeitungen und Zeitschriften für die Untersuchungsgefangenen die Möglichkeit zur Ausübung des Grundrechts aus Artikel 5 Abs. 1 GG sich aus allgemein zugänglichen Quellen zu unterrichten regeln. Die EPR enthalten die Vorgabe, dass den Gefangenen zu gestatten „ist", sich regelmäßig durch den Bezug und das Lesen von Zeitungen, Zeitschriften und sonstigen Veröffentlichungen [...] über öffentliche Ereignisse zu unterrichten, es sei denn, eine Justizbehörde hat im Einzelfall für einen bestimmten Zeitraum ein konkretes Verbot ausgesprochen.[1327] Dabei ist es dem Untersuchungsgefangenen überlassen, welche Zeitungen und Zeitschriften er bezieht, solange deren Verbreitung nicht mit Strafe oder Geldbuße bedroht ist.[1328]

Bei der auch durch ein Untersuchungshaftvollzugsgesetz zu regelnden Frage, ob der Bezug von Zeitungen und Zeitschriften auf einen angemessenen Umfang begrenzt werden soll, sind die Sicherungsbedürfnisse der Anstalt und das Informationsinteresse des Untersuchungsgefangenen gegeneinander Abzuwägen. Die von allen Landesgesetzen bis auf Nordrhein-Westfalen und Sachsen-Anhalt vorgenommene Begrenzung auf einen „angemessenen Umfang" steht dabei im Einklang mit der Rechtsprechung des BVerfG[1329] und ist auch mit den Vorgaben der EPR vereinbar, die zur Frage des Umfangs nicht Stellung nehmen. Bei der Anwendung der Normen dürfen jedoch nur die unerlässlichen Einschränkungen vorgenommen werden.[1330] Die positiv hervorzuhebenden Regelungen von Nordrhein-Westfalen und Sachsen-Anhalt entsprechen demgegenüber besser dem Angleichungsgrundsatz, indem sie den Bezug nicht auf einen „angemessenen

---

1325 Vgl. *Schlothauer/Weider* 2010, S. 495.

1326 Vgl. *van Zyl Smit/Snacken* 2009, S. 257.

1327 EPR, Rule 24.10.

1328 Vgl. Begründung zu § 27 ThürUVollzG a. F. (Thür. Ltg. Drs. 5/2764).

1329 BVerfG NStZ 1982, S. 132.

1330 Vgl. AK-Feest/*Boetticher* 2012, § 68 Rn 9.

Umfang" begrenzen. Es ist wünschenswert, dass die anderen Landesgesetzgeber diese Regelungen zum Vorbild nehmen.

Ein weiterer Regelungspunkt der Landesgesetze ist das Vorenthalten von Zeitungen und Zeitschriften. Die Landesgesetze enthalten insofern als „allgemeine Gesetze" eine Schranke der Informationsfreiheit nach Art. 5 Abs. 2 GG.[1331] Bezüglich der Ausgestaltung des Vorenthaltens von Zeitungen und Zeitschriften aus Gründen der Sicherheit und Ordnung der Anstalt durch die Landesgesetze besteht zunächst ein in der Formulierung kleiner, mit Blick auf Verhältnismäßigkeitsaspekte jedoch nicht zu unterschätzender Unterschied zwischen den Regelungen von Hamburg, Hessen, Bayern und Niedersachsen einerseits und den Gesetzen der 8er Gruppe (bis auf Hamburg und Hessen) sowie Brandenburg, Rheinland-Pfalz, Thüringen und Sachsen-Anhalt andererseits. Die Regelungen von Hamburg, Hessen, Bayern und Niedersachsen sind bezüglich der Eingriffsmöglichkeiten einerseits weiter, da dort auch Zeitschriften und nicht nur einzelne Ausgaben hiervon angehalten werden können. Gleichzeitig weisen diese Landesgesetze jedoch die Regelung auf, dass hier auch „Teile" der Zeitschriften, und nicht nur einzelne Ausgaben vorenthalten werden können. Wegen der Beschränkung auf „Teile" tragen diese Landesgesetze dem Verhältnismäßigkeitsgrundsatz besser Rechnung. Demgegenüber heißt es etwa in der Begründung zum Musterentwurf, dass durch die Formulierung „einzelne Ausgaben" und den Verzicht auf die Worte „oder Teile" klargestellt werde, dass eine Zeitung oder Zeitschrift als Ganzes vorenthalten werden könne, wenn ein oder mehrere Artikel die Sicherheit oder Ordnung der Anstalt erheblich gefährden würden, womit „entbehrlich" werde, einzelne Passagen von Zeitungen oder Zeitschriften schwärzen oder entfernen zu müssen.[1332] Durch eine solche Regelung soll das „Schwärzen" einzelner Passagen -das nach dem Gesetzeswortlaut noch immer möglich wäre- als milderes Mittel mithin ausgeschlossen werden, was zwar für die Praxis eine Arbeitserleichterung bedeutet, aus Verhältnismäßigkeitsgesichtspunkten jedoch nach hier vertretener Auffassung bedenklich ist, zumal der Bezug zuvor schon auf einen „angemessenen Umfang" begrenzt wurde.

Auch die Regelungen Baden-Württembergs und Nordrhein-Westfalens, die keine „erhebliche" Gefährdung der Sicherheit und Ordnung erfordern, sondern eine „einfache" Gefährdung der Sicherheit und Ordnung genügen lassen, entsprechen nicht der besonderen Bedeutung des Verhältnismäßigkeitsgrundsatzes im Untersuchungshaftvollzug. Das darüber hinaus in Nordrhein-Westfalen das Recht zum Bezug von Zeitungen und Zeitschriften sogar ganz aufgehoben werden darf, wenn die Sicherheit oder Ordnung der Anstalt lediglich gefährdet werden, entspricht nicht der Bedeutung des Art. 5 Abs. 1 GG und ist deswegen ebenfalls unverhältnismäßig.

1331 Vgl. BVerfGE 35, S. 307 ff., 309.

1332 Vgl. Begründung zu § 27 ThürUVollzG a.F. (Thür. Ltg. Drs. 5/2764).

2.6.2.11 Rundfunk

Die Nutzungsmöglichkeiten heutiger Informationsmittel müssen im Untersuchungshaftvollzug besonders geschützt werden, weil der Freiheitsentzug starke Beschränkungen der persönlichen Organisation hervorruft und der Untersuchungsgefangene existentiell auf die ihm verbleibenden Informationsmöglichkeiten von außen angewiesen ist.[1333] Hör- und Fernsehempfang sind nicht bloße „Bequemlichkeit", weder „Vergünstigung" noch „Hafterleichterung", sondern als Ausfluss des Rechts auf Information grundrechtlich geschützt und als solche zu ermöglichen, wenn die Ordnung der Justizvollzugsanstalt durch sie nicht beeinträchtigt wird.[1334] Alle Landesgesetze tragen dem entsprechend Rechnung. Dass der Rundfunkempfang in allen Landesgesetzen vorübergehend ausgesetzt oder einzelnen Untersuchungsgefangenen untersagt werden kann, wenn dies zur Aufrechterhaltung der Sicherheit oder Ordnung der Anstalt unerlässlich ist, ist insofern ebenfalls sachgerecht. Eine Notwendigkeit dazu wird sich jedoch wenn überhaupt nur in wenigen Ausnahmesituationen ergeben.[1335]

In Niedersachsen, Baden-Württemberg, Brandenburg, Rheinland-Pfalz, Thüringen und Sachsen-Anhalt können eigene Hörfunk- und Fernsehgeräte im Austausch für Fremdgeräte ausgeschlossen werden. Für diese Fremdgeräte sprechen der damit einhergehende verringerte Kontrollaufwand und bezüglich des Haftraummediensystems zusätzlich die Erweiterung der dem Untersuchungsgefangenen gebotenen Nutzungsmöglichkeiten.[1336] Mit Haftraummediensystemen wird im Sinne des Angleichungsgrundsatzes dem technischen Fortschritt der letzten Jahre Rechnung getragen, was gerade mit Blick auf die Situation von Ausländern und die verschiedenen in den Vollzugsanstalten gesprochenen Sprachen sachgerecht ist. Problematisch wird die Situation jedoch, wenn die Überlassung der Geräte nicht kostenfrei ist, was zumindest für Baden-Württemberg festzustellen und in Niedersachsen nicht ganz klar ist. Die Frage der Kostenaufbürdung ist auch hinsichtlich der anstaltseigenen Geräte in Brandenburg, Rheinland-Pfalz, Thüringen und Sachsen-Anhalt nicht ganz klar, während es bzgl. des Haftraummediensystems (in Brandenburg und Rheinland-Pfalz) wohl naheliegt, das es als Teil der bereitgestellten Haftraumausstattung kostenfrei ist. Durch entstehende Mietkosten[1337] werden im Ergebnis die eingesparten Kontrollkosten auf den Untersuchungsgefangenen abgewälzt. Dies erscheint besonders bedenklich, weil in Baden-Württemberg und Niedersachsen bei der Bemessung des Arbeitsentgelts

---

1333 Vgl. AK-Feest/*Boetticher* 2012, § 68 Rn 1.

1334 Vgl. BVerfGE 15, S. 288 ff., 293; vgl. SK-*Paeffgen* 2007, § 119 Rn 48.

1335 Vgl. Begründung zu § 28 ThürUVollzG a. F. (Thür. Ltg. Drs. 5/2764).

1336 Vgl. Begründung zu § 61 BbgJVollzG (Bbg. Ltg. Drs. 5/6437).

1337 Das CPT berichtete etwa von 17 Euro im Monat bei Abschiebungshäftlingen in München Stadelheim, vgl. CPT /Inf (2012) 6 Rn 38.

ohnehin nur fünf Prozent der Eckvergütung zu Grunde zu legen sind, beide Landesgesetze weder Ausbildungsbeihilfe noch Taschengeld vorsehen[1338] und überdies in Niedersachsen Bildungsmaßnahmen auf Kosten des Untersuchungsgefangenen stattfinden.[1339]

Zu kritisieren ist, dass in Baden-Württemberg die Justizvollzugsanstalt wie im Strafvollzug dieses Bundeslandes[1340] über die Einspeisung einzelner Rundfunk- und Fernsehprogramme entscheidet. Während im Strafvollzug für eine ausgewählte Einspeisung der Resozialisierungsauftrag angeführt werden kann,[1341] gilt dieser im Vollzug der Untersuchungshaft bekanntlich nicht.[1342] Der Untersuchungsgefangene darf vielmehr über die Art seiner Information selbst entscheiden,[1343] weswegen die undifferenzierte Übernahme der Regelung aus dem Strafvollzug mit den entsprechenden Beschränkungen nicht gerechtfertigt ist. Sollten technische Probleme bei der Trennung des Empfangs[1344] für den Untersuchungshaft- und den Strafvollzug Grund für diese Regelung sein, so ist auch an dieser Stelle darauf hinzuweisen, dass Grundrechte „nicht nur nach Maßgabe dessen [bestehen], was an Verwaltungseinrichtungen üblicherweise vorhanden oder an Verwaltungsbrauch ‚vorgegeben‘ ist".[1345] Die Regelung ist mithin abzuschaffen.

Ebenso wenig ist ein tragfähiger Grund dafür ersichtlich, dass der Empfang von Bezahlfernsehen und der Einsatz von zusätzlichen Empfangseinrichtungen in Baden-Württemberg ausgeschlossen werden. Eine Erklärung für diesen Ausschluss wird auch von der Gesetzesbegründung nicht geliefert.[1346] Während schon für den Strafvollzug fraglich wäre, warum Bezahlfernsehen schädlicher sein sollte als das normale Fernsehprogramm, kann der Resozialisierungsgedanke für den Untersuchungshaftvollzug schon gar nicht herangezogen werden. Sollte auch diese Bestimmung letztlich auf den Kontrollaufwand etwa wegen des zu verwendenden Decoders abzielen, müsste insofern und auch bezüglich der ausge-

---

1338 Vgl. *Kap. 2.6.2.5.*

1339 Vgl. *Kap. 2.6.2.1.*

1340 § 59 Abs. 3. JVollzGB BW III.

1341 In der Begründung zum Strafvollzug wird der Behandlungsauftrag angeführt, vgl. Begründung zu § 59 JVollzGB BW-III (BW. Ltg. Drs. 14/5012). Eine Erklärung, warum diese Regelung auch für den Untersuchungshaftvollzug gewählt wurde, enthält die Drucksache demgegenüber nicht, vgl. Begründung zu § 41 JVollzGB BW-II (BW. Ltg. Drs. 14/5012).

1342 Vgl. *Kap. 1.2.2.2.*

1343 Vgl. KK-*Hilger* 2008, § 119 Rn 125.

1344 Vgl. zur technischen Ausgestaltung im Strafvollzug KG ZfStrVo 2005, S. 311.

1345 BVerfG StV 2008, S. 259 f., 260.

1346 Vgl. Begründung zu § 41 JVollzGB BW-II (BW. Ltg. Drs. 14/5012).

schlossenen zusätzlichen Empfangseinrichtungen das Interesse des Untersuchungsgefangenen gegen Gefahren für die Sicherheit oder der Ordnung der Anstalt abgewogen werden. Beeinträchtigungen scheiden jedenfalls aus, wenn ein Gerät bauartbedingt oder nach besonderer Sicherung nicht als ein Sender genutzt und mit ihm auch keine außer den bestimmungsgemäßen Nachrichten empfangen werden können.[1347] Einem Umbau oder dem Schaffen von Versteckmöglichkeiten kann wie üblich durch Verplombung begegnet werden,[1348] so dass die Regelung Baden-Württembergs insgesamt als unangemessene Beschränkung der Rechte des Untersuchungsgefangenen abzulehnen ist.

2.6.3 Zusammenfassung

Auf dem Bereich der Arbeit sieht wie erwartet keines der Landesgesetze einen Anspruch des Untersuchungsgefangenen vor. Trotz der größtenteils vorhandenen Soll-Regelungen bleibt so zu befürchten, dass sich in der Praxis keine zwingende Verbesserung des Betätigungsangebots für Untersuchungsgefangene hinsichtlich der Arbeit ergeben könnte. Ebenso sieht keines der Ländergesetze eine angemessene Entlohnung, nämlich Mindestlohn, vor. Die getroffenen Regelungen lassen die Entlohnung im Vergleich zur Entlohnung der Strafgefangenen sämtlich zu gering ausfallen und im Übrigen ist es mehr als bedenklich, dass sie auch noch unterschiedlich ausgestaltet sind. Auch die unterschiedliche Höhe des Taschengelds und nicht zuletzt das Fehlen einer Taschengeldregelung in einigen der Gesetze sind nicht zu rechtfertigen.

Die monetären Aspekte werden auch auf dem Bereich der Bildung nicht immer angemessen berücksichtigt. So ist die nur von einem Teil der Gesetze vorgesehene Ausbildungsbeihilfe für alle Landesgesetze zu fordern und es ist geradezu erschreckend, dass in Niedersachsen der Untersuchungsgefangene für die Inanspruchnahme von Bildungsangebote zahlen soll. Hinsichtlich der einzelnen Bildungsangebote sticht Berlins Regelung hervor, die mit Deutschkursen angemessen dem hohen Ausländeranteil begegnet.

Auf dem Bereich der Freizeit wäre allgemein mehr Regelungstiefe wünschenswert. Für alle Landesgesetze sind Regelungen zu einer Bibliothek mit auch fremdsprachlichen Medien vorzusehen. Gut ist, dass Rheinland-Pfalz erstmalig eine Regelung zu Freizeitangeboten an Wochenenden trifft, auch wenn hier eine detailliertere Norm wünschenswert wäre. Trotzdem ist die Regelung gut geeignet, Zuständen des beschäftigungslosen Alleinseins vorzubeugen und hat somit auch für die Suizidprophylaxe erhöhte Relevanz.

1347 Vgl. *Winkelmann/Engsterholt* 1993, S. 115.

1348 Vgl. OLG Karlsruhe NStZ-RR 2006, S. 155; *Laubenthal* 2011, S. 377f.; *Kühl* 2012, S. 205.

2.7 Religionsausübung

Es besteht ein Recht des Gefangenen auf die Ermöglichung ausreichender seelsorgerischer Betreuung im Vollzug[1349] und selbstverständlich muss die Religionsfreiheit des Art. 4 GG auch im Untersuchungshaftvollzug gewährleistet werden.[1350] In der sehr belastenden Situation des Untersuchungshaftvollzugs kann seelsorgerische Betreuung durch eine Vertrauensperson, der sich der Untersuchungsgefangene anvertrauen kann und die ihm Zuspruch gibt sogar sehr hilfreich sein.[1351] Die Aufgabe des Seelsorgers ist es insofern auch, dem Untersuchungsgefangenen dabei zu helfen, die Situation in der dieser sich befindet zu begreifen.[1352]

In allen Landesgesetzen stellt die Religionsausübung einen eigenen Regelungsbereich dar.[1353] Die Bestimmungen der Landesgesetze[1354] sind im Wesentlichen gleich, entsprechen den Regelungen des StVollzG[1355] und halten die Vorgaben der EPR[1356] ein.

2.8 Außenkontakte

Untersuchungshaftvollzug ist Freiheitsentzug und bedeutet deswegen eine Absonderung vom Rest der Gesellschaft, der Kontaktschwierigkeiten immanent sind.[1357] Die Inhaftierung selbst bedeutet zunächst eine „physische Ausgliederung" aus der Gesellschaft.[1358] Das Gefühl, von dieser nicht akzeptiert zu werden sowie das Verschwinden bisheriger Bezugspersonen verursachen daneben auch die psychische Isolation des Untersuchungsgefangenen, die dadurch, dass die Lebenswelten innerhalb und außerhalb des Vollzugs zu unterschiedlich sind, noch

---

1349 *Maunz/Dürig/Korioth* 2013, Art. 140 GG, 141 WRV Rn 1.

1350 Vgl. *Jung/Müller-Dietz* 1983, S. 28.

1351 Vgl. *Jung/Müller-Dietz* 1983, S. 28.

1352 Vgl. *Lütten* 1987, S. 43.

1353 Abschnitt 5 UVollzG Bln, BrUVollzG, HUVollzG, UVollzG M-V, SUVollzG, UVollzG SH; Abschnitt 4 HmbUVollzG; Teil 6 SächsUVollzG; Abschnitt 12 BbgJVollzG, LJVollzG RP, ThürJVollzGB, JVollzGB LSA; Abschnitt 5 JVollzGB BW II; Art 42 BayUVollzG i. V. m. Abschnitt 7 BayStVollzG; § 169 i. V. m. Zweiter Teil, 7. Kapitel NJVollzG; Abschnitt 4 GVUVS NRW.

1354 Vgl. ausführlich Ostendorf-*Bochmann* 2012, § 5 Rn 1 ff.

1355 In §§ 53-55 StVollzG.

1356 EPR, Rules 29.1, 29.2, 29.3.

1357 Vgl. *Seebode* 1985, S. 204.

1358 *Jung/Müller-Dietz* 1983, S. 22; vgl. *Jehle* 1987a, S. 33.

verstärkt wird.[1359] Länger andauernde Untersuchungshaft belastet die Beziehungen des Untersuchungsgefangenen zu seiner Familie und stellt gerade wegen der Erschwerung der Kommunikation eine einschneidende Strapaze dar, die sogar zu einer Entfremdung der Familienmitglieder voneinander führen kann.[1360] Das Bewahren und Stärken der sozialen Bindungen außerhalb des Vollzugs durch Außenkontakte ist deswegen wichtig, um den psychischen Belastungen durch den Untersuchungshaftvollzug entgegenzuwirken und die schädlichen Folgen des Freiheitsentzuges zu minimieren.[1361] Insofern verpflichtet der Gegensteuerungsgrundsatz die Justizverwaltung zur Förderung des Zustandekommens von Außenkontakten.[1362] Der Angleichungsgrundsatz gebietet, möglichst viele und umfangreiche Außenkontakte zu ermöglichen.[1363] Die EPR enthalten die Vorgabe, dass Gefangenen zu gestatten ist, mit ihren Familien, anderen Personen und Vertretern von außen stehenden Organisationen so oft wie möglich brieflich, telefonisch oder in anderen Kommunikationsformen zu verkehren und Besuche von ihnen zu empfangen.[1364] Speziell für Untersuchungsgefangene gilt nach den EPR, dass sie in der gleichen Weise wie Strafgefangene Besuche empfangen und mit ihrer Familie und anderen Personen in Verbindung treten dürfen[1365] und zusätzliche Besuche empfangen und zusätzlichen Zugang zu anderen Kommunikationsformen haben dürfen.[1366]Die EPR geben auch vor, dass die Vollzugsbehörden Gefangene bei der Aufrechterhaltung angemessener Kontakte mit der Außenwelt zu unterstützen haben und ihnen hierzu die geeignete Hilfe und Unterstützung bieten müssen.[1367] Die CPT–Standards stellen heraus, dass es ermöglicht werden muss, die Beziehungen zu Familie und engen Freunden aufrecht zu erhalten, wobei das Leitprinzip die Förderung der Kontakte mit der Außenwelt sein sollte.[1368] Die Rec (2006) 13 enthält die Vorgabe, dass die Anzahl der von Untersuchungsgefangenen versandten und empfangenen Briefe grundsätzlich nicht beschränkt werden soll.[1369] Briefverkehr kann für den Untersuchungsgefangenen ein Ausgleich für die verlorene Privatsphäre sein, die ihm ermöglichte, vor der Inhaftierung ohne

---

1359 Vgl. *Seebode* 1985, S. 204.

1360 BVerfG NJW 1995, S. 1478 f., 1479.

1361 Vgl. *Jehle* 1987, S. 76.

1362 Vgl. *Seebode* 1985, S. 204.

1363 Vgl. *Jung/Müller-Dietz* 1983, S. 22.

1364 EPR, Rule 24.1.

1365 EPR, Rule 99 a).

1366 EPR, Rule 99 b).

1367 EPR, Rule 24.5.

1368 CPT-Standards, Auszug aus dem 2. Jahresbericht [CPT/Inf (92) 3] Rn 51.

1369 Rec (2006) 13, Rule 38.

Begrenzung nach seinem Belieben mit vertrauten Personen Gespräche zu führen.[1370] Bezogen auf familiäre Bindungen hat auch das Bundesverfassungsgericht klargestellt, dass es Aufgabe des Staates ist, die nachteiligen Wirkungen des Freiheitsentzugs im Rahmen des Machbaren zu begrenzen und den Ehegatten und Kindern von Untersuchungsgefangenen im angemessenen Umfang Möglichkeiten zu Besuchen zu bieten.[1371] Als zu begrüßender Nebeneffekt von Besuchen sollte auch bedacht werden, dass sich Beziehungen zu in Freiheit Lebenden auf das Klima innerhalb der Anstalt positiv auswirken.[1372]

2.8.1 Landesrechtliche Regelungen

Alle Landesgesetze widmen den Außenkontakten einen eigenen Abschnitt.[1373] Die 8er Gruppe, Baden-Württemberg, Brandenburg, Rheinland-Pfalz, Thüringen und Sachsen-Anhalt stellen den einzelnen Regelungen den Grundsatz voran, dass die Untersuchungsgefangenen ein Recht haben, im Rahmen der Bestimmungen der Landesgesetze mit Personen außerhalb der Justizvollzugsanstalt zu verkehren.[1374] In Brandenburg wird ergänzt, dass der Verkehr mit der Außenwelt, insbesondere die Erhaltung der Kontakte zu Bezugspersonen und die Schaffung eines sozialen Empfangsraums, zu fördern ist.

Sodann werden die Außenkontakte durch die Bestimmungen der Gesetze ausgestaltet: Sie können durch Besuche, Schriftwechsel, Telefongespräche sowie Empfang und Versand von Paketen geknüpft und aufrechterhalten werden.

Zunächst erfolgt in allen Gesetzen die Normierung der Besuchsregelungen.[1375] In der 8er Gruppe (bis auf Hessen) sowie Rheinland Pfalz, Sachsen-Anhalt, Bayern und Nordrhein-Westfalen beträgt die Besuchsdauer insgesamt mindestens

---

1370 Vgl. *Berndt* 1996b, S. 160.

1371 BVerfG NJW 1995, S. 1478 f., 1479.

1372 Vgl. *Morgenstern* 2009b, S. 8.

1373 Abschnitt 6 UVollzG Bln, BrUVollzG, HUVollzG, UVollzG M-V, SUVollzG, UVollzG SH; Abschnitt 4 HmbUVollzG; Teil 6 SächsUVollzG; Abschnitt 6 BbgJVollzG, LJVollzG RP, ThürJVollzGB, JVollzGB LSA; Abschnitt 4 JVollzGB BW II; Teil 5 BayUVollzG; Viertes Kapitel NJVollzG; Abschnitt 5 GVUVS NRW.

1374 § 32 UVollzG Bln, BrUVollzG, UVollzG M-V, SUVollzG, UVollzG LSA, UVollzG SH; § 20 HmbUVollzG; § 25 HUVollzG; § 33 BbgJVollzG; § 32 LJVollzG RP; § 33 ThürJVollzGB, JVollzGB LSA; § 12 Abs. 1 JVollzGB BW II.

1375 § 33 UVollzG Bln, BrUVollzG, UVollzG M-V, SUVollzG, SächsUHaftVollzG, UVollzG SH; § 21 HmbUVollzG; § 26 Abs.1-3 HUVollzG; § 34 BbgJVollzG; § 33 LJVollzG RP; § 34 ThürJVollzGB; § 33 JVollzGB LSA; §§ 12, 13 JVollzGB BW II; Art. 15, 16 BayUVollzG; §143 Abs. 1 i. V. m. § 25 Abs. 1, 2, § 143 Abs. 2 NJVollzG; § 18 Abs.1 GVUVS NRW.

zwei Stunden im Monat. Soweit in Bayern jedoch räumliche, personelle und organisatorische Gründe entgegenstehen, beträgt die Gesamtdauer nur mindestens eine Stunde im Monat. In den ersten drei Monaten nach Aufnahme in die Anstalt gilt die Mindestbesuchsdauer von zwei Stunden im Monat in Bayern jedoch uneingeschränkt. In Brandenburg beträgt die Gesamtdauer mindestens vier Stunden, in Thüringen mindestens drei und in Hessen, Baden-Württemberg und Niedersachsen nur mindestens eine Stunde.

Die 8er Gruppe und Baden-Württemberg bestimmen, dass Kontakte zu Angehörigen besonders gefördert werden. Baden-Württemberg bestimmt auch, dass Kontakte zu Personen, von denen ein günstiger Einfluss auf den Untersuchungsgefangenen erwartet werden kann, gefördert werden. Die Förderungspflicht wird in einigen Gesetzen der 8er Gruppe noch weiter verschieden ausgestaltet. Berlin ergänzt insofern: „insbesondere zu ihren minderjährigen Kindern". In Mecklenburg-Vorpommern ist neben der abstrakten Förderungspflicht in Bezug auf minderjährige Kinder auch konkret geregelt, dass Kindern der Untersuchungsgefangenen, die das 14. Lebensjahr noch nicht vollendet haben, über die normale Besuchsregelung hinaus bis zu zwei Stunden Besuch im Monat gewährt werden. Auch ist in Mecklenburg-Vorpommern normiert, dass im Rahmen der durch die Anstalt geregelten Besuchszeiten ein einzelner Besuch bis zur Dauer von vier Stunden gewährt werden kann. In Bremen erhöht sich die Gesamtdauer von Besuchen bei Besuchen von Kindern unter 14 Jahren auf vier Stunden.

Brandenburg, Rheinland-Pfalz, Thüringen und Sachsen-Anhalt bestimmen an dieser Stelle, dass Besuche von Angehörigen im Sinne des § 11 Abs. 1 Nr. 1 StGB besonders unterstützt werden. Brandenburg regelt auch, dass Kontakte der Gefangenen zu ihren Kindern unter 18 Jahren besonders gefördert werden. Deren Besuche werden im Umfang von bis zu zwei Stunden nicht auf die Regelbesuchszeiten angerechnet. Thüringen bestimmt, dass Kontakte der Gefangenen zu ihren leiblichen Kindern und ihren Adoptivkindern unter 14 Jahren werden besonders gefördert werden. Deren Besuche werden im Umfang von bis zu zwei Stunden nicht auf die Regelbesuchszeiten angerechnet. Bayern, Niedersachsen und Nordrhein-Westfalen regeln demgegenüber keine Pflicht zur besonderen Förderung der Kontakte zu Angehörigen.

Weiterhin regeln die 8er Gruppe, Brandenburg, Rheinland-Pfalz, Thüringen, Sachsen-Anhalt, Baden-Württemberg und Niedersachsen, dass Besuche darüber hinaus zugelassen werden sollen, wenn sie persönlichen, rechtlichen oder geschäftlichen Angelegenheiten dienen, wenn sie nicht von den Untersuchungsgefangenen schriftlich erledigt, durch Dritte wahrgenommen oder bis zur voraussichtlichen Entlassung aufgeschoben werden können. In Nordrhein-Westfalen sollen diese Besuche auf die Gesamtdauer nicht angerechnet werden. Hessen regelt ähnlich, dass Besuche darüber hinaus ermöglicht werden sollen, wenn sie der Wahrnehmung persönlicher, familiärer, rechtlicher oder sonstiger wichtiger Angelegenheiten dienen. Bayern hat keine entsprechende Regelung.

Alle Gesetze enthalten Regelungen zum Schriftwechsel.[1376] Die Gesetze der 8er Gruppe sowie von Brandenburg, Rheinland Pfalz, Thüringen, Sachsen-Anhalt, Niedersachsen und Nordrhein-Westfalen bestimmen insoweit, dass die Untersuchungsgefangenen das Recht haben, auf eigene Kosten Schreiben abzusenden und zu empfangen. Hamburg, Baden-Württemberg und Bayern nehmen die Klarstellung mit auf, dass die Untersuchungsgefangenen „unbeschränkt" Schreiben absenden und empfangen dürfen.

Nur Brandenburg, Rheinland-Pfalz, Thüringen, Sachsen-Anhalt, Hamburg, Baden-Württemberg, Bayern, Niedersachsen und Nordrhein-Westfalen sehen vor, dass die Justizvollzugsanstalt die Kosten des Schriftwechsels übernehmen „kann", wenn der Untersuchungsgefangene dazu nicht in der Lage ist. In Hamburg geschieht dies „in besonders begründeten Fällen" in angemessenem Umfang, in Baden-Württemberg, Brandenburg, Rheinland-Pfalz und Thüringen „in begründeten Fällen" in angemessenem Umfang, in Sachsen-Anhalt in begründeten Fällen in angemessenem Umfang, „soweit nicht ein Dritter leistungspflichtig ist", in Nordrhein Westfalen „bei bedürftigen Untersuchungsgefangenen" in angemessenem Umfang, in Niedersachsen „auf Antrag" und „ganz oder teilweise" und in Bayern „auf Antrag" und in angemessenem Umfang, wobei Bayern auch hinzufügt, dass dies insbesondere den Schriftverkehr mit Ehegatten, Lebenspartnern und Verteidigern betrifft. Die übrigen Landesgesetze enthalten keine Regelung zur Kostenübernahme.

Lediglich das NJVollzG regelt, dass die Kosten für Übersetzungsdienste und Sachverständige, die zur Überwachung des Schriftwechsels hinzugezogen werden, von der Staatskasse nur in angemessenem Umfang übernommen werden.

Vorschriften zur Weiterleitung von Schreiben und deren Aufbewahrung finden sich in allen Gesetzen.[1377] Die 8er Gruppe, Brandenburg, Rheinland Pfalz, Thüringen, Sachsen-Anhalt, Baden-Württemberg, Bayern, Niedersachsen und Nordrhein-Westfalen bestimmen, dass eingehende und ausgehende Schreiben „unverzüglich" weiterzuleiten sind. Nur Hessen unterscheidet insofern zwischen „umgehender" und „unverzüglicher" Weiterleitung: Eingehende und ausgehende Schreiben sind umgehend, fristgebundene unverzüglich weiterzuleiten.

[1376] § 36 Abs. 1 UVollzG Bln, BrUVollzG, UVollzG M-V, SUVollzG; § 24 HmbUVollzG; § 27 Abs. 1 i. V. m. § 25 Abs. 5 HUVollzG; § 36 SächsUHaftVollzG, UVollzG SH; § 39 BbgJVollzG; § 38 JVollzGB RP; § 39 ThürJVollzGB; § 38 JVollzGB LSA; § 16 JVollzGB BW II; Art. 18 BayUVollzG i. V. m. Art. 31 Abs. 2 Nr.1 BayStVollzG; § 145 NJVollzG; § 20 GVUVS NRW.

[1377] § 38 UVollzG Bln, BrUVollzG, UVollzG M-V, SUVollzG, SächsUHaftVollzG, UVollzG SH; § 24 Abs. 1 HmbUVollzG; § 27 Abs. 3 HUVollzG; § 41 BbgJVollzG; § 40 LJVollzG RP; § 41 ThürJVollzGB; § 40 JVollzGB LSA; § 18 JVollzGB BW II; Art. 19 Abs.4 BayUVollzG i. V. m. Art. 33 BayStVollzG; § 147 Abs.1 NJVollzG; § 20 Abs. 2, 3 GVUVS NRW.

Auch das Anhalten von Schreiben wird in allen Gesetzen bis auf Nordrhein-Westfalen geregelt.[1378] Die Bestimmungen normieren die Voraussetzungen unter denen Schreiben angehalten werden können und sind abschließend. Alle Landesgesetze bestimmen dabei, das Schreiben angehalten werden können, wenn sie grob unrichtige oder erheblich entstellende Darstellungen von Anstaltsverhältnissen enthalten

Alle Landesgesetze bis auf Hessen bestimmen, dass Schreiben angehalten werden können, wenn sie „grobe Beleidigungen" enthalten. In Hessen können Schreiben angehalten werden, wenn der Inhalt des Schreibens einen Straf- oder Busgeldtatbestand erfüllt oder im Falle der Weiterleitung erfüllen würde.

Alle Landesgesetze bis auf bestimmen, dass ausgehenden Schreiben, die unrichtige Darstellungen enthalten, ein Begleitschreiben beigefügt werden kann, wenn der Untersuchungsgefangene auf deren Absendung besteht. In Niedersachsen fehlt die Möglichkeit der Beifügung eines Begleitschreibens.

Alle Gesetze enthalten Regelungen zu Telefongesprächen.[1379] Die Gesetze der 8er Gruppe (bis auf Hamburg) sowie von Brandenburg, Rheinland Pfalz, Thüringen und Baden-Württemberg bestimmen, dass den Untersuchungsgefangenen gestattet werden „kann", auf eigene Kosten Telefongespräche zu führen. Die Bestimmungen über den Besuch werden für entsprechend anwendbar erklärt.

Sachsen-Anhalt differenziert dahingehend, dass in dringenden Fällen dem Gefangenen gestattet werden „soll", Telefongespräche zu führen und dem Gefangenen gestattet werden „kann", Telefongespräche zu führen, wenn er sich mit den zur Gewährleistung der Sicherheit und Ordnung der Anstalt von der Vollzugsbehörde erlassenen Nutzungsbedingungen einverstanden erklärt. Für anwendbar erklärt werden in Sachsen-Anhalt die Besuchsregelungen hinsichtlich Untersagung, Abbruch, akustischer Überwachung und Besuch von Verteidigern.[1380] Von den übrigen Gesetzen schließen nur Sachsen, Hessen und Baden-Württemberg von ihren Verweisungen in die Besuchsregelungen die Vorschriften über die Mindestbesuchszeiten explizit aus.

Hamburg differenziert dabei nach Personengruppen: Den Untersuchungsgefangenen „soll" gestattet werden, auf eigene Kosten in einem angemessenen Umfang Telefongespräche mit Verteidigerinnen und Verteidigern und mit Angehörigen zu führen. Im Übrigen „kann" ihnen gestattet werden, auf eigene Kosten

---

1378 § 39 UVollzG Bln, BrUVollzG, UVollzG M-V, SUVollzG, SächsUHaftVollzG, UVollzG SH; § 26 HmbUVollzG; § 27 Abs. 3 HUVollzG; § 43 BbgJVollzG; § 42 LJVollzG RP; § 43 ThürJVollzGB; § 42 JVollzGB LSA; § 19 JVollzGB BW II; Art. 20 BayUVollzG; § 147 NJVollzG mit Verweisungen.

1379 § 40UVollzG Bln, BrUVollzG, UVollzG M-V, SUVollzG, SächsUHaftVollzG, UVollzG SH; § 27 Abs. 1 HmbUVollzG; § 28 Abs. 1, Abs. 2 i. V. m. § 26 Abs. 4 HUVollzG; § 38 BbgJVollzG; § 37 LJVollzG RP; § 38 ThürJVollzGB; § 37 JVollzGB LSA; § 20 JVollzGB BW II; Art. 21 BayUVollzG; § 148 NJVollzG mit Verweisungen; § 21 GVUVS NRW.

1380 §§ 34, 35 Abs. 2, 36 Abs. 2, Abs. 4 JVollzGB LSA.

Telefongespräche zu führen. Ebenfalls gelten die Bestimmungen über den Besuch entsprechend.

Bayern normiert restriktiver, dass die Untersuchungsgefangenen mit Erlaubnis des Anstaltsleiters in dringenden Fällen Telefongespräche führen dürfen, soweit die Sicherheit und Ordnung sowie die räumlichen, personellen und organisatorischen Verhältnisse der Anstalt dem nicht entgegenstehen. Nur ein Telefongespräch möglichst zeitnah nach der Aufnahme in die Anstalt „soll" zugelassen werden. Die Regelungen zur Kostentragung im Schriftverkehr gelten entsprechend.

In Niederachsen kann der Gefangene mit Erlaubnis der Vollzugsbehörde, die der Zustimmung des Gerichts bedarf, Telefongespräche durch Vermittlung der Vollzugsbehörde führen. Die Erlaubnis kann versagt werden, wenn der Zweck der Untersuchungshaft, die Sicherheit, die Ordnung oder die räumlichen, personellen oder organisatorischen Verhältnisse der Anstalt es erfordern. Regelungen zu den Kosten existieren in Niedersachsen nicht.

In Nordrhein-Westfalen dürfen Untersuchungsgefangene auf eigene Kosten Telefongespräche führen, soweit die räumlichen, personellen und organisatorischen Verhältnisse der Anstalt dies zulassen und Sicherheit oder Ordnung nicht entgegenstehen. Nordrhein-Westfalen bestimmt, dass „das Nähere" die Anstalt regelt.

Andere Kommunikationsformen als Brief und Telefon werden nur in Hessen, Niedersachsen, Brandenburg, Rheinland-Pfalz, Thüringen und Sachsen-Anhalt positiv geregelt. In Niedersachsen kann in dringenden Fällen dem Gefangenen gestattet werden, Schreiben als Telefaxe aufzugeben. In Hessen wird normiert, dass Untersuchungsgefangene aus wichtigen Gründen andere Kommunikationsmittel durch Vermittlung und unter Aufsicht der Anstalt nutzen können. Brandenburg, Rheinland-Pfalz und Thüringen regeln, dass nach Zulassung anderer Formen der Telekommunikation im Sinne des Telekommunikationsgesetzes durch die Aufsichtsbehörde die Anstaltsleiterin oder der Anstaltsleiter den Gefangenen gestatten kann, diese Formen auf ihre Kosten zu nutzen und dass die Bestimmungen des Abschnitts über den Außenverkehr entsprechend gelten.

Sachsen-Anhalt regelt, dass die Zulassung anderer Formen der Telekommunikation in der Anstalt der Zustimmung der Aufsichtsbehörde bedarf. Der Gefangene hat keinen Anspruch auf Erteilung der Zustimmung. Hat die Aufsichtsbehörde die Zustimmung erteilt, so kann die Anstalt dem Gefangenen die Nutzung der zugelassenen Telekommunikationsform gestatten, wenn sichergestellt ist, dass hierdurch nicht die Sicherheit oder Ordnung der Anstalt gefährdet wird und sich der Gefangene mit den von der Anstalt zu diesem Zweck erlassenen Nutzungsbedingungen einverstanden erklärt. Die Nutzungsbedingungen dürfen keine Regelungen enthalten, die den Vorschriften über den Schriftwechsel, den Besuch und über Telefongespräche entgegenstehen.

Bayern schließt demgegenüber die Nutzung einer anderen Form der Telekommunikation explizit aus.

Alle Landesgesetze enthalten Vorschriften zu Paketen.[1381] Die 8er Gruppe sowie Brandenburg und Hessen bestimmen, dass der Empfang von Paketen der Erlaubnis der Anstalt bedarf, welche Zeitpunkt und Höchstmenge für die Sendung und für einzelne Gegenstände festsetzen kann. In Rheinland-Pfalz, Thüringen und Sachsen-Anhalt kann die Anstalt Anzahl, Gewicht und Größe von Sendungen und einzelnen Gegenständen festsetzen. In Niedersachsen darf der Gefangene mit Erlaubnis der Vollzugsbehörde, die der Zustimmung des Gerichts bedarf, in angemessenem Umfang Pakete empfangen. Nordrhein-Westfalen bestimmt, dass der Untersuchungsgefangene „nach näherer Maßgabe der Anstalt" Pakete empfangen darf. Baden-Württemberg und Bayern regeln nur, dass der Empfang von Paketen der vorherigen Erlaubnis der Justizvollzugsanstalt bedarf.

Bis auf Brandenburg wird überall der Empfang von Paketen mit Nahrungs- und Genussmitteln untersagt. Sachsen schließt zusätzlich Körperpflegemittel vom Empfang aus. In Brandenburg und Rheinland-Pfalz wird jedoch auch geregelt, dass die Anstalt Gegenstände und Verpackungsformen ausschließen darf, die einen unverhältnismäßigen Kontrollaufwand bedingen. Der Paketversand kann dem Untersuchungsgefangenen überall gestattet werden, wobei Nordrhein- Westfalen dies jedoch auf „begründete Ausnahmefälle" beschränkt.

2.8.2 Bewertung

2.8.2.1 Besuche

Erfreulich ist die in Brandenburg getroffene Entscheidung, die Besuchszeit im Vergleich zur Regelung im BbgUVollzG a. F.[1382] deutlich auszuweiten. Positiv ist auch, dass sich mit der in den Gesetzen der 8er Gruppe (bis auf Hessen),Nordrhein-Westfalen, Rheinland-Pfalz und Sachsen-Anhalt normierten Gesamtdauer der Besuche von insgesamt mindestens zwei Stunden im Monat sowie Thüringen mit drei Stunden im Monat eine Fortentwicklung gegenüber der UVollzO[1383] ergibt, die nur vorsah, dass in der Regel mindestens alle zwei Wochen ein Besuch von dreißig Minuten Dauer zugelassen wird.[1384] Diese Regelungen entsprechen den Empfehlungen des CPT, nach denen sichergestellt werden soll, dass die Be-

---

1381 § 41 UVollzG Bln, BrUVollzG, UVollzG M-V, UVollzG RP, SUVollzG, SächsUHaft-VollzG, UVollzG SH; § 28 HmbUVollzG; § 29 HUVollzG; § 44 BbgJVollzG; § 43 LJVollzG RP; § 44 ThürJVollzGB, JVollzGB LSA; § 21 JVollzGB BW II; Art. 23 BayUVollzG; § 150 NJVollzG mit Verweisungen; § 23 GVUVS NRW.

1382 § 72 Abs. 1 BbgUVollzG a. F.: 2 Stunden im Monat.

1383 §§ 24, 25 UVollzO.

1384 Vgl. dazu auch *Morgenstern* 2009b, S. 8.

suchszeit insgesamt mindestens zwei Stunden im Monat beträgt.[1385] Bayern entspricht dieser Empfehlung jedoch nur mit deutlichen Abstrichen, weil eine „Sicherstellung" der Besuchszeit von zwei Stunden im Sinne der CPT-Standards in Bayern gerade nicht erfolgt. Die zwei Stunden Besuchszeit stellen insofern keine echte Mindestbesuchszeit dar, da mangelnde Ressourcen zu einer Gesamtdauer von nur mindestens einer Stunde im Monat führen können und nur in den ersten drei Monaten nach Aufnahme in die Anstalt die Mindestbesuchsdauer von zwei Stunden im Monat uneingeschränkt gilt. Die auf die Dauer bereits erlebter Untersuchungshaft abstellende Regelung soll zwar ausweislich der Gesetzesbegründung den Problemen in der Anfangszeit der Untersuchungshaft begegnen.[1386] Dabei wird jedoch die Rechtsprechung des Bundesverfassungsgerichts, nach der „jede Untersuchungshaft von längerer Dauer [...] für die Beziehungen des Betroffenen zu seiner Familie regelmäßig eine empfindliche Belastung" darstellt,[1387] verkannt. Die Rechtsprechung des BVerfG spricht gerade gegen die von Bayern vorgenommene Reduzierung der Besuchsdauer nach drei Monaten Untersuchungshaft. Ohnehin gilt auch hier der schon häufig zitierte Grundsatz, dass mangelnde Ressourcen nicht zur Verkürzung von Rechten der Untersuchungsgefangenen führen dürfen.[1388]

Hessen, Baden-Württemberg und Niedersachsen sehen von vornherein nur mindestens eine Stunde Besuchszeit vor. Diese Regelungen sind nach hier vertretener Auffassung abzulehnen. Denn zunächst sind derartige Regelungen nicht nur „engherzig"[1389] und „armselig"[1390] gestaltet, sondern verkennen, dass ein Recht auf insgesamt eine Stunde Besuchszeit auch nach den Erkenntnissen des CPT eindeutig nicht ausreicht, um es den Gefangenen zu ermöglichen, gute Beziehungen zu ihren Familien und Freunden aufrecht zu erhalten.[1391] Der Erkenntnis, dass Besuche die einzige Möglichkeit des Untersuchungsgefangenen sind, mit in Freiheit lebenden Personen in direkten Kontakt zu treten[1392] und eine Möglichkeit darstellen, den entsozialisierenden Wirkungen des Untersuchungshaftvollzugs zu begegnen,[1393] sollten diese Gesetze besser Rechnung tragen. Denn sogar der Ent-

---

1385 CPT (2006) 36 Rn 149.

1386 Vgl. Begründung zu Art. 15 BayUVollzG (Bay. Ltg. Drs.16/9082).

1387 BVerfG NJW 1995, S. 1478 f., 1479.

1388 Vgl. zuletzt BVerfG 2 BvR 736/11 vom. 17.12.2012, Abs. Nr. 24; BVerfG 2 BvR 1229/07 vom 10.01.2008 Abs. Nr. 19; BVerfGE 36, S. 264 ff., 275; 42, S. 95 ff., 101 f.; BVerfGK 13, S. 163 ff., 166 m. w. N.

1389 *Baumann* 1981, S. 49 zur gleichen Regelung in der UVollzO.

1390 SK-*Paeffgen* 2007, § 119 Rn 18.

1391 CPT (2006) 36 Rn 149.

1392 Vgl. KK-*Schultheis* 2008, § 119/Rn 21.

1393 Vgl. *Jehle* 1987, S. 205 f.; SK-*Paeffgen* 2007, § 119 Rn 18.

wurf 1999 sah vier halbstündige Besuche im Monat vor,[1394] wobei dies zutreffend damit begründet wurde, dass eine Regelung von einer Stunde im Monat unzureichend sei.[1395] Auch wurde in der Begründung zum Entwurf von 1999 auf die Rechtsprechung des Bundesverfassungsgerichts Bezug genommen, nach der mit Blick auf Art. 6 Abs. 1 GG die Justizverwaltung alles Erforderliche und Zumutbare unternehmen muss, um in angemessenen Maße Besuche der Ehegatten und Kinder der Untersuchungsgefangenen möglich zu machen.[1396] Der Entwurf 2004 regelte ebenfalls, dass Gefangene für mindestens zwei Stunden monatlich Besuch empfangen dürfen.[1397] Hessen, Baden-Württemberg und Niedersachsen setzen diese früheren Erkenntnisse des Bundesgesetzgebers jedoch nicht um.

Eine Stunde Besuchszeit steht nicht mit den Gestaltungsmaximen des Untersuchungshaftvollzugs in Einklang.[1398] Freiheitsentzug, das Leben in einer Anstalt und die Aufrechterhaltung der Ordnung bedingen zwar notwendige Beschränkungen, die unumgehbar sind, weil sie sich aus dem Freiheitsentzug selbst ergeben, jedoch ist ständig der Freiheitsanspruch des Untersuchungsgefangenen zu berücksichtigen, weswegen Regelungen mit nur einer Stunde Mindestbesuchszeit mit dem Verhältnismäßigkeitsprinzip und der Unschuldsvermutung nicht vereinbar sind.[1399] Auch widersprechen die Regelungen einiger Länder den Vorgaben der EPR, nach denen Untersuchungsgefangene im Ergebnis mehr Besuchsmöglichkeiten haben müssen als Strafgefangene.[1400] Dies gilt zum einen für Hessen und Baden-Württemberg und wird in Niedersachsen umso deutlicher, weil dort in die Regelungen für die Strafgefangenen ohne Modifikationen direkt verwiesen wird, ohne dass sich die Begründung dazu auch nur äußert,[1401] sowie in den Gesetzen von Rheinland-Pfalz und Sachsen-Anhalt,[1402] welche die gleichen Regelungen wie für Strafgefangene gelten. Ebenso entspricht auch Brandenburgs Regelung trotz der relativ hohen und positiv hervorzuhebenden Gesamtbesuchszeit nicht den EPR, da die Gesamtdauer im Vollzug der Freiheitsstrafe in Brandenburg[1403] ebenfalls mindestens vier Stunden beträgt.

1394 Vgl. § 16 Abs. 3 E 1999. Damals schien dies „auch unter Kostengesichtspunkten vertretbar", vgl. BR-Drs. 249/99, S. 72.

1395 Vgl. BR-Drs. 249/99, S. 72.

1396 BVerfGE 42, S. 95 ff., 101 f.

1397 Vgl. § 15 Abs. 1 E 2004.

1398 Vgl. *Seebode* 1985, S. 166 zu den Nrn. 24 und 25 UVollzO.

1399 Vgl. *Seebode* 1985, S. 166 zu den Nrn. 24 und 25 UVollzO.

1400 EPR, Rule 99 a) und b).

1401 Vgl. Begründung zu § 139 NJVollzG (Nds. Ltg. Drs.15/3565).

1402 § 33 Abs. 1 S. 2 JVollzGB RP; § 33 Abs. 1 S. 2 JVollzGB LSA.

1403 § 34 Abs. 1 S. 2 BbgJVollzG.

Geboten sind nach hier vertretener Auffassung für alle Landesgesetze Regelungen entsprechend der des *Arbeitskreises Sozialdemokratischer Juristen*, die insoweit acht Besuche von jeweils mindestens einer Stunde Dauer vorsieht.[1404] Dass diese Forderung in Europa nicht ganz fernliegend ist, verdeutlicht auch der Blick ins Ausland: Etwa In Portugal und Belgien kann nach den jeweiligen Gesetzen Besuch grundsätzlich jeden Tag empfangen werden, in England und Wales können nicht verurteilte Gefangene in der Regel drei Mal pro Woche für jeweils eine Stunde Besuch empfangen und in Österreich und Bulgarien ist Besuch mindestens zweimal in der Woche möglich.[1405] Da auch die Gefahr besteht, dass der Mindestanspruch als Regelanspruch des Untersuchungsgefangenen fehlinterpretiert wird,[1406] müssen die Landesgesetze nach hier vertretener Auffassung auch dieser Gefahr begegnen. Insofern sollten die Justizverwaltungen durch die Untersuchungshaftvollzugsgesetze auch dazu verpflichtet werden „so häufig wie möglich, mindestens aber acht Stunden monatlich" Besuch zuzulassen, was die Verpflichtung der Justizverwaltung normieren würde, auf freiwerdende Ressourcen flexibel zu reagieren.[1407] Diese Formulierung ist auch angesichts der Vorgaben der EPR geboten, die bestimmen, dass den Untersuchungsgefangenen zu gestatten ist, „so oft wie möglich" Besuche zu empfangen."[1408]

2.8.2.2 Förderung von Familienbesuchen

Nur die Gesetze der 8er Gruppe sowie Brandenburg, Rheinland-Pfalz, Thüringen, Sachsen-Anhalt und Baden-Württemberg treffen Regelungen zur besonderen Förderung der Kontakte zu Angehörigen. Der Rückgang von Außenbeziehungen gilt als schmerzhaftester Aspekt jedes Freiheitsentzugs.[1409] Bekanntlich stellt der Untersuchungshaftvollzug für familiäre Beziehungen eine besonders starke Belastung dar und beeinträchtigt ohnehin die „notwendige Kommunikation" zwischen den Familienmitgliedern in Freiheit und dem Gefangenen.[1410] Der „Aufbau und die Kontinuität emotionaler Bindungen" sind wichtig, da der Umgang mit den Eltern der Persönlichkeitsentwicklung des Kindes dient und mangelnde

---

1404 § 26 Abs. 2 E-*Arbeitskreis Sozialdemokratischer Juristen*.

1405 Vgl. *van Kalmthout/Knapen/Morgenstern* 2009 in den jeweiligen Länderkapiteln; zusammenfassend *Morgenstern* 2011b, S. 90; 2017.

1406 Vgl. *Schobert* 1987, S. 51; *Kubach* 2004, S. 133; *Morgenstern* 2009a, S. 141; 2011b, S. 90.

1407 Vgl. *Morgenstern* 2009a, S. 141.

1408 EPR, Rule 24.1.

1409 Vgl. *Murray* 2005, S. 442 ff.; *van Zyl Smit/Snacken* 2009, S. 229.

1410 BVerfG NJW 1995, S. 1478 ff., 1479.

Kontaktmöglichkeiten etwa bei Babys die Gefahr verursachen können, dass sich der Untersuchungsgefangene und sein Kind voneinander entfremden.[1411]

Vieles spricht dafür, dass es einen direkten Zusammenhang zwischen dem Anstieg des Kontakts mit einem inhaftierten Elternteil und verbesserten Strategien des Kindes zur Bewältigung der durch die Inhaftierung des Elternteils hervorgerufenen neuen Situation auf Seiten des Kindes gibt.[1412] Auf Seiten des inhaftierten Elternteils tragen die Kontaktpflege, ein gewisses Niveau elterlicher Verantwortung und eine aktive Beteiligung an der Entwicklung des Kindes zum Wohlbefinden und Selbstwertgefühl bei.[1413] Das Bestehen von Familienkontakten steht auch mit niedrigeren Raten von Selbstverletzungen in Gefängnissen in Verbindung.[1414]

Gerade die Untersuchungshaft stellt eine besonders schwierige Zeit für die Familie der Verhafteten dar. Die Familien finden sich häufig in ungewohnten Situationen, in denen sie mit dem Ermittlungsverfahren, Einkommensverlust, einer Beteiligung der sozialen Dienste in ihrem Leben und einem Mangel an Informationen umgehen müssen.[1415] Es liegt auf der Hand, dass die Kontaktbeschränkungen, das Warten auf die Hauptverhandlung und die Ungewissheit über die Haftdauer mit Risiken für die psychische Stabilität des Untersuchungsgefangenen einhergehen.[1416] Zusätzlichen Stress für die Gefangenen verursachen die Sorgen darüber, ob sie ihre Kinder, Verwandten und Freunde von der Inhaftierung wissen lassen sollten.[1417] Die Partner von Gefangenen beschreiben insofern Trauerreaktionen, Gefühle von Verlust, Verzweiflung, starke Gefühle der Niedergeschlagenheit und psychosomatische Erkrankungen wie Essstörungen und Selbstverletzungen.[1418] Alldem ist auch durch ein Untersuchungshaftvollzugsgesetz bestmöglich entgegenzuwirken.

Gut ist vor diesem Hintergrund, dass einige Gesetze überhaupt Regelungen aufweisen, nach denen Kontakte zu Angehörigen besonders gefördert werden. Die eher deklaratorischen[1419] Regelungen der 8er Gruppe und Baden-Württembergs sind jedoch zu vage. Gleiches gilt für die von Brandenburg, Rheinland-

---

1411   BVerfG StV 2008, S. 30 ff., 31.

1412   Vgl. *Convery/Moore* 2011, S. 28; *Murray* 2005, S. 454 f.; *Sack/Seidler* 1978, S. 261 ff.

1413   Vgl. *Ayre/Gampell/Scharff Smith* 2011, S. 4.

1414   Vgl. *van Zyl Smit/Snacken* 2005, S. 229 m. w. N.

1415   Vgl. *Gampell/Martynowicz/Scharff Smith* 2011, S. 225.

1416   BVerfG StV 2008, S. 259.

1417   Vgl. *Gampell/Martynowicz/Scharff Smith* 2011, S. 225.

1418   Vgl. *Smith/Grimshaw/Romeo/Knapp* 2007, zitiert nach *Scharff Smith/Gampell* 2011, S. 17.

1419   Vgl. Ostendorf-*Schady* § 6 Rn 83.

Pfalz, Thüringen und Sachsen-Anhalt zusätzlich über die allgemeine Förderungspflicht von „Kontakten zu Bezugspersonen" hinaus normierte Pflicht zur Unterstützung von Besuchen von Angehörigen, die trotz der Konkretisierung auf „Besuche" zu unbestimmt bleibt. Bedauerlich ist insbesondere der Rückschritt in
Sachsen-Anhalt, wo zuvor durch die Regelung im UVollzG LSA a. F. zum einen
Besuche von Familienmitgliedern überhaupt nicht auf die Besuchszeit angerechnet wurden und zum anderen auch keine Altersbeschränkung hinsichtlich des an-
rechnungsfähigen Alters vorgenommen wurde.[1420] Zumindest lässt sich jedoch
im Unterschied zu den nicht aufschlussreichen Gesetzesbegründung der 8er
Gruppe,[1421] unter denen lediglich Berlin „Kindersprechstunden" anführt,[1422] der
Begründung von Brandenburg konkreteres entnehmen: Angeführt werden etwa
längere Besuchszeiten, eine ansprechende Ausgestaltung der Besuchsräume ‚die
Erhöhung der Anzahl der gleichzeitig zum Besuch zugelassenen Personen und die
Einrichtung von gesonderten Besuchszeiten für Familien mit kleinen Kindern.[1423]
Die Wahl der Mittel sollte jedoch nicht vollständig den Anstalten überlassen wer-
den.[1424] Konkrete Vorgaben bzw. Mindeststandards sollten in die Landesgesetze
mit aufgenommen werden. Dies gilt nicht zuletzt, da ansonsten zu befürchten ist,
dass die Förderung unter mangelnden Ressourcen leidet. Für ein Untersuchungshaftvollzugsgesetz existieren insofern verschiedene Möglichkeiten, auf die im
Folgenden eingegangen wird.

Zunächst liegt es auf der Hand, dass generell mehr Besuche der Förderung
der Kontakte dienlich sind. Dass diese auch über ein Gesetz abgesichert werden
können, zeigen die Regelungen von Mecklenburg-Vorpommern, Bremen, Sachsen-Anhalt, Rheinland-Pfalz und Thüringen. So ergibt sich eine geringfügige Verbesserung der Situation in Mecklenburg-Vorpommern, Rheinland-Pfalz, Thüringen und Sachsen, wo Kindern, die das 14. Lebensjahr (18. Lebensjahr in Rheinland-Pfalz) noch nicht vollendet haben, über die normale Besuchsregelung hinaus
bis zu zwei Stunden Besuch im Monat gewährt werden. Problematisch ist an diesen Regelungen jedoch, dass keine zwingende Bestimmung getroffen wird, da nur
„bis zu" zwei Stunden zusätzlich gewährt werden. Deswegen ist Bremens Regelung hier vorzugswürdig, weil dort durch eine zwingende Bestimmung („erhöht
sich") die Regelung auf vier Stunden verpflichtend ausgedehnt wird. Jedoch gilt
dies auch in Bremen nur für Besuche von unter 14-jährigen. Besser wäre deswegen eine Regelung wie die soeben schon angesprochene Vorschrift des § 33

1420 § 33 UVollzG LSA a. F.

1421 Vgl. exemplarisch die Begründung zu § 33 ThürUVollzG (Thür. Ltg. Drs. 5/2764).

1422 Vgl. Begründung zu § 33 UVollzG Bln. (Bln. Abgeordnetenhaus Drs. 16/2491).

1423 Vgl. Begründung zu § 34 BbgJVollzG (Bbg. Ltg. Drs. 5/6437).

1424 Vgl. Ostendorf-*Schady* § 6 Rn 83.

UVollzG LSA a. F., weil zum einen Besuche von Familienmitgliedern dort überhaupt nicht auf die Besuchszeit angerechnet wurden und zum anderen auch keine Altersbeschränkung vorgenommen wurde.

Neben der schon oben angesprochenen Ausnahme vom Trennungsgrundsatz „zur Förderung von Kontakten zu Familienangehörigen" mit dem Zweck der Ermöglichung einer heimatnahen Unterbringung, für die auch spricht, dass es grade für Kinder von Gefangenen sehr belastend ist, wenn der Gefangene nicht in einem nahe gelegenen Gefängnis untergebracht wird,[1425] kommen zur Förderung der Kontakte mit Angehörigen unter anderem Langzeitbesuche, Rücksicht auf den Anreiseweg, das Ansammeln von Besuchszeit, Besuchsmöglichkeiten auch an Wochenenden und kinderfreundliche Besuchseinrichtungen in Betracht.

2.8.2.3 Langzeitbesuche

Als sinnvoll zu bezeichnen sind auch Langzeitbesuche.[1426]Die etwa in Brandenburg, Rheinland-Pfalz, Thüringen und Sachsen-Anhalt für den (Jugend-)Strafvollzug vorgesehenen Langzeitbesuche[1427] sind, wenn nicht verfahrenssichernde Anordnungen entgegenstehen, auch für den Untersuchungshaftvollzug sachgerecht. Warum die Untersuchungsgefangenen von dieser Regelung ausgeklammert wurden, erhellt sich aus den Gesetzesbegründungen nicht.[1428] Gerade jedoch vor dem Hintergrund der zur Begründung angeführten Ermöglichung der Pflege enger Bindungen bei Gefangenen, die absehbar nicht gelockert werden können[1429] und langer Untersuchungshaftzeiten von teilweise über einem Jahr[1430] besteht insoweit eine vergleichbare Situation. Für eine solche Regelung spricht auch, dass nach den EPR Besuchsregelungen so gestaltet sein müssen, dass Familienbeziehungen „so normal wie möglich" gepflegt und entwickelt werden können.[1431]Auch wenn die Besuchsregelungen wie etwa in Mecklenburg-Vorpommern und Bremen der Förderung von Kontakten zu Angehörigen zwar dienlich sind, sollte nicht verkannt werden, dass Familienbeziehungen auch dadurch wohl kaum „so normal wie möglich" gepflegt werden können. Vier Stunden sind für einen Besuch ein überschaubarer Zeitraum. Die Kommentierung zu den EPR selbst geht davon aus, dass dort, wo es möglich ist, Familienbesuche über einen längeren Zeitraum, z. B.

1425 Vgl. *Convery/Moore* 2011, S. 29.

1426 Vgl. dazu auch *Fehringer* 2009, S. 90 ff.

1427 § 34 Abs. 4 BbgJVollzG; § 33 Abs. 5 LJVollzG RP; § 34 Abs. 5 ThürJVollzGB; § 33 Abs. 5 JVollzGB LSA.

1428 Vgl. exemplarisch Begründung zu § 34 BbgJVollzG (Bbg. Ltg. Drs. 5/6437).

1429 Vgl. Begründung zu § 34 BbgJVollzG (Bbg. Ltg. Drs. 5/6437).

1430 Vgl. oben *Kap. 1.2.3.4.*

1431 EPR, Rule 24.4.

72 Stunden stattfinden sollten.[1432] Zieht man die anderen Hindernisse einer „normalen" Kommunikation, etwa dass Privatsphäre im Besuchsraum nur in stark begrenztem Maße herrscht,[1433] mit in Betracht, gelangt man zu dem Ergebnis, dass Kinder wohl grundsätzlich den Kontakt zum inhaftierten Elternteil mögen,[1434] es jedoch zweifelhaft bleibt, ob sich bei den Besuchen sein übliches, normalisiertes Miteinander ergibt.[1435] Langzeitbesuche können demgegenüber „Normalität" im Sinne der EPR fördern. Dies gilt gerade für Besucher, die sich an die ungewohnte Situation noch mehr als der Untersuchungsgefangene selbst gewöhnen müssen.

Mit Blick auf die Unschuldsvermutung, den Angleichungsgrundsatz und den Gegensteuerungsgrundsatz sollten deswegen „Langzeitbesuche" nach hier vertretener Auffassung in den Landesgesetzen festgelegt werden. Wenigstens wäre aber an ganztägige Familienbesuche zu denken.[1436] Für Langzeitbesuche spricht auch, dass sie ein positives Anstaltsklima fördern und zumindest nach dem Empfinden des Gefangenen „Aufbrüche" des Vollzugs herbeiführen können und ihn dadurch gegen Prisonisierung[1437] und Deprivation widerstandsfähig machen.[1438] Insoweit der Gefangene in die Lage versetzt wird, die Beziehung zu seinem Partner in Langzeitbesuchsräumen zu pflegen, kann auch dies nicht zu vernachlässigende positive Auswirkungen auf sein psychisches Gleichgewicht haben.[1439] Mit einem Mangel an personellen und sachlichen Ressourcen darf eine solche Regelung jedenfalls nicht abgelehnt werden, da es dem Staat gegenüber dem Untersuchungsgefangenen und seinen Familienangehörigen untersagt ist, sich darauf zu berufen, dass der Justizvollzug nicht so ausgestattet ist, wie es die Wahrung des in Art.6 Abs. 1 GG normierten Schutzauftrages erfordert.[1440]

2.8.2.4 Rücksicht auf den Anreiseweg

Die angesprochene Regelung Mecklenburg-Vorpommerns zu Besuchen von vier Stunden Dauer soll ausweislich der Gesetzesbegründung dem Umstand Rechnung tragen, dass die Angehörigen zum Teil weite Anreisewege haben, was verbunden

---

1432 Vgl. EPR, Kommentar zu Rule 24.

1433 BGH NJW 1998, S. 3284 f., 3285.

1434 Vgl. *Murray* 2005, S. 455 m. w. N.: „Nevertheless, children generally seem to like having contact with their imprisoned parent."

1435 Vgl. *Murray* 2005, S. 455 m. w. N.

1436 Vgl. *Murray* 2005, S. 455.

1437 Vgl. *Irwin/Owen* 2005, S. 112 ff.

1438 *Laubenthal* 2011, S. 321 f.; *Kühl* 2012, S. 219 m. w. N.

1439 Vgl. *Kühl* 2012, S. 219; Eine interessante Einzelerfahrung findet sich bei *Fehringer* 2009, S. 90.

1440 BVerfG StV 2008, S. 30 ff., 32; BVerfGE 42, S. 95 ff., 102.

mit der Tatsache, dass sie oft nur über beschränkte finanzielle Mittel verfügen dazu führen kann, dass ihnen nur ein monatlicher Besuch möglich ist.[1441] Um dem möglichen Problem weiter Anreisewege besser zu begegnen, sollte auch die Regelung des Entwurfs des *Arbeitskreises Sozialdemokratischer Juristen* in die Landesgesetze mit aufgenommen werden, nach der bei der Festsetzung der Besuchszeit auf die Arbeitszeit und den Anreiseweg der Besucher Rücksicht zu nehmen ist.[1442]

2.8.2.5   Ansammeln von Besuchszeit

Vor dem Hintergrund der eben erwähnten langen Anreisewege fordert das CPT eine „gewisse Flexibilität" und macht in den CPT-Standards den Vorschlag, dass erlaubt werden könnte „Besuchszeit anzusammeln".[1443] Eine entsprechende Regelung könnte nach hier vertretener Auffassung dann in die Landesgesetze aufgenommen werden, wenn die Landesgesetzgeber sich nicht wie Sachsen-Anhalt dazu durchringen möchten, Besuche von Familienmitgliedern überhaupt nicht auf die Besuchszeit anzurechnen. Für eine solche Regelung spricht auch, dass erhöhte Ressourcen wegen der gleichbleibenden Gesamtbesuchsdauer nicht erforderlich wären.

2.8.2.6   Besuche an Wochenenden

Schon oben wurde angesprochen, dass es aus Gründen der Suizidprophylaxe wünschenswert ist, der Isolation von 23 Stunden im Haftraum, wie dies am Wochenende vorkommen kann, vorzubeugen.[1444] Nach den Erkenntnissen des CPT ist es in diesem Zusammenhang besorgniserregend, wenn an Wochenenden wegen wenig Personals Besuch nicht zustande kommt.[1445] Deswegen sollte entsprechend der Regelung zum Nordrhein-Westfälischen Jugendstrafvollzug[1446] eine Regelung aufgenommen werden, nach der Besuche auch an Wochenenden zu ermöglichen sind. Dafür spricht nach hier vertretener Auffassung auch die Rechtsprechung des Bundesverfassungsgerichts, nach der ohnehin schon anerkannt ist, dass in Ausnahmefällen, also etwa bei langer Haftdauer oder langen Anreisewegen Be-

---

1441   Vgl. Begründung zu § 33 UVollzG MV (MV. Ltg. Drs 5/3050).

1442   § 26 Abs. 1 S. 2 E-*Arbeitskreis Sozialdemokratischer Juristen*.

1443   CPT-Standards, Auszug aus dem 2. Jahresbericht [CPT/Inf (92) 3] Rn 51.

1444   Vgl. *Dünkel* 2009b, S. 8.

1445   Vgl. CPT (2006) 36 Rn 149.

1446   § 30 Abs.1 S. 3 JStVollzG NRW.

suche der Angehörigen auch am Wochenende außerhalb der „allgemeinen Besuchszeiten" zu ermöglichen sind.[1447]

2.8.2.7 Kinderfreundliche Besuchseinrichtungen

Es ist wünschenswert, bei Besuchen eine behagliche, die Privatheit so gut wie möglich bewahrende Atmosphäre herzustellen.[1448] Kinder von Gefangenen bemängeln die Qualität der zur Verfügung stehenden Einrichtungen, wie etwa unzureichende oder ungeeignete Räumlichkeiten zum Spielen und unfreundliche Besuchsbereiche.[1449] Manche Eltern könnten es bevorzugen, ihre Kinder nicht mehr zu sehen, wenn sie denken, dass die Umstände auf die Kinder aufwühlend wirken und für diese zu schädlich sind.[1450] Dem ist so gut wie möglich auch durch ein Untersuchungshaftvollzugsgesetz entgegenzuwirken. Die Vollzugsverwaltung könnte etwa zur Schaffung auch kinderfreundlicher Besuchseinrichtungen, die den Bedürfnisse von Kindern Rechnung tragen, verpflichtet werden. In der Praxis bedarf es auch speziell geschulten Vollzugspersonals, klarer, leicht verständlicher und altersgerechter Informationen über das Besuchsverfahren, eine altersgerechten Auswahl von Spielzeug und Aktivitäten, Außenanlagen für Besuche sowie Toiletten und Möglichkeiten, Babys zu wickeln.[1451]

2.8.2.8 Finanzielle Unterstützung

Das Sozialstaatsgebot erfordert es nach hier vertretener Auffassung, dem Untersuchungsgefangenen und seinen Angehörigen auch materielle Hilfen zu gewähren, um die mit der Untersuchungshaft verbundene Nachteile möglichst zu vermeiden, gering zu halten oder auszugleichen.[1452]

Vor dem Hintergrund, dass der Verlust von Einkommen eine der größten Schwierigkeiten ist, mit denen die Angehörigen konfrontiert sind[1453] und die Einkommensverluste noch durch zusätzliche Ausgaben für Besuchskosten, verschärft werden[1454] ist auch eine finanzielle Unterstützung der Besuche zu fordern. Dies

---

1447 BVerfG NJW 1995, S. 1478 ff.; BVerfGE 42, S. 95 ff., 100.

1448 Vgl. *Morgenstern* 2009b, S. 9.

1449 Vgl. *Convery/Moore* 2011, S. 28 m. w. N.

1450 Vgl. *van Zyl Smit/Snacken* 2009, S. 235 m. w. N.

1451 Vgl. *Scharff Smith/Gampell* 2011, S. 236.

1452 So auch *Seebode* 1985, S. 13.

1453 Vgl. *Murray* 2005, S. 444 f. m. w. N.

1454 Vgl. *Convery/Moore* 2011, S. 18; *Murray* 2005, S. 445.

gilt nicht zuletzt deshalb, weil hohe Reisekosten zu weiter entfernten Gefängnissen geeignet sind, Familien vom Besuch abschrecken.[1455] Vorbild könnte hier das in Großbritannien praktizierte APVS[1456] sein, das Einkommensschwachen Familien, finanzielle Unterstützung gewährt, um Familienbesuche zu ermöglichen.[1457] Das Ziel des APVS ist es, familiäre Bindungen zu fördern und Gefangenen zu helfen, nach der Entlassung nicht rückfällig zu werden.[1458] Es gewährt umfassend Unterstützung bei den Reisekosten, Übernachtungskosten, Kosten der Kinderbetreuung für den Fall, dass ein Kind nicht zum Besuch mitgenommen wird und Verpflegungskosten für bis zu 26 Besuche -pro Besucher- im Jahr.[1459] Ein ähnliches Institut könnte von den Ländergesetzen in der Form legislatorisch umgesetzt werden, dass bestimmt wird, dass die Kosten für eine bestimmte Anzahl von Familienbesuchen bei bedürftigen Familien vom Staat zu tragen sind.

2.8.2.9 Schriftwechsel

Der Briefverkehr steht unter dem Schutz des Art. 2 Abs. 1 GG,[1460] bei enthaltenen Werturteilen greift zusätzlich Art. 5 Abs. 1 S. 1 GG.[1461] Der Schriftwechsel mit Familie und Freunden wird schon lange als wichtiges Mittel zur Aufrechterhaltung emotionaler Beziehungen angesehen, die dem Gefangenen helfen, die Folgen des Freiheitsentzugs zu bewältigen.[1462] Er ist eine bedeutende Möglichkeit zum Gedankenaustausch[1463] und kann ein Ausgleich für die verlorene Privatsphäre sein, die dem Untersuchungsgefangenen vor seiner Inhaftierung ermöglichte, ohne Begrenzung nach seinem Belieben mit vertrauten Personen Gespräche zu führen.[1464] Dies gilt besonders in den Fällen, in denen die räumliche Distanz das Zustandekommen regelmäßigen Besuchs verhindert.[1465] Die Rec (2006) 13 be-

---

1455 *Gampell/Martynowicz/Scharff Smith* 2011, S. 228.

1456 Das Assisted Prison Visits Scheme (APVS) ist die Prison Service Order (PSO) 4405 in der zurzeit gültigen vierten Fassung vom 20.07.2004. PSOs sind langfristige, verbindliche Anweisungen, die dazu bestimmt sind, auf unbestimmte Zeit zu gelten, vgl. justice.gov.uk

1457 Vgl. *Gampell/Martynowicz/Scharff Smith* 2011, S. 228; *Morgenstern* 2011b, S. 90.

1458 AVPS Chapter 1 section 1.2, vgl. justice.gov.uk.

1459 AVPS Chapter 1 section 1.4, vgl. justice.gov.uk.

1460 BVerfGE 35, S. 35 ff., 39.

1461 BVerfGE 42, S. 234 ff., 236.

1462 *van Zyl Smit/Snacken* 2009, S. 220; *Mills/Codd* 2007, S. 679.

1463 Vgl. *Wiesneth* 2010, S. 137.

1464 Vgl. *Berndt* 1996b, S. 160.

1465 Vgl. *Kubach* 2004, S. 135.

bestimmt, dass die Anzahl der von Untersuchungsgefangenen versandten und emp-fangenen Briefe grundsätzlich nicht beschränkt werden soll.[1466] Einige Landesge-setze normieren jedoch nicht mehr, wie es noch in der Verwaltungsvorschrift UVollzO hieß, das Recht des Untersuchungsgefangenen, Schreiben „unbeschränkt" absenden und empfangen zu dürfen.[1467] Ob hiermit dieses Recht einer Einschrän-kung hinsichtlich des Umfangs unterliegen soll, erscheint nicht klar. Jedenfalls der Niedersächsische Gesetzgeber möchte mit dieser Formulierung keine Be-schränkungen hinsichtlich des Umfangs verbinden.[1468] Den anderen Gesetzesbe-gründungen lässt sich demgegenüber nichts entnehmen.[1469] Mögliche Begrün-dung einer umfangmäßigen Beschränkung dieses Rechts wäre auch hier der befürchtete Kontrollaufwand und damit einhergehende Kosten für die Justizver-waltung. Andere Gründe für ein Abweichen von der Formulierung der UVollzO sind nicht ersichtlich. Sollte dies tatsächlich von einem Teil der Landesgesetze beabsichtigt sein, wäre dem entschieden entgegenzutreten und auch hier anzufüh-ren, dass der Staat sich nicht auf mangelnde sachliche und personelle Ressourcen berufen kann, wenn es gilt, die Grundrechte des Untersuchungsgefangenen zu re-alisieren.[1470]

Dem Sozialstaatsgebot entspricht, dass Hamburg, Brandenburg, Rheinland-Pfalz, Thüringen, Sachsen-Anhalt, Baden-Württemberg, Bayern, Niedersachsen und Nordrhein-Westfalen vorsehen, dass die Justizvollzugsanstalt die Kosten des Schriftwechsels übernehmen „kann". Zwar lässt sich auch der Begründung zum Musterentwurf entnehmen, dass „in besonderen Härtefällen" die Anstalt die Kos-ten übernehmen kann.[1471] Besser wäre aber eine gesetzliche Absicherung dieser Erkenntnis. Nach hier vertretener Auffassung sollte jedoch ohnehin in allen Fällen und nicht nur bei Mittellosigkeit des Untersuchungsgefangenen die Justizverwal-tung die Kosten des Schriftwechsels tragen, solange kein Mindestlohn[1472] gezahlt wird. Ansonsten bestehen Bedenken, wenn unter Berufung auf den Angleichungs-grundsatz zwar Kostentragungspflichten in auch außerhalb der Gefängnismauern anzutreffender Höhe auf den Untersuchungsgefangenen abgewälzt werden, be-züglich der Gelder jedoch keine Angleichung erfolgt und insofern der dem Unter-

---

1466 Rec (2006) 2013, Rule 38.

1467 Vgl. Nr. 28 UVollzO.

1468 Vgl. Begründung zu § 141(sic!) NJVollzG (Nds. Ltg. Drs. 15/3565).

1469 Vgl. Begründung zu § 36 ThürUVollzG a. F. (Thür. Ltg. Drs. 5/2764); Begründung zu § 20 GVUVS NRW (NRW Ltg. Drs. 14/8631); Begründung zu § 39 BbgJVollzG (Bbg. Ltg. Drs. 5/6437); Begründung zu § 38 LJVollzG RP (RP Ltg. Drs. 16/1910); Begrün-dung zu § 39 ThürJVollzGB (Thür LT. Drs. 5/6700).

1470 BVerfG StV 2008, S. 259 f., 260.

1471 Vgl. Begründung zu § 36 ThürUVollzG a. F. (Thür. Ltg. Drs. 5/2764).

1472 Vgl. *Kap. 2.6.2.3.*

suchungsgefangenen zur Verfügung stehende Betrag auf diese Weise unverhältnismäßig zu seinen Geldern belastet wird.

Die nur in Niedersachsen zu findende Vorschrift, nach der Kosten für Übersetzungsdienste und Sachverständige, die zur Überwachung des Schriftwechsels hinzugezogen werden, von der Staatskasse nur in angemessenem Umfang übernommen werden, verstößt gegen die Unschuldsvermutung. Denn diese Überwachungskosten müssen als Sicherheitskosten von der Verwaltung getragen werden.[1473] Dafür spricht die Rechtsprechung des Bundesverfassungsgerichts. Dieses hat über einen Fall entschieden, in dem die angefallenen Übersetzungskosten für Briefe, die ein Untersuchungsgefangener an seine Familie versandt hatte, vom Untersuchungsgefangenen gezahlt werden sollten.[1474] Das Gericht hat dazu ausgeführt, dass Übersetzungskosten grundsätzlich vom Staat zu übernehmen sind, da Art. 3 Abs. 3 S. 1 GG eine Benachteiligung von in Untersuchungshaft untergebrachten fremdsprachigen Beschuldigten verbietet.[1475] Zwar lässt sich dieser Rechtsprechung andererseits auch entnehmen, dass ein damit verbundener unverhältnismäßiger und nicht mehr hinzunehmender Aufwand im Einzelfall dem Zweck der Untersuchungshaft zuwiderlaufen kann.[1476] Dann kommt aber nach den Ausführungen des Bundesverfassungsgerichts in Betracht, dem Untersuchungsgefangenen nach vorangegangenem Hinweis die Kosten aufzuerlegen, die über den vom Staat hinzunehmenden Aufwand hinausgehen.[1477] Geboten ist es deswegen, dass der Gesetzgeber in Niedersachsen eine solche vom Bundesverfassungsgericht angesprochene Hinweispflicht in das Gesetz mit aufnimmt und die Regelung so ausgestaltet wird, dass erst im Anschluss an den ergangenen Hinweis eine Kostentragungspflicht des Untersuchungsgefangenen entsteht.

Aus dogmatischer Sicht erscheint es bedenklich, dass Hessen zwischen „umgehender" und „unverzüglicher" Weiterleitung von Schreiben differenziert. Ausweislich der Gesetzesbegründung sollen in Hessen im Hinblick auf das „Gebot des effektiven Rechtsschutzes"[1478] lediglich fristgebundene Schreiben wie z. B. Gerichtspost ohne schuldhaftes Zögern von der Anstalt weitergeleitet werden, nur im Übrigen erfolgt die Weiterleitung demgegenüber „umgehend".[1479] Es ist natürlich fraglich, ob sich dadurch in der Praxis ein Unterschied zu den Regelungen der anderen Landesgesetze ergibt, die Vorschrift Hessens weicht jedoch zum

---

1473 So auch *Paeffgen* 2009, S. 52, Fußnote 71.

1474 BVerfG NStZ 2004, S. 274 f.

1475 BVerfG NStZ 2004, S. 274 f., S. 275.

1476 BVerfG NStZ 2004, S. 274 f., S. 275.

1477 BVerfG NStZ 2004, S. 274 f., S. 275.

1478 Vgl. Begründung zu § 27 HUVollzG (Hess. Ltg. Drs 18/1396).

1479 Vgl. Begründung zu § 27 HUVollzG (Hess. Ltg. Drs 18/1396).

Nachteil des Untersuchungsgefangenen von den Regelungen der übrigen Landesgesetze ab, die für alle Schreiben nur die „unverzügliche" Weiterleitung kennen.

2.8.2.10 Anhalten von Schreiben, die entstellende Darstellungen von Anstaltsverhältnissen oder Beleidigungen enthalten

Eine Problematik des Vollzugsrechts ist seit jeher das Anhalten von solchen
Schreiben, die entstellende Darstellungen von Anstaltsverhältnissen oder Beleidigungen enthalten.[1480] Beide Anhaltegründe finden sich schon in den Vorschriften des § 31 Nr. 3 und 4 StVollzG bzw. der Nummer 34 Abs. 2 Nr. 1 UVollzO.

Nach hier vertretener Auffassung ist es für ein Untersuchungshaftvollzugsgesetz geboten, von Beleidigungen als Anhaltegrund abzusehen. *Baumanns* Ansicht, nach der die Untersuchungshaftanstalt keine „Ehrenschutzbehörde" ist,[1481]
wird hier zugestimmt.[1482] Im Untersuchungshaftvollzug darf das Anhalten von
Schreiben nur dem Aspekt der Sicherheit und Ordnung der Anstalt dienen.[1483]
Für den Schutz der Ehre reichen demgegenüber die §§ 185 StGB, 374 StPO, 823
BGB.[1484] Das Anhalten von Schreiben in denen Beleidigungen enthalten sind,
wird sich unter Berufung auf die Ordnung in der Anstalt jedoch kaum rechtfertigen lassen.[1485] Auch das BVerfG hat klargestellt, dass Äußerungen, die den Tat-
bestand des § 185 StGB verwirklichen, nicht zwingend schon zugleich eine konkrete Gefährdung der Anstaltsordnung bedeuten.[1486]

Insofern ist es bedauerlich, dass keines der Landesgesetze auf das Anhalten
von Schreiben, die Beleidigungen enthalten, verzichtet. Vorbild für die Landesgesetze sollte nach hier vertretener Auffassung vielmehr der Entwurf von
Baumann sein, der in Schreiben enthaltene Beleidigungen nicht als Anhaltegrund
anführte und dies zutreffend damit begründete, dass bei Beleidigungsdelikten die
Gefahr nicht auszuschließen sei, dass durch ein Anhalten möglicherweise auch
berechtigte Kritik an der Anstalt verhindert werde, zumindest aber die Gefahr bestehe, dass bei Insassen eben dieser Verdacht entstehe.[1487] *Seebodes* Ansicht, das
Beleidigungen in Briefen oft bezeichnend für psychische Krisensituationen der

---

1480   Vgl. dazu umfassend LR-*Hilger* 2007, § 119 Rn 80; KK-*Schultheis* 2008, § 119 Rn 29, 35 ff.; SK-*Paeffgen* 2007, § 119 Rn 23 ff.

1481   Vgl. *Baumann* 1959, S. 380.

1482   Ebenfalls zustimmend: SK-*Paeffgen* 2007, § 119 Rn 31.

1483   Vgl. LR-*Hilger* 2007, § 119 Rn 82.

1484   Vgl. AK-Feest/*Joester/Wegner* 2012, § 31 StVollzG Rn 9.

1485   Vgl. *Seebode* 1987, S. 23; in diese Richtung auch SK-*Paeffgen* 2007, § 119 Rn 31.

1486   BVerfGE 57, S. 170 ff., 180.

1487   Vgl. Begründung zum AE-StVollzG, S. 179. Darauf verweist *Baumann* 1981, S. 59.

Untersuchungsgefangenen seien und sich mit ihrer Ohnmacht gegenüber der ungewohnten Situation, Unwissen über Fragen des Strafprozesses und sogar Wahnvorstellungen, die durch die Isolation im Haftraum hervorgerufen werden können erklären ließen,[1488] ist gerade angesichts der anerkannten besonderen psychischen Belastungen im Untersuchungshaftvollzug[1489] gut nachvollziehbar. Insofern ist der von *Seebode* favorisierte Ansatz, dass die Thematik der Beleidigungen in Briefen nicht durch Repressionen, sondern vorbeugend durch Gespräche und Unterstützung angegangen werden sollte,[1490] auch nach hier vertretener Auffassung vorzugswürdig und sollte deswegen gesetzgeberisch umgesetzt werden. Betreuungsangebote könnten hier helfen, schon die Ursachen der beleidigenden Briefe zu beseitigen.[1491]

Möchte man von einer solchen Regelung nicht absehen, sollte zumindest der Anwendungsbereich auf solche Beleidigungen beschränkt werden, die zum Nachteil der Bediensteten der Anstalt gehen und sich so auf den einzig theoretisch denkbaren Fall beschränken, in denen Beleidigungen in Schreiben tatsächlich Auswirkung auf die Anstaltsordnung haben können, nämlich in Fällen, in denen die Beleidigung Anstaltsbezug hat. Zusätzlich sollte dann die Möglichkeit vorgesehen werden, ein Begleitschreiben als milderes Mittel hinzuzufügen um dadurch im Rahmen des Ermessens zu ermöglichen, diese Schreiben doch zu versenden.[1492]

Nach hier vertretener Auffassung sollten auch die „entstellenden Darstellungen von Anstaltsverhältnissen" in Schreiben nicht als Anhaltegrund normiert werden, da es sich dabei letztlich um eine „Sondervormundschaft" über die Insassen[1493] handelt. Vorbildlich ist hier die Regelung Sachsen-Anhalts, die wie die Entwürfe von *Baumann*, des *Arbeitskreises Sozialdemokratischer Juristen* und der Anstaltsleiter diesen Anhaltegrund nicht kennt.

Sinn und Zweck dieses Anhaltegrundes soll nach dem Willen des Gesetzgebers die Vermeidung der von falschen Vorwürfen möglicherweise ausgehenden „ungünstigen Wertungen" sein.[1494] Ein Absehen von diesem Anhaltegrund ist jedoch schon deswegen geboten, weil eine Transparenz der Verhältnisse in der An-

---

1488 Vgl. *Seebode* 1987, S. 23 f.

1489 BVerfG StV 2008, S. 259 ff.

1490 Vgl. *Seebode* 1987, S. 23.

1491 Vgl. *Seebode* 1987, S. 25.

1492 Bzgl. beider Regelungsaspekte könnte hier etwa die Regelung des § 39 UVollzG LSA a. F. Vorbild sein.

1493 Vgl. Begründung zum AE-StVollzG, S. 181. Darauf verweist *Baumann* 1981, S. 59.

1494 Vgl. BT-Drs. 7/918, S. 61.

stalt den Anliegen des Vollzugs förderlicher ist als die Verhinderung von Veröffentlichungen.[1495] Denn durch wahre sowie unwahre Veröffentlichungen können Anstöße zu positiven Reformen gegeben werden.[1496] Ohnehin muss sich jeder Beamte zutreffende Tatsachenbehauptungen entgegenhalten lassen.[1497] Oft wird die Klärung der Frage, ob eine Schilderung hier zutrifft oder nicht und damit „unrichtig" oder „entstellend" ist, jedoch sehr schwierig sein.[1498] Eine solche Regelung birgt insofern die Gefahr, dass ein Bereich erreicht wird, in dem durch den Kontrolleur Anschauungen beeinflusst werden können.[1499] Solche Regelungen können Selbstzensur bewirken, die wiederum zum Abschwächen der persönlichen Beziehungen des Gefangenen und schließlich zur emotionalen Isolation der Gefangenen führen kann.[1500] Tatsächlich ist der Vollzug die tägliche erzwungene Lebenswelt des Gefangenen, wobei nachvollziehbar ist, dass er vieles zu negativ sieht und er auf subjektiv empfundene Missstände hinweisen darf.[1501] Auch der EGMR hat klar ausgeführt, dass es in einer demokratischen Gesellschaft nicht einmal notwendig ist, Briefe anzuhalten, die Ausführungen enthalten, „die bewusst darauf abzielen, die Behörden verächtlich zu machen".[1502] Ebenso hat der EGMR ausgeführt, dass auch Kritik an den Haftbedingungen und am Verhalten des Vollzugspersonals nach seiner Auffassung selbst dann keinen Anhaltegrund darstellen, wenn die „gebrauchten Ausdrücke zweifellos etwas deftig" sind.[1503]

Demgegenüber stellt die Beifügung eines richtigstellenden Begleitschreibens im Verhältnis zum Anhalten eines Briefes bekanntlich ein milderes Mittel dar.[1504] Unverständlich ist, warum Niedersachsen nicht ausdrücklich normiert, dass ausgehenden Schreiben, die unrichtige Darstellungen enthalten, ein Begleitschreiben beigefügt werden kann, wenn der Untersuchungsgefangene auf deren Absendung besteht. Die Gesetzesbegründung dazu führt aus, dass „auf eine § 31

1495 Vgl. Begründung zum AE-StVollzG, S. 181. Darauf verweist *Baumann* 1981, S. 59.

1496 Vgl. Begründung zum AE-StVollzG, S. 181. Darauf verweist *Baumann* 1981, S. 59.

1497 BVerfG NJW 1995, S. 1477 ff.

1498 Vgl. *Schlothauer/Weider* 2010, S. 526.

1499 Vgl. *Haberstroh* 1984, S. 235.

1500 Vgl. *van Zyl Smit/Snacken* 2009, S. 220.

1501 Vgl. BVerfG NJW 1994, S. 1149 ff., 1150.

1502 EGMR vom 25.03.1983, *Silver u. a v. GB*; (5947/72; 6205/73; 7052/75; 7061/75; 7107/75; 7113/75; 7136/75), Ziff. 64 und Ziff. 99: „complaints calculated to hold the authorities up to contempt" bzw. letters „containing material deliberately calculated to hold the prison authorities up to contempt.".

1503 EGMR vom 25.02.1992, *Pfeifer und Plankl v. Österreich* (10802/84), Ziff. 47. „Although some of the expressions used were doubtless rather strong ones".

1504 BVerfG 2 BvR 2279/07 vom 29.06.2009, Absatz Nr. 22.

Abs. 2 StVollzG entsprechende Regelung [...] verzichtet [wurde]"[1505], und dass „die Möglichkeit, Schreiben, die grob unrichtige Darstellungen enthalten [...] zur Wahrung des Verhältnismäßigkeitsgrundsatzes ein richtigstellendes Begleitschreiben beizufügen, anstatt es anzuhalten, [...] indes erhalten [bleibt]."[1506]

Insofern ist es zwar zutreffend, dass ein milderes Mittel nicht zwingend normiert sein muss. Nach hier vertretener Auffassung hätte das mildere Mittel hier jedoch schon wegen der hervorgehobenen Bedeutung des Verhältnismäßigkeitsgrundsatzes im Untersuchungshaftvollzug ausdrücklich in das Gesetz mit aufgenommen werden müssen. Es gibt keinen Grund, auf eine entsprechende Bestimmung zu verzichten. Vielmehr ist eine ausdrückliche Regelung auch deswegen sachgerecht, weil so der Untersuchungsgefangene nicht aufgrund falscher Annahmen vom Äußern seiner Kritik abgehalten wird, da der juristisch nicht vorgebildete sich der Möglichkeit der Beifügung eines Begleitschreibens durch die Justizverwaltung als nicht normiertes milderes Mittel nicht unbedingt bewusst sein muss.

2.8.2.11 Telefongespräche

Nach hier vertretener Auffassung ist dem Untersuchungsgefangenen durch ein Untersuchungshaftvollzugsgesetz im Grundsatz zu gestatten, Telefongespräche zu führen. Einschränkungen dürfen nur bei entsprechenden verfahrenssichernden Anordnungen oder einer erheblichen Gefährdung der Sicherheit oder Ordnung der Anstalt zulässig sein.[1507] Dafür spricht zunächst der Gegensteuerungsgrundsatz. Denn durch den ausgedehnten Gedankenaustausch und das Bewahren zwischenmenschlicher Beziehungen wirken Telefongespräche den schädlichen Folgen des Freiheitsentzugs entgegen[1508] und bauen so auch Spannungen in Gefängnissen ab.[1509] Dies gilt gerade bei den Untersuchungsgefangenen, deren Angehörige einen weiten Anreiseweg haben und die deswegen weniger Besuch empfangen.[1510] Besonders in psychischen Krisensituationen können Telefonate den Untersuchungsgefangenen entlasten.[1511]Zudem könnte der „frisch verhaftete" mit Hilfe des Telefons die durch die Inhaftierung verursachten Probleme teilweise selbst

---

1505 Vgl. Begründung zu § 32 NJVollzG (Nds. Ltg. Drs 15/3565).

1506 Vgl. Begründung zu § 32 NJVollzG (Nds. Ltg. Drs 15/3565).

1507 Vgl. *Dünkel* 2009b, S. 14; *Morgenstern* 2011b, S. 89.

1508 Vgl. *Münster/Schneider* 2001, S. 672.

1509 Vgl. *van Zyl Smit/ Snacken* 2009, S. 226.

1510 CPT/Inf (92) 3 Rn 51; vgl. *Callies/Müller-Dietz* 2008, § 32 Rn 1; Ostendorf-*Schady* 2012, § 6 Rn 137; *van Zyl Smit/Snacken* 2009, S. 226.

1511 OLG Frankfurt/M. NStZ 2001, S. 669 ff., 670.

lösen.[1512] Dafür spricht auch der Angleichungsgrundsatz. Denn Telefongespräche sind in unserer Gesellschaft selbstverständlich. Briefkontakte vermögen das persönliche Gespräch nicht zu ersetzen und wurden in weiten Bereichen vom Telefon als Kommunikationsmittel abgelöst.[1513] Nach hier vertretener Auffassung sind in dem Umfang, wie in der Freiheit gegenwärtig alltäglich auf Briefe verzichtet wird, Telefonate in gleicher Weise im Untersuchungshaftvollzug zuzulassen. Der gesellschaftliche Wandel ist auch von den Landesgesetzen zu berücksichtigen. Die Hindernisse, etwas gesellschaftlich so alltägliches auch im Vollzug der Untersuchungshaft tun zu können, müssen in gleichem Umfang sinken.[1514] Bedacht werden sollte auch, dass selbst wenn das Schreiben von Briefen dem Untersuchungsgefangenen noch zugemutet werden könnte, es doch problematisch erscheint, ob dies auch für den nichtinhaftierten Korrespondenzpartner gilt, dem das Schreiben von Briefen unter Umständen zu aufwendig ist.[1515]

Die Möglichkeit zu Telefongesprächen muss deswegen der Grundsatz sein, so dass bezüglich dieses Regelungspunktes die Landesgesetze nur konkrete Ausnahmen anführen sollten.[1516] Dem Untersuchungsgefangenen ist ein Anspruch einzuräumen. Diesem Postulat entsprechen die Landesgesetze jedoch nicht. Es ist insofern bedauerlich, dass die Gesetze der 8er Gruppe (bis auf Hamburg) sowie Brandenburg, Rheinland Pfalz, Thüringen, Baden-Württemberg sowie im Grundsatz Sachsen-Anhalt lediglich „Kann"-Regelungen vorsehen und keine Maßstäbe für die Genehmigung der Telefongespräche enthalten.[1517] Vorzugswürdig ist demgegenüber zwar die Regelung Hamburgs, weil sie eine Soll-Bestimmung zumindest zur Gestattung von Telefongesprächen mit Angehörigen enthält und deswegen der schon oben thematisierten und auf dem Bereich der Telefongespräche nicht minder wichtigen Bedeutung des Art. 6 GG besser Rechnung trägt. Stark zu kritisieren ist Bayerns Regelung, die ausweislich der Gesetzesbegründung das Recht des Untersuchungsgefangenen auf Telefongespräche „entsprechend der bayerischen Vollzugspraxis"[1518] dezisionistisch auf „dringende" Fälle beschränkt. Bayerns Vorgehensweise verkennt, dass die allgemeine Üblichkeit in der Vergangenheit nicht die Rechtmäßigkeit einer Regelung zu begründen vermag. Die Vorschrift widerspricht der Unschuldsvermutung und konkreten internationalen Vorgaben. Denn das CPT empfiehlt, „dass die Behörden […] Maßnahmen treffen, um sicherzustellen, dass Untersuchungsgefangene […] regelmäßig die Möglichkeit

---

1512 Vgl. *Rotthaus* 1994, S. 606.

1513 Vgl. *Münster/Schneider* 2001, S. 672.

1514 Vgl. AK-Feest/*Joester/Wegner* 2012, § 32 Rn 1.

1515 Vgl. AK-Feest/*Joester/Wegner* 2012, § 32 Rn 4.

1516 Vgl. *Morgenstern* 2009b, S. 8; 2011b, S. 89.

1517 Vgl. *Höflich* 2009, S. 135.

1518 Vgl. Begründung zu Art. 21 BayUVollzG (Bay. Ltg. Drs.16/9082).

haben zu telefonieren."[1519] Zwar ist auch der vom CPT verwendete Begriff „regelmäßig" recht vage, steht einer Beschränkung auf dringende Fälle jedoch entgegen. Auch widerspricht es der Rechtsstellung des Untersuchungsgefangenen, dass Bayern das Recht weiter begrenzt und zusätzlich unter den Vorbehalt der räumlichen, personellen und organisatorischen Verhältnisse der Anstalt stellt. Dies gilt auch für Niedersachsen und Nordrhein-Westfalen. Das Abstellen dieser Landesgesetzgeber auf die organisatorischen Verhältnisse der Anstalt ist problematisch mit Blick auf die schon häufig angeführte Rechtsprechung des BVerfG, wonach es „Sache des Staates [ist], im Rahmen des Zumutbaren alle Maßnahmen zu treffen, die geeignet und nötig sind, um Verkürzungen der Rechte von Untersuchungsgefangenen zu vermeiden."[1520] Keine der Begründungen bis auf die von Bayern nimmt zu diesen deutlichen Einschränkungen Stellung. Es ist naheliegend, das hier die bisherige restriktive Praxis konserviert werden sollte, die bezugnehmend auf den Überwachungsaufwand und die begrenzten Ressourcen ein „berechtigtes Interesse" des Untersuchungsgefangenen zum Führen des Telefonats verlangte.[1521] Geboten ist jedoch, nicht die Landesgesetze den mangelnden personellen und sachlichen Ressourcen anzupassen, sondern umgekehrt die Landesgesetze entsprechend der Rechtsstellung des Untersuchungsgefangenen auszugestalten und die Justizverwaltung durch diese zu veranlassen, moderne Telefonanlagen in den Justizvollzugsanstalten zu installieren.[1522] Da im Strafvollzug beispielsweise bestimmte Telefonnummern für Anrufe freigegeben werden,[1523] gebietet im Untersuchungshaftvollzug die Unschuldsvermutung zumindest ein ebensolches Vorgehen.[1524]

Wegen des Verweises einiger landesrechtlicher Regelungen auf die Besuchsregelungen ist in der Literatur die Frage aufgetreten, ob die in Hessen, Sachsen Baden Württemberg von der Verweisung ausgeklammerte „Mindestbesuchsdauer" eine bewusste Entscheidung oder lediglich ein Redaktionsversehen war.[1525] Zwar legt die systematische Auslegung nahe, dass es sich um ein Redaktionsversehen handelt, der Wortlaut der Verweisung spricht jedoch für eine ga-

---

1519 CPT (2006) 36, Rn 150.

1520 Vgl. zuletzt BVerfG 2 BvR 736/11 Abs.-Nr. 24; BVerfG, 2 BvR 1229/07 vom 10.01.2008 Abs. Nr. 19; BVerfGE 36, S. 264 ff., 275; 42, S. 95 ff., 101 f.; BVerfGK 13, S. 163 ff., 166 m. w. N.

1521 Vgl. Ostendorf-*Schady* 2012, § 6 Rn 137; Nachweise bei LR-*Hilger* 2007, § 119 Rn 106.

1522 Vgl. *Morgenstern* 2009b, S. 8; 2011b, S. 89.

1523 Vgl. LG Fulda NStZ-RR 2007, S. 387.

1524 Vgl. *Vereinigung Hessischer Strafverteidiger e.V.* 2009.

1525 Vgl. Ostendorf-*Schady* 2012, § 6 Rn 138.

garantierte Mindesttelefondauer.[1526] Für letzteres spricht jetzt auch, dass die Neufassungen von Brandenburg, Rheinland-Pfalz und Thüringen trotz Bekanntheit der Problematik keine Ausklammerung vornehmen. Dagegen spricht wiederum, dass Sachsen-Anhalts Regelung trotz beibehaltener Verweisungslösung neuerdings im Gegensatz zur alten Regelung[1527] nicht mehr auf die Mindestbesuchszeiten verweist.

Jedoch wurde ohnehin schon oben ausgeführt, dass nach hier vertretener Auffassung Einschränkungen auf landesrechtlicher Ebene nur bei einer erheblichen Gefährdung der Sicherheit oder Ordnung der Anstalt in Betracht kommen dürfen, so dass es einer Mindesttelefondauer bei korrekter Ausgestaltung der Landesgesetze ohnehin nicht mehr bedürfte.

Es muss klar sein, dass durch den Globalverweis auf die Regelungen zum Besuch in den Gesetzen der 8er Gruppe, Brandenburgs, Rheinland-Pfalz, Thüringen und Baden-Württemberg auch die Bestimmungen zur Förderung der Angehörigenkontakte entsprechend gelten. Anderes gilt nur hinsichtlich der partiellen Verweisung in Sachsen-Anhalt.[1528] Die konkrete Ausgestaltung der abstrakten Förderungspflicht scheint hier mangels Möglichkeiten schwieriger als bei den Besuchen. Hamburgs schon oben angesprochene Soll-Regelung zur Gestattung von Telefonaten mit Angehörigen geht zwar in diese Richtung, wäre bei Zugrundelegung der hier geforderten Anspruchsregelung jedoch freilich nicht mehr nötig. Geht man hier davon aus, dass, obwohl eingehende Gespräche auch unter den Terminus „Telefonate" subsumierbar sind, von den Regelungen der Landesgesetze nur ausgehende Telefonate erfasst sein sollen,[1529] wäre insofern an eine Privilegierung der Angehörigen dahingehend zu denken, dass der Untersuchungsgefangene ein Recht darauf hat, von Ihnen in der Anstalt angerufen zu werden.

Abzuschaffen sind nach hier vertretener Ansicht auch die an dieser Stelle vorgesehenen Vorschriften zur Kostentragung durch den Untersuchungsgefangenen. Auch hier gilt, dass der Angleichungsgrundsatz nicht zur Begründung einer Kostentragungspflicht herangezogen werden kann, so lange kein Mindestlohn[1530] gezahlt wird. Für eine gesetzliche Regelung der Möglichkeit, Anrufe auch entgegenzunehmen zu dürfen[1531] spricht nicht zuletzt, dass die Kostenfrage umso mehr ins Gewicht fallen kann, als mit der teilweisen Privatisierung von Telefonanlagen in den Anstalten die privaten Anbieter als negativem Aspekt von Privatisierungen teilweise erhöhte Gebühren verlangen, die insbesondere für ausländische Unter-

---

1526 Vgl. Ostendorf-*Schady* 2012, § 6 Rn 138.

1527 § 40 UVollzG LSA a. F.

1528 Auf die §§ 34, 35 Abs. 2, 36 Abs. 2 und 4 JVollzGB LSA.

1529 Vgl. Ostendorf-*Schady* 2012, § 6 Rn 129.

1530 Vgl. *Kap. 2.6.2.3.*

1531 Dafür wohl auch: Ostendorf-*Schady* 2012, § 6 Rn 129.

suchungsgefangenen zur Erschwernis werden können, wenn diese sich teure Auslandsgespräche zu ihren Familien nicht leisten können.

2.8.2.12 Moderne Kommunikationsmittel

Andere Formen der Telekommunikation, also insbesondere solche über das Internet, sollten nach hier vertretener Auffassung im Untersuchungshaftvollzug ermöglicht werden. Die Landesgesetzgeber sollten entsprechende Regelungen treffen. Dafür sprechen die EPR, nach denen dem Gefangenen zu gestatten „ist", mit in Freiheit lebenden Personen so oft wie möglich brieflich, telefonisch „oder in anderen Kommunikationsformen" zu verkehren[1532] und die damit ausweislich des Kommentars auch die elektronische Kommunikation mit einbeziehen möchten.[1533] Hier weist die Kommentierung auch zutreffend darauf hin, dass es mit diesen Technologien einhergeht, dass sich auch neue Möglichkeiten entwickeln, um die Nutzung dieser Kommunikationsformen zu kontrollieren und das es auf diese Weise möglich erscheint, moderne Kommunikationsmittel so zu nutzen, dass Sicherheit und Ordnung der Anstalt nicht gefährdet werden.[1534]

Positiv sind vor diesem Hintergrund die neuen Regelungen von Brandenburg, Rheinland-Pfalz, Thüringen und Sachsen-Anhalt hervorzuheben, nach denen nach Zulassung durch die Aufsichtsbehörde der Anstaltsleiter den Gefangenen gestatten kann, diese Formen der Telekommunikation zu nutzen. Die Vorschriften sollen ausweislich der Gesetzesbegründungen der fortschreitenden Entwicklung der Kommunikationsmedien und dem sich verändernden Kommunikations- und Informationsverhalten Rechnung tragen.[1535] Da als Ausfluss des Angleichungsgrundsatzes und der Unschuldsvermutung ein Untersuchungshaftvollzugsgesetz eine Norm beinhalten sollte, die alle Kommunikationsmedien umfasst,[1536] ist es sachgerecht, dass die weit gefassten Formulierungen in Brandenburg, Rheinland-Pfalz, Thüringen und Sachsen-Anhalt auch die Möglichkeit zum Nutzen von zur Zeit noch nicht verbreiteten Formen der Telekommunikation für die Zukunft ermöglichen.[1537]

Bedauerlicherweise wird dieser Bereich von den übrigen Landesgesetzen sehr restriktiv gehandhabt oder ganz ausgeschlossen, so dass entgegen dem Angleichungsgrundsatz der technische Fortschritt der letzten Jahre auf dem Bereich der

---

1532 EPR, Rule 24.

1533 Vgl. EPR, Kommentar zu Rule Nr. 24.

1534 Vgl. EPR, Kommentar zu Rule Nr. 24; vgl. auch *van Zyl Smit/Snacken* 2009, S. 228.

1535 Vgl. exemplarisch die Begründung zu § 44 BbgJVollzG (Bbg. Ltg. Drs. 5/6437).

1536 Vgl. den Vorschlag von *Knauer* 2006, S. 166 zu einer entsprechenden Norm für den Strafvollzug.

1537 Vgl. dazu etwa die Begründung zu § 44 BbgJVollzG (Bbg. Ltg. Drs. 5/6437).

Telekommunikation in großen Teilen des Bundesgebiets unberücksichtigt bleibt. In der modernen Kommunikationsgesellschaft ist, wie oben erwähnt, längst schon nicht mehr nur das Telefon selbstverständlich, sondern auch das Nutzen von Internettelefonie -besonders Bildtelefonie- und E-Mails ist normal geworden. Die Anforderungen, etwas gesellschaftlich so alltägliches auch aus dem Untersuchungshaftvollzug heraus tun zu können, müssen entsprechend sinken.[1538] Schon aus Kostengründen ist die Internettelefonie dem Untersuchungsgefangenen zu ermöglichen.[1539] Dies gilt besonders für ausländische Untersuchungsgefangene mit Angehörigen im Ausland.

Insofern befindet sich neben Brandenburg, Rheinland-Pfalz, Thüringen und Sachsen-Anhalt nur Hessen auf dem richtigen Weg, weil dort immerhin normiert wird, dass Untersuchungsgefangene aus wichtigen Gründen andere Kommunikationsmittel durch Vermittlung und unter Aufsicht der Anstalt nutzen können.[1540]

Zwar schließt nur Bayern andere Kommunikationsformen explizit aus, aber auch die Gesetze der 8er Gruppe möchten die Nutzung anderer Formen der Telekommunikation wegen des damit einhergehenden Kontrollaufwandes und der Missbrauchsgefahren nicht ermöglichen,[1541] während Baden-Württemberg, Niedersachsen und Nordrhein-Westfalen in ihren Begründungen schon gar nicht auf diese Thematik eingehen. Nach hier vertretener Auffassung werden dadurch Sicherheits- und Kontrollaspekte überbetont, während die Erkenntnis, dass sich auch neue Kontrollmöglichkeiten entwickeln, vernachlässigt wird. Auch hier gilt, dass es dem Staat verwehrt ist, sich auf mangelnde Ressourcen zu Berufen und er vielmehr „alle Maßnahmen zu treffen [hat], die geeignet und nötig sind, um Verkürzungen der Rechte von Untersuchungsgefangenen zu vermeiden".[1542]

2.8.2.13 Pakete

Eine deutliche und nicht vertretbare Verschlechterung der Situation des Untersuchungsgefangenen gegenüber der UVollzO[1543] stellt der in allen Gesetzen bis auf Brandenburg normierte Ausschluss von Paketen mit Nahrungs- und Genussmitteln dar. Nach der UVollzO war der Untersuchungsgefangene berechtigt, dreimal jährlich in angemessenen Abständen ein Paket mit Nahrungs- und Genussmitteln zu empfangen.

1538   Wie hier: AK-Feest/*Joester/Wegner* 2012, § 32 StVollzG Rn 1.

1539   Vgl. AK-Feest/*Joester/Wegner* 2012, § 32 Rn 1.

1540   Weiteres lässt sich der Begründung nicht entnehmen, vgl. Begründung zu § 28 HUVollzG (Hess. Ltg. Drs. 18/1396).

1541   Vgl. Begründung zu § 40 ThürUVollzG (Thür. Ltg. Drs. 5/2764).

1542   BVerfG StV 2008, S. 259 ff., 260.

1543   Nr. 39 Abs. 1 UVollzO i. V. m. § 33 Abs.1 StVollzG.

Schon der Bundesgesetzgeber ging bei den Regelungen zum StVollzG davon aus, dass der Empfang von Paketen mit Nahrungs- und Genussmitteln für den Strafgefangenen eine spürbare Erleichterung der Lebensführung und eine Festigung der Beziehungen zu in Freiheit lebenden Personen bedeutet.[1544] Für den Untersuchungshaftvollzug verlangt die Unschuldsvermutung, dass der Erhalt von Paketen, die Nahrungsmittel beinhalten, erlaubt sein muss, soweit nicht verfahrenssichernde Anordnungen entgegenstehen.[1545] Eine Beschränkung des Inhalts lässt sich weder durch den Zweck der Untersuchungshaft noch die Sicherheit und Ordnung der Anstalt rechtfertigen.[1546] Gegen derartige Beschränkungen spricht auch, dass der Empfang von Paketen eine immaterielle und eine materielle Komponente beinhaltet, so dass Pakete bei entsprechendem Inhalt einerseits spezielle sachliche Wünsche zu erfüllen vermögen und andererseits auch der Entsozialisierung des Untersuchungsgefangenen begegnen und ihn Mitgefühl spüren lassen können.[1547] Insofern ist in der Literatur allgemein anerkannt, dass ein Paket die Verbindung des Untersuchungsgefangenen mit seiner Familie und Freunden oft besser aufrechterhalten kann, als dies durch Briefe möglich ist.[1548] Deswegen ist es nur folgerichtig, wenn Brandenburg seine Regelung auch mit „der emotionalen Bedeutung von Paketen von Familienangehörigen für die Untersuchungsgefangenen" begründet.[1549] Die 8er Gruppe möchte den Ausschluss von Nahrungs- und Genussmitteln demgegenüber mit den „umfangreichen Einkaufsmöglichkeiten" der Untersuchungsgefangenen rechtfertigen.[1550] Nordrhein-Westfalen führt insofern an, dass die Zusendung von Nahrungs- und Genussmitteln bei Inkrafttreten des Strafvollzugsgesetzes im Jahre 1977„möglicherweise noch von Bedeutung" gewesen sei, angesichts umfangreicher und differenzierter Einkaufsmöglichkeiten aber inzwischen überholt wäre.[1551]

Diese Argumentation ist jedoch zum einen unzutreffend, weil sie die im Sinne des Gegensteuerungsgrundsatzes positive emotionale Komponente des Paketempfangs unberücksichtigt lässt und zum anderen die Zusendung von Nahrungs- und Genussmitteln auch nicht unbedeutend geworden ist. Gerade Ausländer mit

---

1544   Vgl. BT-Drs. 7/918, S. 62.

1545   Vgl. *Dünkel* 2009b, S. 9.

1546   Vgl. *Seebode* 1985, S. 166 f.

1547   Vgl. *Seebode* 2006, S. 552; SK-*Paeffgen* 2007, § 119 Rn 41.

1548   Vgl. KK-*Schultheis* 2008, § 119 Rn 57; SK-*Paeffgen* 2007, § 119 Rn 41; LR-*Hilger* 2007, § 119 Rn 46; *Seebode* 2006, S. 554; *Seebode* 1985, S. 167.

1549   Vgl. Begründung zu § 45 BbgJVollzG (Bbg. Ltg. Drs. 5/6437).

1550   Vgl. Begründung zu § 41 ThürUVollzG a. F. (Thür. Ltg. Drs. 5/2764) i. V. m. Begründung zu § 56 ThürJStVollzG a. F. (Thür. Ltg. Drs. 4/3102).

1551   Vgl. Begründung zu § 23 GVUVS NRW (NRW. Ltg. Drs. 14/8631).

besonderen Essgewohnheiten können auf Pakete angewiesen sein, um ihre Lebensverhältnisse im Vollzug dem Leben in Freiheit anzugleichen.[1552] Diese Gruppe wird mithin übermäßig benachteiligt, obwohl doch eigentlich ihren speziellen Bedürfnissen Rechnung getragen werden sollte. Auch der Verweis auf das Einkaufsangebot ist kein überzeugendes Argument, weil von den meisten Landesgesetzen nicht garantiert wird, dass das Einkaufsangebot den Wünschen des Untersuchungsgefangenen entspricht: In der 8er Gruppe (bis auf Hamburg) „soll" lediglich für ein Angebot gesorgt werden, das auf Wünsche und Bedürfnisse der Untersuchungsgefangenen Rücksicht nimmt und Hamburg enthält insofern nur eine Kann-Bestimmung. Nur Baden-Württemberg sieht vor, dass das Warenangebot auf die Bedürfnisse der Untersuchungsgefangenen abzustimmen „ist", wobei „Abstimmen" jedoch nicht zwangsläufig bedeuten muss, dass all das, was vom Untersuchungsgefangenen gewünscht wird, auch angeboten wird. Selbst wenn ein entsprechender Einkauf möglich ist, entstehen dem Untersuchungsgefangenen jedoch noch immer Kosten, die ihm beim Paketempfang nicht entstehen würden, was nicht wünschenswert ist, da die finanziellen Möglichkeiten des Untersuchungsgefangenen ohnehin stark eingeschränkt sind.[1553] Überdies ist schon der Betrag, für den ein Untersuchungsgefangener überhaupt einkaufen darf, durch die Landesgesetze teilweise begrenzt.[1554] Wenn insoweit zur Begründung des Ausschlusses angeführt wird, dass die Erfahrungen der Praxis gezeigt hätten, dass den Sicherheitsaspekten insoweit eine stets größer werdende Relevanz beigemessen werden müsse[1555] und dass das Einschmuggeln von Drogen im Paketwege sowie von Ausbruchswerkzeugen und Waffenteilen das ehemals geprägte sozial bindende Element des Paketverkehrs verdrängt hätten,[1556] so ist dem entgegenzuhalten, dass solche Gefahren durch eine Überprüfung des Inhalts beseitigt werden können.[1557] Insofern besteht weniger ein Sicherheitsproblem als vielmehr das Problem eines erhöhten Kontrollaufwandes, das zu Lasten der Untersuchungsgefangenen gelöst wird.[1558] Auch an dieser Stelle ist wieder darauf hinzuweisen, dass es „Sache des Staates [ist], im Rahmen des Zumutbaren alle Maßnahmen zu treffen, die geeignet und nötig sind, um Verkürzungen der Rechte von Untersu-

---

1552 Vgl. *Vereinigung Hessischer Strafverteidiger e. V.* 2010, S. 19.

1553 Vgl. *Kap. 2.6.2.3; Kap. 2.6.2.5; Kap. 2.6.2.6.*

1554 in Sachsen-Anhalt, Hessen, Baden-Württemberg und Niedersachsen. In Nordrhein-Westfalen gilt dies nach näherer Bestimmung durch die Anstalt, § 13 Abs. 3 GVUVS.

1555 Vgl. Begründung zu § 23 GVUVS NRW (NRW. Ltg. Drs. 14/8631).

1556 Vgl. Begründung zu § 23 GVUVS NRW (NRW. Ltg. Drs. 14/8631).

1557 Vgl. LR-*Hilger* 2007, § 119 Rn 45; *Hennerkes* 1966, S. 127.

1558 Vgl. *Feest* 2009, S. 65.

chungsgefangenen zu vermeiden; die dafür erforderlichen sachlichen und personellen Mittel hat er aufzubringen, bereitzustellen und einzusetzen".[1559]

Hinsichtlich der Pakete gilt unabhängig von ihrem Inhalt im Übrigen grundsätzlich das gleiche wie zu den Telefonaten: Auch hier müsste an sich von der Zulässigkeit des Paketempfangs ausgegangen werden und ein Untersuchungshaftvollzugsgesetz hätte insofern eigentlich nur Einschränkungen zu normieren.[1560] Zuzugeben ist jedoch, dass weil Personalaufwand für die Paketkontrolle entsteht, die Vollzugsorganisation den Empfang beliebig vieler Pakete nicht garantieren muss.[1561] Zur Zahl der zugelassenen Pakete muss ein Untersuchungshaftvollzugsgesetz dann jedoch nach hier vertretener Auffassung Regelungen treffen. Denn der Grundsatz vom Vorbehalt des Gesetzes und die Wesentlichkeitslehre erfordern, dass die Legislative im Bereich der Grundrechtsausübung alle wesentlichen Entscheidungen eigenständig treffen muss.[1562] Wesentlich wird der Norminhalt der Bestimmungen zum Paketempfang jedoch durch die Zahl der zugelassenen Pakete bestimmt. Bedauerlicherweise legt jedoch keines der Landesgesetze einen Mindestanspruch fest. Vielmehr wird die Anstalt ermächtigt, Höchstmengen für die Sendungen festzusetzen, was jedoch zumindest die Gefahr begründet, dass Vorgehensweisen gewählt werden, die den zur Aufrechterhaltung der Ordnung in der Anstalt erforderlichen Arbeitsaufwand minimieren sollen.[1563]

Zu der Frage, wie viele Pakete zugelassen werden sollten, existiert eine Vielzahl von Ansichten: Der Entwurf von *Baumann* sah mindestens ein Paket wöchentlich vor[1564] und führte zur Begründung an, dass gerade bei häufigem Paketverkehr der Personalaufwand für Durchsuchung und Aushändigungsverfahren zwar hoch sei, andererseits jedoch eine große Zahl von Untersuchungsgefangenen, nie oder kaum Pakete erhalten würden. [1565] Andere vertreten die Auffassung, dass monatlich ein Paket angemessen ist,[1566] während *Seebode* eine differenzierte Regelung vorschlägt, nach der ein Untersuchungshaftvollzugsgesetz eine höhere Mindestzahl an Paketen vorsehen soll als für den Strafvollzug und diese flexibel nach der im Untersuchungshaftvollzug verbrachten Zeit einzuteilen sind, so dass etwa ab drei Monaten Freiheitsentzug die Zahl der Pakete die empfangen werden

---

1559 Vgl. zuletzt BVerfG 2 BvR 736/11, Abs. Nr. 24; BVerfG 2 BvR 1229/07 vom 10.01.2008 Abs. Nr. 19; BVerfGE 36, S. 264 ff., 275; 42, S. 95 ff., 101 f.; BVerfGK 13, S. 163 ff., 166 m. w. N.

1560 Vgl. *Morgenstern* 2011b, S. 89.

1561 Vgl. *Morgenstern* 2011b, S. 89.

1562 BVerfGE 61, S. 260 ff., 275.

1563 Vgl. *Seebode* 2006, S. 552.

1564 § 29 Abs. 1 E-Baumann.

1565 Vgl. *Baumann* 1981, S. 63 ff.

1566 Vgl. LR-*Hilger* 2007, § 119 Rn 49.

dürfen, zunimmt.[1567] Zudem sieht *Seebode* im Lichte von Art. 6 GG spezielle Regelungen zu Paketen von nahen Angehörigen vor.[1568] *Seebodes* Ansicht wird hier geteilt, weil sie neben der ohnehin aufgrund der Unschuldsvermutung gebotenen Besserstellung gegenüber Strafgefangenen gut geeignet ist, der mit zunehmender Dauer der Untersuchungshaft fortschreitenden Entsozialisierung des Untersuchungsgefangenen zu begegnen.[1569] Für diese Regelung sprechen insofern auch teilweise lange Untersuchungshaftzeiten.[1570] Andererseits wird der anfallende Kontrollaufwand angemessen berücksichtigt, indem dieser in den ersten drei Monaten der Untersuchungshaft gering gehalten wird. Neben der gebotenen Förderung der Kontakte zu Angehörigen im Untersuchungshaftvollzug durch Besuche[1571] stellt die spezielle Regelung zum Empfang von Paketen von Familienangehörigen ein weiteres geeignetes Mittel dar.

2.8.3 Zusammenfassung

Die Ausgestaltung des wichtigen Bereichs der Außenkontakte ist in allen Ländergesetzen noch zu restriktiv, auch wenn sich an verschiedenen Stellen positive Neuerungen ergeben.

Die Besuchsregelungen fallen mit einer Dauer von teilweise nur einer Stunde bis zu vier Stunden in Brandenburg sehr unterschiedlich aus. Die im Großteil der Gesetze vorgesehene Förderungspflicht familiärer Kontakte müsste gerade in Anbetracht der Tatsache, dass Grundrechtsträger außerhalb und innerhalb der Anstalt betroffen sind, in alle Ländergesetze übernommen, aber auch um konkrete Regelungen zur Ausgestaltung dieser Förderungspflicht ergänzt werden.

Auch hinsichtlich des Briefverkehrs stellt sich das Problem der im Verhältnis zu den möglichen geringen Einnahmen des Untersuchungsgefangenen disproportionalen Kosten, die nach hier vertretener Auffassung vom Vollzug getragen werden müssen. Weitere Kritikpunkte sind, dass Niedersachsens undifferenzierte Umwälzung der Dolmetscherkosten auf die Gefangenen nicht der Rechtsprechung des BVerfG entspricht und die Anhaltegründe „Beleidigungen in Schreiben" und „Darstellung von Anstaltsverhältnissen" nicht abgeschafft wurden.

Der Angleichungsgrundsatz erfordert zwar keine Schaffung von Verhältnissen wie außerhalb der Gefängnismauern. Angesichts der schon weit fortgeschrittenen technischen Entwicklung außerhalb des Justizvollzugs müssen Telefonkontakte jedoch weit weniger restriktiv als zurzeit ausgestaltet werden. Auch hätte

---

1567 Vgl. *Seebode* 2006, S. 554.

1568 *Seebode* 2006, S. 554.

1569 *Seebode* 2006, S. 552.

1570 Vgl. *Kap. 1.5.3.*

1571 Vgl. *Kap. 2.8.2.2.*

sich die Chance ergeben, der technischen Entwicklung Rechnung zu tragen und Regelungen zu modernen Kommunikationsmitteln zu treffen, die gerade für Ausländer aus Kostengründen wichtig wären. Diese Chance wurde jedoch nur von Brandenburg, Rheinland-Pfalz, Thüringen und Sachsen-Anhalt genutzt.

Das von allen Landesgesetzen bis auf Brandenburg getroffene Verbot des Empfangs von Paketen mit Nahrungsmitteln stellt einen deutlichen Rückschritt dar, der gerade Ausländer überproportional benachteiligt. Hier sollten alle Gesetze dem Beispiel Brandenburgs folgen und diese wieder zulassen. Auch an dieser Stelle hätten sich Möglichkeiten zur Förderung der Familienkontakte ergeben, die nicht genutzt wurden.

2.9 Sicherheit und Ordnung

Maßnahmen zur Aufrechterhaltung oder Wiederherstellung der Sicherheit und Ordnung dienen der Gefahrenabwehr.[1572] Während der Begriff der Ordnung dabei die „Ordnung des Zusammenlebens" betrifft,[1573] umfasst der Begriff der Sicherheit die innere und äußere Sicherheit der Anstalt und soll sowohl die Unversehrtheit von Personen und Sachen in der Einrichtung als auch den Gewahrsam am Untersuchungsgefangenen gewährleisten.[1574] Einschränkungen aus Gründen der Sicherheit und Ordnung stehen wie kaum ein anderer Bereich des Vollzugs für den Verwahrvollzug als Ursprung des Gefängniswesens.[1575] Jedoch erlangt die Rechtsstellung des Untersuchungsgefangenen im Rahmen der Anordnung von Pflichten und Beschränkungen aus Gründen der Sicherheit und Ordnung eine herausragende Bedeutung, weswegen Pflichten und Beschränkungen insofern nur unter strenger Beachtung des Verhältnismäßigkeitsgrundsatzes möglich sind und es immer einer „realen" Gefährdung für die Sicherheit oder Ordnung bedarf.[1576] Diesen Grundsätzen müssen auch die Landesgesetze Rechnung tragen.

2.9.1 Landesrechtliche Regelungen

Die 8er Gruppe, Brandenburg, Rheinland-Pfalz, Thüringen, Sachsen-Anhalt und Baden-Württemberg widmen dem Thema Sicherheit und Ordnung einen eigenen

1572 Vgl. *Baer* 2009, S. 534; Ostendorf-*Hadeler* 2012, § 7 Rn 4.

1573 Vgl. *Kap. 2.2.2.5.*

1574 Vgl. AK-Feest/*Feest/Köhne* vor § 81 Rn 9; *Callies/Müller-Dietz* 2008, § 81 Rn 4; S/B/J/L-*Ullenbruch* 2013, § 81 Rn 7.

1575 Vgl. AK-Feest/*Feest/Köhne* 2012, vor § 81 Rn 2; *Callies/Müller-Dietz* 2008, § 81 Rn 1; *Kühl* 2012, S. 231.

1576 BVerfG StV 2009, S. 253.

Abschnitt.[1577] Niedersachsen verweist im Abschnitt „Sicherheit und Ordnung der Anstalt, unmittelbarer Zwang, Disziplinarmaßnahmen"[1578] in der gleichnamigen Vorschrift auf die Regelungen zum Vollzug der Freiheitsstrafe.[1579] Bayern regelt unter dem Abschnitt „Besondere Maßnahmen"[1580] die besonderen Sicherungsmaßnahmen gemeinsam mit den Disziplinarmaßnahmen ebenfalls dadurch, dass hier in die Regelungen zum Vollzug der Freiheitsstrafe verwiesen wird.[1581] Unter dem Abschnitt „Ergänzende Anwendung anderer Gesetze"[1582] verweist Bayern in der Bestimmung „Geltung sonstiger Vorschriften des Bayerischen Strafvollzugsgesetzes" bezüglich der Sicherheit und Ordnung ebenfalls auf die Regelungen zum Vollzug der Freiheitsstrafe.[1583] Nordrhein-Westfalen normiert im Abschnitt „Sicherheit und Ordnung"[1584] die allgemeinen Vorschriften zur Sicherheit und Ordnung, während die besonderen Sicherungsmaßnahmen in Nordrhein-Westfalen unter dem Abschnitt „besondere Maßnahmen"[1585] gemeinsam mit den Disziplinarmaßnahmen geregelt werden.

Überall bis auf Bayern und Nordrhein-Westfalen wird zum Regelungsbereich Sicherheit und Ordnung zunächst ein Grundsatz aufgestellt. Die 8er Gruppe, Brandenburg, Rheinland-Pfalz, Thüringen und Sachsen-Anhalt bestimmen hier, dass die Pflichten und Beschränkungen, die den Untersuchungsgefangenen zur Aufrechterhaltung der Sicherheit oder Ordnung der Anstalt auferlegt werden, so zu wählen sind, dass sie in einem angemessenen Verhältnis zu ihrem Zweck stehen und die Untersuchungsgefangenen nicht mehr und nicht länger als notwendig beeinträchtigen.[1586] Hessen ergänzt dies noch um den Zusatz, dass Sicherheit und Ordnung der Anstalt maßgeblich zur Erfüllung der Aufgaben des Untersuchungshaftvollzugs beitragen. Baden-Württemberg normiert den gleichen Grundsatz

---

1577 Abschnitt 7 UVollzG Bln, BrUVollzG, UVollzG M-V, SUVollzG, UVollzG LSA, UVollzG SH; Abschnitt 9 HmbUVollzG; Teil 7 HUVollzG; Abschnitt 9 SächsUHaftVollzG; Abschnitt 13 BbgJVollzG; Abschnitt 13 LJVollzG RP; Abschnitt 13 ThürJVollzGB; Abschnitt 13 JVollzGB LSA; Abschnitt 10 JVollzGB BW II.

1578 Siebtes Kapitel NJVollzG.

1579 § 156 Abs. 1 i. V. m. §§ 74 ff. NJVollzG.

1580 Teil 7 BayUVollzG.

1581 Art. 27 BayUVollzG i. V. m. Art. 94, 96 bis 100 StVollzG.

1582 Teil 9 BayUVollzG.

1583 Art. 42 BayUVollzG i. V. m. Art. 88 bis 91, 93, 95 BayStVollzG.

1584 Abschnitt 7 GVUVS NRW.

1585 Abschnitt 9 GVUVS NRW.

1586 § 42 UVollzG Bln, BrUVollzG, UVollzG M-V, SUVollzG, SächsUHaftVollzG, UVollzG SH; § 48 HmbUVollzG; § 30 Abs. 1, 2 S. 1 HUVollzG; § 84 BbgJVollzG; § 82 LJVollzG RP; § 83 ThürJVollzG; § 83 JVollzGB LSA; § 43 JVollzGB BW II; § 156 i. V. m. § 74 NJVollzG.

wie die 8er Gruppe und zusätzlich, dass das Verantwortungsbewusstsein der Untersuchungsgefangenen für ein geordnetes Zusammenleben in der Justizvollzugsanstalt zu wecken und zu fördern ist. Niedersachsen wiederum beschränkt sich auf letzteres als Grundsatz. Brandenburg, Rheinland-Pfalz, Thüringen und Sachsen-Anhalt bestimmen noch zusätzlich, dass Sicherheit und Ordnung die Grundlage des Anstaltslebens bilden und dazu beitragen, dass in der Anstalt ein gewaltfreies Klima herrscht.

Alle Landesgesetze enthalten Vorschriften zur Absuchung und Durchsuchung.[1587] Hier trifft jedes Gesetz Regelungen zur einzelfallbezogenen Entkleidungsdurchsuchungen der Person. Alle Landesgesetze bis auf Hamburg[1588] regeln, dass eine mit einer Entkleidung verbundene körperliche Durchsuchung nur bei Gefahr im Verzug oder auf Anordnung der Anstaltsleitung im Einzelfall zulässig ist. Sie darf bei männlichen Untersuchungsgefangenen nur in Gegenwart von Männern, bei weiblichen Untersuchungsgefangenen nur in Gegenwart von Frauen erfolgen und ist in einem geschlossenen Raum durchzuführen. Andere Gefangene dürfen nicht anwesend sein. Hamburg fordert konkrete Anhaltspunkte dafür, dass die Sicherheit und Ordnung der Anstalt eine Entkleidungsuntersuchung erfordern. Nur Rheinland-Pfalz normiert, dass die Untersuchung von Körperöffnungen nur durch den ärztlichen Dienst vorgenommen werden darf. Alle Landesgesetze bis auf Sachsen sehen ebenfalls Regelungen zur Allgemeinanordnung von Entkleidungsdurchsuchungen der Person vor.[1589]

Die Landesgesetze enthalten jeweils auch Bestimmungen zu besonderen Sicherungsmaßnahmen gegen den Untersuchungsgefangenen.[1590] Alle Landesgesetze bis auf Nordrhein-Westfalen bestimmen, dass „besondere Sicherungsmaßnahmen angeordnet werden können, wenn nach ihrem Verhalten oder aufgrund ihres seelischen Zustands in erhöhtem Maße die Gefahr der Entweichung, von Gewalttätigkeiten gegen Personen oder Sachen, der Selbsttötung oder der Selbstverletzung besteht". Nordrhein-Westfalen bestimmt, dass besondere Sicherungsmaßnahmen angeordnet werden können, „wenn eine erhebliche Störung der Sicherheit oder Ordnung der Anstalt nicht auf andere Art und Weise vermieden oder behoben werden kann." Nur „insbesondere" sind in Nordrhein-Westfalen „zur

---

1587 § 44 UVollzG Bln, BrUVollzG, UVollzG M-V, SUVollzG, SächsUHaftVollzG, UVollzG SH; § 50 HmbUVollzG; § 31 HUVollzG; § 86 BbgJVollzG; § 84 LJVollzG RP; § 85 ThürJVollzGB; § 85 JVollzGB LSA; § 50 JVollzGB BW II; Art. 42 BayUVollzG i. V. m. Art. 91 BayStVollzG; § 156 Abs. 1 i. V. m. § 77 NJVollzG; § 32 GVUVS NRW.

1588 Auch außerhalb der 9er Gruppe. Im GVUVS NRW in anderer Reihenfolge aber mit gleichem Inhalt. Hessen hat eine zusätzliche Regelung, dazu sogleich.

1589 Ein synoptischer Überblick über die Rechtslage findet sich bei der Bewertung.

1590 § 49 UVollzG Bln, BrUVollzG, UVollzG M-V, SUVollzG, SächsUHaftVollzG, UVollzG SH; § 54 HmbUVollzG; § 35 HUVollzG; § 90 BbgJVollzG; § 88 LJVollzG RP; § 89 ThürJVollzGB; § 89 JVollzGB LSA; § 47 JVollzGB BW II; Art. 27 BayUVollzG i. V. m. Art. 96 BayStVollzG; § 156 Abs.1 i. V. m. § 81 NJVollzG; § 42 GVUVS NRW.

Abwehr der Gefahr von Gewalttätigkeiten gegen Personen oder Sachen sowie zur Verhinderung von Selbstverletzungen" zulässig.

Der Katalog der besonderen Sicherungsmaßnahmen umfasst in allen Landesgesetzen den Entzug oder das Vorenthalten von Gegenständen, die Beobachtung der Untersuchungsgefangenen, die Absonderung von anderen Gefangenen, den Entzug oder die Beschränkung des Aufenthalts im Freien sowie die Unterbringung in einem besonders gesicherten Haftraum ohne gefährdende Gegenstände und die Fesselung.

Alle Landesgesetze enthalten auch Regelungen zur Einzelhaft.[1591] Einzelhaft ist nach allen Regelungen nur zulässig, wenn dies aus Gründen, die in der Person des Untersuchungsgefangenen liegen, unerlässlich ist.

Die Gesetze der 8er Gruppe (bis auf Hessen) normieren, dass Einzelhaft von mehr als einem Monat (Saarland: Mehr als zwei Monaten) Gesamtdauer im Jahr der Zustimmung der Aufsichtsbehörde bedarf und dem Gericht und der Staatsanwaltschaft mitgeteilt wird. In Hessen wird schon die Anordnung der Einzelhaft dem Gericht und der Staatsanwaltschaft mitgeteilt, jedoch bedarf nur Einzelhaft von mehr als drei Monaten im Jahr in Hessen der Zustimmung der Aufsichtsbehörde. In Baden-Württemberg, Bayern, und Niedersachsen bedarf ebenfalls Einzelhaft von mehr als drei Monaten Gesamtdauer der Zustimmung der Aufsichtsbehörde. Mitteilungspflichten an Gericht und Staatsanwaltschaft werden in Baden-Württemberg, Bayern und Niedersachsen nicht normiert. Brandenburg und Rheinland-Pfalz bestimmen, dass Einzelhaft der Aufsichtsbehörde, dem Gericht und der Staatsanwaltschaft unverzüglich mitzuteilen ist, wenn sie länger als zwei Tage (drei Tage in Rheinland-Pfalz) aufrechterhalten wird. Einzelhaft von mehr als 20 Tagen Gesamtdauer (30 Tage in Rheinland-Pfalz) innerhalb von 12 Monaten bedarf der Zustimmung der Aufsichtsbehörde.

Thüringen und Sachsen-Anhalt bestimmten, dass Einzelhaft der Aufsichtsbehörde, dem Gericht und der Staatsanwaltschaft, unverzüglich mitzuteilen ist, wenn sie länger als drei Tage aufrechterhalten wird. Einzelhaft von mehr als 30 Tagen Dauer der Zustimmung der Aufsichtsbehörde bedarf. In Thüringen gilt letzteres auch für Einzelhaft von mehr als drei Monaten innerhalb eines Zeitraums von zwölf Monaten. Die 8er Gruppe sowie Brandenburg, Rheinland-Pfalz, Thüringen und Sachsen-Anhalt sehen vor, dass die Untersuchungsgefangenen während des Vollzuges der Einzelhaft in besonderem Maße zu betreuen sind. In Bayern, Baden-Württemberg, Niedersachsen und Nordrhein-Westfalen fehlt eine solche Bestimmung.

1591 § 50 UVollzG Bln, BrUVollzG, UVollzG M-V, SUVollzG, SächsUHaftVollzG, UVollzG SH; § 54 Abs. 3 S.1 i. V. m. § 54 Abs. 1 HmbUVollzG; § 35 Abs. 7 HUVollzG; § 90 Abs. 2 Nr. 3, Abs. 4, § 91 Abs. 5, Abs. 6 BbgJVollzG; § 88 Abs. 2 Nr. 3, Abs. 4, § 89 Abs. 5, Abs. 6 LJVollzG RP; § 89 Abs. 2 Nr. 3, Abs. 4, § 90 Abs. 5, Abs. 6 ThürJVollzGB; § 89 Abs. 2 Nr. 3, Abs. 5, § 90 Abs. 5, Abs. 6 JVollzGB LSA; § 48 Abs. 1 JVollzGB BW II; Art. 27 BayUVollzG i. V. m. Art. 97 BayStVollzG; § 156 Abs. 1 i. V. m. § 82 NJVollzG; § 43 Abs. 3 GVUVS NRW.

Alle Landesgesetze enthalten Regelungen zur Fesselung.[1592] Bestimmt wird überall, dass in der Regel Fesseln nur an den Händen oder Füßen angelegt werden dürfen. Mit Ausnahme von Hessen und Nordrhein-Westfalen regeln die Landesgesetze auch, dass im Interesse der Untersuchungsgefangenen der Anstaltsleiter eine andere Art der Fesselung anordnen kann und die Fesselung zeitweise gelockert wird, soweit dies notwendig ist.

Jedes Landesgesetz regelt auch die ärztliche Überwachung von Untersuchungsgefangenen, gegen die bestimmte besondere Sicherungsmaßnahmen angeordnet sind.[1593] Alle Landesgesetze bis auf Hamburg, Brandenburg und Rheinland-Pfalz normieren, dass wenn Untersuchungsgefangene in einem besonders gesicherten Haftraum untergebracht oder gefesselt sind, der Arzt sie „alsbald" und in der Folge möglichst täglich aufsucht. Hamburg normiert, dass der Anstaltsarzt die Untersuchungsgefangenen „unverzüglich" und sodann täglich aufsucht. In Brandenburg und Rheinland-Pfalz sucht der Anstaltsarzt die Untersuchungsgefangenen „alsbald" auf. Die Einschränkung „möglichst" findet sich in Brandenburg, Rheinland-Pfalz und Sachsen-Anhalt nicht.[1594]

Nur die 8er Gruppe (bis auf Hessen) sowie Brandenburg, Rheinland-Pfalz und Thüringen sehen vor, dass der Arzt bei andauernder Einzelhaft regelmäßig zu hören ist.

Nur Brandenburg, Rheinland-Pfalz, Thüringen und Sachsen-Anhalt bestimmen, dass die Gefangenen auch während der Unterbringung im besonders gesicherten Haftraum in besonderem Maße zu betreuen sind. Ebenfalls lediglich Brandenburg, Rheinland-Pfalz, Thüringen und Sachsen-Anhalt bestimmen, dass wenn die Gefangenen darüber hinaus gefesselt sind, sie durch Bedienstete ständig und in unmittelbarem Sichtkontakt zu beobachten sind.

1592 § 51 UVollzG Bln, BrUVollzG, UVollzG M-V, SUVollzG, SächsUHaftVollzG, UVollzG SH; §§ 54 Abs. 2, 6 HmbUVollzG; §35 Abs. 5 HUVollzG; § 90 Abs. 5 BbgJVollzG; § 88 Abs. 5 LJVollzG RP; § 90 Abs. 5 ThürJVollzGB; § 89 Abs. 6, Abs. 7 JVollzGB LSA; § 49 JVollzGB BW II; Art. 27 BayUVollzG i. V. m. Art. 98 BayStVollzG; § 83 NJVollzG; § 42 Abs. 5 GVUVS NRW.

1593 § 53 UVollzG Bln, BrUVollzG, UVollzG M-V, SUVollzG, SächsUHaftVollzG, UVollzG SH; § 56 HmbUVollzG; § 36 Abs. 2, 3 HUVollzG; § 92 BbgJVollzG; § 90 LJVollzG RP; § 91 ThürJVollzGB, JVollzGB LSA; § 52 JVollzGB BW II; Art. 27 BayUVollzG i. V. m. Art. 100 BayStVollzG; § 156 Abs. 1 i. V. m. § 85 Abs. 1 NJVollzG; § 44 GVUVS NRW.

1594 Jedoch noch immer in Thüringen.

2.9.2 Bewertung

2.9.2.1 Systematische Aspekte

Grundsätzlich orientieren sich die Regelungen der Landesgesetze zu Sicherheit und Ordnung an den Regelungen des StVollzG[1595] bzw. der UVollzO.[1596] Dabei sind die Gesetze der 8er Gruppe sowie von Brandenburg, Rheinland-Pfalz, Thüringen, Sachsen-Anhalt und Baden-Württemberg, in denen die Normen zu Sicherheit und Ordnung in einem eigenen Abschnitt zusammengefasst werden, nach hier vertretener Ansicht den Regelungen Bayerns, Niedersachsens und Nordrhein-Westfalens gegenüber vorzugswürdig. Denn Bayerns und Niedersachsens Verweisungstechnik erschwert zum einen die praktische Handhabbarkeit der Gesetze, zum anderen werden durch Bayerns und Niedersachsens Zusammenfassung der „Besonderen Sicherungsmaßnahmen" gemeinsam mit den Disziplinarmaßnahmen in einem Abschnitt präventive und ausschließlich der Gefahrenabwehr dienende besondere Sicherungsmaßnahmen mit den repressiven und verschuldensabhängigen Disziplinarmaßnahmen in einem Abschnitt geregelt. Eine solche Vermischung dieser gegensätzlichen Eingriffstatbestände verbietet sich jedoch nach hier vertretener Auffassung aufgrund der unterschiedlichen Zielrichtungen dieser Eingriffstatbestände.[1597]

Hinsichtlich Nordrhein-Westfalens Regelungstechnik ist zu kritisieren, dass unter der Trennung der allgemeinen Regelungen zur Sicherheit und Ordnung von den Bestimmungen zu den besonderen Sicherungsmaßnahmen die Übersichtlichkeit und die praktische Anwendbarkeit des Gesetzes leidet.[1598] Auch hinsichtlich Nordrhein-Westfalen gilt, dass die Vermischung der besonderen Sicherungsmaßnahmen mit den Disziplinarmaßnahmen nicht sachgerecht ist.

Die in allen Landesgesetzen bis auf Bayern und Nordrhein-Westfalen enthaltene Grundsatznorm zur Geltung des Verhältnismäßigkeitsgrundsatzes für den Bereich der Sicherheit und Ordnung ist zu begrüßen und angesichts dessen Bedeutung gerade im Untersuchungshaftvollzug aus gesetzessystematischer Sicht an dieser Stelle geboten. Bedenklich ist demgegenüber die Niedersächsische Entscheidung, den Verhältnismäßigkeitsgrundsatz nur in den allen Vollzugsformen vorangestellten „gemeinsamen Bestimmungen" zu nennen,[1599] weil damit schon nicht der besonderen Bedeutung des Verhältnismäßigkeitsgrundsatzes für den

---

1595 §§ 81 ff. StVollzG.

1596 Nr. 62 ff. UVollzO.

1597 So auch Ostendorf-*Hadeler* 2012, § 7 Rn 12.

1598 Ostendorf-*Hadeler* 2012, § 7 Rn 12.

1599 In § 4 NJVollzG.

Untersuchungshaftvollzug[1600] und erst Recht nicht der hervorgehobenen Bedeutung für den Bereich der Sicherheit und Ordnung im Untersuchungshaftvollzug entsprochen wird. Auffallend ist auch die sich daraus in Niedersachsen sogar gegenüber dem StVollzG ergebende geringere Betonung des Verhältnismäßigkeitsgrundsatzes, da das StVollzG diesen Grundsatz ebenfalls den Regelungen zur Sicherheit und Ordnung voranstellt.[1601]

Die nur in Baden-Württemberg und Niedersachsen vorhandenen und an § 81 Abs. 1 StVollzG orientierten Regelungen zum Selbstverantwortungsgrundsatz, die auf ein „Wecken" und „Fördern" der Bereitschaft des Untersuchungsgefangenen abstellen, sind nach hier vertretener Auffassung aufgrund der Unschuldsvermutung abzulehnen. Der Gesetzgeber in Baden-Württemberg verkennt die Rechtsstellung des Untersuchungsgefangenen, wenn er zur Begründung der Aufnahme dieser Norm in die Regelungen zum Untersuchungshaftvollzug einerseits vorbringt, dass die Vorschrift der strafvollzuglichen Regelung entspreche,[1602] zur strafvollzuglichen Regelung jedoch wörtlich anführt: „Die Vorschrift [...] verdeutlicht, dass das Erlernen der Fähigkeit, Konflikte in sozial adäquater Form auszutragen, nicht nur für die Anstaltssicherheit und -ordnung wichtig ist, sondern vor allem auch entscheidend für ein künftiges Leben ohne Straftaten."[1603] Insofern sind zwar im Strafvollzug Sicherheit und Ordnung anerkannte Behandlungsfelder, weil das Erlernen und Befolgen der Regeln für ein geordnetes Zusammenleben als Voraussetzung der Resozialisierung anerkannt ist.[1604] Gerade der letzte Halbsatz der Begründung Baden-Württembergs zeigt jedoch, dass die undifferenzierte Übernahme der Erkenntnis widerspricht, dass im Untersuchungshaftvollzug kein Behandlungsauftrag besteht.[1605]

2.9.2.2   Entzug des Aufenthalts im Freien

Besonders im Lichte der obigen Ausführungen zur Bedeutung des Aufenthalts im Freien[1606] ist die noch immer in allen Landesgesetzen vorgesehene besondere Sicherungsmaßnahme des Entzugs des Aufenthalts im Freien bedenklich. Sie widerspricht auch der wiederholten Empfehlung des CPT, das Verbot von Bewegung im Freien als besondere Sicherungsmaßnahme in den entsprechenden

---

1600   Vgl. *Kap. 1.2.1.4.*

1601   § 81 StVollzG.

1602   Vgl. Begründung zu § 43 JVollzGB BW II (BW. Ltg. Drs. 14/5012).

1603   Vgl. Begründung zu § 61 JVollzGB BW II (BW. Ltg. Drs. 14/5012).

1604   Vgl. *Laubenthal* 2011, S. 419.

1605   Vgl. *Kap. 1.2.2.2.*

1606   Vgl. *Kap. 2.5.2.1.*

Rechtsvorschriften aufzuheben.[1607] Das CPT betont zutreffend, dass es nicht zu rechtfertigen ist, den Gefangenen ihr Recht auf tägliche Bewegung im Freien vorzuenthalten.[1608] Nach den Ausführungen des CPT haben praktische Erfahrungen deutlich gezeigt, dass sogar bei Gefangenen der höchsten Sicherheitsstufe Wege gefunden werden können, die innere Sicherheit zu gewährleisten, ohne auf diese Maßnahme zurückzugreifen.[1609] Diese besondere Sicherungsmaßnahme sollte deswegen ersatzlos gestrichen werden.

2.9.2.3   Einzelfallbezogene Entkleidungsdurchsuchungen

Alle Landesgesetze ermöglichen die einzelfallbezogene Entkleidungsdurchsuchung der Person, die auch darauf abzielt, üblicherweise bedeckte Körperöffnungen im Hinblick auf verborgene verbotene Gegenstände zu Untersuchen. Entkleidungsdurchsuchungen werden gleichermaßen von Gefangenen und Vollzugspersonal als einer der am meisten entwürdigenden Aspekte des Gefängnislebens beschrieben.[1610] Als Maßnahmen, die den Intimbereich und das Schamgefühl des Untersuchungsgefangenen betreffen, lassen sie sich zwar nicht ausnahmslos vermeiden, haben aber besondere Tragweite und der Untersuchungsgefangene hat dabei einen Anspruch auf besondere Rücksichtnahme.[1611] Da jede mit einer Entkleidung verbundene körperliche Durchsuchung einen besonderen Eingriff in das allgemeine Persönlichkeitsrecht des Untersuchungsgefangenen darstellt und deswegen erhöhte Anforderungen bei der Anordnung und Durchführung der Entkleidungsdurchsuchung bestehen,[1612] ist es gut, dass alle Landesgesetze an dieser Stelle Entkleidungsdurchsuchungen nur als Anordnungen der Anstaltsleitung im Einzelfall oder bei Gefahr im Verzug vorsehen. Mit Blick auf die Vorgaben der EPR, nach denen die Vollzugsbediensteten Körperhöhlen von Gefangenen nicht untersuchen dürfen[1613] und eine intime Untersuchung im Zusammenhang mit einer Durchsuchung nur von einem Arzt vorgenommen werden darf,[1614] ist die Bestimmung von Rheinland-Pfalz, nach

---

1607   CPT 2006 (36), Rn 89.

1608   CPT 2006 (36), Rn 89.

1609   CPT 2006 (36), Rn 89.

1610   Vgl. *van Zyl Smit/Snacken* 2009, S. 285.

1611   BVerfG StV 2009, S. 253 ff., 255.

1612   BVerfG StV 2009, S. 253 ff., 255.

1613   EPR, Rule 54.6.

1614   EPR, Rule 54.7.

der die Untersuchung von Körperöffnungen nur durch den ärztlichen Dienst vorgenommen werden darf, auch für die anderen Landesgesetze geboten.

Soweit an dieser Stelle die Landesgesetze Entkleidungsdurchsuchungen nur als Anordnungen der Anstaltsleitung im Einzelfall oder bei Gefahr im Verzug vorsehen, sollen damit anlasslose Durchsuchungen ausgeschlossen sein. Ohne nähere Anhaltspunkte für eine mögliche Gefährdung der Sicherheit und Ordnung sind Entkleidungsdurchsuchungen somit nicht möglich. Vor diesem Hintergrund ist Hamburgs Regelung positiv hervorzuheben, weil sie als einzige auch ausdrücklich „konkrete Anhaltspunkte" dafür fordert, dass die Sicherheit und Ordnung der Anstalt eine Entkleidungsdurchsuchung erfordern. Diese Formulierung sollte aus Klarstellungsgründen von allen Landesgesetzen übernommen werden.

2.9.2.4 Allgemeinanordnungen der Anstaltsleitungen für Entkleidungs- durchsuchungen

Tabelle 10: **Synoptischer Überblick hinsichtlich der Allgemeinanordnung von Entkleidungsdurchsuchungen**

Baden-Württemberg	**§ 46 Abs. 3 JVollzGB BW II** **Durchsuchung (...)** Die Anstaltsleiterin oder der Anstaltsleiter kann allgemein anordnen, dass Untersuchungsgefangene bei der Aufnahme, nach Besuchen und nach jeder Abwesenheit von der Justizvollzugsanstalt nach Absatz 2* durchsucht werden können.
Bayern	**Art. 42 BayUVollzG i. V. m. Art. 91 Abs. 3 BayStVollzG** **Durchsuchung** Der Anstaltsleiter oder die Anstaltsleiterin kann allgemein anordnen, dass Gefangene bei der Aufnahme, nach Kontakten mit Besuchern und nach jeder Abwesenheit von der Anstalt nach Abs.2 zu durchsuchen sind.
Berlin	**§ 44 Abs. 3 UVollzG Bln** **Absuchung, Durchsuchung** Die Anstaltsleiterin oder der Anstaltsleiter kann allgemein anordnen, dass Untersuchungsgefangene nach Kontakten mit Besuchern, nach jeder Abwesenheit von der Anstalt sowie in der Regel bei der Aufnahme nach Absatz 2 zu durchsuchen sind.

Brandenburg	**§ 86 Abs. 3 BbgJVollzG** **Absuchung, Durchsuchung** Die Anstaltsleiterin oder der Anstaltsleiter kann allgemein anordnen, dass die Gefangenen in der Regel bei der Aufnahme, nach Kontakten mit Besucherinnen und Besuchern sowie nach jeder unbeaufsichtigten Abwesenheit von der Anstalt nach Absatz 2 zu durchsuchen sind.
Bremen	**§ 44 Abs. 3 BrUVollzG** **Absuchung, Durchsuchung** Die Anstaltsleiterin oder der Anstaltsleiter kann allgemein anordnen, dass Untersuchungsgefangene in der Regel bei der Aufnahme, vor und nach Kontakten mit Besucherinnen und Besuchern sowie vor und nach jeder Abwesenheit von der Anstalt nach Absatz 2 zu durchsuchen sind. Die Entkleidung im Einzelfall immer unterbleibt, wenn hierdurch die Sicherheit oder Ordnung der Anstalt nicht gefährdet wird.
Hamburg	**§ 50 Abs. 3 HmbUVollzG** **Absuchung, Durchsuchung** Die Anstaltsleitung kann allgemein anordnen, dass Untersuchungsgefangene bei der Aufnahme, nach Kontakten mit Besucherinnen und Besuchern und nach jeder Abwesenheit von ihrer Unterkunft in der Anstalt nach Absatz 2 zu durchsuchen sind, wenn konkrete Anhaltspunkte dafür bestehen, dass die Sicherheit und Ordnung der Anstalt dies erfordern.
Hessen	**§ 31 Abs. 3 HUVollzG** **Absuchung, Durchsuchung** Abweichend von Abs.2 Satz 1 kann die Anstaltsleitung anordnen, dass Untersuchungsgefangene bei der Aufnahme, nach Kontakten mit Besuchspersonen und nach jeder Abwesenheit von der Anstalt nach Abs.2 zu durchsuchen sind.
Mecklenburg-Vorpommern, Saarland	**§ 44 Abs. 3 UVollzG M-V, SUVollzG** **Absuchung, Durchsuchung** Der Anstaltsleiter kann allgemein anordnen, dass Untersuchungsgefangene bei der Aufnahme, vor und nach Kontakten mit Besuchern sowie vor und nach jeder Abwesenheit von der Anstalt nach Absatz 2 zu durchsuchen sind.

Rheinland-Pfalz, Thüringen	**§ 84 Abs. 3 LJVollzG RP; § 85 Abs. 3 ThürJVollzGB** **Absuchung, Durchsuchung** Die Anstaltsleiterin oder der Anstaltsleiter kann allgemein anordnen, dass die Gefangenen in der Regel bei der Aufnahme, vor und nach Kontakten mit Besucherinnen und Besuchern sowie vor und nach jeder Abwesenheit von der Anstalt nach Absatz 2 zu durchsuchen sind.
Niedersachsen	**§ 156 Abs. 1 i. V. m. § 77 Abs. 3 NJVollzG** **Durchsuchung** Die Vollzugsbehörde kann allgemein anordnen, dass Gefangene bei der Aufnahme, nach Kontakten mit Besucherinnen und Besuchern und nach jeder Abwesenheit von der Anstalt nach Absatz 2 zu durchsuchen sind.
Nordrhein-Westfalen	**§ 32 Abs. 2 Satz 1 GVUVS NRW** **Durchsuchung** Die Anstaltsleitung kann allgemein anordnen, dass bei der Aufnahme, vor und nach Kontakten mit Besuchern sowie vor und nach jeder Abwesenheit von der Anstalt in der Regel eine mit einer Entkleidung verbundene körperliche Durchsuchung Untersuchungsgefangener durchzuführen ist, die Entkleidung im Einzelfall jedoch unterbleibt, wenn hierdurch die Sicherheit oder Ordnung der Anstalt nicht gefährdet wird.
Schleswig-Holstein	**§ 44 Abs. 3 UVollzG SH** **Absuchung, Durchsuchung** Die Anstaltsleitung kann allgemein anordnen, dass Untersuchungsgefangene nach unbewachten Kontakten mit Besucherinnen und Besuchern, nach jeder Abwesenheit von der Anstalt sowie in der Regel bei der Aufnahme von der Anstalt nach Absatz 2 zu durchsuchen sind.
Sachsen	Keine entsprechende Regelung
Sachsen-Anhalt	Der Anstaltsleiter kann allgemein anordnen, dass der Gefangene in der Regel bei der Aufnahme, vor und nach Kontakten mit Besuchern sowie vor und nach jeder Abwesenheit von der Anstalt zu durchsuchen ist (keine Entkleidungsuntersuchung).

Anmerkung: Der jeweilige Abs. 2 bezieht sich auch außerhalb der 10er Gruppe auf die Regelungen zur Entkleidungsdurchsuchung.

Alle Landesgesetze bis auf Sachsen und Sachsen-Anhalt ermöglichen neben der einzelfallbezogenen Entkleidungsdurchsuchung auch Allgemeinanordnungen der Anstaltsleitungen für Entkleidungsdurchsuchungen, die den Sicherheitsinteressen der Anstalt bei typischen Gefahrensituationen dienen sollen. Die Vorschriften lehnen sich an eine vergleichbare Bestimmung im Strafvollzugsgesetz[1615] an, die vor allem der Abwehr der Problematik des Drogenschmuggels begegnen sollte.[1616]

Die Eingriffsintensität der Länderregelungen geht jedoch teilweise über die des StVollzG hinaus. Eine unangemessen stärkere Betonung der Sicherheitsinteressen findet sich in Mecklenburg-Vorpommern, Saarland, Rheinland-Pfalz und Thüringen. Denn während das StVollzG eine Allgemeinanordnung des Anstaltsleiters für Entkleidungsdurchsuchungen eines Strafgefangenen bei dessen Aufnahme, „nach" Besucherkontakten und „nach" Abwesenheiten von der Anstalt zulässt, erlauben diese Ländergesetze auch Allgemeinanordnungen von Entkleidungsdurchsuchungen „vor" Besuchskontakten und „vor" der Abwesenheit von der Anstalt. Diese Situationen bergen offensichtlich jedoch gerade nicht die Gefahr des Einschmuggelns von Drogen, so dass die Erweiterung des Anwendungsbereichs mit dem Sinn und Zweck der Regelung nicht begründet werden kann und angesichts des mit einer Entkleidungsdurchsuchung verbundenen massiven Eingriffs und der besonderen Bedeutung des Verhältnismäßigkeitsgrundsatzes unverhältnismäßig ist.

Unverhältnismäßig sind auch diejenigen Regelungen, die Allgemeinanordnungen für Entkleidungsdurchsuchungen nach jeder Abwesenheit ermöglichen, mithin alle Landesgesetze bis auf Sachsen, Sachsen-Anhalt und Brandenburg. Denn die Übernahme dieser Regelung aus dem Strafvollzug verkennt, dass im Gegensatz zum Strafvollzug der Untersuchungsgefangene bei Verlassen der Anstalt nie unbeaufsichtigt ist. Insofern ist die Begründung Brandenburgs zutreffend, die anführt, dass auf die allgemeine Anordnung einer Entkleidungsdurchsuchung derjenigen Gefangenen verzichtet wird, die die Anstalt nur in Begleitung von Justizvollzugsbeamten verlassen dürfen und währenddessen ständig und unmittelbar beaufsichtigt werden.[1617]

Einige der landesgesetzlichen Regelungen entsprechen nicht der Rechtsprechung des BVerfG. Dessen Entscheidung vom 04.02.2009[1618] betrifft die Grenzen der Zulässigkeit körperlicher Durchsuchungen bei der Aufnahme in die Untersuchungshaft. Nur bis zu dieser Entscheidung war anerkannt, dass bei „ty-

---

1615 § 84 Abs. 3 StVollzG.

1616 Vgl. BT-Drs. 13/11016, S. 26.

1617 Vgl. Begründung zu § 86 BbgJVollzG (Bbg. Ltg. Drs. 5/6437).

1618 BVerfG StV 2009, S. 253 ff.

pischen Gefährdungssituationen" für die Anordnung einer Entkleidungsdurchsuchung die lediglich abstrakte Gefahr[1619] genügt, dass verbotene Gegenstände in den Vollzug gelangen können. In seiner aktuellen Entscheidung hat das Gericht jedoch ausgeführt, dass bei Personen, die anlässlich der Untersuchungshaft in die Justizvollzugsanstalt aufgenommen werden, Begleitumstände gegeben sein können, die den Verdacht, der Betroffene könne Gegenstände in üblicherweise bedeckten Körperöffnungen versteckt haben, als so fernliegend erscheinen lassen, dass sich auf das Auffinden dieser Gegenstände gerichtete Untersuchungen, als nicht mehr verhältnismäßig darstellen.[1620] Anders als bei Verurteilten, die zum Haftantritt geladen werden, kann die Festnahme für den nicht Verurteilten so überraschend sein, dass für entsprechende Vorkehrungen, selbst wenn sie beabsichtigt sein sollten, keine Möglichkeit mehr bleibt.[1621] Sind auch sonst keine Anhaltspunkte ersichtlich, der Betroffene könnte Gegenstände versteckt haben, so fehlt es an einer realen Gefahr und ein Eingriff, der auf die Abwehr dieser Gefahr gerichtet ist, ist jedenfalls in den Fällen unverhältnismäßig, in denen die konkreten Umstände des Einzelfalles ein Einschmuggeln in üblicherweise bedeckten Körperöffnungen aus dem Bereich des Wahrscheinlichen rücken.[1622]

Nur Hamburg, Sachsen und Sachsen-Anhalt, Berlin, Bremen, Schleswig-Holstein, Brandenburg, Rheinland-Pfalz, Thüringen und Nordrhein-Westfalen werden dieser Rechtsprechung des Bundesverfassungsgerichts gerecht.

Für Sachsen und Sachsen-Anhalt gilt dies, weil diese Landesgesetze zeigen, dass die Möglichkeit von Allgemeinanordnungen von Entkleidungsdurchsuchungen für ein Untersuchungshaftvollzugsgesetz letztlich überhaupt nicht notwendig ist. Vor dem Hintergrund des mit einer Entkleidungsdurchsuchung verbundenen massiven Eingriffs in das Persönlichkeitsrecht des Untersuchungsgefangenen ist diese Entscheidung zu begrüßen.

Für Schleswig-Holstein gilt dies, weil das Landesgesetz die Situation der Aufnahme, auf die das BVerfG ja konkret abstellt, nicht in Bezug nimmt.

Hamburgs Regelung ist wiederum denjenigen von Berlin, Bremen, Schleswig-Holstein, Brandenburg, Rheinland-Pfalz, Thüringen und Nordrhein-Westfalen vorzugswürdig. Denn in Hamburg darf die Anstaltsleitung nur „allgemein" anordnen, dass Untersuchungsgefangene in bestimmten Situationen nackt zu durchsuchen sind, wenn „konkrete Anhaltspunkte" dafür bestehen, dass die Sicherheit und Ordnung der Anstalt dies erfordern. Es ist begrüßenswert, dass hier die Regelung ohne Normierung eines Regel-Ausnahmeverhältnis auf den konkreten Einzelfall abstellt.

1619 Vgl. *Callies/Müller-Dietz* 2008, § 84 Rn 12.

1620 BVerfG StV 2009, S. 253 ff., 255.

1621 BVerfG StV 2009, S. 253 ff., 255.

1622 BVerfG StV 2009, S. 253 ff., 255.

Die Regelungen von Berlin, Bremen, Schleswig-Holstein, Brandenburg, Rheinland-Pfalz, Thüringen und Nordrhein-Westfalen tragen der Rechtsprechung des BVerfG damit Rechnung, dass zwar Entkleidungsdurchsuchungen weiterhin allgemein angeordnet werden können, hinsichtlich der Aufnahme jedoch nur allgemein angeordnet werden darf, dass eine Entkleidungsdurchsuchung lediglich „in der Regel" erfolgt, bzw. in Nordrhein Westfalen die Entkleidung „im Einzelfall jedoch unterbleibt", wenn hierdurch die Sicherheit oder Ordnung der Anstalt nicht gefährdet werden. Zwar trägt Hamburgs Regelung der Verhältnismäßigkeit besser Rechnung, das hier gewählte Regel-Ausnahmeverhältnis entspricht jedoch den Ausführungen des BVerfG, da auch das Gericht von diesem Regel-Ausnahme Verhältnis ausgeht.

Baden-Württemberg, Bayern, Hessen und Niedersachsen werden der Rechtsprechung des BVerfG jedoch nicht gerecht, weil es nach den Regelungen dieser Landesgesetze noch immer möglich ist, Entkleidungsdurchsuchungen hinsichtlich der Aufnahme in die Anstalt generell und unabhängig von den Umständen des Einzelfalles anzuordnen und somit die jeweilige Entscheidung weiterhin beim ausführenden Beamten liegt.

Gerade vor dem Hintergrund der Rechtszersplitterung in diesem Eingriffsintensiven Bereich sollten nach hier vertretener Auffassung alle Landesgesetze dem Vorbild von Sachsen und Sachsen-Anhalt folgen und auf eine Befugnisnorm zur Allgemeinanordnung von Entkleidungsdurchsuchungen vollständig verzichten.

2.9.2.5 Einzelhaft

Alle Landesgesetze enthalten eine Befugnisnorm zur Einzelhaft. Diese wird als „unausgesetzte Absonderung" legal definiert. Einzelhaft ist die dauernde vollständige Isolierung von allen Mitgefangenen während des gesamten Tagesablaufs, also Arbeits-, Freizeit- und Ruhezeit über 24 Stunden hinaus[1623] und stellt einen besonders schweren Eingriff in das Persönlichkeitsrecht des Untersuchungsgefangenen dar.[1624] Mit ihr geht eine gesteigerte Gefahr der Haftdeprivation einher.[1625] Sie muss immer *ultima ratio* sein.[1626] Auch die CPT Standards betonen, dass Einzelhaft sehr schädliche Folgen für die betroffene Person haben kann.[1627]

1623 Vgl. Begründung zu § 50 ThürUVollzG (Thür. Ltg. Drs. 5/2764).

1624 Vgl. AK-Feest/*Feest/Köhne* 2012, § 89 Rn 1.

1625 *Hoffmann* 1990, S. 35; *Callies/Müller-Dietz* 2008, § 89 Rn 3; AK-Feest/*Feest/Köhne* 2012, § 89 Rn 1; Ostendorf-*Hadeler* 2012, § 7 Rn 125; *Kühl* 2012, S. 248 m. w. N.

1626 BVerfG StV 1999, S. 551; OLG Karlsruhe ZfStrVo 2004, 186; OLG Celle ZfStrVo 1980, 191; OLG Frankfurt ZfStrVo 1987, S 381; *Callies/Müller-Dietz* 2008, § 89 Rn 2; AK-Feest/*Feest/Köhne* 2012, § 89 Rn 3.

1627 CPT-Standards Rn 56.

Das CPT hat mehrfach betont, dass Einzelhaft so kurz wie möglich gehalten werden sollte[1628] und auch das BVerfG hat ausgeführt, dass die Beeinträchtigungen, die von der Einzelhaft für die Grundrechte des Gefangenen ausgehen, mit zunehmender Dauer ihres Vollzugs immer schwerwiegender werden.[1629]

Vor diesem Hintergrund und in Anbetracht der besonderen Bedeutung des Verhältnismäßigkeitsgrundsatzes im Untersuchungshaftvollzug erscheint es verwunderlich, dass die Landesgesetze keine zeitlichen Beschränkungen hinsichtlich der Einzelhaft vorsehen. Dies gilt umso mehr vor dem Hintergrund, dass die EPR vorgeben, dass die Dauer besonderer Sicherungsmaßnahmen durch innerstaatliches Recht zu regeln ist.[1630] Eine zeitliche Beschränkung ist nach hier vertretener Ansicht deswegen zwingend geboten.

Hinsichtlich der zulässigen Höchstdauer gilt, dass wenn insofern zum Strafvollzug Stimmen aus der Literatur wegen der Schwere des mit der Einzelhaft verbundenen Eingriffs einen Zeitraum von vier Wochen als kaum mehr gerechtfertigt ansehen,[1631] die Grenze für den Untersuchungshaftvollzug noch deutlich niedriger anzusetzen ist.[1632] Wegen der besonderen Bedeutung des Verhältnismäßigkeitsgrundsatzes[1633] und in Anbetracht der kurzen Dauer der Untersuchungshaft[1634] ist nach hier vertretener Auffassung maximal eine Dauer von einer Woche für den Untersuchungshaftvollzug angemessen. Eine entsprechende Regelung ist in alle Landesgesetze zu übernehmen.

Die in den Landesgesetzen vorgesehenen Melde- und Zustimmungspflichten gegenüber der zuständigen Aufsichtsbehörde sind insofern sämtlich deutlich zu weit bemessen. Besonders problematisch ist, dass Nordrhein-Westfalen nicht einmal eine solche Regelung enthält. Noch immer kritikwürdig, doch immerhin gegenüber den anderen Regelungen vorzugswürdig, erscheint die in Brandenburg und Rheinland-Pfalz vorgesehene Zustimmungspflicht der Aufsichtsbehörde bei Einzelhaft von mehr als 20 Tagen Gesamtdauer innerhalb von 12 Monaten. Demgegenüber unverhältnismäßig ist die in den Gesetzen der 8er Gruppe (bis auf das Saarland), Thüringen und Sachsen-Anhalt vorgesehenen Zustimmungspflichten bei mehr als einem Monat (bzw. 30 Tagen) Gesamtdauer im Jahr. Unverständlich bleibt auch mit Blick auf die Gesetzesbegründung,[1635] warum das Saarland hier

---

1628   CPT-Standards Rn 56; vgl. CPT/Inf (91)12 Rn 29; CPT/Inf (97) 4 Rn 59.

1629   BVerfG 2 BvR 827/98 vom 13.04.1999, Abs. Nr. 22.

1630   EPR, Rule 53.3.

1631   AK-Feest/*Feest/Köhne* 2012, § 89 Rn 5.

1632   Vgl. für den Jugendstrafvollzug *Kühl* 2012, S. 249.

1633   Vgl. *Kap. 1.2.1.4.*

1634   Vgl. *Kap. 1.5.3* und *Tab. 6.*

1635   Vgl. Begründung zu § 50 SUVollzG (Saarl. Ltg. Drs.13/2310).

vom Rest der 8er Gruppe abweicht und sogar eine Gesamtdauer von zwei Monaten vorsieht. Dass sich Bayern, Baden-Württemberg und Niedersachsen ohne Begründung[1636] an die für den Strafvollzug normierte[1637] geltende Melde- und Zustimmungspflicht erst bei mehr als drei Monaten Gesamtdauer im Jahr anlehnen, ist insbesondere wegen des anderen Charakters der Untersuchungshaft gegenüber dem Strafvollzug unangemessen.[1638]

Die nur in der 8er Gruppe (bis auf Hessen) sowie Brandenburg, Rheinland-Pfalz, Thüringen und Sachsen-Anhalt enthaltene Bestimmung, dass der Arzt bei andauernder Einzelhaft regelmäßig zu hören ist, sollte nach hier vertretener Auffassung wegen der möglichen negativen gesundheitlichen Auswirkungen in alle Landesgesetze übernommen werden. Hessens unbegründete[1639] Abweichung vom Rest der 8er Gruppe ist negativ hervorzuheben. Da massive Deprivationseffekte und psychische Störungen in Abhängigkeit von der Konstitution des Gefangenen und Art und Umfang der Isolation bereits nach wenigen Stunden auftreten können,[1640] sollte nach hier vertretener Auffassung die nur in der 8er Gruppe sowie Brandenburg, Rheinland-Pfalz, Thüringen und Sachsen-Anhalt enthaltene Vorschrift, nach der die Untersuchungsgefangenen während des Vollzuges der Einzelhaft besonders zu betreuen sind, in alle Landesgesetze übernommen, jedoch auch ergänzt werden. Denn die momentan verwendete Formulierung ist vage und auch den Begründungen lässt sich dazu nichts entnehmen.[1641] Wünschenswert wäre es insofern für alle Landesgesetze, zumindest klarzustellen, dass durch die „besondere Betreuung" insbesondere der sozialen Isolation des Untersuchungsgefangenen während des Vollzugs der Einzelhaft vorzubeugen ist. Für eine solche Regelung spricht die Rechtsprechung des EGMR, nach der die Belastung, die von der Einzelhaft ausgeht, stark von den Haftbedingungen abhängt und dabei auch das Ausmaß der sozialen Isolierung eine Rolle spielt.[1642] Wünschenswert wären insofern in der Praxis u. a. häufiger Kontakt mit dem Personal, wo es möglich erscheint Einzelunterricht und regelmäßiger Kontakt zum Seelsorger. Insofern

---

1636 Vgl. Begründung zu § 48 JVollzGB BW II (Bw. Ltg. Drs. 14/5012); Begründung zu Art. 97 BayStVollzG (Bay. Ltg. Drs. 15/8101); Begründung zu § 82 NJVollzG (Nds. Ltg. Drs. 15/3565).

1637 § 89 Abs. 2 StVollzG.

1638 Ähnlich: Ostendorf-*Hadeler* 2012, § 7 Rn 127.

1639 Vgl. Begründung zu § 36 HUVollzG (Hess. Ltg. Drs. 18/1396).

1640 Vgl. *Kühl* 2012, S. 250 f. m. w. N.

1641 Vgl. exemplarisch für die 8er Gruppe Begründung zu § 50 ThürUVollzG a.F. (Thür. Ltg. Drs. 5/2764); Begründung zu § 92 BbgJVollzG (Bbg. Ltg. Drs. 5/6437).

1642 EGMR vom 21.07.2005, *Rohde v. Dänemark* (69332/01), Ziff. 93: „However, when assessing whether the length was excessive under Article 3 the court must also take into account the conditions of the detention including the extent of the social isolation."

sollten alle Landesgesetzgeber Normen mit entsprechender Regelungstiefe schaffen.

2.9.2.6 Sitzwache während Fixierungen

Alle Landesgesetze sehen die besondere Sicherungsmaßnahme der Fesselung vor. Eine sehr eingriffsintensive Form der Fesselung ist die Fixierung. Dabei handelt es sich um die vollständige Entziehung der Bewegungsfreiheit in der Weise, dass die betroffene Person ihre Sitz- oder Liegeposition nicht mehr selbständig verändern kann.[1643] Den einzelnen Wortlauten nach ist die Fixierung nach allen Landesgesetzen zulässig. Das CPT hat zwar ausgeführt, dass langfristig angestrebt werden sollte, den Rückgriff auf die Fixierung in jeder Art von Einrichtung zu senken und ihre Anwendung im nicht-medizinischen Kontext schließlich aufzugeben.[1644] In Deutschland wird diese generelle Abschaffung der Fixierungen im nichtmedizinischen Bereich jedoch nicht für praktikabel gehalten und zur Begründung angeführt, dass im Vollzugsalltag Situationen denkbar seien, bei denen sich sämtliche Versuche einer Deeskalation als erfolglos erwiesen haben und kein milderes Mittel mehr verfügbar ist, um die akute Gefahr einer Selbst- oder Fremdverletzung abzuwehren.[1645] Nach dieser Auffassung muss die Fixierung in streng begrenzten Ausnahmesituationen unter strenger Beachtung des Verhältnismäßigkeitsgrundsatzes als *ultima ratio* auch weiterhin anwendbar sein.[1646]

Für diese Fälle ist jedoch das Erfordernis einer Sitzwache zu normieren. Denn das CPT forderte in Anbetracht der potentiellen Risiken, die mit dem Rückgriff auf die Fixierung verbunden sind alle zuständigen Behörden auf, „dafür zu sorgen, dass der Zustand jeder fixierten Person unverzüglich von einem Arzt überprüft wird [...] und dass sie von einem Mitarbeiter ständig, unmittelbar und persönlich überwacht wird (Sitzwache)."[1647] Lediglich Videoüberwachung reicht dabei nicht aus.[1648]

Zwar werden zumindest nach den Ausführungen in der Stellungnahme der Bundesregierung die Vorgaben des CPT „in allen Bundesländern beachtet und jeder fixierte Gefangene wird von einer Sitzwache überwacht,"[1649] die Vorgaben des CPT werden jedoch in allen Landesgesetzen bis auf Brandenburg, Rheinland-

---

1643 CPT/Inf (2012) 7 (Stellungnahme der Bundesregierung), S. 18.

1644 CPT/Inf (2007) 18, Rn 11; wiederholt in CPT/Inf/(2012)/6 Rn 93.

1645 Vgl. CPT/Inf (2012) 7 (Stellungnahme der Bundesregierung), S. 42.

1646 Vgl. CPT/Inf (2012) 7 (Stellungnahme der Bundesregierung), S. 42.

1647 CPT/Inf (2007) 18, Rn 9.

1648 CPT/Inf (2007) 18, Rn 11.

1649 CPT/Inf (2012) 7, S. 42.

Pfalz, Thüringen und Sachsen-Anhalt nicht ganz umgesetzt.[1650] Nach hier vertretener Auffassung sollten deswegen alle Landesgesetze entsprechend den Regelungen von Brandenburg, Rheinland-Pfalz, Thüringen und Sachsen-Anhalt ausdrücklich klarstellen, dass, wenn die Gefangenen in einem besonders gesicherten
Haftraum untergebracht sind und darüber hinaus gefesselt sind, sie durch Bedienstete ständig und in unmittelbarem Sichtkontakt zu beobachten sind.

2.9.3 Zusammenfassung

Der Verhältnismäßigkeitsgrundsatz ist auch auf dem Bereich der Sicherheit und
Ordnung besonders wichtig und wird zwar dementsprechend vom Großteil der
Landesgesetze den einzelnen Regelungen vorangestellt, im Einzelnen jedoch
nicht immer angemessen berücksichtigt. Dies gilt zuvorderst für die in einigen
Ländern eingriffsintensiver als im StVollzG ausfallenden Regelungen zur Allge-
meinanordnung von Entkleidungsdurchsuchungen. Die Regelungen von Baden-
Württemberg, Bayern und Niedersachsen setzen zudem die Rechtsprechung des
Bundesverfassungsgerichts nicht um. Die Einzelhaft ist in allen Landesgesetzen
zeitlich zu begrenzen und um Regelungen zur besonderen Betreuung, wie sie im
Ansatz bereits in Brandenburg, Rheinland-Pfalz, Thüringen, Sachsen-Anhalt und
der 8er Gruppe vorhanden sind, zu erweitern. Auch sind alle Landesgesetze um
konkrete Regelungen zur Sitzwache bei Fixierungen, wie sie bereits in Brandenburg, Rheinland-Pfalz, Thüringen und Sachsen-Anhalt vorhanden sind, zu ergänzen.

2.10 Unmittelbarer Zwang

Die Vollzugsbediensteten werden manchmal gegen handgreiflich werdende Untersuchungsgefangene Gewalt einsetzen müssen und im Einzelfall können dabei
auch Mittel des körperlichen Zwanges erforderlich sein.[1651] Auch ein Untersuchungshaftvollzugsgesetz muss insofern Bestimmungen zum eingriffsintensiven
unmittelbaren Zwang enthalten. Die Landesgesetze widmen dem unmittelbaren
Zwang, der überall als „die Einwirkung auf Personen oder Sachen durch körperliche Gewalt, ihre Hilfsmittel und durch Waffen" legaldefiniert wird, jeweils einen eigenen Regelungsbereich.[1652] Die Bestimmungen der Ländergesetze ähneln

---

1650   Vgl. *Morgenstern* 2011b, S. 84.

1651   CPT-Standards, Auszug aus dem 2. Jahresbericht [CPT/Inf (92) 3] Rn 53.

1652   Abschnitt 8 UVollzG Bln, BrUVollzG, HUVollzG, UVollzG M-V, SUVollzG, UVollzG
       SH; Abschnitt 4 HmbUVollzG Teil 6 SächsUVollzG; Abschnitt 14 BbgJVollzG,
       LJVollzG RP, ThürJVollzGB, JVollzGB LSA; Abschnitt 11 JVollzGB BW II; Art 42
       BayUVollzG i. V. m. Abschnitt 13 BayStVollzG; § 156 i. V. m. Zweiter Teil, 13. Kapi-
       tel NJVollzG; Abschnitt 8 GVUVS NRW.

sich, entsprechen den Regelungen des StVollzG[1653] und enthalten Vorschriften zur Begriffsbestimmung, allgemeinen Voraussetzungen des unmittelbaren Zwangs, dem Grundsatz der Verhältnismäßigkeit, dem Handeln auf Anordnung sowie der Androhung unmittelbaren Zwangs und dem Schusswaffengebrauch. Besonderheiten gegenüber dem Strafvollzug an Erwachsenen ergeben sich insofern nicht. Unmittelbarer Zwang dient auch im Untersuchungshaftvollzug als *ultima ratio* dazu, die Regeln des Vollzugslebens durchzusetzen und die Sicherheit und Ordnung des Vollzugs zu gewährleisten.[1654]

2.11 Disziplinarmaßnahmen

Um die Ordnung in der Anstalt durchsetzen zu können bedarf es auch im Untersuchungshaftvollzug der Möglichkeit zur Anordnung von Disziplinarmaßnahmen.[1655] Bei Disziplinarmaßnahmen handelt es sich um strafähnliche Sanktionen, für die der Schuldgrundsatz gilt und die nur angeordnet werden dürfen, wenn zweifelsfrei geklärt ist, ob ein schuldhafter Pflichtverstoß des Untersuchungsgefangenen überhaupt gegeben ist.[1656] Die besondere Bedeutung des Verhältnismäßigkeitsgrundsatzes im Untersuchungshaftvollzug gebietet neben der Wahl des mildesten Mittels insbesondere, dass, soweit dies möglich ist, Disziplinarmaßnahmen überhaupt nicht anzuwenden.[1657] Auch die EPR sehen Disziplinarmaßnahmen nur als letztes Mittel vor.[1658] Wenn eine Chance dazu besteht, sollte der Gefahr weiterer Störungen besser mit Einfühlungsvermögen und Verständnis entgegengewirkt werden.[1659]

1653 §§ 94 bis 100 StVollzG.

1654 Vgl. Ostendorf-*Ostendorf* 2012, § 8 Rn 2.

1655 Vgl. *Seebode* 1985, S. 245.

1656 BVerfG 2 BvR 1136/07 vom 06.11.2007 Abs. Nr. 31.

1657 Vgl. *Seebode* 1985, S. 247.

1658 EPR, Rule 56.1.

1659 Vgl. *Seebode* 1985, S. 247.

Tabelle 11: **Synoptischer Überblick über die Anordnungsvorausset-**
zungen und Arten der Disziplinarmaßnahmen

Bundesland	Voraussetzungen
Baden-Württemberg	**§ 62 JVollzGB BW II** **Voraussetzungen** (1) Verstoßen Untersuchungsgefangene schuldhaft gegen Pflichten, die ihnen durch dieses Gesetz oder auf Grund dieses Gesetzes oder durch § 119 StPO oder auf Grund dieser Vorschrift auferlegt sind, können gegen sie, möglichst in engem zeitlichen Zusammenhang mit der Pflichtverletzung, Disziplinarmaßnahmen angeordnet werden. (2) Von einer Disziplinarmaßnahme wird abgesehen, wenn es genügt, Untersuchungsgefangene zu verwarnen. (3) Eine Disziplinarmaßnahme ist auch zulässig, wenn wegen derselben Verfehlung ein Straf- oder Bußgeldverfahren eingeleitet wird. (4) Durch die Anordnung und den Vollzug einer Disziplinarmaßnahme darf die Verteidigung und die Verhandlungsfähigkeit von Untersuchungsgefangenen nicht beeinträchtigt werden. Eine Disziplinarmaßnahme kann ganz oder zum Teil auch während einer der Untersuchungshaft unmittelbar nachfolgenden Untersuchungshaft in anderer Sache oder Strafhaft vollzogen werden. **§ 63 JVollzGB BW II** **Arten der Disziplinarmaßnahmen** (1) Die zulässigen Disziplinarmaßnahmen sind: 1. Verweis, 2. die Beschränkung oder der Entzug der Verfügung über das Sondergeld und des Einkaufs bis zu drei Monaten, 3. die Beschränkung oder der Entzug des Hörfunk- und Fernsehempfangs bis zu drei Monaten; der gleichzeitige Entzug jedoch nur bis zu zwei Wochen, 4. die Beschränkung oder der Entzug der Gegenstände für eine Beschäftigung in der Freizeit oder der Teilnahme an gemeinschaftlichen Veranstaltungen bis zu drei Monaten, 5. die getrennte Unterbringung während der Freizeit bis zu vier Wochen, 6. der Entzug der Arbeit oder Beschäftigung bis zu vier Wochen unter Wegfall der in diesem Gesetz geregelten Bezüge, 7. die Beschränkung des Verkehrs mit Personen außerhalb der Justizvollzugsanstalt auf dringende Fälle bis zu drei Monaten, 8. Arrest bis zu vier Wochen.[...]

Bundesland	Voraussetzungen
Bayern	**Art. 18 BayUVollzG** **Disziplinarmaßnahmen** (1) Verstoßen Untersuchungsgefangene schuldhaft gegen verfahrenssichernde Beschränkungen nach § 119 Abs. 1 StPO oder gegen Pflichten, die ihnen durch dieses Gesetz oder auf Grund dieses Gesetzes auferlegt sind, können gegen sie Disziplinarmaßnahmen angeordnet werden. Art. 109 Abs. 2 und 3, Art. 110, 111 Abs. 1, 2 und 4 sowie Art. 112 bis 114 BayStVollzG gelten entsprechend. Art. 111 Abs. 5 BayStVollzG gilt entsprechend mit der Maßgabe, dass die Befugnisse aus Art. 11 bis 14 ruhen, soweit nichts Anderes angeordnet wird. (2) Durch die Anordnung und den Vollzug einer Disziplinarmaßnahme dürfen die Verteidigung und die Verhandlungsfähigkeit der Untersuchungsgefangenen nicht beeinträchtigt werden. Die Verteidigung ist von der Anordnung einer Disziplinarmaßnahme unverzüglich zu unterrichten. Eine Disziplinarmaßnahme kann ganz oder zum Teil auch während einer der Untersuchungshaft unmittelbar nachfolgenden Untersuchungshaft, Strafhaft oder Sicherungsverwahrung oder einem unmittelbar nachfolgenden Strafarrest vollzogen werden. **Art. 110 BayStVollzG** **Arten der Disziplinarmaßnahmen** (1) Die zulässigen Disziplinarmaßnahmen sind: 1. Verweis, 2. die Beschränkung oder der Entzug der Verfügung über das Hausgeld und des Einkaufs gemäß Art. 24 und 25 bis zu drei Monaten, 3. die Beschränkung oder der Entzug des Hörfunk- und Fernsehempfangs bis zu drei Monaten, 4. die Beschränkung oder der Entzug der Gegenstände für eine Beschäftigung in der Freizeit oder der Teilnahme an gemeinschaftlichen Veranstaltungen bis zu drei Monaten, 5. die getrennte Unterbringung während der Freizeit bis zu vier Wochen, 6. der Entzug der zugewiesenen Arbeit oder Beschäftigung bis zu vier Wochen unter Wegfall der in diesem Gesetz geregelten Bezüge, 7. die Beschränkung des Verkehrs mit Personen außerhalb der Anstalt auf dringende Fälle bis zu drei Monaten, 8. Arrest bis zu vier Wochen.

Bundesland	Voraussetzungen

Berlin, Bremen, Mecklenburg-Vorpommern, Saarland, Sachsen, Schleswig-Holstein	**§ 60 UVollzG Bln, BrUVollzG, UVollzG MV, SUVollzG, SächsUHaftVollzG, UVollzG SH, ThürUVollzG Voraussetzungen**
	
	(1) Disziplinarmaßnahmen können angeordnet werden, wenn Untersuchungsgefangene rechtswidrig und schuldhaft
	
	  1. gegen Strafgesetze verstoßen oder eine Ordnungswidrigkeit begehen,
	
	  2. gegen eine verfahrenssichernde Anordnung verstoßen,
	
	  3. andere Personen verbal oder tätlich angreifen,
	
	  4. Lebensmittel oder fremdes Eigentum zerstören oder beschädigen,
	
	  5. verbotene Gegenstände in die Anstalt bringen,
	
	  6. sich am Einschmuggeln verbotener Gegenstände beteiligen oder sie besitzen,
	
	  7. entweichen oder zu entweichen versuchen oder
	
	  8. in sonstiger Weise wiederholt oder schwerwiegend gegen die Hausordnung verstoßen oder das Zusammenleben in der Anstalt stören.
	
	(2) Von einer Disziplinarmaßnahme wird abgesehen, wenn es genügt, die Untersuchungsgefangenen zu verwarnen.
	
	(3) Disziplinarmaßnahmen sind auch zulässig, wenn wegen derselben Verfehlung ein Straf- oder Bußgeldverfahren eingeleitet wird.
	
	§ 61 UVollzG Bln, BrUVollzG, UVollzG MV, SUVollzG, SächsUHaftVollzG, UVollzG SH, ThürUVollzG Arten der Disziplinarmaßnahmen
	
	(1) Zulässige Disziplinarmaßnahmen sind:
	
	  1. Verweis,
	
	  2. die Beschränkung oder der Entzug des Einkaufs bis zu drei Monaten (zwei Monaten in Bremen),
	
	  3. die Beschränkung oder der Entzug von Annehmlichkeiten nach § 19 bis zu drei Monaten (zwei Monaten in Bremen),
	
	  4. die Beschränkung oder der Entzug des Rundfunkempfangs bis zu drei Monaten; der gleichzeitige Entzug des Hörfunk- und Fernsehempfangs jedoch nur bis zu zwei Wochen,
	
	  5. die Beschränkung oder der Entzug der Gegenstände für die Freizeitbeschäftigung oder der Ausschluss von gemeinsamer Freizeit oder von einzelnen Freizeitveranstaltungen bis zu drei Monaten (zwei Monaten in Bremen),

Bundesland	Voraussetzungen
	6. der Entzug der zugewiesenen Arbeit oder Beschäftigung bis zu vier Wochen unter Wegfall der in diesem Gesetz geregelten Bezüge und 7. Arrest bis zu vier Wochen.
Brandenburg	**§ 100 BbgJVollzG** **Disziplinarmaßnahmen** (1) Disziplinarmaßnahmen können angeordnet werden, wenn die Gefangenen rechtswidrig und schuldhaft 1. andere Personen verbal oder tätlich angreifen, 2. Lebensmittel oder fremde Sachen zerstören oder beschädigen, 3. in sonstiger Weise gegen Strafgesetze verstoßen oder eine Ordnungswidrigkeit begehen, 4. verbotene Gegenstände in die Anstalt einbringen, sich an deren Einbringung beteiligen, sie besitzen oder weitergeben, 5. unerlaubt Betäubungsmittel oder andere berauschende Stoffe herstellen oder konsumieren, 6. entweichen oder zu entweichen versuchen, 7. gegen Weisungen im Zusammenhang mit der Gewährung von Lockerungen verstoßen, 8. gegen eine Anordnung nach § 119 Absatz 1 der Strafprozessordnung verstoßen, 9. wiederholt oder schwerwiegend gegen sonstige Pflichten verstoßen, die ihnen durch dieses Gesetz oder aufgrund dieses Gesetzes auferlegt sind, und dadurch das geordnete Zusammenleben in der Anstalt stören oder 10. im Vollzug der Jugendstrafe sich zugewiesenen Aufgaben entziehen.
Hamburg	**§ 64 HmbUVollzG** **Disziplinarmaßnahmen** (1) Disziplinarmaßnahmen können angeordnet werden, wenn Untersuchungsgefangene rechtswidrig und schuldhaft 1. gegen Strafgesetze verstoßen oder eine Ordnungswidrigkeit begehen, 2. gegen eine verfahrenssichernde Anordnung verstoßen, 3. andere Personen verbal oder tätlich angreifen, 4. verbotene Gegenstände in die Anstalt bringen, 5. sich am Einschmuggeln verbotener Gegenstände beteiligen oder sie besitzen, 6. entweichen oder zu entweichen versuchen oder

Bundesland	Voraussetzungen
	7. in sonstiger Weise wiederholt oder schwerwiegend gegen die Hausordnung verstoßen oder das Zusammenleben in der Anstalt stören. (2) Von einer Disziplinarmaßnahme wird abgesehen, wenn es genügt, die Untersuchungsgefangenen zu verwarnen. **§ 65 HmbUVollzG** **Arten der Disziplinarmaßnahmen** (1) Die zulässigen Disziplinarmaßnahmen sind: 1. Verweis, 2. die Beschränkung oder der Entzug des Einkaufs bis zu drei Monaten, 3. die Beschränkung oder der Entzug von Annehmlichkeiten nach § 19 bis zu drei Monaten, 4. die Beschränkung oder der Entzug des Rundfunkempfangs bis zu drei Monaten; der gleichzeitige Entzug des Hörfunks und Fernsehempfangs jedoch nur bis zu zwei Wochen, 5. die Beschränkung oder der Entzug der Gegenstände für eine Beschäftigung in der Freizeit mit Ausnahme des Lesestoffs oder die Beschränkung oder der Entzug der Teilnahme an gemeinschaftlichen Veranstaltungen bis zu drei Monaten, 6. die getrennte Unterbringung während der Freizeit bis zu vier Wochen, 7. der Entzug der zugewiesenen Arbeit oder Beschäftigung bis zu vier Wochen unter Wegfall der in diesem Gesetz geregelten Bezüge, 8. Arrest bis zu vier Wochen.
Hessen	**§ 40 HUVollzG** **Disziplinarmaßnahmen** (1) Disziplinarmaßnahmen können angeordnet werden, wenn Untersuchungsgefangene rechtswidrig und schuldhaft 1. gegen Strafgesetze verstoßen oder eine Ordnungswidrigkeit begehen, 2. gegen eine verfahrenssichernde Anordnung verstoßen, 3. unerlaubt Gegenstände in die Anstalt einbringen, sich daran beteiligen oder solche Gegenstände besitzen, 4. entweichen oder zu entweichen versuchen, 5. unerlaubt Betäubungsmittel oder andere berauschende Stoffe konsumieren,

Bundesland	Voraussetzungen
	6. in sonstiger Weise wiederholt oder schwerwiegend gegen die Hausordnung verstoßen oder das Zusammenleben in der Anstalt stören. (2) Zulässige Disziplinarmaßnahmen sind 1. der Verweis, 2. der Ausschluss von gemeinsamer Freizeit bis zu vier Wochen oder von einzelnen Freizeitveranstaltungen bis zu drei Monaten, 3. die Beschränkung oder der Entzug des Fernsehempfangs bis zu drei Monaten, 4. die Beschränkung oder der Entzug von Gegenständen für eine Beschäftigung in der Freizeit bis zu drei Monaten, 5. die Beschränkung oder der Entzug von Zusatzleistungen nach § 15 bis zu drei Monaten, 6. die Beschränkung oder der Entzug des Einkaufs bis zu drei Monaten, 7. der Entzug der Arbeit bis zu vier Wochen unter Wegfall der in diesem Gesetz geregelten Bezüge, 8. Arrest bis zu vier Wochen.
Niedersachsen	**§ 94 NJVollzG** **Voraussetzungen** (1) Verstoßen Gefangene schuldhaft gegen Pflichten, die ihnen durch dieses Gesetz oder aufgrund dieses Gesetzes auferlegt sind, so kann die Anstaltsleitung gegen sie Disziplinarmaßnahmen anordnen. (2) Von einer Disziplinarmaßnahme wird abgesehen, wenn es genügt, die Gefangenen zu verwarnen. (3) Eine Disziplinarmaßnahme ist auch zulässig, wenn wegen derselben Verfehlung ein Straf oder Bußgeldverfahren eingeleitet wird. **§ 95 NJVollzG** **Arten der Disziplinarmaßnahmen** (1) Die zulässigen Disziplinarmaßnahmen sind 1. Verweis, 2. die Beschränkung oder der Entzug der Verfügung über das Hausgeld und des Einkaufs bis zu drei Monaten, 3. die Beschränkung oder der Entzug des Hörfunk- und Fernsehempfangs bis zu drei Monaten, 4. die Beschränkung oder der Entzug der Gegenstände für eine Beschäftigung in der Freizeit oder der Teilnahme an gemeinschaftlichen Veranstaltungen bis zu vier Wochen, 5. die getrennte Unterbringung während der Freizeit bis zu vier Wochen,

Bundesland	Voraussetzungen
	6. der Entzug der zugewiesenen Arbeit oder Beschäftigung bis zu vier Wochen unter Wegfall der in diesem Gesetz geregelten Bezüge, 7. die Beschränkung des Verkehrs mit Personen außerhalb der Anstalt auf dringende Fälle bis zu drei Monaten sowie 8. Arrest bis zu vier Wochen.
Nordrhein-Westfalen	**45 GVUVS NRW** **Disziplinarmaßnahmen** (1) Zur Aufrechterhaltung der Sicherheit oder Ordnung können gegen Untersuchungsgefangene, die schuldhaft gegen Pflichten verstoßen, die ihnen durch oder aufgrund dieses Gesetzes auferlegt sind, Disziplinarmaßnahmen angeordnet werden, wenn eine Verwarnung als milderes Mittel keine Aussicht auf Erfolg verspricht. Disziplinarmaßnahmen sind auch zulässig, wenn wegen derselben Verfehlung ein Straf- oder Bußgeldverfahren eingeleitet wird. (2) Als Disziplinarmaßnahmen kommen in Betracht: 1. Verweis, 2. Beschränkung oder Entzug des Rechts auf Beschaffung von zusätzlichen Nahrung und Genussmitteln und Gegenständen des persönlichen Bedarfs bis zu drei Monaten, 3. Beschränkung oder Entzug des Lesestoffs bis zu zwei Wochen sowie des Hörfunk- und Fernsehempfangs bis zu drei Monaten, der gleichzeitige Entzug jedoch nur bis zu zwei Wochen, 4. Beschränkung oder Entzug des Besitzes von Gegenständen aus der Habe bis zu drei Monaten, 5. Beschränkung oder Entzug der Teilnahme an gemeinsamen Veranstaltungen bis zu drei Monaten, 6. Entzug einer zugewiesenen Arbeit oder Beschäftigung unter Wegfall der Bezüge oder einer Selbstbeschäftigung bis zu vier Wochen, 7. Arrest bis zu vier Wochen.
Rheinland-Pfalz, Thüringen	**§ 97 LJVollzG RP, § 98 ThürJVollzGB** **Disziplinarmaßnahmen** (1) Disziplinarmaßnahmen können angeordnet werden, wenn die Gefangenen rechtswidrig und schuldhaft 1. andere Personen verbal oder tätlich angreifen, 2. Lebensmittel oder fremde Sachen zerstören oder beschädigen, 3. in sonstiger Weise gegen Strafgesetze verstoßen oder eine Ordnungswidrigkeit begehen, 4. verbotene Gegenstände in die Anstalt einbringen, sich an deren Einbringung beteiligen, sie besitzen oder weitergeben,

Bundesland	Voraussetzungen
	5. unerlaubt Betäubungsmittel oder andere berauschende Stoffe konsumieren,
	6. entweichen oder zu entweichen versuchen,
	7. gegen Weisungen im Zusammenhang mit der Gewährung von Lockerungen verstoßen,
	8. gegen eine Anordnung nach § 119 Abs. 1 StPO verstoßen,
	9. wiederholt oder schwerwiegend gegen sonstige Pflichten verstoßen, die ihnen durch dieses Gesetz oder aufgrund dieses Gesetzes auferlegt sind, und dadurch das geordnete Zusammenleben in der Anstalt stören oder
	10. im Vollzug der Jugendstrafe sich zugewiesenen Aufgaben entziehen.
	(2) Disziplinarmaßnahmen dürfen gegen junge Gefangene nur angeordnet werden, wenn erzieherische Maßnahmen nicht nach § 96 Abs. 2 Satz 3 ausgeschlossen sind oder nicht ausreichen, um ihnen das Unrecht ihrer Handlung zu verdeutlichen.
	(3) Zulässige Disziplinarmaßnahmen sind
	1. der Verweis,
	2. die Beschränkung oder der Entzug des Fernsehempfangs bis zu drei Monaten,
	3. die Beschränkung oder der Entzug der Gegenstände für die Freizeitbeschäftigung, mit Ausnahme des Lesestoffs, bis zu drei Monaten,
	4. die Beschränkung oder der Entzug des Aufenthalts in Gemeinschaft oder der Teilnahme an einzelnen Freizeitveranstaltungen bis zu drei Monaten,
	5. die Beschränkung des Einkaufs bis zu drei Monaten,
	6. die Beschränkung oder der Entzug von Annehmlichkeiten nach § 63 bis zu drei Monaten,
	7. die Kürzung des Arbeitsentgelts um 10 v. H. bis zu drei Monaten,
	8. der Entzug der zugewiesenen Arbeit bis zu vier Wochen und
	9. Arrest bis zu vier Wochen.
Sachsen-Anhalt	**§ 98 JvollzGB LSA** **Disziplinarmaßnahmen** (1) Disziplinarmaßnahmen können angeordnet werden, wenn der Gefangene rechtswidrig und schuldhaft 1. andere Personen verbal oder tätlich angreift, 2. Lebensmittel oder fremde Sachen zerstört oder beschädigt,

Bundesland	Voraussetzungen

3. in sonstiger Weise gegen Strafgesetze verstößt oder eine Ordnungswidrigkeit begeht,

4. verbotene Gegenstände in die Anstalt einbringt, sich an deren Einbringung beteiligt, sie besitzt, weitergibt, oder dies versucht,

5. unerlaubt Betäubungsmittel oder andere berauschende Stoffe, insbesondere Alkohol, konsumiert, herstellt, besitzt, annimmt, weitergibt oder dies versucht,

6. entweicht oder zu entweichen versucht,

7. gegen Weisungen im Zusammenhang mit der Gewährung von Lockerungen verstößt, insbesondere sich während der Lockerungen dem weiteren Vollzug der Freiheitsstrafe oder Jugendstrafe entzieht oder dies versucht,

8. gegen eine Anordnung nach § 119 Abs. 1 der Strafprozessordnung verstößt,

9. Anordnungen der Bediensteten nicht befolgt,

10. sich weigert, an einer Maßnahme nach § 87 Abs. 1 mitzuwirken,

11. durch sein Verhalten das geordnete Zusammenleben in der Anstalt stört,

12. wiederholt oder schwerwiegend gegen sonstige Pflichten verstößt, die ihm durch dieses Gesetz oder aufgrund dieses Gesetzes auferlegt sind, oder

13. sich zugewiesenen Aufgaben oder Bereichen entzieht.

Von einer Disziplinarmaßnahme wird abgesehen, wenn es genügt, den Gefangenen zu verwarnen.

(1) Disziplinarmaßnahmen dürfen gegen den jungen Gefangenen nur angeordnet werden, wenn erzieherische Maßnahmen nicht nach § 97 Abs. 2 Satz 3 ausgeschlossen sind oder nicht ausreichen, um ihm das Unrecht seiner Handlung zu verdeutlichen.

(2) Zulässige Disziplinarmaßnahmen sind

1. der Verweis,

2. die Beschränkung oder der Entzug des Fernsehempfangs bis zu drei Monaten,

3. die Beschränkung oder der Entzug der Gegenstände für die Freizeitbeschäftigung, mit Ausnahme des Lesestoffs, bis zu drei Monaten,

4. die Beschränkung oder der Entzug des Aufenthalts in Gemeinschaft oder der Teilnahme an einzelnen Freizeitveranstaltungen bis zu drei Monaten,

5. die Beschränkung der Verfügung über das Hausgeld und des Einkaufs bis zu drei Monaten,

6. die Beschränkung oder der Entzug von Annehmlichkeiten nach § 62 bis zu drei Monaten,

Bundesland	Voraussetzungen
	7. die Kürzung der in diesem Gesetz geregelten Bezüge um 10 v.H. bis zu drei Monaten, 8. der Entzug der zugewiesenen Arbeit bis zu vier Wochen und 9. Arrest bis zu vier Wochen Bei dem jungen Gefangenen findet Satz 1 Nr. 1 keine Anwendung; Maßnahmen nach Satz 1 Nrn. 2 bis 7 sind nur bis zu zwei Monaten und Maßnahmen nach Satz 1 Nrn. 8 und 9 nur bis zu zwei Wochen zulässig. (3) Arrest darf nur wegen schwerer oder mehrfach wiederholter Verfehlungen verhängt werden. (4) Mehrere Disziplinarmaßnahmen können miteinander verbunden werden. (5) Disziplinarmaßnahmen sind auch zulässig, wenn wegen derselben Verfehlung ein Strafverfahren oder ein Bußgeldverfahren eingeleitet wird. (6) Bei der Auswahl der Disziplinarmaßnahmen im Vollzug der Untersuchungshaft sind Grund und Zweck der Haft sowie die psychischen Auswirkungen der Untersuchungshaft und des Strafverfahrens auf den Untersuchungsgefangenen zu berücksichtigen. Durch die Anordnung und den Vollzug einer Disziplinarmaßnahme dürfen im Strafverfahren die Verteidigung, die Verhandlungsfähigkeit und die Verfügbarkeit des Untersuchungsgefangenen für die Verhandlung nicht beeinträchtigt werden.

2.11.1 Details der landesrechtlichen Regelungen

Bei den Anordnungsvoraussetzungen und Arten der Disziplinarmaßnahmen finden sich einige wichtige Unterschiede.

2.11.1.1 Anordnungsvoraussetzungen

Die 8er Gruppe sowie Brandenburg, Rheinland-Pfalz, Thüringen und Sachsen-Anhalt listen die Gründe für die Anordnung einer Disziplinarmaßnahme abschließend auf[1660] und sehen u.a. alle das Entweichen oder den Versuch des Entweichens als Disziplinartatbestand an. Die übrigen Landesgesetze verzichten demgegenüber auf einen Tatbestandskatalog und fordern stattdessen alle etwa gleichlautend einen schuldhaften Verstoß der Untersuchungsgefangenen gegen Pflich-

---

[1660] § 60 UVollzG Bln, BrUVollzG, UVollzG M-V, SUVollzG, UVollzG LSA, UVollzG SH; § 64 HmbUVollzG; § 40 HUVollzG; § 59 SächsUHaftVollzG; § 100 Abs. 1 BbgJVollzG; § 97 Abs. 1 LJVollzG RP; § 98 ThürJVollzGB.

ten, die ihnen durch oder auf Grund des Untersuchungshaftvollzugsgesetzes oder
§ 119 StPO auferlegt worden sind.

2.11.1.2 Zugelassene Disziplinarmaßnahmen

Alle Landesgesetze zählen die zulässigen Disziplinarmaßnahmen abschließend
auf. Hinsichtlich des Maßnahmenkatalogs gibt es einige Besonderheiten. Nur Baden-Württemberg, Bayern und Niedersachsen kennen die Beschränkung des Verkehrs mit Personen außerhalb der Justizvollzugsanstalt auf dringende Fälle bis zu
drei Monaten. Allein Nordrhein-Westfalen sieht auch die Beschränkung oder Entzug des Lesestoffs bis zu zwei Wochen vor.

In den Gesetzen der 8er Gruppe (bis auf Hessen und Bremen) sowie Baden-
Württemberg und Nordrhein-Westfalen besteht die Möglichkeit der Beschränkung des Rundfunkempfangs bis zu drei Monaten, des gleichzeitigen Entzugs des
Hörfunk- und Fernsehempfangs jedoch nur bis zu zwei Wochen. In Bremen ist
die Beschränkung oder der Entzug nur bis zu zwei Monaten möglich. In Bayern
und Niedersachsen fallen die Bestimmungen demgegenüber strenger aus. Dort ist
die Beschränkung oder der Entzug des Hörfunk- und Fernsehempfangs bis zu drei
Monaten ohne eine Einschränkung des zeitigen Maßes des gleichzeitigen Entzugs
vorgesehen. In Hessen, Brandenburg, Rheinland-Pfalz und Sachsen-Anhalt ist
demgegenüber nur die Beschränkung des Fernsehempfangs bis zu drei Monaten
möglich.

Alle Landesgesetze bis auf Brandenburg sehen den Entzug der Arbeit bis zu
vier Wochen unter Wegfall der Bezüge vor. Brandenburg kennt diese Maßnahme
nicht. Nur Brandenburg, Rheinland- Pfalz, Thüringen und Sachsen-Anhalt kennen jedoch die Kürzung des Arbeitsentgelts um 10 % bis zu drei Monaten.

Jedes Landesgesetz bis auf Brandenburg sieht Arrest bis zu vier Wochen vor.
Nur Brandenburg verzichtet vollständig auf den Arrest als Disziplinarmaßnahme.

2.11.2 Bewertung

2.11.2.1 Anordnungsgründe

Hinsichtlich der Disziplinartatbestände ist die klare Auflistung in Form eines Tatbestandskatalogs in der 8er Gruppe sowie Brandenburg, Rheinland-Pfalz, Thüringen und Sachsen-Anhalt gegenüber der unklaren und zu weiten Bestimmung der
übrigen Landesgesetze vorzugswürdig. Sie führt zu mehr Rechtssicherheit für den

Untersuchungsgefangenen.[1661] Auch die Annahme, dass die Vollzugsbediensteten die bessere Handhabbarkeit begrüßen werden, liegt nahe.[1662] Für einen Tatbestandskatalog sprechen auch die Vorgaben der EPR, nach denen das innerstaatliche Recht Handlungen und Unterlassungen von Gefangenen bestimmt, die disziplinarische Pflichtverstöße darstellen.[1663] Der Kommentar zu den EPR verdeutlicht insofern, dass die Liste der Disziplinarvergehen genau definiert und veröffentlicht werden sollte und alle Gefangenen diese Regelungen im Voraus kennen sollten.[1564]

Innerhalb des Tatbestandskatalogs ist jedoch die in der 8er Gruppe, Brandenburg, Rheinland-Pfalz, Thüringen und Sachsen-Anhalt normierte disziplinarrechtliche Ahndung des Entweichens abzulehnen.[1665] Der Streit soll hier nicht erneut geführt werden, wesentlich ist insofern nur, dass sich die Anordnung von Disziplinarmaßnahmen in diesen Fällen als sinnwidrig zur aufgrund des sog. Selbstbegünstigungsprinzips gegebenen Straflosigkeit des Entweichens darstellt.[1666]

2.11.2.2 Zulässigkeit einzelner Maßnahmen

Einige der in den Landesgesetzen vorgesehenen Disziplinarmaßnahmen wurden undifferenziert aus dem Strafvollzug übernommen, sind aber grade mit Blick auf die besondere Situation der Untersuchungshaft problematisch. Dazu gehört zuvorderst die Beschränkung des Verkehrs mit Personen außerhalb der Justizvollzugsanstalt. Diese Disziplinarmaßnahme erkennt nicht die Wichtigkeit der im Untersuchungshaftvollzug ohnehin schon deutlich beschränkten Außenkontakte.[1667] Diese noch immer in Baden-Württemberg, Bayern und Niedersachsen vorhandene Disziplinarmaßnahme widerspricht in ihrem weiten Wortlaut auch der Vorgabe der EPR, nach denen eine Disziplinarmaßnahme kein vollständiges Verbot des Kontakts zur Familie umfassen darf.[1668] Sie widerspricht ebenso der Empfehlung des CPT, sicherzustellen, dass die disziplinarische Bestrafung niemals ein vollständiges Verbot des Kontakts zur Familie umfasst und dass sämtliche Beschränkungen familiärer Kontakte als Bestrafung nur auferlegt werden dürfen,

---

1661 Vgl. *Feest* 2008.

1662 Vgl. *Piel/Püschel/Tsambikakis/Wallau* 2009, S. 36.

1663 EPR, Rule 57.2a); vgl. dazu auch *Dünkel* 2009b, S. 10.

1664 EPR, Kommentar zu den Rules 57 und 60.

1665 Vgl. *Dünkel* 2009b, S. 10; SK-*Paeffgen* 2007, § 119 Rn 53 mit Nachweisen zur a. A.; ablehnend für den Strafvollzug auch: *Calliess/Müller-Dietz* 2008, § 102 Rn 11; *Laubenthal* 2011, S. 446.

1666 Vgl. auch *Feest* 2008.

1667 So schon *Seebode* 1985, S. 248 zu Nr. 68 Ziff. 9 UVollzO.

1668 EPR, Rule 60.4.

wenn der Verstoß mit diesen Kontakten zu tun hat.[1669] Das CPT hat insofern Deutschland explizit dazu aufgefordert, die Landesgesetze entsprechend zu ändern.[1670] Die Stellungnahme der Bundesregierung, die ausführt, dass diese Sanktion nur in seltenen Ausnahmefällen angeordnet werde und grundsätzlich voraussetze, dass der zu ahndende Disziplinarverstoß in unmittelbarem Zusammenhang mit diesen Kontakten stehe und dass Besuche von Familienangehörigen, die dem Zweck der Maßnahme nicht zuwiderlaufen, regelmäßig von dieser Sanktion ausgenommen seien,[1671] spricht letztendlich gerade wegen der Betonung des Ausnahmecharakters ebenfalls für die Verzichtbarkeit dieser Disziplinarmaßnahme. Zu berücksichtigen ist insbesondere, dass die zeitweise Versagung von Außenkontakten insbesondere bei lange dauernder Untersuchungshaft durch die mit ihr verbundene Entsozialisierung zu mehr Problemen führt, als durch sie vermeintlich gelöst werden.[1672] Die Begründung zum Musterentwurf der 8er Gruppe erkennt diese Problematik insofern zutreffend und führt an, dass soweit nicht der Kontakt mit der Außenwelt aus verfahrenssichernden Gründen ohnehin eingeschränkt ist, er im Untersuchungshaftvollzug von besonderer Bedeutung ist und unter dem Geschichtspunkt der Aufrechterhaltung sozialer Bindungen im Rahmen des Möglichen gefördert werden muss.[1673] Daran sollten sich auch Baden-Württemberg, Bayern und Niedersachsen orientieren und diese Disziplinarmaßnahme ersatzlos streichen.

Die nur noch in Nordrhein-Westfalen auch in Verbindung mit dem Arrest[1674] zulässige Beschränkung oder Entzug des Lesestoffs bis zu zwei Wochen ist nicht mehr angebracht[1675] und verstößt gegen die Rec (2006) 13, nach der die Disziplinarmaßnahme der Einzelhaft den Zugang zu Lektüre nicht beeinträchtigen soll.[1676] Sie widerspricht auch der mehrfach wiederholten konkreten Empfehlung des CPT, Gefangenen, denen als Disziplinarmaßnahme Einzelhaft auferlegt worden ist, den Zugang zu Lesestoff nicht zu verweigern.[1677] Auch insofern hat das

---

1669 Vgl. CPT/Inf (2012) 6, Rn 83.

1670 Vgl. CPT/Inf (2012) 6, Rn 83.

1671 CPT/Inf (2012) 7, S. 40.

1672 Vgl. *Baumann* 1982, S. 702.

1673 Begründung zu § 61 ThürUVollzG a. F. (Thür. Ltg. Drs. 5/2764).

1674 Gem. § 45 Abs. 3 S. 1 GVUVS NRW können mehrere Disziplinarmaßnahmen miteinander verbunden werden. Hinsichtlich einer Verbindung des Arrests gem. § 45 Abs. 2 Nr. 7 GVUVS NRW und dem Entzugs des Lesestoffs gem. § 45 Abs. 2 Nr. 3 GVUVS NRW wird keine Ausnahme gemacht; vgl. auch *Piel/Püschel/ Tsambikakis/Wallau* 2009, S. 36.

1675 Begründung zu § 61 ThürUVollzG a. F. (Thür. Ltg. Drs. 5/2764).

1676 Rec (2006) 13, 42; vgl. *Piel/Püschel/Tsambikakis/Wallau* 2009, S. 36.

1677 Vgl CPT/Inf (2012) 6, Rn 82.

CPT nach seinem Besuch in Deutschland ausdrücklich dazu aufgefordert, diese Einschränkung unverzüglich formell abzuschaffen.[1678] Die Stellungnahme der Bundesregierung, die ausführt, dass es aufgrund der Schwere der Verfehlung des Gefangenen im Einzelfall angezeigt sein könne, den Bezug von eigenen Zeitungen und Zeitschriften aus disziplinarischen Gründen ebenfalls zu unterbinden und es ausreiche, in diesen Fällen den Zugang zu allgemeinem Lesestoff sicherzustellen,[1679] verkennt demgegenüber die Bedeutung des Grundrechts auf Informationsfreiheit. Zudem garantiert Nordrhein-Westfalens Regelung diese von der Bundesregierung angeführte Vorgehensweise gerade nicht, da sie nur vom „Entzug des Lesestoffs" spricht, jedoch keine Ausnahmen hinsichtlich eines „allgemeinen Lesestoffs" vorsieht.

Positiv ist, dass Sachsen-Anhalt im neuen Justizvollzugsgesetz jetzt vom zuvor möglichen Ausschluss von Unterricht, Berufsausbildung und beruflicher Fort- und Weiterbildung, der keine zeitliche Beschränkung kannte, absieht. Diese Änderung ist insbesondere deswegen positiv, weil diese Disziplinarmaßnahme auch nach der Beendigung der Untersuchungshaft negative Auswirkungen auf das Fortkommen des Betroffenen haben kann.

Die Möglichkeit zum gleichzeitigen Entzug des Hörfunk- und Fernsehempfangs ist mit Blick auf Art. 5 Abs. 1 S. 1 GG problematisch und sollte abgeschafft werden.[1680] Derartige Maßnahmen können den Untersuchungsgefangenen entsozialisieren und schaffen somit ebenfalls mehr Probleme als sie lösen.[1681] Die Kenntnisnahme vom Zeitgeschehen durch Tageszeitungen ist zwar auch nach Anordnung dieser Disziplinarmaßnahme weiterhin möglich, bleibt demjenigen Untersuchungsgefangenen, der keine Zeitschriften abonniert, jedoch verwehrt[1682] und ist überdies relativ kostenintensiv.

Die nur in Brandenburg, Rheinland-Pfalz, Thüringen und Sachsen-Anhalt vorgesehene und auch im Kommentar zu den EPR genannte[1683] Kürzung des Arbeitsentgelts um 10% bis zu drei Monaten ist sachgerecht, trägt dem Angleichungsgrundsatz Rechnung und ist auch für die übrigen Landesgesetze wünschenswert. Eine Geldbuße ist bei arbeitenden Untersuchungsgefangenen, die an der Arbeitsentlohnung interessiert sind, sinnvoll und erfolgt, da sie vom Lohn abgezogen wird, nur in den Fällen, in denen der Untersuchungsgefangene sie auch zahlen

---

1678   CPT/Inf (2012) 6, Rn 82.

1679   CPT/Inf (2012) 7, S. 40.

1680   Vgl. *Bundesrechtsanwaltskammer* 2009, S. 31 f.

1681   Vgl. *Baumann* 1982, S. 702.

1682   Vgl. *Bundesrechtsanwaltskammer* 2009, S. 31 f.

1683   Vgl. EPR, Kommentar zu Rule 60.

kann, so dass der Untersuchungsgefangene nicht vor eine Schuldenproblematik gestellt wird.[1684]

Hinsichtlich des Arrests sollten alle Landesgesetze dem Beispiel Brandenburgs folgen und diese nicht sachgemäße „Haft in der Haft" abschaffen.[1685] In Anbetracht der erhöhten Gefahr der Haftdeprivation[1686] sollte der Arrest jedoch zumindest auf eine Woche Dauer reduziert werden.[1687] Dafür sprechen auch die Vorgaben der EPR, nach denen Einzelhaft als Disziplinarmaßnahme nur in Ausnahmefällen und für einen fest umrissenen, möglichst kurzen Zeitraum verhängt werden darf.[1688] Die durch die Regelungen der Landesgesetze gegebene Möglichkeit, bei einer häufig relativ kurzen Dauer der Untersuchungshaft[1689] für bis zu vier Wochen in der Arrestzelle untergebracht zu sein, ist jedoch unverhältnismäßig.[1690]

2.11.2.3 Einvernehmliche Streitbeilegung

Nur Brandenburg sieht vor, dass wenn Gefangene gegen Pflichten verstoßen, die ihnen durch oder aufgrund des Gesetzes auferlegt sind, in geeigneten Fällen zur Abwendung von Disziplinarmaßnahmen im Wege einvernehmlicher Streitbeilegung Vereinbarungen getroffen werden können. Geregelt wird, dass insbesondere die Wiedergutmachung des Schadens, die Entschuldigung beim Geschädigten, die Erbringung von Leistungen für die Gemeinschaft und das vorübergehende Verbleiben im Haftraum in Betracht kommen. Erfüllen die Gefangenen die Vereinbarungen, so ist die Durchführung eines Disziplinarverfahrens unzulässig. Die Regelung ist gerade deswegen positiv hervorzuheben, weil sie davon ausgeht, dass sich Sicherheit und Ordnung mit weniger einschneidenden Maßnahmen als Disziplinarmaßnahmen erreichen lassen können. Eine solche Norm ist auch für die übrigen Landesgesetze wünschenswert. Dadurch wird einem zeitgemäßen Verständnis der Konfliktlösung im Justizvollzug Rechnung getragen.[1691] Die Vorschrift entspricht den Vorgaben der EPR, nach denen Disziplinarmaßnahmen

---

1684   Vgl. *Baumann* 1981, S. 113.

1685   Vgl. Begründung zu § 100 BbgJVollzG (Bbg. Ltg. Drs. 5/6437).

1686   *Hoffmann* 1990, S. 35; *Callies/Müller-Dietz* 2008, § 89 Rn3; AK-Feest/*Feest/Köhne* § 89 Rn 1; *Kühl* 2012, S. 248 m. w. N.

1687   Vgl. § 62 Abs. 1 Nr. 4 E-Baumann: zwei Wochen.

1688   EPR, Rule 60.5

1689   Vgl. *Kap. 1.5.3* und *Tab. 6.*

1690   So zutreffend *Dünkel* 2009b, S. 10.

1691   Vgl. Begründung zu § 99 BbgJVollzG (Bbg. Ltg. Drs. 5/6437).

als letztes Mittel vorzusehen sind[1692] und die Vollzugsbehörden zur Beilegung von Streitigkeiten mit und unter den Gefangenen wenn immer möglich Mediationsgespräche und Maßnahmen zur ausgleichenden Konfliktregelung einzusetzen haben.[1693]

2.11.3 Zusammenfassung

Auf dem Bereich der Disziplinarmaßnahmen fehlt in einigen Ländergesetzen ein klar definierter Katalog von Disziplinartatbeständen. Auch sind verschiedene der vorgesehenen Disziplinarmaßnahmen besonders im Untersuchungshaftvollzug nicht haltbar. In Zukunft sollten alle Ländergesetze Brandenburgs Vorbild folgen und ebenfalls Regelungen zur einvernehmlichen Streitbeilegung treffen.

2.12 Beschwerde

Alle Landesgesetze enthalten eine Bestimmung zum Beschwerderecht.[1694] Die Vorschriften gleichen im Wesentlichen der Regelung des StVollzG[1695] und entsprechen den Vorgaben der EPR, nach denen Gefangene ausreichend Gelegenheiten erhalten müssen, sich mit Anträgen oder Beschwerden an den Anstaltsleiter oder an sonstige zuständige Behörden zu wenden.[1696] Die landesrechtlichen Regelungen garantieren den Betroffenen das Recht, sich mit Wünschen, Anregungen und Beschwerden in vollzuglichen Angelegenheiten, die sie selbst betreffen, an die Anstaltsleitung zu wenden. Das Beschwerderecht ist insofern weniger förmlicher Rechtsbehelf, als vielmehr allgemeines Problemlösungsrecht,[1697] was auch im Untersuchungshaftvollzug gilt. Dabei verdeutlicht die Reihenfolge der in den Landesgesetzen vorhandenen Auflistung, dass die Vollzugsverwaltung einen konfrontationsarmen Umgang mit dem Vorbringen der Untersuchungsgefangenen anstreben soll.[1698] Problematisch mit Blick auf die besondere Situation des Untersuchungsgefangenen ist jedoch die in den Gesetzen von Hessen und Baden-

---

1692 EPR, Rule 56.1.

1693 EPR, Rule 56.2.

1694 § 65 UVollzG Bln, BrUVollzG, UVollzG M-V, SUVollzG, UVollzG SH; § 70 HmbU-VollzG Teil 6 SächsUVollzG; § 42 HUVollzG § 105 BbgJVollzG; § 102 LJVollzG RP; § 103 ThürJVollzGB, JVollzGB LSA; § 68 JVollzGB BW II; Art 42 BayUVollzG i. V. m. Art. 115 BayStVollzG; § 101 NJVollzG; § 54 GVUVS NRW.

1695 § 108 StVollzG.

1696 EPR, Rule 70.1.

1697 Vgl. *Callies/Müller-Dietz* 2008, § 108 Rn 3; *Kühl* 2012, S. 315.

1698 Vgl. AK-Feest/*Kamann/Spaniol* 2012, § 108 Rn2; Ostendorf-*Willsch* 2012, § 10 Rn 12.

Württemberg zu findende Besonderheit, dass Eingaben, die beleidigenden Charakter haben, nicht in der Sache beschieden zu werden brauchen.[1699] Etwa Dienstaufsichtsbeschwerden sind auch dann weiterzuleiten, wenn in ihnen grobe Beleidigungen enthalten sind.[1700] Diese Interessenlage ist aber auf die Situation der Beschwerde übertragbar. Auch hier gilt parallel zu Beleidigungen in Briefen,[1701] dass zumindest die Gefahr nicht auszuschließen ist, dass auf diese Weise berechtigte Kritik verhindert wird oder zumindest die Gefahr besteht, dass eben dieser Verdacht entsteht.[1702] Beleidigungen können bezeichnend für psychische Krisensituationen der Untersuchungsgefangenen sein und sich mit ihrer Ohnmacht gegenüber der ungewohnten Situation, Unwissen über Fragen des Strafprozesses und sogar Wahnvorstellungen, die durch die Isolation im Haftraum hervorgerufen werden können erklären lassen.[1703] Dieser Thematik sollte insofern nicht durch die Nicht-Bescheidung in der Sache, sondern besser im Rahmen des auf die Beschwerde folgenden Gesprächs begegnet werden.[1704]

1699 Die Bestimmungen entsprechen der Nr. 2 Abs.1 S. 1 der VV zu § 108 StVollzG.

1700 OLG Hamm JMBlNW 1974, S. 115, zitiert nach SK-*Paeffgen* 2007, § 119 Rn 32; vgl. SK-*Paeffgen* 2007, § 119 Rn 32.

1701 Vgl. *Kap. 2.8.2.10.*

1702 Vgl. Begründung zum AE-StVollzG, S. 179. Darauf verweist *Baumann* 1981, S. 59.

1703 Vgl. *Seebode* 1987, S. 23 f.

1704 Vgl. *Seebode* 1987, S. 23.

3. Schlussbemerkungen

3.1 Forderung eines gesetzlichen Abstandsgebotes zur voraussetzungslosen Einzelhaft

Schon seit langem wurde an der Praxis des Untersuchungshaftvollzugs „das Elend der aus mangelnder Beschäftigung resultierenden ‚toten Zeit', die der Untersuchungsgefangene abgesondert auf der Zelle verbringt",[1705] kritisiert.

Das CPT hat bei seinen Besuchen in Deutschland mehrmals beobachtet, dass die Untersuchungsgefangenen unter Geltung der Rechtslage vor Inkrafttreten der Untersuchungshaftvollzugsgesetze der Länder bis zu 23 Stunden am Tag in ihren Zellen blieben, ohne eine Möglichkeit, ihre Zeit zu nutzen.[1706] Unter der neuen Rechtslage hatte das BVerfG über einen Sachverhalt in Mecklenburg-Vorpommern zu entscheiden, in dem die Untersuchungsgefangenen bis zu 23 Stunden täglich bzw. durchschnittlich 21,5 Stunden auf ihrem Haftraum eingeschlossen waren.[1707]

Gerade dieser letztgenannte Fall zeigt, dass es nicht allen Landesgesetzgebern gelungen ist, mit der Schaffung der Untersuchungshaftvollzugsgesetze auch eines der wesentlichsten Probleme zuvorderst des Untersuchungsgefangenen, nämlich das Eingesperrtsein für bis zu 23 Stunden auf dem Haftraum, zu lösen.

Nach hier vertretener Auffassung verlangt jedoch nicht zuletzt die Unschuldsvermutung, die Anforderungen an die Ausgestaltung des Untersuchungshaftvollzugs legislatorisch zu präzisieren und die vom CPT vorgefundenen und in der Rechtsprechung des BVerfG bestätigten mehr als problematischen Zustände in der Praxis des Untersuchungshaftvollzugs zu beseitigen. Hinsichtlich des Tagesablaufs darf der notwendige Abstand zu einer „grundrechtswidrigen voraussetzungslosen Einzelhaft"[1708] bzw. eines voraussetzungslosen Arrests nicht unterschritten werden.

Das hier geforderte Abstandsgebot beruht auch auf den unterschiedlichen Legitimationsgrundlagen und Zwecksetzungen von Einzelhaft bzw. Arrest und Untersuchungshaftvollzug:

1705 Vgl. *Jehle* 1987, S. 1 f. m. w. N.

1706 CPT/Inf (97) 9 [Part1] Rn 91; CPT/Inf (97) 9 [Part1] Rn 126; CPT/Inf (93) 13 Rn 100; CPT/Inf (2007) 18 Rn 65; CPT/Inf (2007) 18 Rn 64.

1707 BVerfG 2 BvR 736/11 vom 17.10.2012. Vgl. zum Sachverhalt *Kap. 2.4.2.2.* Die rechtstatsächliche Situation ist heutzutage allerdings differenzierter zu sehen, und das „Eingesperrtsein" für bis zu 23 Stunden pro Tag dürfte eher die Ausnahme darstellen, vgl. die Befunde zum Jugendvollzug bei *Villmow/Savinsky/Woldmann* 2011; zusammenfassend (auch im europäischen Vergleich) ferner *Dorenburg* 2017.

1708 BVerfG 2 BvR 736/11 vom 17.10.2012, Abs. Nr. 30.

Der Zweck der Einzelhaft ist die Aufrechterhaltung oder Wiederherstellung der Sicherheit und Ordnung im Untersuchungshaftvollzug und somit die Gefahrenabwehr. Einzelhaft stellt bekanntlich einen besonders schweren Eingriff in das Persönlichkeitsrecht des Untersuchungsgefangenen dar[1709] und muss immer ultima Ratio sein.[1710] Die in der Fachliteratur beschriebene, mit der Einzelhaft einhergehende, gesteigerte Gefahr der Haftdeprivation[1711] wird vom CPT ausdrücklich betont[1712] und auch das BVerfG hat zu bedenken gegeben, dass angesichts der erheblichen Verschärfung, die der Freiheitsentzug in dem Maße erfährt, in dem der Gefangene über begrenzte Teile des Tages hinaus unfreiwillig auf seinen Haftraum beschränkt und an der Kontaktaufnahme mit anderen Gefangenen gehindert ist, die Einzelhaft eine erhebliche Härte bedeutet.[1713] Die landesrechtlichen Voraussetzungen für die Anordnung dieser mit besonders weitreichendem Einschluss verbundenen Maßnahmen sind entsprechend eng.[1714] Einzelhaft ist nach den Regelungen der Landesgesetze nur zulässig, wenn dies aus Gründen, die in der Person des Untersuchungsgefangenen liegen, unerlässlich ist.[1715] Alle negativen Aspekte der Einzelhaft gelten auch hinsichtlich des Arrests, da dieser eine in Einzelhaft zu vollziehende Disziplinarmaßnahme ist, die nach allen Landesgesetzen nur wegen schwerer oder wiederholter Verfehlungen verhängt werden darf und deren Dauer von den Landesgesetzen auf vier Wochen beschränkt wird.[1716]

Die Berechtigung zur Anordnung und zum Vollzug der Untersuchungshaft folgt demgegenüber aus der notwendigen Sicherung des im öffentlichen Interesse stehenden staatlichen Strafanspruches.[1717] Bekanntlich ist der Untersuchungsgefangene noch nicht rechtskräftig verurteilt und es ist ständige Rechtsprechung des

---

1709 Vgl. AK-Feest/*Feest/Köhne* 2012, § 89 Rn 1.

1710 BVerfG StV 1999, S. 551; OLG Karlsruhe ZfStrVo 2004, S. 186; OLG Celle ZfStrVo 1980, S. 191; OLG Frankfurt ZfStrVo 1987, S. 381; *Callies/Müller-Dietz* 2008, § 89 Rn 2; AK-Feest/*Feest/Köhne* 2012, § 89 Rn 3.

1711 *Hoffmann* 1990 S. 35; *Callies/Müller-Dietz* 2008, § 89 Rn 3; AK-Feest/*Feest/Köhne* 2012 § 89 Rn 1; Ostendorf-*Hadeler* 2012, § 7 Rn 125; *Kühl* 2012, S. 248 m. w. N.

1712 CPT-Standards, Auszug aus dem 2. Jahresbericht [CPT/Inf (92) 3] Rn 56.

1713 BVerfG 2 BvR 736/11 vom 17.10.2012, Abs. Nr. 22.

1714 § 50 UVollzG Bln, BrUVollzG, UVollzG M-V, SUVollzG, SächsUHaftVollzG, UVollzG LSA, UVollzG SH; § 54 Abs. 3 S. 1 i. V. m. § 54 Abs. 1 HmbUVollzG; § 35 Abs. 7 HUVollzG; § 90 Abs. 2 Nr. 3, Abs. 4, § 91 Abs. 5, Abs. 6 S. 1 BbgJVollzG; § 88 Abs. 2 Nr. 3, Abs. 4, § 89 Abs. 5, Abs. 6 S. 1 LJVollzG RP; § 89 Abs. 2 Nr. 3, Abs. 4, § 90 Abs. 5, Abs. 6 S. 1 ThürJVollzGB; § 89 Abs. 2 Nr. 3, Abs. 4, § 90 Abs. 5, Abs. 6 JVollzGB LSA; § 48 Abs. 1 JVollzGB BW II; Art. 27 BayUVollzG i. V. m. Art. 97 BayStVollzG; § 156 Abs. 1 i. V. m. § 82 NJVollzG; § 43 Abs. 3 GVUVS NRW.

1715 Vgl. *Kap. 2.9.2.6.*

1716 Vgl. *Kap. 2.11.2.2.*

1717 Vgl. *Kap. 1.3.*

BVerfG, dass der Untersuchungsgefangene allein den unvermeidlichen Beschränkungen unterworfen werden darf.[1718] Ebenso wurde vom BVerfG wiederholt darauf hingewiesen, dass der Grundsatz der Verhältnismäßigkeit den Vollzug der Untersuchungshaft in besonderem Maße prägen muss.[1719]

Das Institut der Untersuchungshaft ist nach hier vertretener Auffassung nur dann zu rechtfertigen, wenn die Legislative bei der Ausgestaltung des Vollzugs dem besonderen Charakter des mit der Untersuchungshaft verbundenen Eingriffs hinreichend Rechnung trägt und dafür sorgt, dass über den unvermeidlichen Entzug der „äußeren" Freiheit hinaus weitere Belastungen vermieden werden.[1720] Dem muss durch einen Vollzug Rechnung getragen werden, der den allein verfahrenssichernden Charakter der Untersuchungshaft sowohl gegenüber dem Untersuchungsgefangenen als auch gegenüber der Allgemeinheit[1721] deutlich macht.[1722] Der Untersuchungshaftvollzug ist hinsichtlich des Tagesablaufs in deutlichem Abstand zu Arrest und Einzelhaft so auszugestalten, dass die Unschuldsvermutung sichtbar die Praxis des Tagesablaufs bestimmt. Dies gilt gerade vor dem Hintergrund, dass sich die Haft räume zur Unterbringung in Einzelhaft und des Normalen Vollzugs nicht wesentlich voneinander unterscheiden müssen[1723] und somit der Tagesablauf das wesentliche Unterscheidungskriterium darstellt.

Die wesensverschiedenen Legitimationsgrundlagen und Zwecksetzungen der Einzelhaft und des Arrests einerseits sowie des normalen Vollzugsregimes andererseits machen eine Differenzierung notwendig.[1724] Die Gestaltung des äußeren Vollzugsrahmens hat dem Charakter der Untersuchungshaft als bloß wegen eines Verdachts angeordnetem Freiheitsentzug Rechnung zu tragen und muss einen deutlichen Abstand zur Einzelhaft bzw. zum Arrest erkennen lassen.[1725]

Dieses Abstandsgebot richtet sich zunächst an die Landesgesetzgeber, denen aufgegeben ist, den Abstand der Untersuchungshaft zu Einzelhaft und Arrest normativ festzuschreiben. Die signifikante Bedeutung, die diesem Abstand für die

---

1718 Ständige Rechtsprechung, vgl. zuletzt BVerfG 2 BvR 736/11 vom 17.10.2012, Abs. Nr. 24; BVerfGE 15, S. 288 ff., 295; 34, S. 369 ff., 379; 42, S. 95 ff., 100; BVerfGK 13, S. 163 ff., 165.

1719 Ständige Rechtsprechung, vgl. zuletzt BVerfG 2 BvR 736/11 vom 17.10.2012, Abs. Nr. 24; BVerfGE 34, S. 369 ff., 380; 35, S. 5 ff., 9; 35, S. 307 ff., 309; BVerfGK 13, S. 163 ff., 165.

1720 Vgl. zur SV: BVerfG 2 BvR 2365/09 vom 04.05.2011, Abs. Nr. 101.

1721 Vgl. *Kap. 1.2.2.1.*

1722 Vgl. zur SV: BVerfG 2 BvR 2365/09 vom 04.05.2011, Abs. Nr. 101.

1723 Vgl. CPT/Inf (97) 9 [Part 1] Rn 145.

1724 Vgl. zur SV: BVerfG 2 BvR 2365/09 vom 04.05.2011, Abs. Nr. 106.

1725 Vgl. zur SV: BVerfG 2 BvR 2365/09 vom 04.05.2011, Abs. Nr. 115.

Verwirklichung der Unschuldsvermutung zukommt, gebietet eine gesetzliche Regelungsdichte, die keine grundlegenden Fragen der Entscheidungsmacht der Exekutive überlässt, sondern deren Handeln in allen wesentlichen Bereichen wirksam vorgibt.[1726]

Diesen Anforderungen genügen die vorhandenen landesgesetzlichen Regelungen jedoch nicht:

Die Einzelhaft kennzeichnet sich durch die „dauernde vollständige Isolierung von allen Mitgefangenen während des gesamten Tagesablaufs" aus.[1727] Der Kontakt zum Vollzugspersonal und zur Außenwelt, etwa durch Besuchsempfang, wird während des Vollzugs der Einzelhaft jedoch nicht ausgeschlossen.[1728] Ein Anspruch auf einstündigen Aufenthalt im Freien bleibt dem Gefangenen, wenn auch nicht als ein Anspruch, der die Gelegenheit sozialer Kontakte einschließt, im Vollzug der Einzelhaft ebenfalls erhalten.[1729] Auch die Teilnahme an in Gemeinschaft stattfindenden religiösen Veranstaltungen ist dem Untersuchungsgefangenen während der Einzelhaft nicht verwehrt.[1730] Mithin unterscheidet sich die Einzelhaft vom regulären Vollzug auf den Feldern der gemeinschaftlichen Freizeit sowie der gemeinschaftlichen Arbeit und Bildung. Diese Bereiche sind potenzielle Differenzierungskriterien zwischen der Einzelhaft und dem normalen Vollzugsregime, die zur Schaffung des gebotenen Abstands entsprechend auszugestalten sind.

Schon entlarvend ist es insofern jedoch, wenn die Bundesregierung in ihrer Stellungnahme die Empfehlung des CPT, den Entzug von Lesestoff als Disziplinarmaßnahme abzuschaffen,[1731] im Ergebnis ablehnt und u.A. zur Begründung anführt, dass die damit verbundene Praxis „auch als *ultima ratio* erhalten bleiben [sollte], um die Ausgestaltung des Arrestes deutlich von dem Charakter des normalen Vollzugs abzuheben."[1732] In einem Rechtsstaat muss es klar sein, dass, ganz anders als es diese Stellungnahme indiziert, die Unschuldsvermutung einen wesentlich deutlicheren Abstand gebietet.

Doch tatsächlich lässt die Gestaltung des äußeren Rahmens von gemeinschaftlicher Arbeit, Bildung und Freizeit in der Untersuchungshaft in keinem Bundesland einen ausreichenden Abstand zum Arrest bzw. zur Einzelhaft erkennen.

1726   Vgl. zur SV: BVerfG 2 BvR 2365/09 vom 4.5.2011, Abs. Nr. 110.

1727   Vgl. Begründung zu § 50 ThürUVollzG a. F. (Thür. Ltg. Drs. 5/2764).

1728   Vgl. Begründung zu § 42 GVUVS NRW (NRW. Ltg. Drs.14/8631).

1729   Vgl. BVerfG 2 BvR 736/11 vom 17.10.2012, Abs. Nr. 24.

1730   Vgl. Begründung zu § 68 JVollzGB BW II (BW. Ltg. Drs.14/5012).

1731   CPT/Inf (2012) 6, Rn 82.

1732   Vgl. CPT/Inf (2007) 19, S. 79.

Denn die Landesgesetze sehen lediglich vor, dass dem Untersuchungsgefangenen Arbeit angeboten werden „soll" bzw. „kann".[1733] Auf dem Bereich der Bildung sehen alle Landesgesetze ebenfalls nur „*Soll*"- bzw. „*Kann*"-Bestimmungen vor und stellen dies teilweise unter den Vorbehalt der Möglichkeiten der Anstalt und der besonderen Bedingungen der Untersuchungshaft.[1734] Auch gemeinsame Freizeit „kann" den Untersuchungsgefangenen in der 10er Gruppe lediglich gestattet werden, in Baden-Württemberg und Bayern „soll" dies zwar geschehen, jedoch nur , „soweit es die räumlichen, personellen und organisatorischen Verhältnisse der Justizvollzugsanstalt gestatten", während sich in Nordrhein-Westfalen Untersuchungsgefangene zwar außerhalb ihrer Haftäume in Gemeinschaft aufhalten „dürfen", dies in der Praxis jedoch nur ermöglicht wird, soweit es die „Ressourcen zulassen".[1735] Nur Brandenburg, Rheinland-Pfalz, Thüringen und Sachsen-Anhalt wo sich die Gefangenen in Gemeinschaft aufhalten „dürfen", sowie Niedersachsen, wo dem Gefangenen Gelegenheit gegeben „wird", sich außerhalb der Ruhezeit in Gemeinschaft mit anderen Gefangenen aufzuhalten, normieren überhaupt ein Recht des Untersuchungsgefangenen auf gemeinsame Freizeit.[1736] Auch durch diese vier landesrechtlichen Regelungen wird der aufgrund der Unschuldsvermutung gebotene deutliche Abstand insbesondere deswegen jedoch nicht geschaffen, weil die Vorschriften mangels konkreter zeitlicher Vorgaben ausfüllungsbedürftig bleiben und ihnen durch die Formulierung „außerhalb der Einschlusszeiten" bzw. „außerhalb der Ruhezeiten" das Risiko immanent ist, dass sie in der Praxis durch Regelungen der Hausordnung konterkariert werden, wenn diese zu weit ausgedehnte Einschluss- bzw. Ruhezeiten festlegen.

Festzuhalten bleibt, dass in keinem Bundesland über die Vorschriften zu Arbeit, Bildung und Freizeit ein ausreichender Abstand zu Arrest und Einzelhaft geschaffen wird. Die Regelungen eröffnen zu weite Beurteilungs- und Ermessensspielräume, ohne das Handeln der Vollzugsanstalten durch klare normative Vorgaben[1737] wirksam auf einen an der Unschuldsvermutung und internationalen Vorgaben entsprechenden Vollzug der Untersuchungshaft, der sich hinreichend von voraussetzungsloser Einzelhaft bzw. Arrest unterscheidet, zu verpflichten. Es ist deswegen zu klären, wie dieser Abstand beschaffen sein muss. Hier sind zunächst die Vorgaben der EPR zu berücksichtigen, die vorsehen, dass alle Gefangenen so viele Stunden täglich außerhalb ihrer Haftäume verbringen können, wie es für ein angemessenes Maß an menschlicher und sozialer Interaktion notwendig

---

1733 Vgl. *Kap. 2.6.2.1.*

1734 Vgl. *Kap. 2.6.2.2.*

1735 Vgl. *Kap. 2.4.2.2.*

1736 Vgl. *Kap. 2.4.2.2.*

1737 Vgl. zur SV: BVerfG 2 BvR 2365/09 vom 04.05.2011, Abs. Nr. 121.

ist.[1738] Wie viel dieses Maß genau betragen soll, schreiben die EPR nicht fest und auch dem Kommentar zu den EPR lässt sich lediglich entnehmen, dass es jedenfalls unakzeptabel ist, Gefangene 23 Stunden in ihren Hafträumen zu lassen.[1739] Die CPT-Standards enthalten jedoch die konkrete Vorgabe, dass es erstrebt werden sollte, sicherzustellen, dass die Gefangenen in Untersuchungshafteinrichtungen einen angemessenen Teil des Tages (8 Stunden oder mehr) außerhalb ihrer Zellen verbringen und sich mit verschiedenartigen sinnvollen Aktivitäten beschäftigen können.[1740]

Das BVerfG sieht in diesem vom CPT gesetzten Standard freilich nicht zuletzt deswegen lediglich ein „anzustrebendes Ziel",[1741] weil auch die CPT-Standards selbst insofern lediglich davon sprechen, dass „es erstrebt werden sollte", entsprechende Zustände sicherzustellen.

Hier wird jedoch die Auffassung vertreten, dass aufgrund der besonderen Bedeutung des Verhältnismäßigkeitsgrundsatzes im deutschen Recht des Untersuchungshaftvollzugs[1742] sowie den verschiedenen Facetten der Unschuldsvermutung,[1743] sowie des Sonderopfers, dass die Untersuchungshaft nach zutreffender Ansicht[1744] darstellt und der nicht zu unterschätzenden Erkenntnis, dass Untersuchungshaftvollzug im Lichte des Sozialstaatsgebots des GG zumindest nicht resozialisierungsfeindlich ausgestaltet sein darf,[1745] nur eine die Zielvorgabe der CPT-Standards absichernde gesetzliche Regelung der Rechtsstellung des Untersuchungsgefangenen gerecht wird.

Insbesondere ist es mit Blick auf den hohen Rang des Freiheitsrechts schon problematisch, wenn die Anordnung der Untersuchungshaft[1746] gestattet wird, obwohl die Anforderungen der Unschuldsvermutung an die Ausgestaltung des Untersuchungshaftvollzugs aufgrund zu unbestimmter Regelungen strukturell

---

1738 EPR, Rule 25.2.

1739 Vgl. EPR, Kommentar zu Rule 25.

1740 CPT Standards, Auszug aus dem 2. Jahresbericht [CPT/Inf (92) 3] Nr. 47. Das BVerfG sieht darin freilich nur ein anzustrebendes Ziel, vgl. BVerfG 2 BvR 736/11 vom 17.10.2012, Abs. Nr. 34.

1741 BVerfG 2 BvR 736/11 vom 17.10.2012, Abs. Nr. 34.

1742 Vgl. *Kap. 1.2.1.4.*

1743 Vgl. *Kap. 1.2.2.1.*

1744 Vgl. BGHZ 60, S. 302 ff.; *Meyer-Goßner* 2014, vor § 112 Rn 3; *Hassemer* 1984, S. 41; *Seebode* 1985, S. 136 ff.; *Arbeitskreis Strafprozeßreform* 1983, S. 32; *Gebauer* 1987, S. 11; *Trechsel* 2006, S. 518.; a. A. *Paeffgen* 1986, S. 211 ff.

1745 Vgl. *Kap. 1.2.2.2.*

1746 Vgl. *Kap. 1.3.*

nicht gewahrt sind.[1747] Die Betroffenen werden so, obwohl die Gefahren seit jeher bekannt sind, quasi „sehenden Auges" einer mit Blick auf die Rechtsstellung des Untersuchungsgefangenen mehr als bedenklichen Freiheitsentziehung unterworfen.[1748]

Die Landesgesetzgeber müssen deswegen selbst regeln und sicherstellen, dass die Ausrichtung an der Unschuldsvermutung nicht durch die Exekutive unterlaufen werden kann. Zu berücksichtigen ist insofern auch, dass bloßer Aufschluss ohne Begleitung durch sinnvolle und kontrollierte Gemeinschaftsveranstaltungen oder sonstige Aktivitäten die Gefahr bergen kann, dass subkulturelle Entwicklungen gefördert werden.[1749] Insofern wurde es von den Gesetzgebern auch schon erkannt, dass für die Praxis Freizeitmöglichkeiten gefragt sind, die den Untersuchungsgefangenen eine sinnvolle und nutzbringende Tagesgestaltung ermöglichen und subkulturellen Tendenzen entgegenwirken.[1750] Auch insofern ist es sachgerecht, für alle Landesgesetze eine an die CPT-Standards angelehnte Regelung zu fordern, nach der die Untersuchungsgefangenen:

1. Einen „Anspruch" darauf haben, 8 Stunden oder mehr außerhalb ihres Haftraums zu verbringen und

2. ihnen während dieser Zeit durch ein hinreichendes Angebot die Möglichkeit gegeben werden „soll", sich mit verschiedenartigen sinnvollen Aktivitäten beschäftigen zu können.

Die Frage, wie diese sinnvollen Aktivitäten ausgestaltet sind, kann insofern der Praxis überlassen werden. Wenn insofern die Öffnung nach innen in vielen Anstalten aber nur bei erheblichen baulichen Veränderungen und einer Aufstockung des Vollzugspersonals zu verwirklichen ist,[1751] gilt insofern, dass die Ländergesetze zum Vollzug der Untersuchungshaft qualitative Anforderungen an die personelle und sachliche Ausstattung festlegen müssen, die von den Landeshaushaltsgesetzgebern Beachtung verlangen und der Exekutive keine grundlegenden Gestaltungsspielräume belassen dürfen.[1752] Auch insofern gilt die Vorgabe der EPR, dass Praktikabilitäts- und Kostengründe keine Rechtfertigung für Vollzugsbedingungen sein können, die gegen die Menschenrechte von Gefangenen verstoßen.[1753] Ebenso sollte hier die die Rechtsprechung des BVerfG, dass Grundrechte

---

1747 Vgl. zur SV: BVerfG 2 BvR 2365/09 vom 04.05.2011, Abs. Nr. 128.

1748 Vgl. zur SV: BVerfG 2 BvR 2365/09 vom 04.05.2011, Abs. Nr. 128.

1749 Vgl. Begründung zu § 137 NJVollzG (Nds. Ltg. Drs.15/3565).

1750 Vgl. exemplarisch die Begründung zu § 10 GVUVS NRW (NRW Ltg. Drs. 14/8631).

1751 Vgl. Begründung zu § 10 GVUVS NRW (NRW. Ltg. Drs. 14/8631).

1752 Vgl. zur SV: BVerfG 2 BvR 2365/09 vom 04.05.2011, Abs. Nr. 121.

1753 EPR, Rule 4.

„nicht nach Maßgabe dessen [gelten], was an Verwaltungseinrichtungen im konkreten Fall oder üblicherweise vorhanden ist",[1754] sondern es vielmehr „Sache des Staates [ist], im Rahmen des Zumutbaren alle Maßnahmen zu treffen, die geeignet und nötig sind, um Verkürzungen der Rechte von Untersuchungsgefangenen zu vermeiden [und er] die dafür erforderlichen sächlichen und personellen Mittel [...] aufzubringen, bereitzustellen und einzusetzen" hat,[1755] ernstgenommen werden. Denn die Zumutbarkeit von Investitionen ist hier zu bejahen. Insbesondere dürfen weder die Dauer der Untersuchungshaft[1756] noch möglicherweise mit dem Verfahrensausgang in Zusammenhang stehende[1757] apokryphe punitive Erwägungen als Legitimation der Mangelhaftigkeit der für die Betroffenen existenziell wichtigen Ausgestaltung des Untersuchungshaftvollzugs dienen.

3.2 Ausblick

Im Übrigen ergibt die Gesamtbetrachtung der gesetzlichen Regelung des Untersuchungshaftvollzuges durch die Bundesländer ein heterogenes Bild. Neben dem hier geforderten Abstandsgebot bestehen noch viele weitere Verbesserungsmöglichkeiten. Jedoch werden in Teilbereichen auch eine Reihe guter Lösungen erkennbar, wobei keines der Landesgesetze deutlich näher an das Optimum eines Untersuchungshaftvollzugsgesetzes heranreicht als die anderen Landesgesetze.

Dabei ist es mit Blick auf den aus dem Rechtsstaatsprinzip folgenden Grundsatz des Gesetzesvorbehalts trotz des nicht ausreichenden Abstands zur voraussetzungslosen Einzelhaft zu begrüßen, dass im Bereich des Untersuchungshaftvollzugs Eingriffe der Exekutive in Grundrechte des Bürgers jetzt zum ersten Mal in der Geschichte des Untersuchungshaftvollzugs durch formelle Gesetze geregelt werden und die UVollzO abgelöst wurde. Die Regelungen weisen in unterschiedlichen Bereichen positive und negative Aspekte auf, die sich zum Teil ähneln aber auch unterschiedlich ausfallen. Zum Teil offenbaren sich schon bei einer vordergründigen Betrachtung grundlegende Unterschiede. Die Detailbetrachtung zeigt weitere Unterschiede hinsichtlich der Einzelaspekte der Regelungen. Insgesamt stellen sich so nicht unerhebliche Ungleichheiten des Rechts des Untersuchungshaftvollzugs ein.[1758]

1754 BVerfG 2 BvR 736/11 vom 17.10.2012 Abs. Nr. 24; BVerfGE 15, S. 288 ff., 296; 34, S. 369 ff., 380 f.; 35, S. 307 ff., 310; BVerfGK 13, S. 163ff., 166 m. w. N.

1755 BVerfG 2 BvR 736/11 vom 17.12.2012, Abs. Nr. 24; BVerfG 2 BvR 1229/07 vom 10.01.2008 Abs. Nr. 19; BVerfGE 36, S. 264 ff., 275; 42, S. 95ff., 101 f.; BVerfGK 13, S. 163 ff., 166 m. w. N.

1756 Vgl. *Kap. 1.5.3* und *Tab. 6.*

1757 Vgl. *Kap. 1.5.5* und *Tab. 8.*

1758 Vgl. zu einem ähnlichen Ergebnis für die Reform des Jugendstrafvollzugs *Kühl* 2012, S. 330 ff.

Viele der Grundprobleme des Rechts des Untersuchungshaftvollzugs spiegeln sich in der Mehrzahl der Landesgesetze. Regelungen, die sich positiv hervorheben, finden sich nur vereinzelt.

Schon die Regelung der Aufgabe des Untersuchungshaftvollzugs ist symptomatisch für die nicht ausreichende Berücksichtigung des Verhältnismäßigkeitsgrundsatzes. Keines der Landesgesetze stellt klar, dass es Aufgabe des Untersuchungshaftvollzugs ist, nur den sich aus dem konkret vorliegenden Haftgrund ergebenden Gefahren zu begegnen.[1759]

Dem sich selbst als resozialisierungsbedürftig einstufenden Untersuchungsgefangenen wird keine ausreichende Hilfe an die Hand gegeben: Eine Reform der Aufgabe des Untersuchungshaftvollzugs dadurch, auch die Bereitstellung von Betreuungs-, Hilfs-, und Behandlungsangeboten auf freiwilliger Basis zur Förderung der Wiedereingliederung des Untersuchungsgefangenen zur Aufgabe des Untersuchungshaftvollzugs zu machen, erfolgt erwartbar in keinem Bundes-land.[1760] Auch die Möglichkeit eines vorgezogenen Behandlungsvollzugs wird nicht geregelt[1761] obwohl schon der Reformentwurf der *Anstaltsleiter* die Wahrnehmung dieses Instituts auf freiwilliger Basis vorsieht[1762] und auch die EPR bestimmen, dass wenn ein Untersuchungsgefangener beantragt, nach den Vollzugsregeln für Strafgefangene behandelt zu werden, die Vollzugsbehörden diesem Antrag so weit wie möglich zu entsprechen haben.[1763] Beides spricht deutlich für entsprechende Regelungen de lege ferenda.

Das gesamte Recht des Untersuchungshaftvollzugs ist an der Unschuldsvermutung auszurichten.[1764] Schon die Gestaltung dieses Vollzugsgrundsatzes fällt jedoch unterschiedlich deutlich aus. Denn während zwar alle Landesgesetze klarstellen, dass die Untersuchungsgefangenen als unschuldig gelten, verzichten Hessen, Baden-Württemberg und Niedersachsen darauf, klarzustellen, dass die Gefangenen auch so zu behandeln sind, dass der Anschein vermieden wird, die Untersuchungsgefangenen würden zur Verbüßung einer Strafe festgehalten.[1765] Dadurch wird ein bedeutender Aspekt der Unschuldsvermutung im Recht des Untersuchungshaftvollzugs in wesentlichen Teilen des Bundesgebiets nicht positivgesetzlich normiert.

1759 Vgl. *Kap. 2.2.2.1.*

1760 Vgl. *Kap. 2.2.2.2.*

1761 Vgl. *Kap. 2.3.2.4.*

1762 § 31 Abs. 5 Entwurf der Anstaltsleiter.

1763 EPR, Rule 101.

1764 Vgl. *Kap. 1.2.2.1.*

1765 Vgl. *Kap. 2.2.2.3.*

Auch der Verhältnismäßigkeitsgrundsatz ist ein prägendes Prinzip des Untersuchungshaftvollzugs[1766] und muss sich schon in den zu Eingriffen ermächtigenden Generalklauseln wiederspiegeln. Als einziges Bundesland verstößt Niedersachsen schon an dieser systematisch frühen Stelle gegen den Verhältnismäßigkeitsgrundsatz,[1767] und ermöglicht so zu weitgehende Eingriffe in die Rechte des Untersuchungsgefangenen.

Alle Ländergesetze enthalten die kompensatorischen Gestaltungsgrundsätze der Angleichung[1768] und der Gegensteuerung.[1769]

Jedoch haben es alle Landesgesetzgeber versäumt, eine modernisierte und klarstellende Begrenzung des Angleichungsgrundsatzes auf die positiven Aspekte des Lebens in der Gesellschaft vorzunehmen.[1770] Wie vorauszusehen war, konkretisiert gleichermaßen keines der Gesetze im Sinne der Minimierung der Eingriffe in die Rechtsstellung des Untersuchungsgefangenen entsprechend *Baumanns* Reformentwurf[1771] den Angleichungsgrundsatz weiter auf die Verhältnisse des Gefangenen.[1772]

Genauso haben nicht alle Gesetzgeber die Gelegenheit genutzt, den Gegensteuerungsgrundsatz entsprechend den internationalen Vorgaben um weitere Präventionsprinzipien zu ergänzen. Regelungen zur Suizidprophylaxe finden sich nur in Berlin, Bremen, Hamburg, Sachsen-Anhalt, Brandenburg, Rheinland-Pfalz, Thüringen und Bayern; Vorschriften zur Gewaltprävention beinhalten nur die Gesetze von Hamburg, Brandenburg sowie von Baden-Württemberg.[1773]

Die Chance zur Modernisierung des Untersuchungshaftvollzugs dahingehend, nicht mehr nur die unterschiedlichen Bedürfnisse von Frauen und Männern, sondern explizit auch insbesondere solche, die aus Alter, Herkunft, Behinderung und sexueller Identität resultieren, bei der Vollzugsgestaltung zu berücksichtigen, wurde nur von Brandenburg, Rheinland-Pfalz, Thüringen und Sachsen-Anhalt genutzt.[1774] Gerade mit Blick auf teilweise hohe Ausländeranteile[1775] liegt hier ein Versäumnis der übrigen Landesgesetzgeber vor.

1766 Vgl. *Kap. 1.2.1.4.*

1767 Vgl. *Kap. 2.2.2.4.*

1768 Vgl. *Kap. 2.2.2.6.*

1769 Vgl. *Kap. 2.2.2.7.*

1770 Vgl. *Kap. 2.2.2.6.*

1771 § 3 Abs. 1 S. 2 E-Baumann.

1772 Vgl. *Kap. 2.2.2.6.*

1773 Vgl. *Kap. 2.2.2.9.*

1774 Vgl. *Kap. 2.2.2.10.*

1775 Vgl. *Kap. 1.5.6* und *Tab. 9.*

Soziale Hilfen sind zwar überall vorgesehen, die insofern jedoch äußerst wichtige Einbeziehung externer Dritter wird nur von einem Teil der Gesetzgeber adressiert.[1776]

Der Unschuldsvermutung und den Vorgaben der internationalen Mindeststandards entsprechend legen alle Landesgesetze die Einzelunterbringung zur Ruhezeit als Regelfall fest. Problematisch sind jedoch die in allen Bundesländern bis auf Schleswig-Holstein, Hamburg, Brandenburg, Rheinland-Pfalz, Thüringen, Sachsen-Anhalt, Baden-Württemberg und Nordrhein-Westfalen vorhandenen zu weiten und unbestimmten, eine gemeinschaftliche Unterbringung erlaubenden Ausnahmevorschriften, die dem Wortlaut nach eine Aufweichung des Rechts auf Einzelunterbringung ermöglichen.[1777]

Die Unterbringung in Wohneinheiten könnte einen wesentlichen Beitrag dazu leisten, Zustände, in denen Untersuchungsgefangene alleine bis zu 23 Stunden beschäftigungslos in ihrem Haftraum verbringen, zu beseitigen. Dadurch könnte ein Beitrag zur Suizidprävention geleistet und den Grundsätzen der Gegensteuerung und Angleichung entsprochen werden. Nur Rheinland-Pfalz wagt jedoch den Schritt, die Unterbringung in Wohneinheiten auch für Untersuchungsgefangene gesetzlich zu regeln.[1778]

Ein Recht auf gemeinsame Unterbringung während der Freizeit wird nur in Brandenburg, Rheinland-Pfalz, Thüringen, Sachsen-Anhalt und Niedersachsen normiert und bleibt somit die Ausnahme. Die Regelungen dieser drei Länder sind jedoch nicht konkret genug, während die in den übrigen Bundeländern lediglich normierten Soll- bzw. Kann-Regelungen schon nicht der Unschuldsvermutung entsprechen.[1779]

Dass im Untersuchungshaftvollzug keine Arbeitspflicht besteht, wird in der Praxis wohl in den allermeisten Fällen nicht als die Privilegierung verstanden, als die dieser Unterschied zum StVollzG ursprünglich gedacht war. Der Fokus des Vollzugs muss hier vielmehr auf dem Bereitstellen von Arbeit liegen. Von allen Landesgesetzgebern bis auf Schleswig Holstein werden insofern Soll-Bestimmungen zum Arbeitsangebot an Untersuchungsgefangene getroffen, während der eben genannte Gesetzgeber lediglich eine Kann-Regelung trifft.[1780] Ob mit den gesetzlichen Regelungen tatsächliche Fortschritte einhergehen werden, lässt sich an dieser Stelle nicht sagen und hängt von den Bemühungen der Praxis ab. Die

---

1776 Vgl. *Kap. 3.3.3.12.*

1777 Vgl. *Kap. 2.4.2.3.*

1778 Vgl. *Kap. 2.4.2.5.*

1779 Vgl. *Kap. 2.4.2.2.*

1780 Vgl. *Kap. 2.6.2.1.*

nicht zwingenden Regelungen entsprechen jedenfalls nicht den Vorgaben der EPR, die einen Anspruch des Untersuchungsgefangenen auf Arbeit vorsehen.[1781]

Nicht zu rechtfertigen und geradezu skandalös ist die überall deutlich zu niedrig bemessene Arbeitsentlohnung, die zudem noch unterschiedlich hoch ausfällt und in Schleswig-Holstein, Baden-Württemberg und Nordrhein-Westfalen niedriger als im Strafvollzug bemessen wird.[1782] Nur die Zahlung von Mindestlohn würde nach hier vertretener Auffassung der Rechtsstellung des Untersuchungsgefangenen entsprechen.[1783] Unannehmbar sind auch die Unterschiede hinsichtlich der grundsätzlich positiven Taschengeldregelungen. Die Tatsache jedoch, dass Taschengeldregelungen in Baden-Württemberg, Bayern, Hessen und Niedersachsen nicht vorhanden sind, widerspricht angesichts der Schwierigkeiten der Realisierung anderer Ansprüche schon dem Sozialstaatsgebot.[1784]

Die ohnehin sehr geringen Gelder des Untersuchungsgefangenen werden durch die von verschiedenen Ländergesetzen an zahlreichen Stellen auferlegten und zu den möglichen Einkünften innerhalb des Vollzugs disproportionalen Kostentragungspflichten noch weiter geschmälert.[1785] Sämtliche Kostentragungspflichten sollten nach hier vertretener Auffassung schon angesichts des Sonderopfers [1786] der Untersuchungshaft abgeschafft werden, solange kein Mindestlohn gezahlt wird.

Dass diese Problematik in Niedersachsen sogar auf dem Bereich der Bildung besteht, wo eine dem Angleichungsgrundsatz widersprechende Kostentragungspflicht des Untersuchungsgefangenen etabliert wird,[1787] ist besonders bedauerlich. Auch für die übrigen Landesgesetze bieten sich auf dem Bereich der Bildung

---

1781 „Untried prisoners shall be offered the opportunity to work but shall not be required to work", EPR, Rule 100.1.

1782 Vgl. *Kap. 2.6.2.3.*

1783 Vgl. *Kap. 2.6.2.3.*

1784 Vgl. *Kap. 2.6.2.6.*

1785 Beteiligung an den Betriebskosten in der 8er Gruppe (mit Ausnahme von Berlin), Brandenburg, Rheinland-Pfalz, Sachsen-Anhalt, Baden-Württemberg und Bayern (Vgl. *Kap. 2.4.2.6*); Kosten für Übersetzungsdienste und Sachverständige, die zur Überwachung des Schriftwechsels hinzugezogen werden in Niedersachsen (*Kap. 2.8.2.9*); Bildung in Niedersachsen (Vgl. *Kap. 2.6.2.2*); sowie grundsätzlich in allen Bundesländern für Schriftwechsel (Vgl. *Kap. 2.8.2.9*), Telefongespräche (Vgl. *Kap. 2.8.2.11*) und Pakete (vgl. *Kap. 2.8.2.13*).

1786 Vgl. BGHZ 60, S. 302 ff.; *Meyer-Goßner* 2014, vor § 112 Rn 3; *Hassemer* 1984, S. 41; *Seebode* 1985, S. 136 ff.; *Arbeitskreis Strafprozeßreform* 1983, S. 32; *Gebauer* 1987, S. 11; *Trechsel* 2006, S. 518; a. A. *Paeffgen* 1986, S. 211 ff.

1787 Vgl. *Kap. 2.6.2.2.*

Verbesserungsmöglichkeiten an: Konkret sollten alle Landesgesetze die Vollzugswirklichkeit besser adressieren und Berlins Regelung zu Deutschkursen für
Ausländer übernehmen.[1788]

Der Untersuchungsgefangene ist, wie bereits ausgeführt, nicht zur Arbeit verpflichtet. Demzufolge kann er über mehr Freizeit verfügen, was für die Ländergesetze die Forderung unterstützt, dass diese zur Freizeitgestaltung konkretere
Vorgaben als in den gegenwärtigen Regelungen treffen müssten.[1789]

Die Regelungen zum Aussenverkehr werden in allen Landesgesetzen deutlich
zu restriktiv ausgestaltet, auch wenn sich teilweise positive Ansätze ergeben.
Etwa der Befund, dass die Besuchszeiten von Bundesland zu Bundesland so unterschiedlich ausgestaltet werden, dass sie von einer Stunde Gesamtdauer im Monat bis zu vier Stunden Gesamtdauer im Monat reichen,[1790] während andere Landesgesetzgeber demgegenüber überhaupt keine Regelungen zur Förderung von
Familienkontakten vorsehen,[1791] gibt zu bedenken. Diese Diskrepanzen dürften
zuvorderst den in Hessen, Baden-Württemberg und Niedersachsen untergebrachten und mit nur einer Stunde Gesamtdauer benachteiligten Untersuchungsgefangenen und ihren vor einer Belastungsprobe stehenden Angehörigen[1792] nicht ein-
leuchten.

Telefonkontakte müssten im Gegensatz zu den in allen Landesgesetzen anzutreffenden deutlich zu restriktiven Regelungen der Normalfall sein, Bayerns Beschränkung auf „dringende" Fälle sticht hier besonders negativ hervor.[1793] Moderne Kommunikationsmittel werden von allen Landesgesetzen bis auf
Brandenburg, Rheinland-Pfalz, Thüringen und Sachsen-Anhalt nicht ausreichend
berücksichtigt, was mit Blick auf den Angleichungsgrundsatz problematisch
ist.[1794]

Die in allen Bundesländern bis auf Brandenburg den Empfang von Nahrungsmitteln ausschließenden Regelungen zum Paketempfang bedeuten eine Verschlechterung gegenüber der UVollzO.[1795]

Die Ausgestaltung des Bereichs Sicherheit und Ordnung entspricht nicht in
allen Ländergesetzen der hervorgehobenen Bedeutung des Verhältnismäßigkeitsgrundsatzes im Untersuchungshaftvollzug: Die Regelungen von Baden-Württem-

---

1788 Vgl. *Kap. 2.6.2.2.*

1789 Vgl. *Kap. 2.6.2.7.*

1790 Vgl. *Kap. 2.8.2.1.*

1791 Vgl. *Kap. 2.8.2.2.*

1792 Vgl. *Murray* 2005, S. 443 ff.

1793 Vgl. *Kap. 2.8.2.11.*

1794 Vgl. *Kap. 2.8.2.12.*

1795 Vgl. *Kap. 2.8.2.13.*

berg, Bayern und Niedersachsen zu Allgemeinanordnung von Entkleidungsdurchsuchungen setzen die Rechtsprechung des BVerfG zu diesem Bereich[1796] nicht
um, sondern überlassen die verfassungskonforme Anwendung der Vorschrift der
Praxis.[1797] Auch entspricht es nicht der Situation der Untersuchungshaft, die zeitlich unbegrenzten Regelungen zur Einzelhaft aus dem StVollzG zu übernehmen.[1798]

Auf dem Bereich der Disziplinarmaßnahmen verstoßen Bayern, Baden-
Württemberg, Niedersachsen und Nordrhein Westfalen gegen die Vorgabe der
EPR, nach der das innerstaatliche Recht diejenigen Handlungen und Unterlassungen von Gefangenen bestimmt, die disziplinarische Pflichtverstöße darstellen.[1799] Auch sind verschiedene der von den Ländergesetzen aus dem StVollzG
übernommenen Disziplinarmaßnahmen für das Recht des Untersuchungshaftvollzugs unangemessen.[1800] Brandenburgs Regelung zur einvernehmlichen Streitbeilegung sticht positiv hervor, spiegelbildlich bedauerlich ist es jedoch wiederum,
dass die anderen Landesgesetzgeber die Aufnahme einer entsprechenden Regelung versäumt haben.[1801]

Insgesamt lässt sich somit festhalten, dass sich der von Stimmen aus der Wissenschaft antizipierte „Wettbewerb der Schäbigkeit"[1802] aus den Gesetzen genauso wenig ablesen lässt wie ein innovativer „Wettbewerb um die besten Lösungen".[1803]

Dünkel hatte es schon 1985 als offen angesehen, ob mit einer gesetzlichen
Reform des Untersuchungshaftvollzugs entscheidende „innovatorische Impulse"
für die Praxis verbunden sein würden.[1804] Nach der erstmaligen gesetzlichen Regelung lässt sich die Frage, ob der jetzige Zustand im Vergleich zur vorherigen
Rechtslage und Praxis der Untersuchungshaft besser ist als vorher, mit dem hier
vorgenommenen Blick lediglich auf die Gesetze nur teilweise beantworten. Konkrete Verbesserungen ergeben sich, wenn man die UVollzO als Ausgangsbasis
des Vergleichs zu Grunde legt, zumindest hinsichtlich der Gesamtdauer des Besuchs in allen Bundesländern bis auf Hessen, Baden-Württemberg und Niedersachsen und bezüglich des Arbeitsentgelts in allen Ländern bis auf Schleswig-

---

1796   BVerfG StV 2009, S. 253 ff.

1797   Vgl. *Kap. 2.9.2.4.*

1798   Vgl. *Kap. 2.9.2.5.*

1799   Vgl. *Kap. 2.11.2.1.*

1800   Vgl. *Kap. 2.11.2.2.*

1801   Vgl. *Kap. 2.11.*

1802   *Dünkel/Schüler-Springorum* 2006, S. 145 ff.

1803   *Klinger* 2007, S. 104.

1804   *Dünkel* 1985, S. 334.

Holstein, Baden-Württemberg, Niedersachsen und Nordrhein-Westfalen. Auch mit Blick auf das erstmalig gezahlte Taschengeld ergibt sich in allen Ländern bis auf Baden-Württemberg, Bayern, Hessen und Niedersachsen eine Verbesserung gegenüber der UVollzO.

Im Übrigen findet eine Weiterentwicklung des Vollzuges der Untersuchungshaft durch zwingende Vorschriften jedoch nicht statt. Denn es wird an zu vielen Stellen durch lediglich Soll- bzw. Kann-Regelungen die tatsächliche Verbesserung der Situation des Untersuchungsgefangenen der Praxis überlassen. Die landesrechtlichen Regelungen werden so durch die Verhältnisse der Anstalt überlagert. Ob auf diese Weise eine wirkliche Fortentwicklung möglich ist, hängt also auch von den dem Vollzug zur Verfügung stehenden Ressourcen ab.

Da eine echte Verbesserung der Situation wohl nicht „kostenneutral" zu haben sein wird,[1805] andererseits aber einige Landesgesetzgeber durch ihre Gesetzgebung zum Untersuchungshaftvollzug überhaupt keine weiteren Kosten verursacht sehen[1806] bleibt zu befürchten, dass zumindest in einigen Ländern echte Verbesserungen möglicherweise ausbleiben werden.

Besonders häufig macht insofern Nordrhein-Westfalen einerseits die Rechte des Untersuchungsgefangenen explizit von den räumlichen, personellen und organisatorischen Verhältnisse der Justizvollzugsanstalt abhängig, sieht aber andererseits keine weiteren Kosten verursacht. Es ist jedoch Sache des Staates, „im Rahmen des Zumutbaren alle Maßnahmen zu treffen, die geeignet und nötig sind, um Verkürzungen der Rechte von Untersuchungsgefangenen zu vermeiden; die dafür erforderlichen sachlichen und personellen Mittel hat er aufzubringen, bereitzustellen und einzusetzen."[1807] Auch nach den EPR kann Mittelknappheit keine Rechtfertigung für Vollzugsbedingungen sein, die gegen die Menschenrechte von Gefangenen verstoßen.[1808] Die Vorgehensweise des Gesetzgebers in Nordrhein-Westfalen wird diesen Grundsätzen jedoch nicht gerecht.

Neben diesem Grundprinzip der EPR werden auch deren übrige Vorgaben nicht immer von allen Landesgesetzen vollständig umgesetzt. Dies gilt auch hinsichtlich der CPT-Standards, den weiteren Empfehlungen des CPT und der Rec (2006) 13. Teilweise ergeben sich sogar bedeutende Abstände der landesrechtlichen Regelungen von den Zielwerten der internationalen Vorgaben.

1805 Vgl. *Morgenstern* 2010, S. 5; *Morgenstern* 2011b, S. 88.

1806 Vgl. Begründung Baden-Württemberg (Bw. Ltg. Drs. 14/5012), S. 2; Bayern (Bay. Ltg. Drs. 16/9082), S. 1; Niedersachsen (Nds. Ltg. Drs. 15/3565), S. 71; Nordrhein-Westfalen (NRW. Ltg. Drs. 14/8631), S. 2; Berlin (Bln. Abgeordnetenhaus Drs. 16/2491), S. 2.

1807 Vgl. zuletzt BVerfG 2 BvR 736/11 vom 17.12.2012 Abs. Nr. 24; BVerfG 2 BvR 1229/07 vom 10.01.2008 Abs. Nr. 19; BVerfGE 36, S. 264 ff., 275; 42, S. 95 ff., 101 f.; BVerfGK 13, S. 163 ff., 166 m. w. N.

1808 EPR, Rule 4.

Das BVerfG hat insofern ausgeführt: „Auf eine den grundrechtlichen Anforderungen nicht genügende Berücksichtigung vorhandener Erkenntnisse oder auf eine den grundrechtlichen Anforderungen nicht entsprechende Gewichtung der Belange der Inhaftierten kann es hindeuten, wenn völkerrechtliche Vorgaben oder internationale Standards mit Menschenrechtsbezug, wie sie in den im Rahmen der Vereinten Nationen oder von Organen des Europarates beschlossenen einschlägigen Richtlinien und Empfehlungen enthalten sind [...] nicht beachtet beziehungsweise unterschritten werden."[1809]

Vor dem Hintergrund dieser Aussage ergibt sich Handlungsbedarf. Lösungen für Regelungen, die der Rechtsstellung des Untersuchungsgefangenen entsprechen, wurden in dieser Untersuchung aufgezeigt. Sichtweisen, wie etwa vom Gesetzgeber in Nordrhein Westfalen, nach der die Forderungen der EPR und des CPT nicht immer mit den Mitteln der Praxis in Einklang zu bringen seien[1810] erscheinen demgegenüber mit Blick auf die Urteile des BVerfG vom 31.05.2006[1811] und vom 17.10.2012[1812] jedoch problematisch.

Auch die übrige Rechtsprechung des BVerfG wird nicht immer umgesetzt. Das gilt zum einen für die ständige Rechtsprechung, dass „der Grundsatz der Verhältnismäßigkeit [...] den Vollzug der Untersuchungshaft in besonderem Maße prägen [muss]"[1813] und dass es Sache des Staates ist, „im Rahmen des Zumutbaren alle Maßnahmen zu treffen, die geeignet und nötig sind, um Verkürzungen der Rechte von Untersuchungsgefangenen zu vermeiden."[1814] Auch die ständige Rechtsprechung, dass „bei der abwägenden Bestimmung dessen, was einerseits dem Gefangenen an Beschränkungen, andererseits der Anstalt und dem für ihre angemessene Ausstattung verantwortlichen Staat an Aufwand zumutbar ist, [...] der Umstand berücksichtigt werden [muss], dass der Untersuchungsgefangene nicht rechtskräftig verurteilt ist[1815] hätte sich stärker auf die gesamte Gestaltung des Untersuchungshaftvollzugs durch die Landesgesetzgeber auswirken müssen.

Insbesondere hätte diese Rechtsprechung für eine Struktur der Landesgesetze gesprochen, nach der einzelne, durch die Sicherheit und Ordnung der Anstalt

---

1809 BVerfG NStZ 2007, S. 41, 42.

1810 Vgl. Begründung zu § 6 GVUVS NRW (NRW. Ltg. Drs. 14/863).

1811 BVerfGE 116, S. 69 ff.

1812 BVerfG 2 BvR 736/11 vom 17.10.2012.

1813 BVerfG 2 BvR 736/11 vom 17.10.2012 Abs. Nr. 24; BVerfGE 34, S. 369 f, 380; 35, S. 5 ff., 9; 35, S. 307 ff., 309; BVerfGK 13, S. 163 ff., 165.

1814 Vgl. zuletzt BVerfG 2 BvR 736/11 vom 17.12.2012 Abs. Nr. 24; BVerfG 2 BvR 1229/07 vom 10.01.2008 Abs. Nr. 19; BVerfGE 36, S. 264 ff., 275; 42, S. 95 ff., 101 f.; BVerfGK 13, S. 163 ff., 166 m. w. N.

1815 BVerfG 2 BvR 736/11 vom 17.10.2012 Abs. Nr. 24; BVerfGE 15, S. 288 ff., 295; 34, S. 369ff., 379; 42, S. 95 ff., 100.

gerechtfertigte Beschränkungen geregelt und alles nicht Beschränkte erlaubt sein müsste.[1816] Die Landesgesetze folgen in Aufbau und Struktur jedoch der UVollzO bzw. dem StVollzG und konterkarieren durch das System von wenigen Ansprüchen, denen zahlreichen *Kann-* und *Soll-* Bestimmungen und weite Eingriffsermächtigungen gegenüberstehen die ursprünglich in § 119 Abs. 3 a.F. StPO geregelte und auf die Unschuldsvermutung abzielende Generalklausel.[1817] Zuzugeben ist jedoch, dass auch die hier dargestellten und in Bezug zu den landesrechtlichen Regelungen gesetzten Reformentwürfe einer ähnlichen Struktur folgen. Zu kritisieren ist jedoch wiederum, dass auf deren zahlreiche grundrechtsschonende Regelungen, gerade der Arbeiten von *Baumann* (1981),[1818] der *Bundesvereinigung der Anstaltsleiter e.V.* (1982)[1819] und der *Arbeitsgemeinschaft Sozialdemokratischer Juristen* (1985)[1820] nicht zurückgegriffen wurde.

Konkret hätte auch die Rechtsprechung des BVerfG, nach der die Möglichkeit, in der Nacht Radio und Fernsehen nutzen zu können und sich allgemein bei Licht zu beschäftigen, für den Untersuchungsgefangenen von besonderer Bedeutung ist,[1821] gut in den Ländergesetzen umgesetzt werden können. Niedersachsens in dieser Zusammenfassung bereits erwähnte Vorschrift, nach der Kosten für Übersetzungsdienste zur Überwachung des Schriftwechsels von der Staatskasse nur in angemessenem Umfang übernommen werden, entspricht ebenfalls nicht vollständig der Rechtsprechung des BVerfG.[1822] Auch die Regelungen zur Allgemeinanordnung von Entkleidungsdurchsuchungen in Baden Württemberg, Bayern, Brandenburg und Niedersachsen setzen wie eben erwähnt die Rechtsprechung des Bundesverfassungsgerichts nicht zutreffend um.

Das Gesamtfazit fällt deswegen negativ aus. Vor allem, die Tatsache, dass die bekannte Problematik, dass die Untersuchungsgefangenen bis zu 23 Stunden am Tag in ihren Zellen bleiben, ohne eine Möglichkeit, ihre Zeit zu nutzen,[1823] nicht von allen Ländergesetzen durch zwingende Vorgaben abgestellt wird, führt vor dem Hintergrund der nur wenigen konstruktiven positiven Regelungen in einer völlig zersplitterten, aktuelle Probleme vielfach nicht adressierenden und internationale Vorgaben teilweise ignorierenden Rechtslandschaft zu dem Befund, dass

---

1816 *Morgenstern* 2010, S. 4.

1817 *Morgenstern* 2010, S. 4.

1818 Vgl. *Kap. 1.4.2.1.*

1819 Vgl. *Kap. 1.4.2.2.*

1820 Vgl. *Kap. 1.4.2.4.*

1821 BVerfG StV 2008, S. 259 ff., S. 261 f.

1822 BVerfG NStZ 2004, S. 274 f.

1823 CPT/Inf (97) 9 [Part1] Rn 91; CPT/Inf (97) 9 [Part1] Rn 126; CPT/Inf (93) 13 Rn 100; CPT/Inf (2007) 18 Rn 65; CPT/Inf (2007) 18 Rn 64.

die Übertragung der Gesetzgebungskompetenz auf dem Bereich des Untersuchungshaftvollzugs abgesehen von der dadurch erzwungenen erstmaligen Schaffung gesetzlicher Regelungen größtenteils Sinn- und Ergebnislos war.

Literaturverzeichnis

Alleweldt, R. (1998): Präventiver Menschenrechtsschutz – Ein Blick auf die Tätigkeit des Europäischen Komitees zur Verhütung von Folter und unmenschlicher oder erniedrigender Behandlung oder Strafe (CPT). Europäische Grundrechte-Zeitschrift 33, S. 245-271.

Arbeitsgemeinschaft Sozialdemokratischer Juristen (1985): Diskussionsentwurf eines Untersuchungshaftvollzugsgesetzes.

Arbeitskreis Alternativentwurf (1973): Alternativ-Entwurf eines Strafvollzugsgesetzes. Tübingen.

Arbeitskreis Strafprozeßreform (1983): Die Untersuchungshaft. Gesetzentwurf mit Begründung. Heidelberg.

Arloth, F. (2008): Neue Gesetze im Strafvollzug. Goltdammer's Archiv für Strafrecht 155, S. 129-141.

Aronson, E., Wilson, T. D., Akert, R. M. (2010): Sozialpsychologie. München.

Ayre, E., Gampell, L., Scharff Smith, P. (2011): Introduction. In: Scharff Smith, P., Gampell, L.: Children of Imprisoned Parents, S. 3-11.

Baer, J. (2009): Gefahrenabwehrrechtliche Denkfiguren im Straf- und Maßregelvollzugsrecht. Neue Zeitschrift für Strafrecht 29, S. 529- 538.

Baumann, J (1959): Der Briefverkehr des Untersuchungsgefangenen. Deutsche Richterzeitung 37, S. 379-380.

Baumann, J. (1961): Die Bedeutung des Art. 2 GG für die Freiheitsbeschränkungen im Strafprozeß. In: Bockelmann, P. (Hrsg.): Festschrift für Eberhard Schmidt zum 70. Geburtstag. Göttingen, S. 525-550.

Baumann, J. (1981): Entwurf eines Untersuchungshaftvollzugsgesetzes. Vollständiger Gesetzestext ohne Begründung und ohne Verweisungen auf das StVollzG. Tübingen.

Baumann, J. (1981a): Entwurf eines Untersuchungshaftvollzugsgesetzes mit Begründung. Tübingen.

Baumann, J. (1982): Disziplinarmaßnahmen beim Vollzug der Untersuchungshaft. In: Hanack, E.-W., Rieß, P., Wendisch, G. (Hrsg.): Festschrift für Hans Dünnebier zum 75. Geburtstag. Berlin, S. 691-705.

Baumann, J. (1990): Gesetzliche Regelung des Vollzugs der Untersuchungshaft. Juristenzeitung 45, S. 107-113.

Bennefeld-Kersten, K. (1997): Sinn und Unsinn der Untersuchungshaft – was leistet sie wirklich? In: Deutsche Strafverteidiger e. V. (Hrsg.): Sinn und Unsinn der Untersuchungshaft – Was leistet sie wirklich? Baden-Baden, S. 15-26.

Bennefeld-Kersten, K. (2009): Suizide von Gefangenen in der Bundesrepublik Deutschland in den Jahren 2000 bis 2008. Zeitschrift für Bewährungshilfe 56, S. 396-406.

Berliner Vollzugsbeirat (2009): Stellungnahme zum UVollzG. Internetpublikation: http://www.berlinervollzugsbeirat.de/lib/exe/fetch.php/stellungnahme_zum_uvollzges.pdf (Stand: 08.08.2014).

Berndt, S. V. (1996): Eingriffe in den Briefverkehr von Untersuchungsgefangenen. Neue Zeitschrift für Strafrecht 16, S. 115-118, S. 157-163.

Bernsmann, K. (2006): Der wohnungslose Gefangene – Anmerkungen zu einem fast vergessenen Problem. In: Feltes, T., Pfeiffer, C., Steinhilper, G. (Hrsg.): Festschrift für Hans-Dieter Schwind zum 70. Geburtstag. Heidelberg, S. 515-523.

Best, P. (1999): Europäische Kriminalpolitik auf der Grundlage der Menschenrechtskonvention – die European Rules. In: Feuerhelm, W., Schwind, H.-D., Bock, M. (Hrsg.): Festschrift für Alexander Böhm zum 70. Geburtstag am 14. Juni 1999. New York, Berlin, S. 49-68.

Bittmann, F. (2010): Gesetz zur Änderung des Untersuchungshaftrechts. Neue Zeitschrift für Strafrecht 30, S. 13-17.

Bleckmann, A. (1995): Verbotene Diskriminierung von EG-Ausländern bei der Untersuchungshaft. Strafverteidiger 15, S. 552-555.

Böhm, A. (2003): Strafvollzug. Neuwied.

Bode, L. (1988): Die Untersuchungshaft und ihre Reform ganz praktisch. In: *Koop, G.*, Kappenberg, B. (Hrsg.): Praxis der Untersuchungshaft. Lingen, S. 128-138.

Brune, U., Müller, S. (2009): Wohin geht der Untersuchungshaftvollzug? Zeitschrift für Rechtspolitik 42, S. 143-146.

Bundesarbeitsgemeinschaft für Straffälligenhilfe e. V. (BAG-S) (1993): Tarifgerechte Entlohnung für Inhaftierte. Zeitschrift für Strafvollzug und Straffälligenhilfe 42, S. 174-180.

Bundesministerium für Justiz (2006): Zweiter Periodischer Sicherheitsbericht. Internetpublikaton:http://www.bmi.bund.de/SharedDocs/Downloads/DE/Veroeffentlichungen/2_periodischer_sicherheitsbericht_langfassung_de.pdf;jsessionid=3CFC3D17466FEA8B3BB62A29CEA02A56.1_cid156?blob=publicationFile(Stand: 08.08.2014).

Bundesrechtsanwaltskammer (2009): Stellungnahme Nr. 17/2009. Internetpublikation: http://www.brak.de/seiten/pdf/Stellungnahmen/2009/Stn17.pdf (Stand: 08.08.2014).

Bundeszusammenschluss für Straffälligenhilfe, Fachausschuss I Strafrecht und Strafvollzug (1983): Reform der Untersuchungshaft. Bad Godesberg.

Busse, U. (2008): Frühe Verteidigung und Untersuchungshaft. Internetpublikation: http://webdoc.sub.gwdg.de/univerlag/2008/GSK3_busse.pdf (Stand: 08.08.2014).

Callies, R.-P., Müller-Dietz, H. (2008): Strafvollzugsgesetz. München.

Carstensen, T. P. (1981): Dauer der Untersuchungshaft. Berlin.

Caspari, S. (2006): Unterschiedliches Strafvollzugsrecht belastet Justiz. Deutsche Richterzeitung 84, S. 142.

Committee for the Prevention of Torture: General Reports. www.cpt.coe.int. (zitiert: CPT/Inf §).

Convery, U., Moore, L. (2011): Children of imprisoned parents and their Problems. In: Scharff Smith, P., Gampell, L. (Hrsg.): Children of Imprisoned Parents, S. 12-30.

Cornel, H. (2002): Neuere Entwicklung hinsichtlich der Anzahl der Inhaftierten in Deutschland. Neue Kriminalpolitik 14, S. 42-43.

Cornel, H (2005): Gesetzgebungskompetenz für den Strafvollzug – Föderalismusreform wünscht Übertragung auf Länder. Neue Kriminalpolitik 17, S. 2-6.

Cornel, H. (2005a): Gesetzgebungskompetenz für den Strafvollzug muss beim Bund bleiben: Strafrechtswissenschaftler, Strafvollzugsrechtler und Kriminologen sprechen sich gegen die Änderungsvorschläge der Föderalismuskommission aus. Forum Strafvollzug 54, S. 48.

Dallinger, W. (1951): Anmerkung zu HansOLG Bremen, Beschluß vom 25.11.1950, Ws 77-79/50. Monatsschrift für Deutsches Recht, S. 121-122.

Deckers, R., Püschel, C. (1996): Untersuchungshaft als Strafmilderungsgrund. NStZ 16, S. 419-423.

Degenhart, C. (2006): Die Neuordnung der Gesetzgebungskompetenzen durch die Föderalismusreform. Neue Zeitschrift für Verwaltungsrecht 25, S. 1209-1216.

Dessecker, A. (2013): Stellungnahme zu dem Entwurf eines Landesgesetzes zur Weiterentwicklung von Justizvollzug, Sicherungsverwahrung und Datenschutz Rheinland-Pfalz. Internetpublikation: http://www. landtag.rlp.de/ landtag/vorlagen/2252-V-16.pdf (Stand 08.08.2014).

Deutscher Richterbund (2004): Stellungnahme zum Entwurf eines Gesetzes zur Regelung des Vollzuges der Untersuchungshaft 2004, vorgelegt von der Bundesregierung. Internetpublikation: http://www.drb.de/cms/index.php? id=342, (Stand: 27.02.2011).

Dölling, D., Feltes T., Dittmann, J., Laue C., Törnig, U. (2000): Die Dauer von Strafverfahren vor den Landgerichten – eine empirische Analyse zur Rechtswirklichkeit von Strafverfahren in der Bundesrepublik Deutschland. Köln.

Döschl, H., Herrfahrdt, R., Nagel, G., Preusker, H. (1982): Entwurf eines Gesetzes über den Vollzug der Untersuchungshaft. Bonn.

Dorenburg, B. (2017): Untersuchungshaft und Untersuchungshaftvermeidung bei Jugendlichen und Heranwachsenden in Deutschland und Europa. Mönchengladbach.

Dreher, E. (1970): Zweifelsfragen zur Anrechnung der Untersuchungshaft nach der Neufassung des § 60 StGB. Monatsschrift für Deutsches Recht 21, S. 965-971.

Dünkel, F. (1985): zur Situation und Entwicklung von Untersuchungshaft und Untersuchungshaftvollzug in der Bundesrepublik Deutschland. Zeitschrift für Strafvollzug und Straffälligenhilfe 34, S. 334-345.

Dünkel, F. (1994): Praxis der U-Haft in den 90er Jahren – Instrumentalisierung Strafprozessualer Zwangsmittel für kriminal- und ausländerpolitische Zwecke? Strafverteidiger 14, S. 610-621.

Dünkel, F. (1995): U-Haft als Krisenmanagement? Daten und Fakten zur Praxis der UHaft in den 90er Jahren. In: Reindl, R., Nickolai, W., Gehl, G. (Hrsg.):Untersuchungshaft – Stiefkind der Justiz. Weimar, S. 13-41.

Dünkel, F. (1999): Germany. In: van Zyl Smit, D., Dünkel, F. (Hrsg.): Prison Labour: Salvation or Slavery. Dartmouth, S. 77-104.

Dünkel, F. (2006): Jugendstrafvollzug und Föderalismusreform. Neue Kriminalpolitik 18, S. 90.

Dünkel, F. (2007): Die Farce der Föderalismusreform – ein Vergleich der vorliegenden Gesetze und Gesetzesentwürfe zum Jugendstrafvollzug. Internetpublikation: http://www.rsf.unigreifswald.de/fileadmin/mediapool/lehrstuehle/duenkel/ Stand_JuVoG_24_9_2007.pdf (Stand: 27.02.2011).

Dünkel, F. (2007a): Gutachterliche Stellungnahme zum Entwurf eines Gesetzes zur Neuregelung des Justizvollzugs in Niedersachsen (NJVollzG), Niedersächsischer Landtag Drucksache 15/3565 v. 22.02.2007. Internetpublikation:http://www.rsf.uni-greifswald.de/fileadmin/mediapool/lehrstuehle/ duenkel/Gutachten_Niedersachsen_JVollzG.pdf (Stand: 08.08.2014).

Dünkel, F. (2008): Kontakte von Gefangenen mit der Außenwelt und europäische Menschenrechtsstandards. Forum Strafvollzug 57, S. 262-263.

Dünkel, F. (2009): Stellungnahme zum Entwurf eines Gesetzes über den Vollzug der Untersuchungshaft in Hamburg (Hamburgisches Untersuchungshaftvollzugsgesetz – HmbUVollzG) – Drucksache 19/4451 v. 27.10.2009. Internetpublikation: http://www.rsf.uni-greifswald.de/fileadmin/mediapool/lehrstuehle/duenkel/Hamburg_Stellungnahme.pdf (Stand: 27.02.2011).

Dünkel, F. (2009a): Stellungnahme zum Entwurf eines Gesetzes über den Vollzug der Untersuchungshaft in Sachsen-Anhalt (Untersuchungshaftvollzugsgesetz Sachsen-Anhalt – UVollzG LSA) – Drucksache 5/2019. (s. auch Internetpublikation: http://www.rsf.uni-greifswald.de/fileadmin/ media-pool/lehrstuehle/duenkel/Duenkel_Stellungnahme_UhaftvollzG_LSA.pdf (Stand: 27.02.2011).

Dünkel, F. (2010): Die europäischen Strafvollzugsgrundsätze von 2006. In: Preusker, H., Maelicke, B., Flügge, C. (Hrsg.): Das Gefängnis als Risiko-Unternehmen. Baden-Baden, S. 202- 215.

Dünkel, F. (2010): Der deutsche Strafvollzug im europäischen Vergleich. In: Preusker, H., Maelicke, B., Flügge, C. (Hrsg.): Das Gefängnis als Risiko-Unternehmen. Baden-Baden, S. 33-51.

Dünkel, F., Morgenstern, C., Zolondek, J. (2006): Europäische Strafvollzugsgrundsätze verabschiedet! Neue Kriminalpolitik 18, S. 86-89.

Dünkel, F., Drenkhahn, K. (2001): Behandlung im Strafvollzug: von ‚nothing works‘ zu ‚something works‘. In: Bereswill, M., Greve, W. (Hrsg): Forschungsthema Strafvollzug. Baden-Baden, S. 387-417.

Dünkel, F., Drenkhahn, K., Morgenstern, C. (2008): Praxismodelle zur Humanisierung des Strafvollzugs – eine Nachbetrachtung. In: Dünkel, F., Drenkhahn, K., Morgenstern, C. (Hrsg.): Humanisierung des Strafvollzugs – Konzepte und Praxismodelle. Mönchengladbach, S. 225-238.

Dünkel, F., Geng, B. (2003): Fakten zur Überbelegung im Strafvollzug und Wege zur Reduzierung von Gefangenenraten. Neue Kriminalpolitik 15, S. 146-149.

Dünkel, F., Geng, B. (2011): Neues aus der (Jugend-)Anstalt. Folgen des Urteils des BVerfG zur Verfassungsmäßigkeit des Jugendstrafvollzugs – 5 Jahre danach. Neue Kriminalpolitik 23, S. 137-143

Dünkel, F., Geng, B., Morgenstern, C. (2010): Strafvollzug in Deutschland – Aktuelle rechtstatsächliche Befunde. Forum Strafvollzug 59, S. 20-31.

Dünkel F., Geng, B., Harrendorf, S. (2016): Gefangenenraten im internationalen und nationalen Vergleich. Bewährungshilfe 63, S. 178-200.

Dünkel, F., Geng, B., Morgenstern, C. (2010a): Rechtstatsächliche Analysen, aktuelle Entwicklungen und Problemlagen des Strafvollzugs in Deutschland, Bundeszentrale für politische Bildung. Internetpublikation: http://www.bpb.de/publikationen/DYGWNL,0,Strafvollzug_in_Deutschland_rechtstats%E4chliche_Befunde.html. (Stand: 08.08.2014).

Dünkel, F., Lappi-Seppälä, T., Morgenstern, C. van Zyl Smit, D. (2010): Zusammenfassung und Schlussfolgerungen. In: Dünkel, F., Lappi-Seppälä, T., Morgenstern, C., van Zyl Smit, D. (Hrsg.): Kriminalität, Kriminalpolitik, strafrechtliche Sanktionspraxis und Gefangenenraten im europäischen Vergleich. Mönchengladbach, S. 997-1091.

Dünkel, F., Morgenstern, C. (2010): Einführung. In: Dünkel, F., Lappi-Seppälä, T., Morgenstern, C., van Zyl Smit, D. (Hrsg.): Kriminalität, Kriminalpolitik, strafrechtliche Sanktionspraxis und Gefangenenraten im europäischen Vergleich. Mönchengladbach, S. 3-23.

Dünkel, F., Morgenstern, C. (2010a): Deutschland. In: Dünkel, F., Lappi-Seppä-lä, T., Morgenstern, C., van Zyl Smit, D. (Hrsg.): Kriminalität, Kriminal-politik, strafrechtliche Sanktionspraxis und Gefangenenraten im europäi-schen Vergleich. Mönchengladbach, S. 97-203.

Dünkel, F., Morgenstern, C. (2013): Kriminologie und Strafverfahren. Goltdammer's Archiv für Strafrecht 160, S. 78-89.

Dünkel, F. Morgenstern, C., Zolondek, J. (2006): Europäische Strafvollzugsgrundsätze verabschiedet! Neue Kriminalpolitik 18, S. 86-88.

Dünkel, F., Rössner, D. (2001): Germany. In: van Zyl Smit, D., Dünkel, F. (Hrsg.): Imprisonment Today and Tomorrow. Deventer, S. 288-350.

Dünkel, F., Schüler-Springorum, H. (2006): Strafvollzug als Ländersache? Der „Wettbewerb der Schäbigkeit" ist schon im Gange! Zeitschrift für Strafvollzug und Straffälligenhilfe 55, S. 145-149.

Dünkel, F., Vagg, J. (1994) (Hrsg.): Untersuchungshaft und Untersuchungshaftvollzug, Freiburg i. Br.

Dünnebier, H. (1966): Das neue Recht der Untersuchungshaft. Berlin.

Dury, W. (2001): Das beschleunigte Strafverfahren – eine Bestandsaufnahme. Deutsche Richterzeitung 79, S. 207-211.

Esser, R. (2002): Auf dem Weg zu einem europäischen Strafverfahrensrecht. Berlin.

Feest J. (2007): CPT, OPCAR und Co.: Unabhängige Inspektion von Gefängnissen. Zeitschrift für Jugendkriminalrecht und Jugendhilfe 18, S. 306-308

Feest, J. (2007a): Die Zukunft des deutschen Justizvollzuges. Über die Auswirkungen der Föderalismusreform. Internetveröffentlichung: http://www. strafvollzugsarchiv.de/index.php?action=archiv_beitrag&thema_id=14& beitrag_id=42&gelesen=42 (Stand: 13.10.10).

Feest J. (2008): Vollzug der Untersuchungshaft – Modellentwurf von 12 Bundesländern. Internetpublikation: http://strafvollzugsarchiv.de/index.php? action=archiv_beitrag&thema_id=%2016&beitrag_id=228&gelesen=228 (Stand: 13.10.10).

Feest, J., Lesting, W. (2012): Kommentar zum Strafvollzugsgesetz, 6. Aufl., Neuwied. (zitiert: AK-Bearbeiter 2012, § Rn.).

Feest, J., Pollähne, H. (2009): Haftgründe und Abgründe. Eine Zwischenbilanz zur Untersuchungshaftgesetzgebung. Forum Strafvollzug 58, S. 30-32.

Fehringer, G. (2009): Strafgefangene und ihre Angehörigen – ein juristischer und kriminologischer Überblick. Wien.

Fey, M. (1998): Entwurf eines Untersuchungshaftvollzugsgesetzes. In: Koop, G. (Hrsg.): Untersuchungshaft – eine vergessene Reform? Lingen, S. 3-13.

Firchau, L. (2013): Das fachgerichtliche Rechtsbehelfssystem der Untersuchungshaft sowie die Regelung des Vollzuges. Frankfurt.

Fischer, T. (2011): Strafgesetzbuch und Nebengesetze, 58. Auflage, München.

Flügge, C., Maelicke, B., Preusker, H. (2001): Das Gefängnis als lernende Organisation. Baden-Baden.

Foucault, M. (1976): Überwachen und Strafen – Die Geburt des Gefängnisses. Berlin.

Friedrich, K. J. (2004): Die Normierung des Untersuchungshaftvollzugs. Berlin.

Frottier, P., Frühwald, S., Ritter, K., König, F. (2001): Deprivation versus Importation: Ein Erklärungsmodell für die Zunahme von Suiziden in Haftanstalten. Fortschritte der Neurologie, Psychiatrie, S. 90-95.

Frowein, J. A., Peukert, W. (2009): Kommentar zur Europäischen Menschenrechtskonvention, 3. Aufl., Kehl.

Gampell, L., Martynowicz, A., Scharff Smith, P. (2011): Conclusions. In: Scharff Smith, P., Gampell, L. (Hrsg.): Children of Imprisoned Parents, S. 219-234.

Gatzweiler, N. (1999): Unerträgliche Realität – Zwang zur Totalreform der Untersuchungshaft in der Bundesrepublik Deutschland. Strafverteidiger Forum, S. 325-335.

Gebauer, M. (1987): Die Rechtswirklichkeit der Untersuchungshaft in der Bundesrepublik Deutschland. München.

Geiter, H. (1998): Untersuchungshaft in Nordrhein-Westfalen: Eine empirische Bestandsaufnahme zur Beurteilung der Chancen einer Haftvermeidung durch Sozialarbeit. Berlin.

Gensen, M. (2005): Die Hauptverhandlungshaft (§ 127b II StPO): eine rechtsdogmatische Erörterung der Vorschrift sowie eine Untersuchung ihrer Anwendung in der Praxis. Göttingen.

Geppert, K. (1993): Grundlegendes und Aktuelles zur Unschuldsvermutung des Art.6 Abs. 2 der Europäischen Menschenrechtskonvention. Juristische Ausbildung 15, S. 160-165.

Gercke, B. (2004): Der Haftgrund der Fluchtgefahr bei EU-Bürgern. Strafverteidiger 24, S. 675-679.

Gollwitzer, W. (1999): Die Erzwingung der Anwesenheit des Angeklagten in der Hauptverhandlung. In: Ebert, U., Roxin, C., Rieß, P., Wahle, E. (Hrsg): Festschrift für Ernst-Walter Hanack zum 70 Geburtstag am 30. August 1999. New York. Berlin. S. 145-175.

Gollwitzer, W. (2005): Menschenrechte im Strafverfahren: EMRK und IPBPR. Berlin.

Grabenwarter, C., Pabel, K. (2012): Europäische Menschenrechtskonvention, 5. Aufl., München.

Graf, J. P. (Hrsg) (2012): StPO-Kommentar zur Strafprozessordnung, 2. Aufl., München. (zitiert: Graf-Bearbeiter 2012, § Rn.).

Grunau, T. (1972): Kommentar zur Untersuchungshaftvollzugsordnung, 2. Aufl., Köln.

Haberstroh, D. 1984): Voraussetzungen und Vollzug der Untersuchungshaft. Juristische Ausbildung 6, S. 225-235.

Hadeler, H. (2004): Besondere Sicherungsmaßnahmen im Strafvollzug. Aachen.

Hagemann, O. (1997): „Leiharbeit" als Stufe der Reintegration von Strafgefangenen in den Arbeitsmarkt. In: Hammerschick, W., Pilgram, A. (Hrsg.): Arbeitsmarkt, Strafvollzug und Gefangenenarbeit. Baden-Baden, S. 113-131.

Hall, M. (2000): Left in Limbo: The Experiences of Republican Prisoners' Children. Island Pamphlets No 31. Newtownabbey.

Hamburger Arbeitsgemeinschaft für Strafverteidiger/innen e. V. (2010): Stellungnahme zum E-HmbUVollzG. Internetpublikation: http://www. strafverteidigerhamburg.net/index.php?eID=tx_nawsecuredl&u=0&file=file-admin/user_upload/aktuelles/Stellgn_Hmb_UVollzG.pdf&t=1287029220 &hash=0e632dc5d687f95e7aa714ff4063273a (Stand: 13.10.2010).

Hammerschick, W., Pilgram, A., Riesenfelder, A. (1997): Zu den Erwerbsbiographien und Verurteilungskriterien Strafgefangener und Strafentlassener, rekonstruiert anhand von Sozialversicherungs- und Strafregisterdaten. In: Hammerschick, W., Pilgram, A. (Hrsg.): Arbeitsmarkt, Strafvollzug und Gefangenenarbeit. Baden-Baden, S. 155-188.

Happel, E. (1986): Aufhebung des Haftbefehls nach § 121 StPO. Strafverteidiger 6, S. 501-503.

Harms, S. (2009): Der Entwurf für ein Gesetz zur Änderung des Untersuchungshaftrechts. Forum Strafvollzug 58, S. 13-17.

Hartge, D. (2009): 15. Tätigkeitsbericht 2008/2009 der Landesdatenschutzbeauftragten Brandenburg. Internetpublikation: http://www.lda.brandenburg. de/sixcms/detail.php?gsid=bb1.c.1948 89.de &template=druck_tb (Stand: 13.10.2010).

Harvey, J. (2005): Crossing the boundary: the transition of young adults into prison. In: Liebling, A., Maruna, S. (Hrsg.): The Effects of Imprisonment. Cullompton, S. 232-254.

Hassemer, W. (1984): Die Voraussetzungen der Untersuchungshaft. Strafverteidiger 4, S. 38-42.

Heck, T. (2009): Die medizinische Betreuung in der Untersuchungshaft unter Berücksichtigung der freien Arztwahl. Hamburg.

Heinz, W. (1987): Recht und Praxis der Untersuchungshaft in der Bundesrepublik Deutschland. Bewährungshilfe 34, S. 5-31.

Heinz, W (2010): Das strafrechtliche Sanktionensystem und die Sanktionierungspraxis in Deutschland 1882-2008. Internetpublikation: http://www.ki.uni-konstanz.de/kis/ (Stand: 25.06.2011).

Henne, T. (1996): Zum Anspruch von Untersuchungsgefangenen auf Sozialhilfeleistungen, Strafverteidiger 16, S. 343-347.

Hennerkes, B.-H. (1966): Die Grundrechte des Untersuchungsgefangenen. Bamberg.

Henze, H. (1987): Die Wirklichkeit des Untersuchungshaftvollzuges aus der Sicht einer Landesjustizverwaltung. In: Schöch, H. (Hrsg.): Untersuchungshaft im Übergang, Hofgeismarer Protokolle.

Henze, H. (1987a): Veränderungen im Untersuchungshaftvollzug – Forderungen und Möglichkeiten, Berichte aus den Arbeitsgruppen. In: Schöch, H. (Hrsg): Untersuchungshaft im Übergang. Hofgeismarer Protokolle.

Henze, H. (1988): Widerstände gegen Veränderungen im Untersuchungshaftvollzug In: Koop, G., Kappenberg, B. (Hrsg.): Praxis der Untersuchungshaft. Lingen, S. 139-155.

Hesse, E. (1999): Ausländer in Untersuchungshaft. Monatsschrift für Kriminologie und Strafrechtsreform 82, S. 94-98.

Hetzer, W. (1986): Anordnung und Vollzug der Untersuchungshaft unter verfassungsrechtlichen Aspekten, in: Jung, H., Müller-Dietz, H. (Hrsg.): Reform der Untersuchungshaft – Vorschläge und Materialien. Bonn, S. 47-78.

Hilger, H. (1989): Die Entwicklung der U-Haftzahlen von 1981-1987. Neue Zeitschrift für Strafrecht 9, S. 107-110.

Hillebrand, J. (2009): Organisation und Ausgestaltung der Gefangenenarbeit in Deutschland. Mönchengladbach.

Hillenkamp, T. (2005): Der Arzt im Strafvollzug – Rechtliche Stellung und medizinischer Auftrag, in: Hillenkamp, T., Tag, B. (Hrsg.): Intramurale Medizin – Gesundheitsfürsorge zwischen Heilauftrag und Strafvollzug, Berlin, S. 11-30.

Hillgruber, C. (1992): Der Schutz des Menschen vor sich selbst. München.

Hirsch, S. M. (2003): Die Kommunikationsmöglichkeiten des Strafgefangenen mit seiner Familie. Frankfurt.

Höflich, P. (2009): Die Entwürfe von Untersuchungshaftvollzugsgesetzen der Länder – eine erste kritische Bestandsaufnahme. Neue Kriminalpolitik 21, S. 132-136.

Hoffmann, H. (1990): Isolation im Normalvollzug. Pfaffenweiler.

Hoffman, V., Wissmann, A. C. (2001): Zur Fesselung von Untersuchungsgefangenen oder: Wann dürfen die Handschellen tatsächlich klicken? Strafverteidiger 21, S. 706-708.

Holexa, L. (2008): Langzeitbesuche in der JVA Celle. Forum Strafvollzug 57, S. 256-258.

Humberg, A. (2005): Der Haftgrund der Wiederholungsgefahr gem. § 112a StPO. Juristische Ausbildung 27, S. 377-383.

Ipsen, J. (2013) Staatsrecht II. Grundrechte. München.

Ipsen, J. (2006): Die Kompetenzverteilung zwischen Bund und Ländern nach der Föderalismusnovelle. Neue Juristische Wochenschrift 59, S. 2801-2806.

Jabel, H.-P. (1988): Die Rechtswirklichkeit der Untersuchungshaft in Niedersachsen. Eine empirische Untersuchung der Praxis des Haftverfahrens in den Landgerichtsbezirken Göttingen, Hannover und Lüneburg. Lingen.

Jarass, H. D., Pieroth, B. (2011): Grundgesetz für die Bundesrepublik Deutschland. 11. Auflage, München.

Jehle, J.-M. (1985): Untersuchungshaft zwischen Unschuldsvermutung und Wiedereingliederung. München.

Jehle, J.-M. (1987): Die sozialen Verhältnisse der Untersuchungsgefangenen und die Möglichkeiten der Betreuung und Behandlung nach geltendem Recht. In: Schöch, H. (Hrsg): Untersuchungshaft im Übergang. Hofgeismarer Protokolle.

Jehle, J.-M (1987a): Wiedereingliederung und Untersuchungshaft: Ist in der Untersuchungshaft soziale Betreuung und Behandlung möglich und nötig? Kriminalpädagogische Praxis 15, S. 33-40.

Jehle, J.-M (1994).: Voraussetzungen und Entwicklungstendenzen der U-Haft. Bewährungshilfe 41, S. 373-391.

Jehle, J.-M. (1995): Entwicklung der Untersuchungshaft bei Jugendlichen und Heranwachsenden vor und nach der Wiedervereinigung. Bad Godesberg

Jehle, J.-M., Bossow, B. (2002): Verkürzung von Untersuchungshaft durch frühzeitige Strafverteidigung. Bewährungshilfe 49, S. 73-82.

Jehle, J.-M., Hoch P. (1998): Oberlandesgerichtliche Kontrolle langer Untersuchungshaft: Erfahrungen, Probleme, Perspektiven. Wiesbaden.

Jehle, J.-M. (2009): Strafrechtspflege in Deutschland Fakten und Zahlen. Internetpublikation: http://www.bmj.de/SharedDocs/Downloads/DE/Fachuntersuchungen/Strafrechtspflege_in_Deutschland.pdf?__blob=publication File (Stand: 24.06.2011).

Jescheck, H.-H. (1962): Recht und Praxis der U-Haft in der BRD. Goldtammer's Archiv für Strafrecht, S. 65-74.

Johnson, R. (2005): Brave new prisons: the growing social isolation of modern penal institutions. In: Liebling, A., Maruna, S. (Hrsg.): The Effects of Imprisonment. Cullompton, S. 255-284.

Jünemann, K. (2012): Gesetzgebungskompetenz für den Strafvollzug im föderalen System der Bundesrepublik Deutschland. Frankfurt a. M.

Jung H., Müller-Dietz H. (1983): Stellungnahme des Fachausschusses I „Strafrecht und Strafvollzug" des Bundeszusammenschlusses für Straffälligenhilfe. In: Jung H., Müller-Dietz H. (Hrsg.) Reform der Untersuchungshaft – Vorschläge und Materialien. Bonn, S. 6-46.

Junker, A. (2010): Mutter-Kind-Einrichtungen im Strafvollzug. Berlin.

Kaiser, G. (1984): Die gesetzliche Regelung über den Vollzug der Untersuchungshaft und ihre Reform. In: von Wilke, D. (Hrsg.): Festschrift zum 125-jährigen Bestehen der Juristischen Gesellschaft zu Berlin, S. 299-313.

Kaiser, G. (1996): Der Europäische Antifolterausschuß und die Vorbeugung krimineller Machtmißbrauchs. In: Schmoller, K. (Hrsg.) Festschrift für Otto Trifterer zum 65. Geburtstag. Wien, New York, S. 777-797.

Kaiser, G., Schöch, H. (2002): Strafvollzug. 3. Auflage, Heidelberg.

Kamp, H. (2004): Der Haftbefehl nach § 230 Abs. 2 StPO aus der Sicht der Praxis, in: Rogall, K., Puppe, I., Stein, U. Wolter, J. (Hrsg): Festschrift für Hans-Joachim Rudolphi zum 70. Geburtstag. Neuwied, S. 661-690.

Karlsruher Kommentar zur Strafprozessordnung (2008), hrsg. v. R. Hannich, München (zitiert: KK-Bearbeiter § Rn).

Karlsruher Kommentar zur Strafprozessordnung (2013), hrsg. v. R. Hannich, München (zitiert: KK-Bearbeiter § Rn).

Kazele, N. (2008): Untersuchungshaft: Ein verfassungsrechtlicher Leitfaden für die Praxis. Berlin.

Kazele, N. (2010) Anmerkung zu OLG Celle, Beschl. v. 9.2.2010 – 1 Ws 37/10. Strafverteidiger 30, S. 258-261.

Kazele, N. (2010a): Änderungen im Recht der Untersuchungshaft. Neue Justiz, S. 1-6.

Kienaß, S. (2011): Stellungnahme zum Entwurf eines UVollzG Schleswig Holstein. Internetpublikation: http://www.landtag.ltsh.de/infothek/wahl17/umdrucke/2300/umdruck-17-2337.pdf (Stand: 08.08.2012).

Kindhäuser, U. (2010): Strafprozessrecht. Baden-Baden.

Kirschke, B., Brune, U. (2009): Der gemeinsame Gesetzentwurf der länderübergreifenden Arbeitsgruppe zum Untersuchungshaftvollzugsgesetz. Forum Strafvollzug 58, S. 18-20.

Klee (1908), Der Vollzug der Untersuchungshaft. Goldtammer's Archiv für Strafrecht, S. 257.

Kleinknecht, T. (1953): Der Vollzug der Untersuchungshaft. Juristenzeitung, S. 531-534.

Kleinknecht, T., Müller, H., Reitberger, L. (2009): Kommentar zur Strafprozessordnung, Band 1. München.

Klingener, K. (2007): Flickenteppich oder innovativer Wettbewerb? Forum Strafvollzug 56, S. 104-106.

Knauer, F. (2006): Strafvollzug und Internet. Rechtsprobleme der Nutzung elektronischer Kommunikationsmedien durch Strafgefangene. Berlin.

Knauer, F. (2009): Der Sozialdienst im Strafvollzug. Entwicklungen, Aufgaben, Probleme und Reformdiskussion. Forum Strafvollzug 58, S. 302-305.

Köhne, M. (2003): Die „allgemeinen Lebensverhältnisse" im Angleichungsgrundsatz des StVollzG. Bewährungshilfe 50, S. 250-254

Köhne, M. (2003a): Eigene Kleidung im Strafvollzug. Zeitschrift für Rechtspolitik 36, S. 60-61.

Köhne, M. (2004): Eigene Ernährung im Strafvollzug. Neue Zeitschrift für Strafrecht 24, S. 607-609.

Köhne, M. (2006): Gesetzgebungszuständigkeit für den Strafvollzug. Zeitschrift für Rechtspolitik 39, S. 195-196.

Köhne, M. (2007): Das Ziel des Strafvollzugs als Ländersache? Juristische Rundschau, S. 494-497.

Köhne, M. (2007): Das Ende des „gesetzlosen" Jugendstrafvollzugs. Zeitschriftfür Rechtspolitik 40, S. 109-113.

Köhne, M. (2010): Drogenkonsum im Strafvollzug. Zeitschrift für Rechtspolitik 43, S. 220-223.

Köhne, M., Feest, J. (2008): Eine gesetzliche Grundlage für den Vollzug der Untersuchungshaft. Forum Strafvollzug 57, S. 8-92.

König, S. (2010): Zur Neuregelung der haftrichterlichen Zuständigkeiten in § 119 StPO. Neue Zeitschrift für Strafrecht 30, S. 185-190.

Konrad, N (2004): Psychiatrische Probleme im Justizvollzug. In: Venzlaff, U., Foerster, K. (Hrsg.): Psychiatrische Begutachtung: Ein praktisches Handbuch für Ärzte und Juristen. 4. Aufl., München, S. 371.

Koop, G. (1987): Möglichkeiten der praktischen Untersuchungshaftgestaltung nach geltendem Recht. Kriminalpädagogische Praxis 15, S. 42-46.

Koop, G. (1988): Untersuchungshaft – Probleme und Reform. In: Koop, G., Kappenberg, B. (Hrsg.): Praxis der Untersuchungshaft. Lingen, S. 9-27.

Koop, G. (2007): Risiken und Chancen für die Untersuchungshaft nach der Föderalismusreform. Forum Strafvollzug 56, S. 88-91.

Koop, G. (2009): Untersuchungshaft im Wandel? Forum Strafvollzug 58, S. 6.

Koop, U. (2006): Keine Verlagerung der Gesetzgebungskompetenz für den Strafvollzug vom Bund auf die Länder – Gesetzgebungskompetenz für den Strafvollzug muss beim Bund bleiben! Forum Strafvollzug 55, S. 3-4.

Kopp, F., Schenke, W.-R. (2012):Verwaltungsgerichtsordnung. Kommentar. 18. Aufl., München.

Kopp, D., Drenkhahn, K., Dünkel, F., Freyberger, H. J., Spitzer, C. Barnow, S., Dudeck, M. (2011): Allgemeine Psychopathologie bei Kurz- und Langzeitgefangenen in Deutschland. Der Nervenarzt 82, S. 880-885.

Kowalzyck, M. (2008): Untersuchungshaft, Untersuchungshaftvermeidung und geschlossene Unterbringung bei Jugendlichen und Heranwachsenden in Mecklenburg-Vorpommern. Mönchengladbach.

Krümpelmann, J. (1970): Probleme der Untersuchungshaft im deutschen und ausländischen Recht. Zeitschrift für die gesamte Strafrechtswissenschaft 82, S. 1052-1116.

Kühl, J. (2012): Die gesetzliche Reform des Jugendstrafvollzugs in Deutschland im Licht der European Rules for Juvenile Offenders Subject to Sanctions or Measures (ERJOSSM). Mönchengladbach.

Kühl, K. (1983): Unschuldsvermutung, Freispruch und Einstellung. Köln.

Kudlacek, J. (2013). Zur Notwendigkeit eines Vater-Kind-Erwachsenenstrafvollzuges. Frankfurt.

Kury, H. (1987): Die Behandlung Straffälliger. Berlin.

Kury, H. (1999): Zum Stand der Behandlungsforschung oder: Vom nothing works zum something works. In: Feuerhelm, W., Schwind, H.-D., Bock, M. (Hrsg): Festschrift für Alexander Böhm zum 70.Geburtstag am 14. Juni 1999. New York. Berlin, S. 251-275.

Kretschmer, J. (2005): Die Mehrfachbelegung von Hafträumen im Strafvollzug in ihrer tatsächlichen und rechtlichen Problematik. Neue Zeitschrift für Strafrecht 25, S. 251-255.

Kretschmer, J. (2009): Die Menschen(un)würdige Unterbringung von Strafgefangenen. Neue Juristische Wochenschrift 52, S. 2406-2411.

Kreuzer, A. (1978) Untersuchungshaft bei Jugendlichen und Heranwachsenden. Recht der Jugend und des Bildungswesens 26, S. 337-356.

Kreuzer, A. (2006): Strafvollzug – Quo vadis? Kritische Bestandsaufahme nach 30 Jahren eines Strafvollzugsgesetzes. Bewährungshilfe 53, S. 195-215.

Kreuzer, A., Buckolt, O. (2006): Mit Entkleidung verbundene körperliche Durchsuchung Strafgefangener – Zugleich Besprechung des Beschlusses des OLG Celle v. 19.5. 2006, Strafverteidiger 26, S. 163-168.

Kropp, C. (1998): Der Haftbefehl nach § 230 StPO. Juristische Arbeitsblätter 20, S. 328-330.

Kropp, C. (2001): Verhältnismäßigkeit staatlicher Ermittlungsmaßnahmen unter zeitlichen Gesichtspunkten. Zeitschrift für Rechtspolitik 34, S. 404-406.

Kropp, C., Scharf, P. (2000): Zeitliche Schranken beim Haftbefehl nach § 230 StPO. Neue Zeitschrift für Strafrecht 20, S. 297-298.

Kruis, K., Cassardt, G. (1995): Verfassungsrechtliche Leitsätze zum Vollzug von Straf- und Untersuchungshaft. Neue Zeitschrift für Strafrecht 15, S. 521-579.

Kruttschnitt, C. (2005): The politics of confinement: women's imprisonment in California and the UK. In: Liebling, A., Maruna, S. (Hrsg.): The Effects of Imprisonment. Cullompton, S. 146-173.

Kubach, R. W. (2004): Die völkerrechtlichen und verfassungsrechtlichen Vorgaben für ein Gesetz zum Vollzug der Untersuchungshaft und deren praktische Umsetzung. Frankfurt am Main.

Kühnel, W., Hiebe, K., Tölke, J. (2005): Subjektive Bewältigungsstrategien und Gruppenkonflikte in einer geschlossenen Institution – das Beispiel des Strafvollzugs. In: Heitmeyer, W., Imbusch, P. (Hrsg.): Integrationspotenziale einer modernen Gesellschaft. Wiesbaden, S. 235-278.

Lagoutte, S. (2011): The human rights framework. In: Scharff Smith, P., Gampell, L. (Hrsg.): Children of Imprisoned Parents, S. 31-57.

Langner, S. (2003): Untersuchungshaftanordnung bei Flucht- und Verdunkelungsgefahr. Baden Baden.

Laubenthal, K. (2005) Sucht-und Infektionsgefahren im Strafvollzug, in: Hillenkamp, T., Tag, B. (Hrsg): Intramurale Medizin – Gesundheitsfürsorge zwischen Heilauftrag und Strafvollzug, Berlin, S. 195-211.

Laubenthal, K. (2006): Erscheinungsformen subkultureller Gegenordnungen im Strafvollzug. In: Feltes, T., Pfeiffer, C., Steinhilper, U. (Hrsg.): Kriminalpolitik und ihre wissenschaftlichen Grundlagen – Festschrift für Hans-Dieter Schwind. Heidelberg, S. 593-602.

Laubenthal, K. (2008): Strafvollzug, 5. Auflage. Berlin, Heidelberg.

Laubenthal, K. (2010): Gefangenensubkulturen. Aus Politik und Zeitgeschichte. 7/2010, S. 34-39.

Laubenthal, K. (2011): Strafvollzug, 6. Auflage. Berlin, Heidelberg.

Lee, C. T. (1994): Zur Kritik des unmittelbaren und mittelbaren Arbeitszwangs im Strafvollzug. Unter Berücksichtigung der geschichtlichen Entwicklung der Gefangenenarbeit und der Bestimmung des Vollzugsziels seit 1923. Hamburg.

Leipold, K. (2005): Menschenrechtliche Grenzen der Untersuchungshaft. Neue Juristische Wochenschrift-Spezial 2, S. 567-568.

Liebling, A., Durie, L., Stiles, A., Tait, S. (2005): Revisiting prison suicide: the role of fairness and distress. In: Liebling, A., Maruna, S. (Hrsg.): The Effects of Imprisonment. Cullompton, S. 209-231.

Loos, F., Radtke, H. (1996): Das beschleunigte Verfahren (§§ 417-420 StPO) nach dem Verbrechensbekämpfungsgesetz. Neue Zeitschrift für Strafrecht 16, S. 7-14, 569-574.

Löwe, E. (1934): Die Strafprozeßordnung für das Deutsche Reich vom 22. März 1924 nebst dem Gerichtsverfassungsgesetz und den Gesetzen vom 24. November und 6. Dezember 1933. (1934) Kommentar. Berlin, Leipzig

Löwe/Rosenberg (2008): Die Strafprozeßordnung und das Gerichtsverfassungsgesetz, Großkommentar, Rieß, P. (Hrsg.) Berlin (zitiert: LR-Bearbeiter 2008, §, Rn).

Löwe/Rosenberg (1963): Die Strafprozeßordnung und das Gerichtsverfassungsgesetz, Großkommentar. (zitiert: LR-Bearbeiter 1963, §, Rn).

Lohmann, H. C. (2002): Arbeit und Arbeitsentlohnung der Strafgefangenen. Frankfurt.

Lübbe-Wolf, G. (2009): Strafen ist tragisch – „Man muss bemüht sein, diese Tragik zu reduzieren – auch im Vollzug." Zeitschrift für Rechtspolitik 42, S. 93-94.

Lütten, H. (1987): Die Wirklichkeit des Untersuchungshaftvollzuges aus der Sicht eines Anstaltsseelsorgers. In: Schöch, H. (Hrsg.): Untersuchungshaft im Übergang, Hofgeismarer Protokolle.

Maelicke, B. (2009): Positiver als erwartet – Eine Bilanz der neuen Länder-Verantwortung. Internetpublikation: http://www.das-parlament.de/2009/53/Themenausgabe/28209422.html. (Stand: 08.08.2014).

Maunz, T., Dürig, G. (2012): Kommentar zum Grundgesetz. 64. Aufl., München.

Martynowicz, A., Holden, K., Gauders, N. (2011): The Polish case study. In: Scharff Smith, P., Gampell, L. (Hrsg.): Children of Imprisoned Parents, S. 187-218.

Maurer, H. (2007): Staatsrecht I. 5. Aufl., München.

Maurer, H. (2009): Allgemeines Verwaltungsrecht. 17. Aufl., München.

Meyer, K. (1989): Grenzen der Unschuldsvermutung. In: Jescheck, H-H., Vogler, T. (Hrsg.): Festschrift für Herbert Tröndle zum 70. Geburtstag am 24. August 1989. Berlin, S. 61-75.

Meyer-Ladewig, J. (2011): EMRK – Europäische Menschenrechtskonvention, Handkommentar. Baden-Baden.

Meyer-Goßner, L. (2010): Kommentar zur Strafprozeßordnung. 53. Aufl., München.

Meyer-Goßner, L. (2014): Kommentar zur Strafprozeßordnung. 57. Aufl., München.

Michalke, R. (2010): Reform der Untersuchungshaft – Chance vertan? Neue Juristische Wochenschrift 63, S. 17-20.

Michel, N. (1991): Der Haftbefehl in der Berufungsinstanz. Monatsschrift für Deutsches Recht 45, S. 933-934.

Mills, A., Codd, H. (2007): Prisoners' families. In: Jewkes, Y. (Hrsg.): Handbook on prisons. Cullompton, S. 672-695.

Moore, L., Convery U., Scraton, P. (2011): The Northern Ireland case study. In: Scharff Smith, P., Gampell, L. (Hrsg.): Children of Imprisoned Parents, S. 122-165.

Morgenstern, C. (2002): Internationale Mindeststandards für ambulante Strafen und Maßnahmen. Mönchengladbach.

Morgenstern, C. (2007): EU-Ausländer in europäischen Gefängnissen. Neue Kriminalpolitik 19, S. 139-141.

Morgenstern, C. (2009): Europäische Impulse für die deutsche Reform der Untersuchungshaft. Neue Kriminalpolitik 21, S. 136-145.

Morgenstern, C. (2009a): Stellungnahme zum Entwurf eines Gesetzes über den Vollzug der Untersuchungshaft im Land Brandenburg (Drucksache 4/7334). Internetpublikation: http://www.rsf.uni-greifswald.de/fileadmin/media-pool/ lehrstuehle/duenkel/Morgenstern_Stellungnahme_UHaftvollzG_BRB.pdf (Stand:13.10.2010).

Morgenstern, C. (2009b): Germany. In: van Kalmthout, A., Knapen, M., Morgenstern, C. (Hrsg.): Pre-trial Detention in the European Union. Nijmegen, S. 387-433.

Morgenstern, C. (2009c): Austria. In: van Kalmthout, A., Knapen, M., Morgenstern, C. (Hrsg.): Pre-trial Detention in the European Union. Nijmegen, S. 113-147.

Morgenstern, C. (2010): Stellungnahme zum Entwurf eines Gesetzes über den Vollzug der Untersuchungshaft im Freistaat Sachsen sowie zur Änderung weitere Gesetze (Drucksache 5/2590). Internetpublikation: http://www.rsf.uni-greifswald.de/fileadmin/mediapool/lehrstuehle/duenkel/ Morgenstern_Stellungnahme_UHaftvollzG_Sachsen.pdf (Stand: 13.10.2010).

Morgenstern, C. (2011): Die Stärkung prozessualer Garantien im Recht der Untersuchungshaft in Deutschland und Polen – Der Einfluss des Europäischen Gerichtshofs für Menschenrechte. Internetpublikation: http://www.zis-online.com/dat/artikel/2011_4_549.pdf (Stand: 01.03.2014).

Morgenstern, C. (2011a): Untersuchungshaft in Europa: Probleme im Rechts(tatsachen)vergleich. Monatsschrift für Kriminologie und Strafrechtsreform 94, S. 452-473.

Morgenstern, C. (2011b): Von Straßburg nach Schwerin, von Brüssel nach Berlin: Jüngere Entwicklungen von Recht und Praxis der Untersuchungshaft in Deutschland und Europa. In: Egg, R., Dessecker, A. (Hrsg.): Justizvollzug und Strafrechtsreform im Bundesstaat. Wiesbaden, S. 60-103.

Morgenstern, C. (2013): Remand Detention in Europe: Comparative and Pan-European Aspects as Elements of a Wider European Penology. In: Daems, T., Snacken, S., van Zyl Smit, D. (Hrsg.): European Penology? Oxford, S. 193-216.

Morgenstern, C. (2013a): Verfassungs- und europarechtliche Vorgaben für den Untersuchungshaftvollzug. Strafverteidiger 33, S. 529-534.

Morgenstern, C. (2017): Die Untersuchungshaft. Eine Untersuchung unter rechtsdogmatischen, kriminologischen, rechtsvergleichenden und europarechtlichen Aspekten. Baden-Baden: Nomos.

Müller, T. (2010): Behandlung – Reformnotwendigkeit des Strafvollzuges. In: Preusker, H., Maelicke, B., Flügge, C. (Hrsg.): Das Gefängnis als Risiko-Unternehmen. Baden-Baden, S. 74-88.

Müller-Dietz, H. (1981): Die Stellung des Beschuldigten im Strafprozeß. Zeitschrift für die gesamte Strafrechtswissenschaft, S. 1177-1270.

Müller-Dietz, H. (1984): Problematik und Reform des Vollzuges der Untersuchungshaft. Strafverteidiger 4, S. 79- 87.

Müller-Dietz, H. (2005): Gesetzgebungszuständigkeit für den Strafvollzug. Zeitschrift für Rechtspolitik 38, S. 156-159.

Müller-Dietz, H. (2005a): Strafvollzugsrecht als Ländersache? Forum Strafvollzug 54, S. 38-40

Müller-Dietz, H. (2005b): Schlussbemerkung. In: Hillenkamp, T., Tag, B. (Hrsg.): Intramurale Medizin – Gesundheitsfürsorge zwischen Heilauftrag und Strafvollzug. Berlin, Heidelberg, S. 281-286.

Müller-Dietz, H. (2006): Europäische Perspektiven des Strafvollzuges. In: Feltes, T., Pfeiffer, C., Steinhilper, U. (Hrsg.): Kriminalpolitik und ihre wissenschaftlichen Grundlagen – Festschrift für Hans-Dieter Schwind. Heidelberg, S. 621-534.

v. Münch, I., Kunig, P. (Hrsg.) (2012): Grundgesetz-Kommentar. (zitiert: v. Münch/Kunig/Bearbeiter Art. Rn.). München.

Münchhalffen, G., Gatzweiler, N. (2009): Das Recht der Untersuchungshaft. München.

Münster, P., Schneider, H. (2001): Anmerkung zu OLG Frankfurt/M. Beschl. v. 15.3.2001 – 3 Ws 1308/00. Neue Zeitschrift für Strafrecht 21, S. 669.

Murray, J. (2005): The effects of imprisonment on families and children of prisoners. In: Liebling, A., Maruna, S. (Hrsg.): The Effects of imprisonment. Cullompton, S. 442-464.

Nedopil, N., Müller, J. L. (2012): Forensische Psychiatrie – Klinik, Begutachtung und Behandlung zwischen Psychiatrie und Recht. 4. Aufl., Stuttgart, New York.

Nestler, N. (2010): Zum „Recht des Untersuchungshaftvollzugs" i. S. v. Art. 47 Abs. 1 Nr. 1 GG. HRRS, S. 546-550.

Neubacher, F. (1999): Der internationale Schutz von Menschenrechten Inhaftierter durch die Vereinten Nationen und den Europarat. Zeitschrift für Strafvollzug und Straffälligenhilfe 48, S. 210-218.

Neubacher, F. (2008): Gewalt unter Gefangenen. Neue Zeitschrift für Strafrecht 28, S. 361-366.

Neumann, A. (1969): Die Untersuchungshaftpraxis. Saarbrücken.

Nix, C. (1992): Der Haftgrund der Verdunklungsgefahr. Strafverteidiger, S. 445-447.

Oppenborn, D., Schäfersküpper, M. (2009): Das „Recht des Untersuchungshaftvollzugs" in Niedersachsen. Forum Strafvollzug 58, S. 21-24.

Ostendorf, H. (2007): Das Verbot einer strafrechtlichen und disziplinarischen Ahndung der Gefangenenselbstbefreiung. Neue Zeitschrift für Strafrecht 27, S. 313-317.

Ostendorf, H. (2009): U-Haft Vollzug – Stiefkind der Strafrechtspflege. Neue Kriminalpolitik 21, S. 125.

Ostendorf, H. (2009a): Die Praxis des U-Haftvollzugs – Daten und Fakten. Neue Kriminalpolitik 21, S. 126-131

Ostendorf, H. (2010): Stellungnahme zum Entwurf eines Gesetzes über den Vollzug der Untersuchungshaft in Schleswig-Holstein – Untersuchungshaftvollzugsgesetz – (UVollzG). Internetpublikation: http://www.uni-kiel.de/ostendorf/12%2014%20Stellungnahme%20zum%20Entwurf%20U VollzG%20SH.pdf. (Stand: 08.08.2014).

Ostendorf, H. (2011): Grundsätze und Wegweiser in den neuen Untersuchungshaftvollzugsgesetzen. Zeitschrift für Jugendkriminalrecht und Jugendhilfe 21, S. 553-558.

Ostendorf, H. (Hrsg.) (2012): Untersuchungshaft und Abschiebehaft. Baden-Baden. (zitiert: Ostendorf-Bearbeiter 2012 Kap. Rn.).

Ostendorf, H., Rose, F. (2009): Der Gesetzentwurf der Landesregierung „Gesetz über den Vollzug der Untersuchungshaft in Schleswig-Holstein – eine kritische Bewertung". Schleswig-holsteinische Anzeigen 2009, S. 203-210.

Otto, M., Pawlik-Mierzwa, K. (2001): Kriminalität und Subkultur inhaftierter Aussiedler. DVJJ- Journal Zeitschrift für Jugendkriminalrecht und Jugendhilfe 12, S. 124-132.

Päckert, W. (1987): Veränderungen im Untersuchungshaftvollzug – Forderungen und Möglichkeiten, Berichte aus den Arbeitsgruppen, Arbeit Ausbildung, Freizeit, in: Schöch, H. (Hrsg.;): Untersuchungshaft im Übergang. Hofgeismarer Protokolle.

Paeffgen, H.-U. (1986): Vorüberlegungen zu einer Dogmatik des Untersuchungshaftrechts; Köln, Berlin, Bonn, München.

Paeffgen, H.-U. (2009): Das Niedersächsische Justizvollzugsgesetz vom 14.12.2007. Strafverteidiger 29, S. 46-52.

Paeffgen, H.-U., Seebode, M. (1999): Stellungnahme zum Entwurf eines Gesetzes zur Regelung des Vollzuges der Untersuchungshaft (BR-Drs 249/99 vom 30.04.1999). Zeitschrift für Rechtspolitik 32, S. 524-526.

Päckert, W. (1987): Veränderungen im Untersuchungshaftvollzug – Forderungen und Möglichkeiten: Arbeit, Ausbildung, Freizeit. in: Schöch, H (Hrsg.): Untersuchungshaft im Übergang. Hofgeismarer Protokolle. Hofgeismar, S. 90-100.

Parigger, M. (1986): Aus der Praxis des Rechts der Untersuchungshaft. Neue Zeitschrift für Strafrecht 6, S. 211-213.

Piel, M., Püschel, C., Tsambikakis, M., Wallau, R. (2009): Der Entwurf eines Untersuchungshaftvollzugsgesetzes NRW – Ein rechtliches und politisches Ärgernis. Zeitschrift für Rechtspolitik 42, S. 33-37.

Pollähne, H. (2007): Internationale Standards gegen föderalen Wildwuchs? – Neue Perspektiven für das Jugendstrafvollzugsrecht nach der BVerfG-Entscheidung. Strafverteidiger 26, S. 553-558.

Prantl, H. (2007): Das Hexeneinmaleins des Strafvollzugs. Warum die Föderalismusreform ein schwerer, historischer Fehler war. Forum Strafvollzug 56, S. 22.

Preusker, H. (1981): Zur Notwendigkeit eines Untersuchungshaftvollzugsgesetzes. Zeitschrift für Strafvollzug und Straffälligenhilfe 30, S. 131- 138.

Preusker, H. (2002): Suchtprobleme im Justizvollzug. In: Gaßmann, R. (Hrsg.): Suchtprobleme hinter Mauern – Drogen, Sucht und Therapie in Straf- und Maßregelvollzug, Freiburg i. Br.

Preusker, H. (2008): Langzeitbesuche in deutschen Gefängnissen. Forum Strafvollzug 57, S. 255-256.

Radtke, H., Hohmann, O. (Hrsg.) (2011): Strafprozessordnung. Kommentar. München. (zitiert Radtke/Hohmann/Bearbeiter § Rn).

Rasch, W. (1999): Forensische Psychiatrie. Stuttgart, Berlin, Köln.

Reh, H. (1995): Skandal Untersuchungshaft: Zur Situation der ausländischen Beschuldigten. In: Reindl, R., Nickolai, W., Gehl, G. (Hrsg.): Untersuchungshaft – Stiefkind der Justiz. Weimar, S. 57-65.

Rehn, G. (2004): Reform und Gegenreform – Bemerkungen zur Situation und zu den Perspektiven des Strafvollzuges. In: Rehn, G., Nanninga, R., Thiel, A. (Hrsg.): Freiheit und Unfreiheit – Arbeit mit Straftätern innerhalb und außerhalb des Justizvollzuges. Herbolzheim, S. 523-537.

Rehn, G. (2006): Was wird nach der Föderalismusreform aus der Gesetzgebung zum Strafvollzug? Neue Kriminalpolitik 18, S. 122-123.

Rieder-Kaiser, A. (2004): Vollzugliche Ausländerproblematik und Internationalisierung der Strafverbüßung. Frankfurt.

Rössner, D. (1987): Wege zur Reform des Untersuchungshaftvollzuges – Schwerpunkte bisheriger Entwürfe zur gesetzlichen Regelung, in: Schöch, H. (Hrsg.): Untersuchungshaft im Übergang. Hofgeismarer Protokolle. Hofgeismar, S. 108-129.

Rössner, D. (1988): Auf dem Weg zu einem Untersuchungshaftvollzugsgesetz. Juristenzeitung 43, S. 116-120.

Rössner, D. (1988): Praktische Grenzen einer gesetzlichen Untersuchungshaftreform – Vier Entwürfe im Vergleich- In: Koop, G., Kappenberg, B. (Hrsg.): Praxis der Untersuchungshaft. Lingen, S. 156-176.

Rosner, A. (1986): Suizid im Strafvollzug der Bundesrepublik Deutschland – wirklich ein Problem? Kriminalpädagogische Praxis 14, S. 42-49.

Rotthaus, K.-P. (1973): Unzulänglichkeiten der heutigen Regelung der Untersuchungshaft. Neue Juristische Wochenschrift 26, S. 2269-2273.

Rotthaus, K.-P. (1982): Besprechung des Entwurfs der Anstaltsleiter. Zeitschrift für Strafvollzug und Straffälligenhilfe 31, S. 305-306.

Rotthaus, K.-P. (1987): Die Bedeutung des Strafvollzugsgesetzes für die Reform des Strafvollzuges. Neue Zeitschrift für Strafrecht 7, S. 1-5.

Rotthaus, K.-P. (1989): Die Reform der inhaltlich-vollzuglichen Gestaltung der Untersuchungshaft. In: Eyrich, H., Odersky, W., Säcker, F. J. (Hrsg.): Festschrift für Kurt Rebmann zum 65. Geburtstag. München, S. 401-418.

Rotthaus, K.-P. (1994): Anmerkung zu BVerfG – 2. Kammer des 2. Senats, Beschluß v. 25. 7. 1994 – 2 BvR 806/91. Neue Zeitschrift für Strafrecht 14, S. 606-607.

Roxin, C. (1998): Strafverfahrensrecht. 25. Aufl., München.

Sacerdote, L., Battevi, F., Fleischner, E., Gaspari, V., Piccione, M. (2011): The Italian case study. In: Scharff Smith, P., Gampell, L. (Hrsg.): Children of Imprisoned Parents, S. 166-186.

Sack, W. H., Seidler, J. (1978): Should children visit their parents in prison? Law and Human Behaviour 2, S. 261-266; online unter: http://www. sociolegal.sjtu.edu.cn/Uploads/Papers/2012/GNH120602032051436.pdf (Stand: 08.08.2014).

Schäfer, J.-U. (2005): Nicht-monetäre Entlohnung von Gefangenenarbeit. Frankfurt am Main.

Scharff Smith, P., Gampell, L. (2011): Recommendations to the EU. In: Scharff Smith, P., Gampell, L. (Hrsg.): Children of Imprisoned Parents, S. 235-238.

Scharff Smith, P., Jakobsen, J. (2011): The Danish case study. In: Scharff Smith, P., Gampell, L. (Hrsg.): Children of Imprisoned Parents, S. 58-121.

Schlothauer, R. (1998): Anordnung und Vollzug der Untersuchungshaft aus Sicht des Strafverteidigers. In: Koop, G. (Hrsg.): Untersuchungshaft – eine vergessene Reform? Lingen, S. 87-94.

Schlothauer, R., Weider, H.-J. (2010): Untersuchungshaft. 4. Aufl., Heidelberg.

Schlüchter, E. (1973): Das neue Haftrecht: Bedeutung und Auslegung für die Praxis. Monatsschrift des deutschen Rechts 27, S. 96.

Schneider, H. (2001): Telefonieren ohne Grenzen? Zeitschrift für Strafvollzug und Straffälligenhilfe 50, S. 273-277.

Schmidt, E. (1957): Lehrkommentar StPO, Teil II. Göttingen.

Schmitt, C. (1934): Juristische Rundschau in: Deutsche Juristen Zeitung, Spalte 722-726.

Schneider, R. (2009): Überlegungen zu einem Bayerischen Untersuchungshaftvollzugsgesetz. Forum Strafvollzug 58, S. 24-26.

Schobert, U. (1987) Die Wirklichkeit des Untersuchungshaftvollzuges aus der Sicht einer Sozialarbeiterin. In: Schöch, H. (Hrsg.): Untersuchungshaft im Übergang. Hofgeismarer Protokolle. Hofgeismar.

Schriever, W. (2002): Praktische Erfahrungen mit dem neuen § 43 StVollzG. Zeitschrift für Strafvollzug und Straffälligenhilfe 51, S. 86-89.

Schubarth, M. (1979): Zur Rechtsnatur des vorläufigen Strafvollzugs. Schweizerische Zeitschrift für Strafrecht 96, S. 295-311.

Schüler-Springorum, H. (2005): Schlussbemerkung. In: Hillenkamp, T., Tag, B. (Hrsg.): Intramurale Medizin- Gesundheitsfürsorge zwischen Heilauftrag und Strafvollzug. Berlin, Heidelberg, S. 287-288.

Schüler-Springorum, H. (2007): Strafvollzug und Föderalismus. In: Schöch, H., Dölling, D., Helgerth, R., König, P. (Hrsg.): Recht gestalten – dem Recht dienen. Festschrift für Reinhard Böttcher zum 70. Geburtstag. Berlin, S. 403-410.

Schütze, H. (1993): Probleme der Vollzugsanstalten mit der wachsenden Zahl der ausländischen Gefangenen. DVJJ-Journal, Zeitschrift für Jugend kriminalrecht und Jugendhilfe 4, S. 381-384 .

Schweizerischer Bundesrat (Hrsg.) (2005): Botschaft zur Vereinheitlichung des Strafprozessrechts vom 21. Dezember 2005. Drucksache 05.092. Internetpublikation: http://www.admin.ch/opc/de/federal-gazette/2006/1085.pdf (Stand: 08.08.2014).

Schwind, H.-D. (2005): Schlussbemerkung. In: Hillenkamp, T., Tag, B. (Hrsg.): Intramurale Medizin- Gesundheitsfürsorge zwischen Heilauftrag und Strafvollzug. Berlin, Heidelberg, S. 290-293.

Schwind, H.-D., Böhm, A., Jehle, J.-M., Laubenthal, K. (2009): Strafvollzugsgesetz. 5. Aufl., Berlin. (zitiert: S/B/J/L-Bearbeiter 2009, § Rn).

Schwind, H.-D., Böhm, A., Jehle, J.-M., Laubenthal, K. (2013): Strafvollzugsgesetz. 6. Aufl., Berlin. (zitiert: S/B/J/L-Bearbeiter 2013, § Rn).

Seebode, M. (1985): Der Vollzug der Untersuchungshaft. Berlin.

Seebode, M. (1987): Recht und Wirklichkeit des Untersuchungshaftvollzuges in der Bundesrepublik Deutschland. In: Schöch, H. (Hrsg.): Untersuchungshaft im Übergang. Hofgeismarer Protokolle. Hofgeismar.

Seebode, M. (1988): Das Recht der Untersuchungshaft und seine Anwendung in der Praxis. Ein Überblick über Dauer, Anordnung, Zwecke, Aussetzung, Vollzug und Reformfragen der Untersuchungshaft. In: Koop, G., Kappenberg, B. (Hrsg.): Praxis der Untersuchungshaft. Lingen, S. 28-78.

Seebode, M. (1989): Zur Bedeutung der Gesetzgebung für die Haftpraxis. Strafverteidiger 9, S. 118-122.

Seebode, M. (1998): Untersuchungshaft und ihre Reform an der Schwelle zum 21. Jahrhundert. In: Koop, G. (Hrsg.): Untersuchungshaft – eine vergessene Reform? Lingen, S. 14-42.

Seebode, M. (1999): Anmerkung zur Überbelegung der Haftanstalten – Zahlen bis 1997. Strafverteidiger 19, S. 325-328.

Seebode, M. (2006): Härtere Untersuchungshaft/Paketempfang und Rechtsstellung inhaftierter Verdächtiger bei hoher Belegung der Vollzugsanstalten, Strafverteidiger 26, S. 552-556.

Seebode, M. (2008): Das „Recht des Untersuchungshaftvollzugs" im Sinne des Art. 74 GG, HRRS 2008, S. 236-241.

Seebode, M. (2009): Wer regelt den Justizvollzug? Vollzugsgesetze und formelles Verfassungsrecht. Forum Strafvollzug 58, S. 7-12.

Seibert, H. (1995) Forderungen zur Ausgestaltung des Untersuchungshaftvollzuges. In: Reindl, R., Nickolai, W., Gehl, G. (Hrsg.): Untersuchungshaft – Stiefkind der Justiz. Weimar, S. 165-173.

Seifert, J. (2008): Die Ausgestaltung des Wohngruppenvollzugs in Moabit. In: Dünkel, F., Drenkhahn, K., Morgenstern, C. (Hrsg.): Humanisierung des Strafvollzugs – Konzepte und Praxismodelle. Mönchengladbach, S. 73-79.

SK-StPO (2012): Systematischer Kommentar zur Strafprozessordnung mit GVG und EMRK. Herausgegeben von Jürgen Wolter, 4. Aufl., Köln (zitiert: SK-Bearbeiter § Rn).

Sommer, I. (2010): 32. Jahresbericht der Landesbeauftragten für Datenschutz Bremen. Internetpublikation: http://www.datenschutzbremen.de/pdf/ jahresbericht_32.pdf (Stand: 27.02.2011).

Sonntag, G. (1973): Die Untersuchungshaftpraxis nach dem Strafprozeßänderungsgesetz vom 19.12.1964. Saarbrücken.

Soyer, R. (2001): Reform der Untersuchungshaft in Österreich – Rückblick und Ausblick. Strafverteidiger 21, S. 536-539.

SPD Fraktion Hamburg (2009): Antrag der Abgeordneten Andreas Dressel, Carola Veit, Rolf-Dieter Klooß, Metin Hakverdi, Jana Schiedek, Stefan Schmitt und Fraktion zu Drs. 19/4451 (Bericht des Rechtsausschusses über den Entwurf eines Gesetzes über den Vollzug der Untersuchungshaft (Hamburgisches Untersuchungshaftvollzugsgesetz – HmbUVollzG Drs. 19/4691) 2009. Internetpublikation: http://www.spd-fraktion-hamburg.de/no_cache/ themen/recht-und-verfassung/antraege/e/17116/f/ 4.html (Zugriff: 19.01.2011).

Statistisches Bundesamt (1998): Gesundheitsbericht für Deutschland. Internetpublikation: http://edoc.rki.de/documents/rki_fv/relXEvoVYRBk/PDF/ 29CTdE8YupMbw75.pdf (Stand: 08.08.2014).

Staudinger, I. (2001): Untersuchungshaft bei jungen Ausländern. Mönchengladbach

Starck, C. (Hrsg.) (2010): Kommentar zum Grundgesetz. (zitiert: v. Mangoldt/ Klein/Starck/Bearbeiter § Rn). München.

Stuckenberg, C. F. (1998): Untersuchungen zur Unschuldsvermutung. Berlin, New York.

Stuckenberg, C. F. (1999): Die normative Aussage der Unschuldsvermutung. Zeitschrift für die gesamte Strafrechtswissenschaft 111, S. 422-460

Thiele, C. W. (2017): Ehe- und Familienschutz im Strafvollzug. Strafvollzugsrechtliche und -praktische Maßnahmen und Rahmenbedingungen zur Aufrechterhaltung familiärer Beziehungen von Strafgefangenen. Mönchengladbach.

Trechsel, S. (2005): Human Rights in Criminal Proceedings. Oxford.

Ullenbruch, T. (1999): Doppelbelegung eines Einzelhaftraumes. Neue Zeitschrift für Strafrecht 19, S. 429-431.

Ullenbruch, T. (2000): Neuregelung des Arbeitsentgelts für Strafgefangene – Sand in den Augen des BVerfG? Zeitschrift für Rechtspolitik 33, S. 177-182.

Ullmann, M. E. (2012): Länderstrafvollzugsgesetze im Vergleich. Hamburg.

van Kalmthout, A., Knapen, M., Morgenstern, C. (2009): Introductory summary. In: van Kalmthout, A., Knapen, M., Morgenstern, C. (Hrsg.): Pre-trial Detention in the European Union. Nijmegen, S. 1-112.

van Zyl Smit, D., Snacken, S. (2009): Principles of European Prison Law and Policy – Penology and Human Rights. Oxford.

van Zyl Smit, D., Dünkel, F. (1999): Conclusion. In: van Zyl Smit, D., Dünkel, F. (Hrsg.): Prison Labour: Salvation or Slavery. Brookfield, S. 335-347.

Veit, W. (1972): Die Rechtsstellung des Untersuchungsgefangenen, dargestellt am Modell des Briefverkehrsrechtes. Frankfurt am Main.

Vereinigung Hessischer Strafverteidiger e. V (2010): Stellungnahme der Vereinigung Hessischer Strafverteidiger e. V. zu dem Entwurf eines Gesetzes zur Schaffung und Änderung hessischer Vollzugsgesetze. Internetpublikation: http://www.stvh.org/images2/stellungnahme_zu_den_entwuerfen_eines_hstvollzg_und_eines_huvollzg.pdf (Stand: 13.10.2010).

Villmow, B., Savinsky, A., Woldmann, C. (2011): Praxis des Vollzugs der Jugenduntersuchungshaft. Eine erste Bestandsaufnahme. Zeitschrift für Jugendkriminalrecht und Jugendhilfe 22, S. 240-250.

Vöcking, J. (1977): Die oberlandesgerichtliche Kontrolle der Untersuchungshaft gem. § 121 StPO. Mainz.

Volk-Eisermann, D. (2010): Mobbing-Intervention und Mobbing-Prävention in der Untersuchungshaftanstalt Freiburg. Zeitschrift für Jugendkriminalrecht und Jugendhilfe 21, S. 202-206.

Walter, M. (1999): Strafvollzug. 2. Aufl., Stuttgart.

Walter, J. (2010): Minoritäten im Strafvollzug. Aus Politik und Zeitgeschichte 7/2010, S. 40-46.

Weider, H.-J. (1995): Die Anordnung der Untersuchungshaft. Leichtfertige Annahme von Fluchtgefahr und apokryphe Haftgründe. Strafverteidiger Forum, S. 11-17.

Weider, H.-J. (2010): Das Gesetz zur Änderung des Untersuchungshaftrechts, Strafverteidiger 30, S. 102-109.

Welp, J. (1991): Die Gestellung des verhandlungsunfähigen Angeklagten. Juristische Rundschau, S. 265-272.

Winkelmann, M., Engsterhold, O. (1993): Einbringung technischer Geräte in die Untersuchungshaft. Neue Zeitschrift für Strafrecht 13, S. 112-117.

Wiesneth, C. (2010): Die Untersuchungshaft. Haftanordnung und landesrechtlicher Vollzug nach neuem Recht. Stuttgart. *Winzer, S.* (2010): Der Vollzug der Untersuchungshaft nach dem Niedersächsischen Justizvollzugsgesetz, Internetpublikation: http://webdoc.sub.gwdg.de/univerlag/2010/GSK11_ winzer.pdf (Stand: 08.08.2014).

Winzer, S., Hupka, J. (2008): Das neue niedersächsische Justizvollzugsgesetz. Deutsche Richterzeitschrift 86, S. 146-148.

Wippermann, C., Flaig, B. (2009): Lebenswelten von Migrantinnen und Migranten. Aus Politik und Zeitgeschichte 5/2009, S. 3-10.

Wirth, W. (2006): Gewalt unter Gefangenen, Kernbefunde einer empirischen Studie im Strafvollzug des Landes Nordrhein-Westfalen. Düsseldorf. Internetpublikation: http://www.justiz.nrw.de/JM/justizpolitik/schwerpunkte/ vollzug/studiegewalt_gefangene.pdf (Stand: 1.03.2014).

White, R. C. A., Ovey, C. (2010): The European Convention on Human Rights. 5. Aufl., Oxford.

Wolff, J. (1975): Die benachteiligende Funktion der Untersuchungshaft. Kriminologisches Journal 7, S. 17-27.

Wolter, J. (1981): Schuldinterlokut und Strafzumessung, Rechts- und Sozialstaat, Rechts- und Sozialwissenschaften im Strafprozeß. Goldtammer's Archiv, S. 81-106.

Wolter, J. (1981): Untersuchungshaft, Vorbeugungshaft und vorläufige Sanktionen. Zeitschrift für die gesamte Strafrechtswissenschaft 93, S. 452- 506.

Wulf, R. (1987): Veränderungen im Untersuchungshaftvollzug – Forderungen und Möglichkeiten. Berichte aus den Arbeitsgruppen. Betreuung, soziale Hilfe, Entlassung, Übergang in den Strafvollzug In: Schöch, H. (Hrsg.): Untersuchungshaft im Übergang. Hofgeismarer Protokolle. Hofgeismar.

Zolondek, J. (2007): Lebens- und Haftbedingungen im deutschen und europäischen Frauenstrafvollzug. Mönchengladbach.

Reihenübersicht

**Schriften zum Strafvollzug, Jugendstrafrecht
und zur Kriminologie**
Hrsg. von Prof. Dr. Frieder Dünkel, Lehrstuhl für Kriminologie
an der Ernst-Moritz-Arndt-Universität Greifswald

Bisher erschienen:

Band 1
Dünkel, Frieder: Empirische Forschung im Strafvollzug. Bestandsaufnahme und Perspektiven.
Bonn 1996. ISBN 978-3-927066-96-0.

Band 2
Dünkel, Frieder; van Kalmthout, Anton; Schüler-Springorum, Horst (Hrsg.): Entwicklungstendenzen und Reformstrategien im Jugendstrafrecht im europäischen Vergleich.
Mönchengladbach 1997. ISBN 978-3-930982-20-2.

Band 3
Gescher, Norbert: Boot Camp-Programme in den USA. Ein Fallbeispiel zum Formenwandel in der amerikanischen Kriminalpolitik.
Mönchengladbach 1998. ISBN 978-3-930982-30-1.

Band 4
Steffens, Rainer: Wiedergutmachung und Täter-Opfer-Ausgleich im Jugend- und Erwachsenenstrafrecht in den neuen Bundesländern.
Mönchengladbach 1999. ISBN 978-3-930982-34-9.

Band 5
Koeppel, Thorcis: Kontrolle des Strafvollzuges. Individueller Rechtsschutz und generelle Aufsicht. Ein Rechtsvergleich.
Mönchengladbach 1999. ISBN 978-3-930982-35-6.

Band 6
Dünkel, Frieder; Geng, Bernd (Hrsg.): Rechtsextremismus und Fremdenfeindlichkeit. Bestandsaufnahme und Interventionsstrategien.
Mönchengladbach 1999. ISBN 978-3-930982-49-3.

Band 7
Tiffer-Sotomayor, Carlos: Jugendstrafrecht in Lateinamerika unter besonderer Berücksichtigung von Costa Rica.
Mönchengladbach 2000. ISBN 978-3-930982-36-3.

Band 8
Skepenat, Marcus: Jugendliche und Heranwachsende als Tatverdächtige und Opfer von Gewalt. Eine vergleichende Analyse jugendlicher Gewaltkriminalität in Mecklenburg-Vorpommern anhand der Polizeilichen Kriminalstatistik unter besonderer Berücksichtigung tatsituativer Aspekte.
Mönchengladbach 2000. ISBN 978-3-930982-56-1.

Band 9
Pergataia, Anna: Jugendstrafrecht in Russland und den baltischen Staaten.
Mönchengladbach 2001. ISBN 978-3-930982-50-1.

Band 10
Kröplin, Mathias: Die Sanktionspraxis im Jugendstrafrecht in Deutschland im Jahr 1997. Ein Bundesländervergleich.
Mönchengladbach 2002. ISBN 978-3-930982-74-5.

Band 11
Morgenstern, Christine: Internationale Mindeststandards für ambulante Strafen und Maßnahmen.
Mönchengladbach 2002. ISBN 978-3-930982-76-9.

Band 12
Kunkat, Angela: Junge Mehrfachauffällige und Mehrfachtäter in Mecklenburg-Vorpommern. Eine empirische Analyse.
Mönchengladbach 2002. ISBN 978-3-930982-79-0.

Band 13
Schwerin-Witkowski, Kathleen: Entwicklung der ambulanten Maßnahmen nach dem JGG in Mecklenburg-Vorpommern.
Mönchengladbach 2003. ISBN 978-3-930982-75-2.

Band 14
Dünkel, Frieder; Geng, Bernd (Hrsg.): Jugendgewalt und Kriminalprävention. Empirische Befunde zu Gewalterfahrungen von Jugendlichen in Greifswald und Usedom/Vorpommern und ihre Auswirkungen für die Kriminalprävention.
Mönchengladbach 2003. ISBN 978-3-930982-95-0.

Band 15
Dünkel, Frieder; Drenkhahn, Kirstin (Hrsg.): Youth violence: new patterns and local responses – Experiences in East and West. Conference of the International Association for Research into Juvenile Criminology. Violence juvénile: nouvelles formes et stratégies locales – Expériences à l'Est et à l'Ouest. Conférence de l'Association Internationale pour la Recherche en Criminologie Juvénile.
Mönchengladbach 2003. ISBN 978-3-930982-81-3.

Band 16
Kunz, Christoph: Auswirkungen von Freiheitsentzug in einer Zeit des Umbruchs. Zugleich eine Bestandsaufnahme des Männererwachsenenvollzugs in Mecklenburg-Vorpommern und in der JVA Brandenburg/Havel in den ersten Jahren nach der Wiedervereinigung.
Mönchengladbach 2003. ISBN 978-3-930982-89-9.

Band 17
Glitsch, Edzard: Alkoholkonsum und Straßenverkehrsdelinquenz. Eine Anwendung der Theorie des geplanten Verhaltens auf das Problem des Fahrens unter Alkohol unter besonderer Berücksichtigung des Einflusses von verminderter Selbstkontrolle.
Mönchengladbach 2003. ISBN 978-3-930982-97-4.

Band 18
Stump, Brigitte: „Adult time for adult crime" – Jugendliche zwischen Jugend- und Erwachsenenstrafrecht. Eine rechtshistorische und rechtsvergleichende Untersuchung zur Sanktionierung junger Straftäter.
Mönchengladbach 2003. ISBN 978-3-930982-98-1.

Band 19
Wenzel, Frank: Die Anrechnung vorläufiger Freiheitsentziehungen auf strafrechtliche Rechtsfolgen.
Mönchengladbach 2004. ISBN 978-3-930982-99-8.

Band 20
Fleck, Volker: Neue Verwaltungssteuerung und gesetzliche Regelung des Jugendstrafvollzuges.
Mönchengladbach 2004. ISBN 978-3-936999-00-6.

Band 21
Ludwig, Heike; Kräupl, Günther: Viktimisierung, Sanktionen und Strafverfolgung. Jenaer Kriminalitätsbefragung über ein Jahrzehnt gesellschaftlicher Transformation.
Mönchengladbach 2005. ISBN 978-3-936999-08-2.

Band 22
Fritsche, Mareike: Vollzugslockerungen und bedingte Entlassung im deutschen und französischen Strafvollzug.
Mönchengladbach 2005. ISBN 978-3-936999-11-2.

Band 23
Dünkel, Frieder; Scheel, Jens: Vermeidung von Ersatzfreiheitsstrafen durch gemeinnützige Arbeit: das Projekt „Ausweg" in Mecklenburg-Vorpommern.
Mönchengladbach 2006. ISBN 978-3-936999-10-5.

Band 24
Sakalauskas, Gintautas: Strafvollzug in Litauen. Kriminalpolitische Hintergründe, rechtliche Regelungen, Reformen, Praxis und Perspektiven.
Mönchengladbach 2006. ISBN 978-3-936999-19-8.

Band 25
Drenkhahn, Kirstin: Sozialtherapeutischer Strafvollzug in Deutschland.
Mönchengladbach 2007. ISBN 978-3-936999-18-1.

Band 26
Pruin, Ineke Regina: Die Heranwachsendenregelung im deutschen Jugendstrafrecht. Jugendkriminologische, entwicklungspsychologische, jugendsoziologische und rechtsvergleichende Aspekte.
Mönchengladbach 2007. ISBN 978-3-936999-31-0.

Band 27
Lang, Sabine: Die Entwicklung des Jugendstrafvollzugs in Mecklenburg-Vorpommern in den 90er Jahren. Eine Dokumentation der Aufbausituation des Jugendstrafvollzugs sowie eine Rückfallanalyse nach Entlassung aus dem Jugendstrafvollzug.
Mönchengladbach 2007. ISBN 978-3-936999-34-1.

Band 28
Zolondek, Juliane: Lebens- und Haftbedingungen im deutschen und europäischen Frauenstrafvollzug.
Mönchengladbach 2007. ISBN 978-3-936999-36-5.

Band 29
Dünkel, Frieder; Gebauer, Dirk; Geng, Bernd; Kestermann, Claudia: Mare-Balticum-Youth-Survey – Gewalterfahrungen von Jugendlichen im Ostseeraum.
Mönchengladbach 2007. ISBN 978-3-936999-38-9.

Band 30
Kowalzyck, Markus: Untersuchungshaft, Untersuchungshaftvermeidung und geschlossene Unterbringung bei Jugendlichen und Heranwachsenden in Mecklenburg-Vorpommern.
Mönchengladbach 2008. ISBN 978-3-936999-41-9.

Band 31
Dünkel, Frieder; Gebauer, Dirk; Geng, Bernd: Jugendgewalt und Möglichkeiten der Prävention. Gewalterfahrungen, Risikofaktoren und gesellschaftliche Orientierungen von Jugendlichen in der Hansestadt Greifswald und auf der Insel Usedom. Ergebnisse einer Langzeitstudie 1998 bis 2006.
Mönchengladbach 2008. ISBN 978-3-936999-48-8.

Band 32
Rieckhof, Susanne: Strafvollzug in Russland. Vom GULag zum rechtsstaatlichen Resozialisierungsvollzug?
Mönchengladbach 2008. ISBN 978-3-936999-55-6.

Band 33
Dünkel, Frieder; Drenkhahn, Kirstin; Morgenstern, Christine (Hrsg.): Humanisierung des Strafvollzugs – Konzepte und Praxismodelle.
Mönchengladbach 2008. ISBN 978-3-936999-59-4.

Band 34
Hillebrand, Johannes: Organisation und Ausgestaltung der Gefangenenarbeit in Deutschland.
Mönchengladbach 2009. ISBN 978-3-936999-58-7.

Band 35
Hannuschka, Elke: Kommunale Kriminalprävention in Mecklenburg-Vorpommern. Eine empirische Untersuchung der Präventionsgremien.
Mönchengladbach 2009. ISBN 978-3-936999-68-6.

Band 36/1 bis 4 (nur als Gesamtwerk erhältlich)
Dünkel, Frieder; Grzywa, Joanna; Horsfield, Philip; Pruin, Ineke (Eds.): Juvenile Justice Systems in Europe – Current Situation and Reform Developments. Vol. 1-4.
2nd revised edition.
Mönchengladbach 2011. ISBN 978-3-936999-96-9.

Band 37/1 bis 2 (Gesamtwerk)
Dünkel, Frieder; Lappi-Seppälä, Tapio; Morgenstern, Christine; van Zyl Smit, Dirk (Hrsg.):
Kriminalität, Kriminalpolitik, strafrechtliche Sanktionspraxis und Gefangenenraten im
europäischen Vergleich. Bd.1 bis 2.
Mönchengladbach 2010. ISBN 978-3-936999-73-0.

Band 37/1 (Einzelband)
Dünkel, Frieder; Lappi-Seppälä, Tapio; Morgenstern, Christine; van Zyl Smit, Dirk (Hrsg.):
Kriminalität, Kriminalpolitik, strafrechtliche Sanktionspraxis und Gefangenenraten im
europäischen Vergleich. Bd.1.
Mönchengladbach 2010. ISBN 978-3-936999-76-1.

Band 37/2 (Einzelband)
Dünkel, Frieder; Lappi-Seppälä, Tapio; Morgenstern, Christine; van Zyl Smit, Dirk (Hrsg.):
Kriminalität, Kriminalpolitik, strafrechtliche Sanktionspraxis und Gefangenenraten im
europäischen Vergleich. Bd.2.
Mönchengladbach 2010. ISBN 978-3-936999-77-8.

Band 38
Krüger, Maik: Frühprävention dissozialen Verhaltens. Entwicklungen in der Kinder- und
Jugendhilfe.
Mönchengladbach 2010. ISBN 978-3-936999-82-2.

Band 39
Hess, Ariane: Erscheinungsformen und Strafverfolgung von Tötungsdelikten in Meck-
lenburg-Vorpommern.
Mönchengladbach 2010. ISBN 978-3-936999-83-9.

Band 40
Gutbrodt, Tobias: Jugendstrafrecht in Kolumbien. Eine rechtshistorische und rechtsvergli-
chende Untersuchung zum Jugendstrafrecht in Kolumbien, Bolivien, Costa Rica und
der Bundesrepublik Deutschland unter Berücksichtigung internationaler Menschenrechtsstandards.
Mönchengladbach 2010. ISBN 978-3-936999-86-0.

Band 41
Stelly, Wolfgang; Thomas, Jürgen (Hrsg.): Erziehung und Strafe. Symposium zum 35-jährigen
Bestehen der JVA Adelsheim.
Mönchengladbach 2011. ISBN 978-3-936999-95-2.

Band 42
Yngborn, Annalena: Strafvollzug und Strafvollzugspolitik in Schweden: vom Resozialisierungs-
zum Sicherungsvollzug? Eine Bestandsaufnahme der Entwicklung in den letzten 35 Jahren.
Mönchengladbach 2011. ISBN 978-3-936999-84-6.

Band 43
Kühl, Johannes: Die gesetzliche Reform des Jugendstrafvollzugs in Deutschland im Licht der
European Rules for Juvenile Offenders Subject to Sanctions or Measures (ERJOSSM).
Mönchengladbach 2012. ISBN 978-3-942865-06-7.

Band 44
Zaikina, Maryna: Jugendkriminalrechtspflege in der Ukraine.
Mönchengladbach 2012. ISBN 978-3-942865-08-1.

Band 45
Schollbach, Stefanie: Personalentwicklung, Arbeitsqualität und betriebliche Gesundheitsför-
derung im Justizvollzug in Mecklenburg-Vorpommern.
Mönchengladbach 2013. ISBN 978-3-942865-14-2.

Band 46
Harders, Immo: Die elektronische Überwachung von Straffälligen. Entwicklung, Anwendungs-
bereiche und Erfahrungen in Deutschland und im europäischen Vergleich.
Mönchengladbach 2014. ISBN 978-3-942865-24-1.

Band 47
Faber, Mirko: Länderspezifische Unterschiede bezüglich Disziplinarmaßnahmen und der Auf-
rechterhaltung von Sicherheit und Ordnung im Jugendstrafvollzug.
Mönchengladbach 2014. ISBN 978-3-942865-25-8.

Band 48
Gensing, Andrea: Jugendgerichtsbarkeit und Jugendstrafverfahren im europäischen
Vergleich. Mönchengladbach 2014. ISBN 978-3-942865-34-0.

Band 49
Rohrbach, Moritz Philipp: Die Entwicklung der Führungsaufsicht unter besonderer Berück-
sichtigung der Praxis in Mecklenburg-Vorpommern. Mönchengladbach 2014.
ISBN 978-3-942865-35-7.

Band 50/1 bis 2 (nur als Gesamtwerk erhältlich)
Dünkel, Frieder; Grzywa-Holten, Joanna; Horsfield, Philip (Eds.): Restorative Justice and Medi-
ation in Penal Matters. A stock-taking of legal issues, implementation strategies and outcomes
in 36 European countries. Vol. 1 bis 2.
Mönchengladbach 2015. ISBN 978-3-942865-31-9.

Band 51
Horsfield, Philip: Jugendkriminalpolitik in England und Wales – Entwicklungsgeschichte, aktuelle Rechtslage und jüngste Reformen. Mönchengladbach 2015.
ISBN 978-3-942865-42-5.

Band 52
Grzywa-Holten, Joanna: Strafvollzug in Polen – Historische, rechtliche, rechtstatsächliche, menschenrechtliche und international vergleichende Aspekte. Mönchengladbach 2015.
ISBN 978-3-942865-43-2.

Band 53
Khakzad, Dennis: Kriminologische Aspekte völkerrechtlicher Verbrechen. Eine vergleichende Untersuchung der Situationsländer des Internationalen Strafgerichtshofs.
Mönchengladbach 2015. ISBN 978-3-942865-50-0.

Band 54
Blanck, Thes Johann: Die Ausbildung von Strafvollzugsbediensteten in Deutschland.
Mönchengladbach 2015. ISBN 978-3-942865-51-7.

Band 55
Castro Morales, Álvaro: Jugendstrafvollzug und Jugendstrafrecht in Chile, Peru und Bolivien unter besonderer Berücksichtigung von nationalen und internationalen Kontrollmechanismen. Rechtliche Regelungen, Praxis, Reformen und Perspektiven.
Mönchengladbach 2016. ISBN 978-3-942865-57-9.

Band 56
Dünkel, Frieder; Jesse, Jörg; Pruin, Ineke; von der Wense, Moritz (Eds.): European Treament, Transition Management, and Re-Integration of High-Risk Offenders. Results of the Final Conference at Rostock-Warnemünde, 3-5 September 2014, and Final Evaluation Report of the Justice-Cooperation-Network (JCN)-Project "European treatment and transition management of high-risk offenders".
Mönchengladbach 2016. ISBN 978-3-942865-58-6.

Band 57
Kratochvil-Hörr, Regine: Der Beschlussarrest: Dogmatische Probleme und Anwendungspraxis im Land Berlin. Mönchengladbach 2016. ISBN 978-3-942865-60-9.

Band 58
Thiele, Christoph Wilhelm: Ehe- und Familienschutz im Strafvollzug. Strafvollzugsrechtliche und -praktische Maßnahmen und Rahmenbedingungen zur Aufrechterhaltung familiärer Beziehungen von Strafgefangenen.
Mönchengladbach 2016. ISBN 978-3-942865-61-6.

Band 59
Pǎroşanu, Andrea: Jugendstrafrecht in Rumänien. Historische, kriminologische, rechtliche und rechtspolitische Aspekte. Mönchengladbach 2016. ISBN 978-3-942865-64-7.

Band 60
Schmidt, Katrin: Städtebau und Kriminalität: Untersuchung des Einflusses von kriminalpräventiven Erkenntnissen im Rahmen städtebaulicher Projekte in Mecklenburg-Vorpommern. Mönchengladbach 2016. ISBN 978-3-942865-67-8.

Band 61
Dünkel, Frieder; Jesse, Jörg; Pruin, Ineke; von der Wense, Moritz (Hrsg.): Die Wiedereingliederung von Hochrisikotätern in Europa – Behandlungskonzepte, Entlassungsvorbereitung und Übergangsmanagement. Ergebnisse der Abschlusskonferenz in Rostock-Warnemünde, 3.-5. September 2014, und Evaluation des Justice-Cooperation-Netzwerk-(JCN)-Projekts „Behandlung und Übergangsmanagement bei Hochrisikotätern in Europa". Mönchengladbach 2016. ISBN 978-3-942865-68-5.

Band 62
Kromrey, Hans: Haftbedingungen als Auslieferungshindernis. Ein Beitrag zur Verwirklichung der Menschenrechte. Mönchengladbach 2017. ISBN 978-3-942865-75-3.

Band 63
Dünkel, Frieder; Thiele, Christoph; Treig, Judith (Hrsg.): Elektronische Überwachung von Straffälligen im europäischen Vergleich – Bestandsaufnahme und Perspektiven. Mönchengladbach 2017. ISBN 978-3-942865-78-4.

Band 64
Dorenburg, Bastian: Untersuchungshaft und Untersuchungshaftvermeidung bei Jugendlichen und Heranwachsenden in Deutschland und Europa. Mönchengladbach 2017. ISBN 978-3-942865-79-1.

Band 65
Schulze, Jan Peter: Die Untersuchungshaftvollzugsgesetze der Länder im Vergleich. Mönchengladbach 2017. ISBN 978-3-942865-80-7.